KB042585

한국의 외교·안보정책에 대한 비판

실패한 정치는 전쟁을 부른다

FAILED POLICIES LEAD TO WAR

정상돈 지음

박영사

| 머리말 |

흐르는 세월 속에서 연구를 하면 할수록 한국 정치를 돌아보게 된다. 4류 수준의 저질 한국 정치가 모든 망국(亡國)적 현상의 근원이기 때문이다. 한국의 진보와 보수는 함께 상생하는 법을 찾지 못하고 있다. 대신에 나라를 잃고 나서도 「네 탓」만 할 듯이 싸움에만 몰두하고 있다.

지금 국제질서는 안보지형이 바뀌는 대전환기에 있다. 미 · 중 패권경쟁은 갈수록 심해지고 있다. 멀지 않은 시기의 군사적 충돌 가능성까지 거론되고 있다. 북한은 극심한 경제난 속에서도 핵무기를 비롯한 국방력 강화에 사활을 걸고 있다. 향후 10년은 대한민국의 운명을 결정짓는 중요한 시기가 될 것이다. 특히 외교 · 안보정책은 국가의 존망을 결정할 것이다.

최근 한국의 외교 · 안보정책은 위태로웠다. 문재인 정부 때 한미동맹과 한일관계는 최악이었다. 도널드 트럼프 전 미국 대통령은 북핵 위기 속에서도 주한미군을 철수시키고 싶어 했다. 2020년 대통령 선거 기간 중에는 재선되면 한미동맹을 깰 것이라는 말을 했다고 한다.(Ⅳ.1장) 북한과 중국의 갑(甲)질은 일상화되었다.

북핵 위협은 문재인 정부 출범 전보다 후에 훨씬 증가했다. 북한은 극초음속미사일에 핵탄두를 탑재할 역량을 갖췄다. 그럼에도 문재인 정부는 임기말까지 전쟁이 끝났다는 선언, 즉 종전선언을 추진했다. 이런 역주행의 정치는 평화정책으로 합리화됐다. 평화와 전쟁의 이분법 속에서 비판하는 사람은 전쟁광으로 몰렸다. 그 과정에서 국민은 분열됐다. 안보의식이 무너지면서 위기를 위기로 인지하지 못하는 국민이 늘어나기도 했다.

「김일성-김정일주의」를 추구하는 북한의 김정은은 2021년 1월에 개최된 제8차 당대회에서 군사력으로 통일을 앞당기겠다고 말했다. 시진핑이 통치하는 중국도 비슷하다. 홍콩에 대한 독재를 강화한 중국은 대만과 평화적 통일을 추구하되, 필요 시 무력에 의한 통일도 강행하겠다고 했다. 대만에서 중국과의 통일을 거부하는 정서가 증가하고 있기 때문이다. 그 결과 대만 해협에서 군사충돌 가능성이 높아지고 있다. 그런데 대만 위기와 한반도 위기는 연결되어 있다. 미국이라는 공동의 적을 대상으로 군사력을 통해서 현상 변경을 추구하는 김정은과 시진핑 사이에 이해관계가 일치하면서 연대할 수 있는 부분이 있기 때문이다.(Ⅵ.1장)

북한과 중국 모두 사회주의를 추구한다고 주장한다. 그러나 실제론 사회주의의 원래적 의미에서 이탈한 전체주의 국가들이다. 그런데 한국 진보는 한반도와 국제질서의 현상 변경을 시도하면서 전쟁 위기를 높이는 북한과 중국에 우호적이다. 굴종적이기까지 하다. 북한과 중국의 인권 탄압정책에도 침묵한다. 한국의 진보가 추구하는 가치는 도대체 어떤 것일까? 그게 정말 진보적인 것일까?

이 문제에 대한 답을 찾는데 현대 좌파의 뿌리인 마르크시즘과 사회주의에 대한 지식은 도움이 된다. 진보의 뿌리를 모르면서 눈에 보이는 것만으로 「한국적」 진보를 비판하는 것에는 한계가 있다. 이에 이 책에서 유럽 좌파의 시각으로 한국 진보를 성찰했다.[1] 외교 · 안보정책을 둘러싼 진보와 보수의 갈등이 얼마나 허망한 것이자 위험한 것인지도 성찰했다.

필자의 정치적 성향은 보수가 아니다. 오해를 피하고, 이 책에 대한 독자의 이해를 돕기 위해서 필자의 학문 여정을 잠시 기술하면 다음과 같다. 필자는 독일 유학 시절 마르크스(Marx) 이론과 네오(新)－마르크시즘(Neo－Marxism)을 공부했다. 물론 마르크스－레닌주의(Marxism－Leninism)에 대해서도 알고 있다. 그러나 마르크스－레닌주의는 교조적인 이론이라 생각하고 가치를 두지 않았다. 1996년에 공부를 마치고 한국에 귀국한 후 우여곡절 끝에 생계를 위해서 통일 · 외교 · 안보에 대한 연구를 하게 되었다. 그러면서 국제정치와 외교 · 안보전략 및 군사전략까지 연구했다.

이 과정에서 한 분야를 깊이 파지 못하고, 연구영역이 계속 확대됐다. 처음 세종연구소에서 독일 통일에 대한 분석을 시작으로 남북관계와 북한을 연구했다. 김대중 정부 시절 「햇볕정책」을 적극 홍보하는 다수의 칼럼을 신문에 게재하고, 방송에 출연하기도 했다. 노무현 정부 시절에는 열린우리당(현 더불어민주당)의 정책연구소인 「열린정책연구원」에서 수석연구위원으로 통일 · 외교 · 안보실장을 역임했다.

---

1) 보수의 문제는 다른 책에서 다룰 것이다.

그러다가 한국국방연구원에 재직하면서 국방정책과 군사전략에 대한 연구를 시작했다. 초기에는 이라크파병과 아프간파병 등 해외파병 정책을 연구하면서 한미동맹과 미국의 외교 · 안보정책을 여러 각도에서 생각하게 되었다. 독 · 미(독일과 미국)동맹 등 다른 연구도 이것저것 하다가 김정일이 2011년 12월에 사망한 후에는 북한급변사태 가능성을 염두에 두고 북한에 대한 연구를 다시 시작했다. 동독급변사태에 대한 연구와 함께 북한의 군사전략을 포함해서 북한에 대한 종합적인 연구를 했다.

그런데 북한 군사에 대한 연구는 필자의 대북관을 결정적으로 바꾸어 놓았다. 재래식 무기만 갖고 전쟁을 해도 남한이 북한을 이길 수 있을까에 대해서 의심을 품는 계기가 됐기 때문이다. 북한의 군사전략은 선제기습공격에 토대를 두고 있다. 반면에 남한의 군사전략은 큰 틀에서 「선(先) 방어, 후(後) 반격」의 개념에 기초한다. 평시에 북한군이 가만히 있는데 남한군이 먼저 공격하는 것은 가정하고 있지 않다.

킬 체인(Kill Chain)에 의한 선제타격도 아측에 대한 북한군의 공격이 임박한 상태에서 자위권, 즉 방어 차원에서 공세적으로 대응하는 개념이다. 그런데 북한으로부터 대규모 선제기습공격을 당하면 남한이 심대한 타격을 받고, 회복해서 반격하는데 상당한 어려움이 발생할 수 있다. 특히 북한이 핵무기를 사용하는 경우에는 말할 것도 없다.(Ⅵ.2장)

이런 점을 생각하면서 북한을 두 눈으로 보게 되었다. 북한 주민은 동포로 보더라도, 김정은 정권은 군사적 위협으로 보게 된 것이다. 북한의 대남전략과 군사전략이 바뀌지 않는 한에서는 그렇다.(Ⅱ.2장) 과거에는 북한을 감성적 차원에서 민족과 동포라는 측면 위주로 봤다. 한쪽 눈으로만 본 것이다. 현재 한국 진보의 대부분이 이렇게 보고 있다.

수십 명의 북한이탈주민들과 심층 면담을 진행하면서 북한 체제의 비극에 깊이 분노한 것도 이때부터였다, 20여 년 동안 새로운 분야로 연구가 계속 확대되는 것이 무척 힘들었다. 하지만 다양한 시각을 접하면서 새로운 문제의식을 갖게 되었다. 현실을 토대로 이론을 성찰하면서, 진영 논리로 세상을 보는 편협함도 벗어나게 되었다. 그렇지 않았다면 이 책을 세상에 선보일 수 없었을 것이다.

이 책에 쓰인 내용은 필자가 2000년 전후로 언론에 기고했던 칼럼 내용과 많이 다르다. 과거에 부족한 지식으로 섣부른 칼럼을 쓴 것에 대해서 부끄렵게 생각한다. 이 책을 통해서 과거의 잘못을 만회할 수 있게 되기 바란다. 이렇듯 소회를 밝히는 것은 지금 보수 지식인으로 전향해서 한국 진보와 문재인 정부의 외교·안보정책을 비판하는 것이 아님을 말하기 위해서다.

한국에서는 북한을 비판하고, 진보정권을 비판하면 보수라고 생각하는 경향이 있다. 이것은 잘못된 이분법이다. 필자는 좌(左)와 우(右)를 모두 경험했다. 현재는 좌·우 이념 틀에서 벗어나 중도적 입장에서 세상을 보고 있다. 굳이 필자의 정치적 성향을 말하자면 중도 좌파다.

필자가 가장 존경하는 정치인은 헬무트 슈미트 전 독일 총리다. 그도 중도좌파다. 그런데 안보 문제에 있어서만큼은 철저한 현실주의자였다. 자신의 정책 키워드가 평화인데도, 본인 스스로 평화주의자가 아니라고 말했을 정도다. 슈미트는 2012년 3월에 독일 여론조사 기관 포르자(Forsa)가 실시한 「독일 현존 인물 베스트 10」에 대한 여론조사에서 1위를 차지했다. 2015년 영국 여론조사 기관 유고브(YouGov)가 발표한 「독일인들이 뽑은 세계에서 가장 존경받는 인물 베스트 10」에서도 1위는 슈미트였다.[2)]

그 정도로 슈미트는 정계에서 은퇴한 후에도 독일인으로부터 많은 사랑과 존경을 받았다. 한국의 불행한 전직 대통령들과 많이 다르다. 슈미트는 국가가 위기에 처했을 때, 진영 논리를 초월해서 정치를 했다. 총리 자리에 연연하지도 않았다. 목숨 걸고 자신의 철학과 원칙을 지킨 진실한 정치인이었다. 한국 정치인들이 이 책을 통해서 그를 알게 되어 귀감으로 삼기 바란다.

이 책이 진보와 보수를 넘어서 우리의 외교·안보정책을 성찰하는데 조금이라도 도움이 될 수 있다면 무척 기쁠 것 같다. 이 책 출간에 도움을 준 박영사의 여러 임직원에게 감사의 말씀을 드린다. 필자가 학자의 길을 걸은 후로 어머니와 아내에게 진 빚은 이루 헤아릴 수가 없다. 이 책을 어머니와 아내에게 바친다.

2022년 5월 초 따뜻한 봄날에

정 상 돈

2) 양돈선(2017), pp. 36–38.

| 차 례 |

I 서 론

II 북한에 대한 환상

Ⅲ 영혼 없는 정치

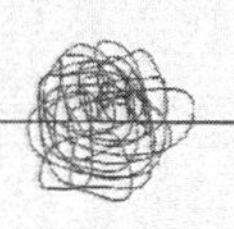

Ⅳ 한반도와 미·중 패권경쟁

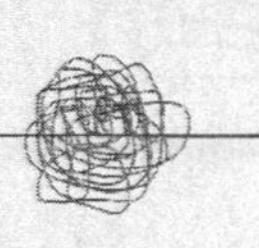

20세기 미·소 냉전과 서독 vs 21세기 미·중 패권경쟁과 한국

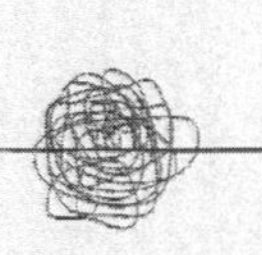

위기의 시대, 전쟁을 부르는 정치

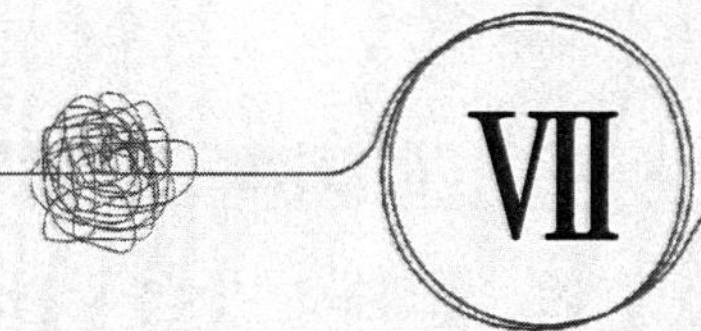

결론: 생존의 기로에서

| 표 차례 |

| 그림 차례 |

I 서 론

I

서 론

1. 문제 제기와 집필 배경

공감 능력을 상실한 한국의 진보와 보수

역사는 반복된다는 말이 있다. 요즘 상황이 그렇다. 1592년에 임진왜란이 발발하기 전 조선의 지식인들은 동인(東人)과 서인(西人)으로 나뉘어 상대의 말을 무조건 부정했다. 1590년에 일본의 동향을 살피기 위해서 통신사로 파견되었던 황윤길(서인)과 김성일(동인)은 귀국 후 상반되는 보고를 했다. 황윤길은 임금 선조에게 "필시 전쟁이 일어날 것"이라고 보고했다. 반면에 김성일은 "그러한 정상은 발견하지 못하였는데 황윤길이 장황하게 아뢰어 인심이 동요되게 하니 사의에 매우 어긋납니다"라고 보고했다.[1] 선조는 동인의 주장을 받아들였다. 1592년에 김성일의 보고와 달리 일본이 조선을 침략했다. 조선은 초토화되었다.

21세기 한국에서도 비슷한 일이 벌어지고 있다. 북한의 김정은 정권은 인민을 굶주림으로 내몰면서 핵과 미사일의 개발 및 고도화에 전력을 기울이고 있다. 현재 북한의 상황은 코로나 방역이라는 명분하에 국경을 봉쇄해서 파악하기 어렵다. 평양에 주재했던 외교관들도 대부분 본국으로 철수했다. 김정은 국무위원장(이하 김정은)이 2021년 4월 8일 제6차 당세포비서대회의 폐회사에서 현재 상황을 1990년대 중·후반의 「고난의 행군」 시기와 비교할 정도로

1) 황인희(2015), pp. 236－237.

어려운 것만은 분명해 보인다.

북한에서 「고난의 행군」이란 말은 비극적 참상과 겹친다. 1990년대 중·후반 제1차 「고난의 행군」 시기에 최소한 백만 명 이상이 굶주림으로 죽었기 때문이다. 그런데 김정은 스스로 말하듯 현재 북한은 제2차 「고난의 행군」 시기다. 이렇듯 어려운 상황에서 북한은 2022년 1월 한 달에만 7차례 11발의 미사일 시험발사를 했다. 물론 이 미사일의 대부분은 남한을 사정거리에 둔 것이다. 핵탄두 탑재도 가능하다.

보도에 따르면 1월의 미사일 시험발사에 최대 6천만 달러의 비용이 사용됐을 것이라고 한다. 이 돈으로 구입할 수 있는 쌀은 9만 3천 톤에서 15만 톤 정도가 된다. 옥수수는 13만 5천 톤에서 22만 톤을 살 수 있다고 한다. 2022년에 북한 식량의 부족분은 80만 톤이 될 것으로 추정되고 있다.[2] 옥수수 기준으로 북한 당국이 식량 부족분의 1/4에 해당하는 돈을 한 달 동안 미사일 시험발사에 사용한 것이다.

유엔 산하 식량농업기구(FAO)와 유엔아동기금(UNICEF, 유니세프)이 2021년 12월 15일에 공개한 「2021년 아시아 태평양 지역 식량안보와 영양」 공동 보고서에 따르면, 2018년부터 2020년까지 북한의 영양 결핍 인구 비율은 42.2%라고 한다. 동아시아 지역에서 최악이다. 인구수로 보면 1천 90만 명 정도가 영양 결핍에 시달리고 있다. 제1차 「고난의 행군」을 겪고 난 후인 2000년과 2002년 사이의 820만 명과 비교하면 270만 명이 증가했다.[3] 20년 전보다 김정은 시대에 북한에서 영양 결핍 인구가 오히려 증가한 것이다. 그럼에도 김정은은 국가 예산을 일차적으로 핵과 미사일 개발에 투입한다.

유엔 안전보장이사회 산하 대북제재위원회 전문가 패널이 2022년 2월 4일에 제출한 보고서에 따르면 북한 해커들이 2020년부터 2021년 중반까지 북미, 유럽, 아시아의 최소 3개 가상화폐거래소에서 5000만 달러(약 600억 원) 이상을 훔쳤다고 한다. 이렇게 획득한 암호화폐 등은 북한에서 핵과 미사일 기술 개발의 주요 수입원이 되고 있다.[4] 평화를 원하는 정상국가라면 이렇게 할

2) VOA(Voice of America, 이하 VOA), (2022. 2. 10.). "북한 미사일 발사 수천만 달러 소요…인도적 지원 방식 바꿔야."

3) VOA. (2021. 12. 16.). "유엔 '북한 주민 42.2% 영양 결핍...아태 국가 중 최악'."

4) 『중앙일보』. (2022. 2. 6.). "유엔 '北, 작년 사이버 공격서 번 돈으로 미사일 기술 증강'."

수가 없다.

그런데 남한에서는 북한의 핵위협에 대비하기 위해서 국론을 모으지 못한다. 상당수 국민이 진보와 보수로 나뉘어 상대를 비난하고 대립하면서 싸우고 있다. 국가의 운명을 결정하는 외교·안보정책과 관련한 진영 간 싸움은 매우 치열하다. 진보는 북한이 대남전략을 바꿨으며, 남한과 평화공존을 원한다고 주장한다. 그러면서 남한의 대북 평화정책을 지지한다. 북핵에 대한 언급은 하지 않으면서 안보 문제로 공연히 국민을 불안하게 할 필요가 없다고 주장하기고 한다. 문재인 정부가 출범하기 전보다 임기가 끝나가는 현재 북핵 위협은 증가했다. 그럼에도 진보는 종전선언(정전상태에 있는 한반도에서 전쟁이 끝났다고 선언하는 것)이 필요하다고 말했다.

반면에 보수는 북한의 핵과 미사일 개발로 남북한의 군사력 균형이 무너져서 남한이 안보 위기에 처하게 됐다고 주장한다. 현재는 종전선언을 할 때가 아니며, 문재인 정부의 잘못된 평화정책으로 약화된 군사대비태세를 복원하고 강화시켜야 한다고 말하기도 한다. 이것이 대북정책을 둘러싼 진보와 보수 간 갈등이다. 이외에도 큰 갈등이 있다. 한국이 21세기에 패권경쟁을 벌이고 있는 미국과 중국 사이에서 어떤 입장을 취하는 것이 옳으냐에 대한 갈등이 그것이다.

미국에선 대(對)중국정책과 대북정책을 둘러싼 입장 차이가 크지 않고 초당적이다. 미국은 1979년에 중국과 국교를 정상화한 후 중국을 상대로 포용정책을 추진했다. 미국이 중국의 경제 발전을 도와주면, 중국이 점차 민주사회로 변화하는 등 정치제도도 변화할 것으로 생각했다. 그러나 중국은 미국의 포용정책을 이용해서 경제대국으로 부상했지만, 자신이 국제질서를 위해서 취해야 할 의무는 제대로 이행하지 않았다. 정치제도도 변한 것이 없다. 오히려 시진핑 주석(이하 시진핑) 집권 후 독재가 강화되는 등 전체주의 경향이 심화되면서 기존의 국제질서를 위협하고 있다. 미국의 패권도 넘보고 있다. 이에 미국에서 대중국 포용정책이 실패했다는데 민주당과 공화당 모두 공감하고 초당적으로 대중국 강경노선을 추진하고 있다.

한국에서 1998년에 출범한 김대중 정부가 대북 포용정책을 추진한 배경 인식도 미국 정부가 대중국 포용정책을 추진한 것과 크게 다르지 않았다. 남한이 북한의 경제발전을 도와주면 이것이 결국 다른 분야에도 영향을 미치면서 돌이킬 수 없는 「북한의 변화」가 시작될 것으로 기대했다. 그러나 이러한 기대는 이루어지지 않았다. 일부 북한 경제의 변화가 이루어졌지만, 이것은 북한 당국이 개혁 · 개방 정책의 일환으로 추진한 것이 아니다. 배급제가 붕괴되자 주민들이 먹고 살기 위해서 뛰어든 장마당(북한식 시장) 활동이 북한 경제의 일부를 변화시킨 것이다. 그 결과 북한 지도부가 「자본주의 온상」이라고 경계한 장마당 경제가 활성화됐다.

김정은은 장마당경제가 자신의 유일지배체제를 위협하는 요인이 되지 못하게 철저하게 통제하고 있다. 정치와 군사 및 사회 분야는 본질적으로 변한 것이 없다.(Ⅱ.1장) 오히려 북한은 김정은 시대에 핵무기를 완성하고, 한국군과 주한미군의 미사일방어체계를 무력화시킬 수 있는 미사일 개발에 박차를 가하고 있다. 그럼에도 한국에선 미국과 달리 북한 문제를 둘러싼 진보와 보수 간 국론 분열이 심각하다. 왜 이런 현상이 발생하는 것일까?

정책 성공의 조건과 평가의 기준

미국은 강대국인데다가 어차피 중국과의 패권경쟁을 치르는 당사자이기 때문에 국론이 대중국정책에서 초당적으로 수렴되는 것일까? 그렇다면 한반도 문제의 당사자인 한국에선 왜 대북정책을 둘러싸고 국론이 분열되는 것일까? 그리고 한국은 왜 제3자인 미국보다 소극적으로 북핵 문제에 임하는 것일까? 당사자인 한국이 미국보다 북핵 문제 해결에 더 초당적으로 적극적 입장을 취해야 맞는 것이 아닐까?

하지만 문재인 정부 들어서 한반도 문제의 당사자인 한국은 북핵 문제 해결을 미국에 맡겨놓다시피 했다. 그리고 마치 손을 뻗으면 금방이라도 평화가 손에 닿을 것 같은 분위기를 조성하기 위해서 애썼다. 그러는 동안 북핵 위협은 갈수록 증가했다. 반면에 우리 사회에는 문재인 정부의 평화정책으로 어떻게 되겠지 하면서 걱정하지 않는 분위기가 형성됐다.

북한이 문재인 정부시기에 핵과 미사일 개발을 멈췄다면 한국의 방관자적 태도를 다소 이해할 수도 있겠다. 그러나 북한은 오히려 자신에게 우호적인 정책을 추진한 문재인 정부시기에 마음 놓고 핵과 미사일 개발의 고도화를 추구했다. 그 결과 군사력 강화라는 측면에서 획기적인 진전을 이뤘다. 우리가 북한과 북핵 및 대북제재 등을 둘러싸고 내부적으로 분열되어 싸울 때, 북한은 문재인 정부의 평화정책과는 정반대의 정책을 추진하면서 한국을 위협하고 있다. 그런데도 외부의 위협 앞에서 우리 사회 내부는 단합이 되지 않는다. 왜 이런 것일까? 진보와 보수는 도대체 무엇을 기준으로 싸우는 것일까? 이들이 추구하는 평화는 다른 것일까? 똑같은 북한을 놓고, 왜 진보와 보수는 공감대를 형성하지 못하는 것일까? 우리가 공감 능력을 상실해서 그런 것일까?

정책이 성공하기 위해서는 세 가지 조건이 충족되어야 한다. 첫째, 모든 정책 에 상대가 있는 만큼 상대편 의도를 정확히 판단한 토대 위에서 정책이 추진되어야 한다. 둘째, 정책의 목표와 방법 및 수단이 적절한 것이어야 한다. 셋째, 정책을 추진하기에 적합한 환경 및 여건이 조성되어 있어야 한다. 정책을 추진하는 타이밍도 적절해야 한다.

유화정책이나 평화정책 또는 압박 및 대결정책 그 자체가 잘못되거나 나쁜 것은 아니다. 문제는 이 세 가지 조건이 충족된 상태에서 평화정책 혹은 압박정책이 추진되느냐 하는 것이다. 상대가 진심으로 평화를 원하는데 압박 일변도의 호전적 정책을 추진하는 것은 잘못된 것이다. 만약 보수가 정책추진 환경과 상대를 고려하지 않고 진보정권의 유화정책과 평화정책을 이념적 관점에서 무조건 비판한다면, 그것은 잘못된 것이다.

그러나 아돌프 히틀러(Adolf Hitler; 이하, 히틀러)처럼 전쟁을 일으켜 새로운 독일제국을 만들겠다는 욕망으로 가득 찬 상대에게 아서 네빌 체임벌린(Arthur Neville Chamberlain; 이하, 체임벌린) 영국 총리처럼 평화정책이나 유화정책을 추진하면 실패할 수밖에 없다. 평화가 절대적 가치라는 이유로 진보가 히틀러 같은 상대에게도 평화주의에 입각한 정책을 추진하면서 이념적 기준으로 보수를 비판하면 그것 역시 잘못된 것이다.

이상적인 평화주의와 현실적인 평화정책은 다른 것이다. 중요한 건 우리가 김정은의 의도와 북한 체제를 제대로 알고 대북정책을 추진하느냐 하는 것이다. 그리고 한국이 추진하는 대북정책의 목표와 방법 및 수단이 적절한 것이냐는 것이다. 한반도의 안보 환경이 평화정책을 추진하기에 적합한 것인지도 함께 고려할 필요가 있다. 정책을 평가할 때는 이런 점들을 고려해야 한다.

남북관계에 대한 환상

통일 전 동독 정부는 1970년대부터 연금생활자들이 서독을 방문할 수 있도록 허락했다. 1980년대에는 보다 많은 동독 시민에게 서독 방문이 허용됐다. 서독 시민은 1970년대부터 언제든 원하면 자유롭게 동독을 방문해서 친지를 만날 수 있었다. 동독에 상주한 서독 특파원이 동독 내부 상황을 서독 방송사에 송출하면, 동독 주민이 그 내용을 자신의 안방에서 TV로 보고 동독 내부 상황을 파악하기도 했다.

그런데 이와 같은 일은 남북관계에서 전혀 이루어지지 않고 있다. 노태우 정부는 「동서독기본조약」(Grundlagenvertrag)을 본떠서 1991년 12월에 「남북기본합의서」를 체결하는 등 전향적인 대북정책을 추진했다. 이후로 문재인 정부에 이르기까지 역대의 진보와 보수 정권 모두 남북관계 개선과 한반도 평화를 대북정책의 목표로 추진했다.

그러나 남북관계와 한반도 평화는 동서독관계와 달리 진전을 이루지 못했다. 남한이 노력하면 북한도 변화하면서 동서독관계처럼 남북관계 개선에 협조할 것이라고 생각했지만, 현실은 그렇게 전개되지 않았다. 동독 주민이 서독 TV 방송을 시청할 수 있었던 것과 달리 북한에서는 남한의 TV방송을 시청할 수 없다. 북한 주민이 DVD와 저장매체(USB)로 남한 드라마와 영화를 시청하는 것도 불법이다. 몰래 시청하다 걸리면 감옥에 가는 것은 물론, 심한 경우에 본보기로 공개처형을 당하기도 한다.

남북한 주민의 접촉은 원천적으로 불가능하다. 금강산관광이 이루어졌을 당시에도 남한의 관광객은 금강산에서 안내원을 제외하고 북한의 일반 주민을 볼 수 없었다. 「햇볕정책」의 옥동자로 불리던 개성공단에서도 남한의 관리자는 북한의 노동자를 직접 접촉하면서 일을 시킬 수 없었다. 북한 관리자를 통해서만 간접적으로 소통이 이루어졌다. 전 세계 어느 국가에서도 이렇듯 비정상적 방식으로 경제협력이 이루어지지 않는다. 동서독과 남북한은 왜 이렇게 다른 것일까?(Ⅲ.1, 2장)

서독 진보정권의 대(對)동독정책이 성공했다고 해서, 한국의 진보정권이 서독 진보정권과 외형상 비슷한 정책을 추진하면 성공으로 이어질까? 이렇게 생각한다면, 그것은 착각이다. 겉으로 보이는 것과 달리 한국의 진보정권이 추진한 대북정책은 서독 진보정권의 대동독정책과 많이 다르다.

남북경협과 몇 차례의 남북 정상회담에도 불구하고 남북관계는 동서독관계와 비교하면 지난 30년 동안 본질적인 측면에서 전혀 개선되지 못했다. 노태우 정부 때부터 발생한 북핵 문제 역시 30년이 지난 아직도 해결되지 못하고 있다. 북한에서 대(代)를 이어 30년 동안 고생해서 완성한 핵무기를 웬만해서는 포기하지 않을 것이다. 이런 상태에서 한반도 평화를 쉽게 말하는 것은 현실에 부합하지 않는다.

남북관계는 그동안 북한이 원할 때, 북한이 원하는 방식으로만 진행되면서 잘못된 관행이 고착됐다. 남한에 대한 북한의 갑(甲)질은 일상이 되었다. 특히 문재인 정부 들어서 비정상국가 북한의 요구에 맞춰서 정책을 추진하다 보니 남북관계는 개선되지 않고, 오히려 후퇴했다.

북한은 2020년 6월 16일 개성 소재 남북공동연락사무소를 폭파했다. 이것은 한국 국민의 세금으로 만든 것이다. 그런데 남한에서 북한인권 단체가 북한에 대북전단을 살포하는 것을 문재인 정부가 막지 않는다고 북한이 보복한 것이다. 이 사건이 발생하고 나서 문재인 정부는 김여정 당시 북한 노동당 제1부부장(이하, 김여정)의 요구에 따라 「남북관계 발전에 관한 법률」(약칭 「남북관계발전법」, 이하 대북전단금지법)을 2020년 12월 2일 국회에서 통과시켰다. 국제인권단체의 비판에도 불구하고 한국 헌법이 보호하는 「표현의 자유」를 침해하면서 대한민국의 정체성을 부정한 것이다.

2020년 9월에는 북한군이 북한 수역에 표류한 한국의 해양수산부 공무원 이 모 씨를 총격으로 사살하고 시신을 소각해서 훼손한 사건이 발생했다. 그러나 문재인 정부는 별다른 조치 없이 사건을 종결시켰다. 이에 피해자 유족이 한국 정부가 피해자의 사망 경위와 관련된 내용을 공개하라고 정부를 상대로 재판을 청구했다. 문재인 정부가 관련 내용을 충분히 공개하지 않았기 때문이다.

법원은 2021년 11월에 문재인 정부에게 군사기밀이 아닌 내용을 공개하라는 판결을 내렸다. 국민의 알 권리를 존중하라고 한 것이다. 그러나 문재인 정부(청와대와 해양경찰청)는 법원의 판결에 불복해서 항소했다. 국가가 국민의 생명을 보호하지 못한 것에 대해서 책임을 지기는커녕, 최소한의 할 일도 하지 않으려고 한 것이다. 그러면서 이 모든 것이 남북관계 개선을 위한 것이라고 주장했다. 만약 문재인 정부의 주장이 맞는 것이라면, 왜 북한군에 의해서 피살된 한국 해양수산부 공무원의 유족은 정부를 상대로 재판을 청구했을까? 또한 국제인권단체는 왜 동일한 문제로 문재인 정부를 비판한 것일까?

이 지점에서 우리는 스스로에게 물어볼 필요가 있다. 그동안 무엇을 기준으로 남북관계의 개선을 말해왔는지. 혹시 본질적인 부분 대신에 지엽적인 부분을 과대평가하면서 남북관계에 대한 환상에 빠졌던 것은 아닌지. 그러다 보니 기준도, 원칙도 철학도 없이 보여주기 식으로 대북정책을 추진해 온 것은 아닌지. 어쩌면 우리가 남북관계 개선 및 악화 방지라는 강박관념에 사로잡혀서 북한의 비정상적 행위도 용인해야 한다는 잘못된 통념에 빠져 있었던 것은 아닌지. 북한이 말하는 남북관계 개선과 남한이 말하는 남북관계 개선은 과연 같은 것인지. 북한이 말하는 평화와 남한이 말하는 평화도 같은 것인지.(Ⅲ.2, 3장)

이젠 우리 스스로에게 이와 같이 근본적인 질문을 던지면서 무엇이 잘못되었는지, 그리고 과거의 잘못을 반복하지 않으려면 무엇을 어떻게 해야 하는지 성찰할 때가 되었다. 한국의 진보와 보수가 북한 문제를 둘러싸고 공감 능력을 상실한 채 서로 싸우는 것도 이런 문제에서 비롯되기 때문이다.

잘못된 전략: 「한반도 비핵화」와 「한반도 평화체제」의 병행 추진

북한이 평화를 원하는 정상국가라면 북핵 협상은 벌써 해결됐을 것이다. 북핵 협상은 지난 30년 동안 실패했다. 김정은은 북한 주민들에게 자신이 핵무기를 완성한 것을 최대의 업적으로 자랑하고 있다. 이것은 더 이상 기존의 방식으로는 북한의 비핵화를 달성할 수 없음을 의미한다. 문재인 정부 5년 동안 김정은이 시도했던 비핵화는 완전한 비핵화가 아닌 부분적 비핵화였다. 영변의 핵시설만 해체하고, 나마지 핵시설과 핵무기는 보존한 채 대북제재를 해제하고 협상을 끝내려고 했기 때문이다.

이런 사실은 김정은과 도널드 트럼프(Donald Trump; 이하, 트럼프) 전 미국 대통령이 2019년 2월에 하노이에서 개최한 제2차 미·북 정상회담에서 드러났다. 트럼프는 김정은의 제안을 거절했다. 회담은 실패로 끝났다.(Ⅱ.3장) 이후 미·북 간 비핵화 협상은 전혀 진행되고 있지 않다. 바이든 정부가 출범해서 북한과 조건 없이 대화에 임하겠다는 의지를 수없이 밝혔지만, 북한은 응하지 않고 있다.

비핵화에 대한 남북한의 개념은 다르다. 한반도 평화체제에 대한 남북한의 개념도 다르다. 북한은 비핵화와 한반도 평화체제의 조건에 주한미군 철수를 포함시키고 있다. 북한의 의도는 부분적 비핵화로 핵군축을 하고, 주한미군 철수를 통한 평화체제를 구축하겠다는 것이다. 이것이 북한식 비핵화와 평화체제 병행 추진전략의 실체다. 북한은 지난 30년 동안 이 전략에서 조금도 변화하지 않았다. 그럼에도 한국의 역대 정부는 북한과의 동상이몽 속에서 「한반도 비핵화」와 「한반도 평화체제」 병행 추진 전략을 금과옥조로 여기면서 실패하는 정책을 반복해 왔다.(Ⅲ.3장)

그렇다고 필자가 남북관계 개선과 한반도 평화 및 북한의 비핵화를 포기하자고 말하는 것은 아니다. 다만, 지난 몇 십 년 동안 한국의 진보와 보수 정권을 막론하고 대북접근법이 실패해왔다면, 이제 새로운 대안을 찾아야 할 때가 된 것이 아닌지 묻는 것이다. 왜 기존의 관성을 타파하고, 새로운 대북전략을 모색해서 획기적인 변화를 추구하지 않느냐는 것이다. 비정상국가 북한이 변하지 않는 상태에서 남북관계를 개선하고, 한반도 평화를 달성하는 일이 과연 가능한 것일까? 북한은 북한의 방식만을 고집하는데, 남한은 왜 자신의 방식으로 북한에게 맞대응하지 못하는 것일까?

북한이 중 · 장기적으로 일관되게 자신의 길을 추구하면서 남한을 위협한다면, 남한도 이젠 기존의 실패한 정책에 대한 미련을 버리고 중 · 장기적으로 일관되게 가야 할 남한의 길을 찾아야 하는 것이 아닐까? 이것이 북한 문제에 무관심하자는 말은 결코 아니다. 필자가 묻고 싶은 것은, 지난 30년 추진했던 한국의 대북정책이 실패하고 북핵을 머리에 이고 살아야 하는 비상 시국에 왜 북한이 두려워하는 지렛대를 사용해서 북한을 움직이려 하지 않느냐는 것이다. 또한 왜 북한의 핵무기를 무용지물로 만들 수 있는 전쟁 억제의 지렛대를 사용하지 않느냐는 것이다.(Ⅵ.2장과 Ⅶ.결론)

옛 서독과 한국의 외교 · 안보정책은 얼마나 비슷할까?

2017년 10월 30일 강경화 당시 외교장관(이하, 강경화)은 중국과 협의(혹은 합의)한 3불(3不)정책을 국회에서 답변 형식으로 말했다. 첫째 사드(THAAD:

Terminal High Altitude Area Defense, 고고도 미사일 방어체계) 추가 배치를 하지 않고, 둘째 한·미·일 군사동맹을 추진하지 않으며, 셋째 한국이 미국의 미사일방어체계(MD)에 편입되지 않겠다고 한 것이다. 문재인 정부에게 북핵을 막을 수 있는 무슨 대안이 있어서 그런 것도 아니었다. 한국 정부가 추진하는 미사일방어체계(KAMD: Korea Air and Missile Defense)를 미국의 미사일방어체계와 분리해서 운영하는 방식으로는 가까운 시일 내에 북한의 핵미사일과 전술핵이 탑재된 방사포를 막기 어렵다.(Ⅵ.2장)

그럼에도 문재인 정부는 북핵을 막을 수 있는 시스템, 즉 사드 추가 배치는 물론 한국 미사일방어체계와 미국 미사일방어체계의 통합을 포기했다. 중국은 한국 안보에 해가 되는 요구를 하고, 한국은 중국 눈치를 보면서 스스로 안보 주권을 포기한 것이다. 통일 전 서독은 냉전기 소련의 위협에 어떻게 대응했을까? 한국의 많은 전문가들은 한국이 처한 지정학적 위치와 대(對)중국 경제의존도 때문에 미국과의 동맹도 중요하지만, 중국과도 잘 지내야 한다고 말한다. 5년이 지난 지금도 문재인 정부가 중국에게 했던 3불 약속을 유지해야 한다고 주장하는 사람들이 있다.

통일 전 서독의 지정학적 위치는 결코 한국보다 유리하지 않았다. 독일이 제2차 세계대전 후 한반도처럼 분단되자, 분단국가 서독은 지정학적으로 동·서 양 진영의 최전방 경계선에 위치했다. 전쟁이 나면 서방진영 국가들 중에서 가장 먼저 바르샤바 조약군의 공격을 받게 될 대상이 서독이었다. 동독에는 약 35만 명의 소련군이 주둔해 있었다. 서독은 미국과 소련, 프랑스, 영국 등 주변국의 견제로 더 이상 강대국 역할을 할 수 없었다. 동독 내에 섬처럼 고립되었던 서(西)베를린시도 분단 기간 내내 서독 정부의 근심거리였다. 소련의 봉쇄로 서베를린시가 위기에 처하기도 했었다.

1970년대 중·후반에 옛 소련이 동독에 소련제 중거리 핵미사일 SS－20을 배치했을 때, 서독의 헬무트 슈미트(Helmut Schmidt; 이하, 슈미트) 총리는 미국을 비롯해서 영국과 프랑스 등 나토(NATO: North Atlantic Treaty Organization, 북대서양 조약기구) 국가들을 주도적으로 설득했다. 소련과 중거리 핵미사일 철수 협상을 하되, 실패하면 서방 진영에도 소련을 겨냥한 미국의 중거리 핵미사일을 설치하자는 것이 핵심 내용이었다. 그것이 바로 「나토 이중결정」(Nato Doppelbeschluß)이다.(Ⅲ.3장) 슈미트는 소련의 중거리 핵미사일로 동·서 유럽의 군사력 균형이 깨진 상태에서 이를 방치하면 서독의 안보와 민주주의가 위태롭게 된다고 생각했다. 그래서 국내 평화운동의 저항은 물론 자신이 소속한 사민당 내의 반대에도 불구하고 미국의 중거리 핵미사일 서독 배치 결정을 추진했다.

슈미트의 외교 · 안보정책에서 키워드는 평화였다. 그런데 슈미트는 평화를 이상적 평화주의가 아닌, 군사력/힘의 균형을 통해서 달성하려고 했다. 이것은 문재인 대통령(이하, 문재인)의 평화정책과 많이 다르다. 문재인 정부는 북한과 중국을 자극하지 않으려 했다. 그래서 미국의 전술핵무기를 남한에 재배치하는 것을 꿈도 꾸지 않았다. 설령 미국이 주저하더라도 한국에 필요한 것이라면 한국이 주도적으로 미국을 설득하는 것이 맞는데도 그랬다. 한국은 통일 전 서독의 외교 · 안보정책에서 교훈을 찾는다고 말한다. 한국 대통령이 취임하면 독일을 방문해서 남북관계와 한반도 통일에 대한 연설을 하는 것이 관행이 되었을 정도다. 그런데 한국은 실제로는 서독과 전혀 다른 외교 · 안보정책을 추진해왔다.

서독은 냉전기에 나토 회원국으로 서방진영의 안보를 위한 역할을 분담했다. 그러나 한국은 미국의 동맹이면서도 쿼드(Quad: Quadrial Security Dialogue, 미국, 일본, 호주, 인도의 4자 안보대화)에 참여하지 않았다. 미국이 아시아에서 2+2 회담(외교 · 국방장관 회담)을 하는 국가는 한국과 일본, 호주 그리고 인도다. 그런데 문재인 정부 하에서 한국만 쿼드에 참여하지 않았다. 중국 눈치를 봤기 때문이다.[5)]

슈미트는 국가 간의 관계에서 어떤 전략과 전술보다 신뢰가 중요하다고 생각했다. 통일 전 서독은 미국과 소련 사이에서 원칙과 철학을 갖고 외교를 추진했다. 슈미트는 친서방정책(동맹정책)과 신동방정책(동유럽 사회주의국가를 대상으로 한 정책)을 동시에 추진하면서 균형을 모색했다. 그러나 슈미트의 균형외교는 친서방 동맹정책을 중시하는 가운데 추진됐다. 미국과 소련 사이에서 기회주의 외교를 추진하지 않았다. 이런 정책은 슈미트의 후임자 헬무트 콜(Helmut Kohl; 이하, 콜) 총리에게로 이어졌다. 그렇지 않았더라면 독일 통일의 기회가 왔을 때 미국이 서독을 도와주지 않았을 것이다. 1989~1990년에

---

5) 2022년 현재 미국은 한국의 쿼드 참여에 신중하다고 한다. 그러나 여기서 필자가 말하는 것은 쿼드 결성 초기에 문재인 정부의 한국이 일본이나 호주와 달리 쿼드 참여에 부정적인 태도를 취했다는 점이다.

미국이 적극 나서서 소련과 영국 및 프랑스를 설득하지 않았더라면 독일은 통일되지 않았을지 모른다.

그런데 한국은 미국과 중국 사이에서 「양다리 걸치기」 외교를 추진하고 있다. 한국의 많은 전문가도 생존이 가장 큰 국익이라면서 한국이 미국과 중국 사이에서 전략적 모호성을 유지하고, 「줄타기 외교」를 하는 것이 불가피하다고 주장해왔다. 정의용 외교장관(이하, 정의용)은 미국과 중국이 우리의 선택 대상이 아니라는 말도 했다.6)

한국의 진보세력은 이것을 균형외교라고 포장한다. 미국과 중국 양측으로부터의 신뢰 상실을 초래할 수 있는 외교를 균형외교라고 말한 것이다. 그런데 원칙과 철학 없이 추진하는 기회주의 외교가 한국의 생존을 보장해줄 수 있을까? 기회주의 외교를 하다가 미국의 도움이 결정적으로 필요한 순간에 한국이 도움을 받지 못하게 될 수도 있기 때문에 이런 물음을 던지는 것이다.

중국은 현재 국제 질서의 현상 변경을 추구하고 있다. 남중국해의 분쟁에서 보듯이 국제규범을 무시하고, 주변국들을 존중하지 않으면서 일방적으로 중국의 이익만 추구하려 한다. 경제 문제에 있어서도 중국은 세계무역기구(WTO: World Trade Organization)에 가입한 후 회원국으로서의 의무는 제대로 이행하지 않았다. 국제규범을 지키지 않으면서 특혜만 누린 것이다. 중국의 번영은 불공정 거래를 통해서 다른 국가들의 희생을 토대로 이루어진 측면이 적지 않다. 중국은 북한과 마찬가지로 한반도에서도 한미동맹 해체와 주한미군 철수를 통한 현상 변경을 추구하고 있다. 북핵 문제를 한미동맹 해체와 주한미군 철수의 수단으로 활용하려 하기도 한다.(Ⅳ.2장) 이런 것은 중국이 균형을 깨는 시도다.

한국이 정말 제대로 된 균형정책을 추구한다면 중국이 경제력과 군사력으로 국제질서의 균형을 깨고, 한반도에서도 주한미군 철수를 추구하면서 힘의 균형을 깨는 것에 맞서서 대항해야 하는 것이 아닐까? 미국을 중심으로 중국의 잘못된 관행을 바로잡으려는 국제사회의 노력에 힘을 보태는 것이 시대정신이 아닐까?

서독과 한국 모두 제2차 세계대전 후 만들어진 분단국가다. 독일과 미국은

6) 『한국일보』. (2021. 4. 2.). “한국, 美中 양자택일 못해…대중봉쇄는 촌극, 중국의 기고만장.”

제2차 세계대전에서 서로 싸운 적대 국가였다. 그런데 미국은 서독과 동맹관계를 맺은 후 서독을 1류 동맹으로 평가했다. 한국은 1950년에 발발한 6 · 25전쟁에서 미국의 도움으로 기사회생 했다. 그 후에도 미국의 도움으로 안보 불안을 해소하고, 경제발전과 민주화를 달성했다. 그러나 문재인 정부 하에서 한국은 서독과 달리 미국의 동맹이면서 동맹이 아닌 것처럼 처신했다. 북한 문제에서 그랬고, 중국 문제에서 그랬다.

미국과의 연합군사훈련 축소와 연기 및 중단도 서독 같으면 상상할 수 없는 일이다. 그러나 문재인 정부 들어서 한 · 미 연합군사훈련은 대폭 축소되고 약화됐다. 대규모 야외 실기동 군사훈련은 아예 중단됐다. 한 · 미 연합군사훈련을 정상적으로 하지 않는 것은 한미동맹을 약화시키는 아주 효과적인 수단이다. 그럼에도 문재인 정부는 북한을 자극하지 않기 위해서 미국에게 한미동맹의 약화를 초래하는 이런 조치를 요구했다. 그 결과 북한의 군사적 위협은 날로 증가하고 있는데 한미동맹이 약화됐다. 반면에 같은 기간에 미 · 일 연합군사훈련은 한 · 미 연합군사훈련과 달리 강화됐다. 지난 5년 동안 한미동맹과 미일동맹은 반대의 길을 걸었다.

미 · 중 패권경쟁 하에서 증가하는 한반도 전쟁 가능성

최근 미 · 중 패권경쟁이 심화되면서 중국이 대만을 무력으로 통일할 수 있다는 전망이 나오고 있다. 중국이 미국의 인도-태평양전략을 무력화시키고, 패권을 차지하기 위해서는 대만을 중국 영토로 회복하는 것이 절대적으로 필요하다. 단지 민족주의 차원을 넘어서 군사적으로 대만의 전략적 가치는 중국에게 그만큼 크다. 그런데 홍콩 사태를 겪은 대만 국민은 갈수록 중국과의 통일을 거부하고 있다. 이런 사태가 장기화되면 중국은 무력으로 대만과의 통일을 시도할 것이다. 특히 미국이 국내정치적 위기 상황에 처하거나, 재정 · 경제적 위기로 외부 상황에 개입하기 어렵게 될 때, 중국은 이런 시도를 할 수 있다.

중국이 대만을 중국 영토로 편입하는 시도는 시간문제일 뿐, 어떤 방식으로든 이루어질 것으로 보인다. 만약 이런 통일이 평화적으로 이루어진다면, 그것은 한반도 안보에 별 영향을 미치지 않을 수 있다. 그러나 중국이 무력으로 대만과의 통일을 시도할 경우에는 사정이 달라진다. 대만의 위기가 북한에게는 남한에 대한 무력 통일을 시도할 수 있는 절호의 기회가 될 수 있기 때문이다. 그렇지 않아도 북한은 전략과 전술 이중 핵 역량을 보유하면서 주한미군을 무력화시키고, 한반도에 파견될 미군 증원 병력을 차단시킬 수 있는 군사력을 갖춰가고 있다.(Ⅱ.2장)

그런데 중국의 대만 침공으로 주한미군과 주일미군의 역량이 분산된다면, 북한은 이를 남침의 호기로 여길 것이다. 어쩌면 중국이 대만 침공에 우호적인 환경을 조성하기 위해서 북한의 남침을 유도할 수도 있다. 주한미군과 주일미군이 대만 문제에 전력을 기울이지 못하도록 하기 위해서 말이다. 중국의 대만 침공과 북한의 남한 침공은 동시에 발생할 가능성이 많다. 미국이 두 개의 전선(戰線)에서 동시에 군사적으로 대응해야 하는 상황이 발생할 수 있다는 말이다.(Ⅵ.1장)

2021년 12월에 개최된 한 · 중 전략대화에서는 중국군 상장 출신의 참석자가 "중국이 대만을 공격하면 본토의 미군이 오기 전까지 주한미군이나 주일미군이 대만으로 이동할 우려가 있기 때문에 한국과 일본이 공격 대상이 될 수밖에 없다며 경고했다"[7]는 말을 했다고 한다.

그런데 동아시아에서 대만과 한반도 등 두 개의 전선이 형성되면 미국은 어떻게 할까? 두 마리 토끼를 모두 잡으려 할까? 아니면 하나를 선택할까? 이런 선택에는 여러 변수가 고려될 것이다. 그런데 현재 미국의 외교 · 안보정책에서 가장 중요한 것은 중국을 견제하는 것이다. 이를 위해서 미국은 트럼프 정부 때부터 인도-태평양전략을 추진하고 있다. 대만은 미국의 중국 견제에 적극적으로 동참하려고 한다. 미국 입장에서 볼 때, 적(敵)의 적(敵)이다.[8] 반면에 문재인 정부 하에서 한국은 미국의 대중국 견제에 매우 소극적이었다. 미국 앞에선 미국 편, 중국 앞에선 중국 편인 것처럼 행동했다.(Ⅳ장)

미국이 대중국 견제를 위하여 가장 중요하게 생각하는 인도-태평양전략에서 대만과 한국 두 나라는 지난 5년 동안 상반된 태도를 취했다. 이런 점에

7) 송평인. (2022. 1. 12.). "정용진 '좋아요'." 『동아일보』.

8) "'적의 적은 친구'라는 의미에서 보면 미국의 동아시아 전략에서 중국과 적대관계에 있는 대만의 가치는 한국과 필리핀을 웃돈다."[(김진호. (2021. 3. 24.). "바이든-시진핑 시대의 대만, 미 · 중 격돌의 첫 전장 되나." 『중앙일보』.)]

서 미국에게 대만의 전략적 가치는 한국을 능가한다. 다만, 미국이 중국을 상대로 언제까지 대만을 보호할 수 있을지는 미지수다. 시간이 갈수록 군사력을 강화하는 중국 본토를 상대로 미국이 해양에서 대만을 보호하는 데는 한계가 있기 때문이다. 미국이 대만을 포기하는 경우가 발생할 수 있다는 말이다. 이런 측면에서는 한국의 전략적 가치가 대만을 능가한다.

미국이 단기적으로는 대만의 전략적 가치를, 그리고 중 · 장기적으로는 한국의 전략적 가치를 더 평가할 수 있다. 그러나 미국이 대만을 포기하면 아시아에서 중국에게 패권을 넘겨주게 된다. 이것이 미국의 딜레마다. 그렇다고 미국이 단기적으로 한국의 전략적 가치를 낮게 평가한다는 것은 아니다. 그러나 문재인 정부가 한미동맹을 역대 최악으로 만들면서 미국이 한국을 2~3류 동맹으로 생각하도록 만들었다.(Ⅳ장) 향후 한국이 어떤 태도를 보이느냐에 따라 미국의 평가가 달라질 수 있다.

미국이 두 개의 전선에서 동시에 중국과 북한이라는 두 개의 핵보유국을 상대로 승리한다는 것은 쉬운 일이 아니다. 중국의 대만 침공과 북한의 남한 침공이 발생할 수 있는 시점이 언제이냐에 따라, 그리고 미국이 처한 대내외적 상황이 어떠냐에 따라 미국이 각기 다른 방식으로 대응할 수 있다. 중요한 것은 북한의 남침이 예상되는 시점에 한미동맹이 약화되서는 안 된다는 것이다.

단기적 관점에서 미국이 두 개의 전선에서 동시에 군사적 승리를 추구할 경우, 한국은 미국의 도움을 받기 위해서라도 미 · 중 사이에서 보다 신뢰할 수 있는 동맹의 모습을 보여줘야 한다. 미 · 중 사이에서 「줄타기 외교」를 해서는 안 된다는 말이다. 북한 문제로 한 · 미 간에 이견이 자주 발생하면서 갈등이 심화되도 곤란하다. 김정은은 그렇지 않아도 한국에서 문재인 정부가 출범한 후 한미동맹을 무력화시키고 궁극적으론 해체하기 위해서 한 · 미 간 균열을 계속 유도했다. 훗날의 남침 가능성을 염두에 두고 유리한 환경 조성을 시도해 온 것이다.

김정은은 2021년 1월에 개최된 제8차 노동당대회에서 북한 주민들에게 비전을 제시하며 “군사력으로 통일을 앞당기겠다”는 말을 했다. 김정은은 2019년 8월 5일 트럼프 미국 대통령에게 보낸 친서에서 “현재 그리고 미래에 남한군은 내(김정은의; 필자) 적이 될 수 없습니다. 당신(트럼프; 필자)이 언젠가 언급했듯이 우리는 특별한 수단의 필요 없이도 강한 군대를 보유했습니다. 남한 군대는 내 군을 상대할 적수가 못 된다는 게 진실입니다"[9] 라는 말도 했다.

미국만 남한을 도와주지 않으면 무력으로 남한을 적화통일 시킬 자신이 있다는 말이다. 한 · 미 연합군의 미사일방어체계를 무력화시킬 핵미사일을 보유한 것도 김정은의 상황 오판을 초래할 수 있는 요인 중 하나다. 중요한 것은 김정은이 이런 상황을 염두에 두고 비핵화 협상 대신에 제2차 「고난의 행군」을 각오하면서 군비증강에 매진하고 있다는 점이다.

김정은은 2012년에 집권한 후 현재 최대의 경제 위기를 맞고 있다. 국제사회의 대북제재와 코로나 바이러스 방역 차원의 국경봉쇄 및 농업생산 부족으로 북한 경제가 김정은 집권 후 최악이다. 코로나가 극복되더라도 북한 경제의 구조적 문제가 나아질 가능성은 적다. 아직까지는 북한에서 김정은의 물리적 통제력이 잘 작동하는 편이다. 그러나 이런 상태로 5~10년 지속되면 상황은 달라질 수 있다. 특히 북한 청년층의 의식은 기성세대와 많이 다르다. 북한에서 장마당이 발달하기 시작한 시기에 성장한 이들은 사상 무장이 덜 돼있다. 김정은은 이 점을 가장 경계하고 있다. 이것이 1990년대 중 · 후반의 제1차 「고난의 행군」 시기와 가장 큰 차이점이다.

북한에서 10년 이내에 청년층의 민심 이반을 기존의 물리적인 방식만으로 통제하기 어려워지게 된다면 김정은은 어떻게 위기 상황을 돌파하려 할까? 김정은이 돌파구로 남한에 대한 무력통일을 시도할 가능성은 없을까? 10년 후라면 대만 문제로 미국과 중국 간의 군사충돌 가능성이 높아질 수도 있다. 미국이 내부 문제로 한반도에 군사적으로 개입하기 어려운 상황이 발생하게 될 수도 있다. 윤석열 정부 이후에 한국의 차기 정부가 이상한 외교 · 안보정책으로 한미동맹을 무력화시킬 수도 있다.

상황이 이렇게 전개된다면, 김정은이 국내적으로 궁지에 몰린 상태에서 남한에 대한 군사도발 혹은 전쟁을 일으키고 이것으로 국면 전환을 시도하지 않을까? 물론 김정은이 내부 문제에 발이 묶여 외부로 눈을 돌리지 못하게 될 수도 있다. 그러나 우리 입장에선 최악의 가능성에 대비할 필요가 있다.

---

9) 밥 우드워드(2020), p. 201.

한국의 많은 군사전문가는 필자와 달리 향후 한반도에서 발생하게 될 군사 충돌을 기껏해야 「제한 핵전쟁」의 형태로 예상한다.(Ⅱ.2장) 북한이 핵무기를 수단으로 남한 영토의 일부분을 점령할 가능성을 높게 보면서, 전면전을 일으킬 가능성은 낮게 보는 것이다. 여기에는 북한이 1990년대 이후 체제위기를 겪으면서 생존에 급급한 나머지 기존의 공세적 군사전략을 방어적으로 전환했다는 잘못된 대북인식이 영향을 미쳤다.

북한이 정말 대남 군사전략을 방어적으로 바꾸고, 무력통일을 포기했을까? 김대중 정부가 「햇볕정책」을 추진하면서 대북지원을 합리화하기 위해서 북한의 변화를 의도적으로 강조하고 홍보한 이래 한국의 많은 북한 전문가들이 이런 주장에 편승했다. 우리 사회에서 남북한 체제경쟁은 이미 끝났다는 인식 하에 북한의 군사위협을 과소평가하는 분위기가 형성된 것이다. 심지어 문재인도 2020년 6 · 25 전쟁 70주년 기념식에서 "우리의 GDP는 북한의 50배가 넘고, 무역액은 북한의 400배를 넘습니다. 남북 간 체제경쟁은 이미 오래전에 끝났습니다"[10]라고 말했다. 그런데 김정은도 문재인의 이런 발언에 동의할까?

김대중 정부 때 시작된 「북한 변화론」은 아직도 사라지지 않았다. 북한이 2021년 1월에 개최된 제8차 당대회에서 노동당 규약의 일부 단어를 수정하자, 최근 우리 사회에서는 북한이 남한과의 통일을 포기하고 평화공존을 추구하기로 했다는 「대남전략 변화론」이 다수 제기되기도 했다. 김정은이 동일한 제8차 당대회에서 군사력으로 통일을 앞당기겠다는 상반된 발언을 했음에도 이런 현상이 발생했다.

김정은은 2020년 10월 10일 노동당 창건 75주년 기념 열병식에서 "우리의 군사력은 우리 식, 우리의 요구대로, 우리의 시간표대로 그 발전 속도와 질과 량이 변해가고 있습니다. (…) 시간은 우리 편에 있습니다. 모두 다 사회주의의 휘황한 미래를 향하여, 새로운 승리를 쟁취하기 위하여 힘차게 전진

10) 문재인 대통령 6 · 25전쟁 제70주년 기념사 전문에서 발췌. 『동아일보』. (2020. 6. 25.). "文대통령 6 · 25 국군 유해, 70년 만에 우리 곁으로…조국은 잊지 않아."

해 나갑시다"[11]라고 말했다. 그런데 김정은이 왜 하필 열병식에서 최신 무기를 앞에 두고 이런 말을 했을까?

2018년 4월 27일 판문점에서 남북한의 두 정상은 회담을 한 후 각자 연설을 했다. 이 때 문재인의 연설 주제는 평화였다. 반면에 김정은의 연설 주제는 통일이었다. 서로 다른 주제로 연설을 한 것이다. 이런 차이에 내포된 의미를 문재인은 알고 있었을까?

김정은이 통일을 말할 때, 통일을 실현할 수 있는 방법이 과연 무엇일까? 김정은은 남한 주도의 흡수통일을 원하지 않는다. 그렇다면 북한이 군사적 방법 말고, 평화적인 방법으로 북한 주도의 통일을 실현할 수 있을까? 북한식 연방제에 남한 주민이 동의하지 않을 것인데, 북한은 군사적 방법 말고 어떻게 북한 주도의 통일을 실현할 수 있을까?(Ⅱ.2장)

북한 당국이 하는 말을 보면 일관성이 있다. 정권에 따라 바뀌는 남한 지도자의 발언과 차이가 있다. 그런데 왜 한국에서는 김정은과 노동당 기관지가 발표하는 일관된 발언과 내용을 무시하고, 자의적으로 북한을 해석하는 것일까? 노동당 규약도 왜 전체 문맥을 보지 않고, 일부 수정된 단어만 보고 왜곡된 해석을 하는 것일까? 학문적 연구가 너무 「정치화」되서 그런 것은 아닐까? 또한 한국 정치가 이런 학문적 편향을 이용하는 것은 아닐까? 이런 이유로 진보와 보수의 남남갈등이 끝없이 계속되는 것은 아닐까?

지난 역사를 돌아보면 자기중심적 판단과 진영논리에 기초한 당쟁이 조선의 국란과 멸망을 초래했음을 알 수 있다. 그럼에도 잘못된 역사는 여전히 되풀이되고 있다. 한국과 미국은 북한에 대한 전쟁을 계획하고 있지 않다. 한국은 전쟁을 통해서 잃을 것이 너무 많다. 미국은 이라크 전쟁과 아프간 전쟁을 통해서 국력 쇠퇴를 경험하며 골병이 들었다. 현재 미국은 중국과의 패권경쟁에서 중국을 견제하는데 모든 역량을 기울이고 있다. 미국은 북한을 상대로 전쟁을 벌일 의지가 없다.

그런데 북한은 인민을 굶주림에 내몰면서 핵과 미사일 개발에 전력을 기울이고 있다. 왜 이렇게 하는 것일까? 이것을 북한의 전쟁 준비라고 말하면 지나친 것일까?(Ⅱ.1장과 Ⅲ.3장) 북한과 남한 중 하나가 사라져야 남북한 체제경

11) 『연합뉴스』. (2020. 10. 10.). "북한 노동당 창건 75주년 열병식에서 한 김정은 연설."

쟁이 비로소 끝난다는 것을 「실패국가」 북한의 지도자 김정은이 누구보다 잘 알고 있지 않을까?(Ⅱ.1장)

북한이 전쟁을 준비하고 있는데, 문재인 정부는 임기 내내 전쟁이 끝났다는 선언, 즉 종전선언을 하려고 매달려왔다. 이게 정상적인 것일까? 현재 북한의 비핵화와 관련해서는 아무런 성과가 없다. 이런 상황에서 미국은 문재인 정부가 제안하는 종전선언을 추진할 경우 북한에게 주한미군 철수 명분만 제공할 수 있다는 점을 우려했다. 그러나 문재인 정부는 막무가내로 미국 정부에게 종전선언 참여를 종용했다. 한국 정부가 도무지 상식에서 벗어난 요구를 미국에게 한 것이다.(Ⅲ.3장과 Ⅵ.2장) 이러고도 한미동맹이 건강한 상태로 유지될 수 있었을까?

한반도에서 전쟁 가능성은 높아지고 있는데, 문재인 정부는 전쟁 억제의 지렛대를 모두 거부하거나 약화시키면서 역주행하는 정치를 보였다. 첫째, 종전선언에 매달리면서 한·미 연합군사훈련의 축소 및 중단을 추구했다. 둘째, 사드 추가 배치를 거부했다. 셋째, 한국의 미사일방어체계(KAMD)와 미국의 미사일방어체계(MD)의 통합을 거부했다. 넷째, 서독과 달리 미국의 전술핵무기를 한국에 배치하는 것을 생각하지도 않았다. 미국을 설득하려는 노력도 전혀 없었다. 다섯째, 일본이나 호주와 달리 미국의 인도-태평양전략에 동참하지 않음으로써 한미동맹을 2~3류 동맹으로 만들었다.

실패한 정치는 전쟁을 부른다. 그런데 한반도에서 전쟁이 다시 발발한다면 북한의 핵미사일을 막을 수 있을 만큼 한국의 군사 대비태세는 충분히 되어 있을까? 한국의 외교·안보정책은 역주행하고, 군사 대비태세는 북한의 핵미사일을 막을 만큼 충분치 못하며, 한미동맹은 흔들리는데다가 국민들까지 진보와 보수로 나뉘어 서로 싸우기를 그치지 않는다면 그 결과는 어떻게 될까? 안팎으로 흔들리는데, 이러고도 대한민국의 위기라고 하지 않을 수 있을까? 이러다 정말 나라를 잃게 되지나 않을까 두려운 마음에 이 책을 쓰게 되었다.

2. 집필 목적과 책의 구성

집필 목적

외부시각 및 기준으로 북한을 평가하면 틀리는 경우가 많다. 북한 체제는 외부 세계의 기준과 전혀 다른 방식으로 운영되기 때문이다. 통일 전 서독의 동독 연구에서는 사회주의 체제에 대한 연구에서 발생하는 문제점을 개선하기 위한 방법으로 내재적 접근법이 시도되었다. 사회주의국가 동독에 대한 가치 판단과 선입견 없이 동독의 논리에 따라 동독을 평가하자는 것이었다.

그런데 한국이 옛 서독의 내재적 접근법을 수입하는 과정에서 왜곡된 현상이 발생했다. 1980년대 한국의 민주화 운동 과정에서 형성된 주체사상파(북한의 주체사상을 신봉했던 운동권, 이하 주사파) 문화도 여기에 영향을 미쳤다. 한국판 내재적 접근법의 경우 북한을 있는 그대로 보는 것이 아니라, 지나치게 북한 입장에서 북한을 변호하는 방식으로 해석하는 경향이 있다. 한국 진보정권의 대북지원 정책을 변호하기 위한 논리로 포장될 때도 많았다. 북한 사회에서 보고 싶은 것만 보면서 북한의 변화를 희망적 사고로 예단하기도 했다. 동시에 탈냉전이라는 프레임에 갇혀서 전체주의 국가 북한에 대한 합리적 비판을 「냉전적 사고」라고 부정하기도 했다.

어떻게 해야 이런 문제를 해결할 수 있을까? 고민 끝에 필자는 남남갈등의 소재로 재생산되는 여러 주제들을 이 책에 소환했다. 북한에 대한 환상(Ⅱ장), 남북관계에 대한 환상(Ⅲ.2장), 평화에 대한 환상(Ⅲ.3장) 등이 그것이다. 동시에 한국의 진보와 보수 정권을 막론하고 노태우 정부부터 문재인 정부에 이르기까지 30여 년 동안 추구했던 대북정책과 관련해서 지극히 당연시했던 가정과 전제에 이의를 제기하고, 금기(禁忌) 없이 대안을 찾고자 했다.

「북한의 비핵화」 혹은 「한반도 비핵화」와 「한반도 평화체제」를 연계해서 추진해 온 기존의 정책이 과연 맞는 것이냐고 문제 제기를 한 것도 이런 맥락이다. 비정상국가 북한과 남북관계를 개선하고 한반도 평화를 달성하는 것이 근본적으로 어렵다면, 이제라도 대안을 찾아야 하는데 기존의 사고방식으로는 어려워 보이기 때문이다.

한국이 주권국가로서 스스로 안보 문제를 결정하지 못하고, 중국과 북한 눈치를 보느라 자신을 속박하는 결정을 하고는 그것을 벗어나지 못하는 사고의 틀도 깨고자 했다. 그렇게 하지 않고서는 중국과 북한에 대해서 한국이 사용할 수 있는 지렛대를 찾지도 못하고, 사용할 수도 없기 때문이다. 한미동맹이 한·미 연합사를 운영하면서 미국의 미사일방어체계와 한국의 미사일방어체계를 분리해서 운영하는 건 자기모순이다. 눈 가리고 아웅 하는 식의 절름발이 행태라고도 말할 수 있다.

북한의 핵미사일 공격을 효과적으로 막기 위해서 한국이 자신의 미사일방어체계(KAMD)보다 훨씬 우수한 주한미군의 미사일방어체계(MD)와 통합하는 것은 당연하다. 그런데 마치 이렇게 해서는 절대 안 될 것처럼 금기시하는 경향이 우리 사회에서 언제부턴가 굳어졌다. 이래 가지고는 한국이 북한의 핵미사일을 막기 어렵다. 미국은 한·미가 효율적으로 연합해서 북한의 핵미사일 공격을 막으려고 한다. 그런데 누가, 왜 한미동맹을 이렇게 절름발이로 만드는 것일까?

한국에 미국의 전술핵무기를 배치하는 문제도 마찬가지다. 서독이 소련의 중거리 핵미사일 SS-20에 대응해서 1980년대 초에 미국의 중거리 핵미사일 퍼싱 Ⅱ의 배치를 주도한 것은 지정학적 위험 때문이었다. 그런데 한국은 중국 눈치를 보면서 지정학적 특수성을 내세우고 미국의 전술핵 한국 배치를 꺼린다. 똑같은 지정학적 위험 앞에서 서독과 한국이 취하는 태도는 상반된다. 서독은 소련을 두려워하지 않았고, 한국은 중국을 두려워한다. 이것이 서독과 한국의 본질적인 차이다.

중국 눈치를 보면서 이런 식으로 한다고, 중국이 한국 안보 문제의 해소에 도움을 주는 것도 아니다. 오히려 반대다. 중국은 오직 중국의 이익만 생각한다. 한국 안보를 아랑곳하지 않고, 북한을 도와주는 것이 중국이다. 북한의 대북제재 회피는 도와주고, 북한의 핵미사일을 방어하는 한국 내 사드 배치는 방해하고 있다. 이런 문제를 객관적으로 판단하고 잘못된 고정관념을 깨기 위해서 통일 전 동서독과 남북한을 비교하고, 서독은 어떻게 외교·안보정책을 추진했는지 살펴보았다.(Ⅲ장, Ⅴ.2장)

이렇게 하면서 금기를 설정한 기존 사고의 틀을 깨고 현상 타개의 대안을 찾자는 것이 이 책의 집필 목적이다. 도무지 변할 것 같지 않은 북한을 변화시킬 수 있는 방법을 찾고, 증가하는 한반도의 전쟁 가능성 속에서 전쟁을 억제할 수 있는 방법을 찾자는 것이다. 동시에 한국 사회에 고착된 진보와 보수의 잘못된 이분법을 극복하는 것도 이 책의 집필 목적이다.

책의 구성

이 책은 7개의 장으로 구성된다. 서론에 이어서 Ⅱ장에서 북한 체제와 북한 정권의 전략을 살펴보았다. 북한에 대한 잘못된 해석으로 우리 사회에서 북한에 대한 환상이 확대되고, 이것이 진보와 보수의 진영 간 갈등으로 나타나기 때문이다. 이를 위해서 북한에 대한 착시현상과 실제 모습에 어떤 차이가 있는지 분석했다. 아울러 북한의 대남전략과 군사전략을 역사적으로 고찰했다. 북한의 핵개발 역사와 북핵 협상 실패의 교훈도 도출했다.

이어서 남한에서 지나치게 「정치화」된 북한 연구를 고찰하면서 진보적 북한 연구의 문제점을 지적했다. 남남갈등의 기원과 전개도 살펴보았다. Ⅲ장에서 다룰 남북관계와 남한의 대북정책 및 평화정책을 제대로 평가하려면, 북한에 대한 정확한 이해가 전제된다. 이에 북한에 대한 핵심 이슈를 미리 Ⅱ장에서 분석했다.

Ⅲ장에서는 남북관계를 객관적으로 평가하기 위해서 통일 전 동서독관계와 비교했다. 북한과 동독이 얼마나 다르고, 남한과 서독이 얼마나 다른지를 고찰했다. 서독 정부와의 비교를 통해서 문재인 정부가 얼마나 영혼 없는 정치를 했는지도 살펴보았다. 또한 한국의 역대 정부가 남북관계 개선과 한반도 평화 실현이라는 두 개의 목표를 갖고 대북정책을 추진했지만 실패한 역사를 고찰했다. 서독의 평화정책과 한국의 평화정책도 비교했다.

Ⅳ장에서는 21세기 미 · 중 패권경쟁이 한반도에 미치는 영향을 살펴보았다. 이를 위해서 남북한과 미국 그리고 중국 사이의 관계를 고찰했다. 그런 다음 Ⅴ장에서 21세기 미 · 중 패권경쟁을 보다 객관적으로 이해하기 위해서, 20세기 미 · 소 냉전과 비교했다. 미 · 소 냉전기 서독의 외교와 미 · 중 패권경쟁 시기 한국의 외교도 비교했다.

Ⅵ장에서는 미 · 중 패권경쟁이 심화되는 과정에서 대만 문제를 둘러싸고

미 · 중 군사 충돌 가능성이 증가하는 점을 다뤘다. 대만의 위기와 한반도의 위기가 동시에 발생할 수 있다는 점을 고려해서 대만과 한반도를 두 개의 전선으로 묘사했다. 이어서 한반도의 전쟁 가능성과 발발 양상 및 한국의 군사 대비태세를 분석하는 가운데 한반도 안보 상황을 평가했다. 그러면서 실패한 정치가 어떻게 전쟁을 부르는지 고찰했다. 이상의 분석을 토대로 결론인 Ⅶ장에서 생존의 기로에 처한 대한민국이 추진해야 할 대북정책과 외교·안보정책의 대안을 제시했다. 또한 이 시대 우리에게 필요한 정치는 어떤 것인지 간략하게 짚어 보았다.

독일과 관련해서 한 가지 유의할 점을 덧붙인다. 통일 후 독일의 외교 · 안보정책과 통일 전 한국의 외보 · 안보정책을 비교하면 문제가 발생한다. 앙겔라 메르켈(Angela Dorothea Merkel; 이하, 메르켈) 전 총리에 대한 과대평가 속에서 메르켈의 외교 · 안보정책을 한국에서 배워야 한다는 주장이 그동안 언론을 통해서 많이 소개됐다. 그러나 독일 내 전문가들은 메르켈의 외교 · 안보정책에 대해서 비판적이다. 큰 그림 없이 임기응변으로 외교 · 안보정책을 추진해왔다는 견해가 많다.

심지어 메르켈 총리 밑에서 외교장관을 역임했던 사민당 출신의 지그마 가브리엘(Sigmar Gabriel; 이하, 가브리엘)도 그렇게 말했다. 메르켈 재임 기간 국제정세로 독일이 크게 영향을 받지 않은 무풍지대였기 때문에 독일이 제대로 된 외교 · 안보정책 없이도 그럭저럭 버텨왔다. 그러나 미 · 중 패권경쟁이 본격화하는 최근 상황은 과거와 다르다는 것이 가브리엘의 말이다. 독일의 많은 전문가들이 이런 비판에 동의하면서 향후 독일의 외교 · 안보정책이 달라져야 한다는 말을 한다. 러시아가 최근에 우크라이나를 침공한 후에 비로소 이런 주장이 나온 것이 아니다.

그런데 한국에선 메르켈을 과대평가한 나머지 이런 점을 잘 모르고 통일 후 독일의 잘못된 외교 · 안보정책에서 배우려고 한 경향이 있었다. 미 · 중 간 한국의 줄타기 외교를 합리화하기 위해서 메르켈이 미국과 중국 모두와 잘 지내려고 한 것을 인용하기도 했다. 그러나 이런 시도는 바람직하지 않은 것이었다. 메르켈이 총리직에서 물러난 후 독일의 외교 · 안보정책이 과거와 달라야 한다면서, 보다 분명하게 미국 편에 서서 중국을 견제하는 정책에 힘을 모아야 한다고 주장하는 독일 전문가들이 상당히 많다.

만약 조 바이든(Joe Biden; 이하, 바이든)이 대통령직에서 퇴임한 후 다시 트럼프가 등장하면 몰라도, 향후 독일의 외교 · 안보정책은 큰 틀에서 미국과 긴밀하게 협력하고 중국을 견제하는 방향으로 나갈 것이다. 그렇게 하지 않다가는 나중에 독일이 더 불리한 입장에서 중국을 상대해야 된다는 것을 알기 때문이다.

통일 전과 후에 독일은 전혀 다른 환경 속에서 외교 · 안보정책을 추진하고 있음을 알아야 한다. 통일 전에는 주변국들의 견제로 서독이 외교 · 안보정책을 추진함에 있어 「독자 노선」을 걸을 수 없었다. 독일이 두 차례의 세계대전을 일으켜서 유럽의 이웃국가들에게 많은 피해를 입혔기 때문이다. 미국과 소련은 냉전 시기에 서로 경쟁했지만, 독일을 억제해서 다시 위협 국가가 되지 못하게 하려는 점에서는 일치했다.

그랬기 때문에 미국과 소련 모두 제2차 세계대전 후 오랫동안 독일 통일을 원하지 않았다. 영국과 프랑스가 독일 통일을 원하지 않았던 것은 말할 것도 없었다. 그렇게 제약이 많은 상태에서 서독이 취했던 외교 · 안보정책을 보아야 한국에게 교훈이 되는 진면목을 찾을 수 있다.

이것이 이 책에서 통일 후 독일의 외교 · 안보정책 대신에 통일 전 서독의 외교 · 안보정책을 소개한 이유다. 통일 후 독일의 외교 · 안보정책에 대해서는 다른 기회에 소개할 수 있을 것으로 생각한다. 연구범위가 넓다 보니 계획보다 출간이 늦어졌다. 충분히 설명하지 못한 부분도 있다. 특히 Ⅳ장 「한반도와 미 · 중 패권경쟁」이 그렇다. 아쉽지만 그래도 이 책의 주제를 이해하는데 필요한 만큼은 서술했다. 차후에 보충할 기회가 있을 것으로 기대한다.

북한에 대한 환상

Ⅱ

북한에 대한 환상

1. 북한은 어떤 국가인가?

가. 북한 체제의 본질적 특징

정치 분야: 사회주의를 참칭한 세습 왕조국가

북한은 공식적으로 사회주의를 추구한다고 주장한다. 그러나 실제론 사회주의와 전혀 다른 「김일성－김정일주의」를 추구한다. 사회주의는 사회 모든 구성원의 평등을 지향하는 이념이다. 사회주의는 부와 권력의 세습을 부정하고 사유재산 철폐를 주장한다. 불평등의 기원이라고 보기 때문이다. 그런데 북한에선 권력과 부가 세습된다. 이것은 사회주의와 모순된다. 통치이념인 「김일성－김정일주의」는 김일성과 김정일을 신처럼 받든다. 김일성은 조선 5,000년 역사에서 가장 위대한 사람으로 칭송된다.[1)] 북한에서 모든 주민은 공식 명절 기간에 거주 지역에 설치된 김일성과 김정일 동상에 절을 하고 헌화해야 한다.[2)]

김일성 일가의 권력을 3대째 세습한 김정은도 마찬가지로 초법적 지위를 누리고 있다. 북한은 죽은 김일성과 김정일의 망령이 지배하는 국가이자, 살아

1) 안드레이 란코프(2014), p. 86.
2) 위의 책, p. 64.

있는 김정은이 절대 권력을 휘두르는 국가다. 그래서 백두혈통의 국가라고도 한다. 김일성 일가에 대한 개인숭배는 북한 건국 초기부터 현재까지 이어지고 있다. 이것이 북한 체제의 가장 큰 특징이다. 사회주의를 추구한다면서 최고지도자의 권력이 세습되는 유일한 국가가 북한이다.

그런데 북한에선 최고지도자의 권력뿐만 아니라 고위간부들의 특권도 세습된다. 불평등이 세습되고 있는 것이다. 이것은 전근대적인 것이다. 사회주의와 거리가 먼 것이다. 모든 주민들은 「성분」에 따라 대우받고 있다. 부모의 성분에 따라 자식들의 성분도 결정된다. 출생(出生) 성분에 따라 신분이 결정되는 것이다. 모든 주민은 「핵심계층」과 「동요계층」 그리고 「적대계층」 중 하나에 속한다. 옛 지주나 탈북자의 자손은 적대계층으로 유지된다. 계층 간의 이동은 거의 불가능하다. 심지어 결혼 상대를 고르는 데도 출신 성분을 중요하게 생각할 정도다.[3] 이것도 계급의 소멸을 지향하는 사회주의 이념에 위배되는 것이다.

마르크스의 유물론적 역사관에 따르면 봉건체제가 무너지고 그 자리에 자본주의 체제가 등장한다. 그리고 이 자본주의 체제는 혁명을 통해서 사회주의 체제로 대체된다. 자본주의 체제에서 계급이 소멸된 공산주의 사회로 이행하기 위해서 사회주의 체제라는 과도적 이행기를 거쳐야 하기 때문이다. 이것이 유물론에 따른 역사발전의 법칙이다.

그런데 북한 체제는 권력과 특권이 세습된다는 점에서 자본주의 이전 단계에 해당하는 고대국가 혹은 봉건국가와 같다. 사회주의 탈을 쓴 수구 반동 체제다. 따라서 정통 사회주의 혁명 이론에 따르면 북한은 자본주의 체제보다 먼저 극복되어야 할 체제다. 유럽 좌파는 북한을 사회주의국가로 보지 않는다. 심지어 김일성 대학총장으로 주체사상을 만드는데 핵심 역할을 한 황장엽조차 북한을 사회주의국가로 보지 않았다.

> "남북 간의 사상적 대립을 사회주의사상과 자본주의사상의 대립으로 보는 것은 잘못이다. 북한의 사상은 전체주의와 봉건주의를 결합시킨 현대판 봉건주의 또는 현대판 나치즘(국가사회주의)이라고 볼 수 있다."[4]

---

3) 위의 책, pp. 75－76.
4) 황장엽(2006), pp. 351－352.

북한 주재 전 동독 대사 한스 마레츠키(Hans Maretzki; 이하, 마레츠키)도 다음과 같이 북한을 사회주의국가가 아니라고 말했다. "북한의 국가와 사회상황은 김일성이 말하듯이 1917년부터 1989년까지의 어떤 특별한 사회주의국가들의 논리로도 설명할 수 없다. (…) 사회주의적으로 표현된 개념 뒤에는 북한정권의 실상이 감추어져 있다. 통치형태는 절대적으로 봉건사회적이다."[5)]

이러한 지적은 남북관계의 개선을 추구한다는 진보진영의 입장에서 진부하게 보일 수 있다. 그러나 중요한 것은 이것이 사실이냐, 아니냐는 것이다. 만약 사실이라면, 왜 이런 진부한 현상이 왜곡되어 미화되고 있는지를 물어야 할 것이다. 그리고 이러한 현실 왜곡이 남북관계와 한반도에 미치는 파급효과는 어떤 것인지를 생각해 볼 필요가 있다. 북한에서는 수령이 국가와 인민을 위해서 존재하지 않는다. 반대로 국가와 인민이 수령을 위해서 존재한다. 정치분야에서만 그런 것이 아니다. 경제와 사회 그리고 군사 등 모든 분야에서 그렇다.

세계 주요 정부와 국제기구, 시민단체 등 100여 개 기관이 공동으로 매년 발간하는 「2021 세계영양 보고서」(Global Nutrition Report)에 따르면 전체 북한 주민 중에서 영양이 부족한 사람은 47.6%다.[6)] 유엔 산하 식량농업기구(FAO)와 세계식량계획(WFP), 세계보건기구(WHO) 그리고 유니세프(UNICEF)가 2021년 1월 20일에 공동 발표한 「아시아 · 태평양 지역 식량안보와 영양」에 따르면 5살 미만 북한 아동의 「연령 대비 발육 부진」 비율은 19.1%다.[7)]

미국 농무부 산하 경제연구소가 2021년 1월 28일 공개한 보고서에 따르면 2020년 기준으로 북한 주민의 63.1%가 식량 섭취 부족 상태다.[8)] 김정은은 인구의 절반 정도가 굶주림으로 영양 부족 상태인데도 핵과 미사일을 개발하고 증강하는데 국가 예산을 최우선적으로 투자하고 있다. 북한이 정상국가라면 이렇게 할 수 없다.

---

5) 한스 마레츠키(1991), p. 26. 번역문에는 「봉건사회주의적」이라고 되어 있다. 그런데 봉건사회주의적이라는 개념은 존재하지 않는다. 이에 필자가 봉건사회적이라고 수정해서 인용했다.
6) VOA, (2021. 11. 24.). "세계영양보고서 '북한 주민 절반 영양 부족…어린이 발육부진은 개선'."
7) 『한겨레』. (2021. 1. 22.). "유엔 '북 주민 48% 영양 부족'…영유아 29%만 적절한 섭취,".
8) 『중앙일보』. (2021. 1. 28.). "문 닫은 북, 식량난 심화하나...美 '북한 10명중 6명 식량 부족'."

더욱이 현 상황은 북한 스스로 2021년 9월 9일자 『로동신문』 사설에서 언급한 것처럼 "역사에 유래 없는 도전과 격난"의 시대이자 "사상 초유의 시련과 난관"의 시기다.9) 김정은은 2021년 4월 8일 제6차 당세포비서대회의 폐회사에서 이와 관련해서 다음과 같이 말했다.

> "나는 당중앙위원회로부터 시작하여 각급 당조직들, 전당의 세포비서들이 더욱 간고한 《고난의 행군》을 할 것을 결심하였습니다."10)

1990년대 중 · 후반 제1차 「고난의 행군」 시기에는 최소한 백만 명 이상의 주민이 굶주림으로 사망했다. 그런데 김정은이 제2차 「고난의 행군」을 결심했다는 말은, 제1차 「고난의 행군」 때처럼 인민이 희생되도 감수하겠다는 것을 의미한다. 김정은은 제2차 「고난의 행군」이 시작된 최근 인민반을 통해서 인민들에게 "식량을 무조건적으로 조절해서 (아껴)먹어야 한다"는 지시를 하달했다고 한다.11) 코로나 방역에 따른 북 · 중 국경봉쇄가 2025년까지 지속될 것으로 전망하면서 이렇게 말한 것이다.

2021년 11월 당시 지구상에서 코로나 백신 접종을 시작하지 않은 나라는 아프리카의 에리트레아 외에 북한뿐이다. 백신 공동 구매와 배분을 위한 국제 프로젝트인 코백스(COVAX)는 2021년 3월에 북한에 지원할 아스트라제네카 백신 190만 회분을 배정했지만, 북한 당국의 소극적 태도로 백신 공급을 하지 못했다. 동년 9월에도 코백스는 중국산 백신 297만 회분을 북한에 추가로 지원하겠다는 의사를 밝혔다. 그러나 북한은 거절했다. 이에 북한 주민들의 인도적 상황 악화를 우려해서 유엔총회 제3위원회가 2021년 11월 17일에 채택한 「북한인권결의안」에서 북한 당국에게 신종 코로나 감염증 백신 접종과 관련한 협력을 촉구했을 정도다.12)

북한에서 수령이 인민을 진심으로 위한다면 이런 일이 발생할 수 없다. 김정은이 「인민대중제일주의」를 내세운다고 인민을 위하는 것이 아니다. 한국

---

9) 『로동신문』. (2021. 9. 9.). 사설 "우리 공화국은 인민의 이상과 염원이 꽃펴나는 주체의 사회주의국가로 끝없이 빛을 뿌릴 것이다." rfa(자유아시아방송, 이하 rfa). (2021. 9. 13.). "북, 정권창건일 맞아 '김정은 조선 만들기' 새 과업 제시."
10) 『로동신문』. (2021. 4. 9.). "조선로동당 제6차 세포비서대회에서 한 폐회사 김정은."
11) rfa. (2021. 10. 22.). "북 '2025년까지 국경 개방 어려우니 허리띠 조이라'."
12) 『중앙일보』. (2021. 11. 18.). "유엔 제3위원회, 북한인권결의안 17년연속 채택."

의 일부 북한 연구자들은 김정은 시대에 「국가제일주의」와 「인민대중제일주의」를 강조하고 있는 것을 보고 마치 북한 정치에서 변화가 나나타고 있는 것처럼 묘사하면서 김정은의 리더십을 미화한다. 그러나 이것은 현실을 왜곡하는 것이다.

2021년 4월 2일자 『로동신문』에는 "위대한 김정은동지는 우리 국가제일주의시대를 열어놓으신 절세의 애국자이시다"라는 제목의 논설이 실려 있다. 동 논설에는 "우리 국가제일주의는 곧 우리 수령제일주의이다. 수령이 위대하여야 조국도 빛나고 인민도 강해진다"라는 말이 나온다. 그리고 2021년 10월 25일자 『로동신문』에서 김학철은 "수령이 준 과업은 곧 법이다"라는 제목의 칼럼에서 다음과 같이 인민들에게 수령의 지시를 법으로 받아들일 것을 주문했다.

> "(…) 그것은 수령이 준 과업을 곧 법으로 받아들이고 한목숨 다 바쳐서라도 무조건, 철저히 집행하겠다는 결사관철의 정신으로 심장을 불태울 때 이 세상에 못해낼 일이란 없다는 불변의 진리이다."[13]

또한 서은철은 2021년 9월 23일자 『로동신문』에서 "항일 빨찌산들의 신념의 구호 《혁명의 사령부를 목숨으로 사수하자!》"는 제목의 칼럼을 썼는데, 여기서 다음과 같이 주장했다.

> "수령결사옹위정신은 수령의 신변안전, 사상과 권위, 고귀한 업적을 한 목숨 바쳐 옹호보위하려는 가장 숭고한 각오이며 결심이다. (…) 천만 인민이 수령결사옹위를 운명적인 요구로 내세우고 총비서동지(김정은; 필자)의 사상과 권위를 견결히 보위하며 그 이의 구상과 의도를 무조건 관철해 나가야 우리는 승리에서 더 큰 승리를 이룩하고 혁명의 전성기를 대번영기로 끊임없이 이어나갈 수 있다."[14]

또한 2021년 8월 10일자 『로동신문』에는 "우리는 오직 이 말만 안다 《알

---

13) 김학철. (2021. 10. 25.). "수령이 준 과업은 곧 법이다." 『로동신문』.
14) 서은철. (2021. 9. 23.). "항일 빨찌산들의 신념의 구호 《혁명의 사령부를 목숨으로 사수하자!》." 『로동신문』.

았습니다》, 《집행하였습니다》"라는 제목의 글이 실려 있다. 이런 선전 · 선동의 글은 김일성 시대와 김정일 시대의 유물이 아니다. 바로 김정은 시대인 2021년에도 『로동신문』에 차고 넘쳤다. 이것이 북한의 현실이다. 국제사회는 세계 최악의 전체주의 국가인 북한의 반인륜적 범죄를 비판하면서 2005년부터 17년 연속으로 유엔에서 「북한인권결의안」을 채택했다. 그런데 한국 진보가 사회주의를 참칭한 세습왕조 북한의 수령제일주의와 그 문제점을 인정하지 않는다면, 그것은 한국 진보의 문제이지 다른 사람의 문제가 아니다.

사회주의에 정면으로 배치되는 수령유일지배 이데올로기는 북한 체제 모순의 시작과 끝이다. 그렇다면 사회주의국가도 아닌 북한은 왜 「우리식 사회주의」라는 표현까지 사용하면서 사회주의를 강조하는 것일까? 그렇게 하지 않으면 김씨 정권의 정당성을 확보할 수 없기 때문이다. 전근대적인 북한 체제가 남한보다 우월하다는 그들의 주장이 사회주의라는 개념으로 포장되야만 인민들에게 받아들여질 수 있기 때문이다. 그래야만 반동적인 비사회주의적 요소의 유입과 확산을 막는다는 명분으로 강력한 통제정책을 추진할 수도 있다.

성공한 자본주의 국가인 남한과의 체제 경쟁에서 북한이 살아남기 위한 방법이 그것 외에는 달리 없다. 북한이 개혁 · 개방을 하고 자본주의를 도입하면 남한과 경쟁이 되지 않는다. 북한 주민 입장에서 볼 때, 열등한 자본주의 체제 북한이 우월한 자본주의 남한 체제와 별도로 존재할 이유가 없게 된다. 북한 주민이 열등한 북한식 자본주의보다 우월한 남한식 자본주의를 선호하게 된다는 것이다. 그래서 김정은은 이념적으로 자본주의보다 우월하다고 주장할 수 있는 사회주의를 포기할 수 없다.[15] 그렇다고 정통 마르크시즘 등 사회주의 이론을 통치이념으로 삼을 수도 없다. 이런 이론이 김정은 체제의 모순된 현실과 충돌하기 때문이다.

20세기 소련을 비롯한 동유럽 사회주의국가들은 사회주의를 지향했다. 그러나 제대로 된 사회주의국가가 되지 못하고 붕괴했다. 이들 국가의 통치이념은 마르크시즘이 아니다. 소련의 이론가들이 만든 마르크스－레닌주의였다. 이것은 현실을 있는 그대로 보지 않았다. 대신에 경직된 이론 틀에 맞춰서 현실을 교조주의적으로 해석했다. 여기에 비판정신은 허용되지 않았다. 그 결과

---

15) 이 부분은 다음 절(Ⅱ.1.다)의 「김정은의 생존전략」에서 보다 자세히 설명할 것이다.

사회를 무기력하게 만들었다. 무산자 계급을 대변한다는 공산당원들은 특권층이 되어서 기득권을 누렸다.

1968년 유럽의 학생운동에서 파생된 신좌파 운동(New Left)은 이런 소련식 사회주의가 노동의 해방을 구조적으로 억압한다면서 비판했다. 신좌파는 소련식 사회주의의 정통성도 인정하지 않았다.[16] 그러나 서유럽의 신좌파로부터 비판받았던 동유럽 사회주의국가들은 북한과 달랐다. 이들의 통치이념은 비록 교조주의적이긴 했어도, 자본주의 모순의 극복을 지향하면서 원래적 의미의 사회주의 비전을 제시하고 있었다. 그랬기 때문에 사회주의 이론을 접한 인민들이 이론과 현실 사이에 모순이 존재한다는 것을 느낄 수 있었다.

그래서 동독과 폴란드 및 체코슬로바키아 등에서 저항운동이 형성될 수 있었다. 물론 공산당의 탄압으로 자유민주주의 체제처럼 저항운동이 발전할 수 없었다. 그럼에도 저항운동이 있었고, 이것이 결국 개혁 · 개방을 요구하면서 체제 변화를 초래한 동력이 되었다.

이런 점 때문에 김정은 정권은 주민들이 정통 사회주의 이론을 접할 수 없게 한다. 마르크스의 『자본론』과 레닌의 저서도 북한에서는 금서다.[17] 오직 「김일성－김정일주의」만 강요하고 있다. 그러면서 북한은 「우리식 사회주의」가 세계에서 가장 우월하다고 강조한다. 그리고 거짓 선전 · 선동으로 운명공동체 의식을 만든다. 또한 이중 · 삼중의 감시망으로 인민들이 감히 저항할 엄두를 내지 못하게 만들면서 사상교육으로 자발적 복종을 유도하고 있다. 북한 체제가 내부 모순이 많음에도 유지되는 것은 강력한 통제정책이 뒷받침하기 때문이다. 이를 보다 자세히 살펴보면 다음과 같다.

사회 분야: 세계 최악의 인권탄압 국가

북한 당국은 김일성이 항일투쟁으로 일본을 격파하고 독립을 쟁취해서 북한이라는 국가를 수립한 것으로 가르치고 있다. 그러나 북한은 젊은 김일성

16) 이 부분은 이 책 Ⅱ.4장에서 보다 자세히 다룰 것이다.

17) 북한이탈주민 엄OO과의 면담 내용. (2017. 8. 18.). 정상돈(2017b), p. 69에서 재인용. 이하 북한이탈주민 면담 관련 사항은 필자의 원고(2017b)에 대한 반복된 언급을 생략한다. 대신에 면담 일시와 면담자 보호 차원에서 면담자의 성명 중 이름을 생략하고 성(姓)만 기록한다.

이 소련의 전폭적인 지원 하에 만든 국가다. 이 점에 대해서 마레츠키는 다음과 같이 말한다.

> "북한식 표현으로 외세에 의해서 김일성이 북한 정권을 수립한 것이다. 그러나 북한에선 이렇게 가르치지 않는다. 오히려 진실을 두려워한다. 그래서 북한 역사는 거짓으로 점철되어 있다. 문제는 북한 주민들이 이렇듯 역사가 왜곡된 것을 모른다는 것이다."[18]

북한 당국은 공포정치와 우민(愚民)화를 통해서 체제를 유지하고 있다. 그 수단인 통제의 유형을 보면 다음과 같다.[19]

첫째, 북한 당국은 주민을 성분에 따라 관리하는 계층정책으로 통제하고 있다. 이것은 출생 성분에 따라 차별대우를 함으로써 상층집단의 충성심을 유도하는 동시에, 하층집단의 상승욕구를 자극하면서 복종을 유도하고 통제하는 방식이다. 체제에 저항할 경우 자손들도 적대계층이 되어 대가를 치르게 된다. 때문에 계층정책은 저항을 억제하는 데 큰 효과를 발휘한다.

둘째, 노동당의 선전 · 선동부가 중심이 되어 주민들을 「김일성-김정일주의」로 무장시키고 수령에 대한 충성심을 강요하고 있다. 북한에서 근로단체로 불리는 직업총동맹, 청년동맹, 농업근로자동맹, 여성동맹은 당의 지시를 받아 수백만 명의 조직원들에게 「김일성-김정일주의」에 대한 사상사업을 실시한다.

셋째, 당, 국가보위성, 사회안전성, 각종 근로단체 그리고 인민반 등이 북한주민들을 이중 · 삼중으로 거미줄처럼 감시 · 통제하고 있다. 모든 어린이는 소학교 2학년부터 소년단 등 어떤 조직에라도 소속된다. 모든 기관에는 당조직(규모 별로 당위원회, 초급당조직, 당세포)이 설치되어 생활총화로 주민의 사상을 점검하고, 조직을 관리한다. 사법권의 독립은 존재하지 않고, 재판소는 당의 노선과 정책에 따라서 법을 실현하는 도구에 불과하다.

넷째, 주거 이전과 여행의 통제 및 배급을 통한 통제 방식이 있다. 평양과 남포 및 개성, 휴전선 일대 그리고 군수공장 밀집 자강도 일대 및 북 · 중 접경

18) 한스 마레츠키(1991), p. 20.
19) 정상돈 · 성채기 · 임재혁(2017) 참조.

지역은 승인번호를 받아야 출입이 가능하다. 이외의 지역은 합당한 사유와 구비서류가 있어야 거주지 이전이 가능하다. 지방 주민은 허가 없이 평양을 출입할 수 없다. 여행은 여행증명서 혹은 출장증명서가 있어야 가능하다. 1990년대 초반까지는 배급제로 수령에 대한 충성심을 유도할 수 있었다. 그러나 현재는 서민(인구의 약 70% 이상)을 대상으로 한 배급제가 붕괴되어 과거처럼 효력을 발휘하지 못하고 있다.

다섯째, 정보 통제를 수단으로 체제를 관리한다. 북한에선 모든 라디오와 TV 및 컴퓨터 등 각종 기기를 보안기관에 등록해야 한다. 당국 통제 하에서만 사용이 가능하다. 국가보위성과 사회안전성 등 보안기관에 속한 조직원들이 불시에 주민의 집을 시찰하거나, 전파 교란 및 전파 탐지 등 다양한 방법으로 정보를 통제하고 있다. 북한 당국은 TV 채널를 고정시키고, 리모콘으로 채널을 변경하는 것이 불가능하게 만든 후 봉인한 채 수시로 감시한다. 마레츠키는 북한 당국의 정보통제를 다음과 같이 묘사하고 있다.

> "무정보(無情報)가 억압체제의 존속을 위해 얼마나 중요한 초석이 되는가에 대한 명백한 예는 북한에서 찾을 수 있다. 이 나라에서는 신문을 판매하지 않고 간부들에게 배포하며 대중들은 예를 들어 텔레비전이나 정치교육 때 읽어 주는 것에서 정보를 얻는다. 문자 그대로의 저널리즘은 존재하지 않는다. 간행물은 이데올로기적 도구일 뿐이다."[20]

북한은 거대한 감옥소다. 사회에 대한 통제가 병영체제처럼 시행되고 있다. 북한에선 법률상 범죄 행위가 아니라 당국의 비위에 거슬리는 언행만으로도 생명이 위협 당한다. 그 정도로 주민의 생명권이 통제와 공포정치의 수단으로 이용되고 있다. 국제 인권감시단체 「프리덤 하우스」는 2021년 3월 3일에 발표한 「2021 세계자유보고서」에서 북한의 자유 상황이 49년 연속 세계 「최악 중 최악」이라고 발표했다.[21] 북한은 문명국에서 누릴 수 있는 인권이 실종된 체제다. 특히 정치범수용소에 수감된 사람은 인간 이하의 취급을 받는다. 차라리 죽는 게 낫다는 말을 할 정도다.[22]

---

20) 한스 마레츠키(1991), p. 137.
21) VOA. (2021. 3. 4.). "프리덤하우스 '북한, 세계에서 가장 자유 없는 나라'."

1970년대 소련의 정치범은 600~900명 정도였던 반면에 북한의 정치범은 약 15만 명이라고 한다. 비교가 되지 않는다.[23] 국제변호사협회(IBA; The International Bar Association)는 2017년 12월에 북한의 정치범수용소를 나치의 「아우슈비츠 수용소」보다 극악무도하다고 발표했다. 유엔의 구테흐스 사무총장은 미첼 바첼레트 유엔 인권최고대표의 보고서를 인용해서 북한의 교화소와 정치범수용소 등에서 자행되고 있는 수감자의 강제노동이 "노예화에 관한 반인도적 범죄에 해당할 수 있다"[24]고 말했다.

북한의 강제노동 관련 보고서를 작성한 네덜란드 라이덴 대학의 렘코 브뢰커 교수는 "북한 주민들은 일한 만큼 대가를 제대로 받지 못하면서도 직장을 그만둘 수도 없고, 직장 내 명령을 거부할 수 없으며, 주거지나 나라를 마음대로 떠날 수 없기 때문에 현대판 노예"라고 말했다.[25] 유엔 북한인권조사위원회(COI)는 2014년 2월 17일에 발표한 보고서에서 북한 내 "조직적이고 광범위하며, 심각한 인권 침해" 상황을 지적하고 유엔 안보리가 북한을 「국제형사재판소」(ICC)에 회부할 것을 제안하기도 했다.[26] 북한은 수령의 절대독재를 유지하기 위해서 인간의 존엄성과 이성을 철저하게 파괴하는 국가다. 북한 주재 전 동독 대사 마레츠키의 북한 체험담을 한 번 더 들어보자.

> "명확한 신념 없는 정치조작으로 일주일 내내 쉴 새 없는 길고 집중적인 노동생활과 이념적 스트레스로 속박시켜 주민 대부분을 최저의 사회적 수준으로 낮추는 비정상적 사회 환경은 북한주민들로 하여금 몇 십 년 동안 영향력 있는 반대파 형성이나 이의(異意) 제기를 불가능하게 만들었다."[27]

북한은 세계에서 유일하게 개인의 인터넷 사용이 금지된 국가다. 인터넷이 가능하더라도 국내망 접속만 가능하다.[28] 연좌제가 유지되는 세계 유일의

---

22) 다수의 북한이탈주민이 이렇게 증언했다.
23) 안드레이 란코프(2009), p. 46.
24) VOA. (2021. 9. 11.). "북한 정권 73주년…'주민들은 '현대판 노예', 강제 노동 멈춰야'."
25) 위의 글.
26) VOA. (2021. 2. 16.). "전 COI 위원들 '안보리, 북한 인권 정기적 논의해야'."
27) 한스 마레츠키(1991), p. 145.
28) 국제전기통신연합(ITU)과 유네스코(UNESCO)가 2017년 9월 공개한 「2017 브로드밴드 현황보고서」(The State of Broadband 2017). rfa. (2017. 9. 20.). "유엔보고서, '북한은 여

국가이기도 하다. 연좌제는 저항의 의지를 꺾는 악랄한 수단이다. 한 사람이 정치범이 되면 그 가족과 친척도 처벌되거나 불이익을 당하기 때문이다. 이러다 보니 주민들이 북한 당국에 불만을 품어도 이것이 세력화하기 어렵다. 북한 당국은 체제를 수호하기 위해서 인권이 억압받아도 당연한 것이라고 주장한다.

김정은이 김정일의 후계자로 직접 국정에 개입한 2010년부터 2018년까지 9년 동안 처형한 고위층 간부와 가족이 420명을 넘는다고 한다. 예를 들어 "고모부 장성택, 암살된 이복 형 김정남 등 친인척을 비롯해 인민무력부장 현영철, 인민군 총참모장 리영호, 내각부총리 김용진 등 김정은의 최측근 참모들과 핵심 세력 간부들 다수가 잔인하게 처형"됐다.[29] 이들과의 관련성 때문에 숙청당한 사람도 수없이 많다. 북한 체제의 버팀목은 강력한 공포정치와 통제정책이다. 체제 내 모순이 많아도 통제정책으로 유지되고 있을 뿐이다.

북한 주민은 태어날 때부터 세뇌교육을 받고, 조직생활을 통해서 감시받고 산다. 때문에 이런 비정상적인 삶을 정상적인 것으로 받아들이면서 살고 있다. 바깥세계를 모르기 때문에 자신들이 얼마나 비참하게 살고 있는지 모른다. 그래서 인권에 대한 개념도 없다. 철저하게 폐쇄적인 체제에서 저항은 곧 자신과 가족 및 친지의 죽음으로 이어지기 때문에 자포자기로 체념하면서 사는 것이 북한의 현실이다. 그런데 외부정보가 북한에 유입되면 주민들이 자신의 삶을 외부세계의 삶과 비교하고, 인권 의식도 생기면서 상황이 달라질 수 있다. 이것은 김정은 정권을 위협한다. 김정은이 외부정보의 북한 유입에 극도로 민감하게 반응하는 이유다.

그런데 문재인 정부는 북한 정권의 인권 탄압을 방조하고 오히려 제도적으로 도와줬다. 남한의 여당인 「더불어민주당」이 2020년 12월에 주도해서 만든 「대북전단금지법」은 북한에 대한 외부정보 유입을 억제함으로써 김정은을 도와준 법적 장치다. 문재인 정부는 남북관계 개선을 대북정책의 목표로 추구했다. 그런데 남한 정부가 북한의 인권탄압에 침묵하고, 오히려 이를 도와주면서 남북관계가 개선될 수 있을까? 문재인 정부가 말하는 남북관계 개선이란 도대체 무엇을 의미하는 것일까?(Ⅲ.2장)

전히 유일한 인터넷 사용 금지국'." 김태훈(2019), p. 30.

29) rfa. (2018. 12. 17.). "김정은의 고위층 숙청과 처형."

북한 당국은 남북한 주민들의 접촉을 원천적으로 차단하고 있다. 또한 남한에 대한 진실한 정보를 차단하면서 왜곡된 정보를 주민들에게 주입하고 있다. 2020년 12월에는 「반동사상문화배격법」을 제정해서 북한 주민이 남한의 영상물을 유입 · 유포할 경우 사형에 처하고, 시청은 기존의 징역 5년형에서 15년형으로 처벌할 수 있게 강화시켰다. 북한에서 남한 드라마 등 영상물을 당국의 규제에도 불구하고 몰래 시청하는 사례가 광범위하게 퍼져있기 때문이다.

2021년 가을에 남한의 드라마 「오징어 게임」이 전 세계적으로 인기를 끌었다. 그러자 북한에서 고급중학교 학생 7명이 이 「오징어 게임」을 몰래 시청하다가 적발되는 일이 발생했다. 북한 당국은 이 드라마의 최초 유포자를 총살형에 처하고, 구입해서 시청한 학생은 무기징역 그리고 나머지 함께 시청한 학생들은 5년의 노동교화형으로 처벌했다고 한다.[30] 이런 상태에서 북한의 인권탄압에 침묵하는 것이 남북관계 개선으로 이어질 수 있을까?

김정은은 북한 청년들의 사상 해이가 체제를 위협할 수 있는 사활적 문제라고 생각하고 가장 두려워한다. 그래서 2021년 4월 8일 제6차 당 세포비서대회 폐회사에서 다음과 같이 말했다.

> "지금 우리 청년들의 건전한 성장과 발전에 부정적 영향을 미치는 요소들이 적지 않고 새 세대들의 사상정신 상태에서 심각한 변화가 일어나고 있는 현실은 청년들을 늘 옆에 끼고 있는 당세포들이 청년교양에 보다 큰 힘을 넣을 것을 요구하고 있습니다. 전당의 당세포들은 오늘날 청년교양문제를 당과 혁명, 조국과 인민의 사활이 걸린 문제, 더는 수수방관할 수 없는 운명적인 문제로 받아들이고 이 사업에 품을 아끼지 말아야 합니다. (…) 청년들의 옷차림과 머리단장, 언행, 사람들과의 관계에 대하여서도 어머니처럼 세심히 보살피며 정신문화생활과 경제도덕생활을 바르게, 고상하게 해나가도록 늘 교양하고 통제하여야 합니다."[31]

김정은의 이 같은 발언 후 한국의 국가정보원이 2021년 7월 8일 국회 정보위원회에서 보고한 내용에 따르면 북한 당국은 "청년층을 대상으로 '남친'

30) rfa. (2021. 11. 24.). "북, 한국문화 유입 완전차단 노력."
31) 『로동신문』. (2021. 4. 9.). "경애하는 김정은 동지께서 조선로동당 제6차 세포비서대회에서 결론 《현시기 당세포강화에서 나서는 중요과업에 대하여》를 하시였다."

(남자친구), ‘쪽팔린다’(창피하다)는 표현이나 남편을 ‘오빠’로 부르는 등 한국식 말투에 대해 ‘혁명의 원수’로 규정하고 단속을 강화하고 있다”[32]고 한다. 2021년 9월 29일에는 북한 최고인민회의 제14기 제5차 회의 이틀째 회의에서 청년들의 사상 단속을 강화하는 「청년교양보장법」을 채택하기도 했다.

이런 상태에서는 남북관계가 개선되는 것이 근본적으로 불가능하다. 북한 당국이 남한을 존중하지 않는데, 어떻게 남북관계가 개선될 수 있을까? 또한 남북한의 평화공존이 어떻게 가능할 수 있을까? 그런데 남북한의 평화공존을 근본적으로 가로막는 또 다른 구조적 요인이 있다. 병영국가를 지향하는 북한 체제의 반(反)평화적 속성이 그것이다.

군사 분야: 반(反)평화적 병영국가

북한 역사를 보면 김일성 시대부터 현재의 김정은 시대에 이르기까지 경제보다 국방을 우선시하는 정책을 지속해왔음을 알 수 있다. 김일성 시대에 「경제 · 국방 병진노선」을 주창했지만, 사실상 국방을 더 중시했다. 김정일 시대는 동유럽 사회주의 진영이 붕괴한 후 시작됐다. 국제사회에서 우군을 잃고 체제 위기에 직면한 김정일은 「선군(先軍)정치」와 「선군(先軍)경제」[33]로 난국을 돌파하고자 했다. 국가를 운영함에 있어 국방을 앞세우고 군사중시 원칙을 강조한 것이다. 그 결과 민간경제보다 군사경제가 우선시됐음은 물론이다. 김정일은 이것을 상징적으로 다음과 같이 표현했다.

> “지금의 정세에서는 우리에게 사탕보다 총알이 더 필요합니다. 사탕은 먹지 않아도 살아나갈 수 있지만 총알이 없으면 사회주의를 지켜낼 수 없고 살아나갈 수도 없습니다.”[34]

---

32) 『중앙일보』. (2021. 7. 18.). “‘평양문화어 사용하라’.. 北, '부르주아 침투'와의 전쟁.”
33) “선군시대 경제구조에서는 인민경제의 모든 부문들이 다 국방공업의 우선적 발전을 보장하는데 관심을 두고 있다.”[김병욱(2011), p. 265.] “선군시대는 군사중시 원칙을 구현하고 군력을 주도적 힘으로 하여 경제발전을 이룩해 나가야 하는 새로운 시대이다.”[조선로동당 당력사연구소(2005), p. 21: 김병욱(2011), p. 268에서 재인용]
34) 김정일(2000), p. 400.

김정일 시대에 민수공장이 군수공장으로 바뀌면서 민생난은 가중됐다.[35] 1990년대 중・후반의 경제위기에도 불구하고 군사 부문 투자 비율이 상대적으로 증가한 것[36]은 이것을 방증하는 사례다. 황장엽은 김정일의 이런 정책을 다음과 같이 비판했다.

> "북한의 식량문제가 심각하기는 하지만 북한 통치자들이 결심만 하면 해결 가능성도 있다. 북한 통치자들이 막대한 군사비와 김일성・김정일 우상화를 위하여 쓰는 비용의 몇 %만 절약하여도 식량문제를 해결할 수 있을 것이다. 그럼에도 불구하고 그들이 식량문제 해결에 전력하지 않는 것은 인민의 생명보다 남침전쟁과 김 부자 우상화를 더 귀중히 여기는 북한정권의 반인민성을 실증해 주고 있다."[37]

김정은 시대에 들어서도 마찬가지다. 공식적으로는 「경제건설과 핵무력건설 병진 노선」(이하, 핵·경제 병진노선)을 주장하고 있다. 그러나 실제론 경제보다 국방력 강화에 훨씬 더 큰 비중을 두고 있다. 부족한 예산을 우선적으로 투입하는 곳은 핵과 미사일 개발 등 국방 분야다. 김정일과 똑같이 하고 있다. 국제사회의 대북제재로 경제가 어려워져도 마찬가지다. 북한에서 경공업의 민간경제보다 군수산업이 보다 중요하게 취급되고 있는 것은 군사적 사고방식이 지배하고 있는 북한 정치의 단면을 보여주는 것이다.

국방부가 발간한 『국방백서』에 따르면 2020년 12월 기준으로 북한군 규모는 128만여 명이다.[38] 한국군 병력 55만 5천 명보다 2배 이상 많다.[39] 북한 남성의 군 복무 기간은 9~10년에서 7~8년으로 단축됐다고 한다. 군 제대 인력을 경제 현장에 투입하기 위해서다.[40] 그럼에도 세계에서 군 복무 기간이 가장 길다.[41] GDP 대비 국방비 지출(23.8%)과 인구 대비 군인 비율(4.9%) 역시 세계 최고다.[42] 경찰과 정보기관인 사회안전성과 국가보위성은 준군사조직

35) 김병욱(2011), p. 269.
36) 성채기 외(2006), pp. 29-30.
37) 황장엽(2006), p. 314.
38) 국방부(2020), p. 290.
39) VOA. (2021. 2. 16.). "탈북 군인들 북한 복무기간 단축 긍정적...훨씬 더 줄여야."
40) 위의 글.
41) 북한군 복무 기간을 단축했어도 한국 육군사병의 복무기간인 18개월보다 5배 많다.

이다. 준군사조직의 규모는 32만여 명이다.

또한 「노농적위군」으로부터 시작해서 「교도대」, 「붉은청년근위대」 등 민간인 군사동원조직으로 정규군을 지원하는 시스템을 갖추고 있다. 북한의 지방군은 군 제대자로 구성된 민간인 군사동원조직이다. 남한의 동원예비군 형식으로 운영된다. 「노농적위군」의 전신인 「노농적위대」는 1959년 1월에 농민과 제대군인 및 학생으로 구성되었다. 현재 규모는 570만 명으로 추정된다. 45~60세의 남성 근로자와 30대 여성으로 구성되는데, 지역의 공장과 마을을 경계하는 것이 임무다.[43] 「노농적위군」은 정규군과 합동 군사훈련을 실시한다. 훈련 기간은 동원훈련 30일과 부대훈련 10일 등 총 40일이다.[44] 모든 직장과 말단 행정 단위에 퍼져있는 「노농적위군」으로 「전 인민의 무장화」와 「전 국토의 요새화」가 실현되었다고 해서 북한이 병영국가로 평가받는 토대가 되었다.[45]

「교도대」는 1980년대에 「지방군」으로 개편됐다.[46] 북한의 대학생들은 100% 「교도대」에 배속된다. 군에서 제대한 27~45세의 남자도 「교도대」에 편성된다. 규모는 60만여 명이 된다. 자대 훈련 30일과 동원 훈련 30일 등 연간 총 60일의 훈련을 받는다.[47] 「붉은청년근위대」는 1970년 9월 12일에 조직됐다. 고등중학교 5~6학년(만 16~17세)의 전체 남녀 학생을 망라한 군사동원조직이다.[48] 규모는 100만여 명이다. 김정일 시대에 선군정치와 함께 2005년부터 중학교 필수과목으로 「군사지식」을 신설했다. 북한의 예비전력은 전 인구의 약 30%에 달하는 762만여 명으로 추산된다.

42) "미 국무부는 최근 발표한 '2015년 세계 군비지출 무기 이전 보고서'에서, 북한이 2002년부터 2012년까지 11년 동안 연 평균 GDP의 23.8%를 국방비로 지출해 세계에서 가장 높은 비중을 보였다고 밝혔습니다."[VOA. (2016. 1. 5.). "미 국무부 '북한 GDP 대비 국방비 세계 1위'."]

43) 이정연(2007), p. 304.

44) 김병욱(2011), p. 115.

45) rfa. (2019. 1. 23.). "북, 노농적위군 창설일 계기, 군사훈련 및 사상교육 강력 추진."

46) 김병욱(2011), p. 106.

47) 이정연(2007), p. 303.

48) 김병욱(2011), pp. 113-115.

[표 Ⅱ-1] 북한 예비전력 현황

구 분	병 력	비 고
계	762만여 명	
교도대	60만여 명	동원예비군 성격(17~50세 남자, 17~30세 미혼여자)
노농적위군	570만여 명	지역예비군 성격(17~60세 남자, 17~30세 교도대 미편성 여자)
붉은청년근위대	100만여 명	고급중학교 군사조직(14~16세 남녀)
준군사부대	32만여 명	호위사령부, 사회안전성 등

※ 출처: 국방부. (2020). 『2020 국방백서』, p. 30.

김정은은 2010년 9월에 김정일의 후계자로 지명[49]된 후 「노농적위대」를 정규군 운영체계의 「노농적위군」으로 개편했다. 민방위무력을 중심으로 한 지역방위체계의 질적 강화를 도모한 것이다. 또한 건설동원조직인 「건설돌격대」를 4년 복무 군 체제로 운영하고 있다. 「건설돌격대」를 노동력 동원이 아닌 군복무와 유사한 제도로 운영한다는 것이다. 「건설돌격대」는 2011년부터 「지방군」과 유사하게 40일 군사훈련도 실시하고 있다.[50] 북한의 병영체제는 김정일 시대보다 오히려 김정은 시대에 더욱 강화됐다.

해방이후 강조된 항일유격대 정신, 즉 "생산도, 학습도, 생활도 항일유격대 식으로"[51]라는 슬로건은 김정은 시대에도 지속적으로 사용되고 있다. 김정은은 2019년 12월 7일에 백마를 타고 백두산에 있는 혁명 전적지를 현지지도 했다. 그 후 전체 인민과 군 장병들이 백두산 혁명전적지 답사를 해서 항일유격대원이 겪은 고난과 시련을 체험하게 해야 한다고 말했다. 그러면서 백두산

49) 김정일은 2010년 9월 27일에 최고사령관 명령 제0051호에서 김정은을 인민군 대장으로 임명했다. 그리고 그 다음날에는 제3차 노동당 대표자회에서 김정은을 당 중앙군사위원회 부위원장에 임명했다. 김정은이 자신의 후계자임을 공식적으로 밝힌 것이다.[이영종(2010), pp. 20－21.]

50) 김병욱(2011), p. 124. "건설돌격대가 건설동원조직으로부터 준군사조직으로 개편됨으로써 북한은 체력미달자나 사회적 성분으로 인해 군 입대에서 제외되었던 적대계층 자녀, 교도소 경력자 등을 군복무 형식으로 통제할 수 있게 되었다."[김병욱(2011), pp. 124~125].

51) 김병욱(2011), p. 256.

혁명전지 답사 열풍을 불게 했다. 북한은 이것을 다음과 같이 설명하고 있다.

"생산을 항일유격대식으로 한다는 것은 사령관 동지(김정은; 필자)의 명령지시를 관철하기 전에는 죽을 권리도 없다는 결사의 각오를 가지고 온갖 시련과 난관을 과감히 뚫고 온 항일유격대원들의 충실성의 정신, 헌신적인 희생정신으로 맡겨진 혁명과업을 무조건 끝까지 관철한다는 것이다. (…) 학습을 항일유격대식으로 한다는 것은 아무리 어렵고 복잡한 환경에서도 당의 사상리론과 과학기술로 무장하기 위한 학습을 꾸준히 하여 자신을 유능한 혁명인재로 준비해나간다는 것이다. (…) 생활을 항일유격대식으로 한다는 것은 혁명하는 시대, 투쟁하는 시대에 사는 성원답게 생활을 혁명적으로, 문화적으로, 락천적으로, 검박하게 한다는 것이다."[52)]

이것이 김일성 시대에서 김정일 시대를 거쳐서 김정은 시대로 이어지면서 북한을 병영국가로 만드는 이데올로기다. 2021년 10월 15일자 『로동신문』에 수록된 사설 "온 나라가 당중앙과 사상과 뜻, 행동을 같이하는 하나의 생명체로 되게 하자"에는 다음과 같은 내용이 나온다.

"당중앙(김정은; 필자)의 사상으로 숨쉬고 당중앙의 발걸음에 진군의 보폭"을 맞추며, "총비서(김정은; 필자)의 높은 권위를 결사보위하고 혁명사상과 영도업적을 견결히 옹호고수하며 모든 사고와 행동, 실천을 여기에 철저히 지향, 복종시켜야 한다."[53)]

이것 역시 김정은 시대에 유지되고 있는 병영국가 북한의 한 단면을 보여주는 것이다. 병영국가 북한의 분위기를 마레츠키는 다음과 같이 표현하고 있다.

"북한 주민들은 거의 감옥 같은 막사생활을 하고 있다. 물론 그 숫자가 많다고 해서 모든 사람이 막사같이 허름한 연립주택에서 살고 있다는 뜻은 아니

52) 『로동신문』, 『근로자』. (2020. 1. 21.). 공동논설. "백두산공격정신으로 조성된 난국을 정면 돌파하자."

53) 『로동신문』. (2021. 10. 15.). "온 나라가 당중앙과 사상과 뜻, 행동을 같이하는 하나의 생명체로 되게 하자."; rfa. (2021. 10. 18.). "북, 반인민적인 '김정은 권력집중'과 '주민통제 강화' 지시."

다. 감옥 같은 막사생활이란 사회생활의 구조, 근로 및 공적 생활의 체계가 신념과 물질적 자극 대신에 군사적 방법인 명령과 강제가 판을 친다는 것을 뜻한다는 것이다."[54]

그런데 북한 당국은 이렇듯 병영국가의 체제를 유지하는 것이 「북한식 사회주의」를 지켜내기 위해서라고 주장한다. 끊임없이 미국의 대북적대시정책에 따른 체제 위협을 강조하는 것은 이 때문이다. 마레츠키는 이것을 다음과 같이 묘사한다.

"생활이 참호에서와 같기 때문에 사람들 기질도 그렇게 변했다. 정권과 주체정치는 첨예화된 적대감 없이는 존재할 수 없다. 끊임없이 만들어내는 강한 위협적 공포 없이는 북한의 체제는 유지될 수 없다. 따라서 그들은 위기의식을 규칙적으로 만들어낸다."[55]

이런 체제에서는 남한에서 실시하고 있는 평화교육 같은 것이 존재할 수 없다. 이외에도 북한이 생각하는 평화와 남한이 생각하는 평화에는 근본적인 차이가 존재한다.(Ⅲ.3장) 군사적 방식으로 사고하고, 정권 수호를 위해서 끊임없이 적대적 위협을 재생산해내는 북한은 반(反)평화적 병영국가다. 그런데 이런 북한과 - 문재인 정부가 희망했던 것처럼 – 한반도 평화체제를 구축하는 것이 가능할까?

한반도 평화체제를 구축하기 위해서는 병영국가 북한의 시스템과 통치행태가 변해야 한다. 그런데 이렇게 하면 수령에 대한 절대복종을 강요하는 틀이 무너지게 된다. 적대적 위협의식을 끊임없이 만들어 내서 체제를 유지하는 북한을 상대로 남한 혼자서 평화정책을 추진한다고 그것이 성공할 수 있는 것이 아니다. 마레츠키는 이것을 다음과 같이 표현했다.

"주체사상으로 표현되는 북한의 이념은 승리 또는 처벌만이 있을 뿐 타협을 바탕으로 하는 상호이해는 존재하지 않는다. 이것이 북한이 남한과의 합리적

54) 한스 마레츠키(1991), p. 127.
55) 위의 책, p. 129.

인 관계로 전환하는 것을 어렵게 만드는 장애요인이다."[56]

경제 분야: 수령에게 종속된 기형의 혼합경제

북한의 경제는 당 경제(노동당이 운영하는 경제)와 군수경제 그리고 내각경제 및 장마당 경제로 구성되어 있다. 이 중에서 장마당 경제를 한국에서 북한 연구자들은 시장경제라고 말한다. 그러나 장마당 경제는 경공업 생산품, 즉 생활필수품 위주로 거래가 이루어진다는 점에 유의해야 한다. 북한 경제 전체에서 장마당 경제와 중공업 부문의 공장 · 기업소가 같이 상호보완적으로 작동하는 것이 아니다. 중공업 부문의 공장 · 기업소가 장마당을 위해서 상품을 생산하는 것은 북한법에 의해서 보장되어 있지 못하다.

따라서 기초적인 의식주를 해결하는 수준인 북한의 장마당 경제는 서구자본주의 체제의 시장경제와 차원이 다르다. 북한의 장마당 경제가 확대되는 것을 - 자본주의 시장경제의 시각으로 – 마치 북한 경제 전체가 발전하는 것처럼 보면 곤란하다.[57] 이것은 장마당 경제를 과대평가하는 것이다.

그런데 북한 당국은 열악한 수준의 장마당 경제조차 「자본주의 온상」이라고 불온시한다. 다만, 배급제가 무너진 상태에서 국가가 주민의 생활을 책임지지 못하기 때문에 할 수 없이 장마당경제를 묵인하고 있을 뿐이다. 주민들이 스스로 벌어서 먹고 살기 위하여 장마당에서 물건을 사고파는 것까지 막을 수 없는 것이 현실이다. 북한 당국이 생각하는 장마당의 존재가치는 배급제의 결손을 메워주는 데 있다. 김정은은 그 이상으로 시장이 크는 것을 원하지 않는다. 체제에 위협이 된다고 생각하기 때문이다. 이런 맥락에서 장마당 경제의 발전에 한계가 있다.

2017년 7월에 한국은행이 2016년 북한 경제가 2015년 대비 3.9% 성장했다고 발표했다. 그러자 국내 언론들은 앞 다퉈 북한이 최강의 대북제재에도 불구하고 17년 만에 최고의 경제성장률을 달성했다고 보도했다. 이러한 언론보도와 함께 대북제재 무용론을 주장한 남한의 북한경제 전문가도 있었다.

그런데 한국은행은 북한경제성장률 발표 후 2015년에 위축됐던 북한 경

56) 위의 책, pp. 86－87.
57) 북한이탈주민 엄OO과의 면담 내용. (2017. 8. 18.).

제가 2016년에 반등하면서 「기저효과」가 나타났다고 밝혔다. 김정은 집권 후 2016년까지 5년 동안의 연 평균 경제성장률이 1.2%라고도 말했다. 그렇다면 2016년 북한의 전년 대비 경제성장률을 보고 마치 북한 경제가 안정세에 접어든 것처럼 말해서는 안 된다.

한국은행 자료에 따르면 1990년 북한의 경제성장률은 −4.3%이고, 당시 국내총생산(GDP)은 35조 269억 원이다. 그런데 3.9%의 성장률을 보인 2016년의 GDP는 31조 9966억 원으로 1990년 수준에도 못 미친다. 이런 점을 볼 때도 북한 경제는 2016년에 회복되지 못했다. 김정은의 업적으로 획기적인 안정세에 들어간 것이 아니다. 김정은 집권 후 고층건물과 택시 증가 등으로 겉보기에 크게 달라진 평양시의 모습이 겹치면서 나타난 착시현상이 북한경제에 대한 과대평가를 부추긴 것이다.[58)]

장마당 숫자가 늘어나면 어느 정도 북한식 시장경제가 확대되는 것은 사실이다. 그러나 장마당의 질(質)을 보지 않고, 양(量)만 보고 판단하면 오판하게 된다. 구매력은 크게 늘어나지 않는데, 판매자가 늘어난다고 시장의 질도 함께 높아지는 것은 아니다. 대북제재가 유지되는 여건 속에서 소비자의 구매력이 획기적으로 높아지기는 어렵다. 구매력이 감소하는 상태에서 장마당의 숫자가 늘어나서 상인의 숫자가 늘어나면 경쟁이 심해지면서 오히려 장마당 경제에 참여하는 상인 개개인의 소득이 감소할 수 있다. 다시 말해서 장마당이 양적으로 확대되면서 주민의 삶이 오히려 악화될 수 있다는 것이다.

북한에서 중·하층 계층 주민의 삶은 상당히 어렵다. 여유 있는 친척이 도와주지 않으면 자신이 하루 벌어 하루 먹고 살아야 한다. 이런 경제활동의 중심에는 여성들이 있다. 남성들은 직장에 소속되어 있는 경우 여러 제약으로 인해서 장마당 활동을 할 수 없다. 여성의 경우 주변에서 다른 여성이 한 푼이라도 벌기 위해서 노력하는 모습을 보면, 자신이 집에서 놀고 있을 수 없다는 생각을 당연히 하게 된다. 그리고 장마당 경제활동에 참여하게 된다. 이렇게 해서 장마당의 양적 확대가 늘어나는 것이다.

북한의 소비자 구매력 지수와 상인의 숫자 증가에 대한 정확한 통계가 없기 때문에 필자가 단정적으로 말할 수는 없다. 그러나 많은 북한이탈주민들과

---

58) 정상돈. (2017. 8. 1.). "北 경제성장률 발표와 대북제재 무용론'." 『매일경제』.

인터뷰를 해본 결과, 2018년까지만 해도 북한경제를 연구하는 남한 학자들이 북한의 장마당 경제를 지나치게 낙관적으로 해석하고 주장해 왔다는 것을 알게 되었다. 이들의 주장과 북한이탈주민들이 북한에서 살면서 실제로 경험한 것 사이에 많은 차이가 있기 때문이다. 그래서 균형 잡힌 시각이 필요하다는 생각으로 북한 경제의 구조적인 문제점을 언급한 것이다.

북한은 만성적인 경제난 속에서 경제활동이 다양한 부문에서 상호보완적으로 이루어지기 어려운 구조다. 그래서 경제발전이 어렵다. 시장경제가 북한의 현행법과 제도 때문에 제약받고, 주민들이 시장활동을 하면서 부패한 공무원들에게 뇌물 등으로 착취당하는 구조에서는 더욱 그렇다. 경제자유지수라는 관점에서 북한은 세계 최하위다. 자유로운 경제활동은 거의 불가능하다.

헤리티지재단의 테리 밀러 국제무역경제센터장이 법치주의와 재산권법, 시장 개방 및 정부 청렴도 등 12개 항목을 조사한 결과 180개 조사대상국 중에서 북한의 경제자유지수는 180위다.[59] "자유 시장 경제의 기본적인 정책 인프라도 갖추지 못하고 있다"는 것이 밀러 센터장의 평가다.[60] 이것은 북한경제의 회복력에 한계가 있음을 의미한다. 북한주민의 70~80%는 장마당 활동을 하더라도, 겨우 먹고 사는 수준이다.

그런데 한국의 북한경제 연구자들은 자본주의 경제를 분석하는 시각으로 북한경제를 평가했다. 그러다 보니 북한 경제의 실상을 제대로 알려주지 못하고 왜곡하는 경우가 종종 발생했다. 예를 들어 대북제재가 본격적으로 효과를 나타나기 전인 2016년에 북한에서 중국으로 수출한 석탄 양이 증가하면서 무역액이 늘어나니까, 북한 경제 전체가 발전한 것처럼 많은 연구자들이 주장했다.

그러나 석탄 광산은 국방성에서 관리하는 것이 많다. 광산 시설이 열악한 상태에서 몸으로 때우는 일은 군인에게 맡기는 것이 편하기 때문이다. 이렇게 해서 국방성이 석탄 무역으로 외화를 벌면, 그 중 일부는 김정은에게 충성자금으로 상납하고 나머지로 군인에게 배급을 주면서 군대를 운영한다. 석탄 무역이 증가했다고 내각이 그 수익을 인민경제에 사용하는 것이 아니다. 석탄 판매 수익금 중에서 김정은에게 상납된 것은 통치자금과 핵 · 미사일 개발 및 김정일 동상 건설에 사용된다. 국가경제 발전이나 주민생활 개선에 사용되는

---

59) rfa. (2020. 3. 18.). "헤리티지재단 '북 경제자유지수, 26년째 세계 최하위'."
60) VOA. (2020. 3. 18.). "북한 경제자유지수 26년째 세계 최하위."

것이 아니다. 이것이 북한경제의 가장 큰 문제점이다.

이것은 하나의 예에 불과하다. 북한 무역에서 수익성이 좋은 외화벌이는 권력을 가진 특수기관들이 하는 경우가 많다. 이런 경우 대개 같은 방식으로 처리된다. 북한의 수출 증가가 국가경제의 발전으로 이어지는 것이 아니라는 말이다. 그럼에도 수출이 증가했다고 경제가 발전했을 것이라고 평가하는 것은 서구 자본주의 사회에서 나타나는 경제현상을 북한에 적용하기 때문에 발생하는 오류다. 그 결과 우리 사회에서 김정은 시대에 경제가 비약적으로 발전한 것처럼 잘못 소개되어 왔다.

김정은 집권 후 북한의 대중국 수출이 증가했어도 겨울철 평양시에 전기가 2~3주 공급되지 않는 경우가 많았다고 한다.[61] 평양 주재 체코대사관 관계자도 평양 중심지에 있는 대사관에 발생한 정전사태를 거론하면서 "북한 주민 26%만 전기를 사용할 수 있다는 미 중앙정보국(CIA)의 추정치가 맞다"고 했다. 평양 주재 외국 대사관이 정전될 정도면 일반 주민의 전력난은 더욱 심각할 것이다. 미 중앙정보국(CIA)이 만든 세계 국가별 현황을 담은 온라인 「월드 팩트북」에 따르면 2019년 당시 "북한의 전력 사정이 1990년대에 머물고 있다"고 한다.[62]

2017년부터 효과가 나타나기 시작한 유엔안보리의 대북제재와 상관없이 전력사정은 지속적으로 매우 나쁜 상태였다. 군수공장에 전력이 공급되는 사정은 경공업 제품을 생산하는 공장과 기업소보다 나을 것이다. 북한이탈주민들이 북한에 살면서 체험한 바에 따르면, 전력공급이 어려워서 북한의 공장과 기업소 중에서 제대로 가동하는 것이 20~30% 정도에 불과하다고 한다. 군수공장과 연계된 일부를 빼고, 중공업 분야에서 공장의 가동 수준은 저조한 상태다. 전력공급을 받아도 하루 종일 전력이 공급되는 것이 아니라, 하루에 2~3시간 정도 받는다고 한다. 만약 석탄 수출 증가 등이 경제 발전으로 이어졌다면 이런 현상이 나타날 수 없다. 이런 상태에서 북한 경제가 회복되는 것은 불가능에 가깝다.

61) 북한이탈주민 엄OO과의 면담 내용. (2017. 9. 28.).
62) VOA. (2021. 2. 12.). "30년째 계속되는 북한 전력난."

[그림 Ⅱ-1] 통계청이 발표한 북한의 전력 생산량 추정치

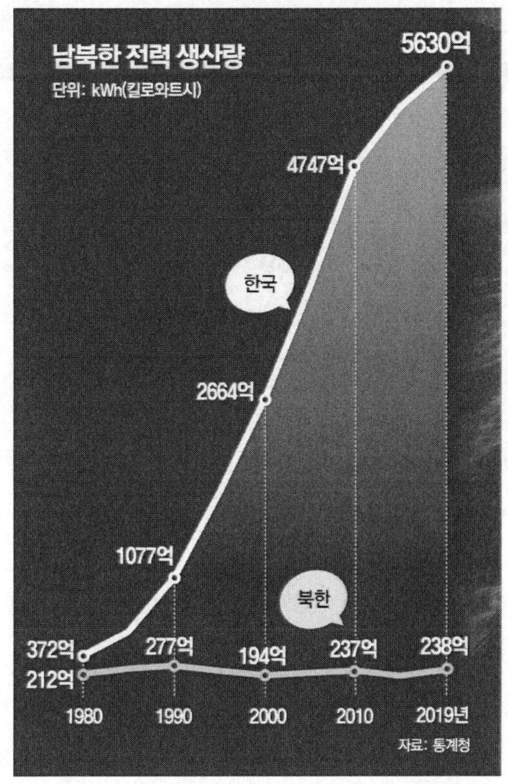

※ 출처: 『동아일보』. (2021. 2. 26.). "北 전력생산 40년째 제자리… 김정은 '전기가 경제 발목' 연일 닦달."

한국은행이 2017년에 발표한 「2016년 북한 경제성장률 추정 결과」을 보면 수력 및 화력 발전이 크게 늘어나면서 전기가스수도업이 2015년 대비 22.3% 증가했다고 한다.[63] 그러나 북한에서는 2016년과 마찬가지로 2017년 11월에도 전력난으로 협동농장에 전기 공급을 하지 않아서 도정하지 않은 쌀을 그대로 국경경비대 군인들에게 제공했다고 한다.[64] 만약 한국은행의 발표대로 2016년에 발전 시설과 전력 생산이 증가했다면 이런 일이 발생하지 않았을 것이다.

이런 점을 고려할 때, 한국은행이 2016년 북한경제성장률 분석에 사용한

63) 한국은행. (2017. 7. 22.). 보도자료.
64) rfa. (2017. 11. 15.). "북, 전력난으로 도정하지 않은 겉곡 군에 공급."

기초 데이터의 신뢰도와 발표 결과에 의문이 제기된다.[65] 이런 문제점은 북한 경제를 연구하는 많은 전문가의 글에서 공통적으로 발견되어 왔다. 지금은 코로나 방역으로 인한 국경봉쇄와 대북제재의 여파로 북한 경제가 상당히 어렵다. 그래서 북한경제가 좋아졌다는 말을 할 수가 없다. 그러나 2017년만 해도 북한경제를 과대평가한 경향이 많았다. 그 결과 지식인들의 연구가 북한의 변화 문제를 둘러싼 남남갈등을 증폭시킨 측면이 있다.

북한 당국이 수출을 통해서 외화벌이를 하는 기업소와 무역회사 및 광산은 많은 경우 노동당의 「39호실」과 군수공업부 아니면 군대 소속이다. 내각은 주로 당 경제와 군수경제를 뒷받침하는 보조 역할을 한다. 내각은 인민경제 차원에서 경공업 부문을 맡고, 국내의 장마당을 관리하는 역할도 한다. "문제는 노동당 39호실과 제2경제(군수경제; 필자)가 전력, 자금, 인력을 비롯한 자원 배분에서 우선권을 갖고 있기 때문에 인민경제는 뒷전으로 밀린다"[66]는 것이다. 뿐만 아니라, 내각경제는 당 경제와 군수경제에 비하면 규모가 작다.

그런데 당 경제는 명목상 당의 이름을 차용했을 뿐, 실제로는 김정은 개인의 경제로 운영되면서 통치자금 수단으로 사용되고 있다. 노동당 군수공업부가 운영하는 군수경제는 무기를 팔아서 외화를 벌고, 이것을 핵과 미사일 개발에 사용했다. 여기에 내각은 전혀 발언권이 없다. 당 경제와 마찬가지로 군수경제 역시 김정은의 직접적 지도하에 관리되고 있다. 국방성이 군대를 유지하기 위해서 운영하는 군대경제는 군수공업부가 운영하는 군수경제와 별도다. 그러나 이것도 최고사령관인 김정은의 결재 하에 운영된다. 물론 내각경제도 김정은의 지침 하에 운영되고 있다.

이런 맥락에서 황장엽은 북한 경제가 수령 개인에게 종속되면서 사회주의적 성격을 상실했다고 말한다.[67] 이것이 이 책에서 북한 경제를 수령에 종속된 기형의 혼합경제라고 표현하는 이유다. 이렇듯 북한 경제가 철저하게 수령의 정치논리에 지배받기 때문에 구조적으로 김정은 정권을 위협할 수 있는 개혁 · 개방정책에는 한계가 존재한다.

---

65) 정상돈(2017b), p. 211.
66) VOA. (2021. 2. 26.). "'특수기관' 질타한 김정은...'자력갱생 한계'."
67) 황장엽(2006), pp. 95-96.

나. 북한에 대한 착시현상과 실제 모습

1) 북한 경제에 대한 착시현상

그동안 한국에서 많은 북한경제 전문가들이 장마당에 대한 북한 당국의 조치를 개혁정책인 것처럼 평가해 온 경향이 있다. 그러나 북한의 시장화는 정권이 원해서 이루어진 것이 아니다. 원하지 않는 상태에서 배급제 붕괴로 어쩔 수 없이 진행된 것이다. 사후적으로 시장에 대한 북한 당국의 조치가 실시되었지만, 이것을 개혁조치라고 말하기는 어렵다. 시장화를 막을 수 없는 상태에서 최대한 관리하고 활용하는 동시에 체제 위협이 되지 않도록 억제하는 조치를 취했다고 말하는 것이 더 적합한 표현이다.

김정은이 실시한 「사회주의기업책임관리제」와 「포전담당제」 등은 개혁정책의 일환이라고 말할 수 있다. 그러나 농업 부문에서 「포전담당제」를 실시해도 농민은 국가에 군량미를 최우선적으로 무조건 상납해야 한다. 농민은 이것 외에도 돌격대 지원 등 이런저런 명목으로 뺏기는 것이 많다. 그러다 보니 아무리 열심히 일해도 자기 몫으로 돌아오는 것이 지극히 적다. 그래서 「포전담당제」는 구조적으로 실패할 수밖에 없다.

「사회주의기업책임관리제」는 국가가 기업과 공장을 운영하지 못하니까 각자 알아서 자력갱생하면서 국가에 일정 부분의 수익을 상납하고, 나머지는 자율적으로 운영하도록 한 것이다. 그런데 이 자율성이란 것이 법 · 제도적으로 보장되지 않아서 애매모호하고 위험 부담이 많다. 예를 들면 기업소가 수익을 내기 위해서 상품을 생산하면 장마당/시장에 팔아야 한다. 그런데 자본주의 방식으로 상품을 생산해서 시장에 판매하는 행위는 북한에서 사정상 묵인되고 있는 것일 뿐, 법 · 제도적으로 보장된 것이 아니다. 그래서 기업소의 지배인(전문경영인)도 불안하고, 기업소에 투자한 「돈주」(북한식 자본가)도 불안해한다.

북한에서 불법과 탈법 및 비법적 행위를 하지 않고는 돈을 벌 수 없는 것이 현실이다. 그런데 보위원과 보안원 등이 항상 감시하면서 「돈주」에게서 뇌물을 갈취할 기회만 노리고 있다. 「돈주」가 이들에게 협조하지 않으면 북한법에 따라서 언제든지 걸려들 수 있다. 또한 모든 기업소에는 당 비서가 있어서 인사권을 쥐고 감독한다. 이렇듯 기업소의 자율적 운영에는 제약이 많다.

최근에는 대북제재와 코로나 방역조치로 경제상황이 더욱 열악해졌다. 그러다 보니 「사회주의기업책임관리제」가 기업소에게 책임만 주고, 자율성을 주기 어렵다. 특히 기업소의 자율성이 북한식 사회주의 체제를 흔드는 것을 결코 용납하지 않겠다는 것이 처음부터 김정은의 생각이었다. 그래서 제2차 「고난의 행군」의 시작 단계라고 할 수 있는 현 상황에서 비(非)사회주의적이고 반(反)사회주의적인 모든 행위를 용납하지 않겠다고 강조하면서 기업소를 포함해서 북한 경제 전반에 대한 통제를 강화하고 있다.

김정은이 김일성과 김정일 시대에 실패했던 「3대혁명 붉은기 쟁취운동」을 최근에 다시 추진하고, 사상사업을 강조하는 것도 이런 배경에서 이해할 수 있다. 김정은이 집권 초에 실시한 조치는 중국식 개혁조치와 거리가 먼 것일 뿐만 아니라, 성공하기 어려운 구조에서 미봉책으로 추진된 것이다. 그럼에도 한국에서 많은 북한경제 연구자들은 김정은의 개혁 조치로 북한의 변화가 본격적으로 시작된 것처럼 말했다. 이것은 북한 경제의 구조적 한계와 김정은의 국가전략을 잘 모르고 한 말이다.

북한에서 전력, 철도, 화학, 금속 등 기간산업은 회복되기 힘들 정도로 망가졌다. 미국 중앙정보국(CIA)이 제공하는 세계 국가별 현황을 담은 온라인 「월드 팩트북」은 2021년에 북한의 "산업자본 재고는 수 년 간의 투자 부족, 예비 부품 부족, 유지 보수 부족으로 거의 회복 불능"상태며, "산업과 전력 생산은 1990년 이전 수준에서 정체된 상태"라고 평가했다.[68] 국가가 기간산업에 일차적으로 예산을 사용하는 대신에 핵과 미사일 개발에 사용해왔기 때문이다.

북한의 기간산업에 속한 공장과 기업소들은 국가의 지원도 제대로 받지 못하고, 자체적으로 꾸려나가야 한다. 그런데 노동자들에게 배급을 주지 못할 뿐만 아니라 생활에 충분한 월급도 주지 못하는 상태에서 기간산업의 자력갱생은 어렵다. 전력공급도 제대로 이루어지지 않는다. 거기다가 돈이 없어서 기간산업의 노후화된 설비를 교체하기도 어렵다.

그런데 김정은은 기간산업의 자력갱생을 외치면서 당과 내각이 제대로 일을 못한다고 다그친다. 북한에서 기간산업이 살아날 방도는 김정은이 국가

68) VOA. (2021. 2. 6.). "CIA '북한, 대규모 군사비 지출로 민간 필요 자원 소모'."

전략을 바꾸고, 시장 논리를 도입해서 경제를 운영하는 것이다. 이렇게 되면 기간산업의 활성화가 소비재 중심의 장마당 경제와 상호작용을 하면서 북한 경제가 소생할 수 있다. 하지만 이것은 북한 경제가 일정 부분 자본주의식으로 운영되는 것을 의미한다. 때문에 결국 김정은의 수령유일지배체제를 위협하게 된다.

그래서 북한의 학자와 관료들이 경제를 살릴 방도를 알면서도 감히 김정은에게 대안 제시를 못하는 것이다. 사회주의 계획경제를 강조하는 김정은에게 개혁·개방정책을 추진하자고 제안하면 처벌을 면치 못하기 때문이다. 1990년대 중반 북한에서 제1차 「고난의 행군」이 시작되자 김정일은 경제참모들에게 북한 경제를 살리는 방안을 찾아보라고 지시했다. 당시에 김달현 등 최고의 경제 관료 5명이 중국식 개혁·개방을 추진하는 방법밖에 없다고 제안했다가, 결국 모두 죽음으로 내몰렸다고 한다. 이후 김정일이 내세운 경제건설 방식은 「선군경제」였다.

김정은은 집권 초 마식령스키장과 평양의 문수물놀이장 등 유희시설을 짓고 전시성 건설정책을 추진했다. 이때 장성택이 김정은에게 전시성 건설정책을 추진하는 대신에 경제특구와 경제 인프라 건설정책 등을 제안했었다. 그러나 장성택 처형 후 김정은에게 이견을 제시하면 처형당하는 사례가 반복되면서 직언하는 간부는 사라지고 없다.

전시성 사업의 일환으로 2016년에 추진된 여명거리 건설의 경우 그렇지 않아도 부족한 국가예산이 상당 부분 투입됐다. 뿐만 아니라, 모자라는 부분은 각 기관들이 책임지고 담당하면서 기관의 부담이 가중됐다. 예를 들어 김책제철소에 여명거리 건설을 위해서 철근을 생산하라는 지침이 떨어지면, 원래 수행 과제에 추가해서 철근을 생산해야 했다. 그렇기 때문에 부담이 커지지 않을 수 없었다. 이런 경우 개인 주머니를 털어서라도 건설용 자재 철근을 생산해야 한다.

그 결과 기업소와 인민의 살림살이가 더욱 곤궁하게 되었다. 이런 부담은 건설 공사에 동원되거나 충성자금을 바치라고 요구받은 주민 개개인도 져야 했다. 상황이 이랬기 때문에 당시에 시멘트와 철근 등을 「4호 창고」의 전시비축물자로 충당했을 정도였다고 한다.

그런데 이렇게 건설된 아파트는 판매된 것이 아니다. 김정은이 선택한 주민들, 예를 들면 미사일을 개발한 과학자와 기술자에게 선물로 줬다. 그대로 소모된 것이다. 이것은 「돈주」가 투자해서 건설하는 아파트와 다르다. 그래서 여명거리가 생긴 만큼 국고와 기관 및 주민의 재산이 탕진됐다. 고층건물의 높이만큼 인민들의 불만이 높아졌다는 말도 그렇게 해서 나왔다. 평양시에 고층건물이 들어섰다고, 김정은 시대에 경제가 획기적으로 발전한 것처럼 보는 것은 착각이다. 오히려 겉은 휘황찬란하지만, 속은 골병이 들고 있다.

김정은은 2021년 1월에 개최된 제8차 당대회에서 5개년 계획 사업으로 평양에 주택을 5만 세대 건설하라고 지시했다. 그런데 국가가 이에 필요한 예산을 거의 지원하지 않았기 때문에 주민들이 이 건설사업 지원금을 내느라고 더욱 곤궁해졌다. 북한의 건설 사업에서 나타나는 문제점은 VOA(Voice of America; 이하, VOA)에 실린 다음 이야기를 통해서 확인할 수 있다.

> "또 다른 문제는 김정은 위원장 자신이 즉흥적인 결정으로 계획경제의 틀과 우선순위를 뒤흔든다는 겁니다. 단적인 예로 김 위원장은 2020년 3월 갑자기 평양종합병원 건설을 지시했습니다. 그로부터 넉 달 뒤인 7월에 평양 대동강 구역의 건설 현장을 찾은 김 위원장은 '건설연합상무가 건설 예산도 바로 세우지 않고 마구잡이식으로 사업을 진행했다'며 '설비 자재 보장사업이 심히 탈선'했다고 질책했습니다. 이렇게 최고 지도자가 예산과 자재 보장 대책도 없이 즉흥적으로 지시를 내리면 실무자로서는 다른 곳에서 자재를 끌어오거나 주민들에게 돈을 걷을 수밖에 없습니다."[69]

뿐만 아니라 북한의 전력 사정이 좋지 않아서 50층짜리 고층건물을 만들어도 승강기 운행이 제대로 안 되고, 물 공급도 어려운 실정이다. 겨울에는 난방을 위해서 집집마다 석탄을 쌓아 놓는다고 한다. 이런 것들을 20~30층에 운반하는 것은 보통 힘든 일이 아니다. 그래서 웬만한 사람은 고층 아파트를 선물로 준다고 해도 반가워하지 않는다고 한다. 차라리 장마당 활동을 하기에 좋은 1~2층에 살기를 선호한다고 한다.

그럼에도 김정은이 고층건물 위주의 건설정책을 추진해 온 것은 국가경제가 골병들어도 대내외적으로 과시하기 위한 욕심 때문이다. 이런 것들은 북

---

69) VOA. (2021. 2. 26.). "'특수기관' 질타한 김정은...'자력갱생 한계'."

한 인민의 지지를 받을 수 없다. 이런 점에서 김정은 자체가 북한 체제의 가장 큰 불안정 요인이라고 말할 수 있다.[70] 전시성 건설정책에 따른 국고낭비 외에도 국제사회의 대북제재 및 코로나 방역에 따른 국경봉쇄 조치로 북·중무역이 중단되다시피 하면서 현재 국고는 김정은 집권 초보다 상당 부분 감소했을 것으로 추정된다.

그러다 보니 북한은 사이버 해킹을 외화 획득의 수단으로 활용하고 있다. 유엔 안보리 대북제재위원회의 전문가 패널이 2019년 8월에 제출한 보고서에 따르면 북한이 사이버 공격으로 타국의 은행과 가상화폐 분야에서 20억 달러를 탈취했다고 한다.[71] 이렇게 범죄 행위로 탈취한 외화는 일차적으로 핵과 미사일 개발에 투입되었다고 한다. 이에 미국 재무부 산하 금융범죄단속반(FinCEN)은 2021년 10월 26일에 "국제자금세탁방지기구(FATF)가 최근 북한을 자금세탁 및 테러자금조달방지, 대량살상무기확산자금방지의 국제기준 이행에 있어 중대한 전략적 결함이 있는 '고위험 국가'로 결정한 것을 미 금융기관들에 통보하고 있다"고 밝혔다."[72] 이런 것은 북한이 전형적인 「실패 국가」임을 보여주는 사례들이다.

2) 북한의 현 실태와 불안정성 평가[73]

체제 불안정성 평가의 보편적 방법

서구세계에서 국가나 체제의 불안정성을 평가할 때 사용하는 측정 요소를 보면, 북한에 적용하기 곤란한 경우가 많다. 브루킹스 연구소(The Brookings Institution)와 평화기금(The Fund for Peace) 그리고 칼튼 대학(Carleton University) 등 외국 기관은 상이한 체제와 국가를 비교하는데 동일한 기준으로 상대평가 방법을 적용하며 불안정성을 측정하고 있다. 예를 들어 인권과 자유

---

70) 정상돈(2017b), p. 210.

71) VOA. (2020. 4. 9.). "국무부 '북한, 사이버 활동으로 WMD 자금 마련…모든 나라가 대응 조치해야'." VOA. (2020. 4. 6.). "북한, 가상화폐 분야서 '가장 정교한 범죄국가'…대책 마련 시급."

72) rfa. (2021. 10. 28.). "미 재무부, 금융기관에 'FATF 북 고위험국가 결정' 통보."

73) 이 부분은 필자가 2017년 북한연구학회 동계학술회의에서 발표한 원고(정상돈, 2017b)에서 일부 내용을 발췌하고, 최근 상황을 반영해서 수정 및 보충한 것이다.

의 침해를 모든 국가 및 체제의 불안정성을 초래하는 주요 요인으로 판단하고 동일하게 적용하고 있다.

칼튼 대학이 「외교정책을 위한 국가지수」(CIFP: Country Indicators for Foreign Policy; 이하, CIFP) 보고서에서 취약성이 높은 국가의 경우 "다른 국가에 비하여 더 독단적 · 전제적이고 투명성이 낮으며 정치적 참여의 장벽이 높고 법적 강제의 틀이 부재하며 인권침해 수준이 높은" 경향을 보여준다고 평가한 것이 대표적인 사례다.[74] 북한에서는 CIFP 보고서의 평가와 반대로 전제성(유일지배체제 확립)과 낮은 투명성 그리고 정치 참여의 부재가 체제유지 및 안정의 기본 조건이다.

카멘트(Carment)와 새미(Samy)는 사회계약과 소유권 및 인권 등의 중요성을 강조하면서 이러한 기본적인 법 · 제도를 제공하지 못하는 국가들이 취약하다고 가정한다. 그리고 이런 전제 하에 취약성을 극복하기 위해서 정치엘리트들에게 책임을 물을 수 있는 경쟁 시스템을 도입해야 한다고 말한다.[75] 그러나 서구 민주국가에서는 민주주의 수준이 안정성의 주요 지표인 반면에, 북한 체제에서는 민주주의 요소(정치 참여, 표현의 자유 등)가 불안정성의 주요 지표가 된다. 북한 주민에게 자유가 허용될수록 김정은 체제가 흔들리기 때문이다.

서구세계와 달리 김정은은 감시와 통제를 수단으로, 즉 자유와 인권 등 민주주의 요소를 철저하게 억압하는 방식으로 체제 안정성을 확보하고 있다. 정치범의 일가친척 30~40명을 함께 처벌하는 북한의 연좌제는 세계 최악의

74) "In general, a high score – 6.5 or higher – indicates that a country is performing poorly relative to other states. Such a score may be indicative of an arbitrary and autocratic government, a history of non–transparent government, the presence of significant barriers to political participation, the absence of a consistently enforced legal framework, or a poor human rights record.".[Carleton University(2017), (https://carleton.ca/cifp/failed–fragile–states/data–and–methodology/). (검색일: 2017. 11. 23.).]

75) "To be sure, while there are still some deeply entrenched and often predatory regimes among those states we call fragile, many simply reflect a disengaged population weary of governments incapable of providing basic services and a legal system that makes contractual relationships, property rights and respect for human rights unsustainable. Fragile states need an institutional architecture for consolidated and sustainable political competition that ensures elites are answerable to the people they serve."(Carment, D. & Samy, Y. (2012). pp. 4–5. (https://carleton.ca/cifp/wp–content/uploads/1407–1.pdf). (검색일: 2017. 11. 23.).

탄압수단이다. 그런데 연좌제야말로 북한 인민들로 하여금 정치적으로 저항할 엄두를 내지 못하게 하는 핵심요소다. 본인 하나 희생되면 몰라도 일가친척의 희생을 감수해야 하기 때문이다. 이런 점을 고려할 때 서구 평가 기준으로 북한의 불안정성을 평가할 경우 오류에 빠질 수 있다.

브루킹스 연구소 등 외국 기관은 취약한 경제력을 불안정 요인으로 보고 경제 발전을 체제 안정성 담보의 주요 수단 중 하나로 보고 있다. 그런데 김정은 정권 입장에서는 서구 사회와 달리 경제 발전을 북한 체제 안정에 도움이 되는 수단으로만 보지 않는다. 북한주민들의 먹고사는 문제가 아주 나빠도 곤란하겠지만, 북한의 경제 발전이 의식 변화를 동반하면서 정치 분야의 개혁 요구 증가를 초래할 수 있기 때문이다.

때문에 김정은 정권은 주민들의 삶에 여유가 생기면 자유를 원하면서 체제 비판적이 될 수 있다는 이유로 일정 수준 이상의 경제 발전을 원하지 않는다. 「70일 전투」와 「200일 전투」 등을 실시하는 것도 다른 생각을 할 겨를이 없게 혹사하는 통제의 한 방식이다. 김일성 시대에도 이런 통치철학은 존재했다. 다만, 김일성 시대에는 배급이 제 기능을 했다. 그래서 수령의 은덕 정치가 주민들에게 무리 없이 받아들여졌다.

그런데 1990년 중반 이후 김정일 시대부터 배급제가 급속도로 붕괴하면서 상황이 달라졌다. 김정은도 김일성 시대처럼 배급제가 회복되는 것을 추구한다. 그러나 현실은 장마당 경제를 부정하고 국가를 운영할 수 없는 상태다. 그래서 북한 주민들이 시장 활동을 통해서 먹고 사는 형편이 나아지자 「70일 전투」 등 각종 동원을 실시해서 주민들이 다른 생각을 할 여유를 주지 않고 강력하게 통제하고 있다.

김정은은 사상이 무너지면 체제가 무너진다고 생각한다. 그래서 시장을 통해서 반(反)사회주의적 의식과 비(非)사회주의적 의식이 확산되는 것을 막기 위해서 「반동사상문화배격법」을 제정하고 사상교육도 강화하고 있다. 실제로 이런 정책은 북한 체제를 유지하는 버팀목이 되고 있다. 이런 점을 고려할 때도 서구 평가 기준으로 북한 체제의 불안정성을 평가하는 것은 곤란하다.

이에 필자는 북한 체제에 맞는 평가 방법을 개념 수준에서라도 도출하는 것이 필요하다는 생각을 하게 되었다. 필자가 2017년에 「북한연구학회」가 주최한 동계학술회의에서 동 주제에 대해서 발표할 때는 북한 맞춤형 불안정성 측정 요소를 9개 제시했다. 그러나 이 책이 2017년의 발표 논문과 다른 방식으로 편집된다는 점을 고려해서 6개만 거론하고자 한다. 경제 관련 내용은 앞에서 이미 주요 내용을 언급했다. 통제정책 관련 내용은 아래의 다음 항에서 언급할 것이다.

북한 맞춤형 측정 요소에 의한 불안정성 평가

첫째, 기존 체제를 응집 · 유지시키는 관성과 힘이 약화되면 체제 불안정성이 증가한다. 이에 김정은 정권에 대한 주민의 신뢰도/충성심/운명공동체 의식이 낮아질수록 체제를 응집 · 유지시키는 관성이 약화되고 불안정성이 증가한다고 평가했다. 둘째, 북한의 법 · 제도와 현실의 관계에서 괴리가 클수록 김정은 체제의 불안정성이 증가한다고 평가했다. 체제 구성원들이 불안을 느끼면서 기존 체제를 응집 · 유지시키는 관성과 힘이 약화되기 때문이다.

셋째, 북한 주민들이 미래에 대한 희망을 갖지 못한 채 살아가는 상태가 지속되거나 심화될 때에도 기존 체제를 응집 · 유지시키는 관성이 약화되면서 불안정성이 증가한다고 평가했다. 넷째, 주민들의 생활수준이 어느 정도 호전되면 체제 안정성이 증가하는 반면에, 생활수준이 하락하면 기존 체제를 응집 · 유지시키는 관성이 약화되면서 불안정성이 증가한다고 평가했다. 다섯째, 기존 체제를 떠받치는 가치체계의 변화는 체제 불안정성을 증가시킨다. 이에 북한에서 자본주의적 사고방식(비사회주의적 사고방식)이 사회주의 이념과 집단주의 등 기존의 가치체계를 대체하는 정도에 따라 불안정성이 증가한다고 평가했다. 이와 관련해서 10대원칙과 「김일성－김정일주의」, 사회주의 및 집단주의에 대한 인식 변화에 주목했다.

여섯째, 기존 체제에 대한 불만이 어떻게 표출되고 있는지를 추적하면서 김정은 체제의 불안정 실태를 파악했다. 그런데 북한에서는 강력한 공포정치와 통제시스템으로 인해서 정치적 저항이 발생하기 어렵다. 이런 현실을 고려해서 기존 체제에 대한 불만 중에서도 정치적 불만이 아닌 일상적인 불만에 주목했다.

① 정권에 대한 신뢰도/충성심/운명공동체 의식의 변화와 이에 따른 불안정성

북한에서 서민을 대상으로 한 배급제가 붕괴되고, 국가가 서민의 삶에 도움을 주지 못한 채 시장에 의존해서 살아가는 비중이 높아갈수록 운명공동체 의식은 약화된다. 현재 북한 주민의 약 70%에 해당하는 하층계급이 국가의 도움을 받지 못하고 자력갱생으로 살아가고 있다. 약 20%에 해당하는 중간계층도 여유 있는 삶을 살지 못하고 뇌물 등으로 굶지 않고 살아가는 수준이라고 한다.

현재 북한은 주민 대부분이 스스로의 힘으로 자구책을 찾지 않으면 살아갈 수 없는 분위기다. 따라서 나와 가족만 살면 된다는 생각이 지배적이다. 정권에 대한 충성심과 운명공동체 의식은 겉으로만 존재할 뿐 실제로는 사라진 상태다. 서민들은 당국이 해주는 것도 없으면서 각종 통제와 동원으로 힘들게 하니까 "도와주지 않아도 좋으니, 제발 못 살게만 굴지 말아 달라"[76]는 생각뿐이라고 한다. 30~40대의 젊은 사람들은 어떻게든 살기 위해서 충성경쟁을 한다. 그러나 마음속으로 진짜 충성심이 있는 것은 아니라고 한다. 국가에 대한 애국심도 약화됐으며, 50대 이상 나이 먹은 사람들의 경우에는 간부기피 현상도 발생하고 있다고 한다.[77]

북한이 중국처럼 개혁 · 개방을 하지 않는 구조 속에서 노동당이 할 수 있는 것은 사상통제와 조직통제 등 통제 말고는 없다고 해도 과언이 아니다. 그동안 당의 정책과 노선을 통해서 주민의 삶이 개선되지 못했기 때문이다. 오히려 주민들이 다른 생각을 할 겨를이 없도록 당이 각종 「전투」와 학습 및 총화에 동원하다보니 주민들 입장에서는 장마당/시장 활동을 통한 자력갱생이 어려워진 측면이 있다. 그리하여 당에 대한 불신이 증가하고 있다.

당 관료의 특권의식과 세도에 의한 부정부패는 심각한 수준이다. 김정은이 "전당, 전군이 우리의 일심단결을 파괴하고 좀먹는 세도와 관료주의를 철저히 없애기 위한 투쟁을 강도높게 벌려야 한다"[78]고 질책할 정도다. 주민들

---

76) 북한이탈주민 송OO과의 면담 내용. (2017. 4. 22.).

77) 북한이탈주민 엄OO과의 면담 내용. (2017. 8. 10.). 송OO과의 면담 내용. (2017. 4. 22.).

78) 『연합뉴스』. (2016. 2 4.). "北 김정은, 黨 중앙위 · 軍위원회 연합회의 주재."

입장에서는 과거에 「어머니 당」이었던 것이 현재 「도둑놈 당」이 되었다고 생각할 정도라고 한다.[79] 당에 대한 인식이 변하면서 과거와 질적으로 다른 차이가 존재한다는 것이다. 단지 당원들에게 잘못 보이지 않기 위해서 모든 사람들이 외교적으로 대할 뿐이라고 한다.[80] 군부와 공안기관의 관료도 당을 비슷하게 인식하고 있다.

국가보위성의 보위원들은 김정은 집권 초에 충성심을 바쳐서 열심히 일했다. 그런데 2015년 이후로 김정은에 대한 회의감을 가지며 충성심을 상실하기 시작했다고 한다.[81] 2017년 초에는 국가보위성의 김원홍 보위상이 좌천되고 차관급 간부 5명이 고사총으로 처형됐다.[82] 김정은 집권 초부터 충성을 바친 핵심 공안기관의 고위간부들이 좌천되고 처형된 것이다. 2017년 가을에는 북한군을 감시 · 통제하는 총정치국 핵심 간부들이 처벌받았다. 총정치국 고위간부들이 국방성의 외화벌이 기관을 뺏으면서 북한군의 월동준비를 소홀히 하고 전투준비 태세를 강화하지 못했기 때문이라고 한다.[83] 이런 문제가 당 조직지도부에 제대로 보고되도록 하지 않은데 대해서 황병서 총정치국장까지 연대책임을 물어 조사받았다.

문제는 김정은 정권이 감시와 통제로 체제를 유지하는 상태에서 감시 · 통제 기구의 핵심 간부들조차 처벌받으면서 흔들리고 있다는 것이다. 김정은 집권 후 그동안 이영호와 현영철 등 정통군인 출신인 「군사일꾼」 위주로 처형과 숙청을 하면서 군기를 잡아왔다. 하지만 2017년 말에는 총정치국의 정치군관까지 처벌을 받았다. 당에 대한 총정치국의 「불손한 태도」가 문제되었다는 말도 있다.[84] 외부에서는 이런 실정을 모르고 당이 김정은 시대에 강화돼서 제 역할을 하는 것처럼 생각하는 경향이 있다. 그러나 당을 강화하려는 김정은의 의지와 실제 성과는 구분해서 볼 필요가 있다.

김정은 집권 후인 2016년에 36년 만의 제7차 당대회를 개최했다고 당의

---

79) 북한이탈주민 오OO과의 면담 내용. (2017. 7. 4. & 7. 18.).
80) 북한이탈주민 오OO과의 면담 내용. (2017. 7. 25.).
81) 북한이탈주민 오OO과의 면담 내용. (2016. 7. 4.).
82) 「연합뉴스」. (2017. 2. 27.). "국정원 '북김원홍 보위상 연금'…보위성간부 등 5명 고사총 처형."
83) rfa. (2017. 11. 27.). "인민군 총정치국 검열 배경은 외화벌이 기관 장악 때문."
84) 「연합뉴스」. (2017. 11. 20.). "국정원 '북, 軍총치국 20년 만에 검열...황병서 등 처벌 첩보'."

위상이 강화된 것이 아니다. 2021년 1월에 개최된 제8차 당대회도 마찬가지다. 북한 주민들 입장에서는 제7차 당대회와 제8차 당대회를 개최하든 말든 관심이 없을 것이다. 김정은이 당의 기능과 역할을 강화하면서 통제도 함께 강화되어 사는 것이 더 힘들어지기 때문이다. 북한 주민들 입장에서는 당국의 배려나 배급을 기대하지 않고, 단지 간섭하지만 않아주면 좋겠다는 생각을 한다고 한다. "돈도 필요 없고 월급도 필요 없고 쌀 등 배급도 필요 없으니까 그냥 나만 자유롭게 활동할 수 있도록 풀어 달라!"[85]는 것이 주민들의 소박한 소망이라고 한다.

한편, 하층계급으로 내려갈수록 순진하고 순박한 사람들이 아직도 상당수며, 상부에서 명령과 지침이 떨어지면 불만이 있어도 관철하려고 애쓰는 경향이 존재한다고 한다. 그러나 인텔리들은 철저하게 이해관계에 따라 행동한다고 한다. 현재 북한 주민의 10%에 해당하는 상층계급 외 중간계층에서 5% 정도 그리고 노인들 중에서 5% 정도가 김정은 정권을 지지하는 것으로 평가된다.[86] 나머지 80% 주민들의 경우 정권에 대한 충성심과 신뢰도 및 운명공동체 의식은 거의 사라지고 없다는 것이 대체적인 평가다.

시대별 추세를 보면 다음과 같다. 김정일 시대 1990년대 중 · 후반에 갑자기 닥친 위기 속에서도 수령 우상화 및 세뇌 효과는 건재했다. 그러다가 2000년대에 배급제 대신 장마당 경제가 확대되면서 주민의식 변화와 함께 운명공동체 의식도 변했다. 김정은 집권 후에는 젊은 지도자에 대한 기대가 있었다. 그러나 시간이 지나면서 정권에 대한 신뢰도와 충성심 및 운명공동체 의식이 김정일 시대보다 더 약화됐다.

김정은 집권 10년 차인 현재 제2차 「고난의 행군」의 조짐이 보이고 있다. 코로나 방역에 따른 2년간의 국경봉쇄와 통제 강화로 민생은 나빠졌다. 앞으로 더 악화될 것으로 전망된다. 김정은 정권에 대한 신뢰가 집권 후 계속 추락하고 있다는 점에서 불안정성이 증가하는 것으로 평가할 수 있다. 그러나 처벌이 두려워서 정권에 감히 불만을 표시할 엄두를 내지 못하는 것이 현실이다. 따라서 북한에는 내부적인 불안정 요인과 함께 겉보기에 안정적인 모습이

85) 북한이탈주민 오OO과의 면담 내용. (2017. 7. 4.). VOA. (2021. 11. 11.). "미국 내 탈북민들 '북한 최장 국경 봉쇄로 간부들도 경제난…주민들 삶 간섭만 안 해도 감사할 것'."
86) 북한이탈주민 엄OO과의 면담 내용. (2017. 8. 18.).

동시에 공존한다.

② 법 · 제도와 현실의 괴리에 따른 불안정성

시장 활동은 사회주의를 추구한다는 북한에서 법적으로 허용되지 않는 행위다. 그렇지만 대부분의 북한주민이 시장에 의존해서 살아가고 있는 것이 현실이다. 그 결과 대다수 주민이 불법으로 돈을 벌고 있는 셈이며, 언제든지 법적으로 처벌될 수 있어 불안하게 생활하고 있다. 법이 주민들을 지켜주는 것이 아니라, 통제하고 처벌하는 수단이 되었기 때문이다. 북한에서 법의 취지가 겉으로는 주민들을 지켜주는 것이라고 말을 한다. 그러나 실제로는 그렇지 않다. 이런 점에서 법 · 제도와 현실의 괴리가 크다.

한국 드라마나 성 녹화물을 보면 심한 경우에 공개 처형되기도 한다. 문제는 사형에 해당되지 않는 행위를 법적으로 사형에 처한다는 것이다. 이것도 법과 현실의 괴리를 보여주는 단면이다. 또한 법이 외화벌이 일꾼들의 생활을 보장해주지도 않는다. 외화벌이 일꾼들이 먹고 살면서 충성자금도 바치려면 수익의 일부를 자신이 확보할 수 있어야 한다. 그런데 법적으로 「공화국 인민」은 외화를 무조건 보유할 수 없게 되어 있다. 그리고 외화벌이 일꾼들이 먹고 살기 위해서 돈을 사용하면 당의 혁명자금을 사용한 것이 되어 언제든지 처벌받을 수 있는 구조다. 따라서 아무리 국가를 위해서 열심히 일해도 불안하게 살아야 하는 것이 현실이다. 이것 역시 북한에서 법과 현실의 괴리를 보여주는 단면이다.

그렇다고 국가가 시장경제를 허용하고, 그에 상응하는 법 · 제도를 만들면 김정은의 정권 기반이 흔들리게 된다. 따라서 그렇게 할 수 없다. 그 결과 법 · 제도와 현실의 괴리가 크고, 국가와 사회 전체가 모순에 빠져 있으며 불안정 요인이 도처에 만연하다.

또한 장마당 경제의 확대와 함께 사회적 갈등이 증가하고 있다. 시장행위를 둘러싸고 통제하는 사람과 통제받는 사람 사이에 공생관계가 존재하지만, 공생관계에 있는 관료만 주민을 통제하는 것이 아니다. 따라서 사회적 갈등 구조는 상존한다. 불법과 탈법 및 부정부패가 일상화되고 이권을 둘러싼 갈등도 많다. 이런 사회 분위기 속에서 법 · 제도는 갈등을 해결하는 원칙과 기준이 되지 못한다. 대신에 권력과 돈이 기준이다. 따라서 힘없는 약자는 죽게 되어 있다. 그 만큼 사는 것이 혼란스럽고 불안하다. 뒷배를 봐주는 조직과 권력기관들이 서로 싸우는 과정에서 국가를 먼저 생각하지 않고, 조직 이기주의로 싸우는 가운데 사회적 갈등이 증폭되기도 한다.[87]

이 같은 법 · 제도와 현실의 괴리에 따른 불안정성이 구조적인 측면에서 북한 체제의 가장 근본적인 문제다. 그래서 김정은이 당 관료의 부패를 척결해야 한다고 강조하는 것이다. 스위스의 위험관리업체 GRP(Global Risk Profile)가 2021년 11월 10일에 발표한 「2021년 글로벌 부패지수」(Global Corruption Index 2021) 보고서에 따르면 북한은 조사 대상 전체 196개국 가운데 최고점인 86.44점을 받아 부패지수 순위에서 최하위를 차지했다.[88]

시대별 추세를 보면 다음과 같다. 김일성 시대에는 법이 주민들의 생활을 보장하기 위한 것으로 좋게 인식됐다. 다만 현실이 받쳐주지 못해서 법 · 제도와 괴리가 있어도 사회주의로 가는 과도기니까 참고 견디면서 살아야 한다고 생각했다. 그래서 괴리가 있어도 당연하게 받아들이고 문제로 생각하지 않았다. 이때만 해도 법은 정당한 것이라고 생각했다. 법의 구체적 내용을 알려주지 않으니까 모르기도 했다. 그러나 수령이 잘못될 수 없는 것처럼 법도 잘못될 수 없다고 생각했다.[89] 그런데 1990년대에 들어서 동유럽 사회주의국가들이 붕괴하고 북한 경제가 악화되면서 상황이 달라지기 시작했다.

특히 1990년대 중 · 후반 김정일 시대에 제1차 「고난의 행군」을 겪으면서 당과 국가가 도와줄 것이라고 기다리다가 굶어죽는 사람이 많이 나타났다. 이 과정에서 법을 존중하고 당이 시키는 대로 하다가는 내가 죽게 되니까 비법과 탈법을 해서라도 살고 봐야 한다는 생각을 하게 됐다. 법을 지키다 죽으면 무슨 소용이 있느냐는 마음도 품게 되었다. 그런데 비법과 탈법을 해야만 살 수 있다는 것은 법과 현실의 괴리가 크다는 것을 의미한다. 그러나 당시에는 국가에 대한 믿음이 아주 무너지지 않았다. 그래서 국가 운영시스템의 팔 · 다리는 썩었어도 심장은 튼튼한 상태였다고 말할 수 있다.

2000년대 들어서 장마당이 확대되고 부정부패가 심해지면서 법 · 제도와 현실의 괴리가 증가했다. 주민들 입장에서는 자본주의적 사고방식과 개인주

87) 북한이탈주민 송OO과의 면담 내용. (2017. 4. 22.).
88) rfa. (2021. 11. 11.). "북 부패지수, 전세계 최하위…개선여지 희박."
89) 북한이탈주민 엄OO과의 면담 내용. (2017. 9. 28.).

의가 확산됐다. 과거에는 괴리가 있어도 그것을 문제로 생각하지 않았는데, 이제는 참고 살아봐야 현실이 나아질 것 같지 않다는 생각도 하게 되었다. 그러면서 당국에 대한 비판의식이 싹트고 법 · 제도와 현실의 괴리를 심각한 문제로 인식하기 시작했다. 또한 법이 주민의 삶을 보장해주는 것이 아니라 통제하고 어렵게 한다는 것을 느끼게 되면서 법에 대한 부정적인 생각이 싹트기 시작했다.

김정은 집권 후 이런 문제의식은 보다 커졌다. 주민들에 대한 통제가 강화되면서 뇌물 액수도 증가했다. 법보다 권력과 돈이 사회 갈등 해결의 기준이 되었을 정도로 법 · 제도와 현실의 괴리가 심각한 수준이다. 현재 북한 주민은 이런 문제를 참고 이겨내야 한다고 생각하는 수준이 아니다. 단지 버티고 살면서 죽지 말아야 한다는 생각뿐이라고 한다. 앞으로 경제가 어려워지면서 이런 괴리가 더욱 증가할 것으로 전망된다.

③ 미래에 대한 희망 감소와 이에 따른 불안정성

전체 주민의 70% 이상이 하루 벌어서 겨우 먹고 사는 형편이다. 그런데 국가적인 해결책은 없고 오히려 전시성 건설정책으로 국가 예산을 탕진하면서 주민을 수탈하기까지 한다. 때문에 중 · 하층 계급 주민들은 "나도 이렇게 살고, 내 자식들도 이렇게 살아야 하나?"라고 생각할 정도라고 한다.[90]

다만, 저항할 엄두는 내지 못하고 대안이 없는 상태에서 충성하고 출세하여 돈을 벌어야겠다는 것이 젊은 사람들의 생각이다. 그 결과 내가 살기 위해서 충성경쟁에서 이겨야 하고, 그러기 위해서는 상대를 죽이고 짓밟는 것이 현실이 되어버렸다. 실리를 따지는 젊은 사람들은 이런 북한 체제가 얼마나 오래 갈 수 있을지에 대해서 의구심을 품고 있다고 한다.[91] 특히 하층계급은 사는 게 너무 힘드니까 이럴 바에는 차라리 전쟁이라도 났으면 좋겠다고 생각하는 사람도 상당수일 정도로 악밖에 남지 않은 상태라고 한다.[92]

상층부의 경우에 비록 잘 살긴 하지만, 김정은의 잔인한 통치 행태를 보고 자신도 언제 어떻게 될지 모른다는 불안감 속에 살고 있다. 또한 상층계급

90) 북한이탈주민 송OO과의 면담 내용. (2017. 4. 8.).
91) 북한이탈주민 송OO과의 면담 내용. (2017. 4. 8.).
92) 북한이탈주민 송OO과의 면담 내용. (2017. 6. 3.). 엄OO과의 면담 내용. (2017. 8. 18.).

끼리는 서로 견제하는 사람들이 많아서 하층계급보다 더 불안을 느끼는 실정이다. 거의 모든 북한 주민들의 가슴 속에 과연 체제가 얼마나 오래갈지에 대한 의구심이 생기면서 불안정성이 증가하고 있는 것이다.

시대별 추세를 보면 다음과 같다. 김정일 시대 1990년대 중 · 후반에는 갑자기 닥친 위기 속에서 선군정치에 대한 믿음과 함께 이 시기를 견디면 나아지겠지 하는 희망이 어느 정도 있었다. 그러다가 제1차 「고난의 행군」 시기를 지나고 위기를 다소 극복한 후 2000년대에는 미래에 대한 희망이 조금 증가했다. 김정은 집권 후에는 젊은 지도자에 대한 기대와 함께 미래에 대한 희망이 더 증가했다.

그러나 현재 김정은에 대한 실망과 함께 체제 유지에 대한 의구심이 증가하면서 미래에 대한 희망이 사라진 상태라고 한다. 앞으로도 김정은의 국정운영 방식이 변하지 않는 가운데 미래에 대한 희망이 더 감소하면서 불안정성이 증가할 것으로 전망된다.

④ 생활수준의 하락과 이에 따른 불안정성

김정은 정권이 주민의 시장활동을 통제하지 않으면 개인의 생활수준은 상승한다. 그러나 장마당이 확대될수록 시장 통제는 더 강화되고 있다. 그리고 대북제재와 전시성 건설정책 및 국경봉쇄에 따른 무역 중단으로 국고가 줄어들면서 주민에 대한 수탈이 증가하고 있다. 2016년에 「여명거리」 건설 과정에서도 자금 부족으로 주민의 노동력과 주머닛돈을 수탈했을 정도다.

한편, 국가 경제가 악화되는 가운데 부익부 빈익빈 현상은 더욱 심화되고 있다. 상층계급과 중 · 하층 계급사이의 생활수준 간격이 커지고 있다. 하층계급의 생활수준은 말할 수 없이 어렵다. 하루 벌어 하루 먹고 살기도 힘들 정도라고 한다.[93] 하층계급의 생활수준은 현재 김정은 집권 초보다 하락한 상태다. 주민 전체가 장마당 활동을 할 정도로 경쟁이 높아진 상태에서 개인당 벌어들이는 수입은 과거보다 감소한 반면에 당국의 수탈은 증가했다. 여기에 대북제재와 코로나 방역조치에 따른 국경봉쇄로 경제가 악화된 것도 생활수준의

93) 광산촌 어린이들은 학교 갈 때 신발이 없어서 맨발로 30리를 걸어가고, 종이로 된 학습장이 없어서 모래판에 글씨를 쓰면서 배운다고 한다.[북한이탈주민 엄OO과의 면담 내용. (2017. 8. 18.)].

하락을 초래했다.

당경제와 군수경제 종사자가 내각경제 종사자보다 사정이 낫다. 그러나 과장급은 되어야 뇌물로 살아갈 수 있다고 한다. 과장급 이하의 공무원과 교수, 교사, 경찰 및 정보기관의 하급관리 등 중간계층의 삶은 나아지지 않고 있다.[94] 이들은 굶지 않고 사는 정도며, 뇌물을 통해서 살거나 가족으로 연결된 상층계급이 도와줘서 산다고 한다. 자체 힘만으로는 살아가기 힘든 수준이라고 한다.[95]

농민의 경우 설령 「분조관리제」 혹은 「포전담당제」를 정책적으로 실시해도 수확량의 상당 부분을 국가에 이런저런 명목으로 바쳐야 하기 때문에 절대적 빈곤에서 벗어나기 어려운 상황이다.[96] 다만, 워낙 오랫동안 어려운 생활을 해 와서 적응되어 있기 때문에 불안정사태로 연결되기 어려운 구조다.

시대별 추세를 보면 다음과 같다. 김정일 시대 1990년대 중·후반 제1차 「고난의 행군」 시기에 생활수준은 급격히 하락했다. 2000년대 들어서 주민들의 자력갱생으로 생활수준이 다소 호전되고 김정은 집권 초에도 이런 상태가 지속되었다. 그러나 김정은은 대북제재를 무릅쓰고 핵과 미사일 개발에 국고의 상당 부분을 투입할 뿐만 아니라, 전시성 건설정책을 위해서 주민을 수탈했다. 그리고 「200일 전투」과 「3대혁명 붉은기 쟁취운동」 등 각종 행사에 동원했다. 그 결과 중·하층계급의 생활수준이 집권 초보다 하락한 상태다. 향후 제2차 「고난의 행군」 속에서 이런 하락추세는 지속될 것으로 전망된다.

⑤ 「10대 원칙」과 「김일성-김정일주의」 그리고 사회주의 및 집단주의에 대한 인식 변화와 이에 따른 불안정성

현재 현실과 동떨어진 당의 선전·선동 영상물에 주민의 관심이 없어서 관영 방송은 보지 않는 분위기라고 한다.[97] 그 결과 당국이 실시하는 선전·선동의 강도는 김정일 시대보다 두 배로 강해졌지만, 현실이 뒷받침되지 않아서 효과는 오히려 약해진 것으로 평가된다. 또한 장마당 확산 과정에서 비사

94) 북한이탈주민 송OO과의 면담 내용. (2017. 6. 3.).
95) 북한이탈주민 엄OO과의 면담 내용. (2017. 8. 18.).
96) 북한이탈주민 송OO과의 면담 내용. (2017. 5. 20.). 오OO과의 면담 내용. (2017. 7. 25.).
97) 북한이탈주민 오OO과의 면담 내용. (2017. 8. 1.). 송OO과의 면담 내용. (2017. 4. 8.).

회주의적 사고방식이 만연됨에 따라 사회주의 이념과 주체사상 등 전통적인 가치관은 실종되고 있다.

한편, 주민들이 당국의 선전 · 선동을 믿지 않는 분위기가 형성되고 있음에도 어릴 때부터 세뇌된 사상교육의 흔적이 남아 있는 상태다. 또한 주민들이 바깥세상의 정보를 알고 싶어 하지만, 외부정보가 제한되어서 아직 우물 안 개구리 실정을 벗어나지 못하고 있다. 하층계급으로 내려갈수록 이런 현상이 심하다. 따라서 통치이념을 통한 안정성이 약해지고 있어도, 외부세계에 대한 인지 수준이 낮아서 불안정하다고 말하기 어렵다. 김정은은 경제정책의 실패 속에서 사상마저 무너지면 체제가 무너진다고 보고, 집권 초부터 현재까지 사상사업을 강조하고 있다.

시대별 추세를 보면 다음과 같다. 김정일 시대 1990년대 중 · 후반에는 국가의 배급체계가 무너지고 수많은 아사자가 발생했어도 기존의 가치체계와 수령에 대한 믿음이 한꺼번에 무너지지 않았다. 그러나 2000년대 들어 주민들이 장마당을 통해서 자력갱생으로 살아가고 자본주의적 사고방식이 확산되면서 사회주의 등 기존의 통치이념에 대한 인식이 약화됐다. 이러한 추세는 김정은 집권 초 더욱 심해졌다. 현재는 사상통제가 과거보다 강해졌어도 그 효과는 오히려 약해졌을 정도로 전통적 통치이념에 대한 주민들의 인식이 바닥 수준이다. 앞으로도 이런 상태가 지속될 것으로 전망된다.

김정은은 2021년 1월에 개최된 제8차 당대회 이후 사상사업을 특히 강조하고 있다. 그러면서 「혁명전통 교양」과 「충실성 교양」, 「사회주의신념 교양」, 「도덕 교양」 및 「계급 교양」 등 5대 교양사업을 공세적으로 추진하고 있다. 2021년 11월 18일에는 제5차 「3대혁명 선구자대회」를 개최하고, 김일성 시대에 추진했던 「3대혁명 붉은기 쟁취운동」을 다시 전개했다. 이것은 김정은 집권 후 사상이 무너지고 있기 때문에 이를 회복하기 위한 조치로 보인다.

⑥ 정치적이 아닌 일상적 불만의 증가와 이에 따른 불안정성

북한의 중 · 하층계급은 당국이 먹고사는 문제에 도움을 주기는커녕, 여명거리 등 전시성 건설정책을 추진해서 오히려 삶을 어렵게 하기 때문에 마음속으로 경멸하고 비웃는 실정이다. 전시성 건설 사업을 완수하기 위해서 주민들을 동원하고, 모자란 자금은 충성자금 등의 명목으로 수탈하기 때문이다. 따라

서 고층건물 높이만큼 주민의 불만이 높아진다고 한다.[98]

하층계급은 먹고 살기 위해서 생활총화와 각종 행사 동원에서 빠지려하고, 공장 · 기업소 등 조직생활에서도 이탈하려한다. 그러다 일탈행위로 교화소에 갔다 오면 불순분자로 찍혀서 감시 대상이 된다. 경제사범과 탈북자 가족도 불순분자로 낙인찍힌다. 통제가 강화되는 과정에서 적발되어 처벌받고 불순분자가 되는 사람의 숫자가 점점 증가하고 있다.

이렇듯 불순분자의 숫자가 증가하는 만큼 체제를 부정적으로 인식하는 주민의 숫자도 증가하고 있다. 다만, 감시와 통제가 너무 강하기 때문에 사람들이 힘들고 지쳐서 쓰러져 죽어나가도 저항은 하기 힘든 것이 현실이다. 불평과 불만은 많지만, 저항은 거의 없는데 그 결과 안정된 상태가 유지되고 있는 것처럼 보인다.

그러나 당의 비현실적인 지시(산림녹화사업 등)에 지방 주민들이 반발하고, 장마당에서 단속원에 대한 반발이 증가하는 현상은 과거와 비교할 때 커다란 변화다. 다만, 일상적인 불만은 표현하고 공유해도 정치적인 불만은 처벌이 두려워서 전혀 표현하지 못하는 실정이다. 어차피 탈북하기도 어렵고, 탈북해도 살기 어렵다고 생각하니까 죽을 바에는 북한에서 죽자고 하면서 버티는 것뿐이다. 그렇지만 겉으로 안정된 것처럼 보여도 불순분자의 숫자가 증가하는 가운데 불안정성도 점진적으로 증가하고 있다.

시대별 추세를 보면 다음과 같다. 김정일 시대 1990년대 중 · 후반에는 국가가 주민들의 삶에 도움을 주지 못했고, 주민들도 스스로 살아가는데 적응이 되지 못한 상태에서 불만이 생기지 않을 수 없었다. 2000년대에는 남한 행 탈북자가 증가하는 등 주민들의 불만이 과거보다 더 증가했다. 김정은 집권 초에는 젊은 지도자에 대한 기대와 함께 체제에 대한 불만이 다소 감소했다.

그러나 현재는 통제가 강화되고 주민들의 삶이 더욱 힘들어진 상태에서 악만 남았을 정도로 불만이 상당히 높은 수준이다. 심지어 전쟁을 하려면 누가 이기든지 빨리 하라고 생각할 정도라고 한다.[99] 앞으로도 대북제재와 코로나 방역에 따른 국경봉쇄로 주민들의 삶이 더 어려워지는 가운데 통제 강화 속에서 불만이 계속 증가할 것으로 전망된다.

98) 북한이탈주민 송OO과의 면담 내용. (2017. 4. 8.).
99) 북한이탈주민 엄OO과의 면담 내용. (2017. 8. 18.).

다. 「실패 국가」 북한의 생존전략

1) 남한과의 체제 경쟁에서 진 북한

북한에서 당 경제와 군수경제가 생기고 이것이 수령에게 종속되어 북한 경제 전체가 기형적으로 되기 시작한 것은 김일성 시대부터다. 보다 정확하게 말하면 김정일이 후계자로 인정받고 김일성과 공동으로 통치하던 시기부터다. 김정일이 통치자금 마련을 위해서 별도의 당 경제를 만들었기 때문이다.

물론 국방 · 경제 병진노선을 하면서 「정치 · 군사 우선 논리」로 자원 배분이 왜곡되고 낭비가 심화된 것은 김정일이 김일성과 공동으로 통치하기 이전으로 거슬러 올라간다. 이때부터 이미 북한 경제는 비효율적으로 운영되기 시작했다. 경제가 정치논리에 지배되어서 경제논리로 풀지 못하는 구조가 되었다. 그리하여 원자재 부족과 에너지 부족, 식량 부족, 외화 부족, 자본 및 기술 부족 등 「부족의 악순환」이 지속되면서[100] 경제가 만성적인 침체 상태에 들어갔다.

특히 1990년대 초 소련을 비롯한 동유럽 사회주의국가들이 체제 전환을 하면서 북한은 국제적으로 고립되기 시작했다. 이것은 그렇지 않아도 어려운 북한경제에 심한 타격을 주었다. 1994년에 김일성이 사망한 후에는 홍수 등 자연재해가 3년 간 지속되면서 식량난이 가중되어 북한 경제는 최악의 상태에 처했다. 그리하여 최소한 백만 명 이상이 굶주림으로 사망하는 제1차 「고난의 행군」이 발생했다.

한국에서 김대중 정부가 출범해서 대북 「햇볕정책」을 추진하고, 금강산 관광사업 등 남북경제협력과 인도적 지원을 추진하자 북한 경제는 기사회생하기 시작했다. 2000년 초에는 최악의 위기 상황을 벗어나게 되었다. 동시에 북한의 장마당이 활성화되면서 배급제 붕괴로 인한 결손을 메워줌에 따라 제1차 「고난의 행군」을 극복하게 되었다.

김정일이 2011년에 사망한 후 김정은 집권 초기에도 장마당/시장이 어느 정도 경제 회복에 도움을 준 측면이 있다. 그러나 국가경제 전체는 구조적으로 회복 불능의 상태가 지속되고 있다. 특히 김정은이 핵과 미사일 개발을 위

---

100) 성채기 외(2006), p. 24.

해서 국가예산을 최우선적으로 투입함에 따라 인민경제는 장마당에 의지해서 겨우 유지되는 수준이었다.

그러다가 2016년부터 유엔안보리의 대북제재가 강력하게 추진되고, 북한 당국이 2020년 초부터 코로나 방역조치로 2년 간 국경봉쇄를 유지함에 따라 대외무역은 거의 중단되었다. 북한의 무역에서 가장 큰 부분을 차지하는 북 · 중 간 교역 규모는 2020년에 2019년 대비 81% 감소한 5억 3천 905만 달러에 그쳤다.[101] 김정은이 2021년 2월에 개최된 노동당 전원회의에서 탄광에 전력 공급이 안 되어 생산이 중단되었다고 말했을 정도다.[102] 북한은 현재 1990년대 중 · 후반의 「고난의 행군」 시기와 비슷한 경제적 어려움을 겪고 있다.

반면에 한국은 1950년대 초 6 · 25 전쟁 직후 세계에서 최빈국 중 하나였으나, 1970년대부터 경제가 발전하기 시작하면서 2020년에 명목 국내총생산(GDP) 기준으로 세계 10위 국가가 되었다. 국제통화기금(IMF)의 전망에 따르면 한국 경제가 2026년까지 국내총생산 순위에서 세계 10위를 유지할 것으로 나타났다.[103]

---

101) VOA. (2021. 4. 10.). "전문가들 '김정은 '고난의 행군' 발언 … 대미 메시지, 내부 결속용'."

102) VOA. (2021. 6. 5.). "북한 에너지난 갈수록 악화 … '외화 고갈로 불법수입도 어려운 듯'."

103) 『내일신문』. (2021. 4. 22). "한국, 세계경제 '톱10' 재진입 … 2026년까지 유지할 듯."

[그림 Ⅱ-2] 세계 경제 규모 상위 10개국

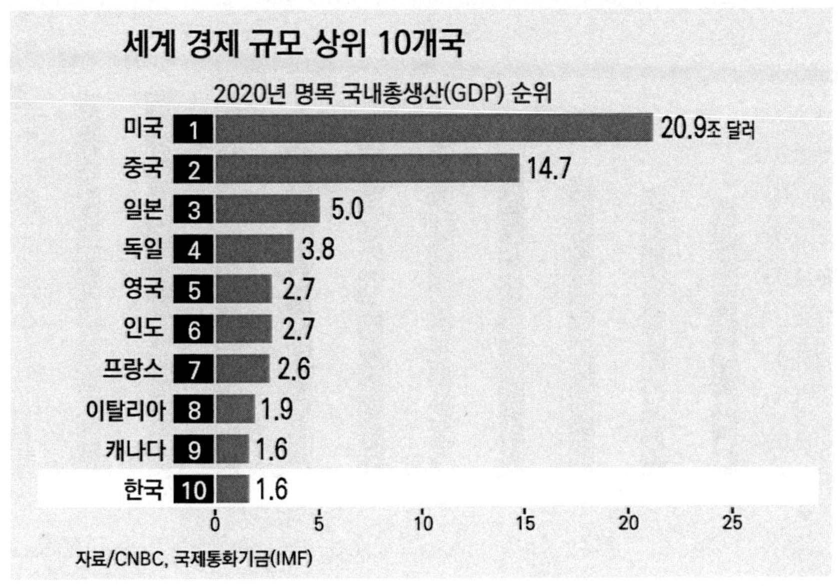

※ 출처: 『내일신문』. (2021. 4. 22.). "한국, 세계경제 '톱10' 재진입…2026년까지 유지할 듯."

2020년에 명목 국내총생산(GDP) 기준으로 남한(19,331,524억 원)과 북한(346,603억 원)을 비교하면 아래와 같이 56배의 차이가 난다.

[표 Ⅱ-2] 남북한 국내총생산(명목 GDP) 비교(2011~2020년) (단위: 십억 원)

남/북한 구분	2011	2012	2013	2014	2015
남 한	1,388,937.2	1,440,111.4	1,500.819.1	1,562,928.9	1,658,020.4
북 한	32,227.8	33,211.9	33,614.2	33,949.4	34,136.7
남/북한 구분	2016	2017	2018	2019	2020
남 한	1,740,779.6	1,835,698.2	1,898,192.6	1,924,498.1	1,933,152.4
북 한	36,103.3	36,381.8	35,670.5	35,278.6	34,660.3

※ 출처: 통일부. (2021). 북한정보포털(https://nkinfo.unikorea.go.kr/nkp/openapi/NKStats.do). (검색일: 2021. 12. 4.).

[그림 Ⅱ-3] 남북한 국내총생산(명목 GDP) 비교: 2011~2020년

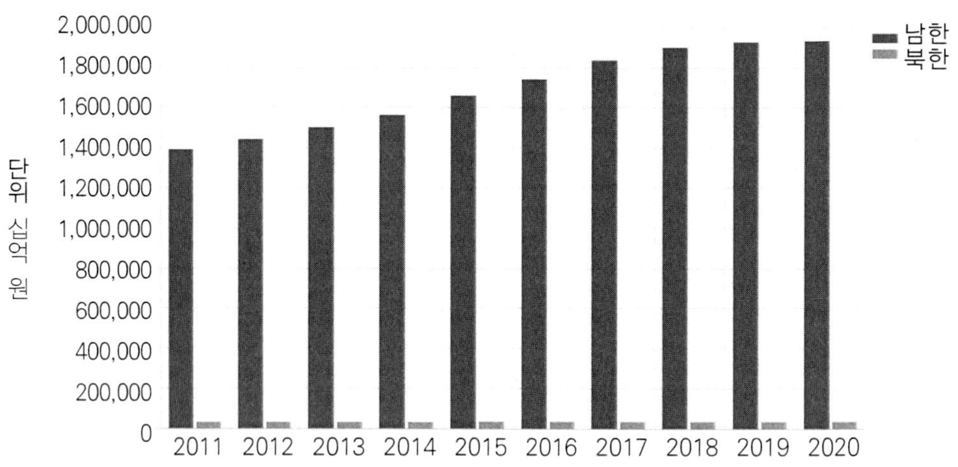

※ 출처: 통일부. (2021). 북한정보포털(https://nkinfo.unikorea.go.kr/nkp/openapi/NKStats.do). (검색일: 2021. 12. 4.).

2020년에 남한(3,297억 달러)과 북한(88억 달러)의 국가 예산을 비교하면 37배의 차이가 난다.

[표 Ⅱ-3] 남북한 국가 예산 비교: 2011~2020년 (단위: 억 달러)

남/북한 구분	2011	2012	2013	2014	2015
남 한	1,894	1,980	2,198	2,347	2,320
북 한	58	62	68	71	69
남/북한 구분	2016	2017	2018	2019	2020
남 한	2,408	2,520	2,763	2,871	3,297
북 한	73	78	82	85	88

※ 출처: 통일부. (2021). 북한정보포털(https://nkinfo.unikorea.go.kr/nkp/openapi/NKStats.do). (검색일: 2021. 12. 4.).

[그림 Ⅱ-4] 남북한 국가 예산 비교: 2011~2020년

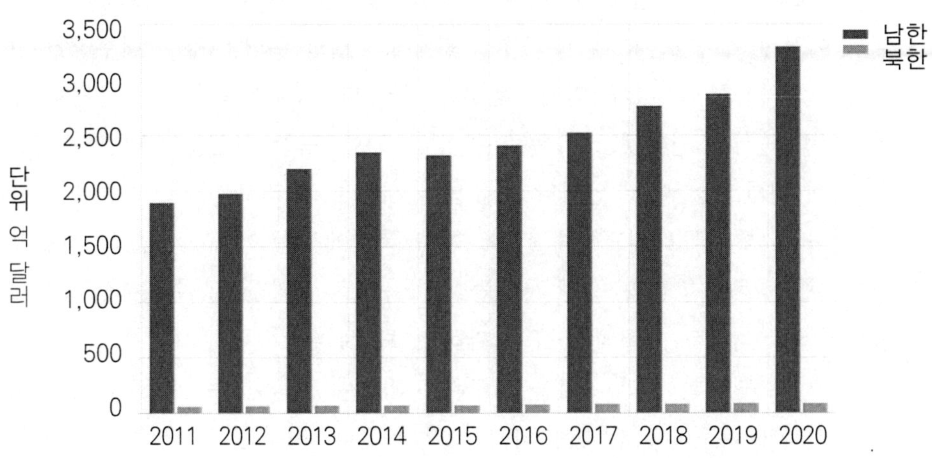

※ 출처: 통일부. (2021). 북한정보포털(https://nkinfo.unikorea.go.kr/nkp/openapi/NKStats.do) (검색일: 2021. 12. 4.).

경제력을 놓고 볼 때, 북한이 남한과의 체제 경쟁에서 완패했다고 평가할 수 있다. 사회 · 문화적인 측면에서도 자유로운 남한과 폐쇄적이고 고립된 북한은 경쟁이 되지 않는다. 남한의 문화는 K-Pop 등으로 세계로 뻗어 나가면서 최고수준으로 평가받고 있다. 반면에 북한 주민은 외부 소식을 접할 수 없어 세상이 어떻게 돌아가는지도 모르는 형편이다. 정치적 측면에서 남한 국민은 지도자를 스스로 선택하고 교체할 수 있는 반면에, 북한에선 세습된 통치자에 대한 절대적 충성이 강요되고 있다.

2) 「실패 국가」 북한의 딜레마

개혁 · 개방 없이 북한 경제의 회복은 불가능하다. 그러나 개혁 · 개방은 수령유일지배체제를 위협한다. 개혁 · 개방을 하게 되면 외부정보가 북한에 유입되는 것을 막을 수 없다. 그렇게 되면 북한 주민이 낙후되고 억압적인 북한 체제와 자유롭고 풍요로운 남한 체제를 비교하게 된다. 이것은 필연적으로 남한에 대한 북한 주민의 동경심 확산을 초래한다.

현재 북한에선 남한 드라마를 시청하다 걸리면 노동교화소 징역형을 받을 정도로 통제가 심하다. 그래서 북한 주민이 남한에 대해서 아는 것이 피상

적인 수준이다. 그러나 북한이 개혁 · 개방을 하게 되면 차원이 달라진다.

중국인은 인터넷을 사용하는데 당국의 통제를 받는다. 그럼에도 외부 세계가 어떻게 돌아가는지 알 수 있다. 북한에선 일반 주민의 경우 내부망인 인트라넷만 사용할 수 있다. 인터넷은 사용 금지다. 그런데 북한이 중국처럼 개혁 · 개방을 하고 인터넷도 사용할 수 있게 되면, 북한 사람들이 남한의 실상을 알게 된다. 남한에서 얼마나 자유롭게 사는지, 그리고 자신들보다 얼마나 더 잘사는지를 알고 비교하게 된다. 현재 북한에서는 이동과 여행의 자유가 없다. 예를 들어 함흥과 청진 사람들이 마음대로 평양을 갈 수 없다. 그런데 남한에서는 이동과 여행의 자유가 마음껏 보장된다.

이렇게 남북한 주민의 삶을 비교하는 과정에서 북한 주민은 자신의 인권이 철저하게 유린되고 있다는 의식을 갖게 된다. 이것은 자연스럽게 북한의 정치체제에 대해서 근본적인 회의심을 품게 만든다. 뿐만 아니라 북한이 개혁 · 개방을 하게 되면, 북한 사람이 외부 소식을 접하면서 김정은의 핵 개발 때문에 대북제재를 당해서 자신들이 못 먹고 못 산다는 사실을 알게 된다. 그렇게 되면 당연히 김정은의 정책에 대해서 불만을 품게 된다. 김정은은 북한이 핵무기를 개발하는 이유가 미국의 대북적대시정책 때문이라고 주장한다. 그러나 이것이 거짓말이라는 것을 북한 주민들이 알게 된다.

중국은 개방 · 정책을 추진할 때 대만을 전혀 두려워하지 않았다. 경쟁상대로 생각하지도 않았다. 베트남이 개혁 · 개방정책을 택한 것은 통일 후의 일이다. 만약 북한이 중국처럼 자본주의 방식의 경제를 도입하게 되면, 잘사는 남한과 별도로 북한이 존재할 이유가 사라진다. 북한 주민 입장에서는 남한과 통일이 되어서 남한식으로 살면 훨씬 빨리 더 잘 살 수 있을 텐데, 왜 북한 체제를 고수해야 하느냐는 생각을 하게 될 것이다.

이렇게 되면 김정은 체제가 무너지지 않을 도리가 없다. 북한이 남한과 경쟁을 하면서 체제를 유지하려면, 자본주의 방식을 도입해서는 안 된다. 그래서 김정은 정권은 사회주의가 자본주의보다 우월하다고 하면서 「북한식 사회주의」를 선전하고 있다. 동시에 남한의 자본주의를 왜곡해서 나쁘게 선전한다. 물론 외부정보 통제로 주민들이 남북한 비교를 할 수 없게 만들면서 이렇게 하고 있다. 「북한식 사회주의」라고 하는 것이 자본주의 남한의 대안이 되지 못하기 때문이다.

풍요롭고 자유로운 남한의 존재는 그 자체로 북한을 위협한다. 옛 동독에선 동서독 교류 · 협력이 발전하고, 양쪽 주민 상호 간 접촉과 왕래가 확대되는 과정에서 동독 체제에 대한 불만으로 동독을 떠나 서독으로 이주하는 사람이 증가했다. 동시에 서독에 대한 동독 주민들의 동경심이 확산되면서 결국 동독 체제는 무너지고 서독에 흡수되었다. 현재의 남북관계가 20년 이상 지속되면 북한 주민들이 다양한 경로로 외부 정보를 접하고 자신들의 삶을 남한 주민들의 삶과 비교하게 될 수 있다. 그렇게 되면 남한에 대한 동경심이 확대되면서 북한도 동독의 전철을 밟게 될 가능성이 많다. 김정은이 가장 두려워하는 것은 바로 이런 동독시나리오다. 이런 점에서 김정은이 가장 두려워하는 존재는 미국도, 중국도 아닌 대한민국이다.

이것이 김정은이 수령절대독재로 통치하는 북한에서 개혁 · 개방을 하기 어려운 근본적인 이유다. 란코프는 이것을 다음과 같이 말한다. "부유한 한국의 존재는 한반도에 언제든지 '동독 시나리오'가 가능하다는 것을 보여준다. (…) 북한을 방문하는 외부인들이 그들에게 가장 많이 받는 질문이 통일 후 동독 관료들의 운명에 대한 것임은 우연이 아니다."[104] "무력 진압에 대한 우려만 없다면 북한 주민들은 동독인들이 1989년에 취한 행동을 그대로 따를 가능성이 매우 높다."[105]

이런 이유 때문에 김정은은 김일성과 김정일의 실패한 정책을 지금도 답습하고 있다. 김정은이 이렇게 해도 된다고 생각하는 이유는 북한에서 정상적이고 합법적인 정권교체가 불가능하기 때문이다.

3) 김정은의 생존전략

대내적 측면

앞에서 우리는 여섯 가지 관점에서 김정은 체제의 불안정성이 증가하고 있는 것을 보았다. 김정은 스스로 2021년 1월에 개최된 제8차 당대회에서 5년 전 제7차 당대회 때 제시한 국가경제발전 5개년 전략이 실패했다고 자인했을

104) 안드레이 란코프(2009), p. 174.
105) 안드레이 란코프(2013), p. 164.

정도로 상황이 어렵다. 유엔안보리의 대북제재 결의안 2397호에 따라 북한은 기계, 금속, 전기, 전자, 수송 관련 물자를 수입할 수 없다. 그 결과 공장과 기업소에서 기계가 고장 나도 고치기 어렵다. 일례로 비료공장인 남흥청년화학연합기업소가 2021년 2월에 고압밸브와 고압분사기 등 수입부품이 없어서 가동이 중단됐을 정도라고 한다.[106]

또한 코로나 방역조치에 따른 국경봉쇄 장기화로 생산과 유통, 소비, 물가, 외환, 무역, 에너지 등 전 분야에 걸쳐서 경제난이 심화되고 있다. 그만큼 북한 사정이 어려워지면서 불안정성도 증가하고 있다. 그렇다면 김정은은 내부의 불안정성 증가에도 불구하고, 어떻게 체제를 유지하고 있을까? 김정은의 당면 목표는 「북한식 사회주의」로 자신의 정권을 유지하는 것이다. 이를 위해서 「김일성－김정일주의」로 수령에 대한 충성심을 강요하고, 주민에 대한 우민화정책을 추진하고 있다. 동시에 공포정치를 통해서 주민들이 감히 저항할 엄두를 내지 못하게 하고 있다.

김정은 시대 들어서 죽일만한 죄를 짓지 않아도 고사총으로 처형하는 사례가 적지 않았다. 많은 주민이 김정은의 이런 공포정치에 공감하지 않고 있다. 특히 상층계급일수록 언제 어떻게 당할지 모른다는 불안 속에서 생활하고 있다. 이런 분위기 속에서 김정은 체제가 오래 가는 것을 원하지 않는 주민들이 많다. 그러나 북한에서는 3명이 모이면 그 중 한 명은 정보원일 정도로 감시와 통제가 심하다고 한다. 평양에서는 모든 시민의 전화 통화를 도청한다고 한다.[107]

처형 대상의 규모만 놓고 볼 때, 김일성 시대와 김정일 시대가 김정은 시대보다 더 많다. 그러나 과거에는 명분을 내세우고 처형했기 때문에 주민들도 그것을 당연한 것으로 인식하는 경향이 있었다. 그런데 김정은 시대에는 납득할 만한 명분도 없이 쉽게 사람을 처형하는 분위기가 형성됐다. 그러다 보니 처형 대상의 숫자보다 어떻게 처형하는지 그 방식이 더 문제가 되었다. 처형 대상의 규모만 보고 불안정성을 평가하는 것은 곤란하다는 말이다.

내부적으로 북한 주민의 공포심은 김정은 정권의 생존 조건이다.[108] 김정

---

106) VOA. (2021. 12. 4.). “북한, 검찰이 경제계획 감독?”

107) 북한이탈주민 엄OO과의 면담 내용. (2017. 8. 18.). 북한의 정보기관 소속이었던 다른 북한이탈주민도 같은 내용으로 증언을 했다.

은이 통치를 위해서 어떻게 공포 분위기를 조성하는지는 김정은과 정상회담을 했던 트럼프의 다음과 같은 말을 통해서 잘 드러난다.

> "전부 다 말해줬어요. 그래서 난(트럼프; 필자) 그에 관해 속속들이 알고 있습니다. 그(김정은; 필자)는 고모부(장성택)를 처형한 후 그의 시신을 고위 관리들이 걸어 나가는 계단에 뒀어요. 잘라낸 머리는 시신의 가슴 위에 놓았어요. 아주 터프하지요?"109)

앞에서 본 것처럼 김정은 체제에는 불안정 요인이 많다. 단지 공포정치와 감시 · 통제가 이런 불안정 요인을 억누르고 있을 뿐이다. 경제난에 따른 구조적 부정부패 속에서 감시 · 통제의 빈틈이 과거보다 많은 것은 사실이다. 그럼에도 사람들이 공포에 짓눌려 감히 저항할 엄두를 못 내고 있다. 따라서 내적 불안정 요인 증가에도 불구하고 외부에서 강한 압박과 충격을 주지 않는 한 내부 요인만으로 북한 체제의 불안정성이 불안정 사태로 발전하기 어렵다.

김정은 정권의 공포정치와 감시 · 통제가 워낙 강해서 무기력한 개개인들이 죽어나가더라도 일상적 불만이 정치적 불만으로 전환되기 어렵기 때문이다. 사상통제와 정보통제로 주민들의 인식 수준이 아직 우물 안 개구리인 것도 불안정성의 심화를 막는 요인이다.

북한은 2021년 최고인민회의 제14기 제5차 회의에서 「인민경제계획법」을 개정했다. 개정된 내용은 사법당국이 경제계획을 지도하고 통제하는 기관으로 명시된 부분이다. 과거에는 「국가계획기관」이 경제계획을 감독했었다. 그런데 개정된 법을 통해서 사법당국이 정치와 사회 분야뿐만 아니라, 심지어 경제분야의 계획 수립부터 마지막 단계의 결과 보고에 이르기까지 전 과정을 통제할 수 있게 했다. 다음 내용이 이를 말해준다.

> "검찰기관과 해당 감독통제기관은 인민경제 계획 작성 및 시달 정형과 계획수행에 필요한 로력(인력), 설비, 자재, 자금보장, 계획 및 계약규율 준수 정형, 계획수행 총화, 실적 보고 정형 등에 대한 법적 감시와 통제를 강화해야

---

108) 안드레이 란코프(2009), p. 100.
109) 밥 우드워드(2020), p. 205.

한다."[110]

김정은은 2021년 2월에 개최된 노동당 중앙위원회 전원회의에서 김두일 당 경제부장을 한 달 만에 교체했다. 그리고 "인민경제계획의 수립과 집행 과정에 대한 법적 감시와 통제 강화"를 지시했다. 또한 "경제활동에서 나타나는 온갖 위법 행위들과의 법적 투쟁을 강력하게 전개해 나갈 것"이라고 밝혔다. 이것은 김정은이 제시한 인민경제계획이 잘못된 것이 아니라, 동 계획을 수행하는 간부들이 잘못해서 실패했다고 책임을 전가한 것이다. 그러면서 이들에 대한 통제와 감시로 경제를 회복하겠다고 선포한 것이다. 이것을 법제화한 것이 위의 인용문 내용이다.

명색이 사회주의 계획경제를 실시한다고 하는 나라에서 김정은은 예산과 자재를 공급해주지 않으면서 검찰기관이 경제 분야의 기구와 조직들을 감시하고 통제해서 문제를 해결하겠다고 했다. 국제사회의 대북제재로 공장과 기업소의 노후화된 설비를 교체할 부품조차 수입할 수 없는 상태에서 이런 비현실적인 정책은 실패할 수밖에 없다. 그럼에도 김정은이 이렇듯 비현실적인 정책을 법제화하고, 강행하는 것은 달리 대안이 없기 때문이다.

김정일 시대 1990년대 중 · 후반에는 갑자기 닥친 위기 상황을 관리하기 위해서 공포정치와 통제시스템에 전적으로 의존했다. 군 보위사령부가 민간 부문에 개입해서 무너진 사회 기강을 바로 잡으려 했을 정도로 통제가 아주 강했다.[111] 최악의 위기를 극복하고 난 후인 2000년대에는 민간 부문에 대한 군 보위사령부의 통제를 후퇴시켰다. 통제를 다소 완화시킨 것이다. 김정일 사망 후 김정은이 집권 하고 나서는 통제 강화와 함께 젊은 지도자의 이미지 관리 차원에서 광폭정치의 행보도 보여주는 이중적 행태가 나타났다.

그러다가 장성택 처형 후부터 광폭정치는 사라지고, 김정은의 공포정치가 강화됐다. 2021년에는 검찰기관이 경제계획과 이행과정 전반을 감시하고 감독할 정도로 전방위적 통제가 심화되고 있다. 그동안 통제 시스템이 경제난과 부패로 이완된 측면이 있다. 그러나 여전히 강력하다. 내부적으로 공포정치가

---

110) 『경향신문』. (2021. 11. 28.). "북한, 인민경제계획법 개정 … 경제계획 수립부터 실적까지 사법기관이 감시."

111) 정상돈 · 성채기 · 임재혁(2017) 참조.

정권 유지의 가장 강력한 수단이라는 점에서 불변이다.

대외적 측면

현재와 같은 남북한의 불안정한 평화공존이 지속된다면 양국 간의 경제력 및 국력 격차는 더 벌어질 것이다. 김정은이 아무리 정보 통제를 강하게 해도, 북한 주민이 외부정보를 접하게 되는 공간도 점진적으로 확대될 것이다. 단기적 차원이 아닌, 중 · 장기적 차원에서는 북한이 남북한 경쟁에서 패자가 될 가능성이 많다. 북한의 경제 위기가 심화될수록 남한 주도로 흡수통일 당할 위험성이 증가할 수밖에 없다. 북한 주도의 평화적 통일이 불가능한 상태에서 이것은 분단국 북한의 운명이다. 따라서 북한에게 남한과의 평화공존은 장기적 목표가 될 수 없다.

김정은이 장차 닥쳐올 위기를 피하는 방법은 두 가지밖에 없다. 하나는 철저하게 외부정보를 차단하는 것이다. 다른 하나는 북한이 남한에 흡수 통일되기 전에 남한을 무력으로 흡수통일 하는 것이다. 전쟁만 일어나지 않으면 시간은 남한 편이다. 김정은은 자기 대(代)에 남한을 북한식으로 통일하지 못하면 결국 북한이 동독의 전철을 밟게 될 것이라는 위기의식을 갖고 있을 것이다. 북한에 핵무기가 없다면 북한식 통일이 불가능하다고 하겠지만, 현재는 상황이 달라졌다.

한미동맹은 문재인 정부 시기에 심하게 흔들렸다. 김정은은 남한에서 윤석열 정부 이후에 다시 진보 정권이 집권하면 계속 흔들 수 있다고 생각할 것이다. 미국의 국력도 과거보다 약화됐다. 국내 문제 때문에 미국이 외부에 눈을 돌리기 어려운 상황이 발생할 수도 있다. 중국이 대만에 대한 무력 통일을 시도할 경우, 동북아시아에 주둔한 미군의 역량은 분산될 것이다. 이것은 핵보유국 북한이 남한을 무력으로 굴복시킬 수 있는 절호의 기회가 될 수 있다.

이런 점을 고려해서 김정은은 핵과 미사일 개발의 고도화를 추구하면서 국방력을 강화시키고 있다. 군사력으로 남한을 굴복시키지 않고, 북한이 장기적으로 생존할 수 있는 방법이 없기 때문이다. 김정은이 이렇게 할 수 있는 것은 남한처럼 선거로 정권이 교체되지 않고, 중 · 장기적으로 일관된 국가전략을 추진할 수 있기 때문이다. 김정일이 1990년대 중 · 후반 제1차 「고난의 행군」을 겪으면서 백만 명 이상의 주민이 굶주림으로 죽어도 눈 하나 깜짝하지 않고 핵개발을 계속할 수 있었던 것도 무자비한 독재로 정권을 유지할 수 있었기 때문에 가능했다.

「실패 국가」 북한의 작동 방식은 남한과 전혀 다르다. 우리식으로 북한의 정치를 생각하면 안 된다. 2021년 현재 김정은이 제2차 「고난의 행군」을 각오하면서 김일성과 김정일의 실패한 정책을 답습하는 것도 잔인한 공포정치로 정권을 유지할 수 있다고 생각하기 때문이다. 김정은은 장기집권을 전제하고 중 · 장기 전략으로 국가를 운영하고 있다. 단기적 시각으로 국가를 운영한다면 경제에 비중을 두고 주민의 불만을 해소하는 것이 당연하다. 경제를 위해서 핵을 포기하기로 결단했다면 벌써 핵문제가 해결됐을 것이다.

그런데 국제사회의 대북제재로 경제위기가 더 심해져도 김정은은 아랑곳하지 않는다. 군사력 증강에 돈을 쏟아 부으면서 핵과 미사일을 증강하고 있다. 핵무기에 대한 신념은 이미 신화가 되었다. 이것을 허무는 것은 김정은에게 자살행위나 마찬가지다. 김정은은 주민들에게도 안보가 경제보다 중요하다고 선전하고 있다. 즉, 비핵화를 할 수 없다는 것이다. 이렇듯 김정은이 북한 주민을 굶주리게 하면서 군사력을 증강하는 것은 전쟁을 준비하는 것이다.

김정은은 중 · 장기적으로 남한과의 체제 경쟁에서 승리하기 위해서 핵무기로 무력 적화통일을 하는 것만이 유일한 방법이라 인식하고 있다. 북한의 핵개발은 국가전략과 대남전략 차원에서 이루어졌다. 그래서 온갖 희생을 무릅쓰고 비핵화를 거부하는 것이다. 단지 방어를 위해서 핵무기를 개발한다면, 이미 북한이 보유하고 있는 핵과 미사일만으로 충분하다. 계속 증강할 필요가 없다. 김정일은 “선군정치는 미제국주의 호전세력을 제거하고 핵전쟁 재난을 면하기 위해 북한이 막강한 전쟁억제력, 군사적 타격력을 갖추는 것”이라고 주장했다. 그리고 “이것이 조국의 통일을 담보하고 온 세계의 자주화를 실현해 나갈 수 있는 만능의 보검을 갖추는 것”이라고 말했다.[112]

김정은에게도 핵무기는 「만능의 보검」이다. 이렇게 생각하는 이유는 다음과 같다. 첫째, 핵무기는 재래식 군사력의 열세를 만회할 수 있는 수단이다. 둘째, 외부로부터의 군사개입을 억제할 수 있는 수단이다. 김정일에 이어서 김

---

112) 김현환(2002), pp. 229: 한용섭(2018), p. 29에서 재인용.

정은도 북한이 핵무기를 보유하면 이라크의 후세인 정권 몰락과 리비아의 카다피 정권 몰락이 북한에서 재현되는 것을 막을 수 있다고 생각한다. 북한 내부 소요 발생 시 무자비하게 진압해도, 핵보유로 외부 세력의 개입을 억제할 수 있다고 생각한다는 것이다.

셋째, 핵무기는 대남적화통일의 유일한 수단이다. 체제 위기가 지속되는 상황에서 북한의 위기와 딜레마 극복의 유일한 수단은 대남 적화통일밖에 없다. 한미동맹이 유지되는 가운데 남북한 체제경쟁과 평화공존이 지속되면 시간은 남한 편이다. 단, 한미동맹이 약화되고 해체의 수순을 밟거나 국제정세가 불안정해지면 상황은 달라진다. 이때 무력 적화통일을 실현할 수 있는 결정적 수단이 바로 핵무기다. 그래서 김정은은 한미동맹 해체를 노리고 한·미 연합 군사훈련을 하지 못하게 압박하며 중국의 대만 침공 등으로 결정적 기회가 오기를 기다리고 있다. 때가 올 때까지 핵무기 개발을 지속하면서 남한에 대한 이중전술을 구사하고 있는 것이다.

김정은은 내부 동요만 다스리면 시간은 북한 편이라고 생각하고 있다. 김정은이 2020년 10월 10일 노동당 창건 75주년 열병식에서 "시간은 우리 편에 있습니다. 모두 사회주의의 휘황한 미래를 향해 새로운 승리를 쟁취하기 위해 힘차게 싸워 나갑시다"[113]라고 연설한 것이 이에 해당한다.

넷째, 핵무기는 남한과 국제사회를 압박할 수 있는 매우 효율적인 수단이다. 란코프도 "평양의 정치가들이 '갑'의 입장에서 원조받는 조건을 결정할 수 있게 해주는 것은 바로 핵 개발 프로그램의 존재"[114]라고 말한다. 만약 북한에 핵무기가 없다면 중국을 제외한 전 세계의 어느 국가도 북한에 관심을 갖지 않을 것이다.

김정은은 믿을 것이 자기 자신과 핵무기뿐이라 인식하고 있다. 제1차 「고난의 행군」과 제2차 「고난의 행군」을 무릅쓰고 김정일과 김정은 부자가 추구하는 것은 동일하다. 그것은 대남 무력 적화통일이다. 대남 적화통일은 「실패국가」 북한의 딜레마를 극복할 수 있는 유일한 수단이다. 이것 외에 북한이 남한과의 체제 경쟁에서 정상적인 방법으로 승리하면서 생존해 나갈 수 있는 방법은 없다. 옛 소련(고르바초프)의 길과 중국(등소평)의 길이 다르듯, 북한(김

113) 『연합뉴스』. (2020. 10. 10.). "북한 노동당 창건 75주년 열병식에서 한 김정은 연설."
114) 안드레이 란코프(2013), p. 285.

정일과 김정은)의 길도 다르다. 이런 구도를 이해하지 못하고 그동안 남한의 많은 북한 전문가들이 북한의 미래가 개혁 · 개방에 있다고 허황된 주장을 개진했다.

다수의 북한이탈주민을 면담한 결과에 의하면 현재 북한에서 김정은을 제외하고 고위직 관료를 비롯해서 하층 인민들까지 북한 체제가 얼마나 오래 버틸 수 있을지에 대해서 의구심을 품고 있다고 한다. 국가 시스템이 정상적으로 작동하지 않고, 미래에 대한 희망이 보이지 않기 때문이다. 다만 김정은의 공포정치가 너무 두려워서 마음 놓고 자기 의사를 표현하지 못할 뿐이다. 이렇게 상황이 어려워질수록 김정은은 통일을 강조한다. 주민들에게 통일을 달성할 때까지 조금만 더 참고 기다리자는 말을 한다는 것이다. 다음 절에서 북한의 대남전략과 통일전략에 대해서 살펴보자.

2. 북한의 대남전략과 군사전략

가. 대남전략의 변화?

1) 북한식 흡수통일 방안(고려연방제)의 변천

개 요

현재 한반도는 합법적 국경선이 아니라, 휴전선에 의해서 분단되어 있다. 북한이 1950년에 무력에 의한 대남 적화통일을 시도했기 때문이다. 이것은 동서독에서 없던 일이다. 해방 이후 남북관계의 역사는 체제 대결 및 통일의 주도권을 쥐기 위한 대결의 역사였다.115)

북한의 대남전략은 평화적인 방법과 군사적인 방법 두 가지로 이루어져 있다. 평화적인 대남전략은 다시 두 개의 축으로 구성되어 있다. 첫째, 남한의 체제 변혁을 위한 혁명, 즉 남조선 혁명 수행이 하나의 축이다. 이것은 북한 주도 하에 남한 내 친북세력과 추종세력으로 남한에서 인민민주주의 혁명을 추진한다는 것이다. 둘째, 분단 극복을 위한 조국 통일이 또 하나의 축이다. 남조선 혁명을 한 후 전국 차원에서 평화적인 방법으로 연방제 통일을 추진한다는 것이다.116) 북한이 주도하는 흡수통일이다. 김정은은 이것을 2016년에 개최한 제7차 당대회에서 다음과 같이 말했다.

> "나라의 통일을 이룩하는 데는 평화적방법과 비평화적방법이 있을 수 있습니다. 우리는 어떤 경우에도 다 준비되여 있지만 조국강토에서 전쟁이 일어나고 조선민족이 또다시 전쟁의 참화를 당하는 것을 바라지 않기 때문에 평화적 통일을 위하여 할 수 있는 모든 노력을 다하여왔습니다. 우리가 련방제 통일을 주장하는 리유도 바로 여기에 있습니다."117)

---

115) 송현욱(2011), p. 8.
116) 김동식(2013), p. 65.
117) 김정은(2016).

북한은 비평화적 통일, 즉 무력에 의한 적화통일을 배제하지 않는다. 북한 지도부는 군인들에게 비록 노동당이 정치적으로 평화를 말해도 군은 무조건 (남조선해방) 전쟁을 통해서 통일을 달성할 생각만 하라고 가르치고 있다. 일반 주민들에게도 통일은 오직 무력에 의해서만 가능하다며, 달리 환상을 가지지 말라고 가르친다고 한다.[118] 이런 내용은 북한 내부에서만 통용되고 외부에는 드러나지 않는다. 그런데 김정은이 2021년 1월에 개최한 제8차 당대회에서 당규약을 개정하면서 강력한 국방력으로 조국 통일의 역사적 위업을 앞당기겠다는 노동당의 확고한 입장을 표명했다.

> "이것은 강위력한 국방력에 의거하여 조선반도의 영원한 평화적안정을 보장하고 조국통일의 력사적위업을 앞당기려는 우리 당의 확고부동한 립장의 반영으로 된다."[119]

북한의 대남전략은 역사적으로 세 시기로 나누어 고찰할 수 있다. 첫째, 북한은 1950년에 전쟁을 일으켜 남한을 무력으로 정복하려다 실패한 후 1990년 이전까지 연방제에 기초한 통일을 주장했다. 남조선 혁명에 기초한 연방제를 말하는데 이것은 「고려연방제」에서 「고려민주연방공화국 창립방안」으로 진화했다. 둘째, 1990년에 동독이 서독에 흡수되어 통일된 후 동유럽 사회주의국가들이 몰락했다. 이에 북한이 국제적으로 고립되고, 남북관계에서 수세적 입장에 처하면서 「낮은 단계의 연방제」로 위장평화 공세를 폈다. 동시에 대남적화통일의 수단인 핵무기를 개발했다. 셋째, 2012년에 세습으로 집권한 김정은이 2017년에 핵무기를 완성했다고 선포한 후 국방력으로 통일을 앞당기겠다고 선포한 것이다. 그렇다고 김정은이 김일성과 김정일 시대에 주장되었던 북한식 흡수통일 방안인 연방제를 포기한 것은 아니다.

북한에는 통일 문제와 관련해서 3대 헌장이 있다. 첫째가 「조국통일 3대원칙」이다. 이것은 1972년 7월 4일 남한과 함께 발표한 공동성명에 포함됐다. 둘째가 1993년 4월에 발표된 「전민족대단결 10대 강령」이다. 셋째는 1980년

---

118) 북한이탈주민 송OO과의 면담 내용. (2017. 5. 20.).

119) 『로동신문』. (2021. 1. 10.). "조선로동당 제８차대회에서 조선로동당규약개정에 대한 결정서 채택."

10월에 개최된 제6차 당대회에서 발표된 「고려민주연방공화국 창립방안」(이하, 고려민주연방제)이다. 고려민주연방제는 대외적으로 공표한 외교적 문건이다. 그래서 평화적 통일을 강조한다. 우선 남조선의 다른 제도를 인정하는 방식으로 연방제를 실시한 후 점진적으로 남조선 혁명(인민민주주의 혁명)을 통해서 남한의 체제를 바꾸고, 그런 후에 남과 북이 합의해서 평화적인 방법으로 완전한 통일을 추구한다는 것이다. 여기에는 평화적 통일을 강조하면서 대남 무력적화통일을 은폐하기 위한 목적이 숨어있다.

이것은 김일성과 김정일에 이어서 김정은이 집권하고 있는 현재에도 일관성 있게 유지되고 있다. 따라서 북한의 대남 통일전략이 바뀐 것으로 착각하면 그것은 오해다. 우선 북한이 1990년 이전에 추진했던 연방제에 대해서 살펴보자.

1990년 이전 북한의 대남전략과 통일방안

남조선 혁명을 통한 통일은 김일성이 1949년 12월 15일 노동당 제2차 전원회의에서 제시한 「민주기지론」에 제시되어 있다. 북한을 혁명 기지로 삼고 남한의 체제를 바꿔서 통일을 달성하겠다는 내용이다.[120] 「민주기지론」이 나온 이후에 북한에서 「남조선혁명론」을 주장했다고 해서 「민주기지론」에 없던 내용이 새로 만들어진 것이 아니다. 북한은 「남조선혁명론」에서 외세인 미 제국주의 침략을 반대하는 민족해방 혁명과 동시에 남한 내 봉건세력을 반대하는 민주주의혁명을 주장했다. 이것은 「민주기지론」에서 발전한 것이다.

김일성이 통일로 가는 과도적 형태의 연방제를 최초로 제안한 것은 1960년 8월 14일이었다. 그 당시 남한 사회는 4 · 19 혁명으로 혼란스러웠다. 이때는 북한의 경제력이 남한보다 우월했다. 1990년대 탈냉전 시기와 반대였다. 그래서 김일성은 자신감을 갖고 다방면의 남북한 교류 · 협력을 제안했다. 당시 북한은 남한에게 북한과의 경제협력 없이 남한이 경제적 난국을 수습하는 것이 불가능하다고 주장하면서 북한식 「한반도경제공동체」를 주장했다. 또한 김일성은 외국의 간섭 없는 남북한 총선거를 제안했다. 이것은 그동안 남한이

120) 김일성(1994), p. 400.

제안하던 유엔 감시 하 북한 지역만의 총선거를 부정하는 의미가 있었다.

그러면서 남한이 북한의 자유 총선거 제안을 거부할 경우의 대안으로 연방제 방안을 제시했다. 1민족, 2국가, 2제도, 2정부를 유지하면서 두 정부의 대표로 구성되는 「최고민족위원회」를 조직하고, 남북한의 경제 · 문화 발전을 통일적으로 조절하자고 한 것이다. 그리고 연방제 실시 후 남북한 총선거로 평화적 통일을 실현하자고 제안했다.[121]

북한은 남한이 북한의 연방제 제안을 거부할 경우의 대안도 제시했다. 남북한 경제위원회를 조직해서 경제협력을 하면서 다방면에 걸친 교류를 추진하자고 제안한 것이 그것이다. 심지어 남북 문화교류의 중요성을 언급하고, 이산가족의 서신 왕래 및 남북한 주민 간의 자유 왕래를 제안하기도 했다. 주한미군 철수와 남북한 군대 규모를 각각 10만 명 또는 그 이하로 감축하자는 제안도 동시에 했다.[122]

이처럼 1960년에 최초로 연방제를 제안한 후 김일성은 1973년 6월 23일에 「조국통일 5대 방침」의 하나로 「고려연방제」를 제안했다. 남북의 제도를 유지한 채 연방제 실현 후 고려연방공화국이라는 단일 국호로 유엔에 가입하자고 한 것이다. 이것은 남한 정부가 1973년의 「6 · 23 선언」에서 남북한 동시 유엔 가입을 제안한 것을 북한이 거부한다는 의미가 있었다.

당시에 김일성이 제안한 「조국통일 5대 방침」에서 주장된 내용은 다음과 같다. 첫째, 군사적 대치 해소 및 긴장 완화. 둘째, 남북한 간 정치, 군사, 외교, 경제, 문화 등 다방면의 합작과 교류. 여기에는 자원 공동 개발을 통한 민족경제 발전 및 모든 분야의 민족 합작이 포함된다. 셋째, 당국자 외 각계각층 시민과 정당 및 사회단체 대표로 구성되는 「대민족회의」 소집 및 통일 논의. 넷째, 남과 북의 상이한 제도를 인정하는 연방제로 통일 실현. 다섯째, 연방제 실현 후 단일국호(고려연방공화국)에 의한 유엔 가입이 이에 해당한다. 이와 함께 김일성은 주한미군 철수와 유엔군사령부 및 「유엔 한국통일부흥위원단」의 해체를 요구했다.[123]

그런데 1979년 10월에 박정희 대통령(이하, 박정희)이 피살되고, 1980년에

---

121) 김일성(1999), pp. 406－409.
122) 위의 글, p. 410.
123) 김일성(1974), pp. 446－453.

「광주사태」가 발생하면서 남한 사회가 혼란에 빠졌다. 이에 김일성은 1980년 10월 10일 노동당 제6차 대회를 개최하고 「고려민주연방공화국 창립방안」(이하, 고려민주연방제)과 「10대 시정방침」을 발표했다. 남한에서 4·19 혁명 당시와 유사하게 혼란스러운 상황이 발생하자 김일성이 또 다시 연방제 통일방안을 제안한 것이다. 김일성은 제6차 당대회에서 “전체 조선인민의 최대의 민족적 숙원인 조국통일 위업을 이룩하는 것은 우리 당 앞에 나서고 있는 가장 중요한 혁명임무”124)라고 밝혔다.

당시에 발표된 「고려민주연방제」의 주요 내용을 보면 다음과 같다. 첫째, 1 민족, 1 국가, 2 제도, 1 연방/중앙정부와 2 지역자치 정부를 유지하면서 하나의 연방정부, 즉 중앙정부로 남과 북의 지역 자치 및 국방과 대외관계를 통일적으로 지도하고 관리하자는 내용이 들어있다. “북과 남이 서로 상대방에 있는 사상과 제도를 그대로 인정하고 용납하는 기초 우에서” 하나의 연방국가를 형성하자는 것이다. “북과 남의 같은 수의 대표들과 적당한 수의 해외동포 대표들로 「최고민족련방회의」를 구성하고 거기에서 「련방상설위원회」를 조직하여” 연방국가의 통일정부로 만들며, 이 통일정부는 북과 남의 “어느 한 쪽이 다른 쪽에 자기 의사를 강요하지 못하도록 하여야 할 것”이라고도 말했다.

둘째, 연방국가는 중립 노선을 견지하고, 동·서 양 진영에 가담하지 말자는 내용이 제시됐다. 셋째, 남북 쌍방의 군대 규모를 각각 10만~15만 명으로 줄이고, 남북 양측의 군을 통합해서 연방정부의 지휘를 받는 「단일 한민족 연합군」을 조직하자는 내용이 주장되었다. 고려민주연방공화국 창립과 함께 통일이 된 후에도 남북이 각각 대외적으로 독자적인 외교를 추구하되, 연방정부가 이것을 통일적으로 조절하자는 내용도 제시되었다. 또한 유엔을 비롯한 국제기구에 연방국가가 대표로 참가하고 모든 국제행사에 유일 대표단을 파견하자는 내용도 있었다.

아울러 “다른 나라 군사기지의 설치를 허용하지 말며 핵무기의 생산과 반입, 그 사용을 금지함으로써 조선반도를 영원한 평화지대로, 비핵지대로 만들어야”125) 한다는 내용도 제기되었다. 김일성은 이와 함께 「고려민주연방제」 실현의 선결조건을 제시했다. 남한의 민주화 실현이 이에 해당한다. 그리고 이

124) 김일성(1982), pp. 364-381.
125) 위의 글.

를 위해서 남한에서 반공법과 국가보안법을 폐지하며, 모든 정당과 사회단체를 합법화시켜야 한다고 주장했다. 공산당도 합법화시켜야 한다는 것이다. 미·북 간 평화협정 체결 및 주한미군 철수도 선결조건으로 제시했다.[126]

1990년 이후 북한의 대남전략과 통일방안

냉전기인 1990년 이전과 탈냉전기인 1990년 이후를 비교하면, 북한의 통일방안에서 큰 틀은 그대로 유지된 채 미세한 변화가 발생했음을 발견하게 된다. 그러나 대남전략의 본질이 변한 것은 아니다. 이것을 보면 다음과 같다.

1990년에 동독이 붕괴하고 독일이 통일된 후 동유럽 사회주의국가들의 체제전환이 이루어지면서 북한은 국제적 고립에 직면했다. 더욱이 남한은 북방정책으로 소련과 1990년에 국교정상화를 추진하고, 중국과의 관계 개선도 추진했다. 반면에 북한은 미국 및 일본과의 국교정상화에 성과를 거두지 못했다. 이에 수세적 상황에 몰린 김일성은 위기의식을 느끼고 1991년 신년사에서 기존 연방제 통일방안의 기본틀은 유지하되, 과거보다 「느슨한」 연방제를 제시했다. 당장 북한식 통일이 어렵다고 보고, 방어적 입장에서 북한 체제의 생존에 비중을 두는 방향으로 조정한 것이다.

김일성은 1980년에 주장했던 1 민족, 1 국가, 2 제도, 1 연방정부와 2 지역자치 정부 형태의 「고려민주연방제」를 1991년 신년사에서 다시 한 번 강조했다. 다만, 잠정적으로 지역자치 정부에 보다 많은 권한을 부여하면서 점진적으로 중앙정부의 기능을 강화하는 방향으로 연방제 통일을 하자고 조정한 것이다. 이와 관련해서 김일성은 1990년 10월에 통일된 독일을 염두에 두고 다음과 같이 말했다.

> "북과 남에 서로 다른 두 제도가 존재하고 있는 우리나라의 실정에서 조국통일은 누가 누구를 먹거나 누구에게 먹히우지 않는 원칙에서 하나의 민족, 하나의 국가, 두 개 제도, 두 개 정부에 기초한 련방제 방식으로 실현되어야 합니다.

126) 위의 글.

(…) 최근 다른 나라의 흡수통합방식에 현혹된 남조선당국자들은《북방정책》을 내걸고 청탁외교를 벌리면서 남의 힘을 빌어 우리나라에서도 그런 방식을 실현해 보려는 어리석은 꿈을 꾸고 있습니다."[127]

김일성은 이렇게 남한의 흡수통일을 경계하면서 1991년에 「남북기본합의서」 채택에 합의했다. 그리고 미국에게는 평화협정 체결 후 남한에서 군대와 핵무기를 철수할 것을 요구했다. 김일성이 1994년에 사망한 후 북한 체제의 최고지도자가 된 김정일은 김일성이 1991년에 주장한 「느슨한」 연방제를 2000년에 「낮은 단계의 연방제」로 표현하면서 계승했다.

2000년 6월 15일에 남한의 김대중 대통령(이하, 김대중)과 정상회담을 하고 발표한 공동성명 제2항에서 북한이 말한 「낮은 단계의 연방제」가 이에 해당한다. 제2항의 내용은 다음과 같다. "남과 북은 나라의 통일을 위한 남측의 연합제 안과 북측의 낮은 단계의 연방제 안이 서로 공통성이 있다고 인정하고 앞으로 이 방향에서 통일을 지향시켜 나가기로 하였다."[128]

2000년 6월에 남북정상회담에서 이 내용이 발표된 후 동년 10월 6일에 조국평화통일위원회(조평통) 서기국장이었던 안경호는 「고려민주연방공화국 창립방안」 제시 20돌 기념 평양시 보고회에서 김일성이 1991년 신년사에서 제시한 「느슨한」 연방제가 2000년 6월의 남북정상회담에서 북한이 제시한 「낮은 단계의 연방제」와 동일한 것임을 밝혔다. 안경호의 다음 발언이 이를 말해준다.

"(…) 수령님께서는 1991년 신년사에서 련방공화국 창립방안에 대한 민족적 합의를 보다 쉽게 이루기 위하여 점정적으로는 련방 공화국의 지역자치정부에 더 많은 권한을 부여하며 장차로는 중앙정부의 기능을 더욱 더 높여 나가는 방향에서 련방제 통일을 점차적으로 완성할 데 대한 방안도 천명하시였습니다. (…) 이 방안은 결국 낮은 형태의 연방제 안입니다.
(…) 우리의 낮은 단계의 련방제안은 '하나의 민족, 하나의 국가, 두 개 제도, 두 개 정부'의 원칙에 기초하되 북과 남에 존재하는 두 개 정부가 정치, 군사,

127) 김일성(1996), pp. 11－13.
128) 2000년의 남북정상회담에서 발표된 「6 · 15 남북공동선언」 제2항.

외교권을 비롯한 현재의 기능과 권한을 그대로 가지게 하고 그 위에 민족통일기구를 내오는 방법으로 북남관계를 민족공동의 리익에 맞게 통일적으로 조정해 나가는 것을 기본 내용으로 하고 있습니다."[129]

북한이 말한 「낮은 단계의 연방제」는 남과 북의 지역자치 정부의 권한을 더 강화한다는 점과 연방/중앙정부 산하에 「단일 한민족 연합군」을 만들지 않는다는 점에서 전통적 「고려민주연방제」와 차이가 있다. 그러나 궁극적으로 「고려민주연방제」를 지향한다는 점에서 본질적으로 이것을 계승하고 있다. 다만, 주어진 여건에 맞춰서 조금 변형한 것으로 이해하면 된다. 안경호의 발언 전체도 이런 취지를 담고 있다.

우리 사회 일각에서는 김정일이 2000년 남북정상회담 때 남한의 언론인들을 접견하는 자리에서 다음 당대회가 개최되면 남조선혁명이란 표현을 삭제하겠다고 말했다는 주장이 제기되었다.

그러나 김정일은 그 10년 후인 2010년 9월 28일 노동당 제3차 대표자회에서 대남 적화통일을 노동당의 목표로 명시했다. 김정일이 남한 사람을 상대로 외교적으로 발언한 것을 가지고 마치 그것이 김정일의 진심인 것처럼 생각하는 것은 잘못된 것이다.[130] 북한 지도자의 심중을 정확하게 파악하려면 그들이 공식적으로 말하거나, 문건에서 발표한 내용의 전후맥락을 종합적으로 분석해야 한다. 그렇지 않고 외교적으로 하는 발언을 마치 진심인 것처럼 전달하는 것은 오해를 불러일으킬 수 있다.

2010년 9월 28일에 노동당 제3차 대표자회가 개최되었을 때, 김정은은 당 중앙군사위원회 부위원장으로 임명되면서 김정일의 후계자로 선포됐다. 동 대표자회에서 개정된 당규약에 기술된 노동당의 목표를 보면 다음과 같다.

"조선로동당의 당면 목적은 공화국 북반부에서 사회주의 강성대국을 건설하며 전국적 범위에서 민족해방민주주의혁명의 과업을 수행하는 데 있으며 최종 목적은 온 사회를 주체사상화하여 인민대중의 자주성을 완전히 실현하는

129) 안경호. (2000. 10. 6.). "'고려민주연방공화국 창립방안' 제시 20돌 기념 평양시 보고회」 보고." 『조선중앙방송』: 공용득(2004), pp. 319－320에서 재인용.
130) 진희관. (2021. 6. 23.). "북, 당 규약에 '적화통일' 삭제한 까닭은." 『부산일보』.

데 있다."[131]

이러한 노동당의 당면 목표와 최종 목표를 하나로 통합하면 "미군을 몰아내고 외세에 의해 갈라진 국토와 민족을 하나로 통일하는 것과 함께 남한의 자유민주주의체제와 시장경제체제를 청산하고 북한의 지도이념인 주체사상에 입각해 사회주의체제를 수립하는 것"[132]이 된다. 김정일이 2000년에 남한의 언론인들에게 한 발언은 외교적 수사에 불과하다는 것이다.

김정은 시대의 대남전략

김정일이 2011년에 사망한 후 권력을 승계한 김정은은 2016년 5월에 제7차 당대회를 개최했다. 1980년에 제6차 당대회가 개최된 후 36년 만이다. 김정은은 제7차 당대회에서 조국통일이야말로 노동당의 가장 중대하고 절박한 과업이라고 주장했다. "조국통일을 실현하는 것은 나라와 민족의 운명을 책임진 우리 당 앞에 나선 가장 중대하고 절박한 과업입니다"[133]라고 한 발언이 이에 해당한다.

이것은 김일성이 1980년에 개최된 제6차 당대회에서 말한 내용과 동일하다. 또한 김정은은 "민족의 분렬을 더 이상 지속시켜서는 안 되며 우리 대에 반드시 조국을 통일하여야 합니다"[134]라는 말도 했다. 그러면서 「조국통일 3대 원칙」(자주, 평화, 민족대단결)과 「고려민주연방공화국 창립방안」 및 「전민족대단결 10대 강령」 등 「조국통일 3대 헌장」을 김정일 시대와 마찬가지로 관철해나갈 것을 선포했다.

뿐만 아니라 조국통일 3대 헌장 관철을 위한 투쟁 방침도 제시했다. 「민족자주」, 「민족대단결」, 「평화보장」과 「연방제 실현」이 이에 해당한다.[135] 여기서 민족자주란 외세배격을 의미한다. 민족대단결은 「우리민족끼리」를 의미

131) 2010년 9월 28일 노동당 제3차 대표자회에서 개정된 당규약 중 일부 내용. 김동식(2013), p. 27. 각주 15에서 재인용.
132) 김동식, 위의 책, p. 80.
133) 김정은(2016).
134) 위의 글.
135) 위의 글.

한다. 그리고 평화보장은 미국이 대북적대시정책을 철회하고, 한 · 미 연합군사훈련을 중단하며 정전협정을 평화협정으로 바꾸고 남한에서 주한미군을 철수시키는 것을 의미한다. 김정은이 김일성과 김정일의 대남전략 및 통일방안을 그대로 계승하고 있음을 확인할 수 있다. 제8차 당대회에서 개정된 노동당 규약도 대남 및 통일전략과 관련해서 제7차 당대회의 내용과 대동소이함을 보여주고 있다. 다음 내용이 이에 해당한다.

> "조선로동당의 당면목적은 공화국북반부에서 부강하고 문명한 사회주의 사회를 건설하며 전국적 범위에서 사회의 자주적이며 민주주의적인 발전을 실현하는데 있으며 최종목적은 인민의 리상이 완전히 실현된 공산주의 사회를 건설하는데 있다."

그런데 남한의 진보진영에서는 과거의 "전국적 범위에서 민족해방민주주의 혁명을 완수한다"는 표현이 위의 당규약에서 "전국적 범위에서 사회의 자주적이며 민주주의적인 발전을 실현"한다는 것으로 바뀐 것을 놓고 마치 북한의 대남전략이 변화한 것처럼 말한다. 그러나 이런 주장은 틀린 것이다. 이 문제에 대해서는 아래에서 더 자세히 논할 것이기 때문에 여기서는 이 정도로 간단히 넘어가고자 한다.

위의 당규약이 2021년 1월에 발표된 후 북한의 선전매체인 『통일신보』는 2021년 4월 13일자에서 「조국통일 3대헌장」이 김정일 시대에 이어서 김정은 시대에도 그대로 유지 · 계승되고 있음을 밝혔다. "조국통일3대원칙과 전민족대단결10대강령, 고려민주련방공화국 창립방안을 그 내용으로 하는 조국통일 3대헌장은 조국통일의 근본원칙과 방도를 밝힌 통일위업 실현의 불변의 지도적 지침이다"[136]는 말이 이에 해당한다. 2021년 11월 23일자 『통일신보』에도 "조선로동당의 주체적 조국통일 로선은 위대한 수령님들께서 밝혀주신 조국통일 3대헌장에 전면적으로 구현되여 있다"[137]는 말이 나온다.

이러한 표현들은 2021년 1월에 개최된 제8차 당대회 이후에 나온 것들이

136) 『통일신보』. (2021. 4. 13.). "조국통일 3대헌장은 통일위업 실현의 확고부동한 지도적 지침."
137) 『통일신보』. (2021. 11. 23.). "조선로동당의 주체적인 조국통일 로선."

다. 남한의 진보진영에서 주장하고 있는 것처럼 북한의 대남전략이 2021년 1월에 개최된 제8차 당대회에서 당규약 개정을 통하여 질적으로 변화했다면 2021년 4월과 11월에 선전매체인 『통일신보』에서 이런 주장이 나올 수 없다.

2) 대남전략의 변화? 한국 진보의 「북한 연구」 비판 – 1

북한의 연방제(1 민족, 1 국가, 2 제도, 1 연방/중앙정부와 2 지역자치 정부)는 북한식 사회주의를 실현하겠다는 북한식 흡수통일 방안이다. 전통적인 「고려민주연방제」에서는 일단 연방제로 통일 국가가 되었음을 선포한 후 남북한에 2 제도, 1 연방/정부와 2 지역자치 정부를 두고 남한 체제의 변화를 도모하면서 2 제도를 점진적으로 하나로 통합하는 것을 추구하고 있다.

이를 위해서 반공법과 국가보안법 폐지 및 폭압 통치기구 해체 등 선결조건을 제시하고 있다. 모든 정당과 사회단체를 합법화하고 정치활동을 보장하라는 요구도 하고 있다. 친북정당이 포함되는 것은 물론이다. 평화적인 형식으로 연방제를 추진한 후 친북세력의 투쟁으로 남조선혁명을 거쳐서 북한식으로 흡수통일을 실현하겠다는 것이다. 여기서 주한미군 철수가 전제되고 있음은 물론이다.

김정은 역시 2016년 5월에 개최된 제7차 당대회의 사업총화 보고에서 김일성과 김정일이 제시한 「조국통일 3대 헌장」과 「민족대단결 5대 방침」을 그대로 계승한다는 점을 밝혔다. 그러면서 다음과 같이 말했다.

> “남조선당국은 민족적 화해와 단합, 통일을 위하여 노력하는 사람들을 〈리적〉과 〈종북〉으로 몰아 부당하게 박해하고 탄압하지 말아야 하며 그들의 의로운 활동을 존중하고 장려하여야 합니다.”[138]

또한 제7차 당대회에서 당규약을 개정하면서 다음과 같은 내용을 적시했다.

> “미제의 침략무력을 몰아내고 온갖 외세의 지배와 간섭을 끝장내며 (…) 사회의 민주화와 생존의 권리를 위한 남조선인민들의 투쟁을 적극 지지성원하며

138) 김정은(2016).

우리 민족끼리 힘을 합쳐 자주, 평화통일, 민족대단결의 원칙에서 조국을 통일하고 나라와 민족의 통일적 발전을 이룩하여 투쟁한다."139)

"남조선인민들의 투쟁"으로 남조선 혁명을 성사시킨 후 북한이 주도하는 흡수통일을 달성하겠다는 것이다. 그러나 김정은은 겉으로 이런 속내를 드러내지 않으면서 합리적 통일방안의 이미지를 보여주려 한다. 즉, 사상과 제도의 차이를 초월해서 하나의 민족국가를 만들고, 이후 남과 북이 합의해서 평화적으로 완전한 통일을 실현한다는 것이다. 2021년 제8차 당대회에서 개정된 당규약에도 다음과 같은 내용이 나온다.

"조선로동당은 전 조선의 애국적 민주력량과의 통일전선을 강화하며 해외동포들의 민주주의적 민족권리와 리익을 옹호 보장하고 그들을 애국애족의 기치 아래 굳게 묶어세우며 민족적 자존심과 애국적 열의를 불러 일으켜 조국의 통일 발전과 륭성 번영을 위한 길에 적극 나서도록 한다"140)

여기에는 남한의 「애국적 민주역량」과 통일전선 강화를 추구하면서 북한 주도로 평화적 통일을 실현하겠다는 논리가 변함없이 내포되어 있다. 과거와 달라진 것이 없다는 것이다. 그러나 하나의 헌법으로 연방제 초기 단계에서 이질적인 정치이념, 즉 자유민주주의와 사회주의를 포용하는 것은 불가능하다. 특히 「낮은 단계의 연방제」가 제시하는 지역정부의 국방권 인정은 내전을 초래할 가능성을 보유하고 있다. 이것은 북한식 연방제가 일반적인 연방제와 다르고 비현실적이라는 것을 말해준다.

또 한 가지 주목할 것은 「낮은 단계의 연방제」를 포함해서 북한의 연방제 방안에 총선거나 국민투표 언급이 없다는 점이다. 이것은 인구비례에 의한 선거를 배척하려는 의도가 있기 때문이다.141) 그리고 「낮은 단계의 연방제」에서는 연방제 실현으로 처음부터 통일 국가가 되는 것인지에 대해서 명확한 표현이 없다. "북과 남에 존재하는 두 개 정부가 정치, 군사, 외교권을 비롯한 현재의 기능과 권한을 그대로 가지게 하고 그 위에 민족통일기구를 내오는 방법으

139) 위의 글.
140) 2021년 1월에 개최된 제8차 당대회에서 개정된 당규약의 내용 일부.
141) 제성호(2010), p. 183.

로 북남관계를 민족공동의 리익에 맞게 통일적으로 조정해 나가는 것을 기본 내용으로"[142] 한다는 표현이 나올 뿐이다.

그러나 분명한 것은 북한이 말하는 연방제로 처음부터 전국적 범위에서 민족해방민주주의혁명을 통한 공산주의적 통일이 실현되는 것은 아니라는 점이다.[143] 연방제 초기에는 남과 북의 상이한 제도를 인정한다. 따라서 제8차 당대회에서 개정된 당규약에서 명시한 "전국적 범위에서 (…) 인민의 리상이 완전히 실현된 공산주의 사회를 건설"한다는 노동당의 최종 목적이 완수되지 않은 상태다.[144]

북한의 연방제는 2단계 통일을 추구하고 있다. 즉, 연방제 1단계에서 남조선혁명을 거친 후, 2단계에서 북한이 주도하는 흡수통일을 한다는 것이다. 1단계에서 남조선혁명이 이루어지지 않고, 2단계에서 평화적인 방법으로 전국적 범위에서 민족해방민주주의혁명을 거쳐서 최종 목적인 통일된 공산주의 사회 건설로 넘어갈 수 없기 때문이다. 김정은 시대에도 마찬가지다.

그런데 진희관 인제대학교 교수(이하, 진희관)는 제8차 당대회에서 개정된 당규약 내용 중에서 남조선 혁명, 혹은 민족해방민주주의혁명이라는 표현이 삭제되었다면서 북한의 대남전략이 질적으로 변화한 것처럼 주장했다. 당규약의 해당 내용을 보면 다음과 같다.

> "**조선로동당의 당면목적은** 공화국북반부에서 부강하고 문명한 사회주의 사회를 건설하며 **전국적 범위에서 사회의 자주적이며 민주주의적인 발전을 실현하는데 있으며** 최종목적은 인민의 리상이 완전히 실현된 공산주의 사회를 건설하는데 있다."[145]

위의 인용문에서 필자가 굵은 글씨로 강조한 내용이 제7차 당대회에서 개정된 당규약에는 다음과 같이 기술되었다.

> "조선로동당의 당면 목적은 (…) 전국적 범위에서 민족해방민주주의혁명의

---

142) 안경호. (2000. 10. 6.). "「'고려민주연방공화국 창립방안' 제시 20돌 기념 평양시 보고회」 보고." 『조선중앙방송』.
143) 김동식(2013), p. 25.
144) 위의 책, pp. 25-26.
145) 2021년 1월 제8차 당대회에서 개정된 노동당 규약.

과업을 수행하는데 있으며"

이 같이 제7차 당대회에서 개정된 당규약과 비교할 때, 제8차 당대회에서 개정된 당규약에서 「민족해방민주주의혁명」이라는 표현이 삭제된 것은 사실이다. 이와 관련해서 진희관은 다음과 같이 주장한다.

> "북한 조선로동당 제8차 대회에서 당규약이 수정되었고, 남조선혁명을 의미하는 당의 당면 목적인 '전국적 범위에서 민족해방민주주의혁명을 완수한다'는 표현이 삭제된 것은 북한의 남북관계와 대남 인식의 중대한 변화를 의미하는 것으로 볼 수 있을 것이다."146)

진희관은 또한 민족해방민주주의혁명이라는 표현이 삭제되고, "전국적 범위에서 사회의 자주적이며 민주주의적인" 발전이라는 개념을 사용함에 따라 북한이 기존에 주장해오던 「사회주의적 민주주의」가 다른 것으로 변할 수 있는 것처럼 말한다.

> "김정은 총비서가 2000년 김정일 국방위원장의 약속을 21년 만에 실현하게 된 것이다. 수정된 문장의 내용도 흥미롭다. 당의 당면 목적을 "전국적 범위에서 사회의 자주적이며 민주주의적인 발전을 실현하는 데 있으며"라고 수정했다. '민주주의적 발전'을 꾀한다는 것은 비단 남측에게만 해당하지 않는다는 점에서 앞으로 북한 민주주의의 개념 변화를 눈여겨볼 필요가 있어 보인다. 과연 '사회주의적 민주주의'와 그들이 비판해 오던 '부르주아 민주주의'의 간격이 얼마나 줄어들지도 관심사다."147)

진희관의 이 같은 주장은 세 가지 측면에서 문제점을 보여주고 있다. 첫째, 당규약에서 변화된 표현의 진의를 확인하려면 해당 표현의 앞뒤 문맥을 함께 보아야 하는데, 그렇게 하고 있지 않다. 노동당규약 해당 문단의 전체 내용을 다시 보면 다음과 같다.

---

146) 진희관(2021), p. 29.
147) 진희관. (2021. 6. 23.). "북, 당 규약에 '적화통일' 삭제한 까닭은." 『부산일보』.

“조선로동당의 당면목적은 공화국북반부에서 부강하고 문명한 사회주의 사회를 건설하며 전국적 범위에서 사회의 자주적이며 민주주의적인 발전을 실현하는데 있으며 최종목적은 인민의 리상이 완전히 실현된 공산주의 사회를 건설하는데 있다.”

동 당규약에서 언급된 “전국적 범위에서 사회의 자주적이며 민주주의적인 발전을 실현하는데 있으며”에서 민주주의라는 말은 앞에 나오는 사회주의 및 뒤에 나오는 공산주의와 동떨어진 것이 될 수 없다. 즉, 북한이 항상 주장해온 인민민주주의라는 것이다.

그런데 진희관은 북한이 남조선혁명론을 포기했다고 하면서, 북한의 민주주의 개념에 변화가 일어날 수 있음을 시사하고 있다. 이런 주장은 제8차 당대회에서 개정된 당규약에 나오는 다른 표현들과 모순된다. 예를 들면 “조선로동당은 당의 사상과 배치되는 자본주의사상, 봉건유교사상, 수정주의, 교조주의, 사대주의를 비롯한 온갖 반동적, 기회주의적 사상조류들을 반대배격하며 맑스-레닌주의의 혁명적 원칙을 견지한다”[148]는 내용에 모순된다. 또한 당규약에 적시된 다른 내용, 즉, “조선로동당은 혁명과 건설에 대한 령도에서 로동계급적 원칙, 사회주의적 원칙을 일관하게 견지하며 주체성과 민족성을 고수한다”[149]에도 모순된다.

북한은 2021년 제8차 당대회에서 개정된 당규약에서도 오직 사회주의를 일관되게 견지하고 있음을 오해의 소지 없이 밝히고 있다. 그런데 진희관은 마치 북한의 민주주의 개념이 변화할 수 있으며, 북한이 남한에서 민족해방민주주의혁명을 포기하는 한편 북한에서는 인민민주주의와 다른 민주주의적 발전을 실현할 수도 있을 것처럼 암시하고 있다. 이것은 당규약을 해석할 때, 전체를 보고, 부분을 보는 것이 아니다. 대신에 부분적 표현만 강조하고, 전체적 맥락을 무시하는 것이다. 이렇게 하면 북한의 대남전략을 왜곡하게 된다.

북한에 대한 정보가 부족한 남한에서 한국의 북한 전문가라고 하는 사람들이 이런 식으로 주장하면, 일반 대중은 확인할 길이 없다. 그리고 이런 주장은 확산되면서 불필요한 남남갈등의 불씨가 된다. 이런 일은 김대중 정부 때

---

148) 제8차 당대회에서 개정된 노동당 규약.
149) 위의 글.

부터 반복되어 왔다.

그러면 북한의 대남전략이 변했다는 진희관의 주장에서 두 번째 문제점을 보자. 북한의 대남전략 관련 내용의 전체 모습을 보려면 2021년 1월에 개최된 제8차 당대회 기간 중 『로동신문』에 게재된 "조선로동당 제 8 차 대회에서 조선로동당 규약 개정에 대한 결정서 채택"이라는 제목의 글을 함께 볼 필요가 있다. 이 글에는 개정된 당규약의 서문을 언급한 다음 내용이 들어있다.

"조국통일을 위한 투쟁과업부분에 강력한 국방력으로 근원적인 군사적 위협들을 제압하여 조선반도의 안정과 평화적 환경을 수호한다는데 대하여 명백히 밝히였다. 이것은 강위력한 국방력에 의거하여 조선반도의 영원한 평화적 안정을 보장하고 조국통일의 력사적 위업을 앞당기려는 우리 당의 확고부동한 립장의 반영으로 된다."[150]

여기서 필자가 강조하는 부분은 국방력에 의거해서 조국통일의 역사적 위업을 앞당기겠다는 노동당의 입장이다. 이런 점을 고려할 때도, 제8차 당대회에서 개정된 당규약의 자구 중 일부 변화를 보고 마치 북한의 대남전략이 바뀐 것처럼 주장하는 것은 잘못된 것이다. 전체 흐름에서 변한 내용이 전혀 없기 때문이다. 다음으로 진희관의 주장에 내포된 세 번째 문제점을 보자. 진희관은 다음과 같은 주장을 한다.

"북한은 2000년 6 · 15 남북공동선언 이후부터 어떤 매체에서도 남조선혁명론을 더 이상 주장하지 않았다."[151]

그런데 북한이 남조선혁명이라는 표현을 필요에 따라서 사용하지 않았다고, 마치 대남전략을 변화시킨 것처럼 말할 수 있을까? 필자가 위에서 언급한 것처럼 북한의 선전매체 『통일신보』는 제8차 당대회 이후 2021년 4월과 11월 두 차례에 걸쳐서 북한의 통일방안은 김일성 시대에 제시된 「조국통일 3대헌장」에 기초하고 있다는 점을 분명히 밝혔다. 북한의 「조국통일 3대헌장」은 그 내용에 기

150) 『로동신문』. (2021. 1. 10.). "조선로동당 제 8 차대회에서 조선로동당규약개정에 대한 결정서 채택."

151) 진희관(2021), p. 30.

본적으로 「남조선혁명론」을 포함하고 있다. 그렇다면 북한이 남조선혁명이라는 말을 필요에 따라서 사용하느냐, 아니냐는 그다지 중요한 것이 아니다.

이종석 세종연구소 수석연구위원(전 통일부 장관; 이하, 이종석)도 마찬가지다. 이종석은 2021년 6월 2일 통일부 담당 기자들을 상대로 한 화상 간담회에서 북한의 제8차 당대회에서 발생한 당규약 개정과 관련해서 다음과 같이 평가했다.

> "당규약 서문의 '민족해방민주주의혁명' 삭제는 단순한 문헌상의 변화를 넘어 북한의 대남 전략 변화 여부를 둘러싼 기존의 국내 논쟁에 종지부를 찍어주는 의미가 있다."[152)]

이종석의 이런 주장은 진희관의 주장보다 훨씬 극단적이다. 북한의 대남전략 변화를 기정사실화하면서 더 이상 북한의 대남전략을 둘러싸고 논쟁할 필요가 없다는 의미로 말하기 때문이다. 그런데 『한겨레』 신문의 이제훈 기자(이하, 이제훈)는 여기서 한 발 더 나가는 주장을 하고 있다.

> "이는 김일성 주석이 1945년 12월17일 '민주기지론'(북은 남조선혁명과 조선반도 공산화의 전진기지라는 이론)을 제창한 이래 80년 가까이 유지해온 '북주도 혁명 통일론'의 사실상 폐기이자, 남북관계 인식틀의 근본적 변화를 뜻한다.
> (…) 특히 이런 움직임은 김정은 노동당 총비서 겸 국무위원장이 2012년 집권 이후 지속적으로 모색해온 "두개 조선"(Two Korea) 지향이라는 한반도의 미래상을 노동당 규약이라는 최상위 규범에 공식적으로 반영하기 시작했음을 뜻한다
> (…) 북한이 앞으로 '통일'보다 '공존' 모색 쪽에 대남정책의 무게중심을 싣는 추세를 강화하리라는 전망을 낳는다."[153)]

필자는 이 대목에서 이종석과 이제훈의 주장에 간단하게 반론을 제기하기 위해서 북한이 2021년 제8차 당대회에서 개정한 당규약 내용 중 노동당의

---

152) 한겨레. (2021. 6. 2.). "이종석, 북 당규약 개정으로 '김정은 당' 완성"…대일 관계는?"
153) 이제훈. (2021. 6. 1.). "북, 76년 지켜온 '남한 혁명통일론' 사실상 폐기." 『한겨레』.

목표와 관련된 부분을 다시 한 번 언급하고자 한다.

> "조선로동당의 당면목적은 공화국북반부에서 부강하고 문명한 사회주의 사회를 건설하며 전국적 범위에서 사회의 자주적이며 민주주의적인 발전을 실현하는데 있으며 최종목적은 인민의 리상이 완전히 실현된 공산주의 사회를 건설하는데 있다."154)

여기서 언급된 노동당의 최종목적은 한반도 전체에서 공산주의 사회를 건설하는 것이다. 당면 목적을 공화국 북반부와 전국적 범위로 구분해서 이야기하면서 최종 목적을 전국적 범위가 아닌 북한 지역에 국한시킨다는 것은 말이 안 된다. 그렇다면 당면 목적의 전국적 범위에서 거론한 사회의 민주주의적 발전도 공산주의로 가기 위한 전 단계인 인민민주주의를 의미할 수밖에 없다. 다시 말해서 북한이 남조선 혁명을 포기하지 않았다는 것이다. 적어도 평화적 통일방안이라고 북한이 주장하는 연방제의 틀에서는 그렇다.

뿐만 아니라, 필자가 앞에서 지적했듯이 북한은 제8차 당대회 노동당규약 개정 후에도 김정은의 통일방안이 김일성 시대부터 이어진 「조국통일 3대헌장」에 기초하고 있음을 수차례 강조했다. 북한 스스로는 이렇게 김정은 시대에도 김일성 시대의 대남 및 통일전략을 계승하고 있다고 말하고 있다.

그런데 남한의 진보진영 학자들은 북한이 대남 및 통일전략을 바꿨다고 주장한다. 참으로 이상한 일이 남한 사회에서 벌어지고 있는 것이다. 북한에 대한 왜곡된 인식이 정부의 대북정책을 뒷받침하고, 또한 역으로 정부 정책이 이런 왜곡된 인식을 사회 분위기로 확대하면서 당연시하는 분위기가 형성되고 있다. 이 과정에서 북한에 대한 진실은 오히려 냉전적 편향된 인식으로 매도된다. 이것이 우리의 현실이다.

1990년 이후 탈냉전 시기에 남한이 북한과의 체제경쟁에서 이겼다는 우월의식에 기초해서 북한에 대한 남한 사회의 인식이 변화해왔다. 북한을 바라보는 우리의 시각이 변했기 때문에 변하지 않은 북한을 변한 것처럼 보고 싶어 하는 경향도 동시에 생겼다. 현실 판단을 잘못 한다는 점에서 바람직하지

154) 북한 제8차 당대회에서 개정된 당규약 서문 중 일부.

않은 방향으로 변화한 것이다. 또한 탈냉전 이후 북한의 위장평화공세를 보면서 북한의 전략이 변한 것처럼 착각하기도 했다. 문제는 그 결과 북한의 대남 전략을 현실과 다르게 평가하게 되었다는 것이다. 특히 진보 진영에서 이런 경향이 많다.

그 하나의 사례는 다음에 인용한 이제훈의 발언에서 다시 발견할 수 있다. 이제훈은 북한이 남조선혁명 통일론을 폐기한 배경을 다음과 같이 말한다.

> "김정은 총비서를 수반으로 하는 조선노동당이 '북 주도 혁명 통일론'을 사실상 폐기한 조처는 그 의미를 크게 세 갈래로 나눠 짚을 수 있다.
> 첫째, 1990년대 초반 '비대칭 탈냉전'(한-중 · 한-소 수교, 북-미 · 북-일 적대 지속) 이후 시간이 흐를수록 커지는 남과 북의 국력 차이로 '북 주도 통일'은커녕 '체제 생존' 모색에 집중할 수밖에 없는 상황을 염두에 둔 '현실'과 '통치 이데올로기'의 격차 해소 조처다."[155)]

그러나 북한의 선전매체 『통일신보』는 2021년 11월 2일에도 "김정은 국무위원장님께서 조선의 시간표대로 한 치의 오차도 없이 조국통일을 기어이 실현하실 것이다"[156)]라고 말하고 있다. 이제훈의 주장과 달리 북한이 체제 생존에 급급해서 통일이라는 목표를 포기한 것이 아니라는 말이다.

한국 진보진영의 주장은 중국의 자오퉁(趙通) 연구원이 싱크탱크 칭화대-카네기센터의 웹사이트에 게재한 칼럼 내용과도 많이 다르다. 동 칼럼의 제목은 "수면 위로 드러난 북한의 핵 보유 전략과 글로벌 안보에 끼치는 영향"이다. 여기서 자오퉁 연구원은 북한의 제8차 노동당 대회를 관찰하고 다음과 같이 분석했다.

> "남북통일 실현이 핵심 '민족 이익'이며 북한이 핵심 이익을 미국의 간섭으로 실현하지 못한 것을 고려하면, 향후 북한은 전략과 전술 2중 핵 역량으로 미국의 군사 간섭을 막고 한국에 대한 군사적 압박 능력을 키워 최종적으로 북한이 희망하는 방식으로 민족 통일을 실현하려 할 것"[157)]

---

155) 이제훈. (2021. 6. 1.). "북, 76년 지켜온 '남한 혁명통일론' 사실상 폐기." 『한겨레』.
156) 『통일신보』. (2021. 11. 2.). "자주통일 위업의 전환기를 마련하시는 길에서."
157) 『중앙일보』. (2021. 1. 21.). "中 소장파 학자 경고 '北, 전술핵으로 韓 압박…통일 시도

중국의 북한 연구자가 한국 진보진영의 북한 연구자보다 훨씬 현실적이고 객관적인 시각으로 북한의 대남전략과 통일전략을 분석하고 있다. 이 문제와 관련해서 한국 진보진영의 또 다른 주장을 살펴보자.

진희관은 김정은이 2021년 10월 11일 개최된 「국방발전전람회」 기념연설에서 "우리의 주적은 전쟁 그 자체이지 남조선이나 미국 특정한 그 어느 국가나 세력이 아니라"라고 밝힌 부분을 언급하면서 김정은이 전쟁을 포기하고 반대하는 것처럼 주장하고 있다. 그런데 전쟁이 주적이고, 어느 국가나 세력이 주적이 아니라는 김정은의 말은 얼마나 설득력 있고 현실적인 말인가? 아니면 상식적으로 이해할 수 없는 궤변에 불과한 것인가? 진희관은 이와 관련해서 2021년 1월에 개최된 제8차 당대회 후 김정은이 9개월 만에 생각을 바꾼 것처럼 아래의 인용문에서 주장하고 있다.

> "당대회가 북한의 중장기 계획을 대내외에 공개하는 행사라는 점을 감안하면, 9개월 만의 입장 선회는 매우 이례적이다. 즉, 이제부터 한국과 미국은 북한의 주적이 아니며, 전쟁을 반대하기 위해 노력하겠다는 표현이다."[158)]

그러나 김정은이 진심으로 미국을 주적으로 생각하지 않는다면 왜 북한의 모든 매체는 지금도 미국의 대북적대시정책을 비난하면서 이와 투쟁해야 한다고 말하는 것일까? 김정은이 진정으로 전쟁을 반대하기 위해서 노력한다면 왜 비핵화 협상에 나오지 않으면서 핵무기의 고도화를 추구하는 것일까? 북한은 한편으로 미국이 주적이 아닌 것처럼 말하면서, 다른 한편으론 누가 봐도 미국이 주적이라고 홍보하고 있다. 한 입으로 두 말을 하는 것이다. 앞에서 거론한 「국방발전전람회」 직후 2021년 10월 26일자 『통일신보』에 실린 다음 글이 이를 보여주고 있다.

> "더우기 아직까지도 삼천리강토의 남쪽 땅에는 외세가 주인처럼 틀고 앉아 민족 분렬의 비극을 영원한 것으로 만들고 이 땅을 저들의 지배주의적 목적 실현의 발판으로 만들려고 모지름을 쓰고 있다. 흘러온 력사의 교훈과 오늘

할 것'.".

158) 진희관(2021), p. 31.

날 공화국을 둘러싸고 조성된 주객관적정세는 자위적국방력을 계속 강화하지 않으면 또다시 처절한 망국노의 운명을 면할 수 없고 국가의 존립 그자체가 끝장나고 만다는 것을 말해주고 있다."[159]

여기서 외세가 누구를 지칭하는 것인지는 자명하다. 진희관의 주장과 달리 북한이 미국을 주적으로 삼고 있다는 사실은 변하지 않았다. 제8차 당대회에서 개정된 당규약 마지막 부분에서 나오는 아래의 내용 역시 북한이 미국을 주적으로 삼고 있음을 분명히 말해주고 있다. 북한이 당규약에서 미국이 주적이 아니라는 점을 명백하게 밝힌다면 앞뒤 문맥을 보면서 그 저의를 다시 생각해 볼 수도 있겠지만, 그렇지 않는 한 진희관처럼 주장해선 곤란하다.

"조선로동당은 남조선에서 미제의 침략무력을 철거시키고 남조선에 대한 미국의 정치군사적 지배를 종국적으로 청산하며 온갖 외세의 간섭을 철저히 배격하고 강력한 국방력으로 근원적인 군사적 위협들을 제압하여 조선반도의 안전과 평화적 환경을 수호하며 민족자주의 기치, 민족대단결의 기치를 높이 들고 조국의 평화통일을 앞당기고 민족의 공동번영을 이룩하기 위하여 투쟁한다."[160]

이것은 북한이 주한미군을 철수시키고 연방제로 통일을 실현하겠다는 것을 말하고 있다. 그러나 필자가 앞에서 지적했듯이 북한식 연방제는 자체적으로 모순이 많은 비현실적 방안이다. 북한이 주장하는 것처럼 하나의 헌법으로 두 제도, 즉 자유민주주의와 사회주의를 포용하는 것은 불가능하다. 그리고 「낮은 단계의 연방제」가 제시하는 지역정부의 국방권 인정은 내전을 초래 가능성을 보유하고 있다. 이런 것들은 다른 국가에서 구현되고 있는 일반적인 연방제와 다르다. 따라서 북한식 연방제는 북한이 평화 통일방안을 갖고 있다는 것을 알리는 대외 메시지로서의 의미로 이해하면 충분하다.

북한 당국은 내부적으로 일반 주민들에게 전쟁 이외의 통일은 가능하지 않으니 달리 환상을 갖지 말라고 『조선중앙TV』 방송과 「토요학습」 등 사상사

159) 『통일신보』. (2021. 10. 26.). "공화국의 주적은 전쟁 그자체이다."
160) 조선로동당 제8차 당대회에서 개정된 당규약 서문의 마지막 부분.

업 시간에 선전하고 있다. 이를 위해서 3일 안에 부산까지 점령할 수 있다고 홍보하는 「3일 전쟁」 동영상을 보여준다고 한다.161) 북한은 6 · 25 전쟁 당시 서울에 1주일 머물러 있었기 때문에 실패한 것으로 인식한다고 한다. 그래서 미군 증원전력이 도착하기 전 3일 만에 북한군이 속전속결 전략으로 한반도를 석권한다는 내용으로 전쟁 전략을 홍보하고 있다.

군대 내 정치사상교육도 마찬가지다. 당이 평화를 말해도 군대는 오직 전쟁준비를 잘해서 최후의 승리를 쟁취해야 한다는 것이 3대에 걸친 김씨 정권의 통일 및 대남전략의 기본 틀이다. 김정은이 트럼프와 2018년 6월에 정상회담을 한 후 비핵화 협상을 진행하는 과정에도 북한 당국은 군인을 대상으로 한 정치사상교육을 이전보다 더욱 강화하라는 지시를 내리면서 "정치적으로 평화회담을 하건 말건 여기에 귀를 기울이지 말고 인민군대는 싸움 준비를 완성하는데 최선을 다해야"162) 한다고 강조했다. 이것이 북한식 대남전략과 통일방안의 실체다.

북한이 전쟁이 아닌 평화적인 방법으로 한반도 전체에서 연방제를 주도적으로 실현하려면 - 공식적인 연방제가 주장하고 있는 것과 달리 – 사전에 남한 체제를 전복시켜서 인민민주주의를 추구하는 체제로 바꾸거나, 아니면 남한의 자유민주주의 체제가 유지된 상태에서 친북 정권을 세우고 남한의 군대와 군사력을 무력화시켜야 한다. 물론 주한미군 철수는 전제조건이다.

그런데 김정은이 북한에 철저하게 굴종적인 문재인 정부를 경험하고 나서 어쩌면 전쟁이 아닌 연방제를 통해서 통일을 실현하는 것이 가능하다는 생각을 품게 되었을 수 있다. 전쟁을 극도로 두려워하는 남한 정부와 국민의 심리가 김정은에게 핵 위협을 통한 연방제 통일이 가능할 수도 있겠다는 생각을 품게 만들었을 수 있겠다는 것이다.

---

161) 북한이탈주민 송OO과의 면담 내용. (2017. 5. 20.): 정상돈(2017a), p. 7에서 재인용. "북한군은 1일차에 거대한 '불마당질'과 함께 경보병부대 5만 명을 투입하여 한국 후방지역을 타격하고 11군단을 이용하여 서울과 주요 도시에 침투하여 미국인 15만 명을 인질로 삼겠다는 것이다. 『우리민족끼리』. (2012. 4. 22.)."[김태현(2017), p. 155.]; "북한의 인터넷 선전 매체인 '우리민족끼리'가 '3일 만에 끝날 단기속결전'이란 제목으로 자체 웹사이트에 공개한 4분 가량의 영상은 대포와 로켓 연사 장면에서 시작, 지상과 공중에서 대규모 공격을 감행하며 국경을 넘는 북한군의 모습이 담겨있다."[『머니 투데이』. (2013.3.22.). 北, 남한 3일만에 점령 · 美 15만 명 인질로? 동영상 '도발'.]

162) rfa. (2018. 9. 11.). "북한 군, 대미 적대시 정책 변하지 않아."

북한은 2020년 6월에 개성 소재 남북공동연락사무소를 폭파시켰다. 그리고 문재인 정부에게 「대북전단금지법」을 만들어서 북한에 외부정보가 들어오지 못하도록 강요했다. 그러자 문재인 정부는 북한의 요구를 즉시 수용했다. 3개월 후인 2020년 9월에는 남한 해양수산부 공무원 이모씨가 북한 해안에 표류하는 사건이 발생했다. 이 때 북한군은 이씨를 총격으로 사살하고 시신을 불에 태워 훼손했다.

그래도 문재인 정부는 북한 당국에 제대로 된 항의조차 하지 않았다. 사건조사 결과를 이씨의 유족들에게 알려주는 것도 하지 않았다. 김정은은 북한에 굴종적인 남한 정부가 앞으로도 계속해서 출범한다면 연방제도 시도할 만하다고 여길 것이다. 중국이 마카오와 홍콩을 「일국양제」의 슬로건 하에 접수한 후 태도를 바꿔서 마카오와 홍콩의 자치권을 부정하고 강압적으로 통치하는 것을 참고하면서 말이다.

북한이 공식적으로는 「고려민주연방제」와 「낮은 단계의 연방제」를 주장한다. 그러나 북한이 실제로 이것을 현실에 적용하는 경우에는 공식적인 방안에서 비현실적이거나 불리하다고 판단되는 것은 이행하지 않고 다른 방식으로 행동할 것이다. 북한의 말과 행동이 다른 것은 그동안 역사적 경험을 통해서 많이 봐왔다. 북한은 정전협정에 서명하고도 정전협정을 무력화시키기 위해서 수없이 도발해왔다. 또한 「남북기본합의서」에 서명하고도 동 합의서를 전혀 이행하지 않고 있다. 이 밖에도 유사한 사례는 차고 넘친다.

「고려민주연방제」에서 주장되고 있는 것처럼 남북한 주민들이 자유롭게 왕래하는 것을 허용하게 되면 동독이 서독에게 흡수 통일되었던 것처럼 북한이 남한에게 흡수 통일될 가능성이 많다. 북한 주민들이 남한의 실상을 알게 되면서 동경심을 품고 김정은 정권에게 등을 돌릴 것이기 때문이다.

따라서 북한은 연방제를 실시할 여건이 조성되었다고 판단할 경우, 「고려민주연방제」의 내용과는 달리 남북한 주민들의 접촉을 원천적으로 차단해서 현재처럼 외부정보가 북한에 유입되는 것을 막을 것이다. 동시에 남한의 군대와 군사력을 무력화시킬 것이다. 그리고 경제적인 측면에서는 남한의 지역자치 정부에게 「북 · 남 경제 합작과 교류」를 통한 민족경제 발전을 실현하자고 요구할 것이다. 그러면서 남한이 북한의 전력과 철도, 금속 및 화학 등 기간산업과 인프라 시설을 건설하도록 요구하는 가운데 남한의 경제력을 단계적으로 갈취하고 고갈시킬 것이다.

그동안 북한의 김여정은 상전이 하인을 부리듯 남한의 문재인 정부를 다루어 왔다. 북한이 연방제를 시행할 경우 남한에 대한 갑(甲)질은 더욱 심해질 것이다. 만약 북한이 연방제를 추진하는 과정에서 장애요인이 발생하면, 북한은 핵무기로 남한을 겁박하면서 즉각 군사적 수단으로 무자비한 진압을 시도할 것이다.

북한이 연방제를 통한 방법 혹은 군사적인 방법으로 대남 적화통일을 포기하지 않는 이유는 그렇게 하지 않으면 결국 북한이 중·장기적으로 체제경쟁에서 지고 남한에 먹힐 것으로 생각하기 때문이다. 그러나 남한 내에 북한에 대한 환상을 갖고 지지하는 사람이 적지 않은 것도 김정은의 오판을 부를 수 있는 하나의 요인이다. 대북 경계심이 와해되고 안보 불감증이 만연한 가운데 친북세력이 자유롭게 활동하는 것도 문제다.

문재인 정부 하에서 국민주권연대와 한국대학생진보연합 등 13개 단체가 결성한 「백두칭송위원회」가 2018년 11월에 광화문에서 공개적으로 「김정은 위인 칭송 대회」를 개최했을 정도다.[163] 유사한 조직인 「백두수호대」는 태영호 전 영국주재 북한 공사가 북한을 비판하는 칼럼을 쓰는 것을 비난하면서 북한 비판을 자제하라고 위협하기도 했다. 그러나 문재인 정부가 그 후 「백두수호대」에게 어떤 법적 조치를 취했다는 언론 보도를 들어보지 못했다. 이것이 현재 남한 사회의 현실이다. 그래서 북한은 남한에서 북한에 우호적인 정권의 출범을 지지하고 있다.

"전쟁은 빈곤과 폭정이 지배하는 불모의 땅에서 가장 번성한다."[164] 북한이 그렇다. 방심하고 남의 일처럼 생각할 일이 아니다. 현재 북한의 열악한 경제 상황은 재앙 수준이다. 많은 하층의 북한 주민들 중에는 너무 힘들게 살다보니 "이렇게 살 바에는 차라리 전쟁이라도 터졌으면 좋겠다"[165]고 말하는 사람이 많다고 한다. 「악」밖에 남지 않은 것이다. 이것은 어제 오늘의 일이 아니

163) 『중앙일보』. (2018. 11. 8.). "김정은 서울 방문 열렬히 환영" 백두칭송위원회 결성식 열려."

164) 게르하르트 슈타군(2006), p. 328.

165) 필자는 2013년부터 2017년까지 매년 상당히 많은 북한이탈주민들을 대상으로 면담을 실시했다. 이 과정에서 대부분의 면담자들은 거의 예외 없이 북한의 기층사회에 만연한 이런 분위기를 필자에게 증언했다.

다. 북한 주민들 중에는 끝없는 불안과 두려움보다 차라리 두려움의 끝이 낫다고 생각하는 사람들이 많을 수 있다.[166)]

설령 전쟁을 두려워하는 사람들도 공포가 만연한 사회에서 지도자의 뜻을 거스르는 것은 더 두려울 것이다. 설령 수령의 뜻을 받들다가 파멸되는 한이 있더라도 그렇게 하지 않을 수 없는 곳이 현재의 북한 사회다. 먹고 살기 위한 생존 투쟁에서 야수가 되어버리는 북한 주민들, 그리고 수령의 명령에 복종하는 기계 부품처럼 되어버린 북한 주민들, 이들은 그동안 폭력에 길들여져 왔다. 반면에 남한 사회는 극도로 전쟁을 두려워한다. 이 점에서 남북한이 너무 다르다.

전쟁과 통일은 「실패 국가」 북한의 모든 모순과 문제를 「완샷」으로 해결하는 정치적 돌파 수단이자 현상 타파의 수단이다. 김정은은 더 이상 국가를 운영해나가기 힘들 때, 전쟁이라는 카드에 모든 것을 걸 수 있다. 물론 여건이 되지 않으면 그런 시도를 못할 것이다. 그러나 그때까지 준비하면서 기다릴 것이다. 지금은 대남적화통일을 준비하는 기간이다. 김정은은 그동안 공식적으로 「핵 · 경제 병진노선」을 내세웠다. 하지만 실제론 경제를 희생시키고 핵과 미사일 개발을 최우선 국정과제로 추진해왔다. 오직 하나의 길, 전쟁을 준비하는 길로 매진해 온 것이다.

김정은이 매우 호전적인 성격의 소유자라는 사실은 우리 민족에게 불행한 일이다. 인민들에게 아무런 경제적 성과를 제공하지 못하고 본인 스스로 제2차 「고난의 행군」에 대한 각오를 밝히면서도 2021년 10월에 「국방발전전람회」를 개최해서 각종 최신 무기를 자랑한 것이 바로 김정은이다.

김정은은 2019년 8월 5일 트럼프 전 미국 대통령에게 보낸 친서에서 남한군이 북한군의 상대가 되지 못한다는 말을 했다.[167)] 핵무기를 사용하지 않아도 남한군은 북한군의 적수가 되지 못한다고 말한 것이다. 필자가 면담한 대부분의 북한군 출신 탈북자들도 남한 병사는 「악」밖에 남지 않은 북한 병사와 비교할 때 상대가 되지 못한다고 말했다. 첨단무기를 보유한 미군이 아프가니스탄에서 전쟁을 20년 동안 치르고도, 소총으로 싸우는 탈레반을 이기지 못해서 철수한 것을 생각해 볼 필요가 있다.

---

166) 게르하르트 슈타군(2006), p. 197.
167) 밥 우드워드(2020), p. 201.

그런데 남한의 북한 연구자들 중에는 북한의 군사위협을 과소평가하는 사람들이 적지 않다. 경제난으로 굶주려서 북한 군대에 허약한 병사가 많고, 군수물자도 부족해서 북한에게 전쟁을 수행할 능력이 없다고 주장하는 사람들이 많다. 그럼, 다음에는 이 문제를 살펴보도록 하자.

나. 군사전략의 진화

1) 1990년대 체제 위기와 군사전략의 진화[168)]

북한은 공식적으로는 평화통일을 원하는 것처럼 주장한다. 그러나 군대에서 만큼은 철저하게 무력적화통일을 준비하고 있다.[169)] 그리고 언젠가 한 번은 전면전이 발생할 것이라고 모든 주민에게 교육시키고 있다. 김정일은 2010년에 노동당 선전선동부에서 제작한 「간부 및 군중 강연자료」에서 "미제를 때려눕히고 조국을 통일하자면 어느 때든지 한 번은 놈들과 맞서 판가리(판갈음) 싸움을 하여야 합니다"[170)]라고 말하면서 전쟁의 불가피성을 역설했다.

북한에게는 이미 1950년에 일어난 6 · 25 전쟁은 물론 앞으로 일어날 경우의 전쟁도 「조국해방전쟁」이자 「남조선해방전쟁」이다. 「정의의 전쟁」인 것이다. 김정은 역시 2013년 2월에 인민군 제525대연합부대를 현지 지도하면서 "인민군은 적들과 반드시 한 번은 맞서 싸워야 한다는 것을 항상 잊지 말고 격동 상태에서 싸움준비에 박차를 가하여야 한다"[171)]고 말했다.

우리 사회 일각에서는 북한군이 1990년 중반 이후 경제난으로 전면전을 수행할 능력과 의지를 상실했다는 주장이 제기되었다. 그래서 북한이 대남 무력적화통일을 목표로 하는 공세적 군사전략을 포기하고 체제유지와 생존차원의 방어적 군사전략으로 방향을 바꾸었다는 주장이 마치 사실인 것처럼 유포됐다. 대남전략을 과소평가한 것과 마찬가지로 북한의 군사전략도 과소평가하

---

168) 이 부분을 작성하면서 필자가 2015년에 작성한 글과 2017년에 작성한 글 두 개를 많이 활용했다. 정상돈(2015)의 내용과 정상돈(2017a)의 내용이 그것이다. 물론 이 두 편의 글 외에 새로운 내용도 추가했다.

169) 북한 당국이 북한 군인에게 미군 및 남한군에 대한 적대의식을 어떻게 선전하고 교육하는 지에 대해서는 (재)한국군사문제연구원(2013)을 참조하라.

170) DailyNK. (2011. 5. 29.). "김정일 '통일하려면 판가리 싸움 한번 해야'."

171) DailyNK. (2013. 2. 22.). "김정은, 연일 군부대 시찰…'敵과 한번은 싸운다'."

기 시작한 것이다.

특히 김대중 정부가 「햇볕정책」을 추진한 이후 대북지원을 정당화하기 위해서 북한의 군사위협을 과소평가하는 경향이 나타나기 시작했다. 그러나 이것은 북한군의 변화 실태를 한쪽 측면만 보고, 전체를 보지 못한 것이다. 김정일은 경제난으로 체제 위기를 겪으면서 1990년대 말과 2000대 초·중반에 오히려 더 공세적으로 군사전략의 진화를 모색했다. 남한의 일부 군사전문가들이 주장한 것과 반대의 길을 걸은 것이다. 이것을 살펴보면 다음과 같다.

1990년대 중·후반 체제 위기 이전의 군사전략

김일성은 해방 전에 소련군 부대 소속으로 군무했던 경험이 있다. 따라서 소련의 정규군 전술을 자연스럽게 체득했다. 그리고 대규모 전차 및 기계화 부대 중심의 기동전과 속전속결 전략을 1950년 6·25 전쟁에서 구현했다. 그러나 전쟁 후 김일성은 산악지형이 많은 한반도에서 소련군의 군사전략과 전술을 그대로 적용하는 것이 바람직하지 않다고 생각했다. 때문에 모택동의 게릴라식 유격전을 소련의 정규전 전략과 배합하기 위해서 1969년에 비정규전 수행을 위한 특수8군단을 창설했다.

1970년에는 정규전과 비정규전을 배합한 전쟁전략, 즉 배합전략을 군사전략의 근간으로 공식화했다. 1978년에는 2개 전선(戰線) 전략을 수행하기 위한 특수작전 전력을 보강하기 위해서 경보병, 저격 및 정찰부대를 창설했다. 또한 이 군사전략을 효율적으로 달성하기 위한 무기체계를 개발하기 시작했다. 예를 들어 정규전의 한 형태인 기동전을 위한 탱크의 자체 개발과 병행해서 비정규전의 한 형태인 유격전/산악전을 수행하기 위해서 무기의 경량화를 추구한 것이다. 이것을 김일성은 “우리 실정에 맞는 전법과 무기 개발”, 즉 「주체형 무력건설」이라고 말했다.[172]

1980년대에 북한군은 공군력의 열세를 극복하기 위해서 전투기를 생산 및 수입하고 싶었지만 경제력이 뒷받침되지 않았다. 그리하여 원하는 수준으로 공군력을 갖출 수 없었다. 때문에 미사일과 장거리포 개발에 심혈을 기울였다.

172) 조선로동당출판사(1998). pp. 405~412 참조.

미사일과 장거리포로 한국군과 주한미군의 공군기지를 타격해서 전쟁 개시 직전 혹은 개전 초기에 한 · 미의 공군기지를 무력화시키려 했기 때문이다.

해군력과 관련해서 북한이 대형 수상함정과 잠수함 개발이라는 목표를 포기한 것은 아니다. 그러나 소형 잠수함과 함정 개발로 기습공격에 의한 침투 효과를 달성하고자 했다. 이것도 한반도의 지형과 북한의 경제력을 고려한 선택이었다. 북한군이 현대적 무기와 재래식 무기를 배합해서 전쟁에서 활용하는 시스템을 구축해 온 것 역시 북한식 전법과 무기 개발의 측면에서 이해할 수 있다.173)

1990년대 중 · 후반 체제 위기 이후 군사전략의 진화

• 경제난이 북한군에 미친 영향

북한에서 1990년대 중 · 후반에 증폭된 경제위기가 북한군에 미친 영향은 다음과 같다. 첫째, 경제난으로 군수물자가 부족해서 장기전을 수행하는 것이 불가능해졌다. 둘째, 군대에 대한 예산 지원이 악화되자 군부대의 식량부족을 해결하기 위해서 군대의 물자와 장비를 (암)시장에 팔아 쓰는 현상이 나타났다. 셋째, 영양부족으로 허약해진 병사가 전체 군인의 30～40%로 증가하면서 전쟁 대비 비축물자 일부를 군인들에게 배급하는 현상이 나타났다. 넷째, 군대에 탄약과 휘발유가 부족해서 군사훈련을 제대로 실시하기 어려운 상황이 발생했다. 다섯째, 예산 지원 부족으로 군부대 역시 자급자족으로 운영하게 되자 평생 농축산 관련 부업에만 종사하다 제대하는 군인도 다수 발생했다.

• 비대칭전략과 대량파괴전략

경제난이 미친 영향 때문에 북한군은 정상적이고 전통적 의미의 전면전

173) "(…) 김일성동지께서는 (…) 현대적무기와 재래식무기, 큰 무기와 작은 무기를 옳게 배합하여 서로이 우점을 살리고 부족점을 보충극복하면서 전반적무장투쟁수단의 위력을 높일데 대한 우리 식의 독창적인 무장장비의 현대화방침을 관철해나가시였다. 이것은 (…) 무장장비를 우리 나라의 실정과 주체전법의 요구에 맞게 개선완성하고 무기의 효과성과 위력을 최대로 높일 수 있게 하며 백전백승의 주체전법을 군사기술적으로 담보하는 정당한 조치였으며 인민군대의 무장장비의 현대화를 자체의 힘으로 빠른 기일안에 성과적으로 실현할수 있게 하는 올바른 길이였다."(위의 책. pp. 408~409.).

을 통해서는 이길 수 없음을 인식하게 되었다. 그리하여 약점을 보완하기 위해서 핵과 미사일 및 생화학무기 등 남한이 보유하고 있지 않은 대량살상무기(WMD: Weapons of Mass Destruction)의 개발을 시도했다. 남한에 대해서 상대적 우위를 달성하는 비대칭전략을 추구하기 시작한 것이다. 김일성 시대의 선제기습전략과 속전속결전략 및 배합전략은 그대로 유지하되, 비대칭전략을 도입함으로써 군사전략의 질적 변화를 모색한 것이다.

이렇게 해서 북한이 생산하여 보유한 화학무기는 10종으로 2,500~5,000톤 정도가 되고, 생물무기는 연간 1,000톤 규모를 생산할 수 있는 것으로 평가되고 있다. 북한이 신경가스 미사일 약 50기를 발사하면 서울 인구의 약 38%가 사망할 것으로 추정된다.[174]

또한 북한은 전쟁 개시와 함께 핵과 미사일 그리고 방사포 등의 포병화기를 이용해서 남한에 무차별적 타격을 가함으로써 남한 국민에게 충격과 공포를 안겨주고 남한의 전쟁의지를 박탈하는 전략을 구상했다. 이것은 대량파괴전략으로 군사적 승리와 정치적 승리를 동시에 추구하는 전략이다. 북한은 이 전략을 통해서 남한 내 전쟁회피 여론 형성을 촉발시키는 동시에 국제사회의 개입을 위축시키는 노력을 할 것으로 판단된다.

재래식 무기에서 열세인 북한은 대량살상무기를 사용하지 않으면 결국 패배하고 정권 및 체제가 붕괴하게 됨을 인지하고 있다. 북한이 대량파괴전략의 일환으로 전방에 배치된 170㎜ 자주포와 240㎜ 방사포를 사용해서 시간당 50만 발씩 수 시간 발사하면 서울은 순식간에 초토화된다.[175] 미국의 클린턴 정부가 제1차 북핵 위기가 발생했을 때, 영변의 핵시설 타격을 검토하다 포기한 것도 북한의 장사정포로 서울이 초토화될 것을 우려했기 때문이다.

• 선제기습전략과 배합전략의 현대화

1991년 초에 발생한 걸프전과 2003년에 발생한 이라크전에서 미군이 주도한 다국적군은 우세한 공군력과 미사일로 이라크의 군사시설과 군사력을 정밀타격했다. 이에 이라크의 기계화부대는 쉽게 괴멸되었다. 이 사건은 북한의 군조직 및 부대 배치와 군사전략에 커다란 변화를 가져온 계기가 되었다. 김

174) 홍기호 · 권태영(2018), p. 11.
175) 김태현(2017), pp. 160-161: 홍기호 · 권태영(2018), p. 12에서 재인용.

정일은 기존의 군단 규모인 포병과 기갑 및 기계화부대를 사단과 여단 규모로 축소 · 개편하여 기동력을 높이는 한편, 일부를 전방군단에 경보병부대로 배속시키면서 두 가지 변화를 도모했다.

첫째, 보다 짧은 기간에 속전속결로 전쟁을 끝낼 수 있도록 전방부대의 기습공격 능력을 대폭 강화시켰다. 그리하여 전방부대인 제1제대에 배치된 병력이 50만 명 규모에서 70여 만 명으로 증가했다. "포병 문수도 3,000여 문에서 8,000문으로 2.7배 정도로 획기적으로 증가되었다."176) 작전 단계도 3단계에서 2단계로 단축됐다. 전격전으로 신속하게 휴전선을 돌파할 수 있도록 군부대를 조정하고, 군사전략도 보다 공세적으로 변화시킨 것이다. 아울러 지상병력의 70%와 화력의 80%를 전선에 배치했다. 그리하여 평원선(휴전선 150㎞) 이남에 배치됐던 군사력이 1998년 이후에는 사리원－통천선(휴전선 100㎞) 이남으로 하향 배치됐다.177)

북한이 선제기습공격을 하지 않을 수 없는 이유는 그렇게 하지 않을 경우 이라크 전쟁에서와 마찬가지로 북한의 군사력과 군사시설이 전쟁 초기에 한 · 미 연합 공군력에 의해서 초토화될 위험성이 있기 때문이다. 그래서 선제기습전략은 북한의 군사전략 중에서 핵심 전략이다. 현대전은 선제공격에 의해서 성패가 갈린다. 핵무기를 사용할 경우에는 말할 것도 없다. 한 · 미 연합군은 북한이 공격하면 일단 방어한 후 반격을 시도하는 군사전략을 추구하고 있다. 그러나 북한은 다르다. 전쟁 초기에 북한군의 선제공격으로 인해서 한 · 미 연합군이 대규모 피해를 입을 경우 회복해서 반격하는데 상당한 어려움이 발생할 수 있다.

둘째, 군조직의 변화와 관련해서 북한군은 보다 기동성이 뛰어난 경보병전력, 즉 특수전 전력의 규모를 확대하면서 비대칭전력을 강화시켰다. 그리하여 이들이 전방의 기갑부대 진출을 돕는 한편, 한국군의 후방을 교란하면서 북한군의 기동 여건을 보장하고 배합전의 성과를 거둘 수 있도록 했다. 북한이 보유한 특수전 전력은 "2000년도에 10만 명 수준이었으나 2010년에 20만 명 규모"로 증가했다. 특수전 부대의 지휘부도 경보교도지도국에서 11군단으로 변경됐다.178)

176) 김기호(2014), p. 43.
177) 홍기호 · 권태영(2018), p. 120.

북한은 전쟁 초기에 미사일과 방사포로 아군의 공군 기지와 지휘통제시설을 타격해서 초토화시키려 할 것이다. 또한 전쟁 개시 직전에 정찰총국 소속 공작원과 해상저격여단 및 11군단 소속 특수전 전력의 일부와 자폭형 무인공격기 등을 침투시켜서 아군의 주요 군사시설을 공격하고 방어체계를 무력화시키는 군사전략을 구현하려 할 것이다. 나머지 특수전 부대의 침투는 전쟁 개시 이후에도 계속될 것이다. 전쟁이 개시되면 미사일 타격과 함께 전방에 배치된 포병과 기갑·기계화부대 및 경보병 사단이 합동으로 전선을 돌파하며 정규전과 유격전을 배합하는 배합전이 시도될 것이다.

북한이 전방·후방과 전장·비전장의 구분 없이 남한의 전 지역을 전장화하고 최단기간에 전쟁을 끝내는 전략을 모색한 것은 김일성 시대에도 추구됐었다. 그런데 김정일 시대에 경제위기를 겪으면서 비대칭전력인 특수전 전력을 강화하고, 배합전략의 현대화를 추구했다.

• 하이브리드전략(Hybrid, 혼합전략)

북한은 한반도에서 또 다시 전쟁을 일으킨다면 외부지원 세력이 한반도에 도착하기 전에 전쟁을 종결시킨다는 것을 기본 원칙으로 하고 있다. 이를 위해서 총력전 형태로 전쟁을 몰고 갈 구상을 하고 있다. 선제기습과 테러, 대량파괴전, 속도전, 그리고 사이버전 등을 혼합하는 하이브리드전략을 실전에 운용한다는 것이다. 김정일이 현대전을 묘사한 다음 발언은 북한이 생각하는 하이브리드전략의 단면을 보여주는 것이다. "현대전은 고도로 확대된 립체전, 정보전(정찰전, 전자전, 싸이버전, 심리전), 비대칭전, 비접촉전, 정밀타격전, 단기속결전으로 특징지어지는 새로운 형태의 싸움이다."[179)]

북한은 전쟁을 일으킬 경우 남한의 전쟁수행 의지를 약화시키기 위해서 사이버전으로 남한의 국가 전산망을 파괴하는 시도를 할 것이다. 동시에 정찰총국 소속 공작원 및 해상저격여단 등 특수전 부대의 일부를 전쟁 개시 직전 남한에 침투시켜 도시가스와 화학공장, 원전 및 국가기반 시설 등을 파괴하고 악성 유언비어와 반전(反戰)여론을 유포시키면서 극도의 혼란을 조성할 것이다. 또한 남한의 합동지휘통제체계(KJCCS)와 전술통신체계를 마비시키고, 한국

178) 김기호(2014), p. 37.
179) 조선인민군(2006), pp. 26–27: 김기호(2014), p.44에서 재인용.

군의 전쟁 지도능력을 무력화시키면서 왜곡된 전장정보로 한국군 내 혼란을 조성할 것이다.

이처럼 북한의 군사전략은 체제 위기 속에서 방어적으로 바뀌지 않았다. 오히려 더욱 공세적으로 진화했다. 여기서 생각해 볼 것은 두 가지다. 첫째, 공세적 군사전략의 치명성은 제1차 북핵 위기와 제3차 북핵 위기(Ⅱ.3장)가 발생했을 때, 미군의 대북 군사공격을 막는 효과가 있었다. 둘째, 북한의 핵무기가 완성되면 이 공세적 군사전략은 김정일의 숙원인 무력 적화통일의 실현 수단이 될 것이었다. 물론 김정일은 주한미군이 존재하고, 핵무기가 완성되지 않은 상태에서 먼저 전면전을 일으킬 생각은 못했다. 1950년의 6 · 25 전쟁도 주한미군이 철수한 후 발발했다. 주한미군이 존재하는 상태에서 북한이 재래식 군사력 위주로 전면전을 일으켜서 승리할 가능성이 없었기 때문이다.

그래서 한편으로는 북한식 「조선반도 평화체제 구축」을 명분삼아서 북미 평화협정 체결로 주한미군 철수를 지속적으로 요구했다.(Ⅲ.3장) 다른 한편으로는 군사전략을 더욱 공세적으로 개선하는 동시에 핵무기를 개발했다. 김정일이 핵무기를 완성한 후 이미 만들어진 공세적 군사전략을 사용해서 숙원인 한반도 무력 적화통일을 실현하려고 했기 때문이다. 이러한 조국통일의 오랜 숙원은 김정은 시대에 들어서 보다 구체적으로 드러나기 시작했다.

김정은은 2017년 1월 1일 신년사에서 “우리의 면전 앞에서 연례적이라는 감투를 쓴 전쟁연습소동을 걷어치우지 않는 한 핵무력을 중추로 하는 자위적 국방력과 선제공격능력을 계속 강화해 나갈 것”[180]이라고 밝혔다. 여기서 생각할 것은 두 가지다. 하나는 핵무기가 단지 방어용이라는 남한 진보진영의 주장이 명백히 틀렸다는 것을 김정은의 발언이 입증해준다는 것이다. 김정은은 2021년 1월에 개최된 제8차 당대회에서도 “핵 선제 및 보복타격능력을 고도화할 데 대한 목표가 제시됐다. 국가방위력이 적대세력들의 위협을 영토 밖에서 선제적으로 제압할 수 있는 수준으로 올라섰다”고 말한 바 있다.[181]

다른 하나는 북한의 선제공격 대상에 한 · 미 연합군이 암시되고 있다는 것이다. 다시 말해서 김정은 시대에 이르러 전략 핵무기와 전술 핵무기의 이중 핵 역량을 확보하면서 주한미군이 존재하는 상태에서도 북한이 전면전을

180) 김정은(2017), 신년사.
181) 이상규(2021), p. 72에서 재인용.

일으킬 생각을 하게 되었다는 것이다. 이것은 북한의 군사전략이 획기적으로 변화하고 있음을 의미한다. 물론 주한미군이 존재하고, 한 · 미 연합군이 확고한 대북 군사대비태세를 유지할 경우 북한은 전략과 전술 이중 핵 역량에도 불구하고 함부로 전쟁을 일으키기 어렵다. 그래서 북한은 김정은 시대에도 변함없이 주한미군 철수를 요구하고 있다.

그러나 미국이 내부 문제로 외부 분쟁에 개입하기 어려운 상황이 발생하거나, 중국의 대만 침공으로 주한미군의 역량이 분산될 경우 김정은은 이것을 대남 무력적화통일의 호기라고 판단할 수 있다. 전략 핵무기로 미국의 한반도 증원전력 파견을 차단하고, 전술 핵무기로 남한 지역에서 한 · 미 연합군을 압도할 수 있다고 생각할 수 있다. 앞에서 언급했듯이 북한이 전략핵무기와 전술핵무기를 동시에 사용하면서 선제공격을 할 경우 치명적인 결과를 초래할 수 있다.

• 북한의 포기되지 않은 공세적 군사전략

북한이 1990년대 중 · 후반에 체제 위기가 닥치기 이전에 적화통일을 추구하는 공세적 군사전략을 추구하다가 체제 위기 이후에 방어적 군사전략으로 방향을 바꾸었다면 굳이 핵탄두를 탑재할 수 있는 중거리탄도미사일(IRBM, Intermediate－Range Ballistic Missile; 이하, IRBM)과 대륙간탄도미사일(ICBM, Inter－Continental Ballistic Missile; 이하, ICBM) 그리고 잠수함발사탄도미사일(SLBM, Submarine Launched Ballistic Missile; 이하, SLBM)을 개발할 필요가 없었다.

방사포 혹은 장거리포만으로도 한국의 수도 서울을 공격해서 심대한 타격을 줄 수 있고, 이런 점에서 전쟁예방 효과를 달성하고 있었기 때문이다. 앞에서 언급했듯이 빌 클린턴(Bill Clinton; 이하, 클린턴) 미국 대통령이 바로 이런 이유로 1994년에 북한의 영변 핵시설을 폭격하려다 포기했던 사실은 많이 알려져 있다.

북한이 장거리포/방사포만으로도 북한에 대한 한국과 미국의 군사공격과 전쟁을 예방할 수 있었음에도 굳이 IRBM과 ICBM, SLBM 그리고 핵탄두를 개발한 것은 다른 생각을 했기 때문이다. 즉, 전면전 발생 시 미국에 대한 군사위협으로 대(對)한반도 미군전력의 증원을 억제하면서 속전속결의 전격전으로 적화통일을 달성하겠다는 공세적 군사전략을 포기하지 않았기 때문이다. 그래서 경제를 희생해 가면서까지 핵탄두와 ICBM 및 SLBM의 개발에 전력투구한 것이다.

그런데 김정은 시대에 전략핵과 전술핵 및 다양한 미사일을 완성해가고 있다. 이런 상태에서 북한의 공세적 군사전략이 방어적 군사전략 위주로 바뀌었다는 주장은 더욱 설득력이 없다. 이런 점을 염두에 두고 아래에서 김정은 시대에 다시 한 번 진화하는 북한의 군사전략을 살펴보자.

2) 김정은 시대 전략 · 전술 이중(二重) 핵 역량 확보와 그 군사전략적 함의

김정은은 집권 초기에 군에 대한 배급실태 악화로 군인들의 사기가 저하되고, 군대 내 부정부패가 만연한 것을 알았다. 이에 병사들의 생활을 개선하고 군 수뇌부에 대한 기강을 강화시키는 것이 필요하다는 생각을 했다. 또한 노령화된 군 지휘관들의 허위보고가 심각하다고 판단했다. 따라서 예고 없는 현지시찰로 실태를 파악할 필요성도 느꼈다. 아울러 김일성과 김정일 등 선대가 추진해 온 핵무기 개발을 완성해서 선대가 이루지 못한 조국통일을 달성해야겠다는 생각을 하면서 전쟁준비에 박차를 가했다.

1990년대 중반에 북한 체제가 총체적 위기에 직면했을 때는 김정일이 남침을 생각할 겨를이 없었다. 주한미군이 존재하는 상태에서 체제 생존이 급선무였기 때문이다. 그렇다고 대남 무력적화통일을 포기한 것은 아니다. 다만, 핵개발을 하면서 주한미군 철수 등 여건이 조성될 때까지 유보했을 뿐이다. 그러다가 김정은이 집권한 후 공격적으로 국가운영을 하면서 2012년 8월 25일 「선군절」 기념행사에서 「남반부 해방작전계획」의 최종 결재를 선언하고, 2015년에 「통일대전」을 추진할 수 있도록 철저히 준비할 것을 강조했다.

이를 위해서 2012년에 「전시사업세칙」을 개정했다. 2013년에는 「핵 · 경제 병진노선」을 내세우고, 핵과 미사일 등 전략무기 개발에 박차를 가했다. 실전에 가까운 군사훈련으로 전쟁준비 태세를 강화하기도 했다. 김정은은 2013년 3월 31일에 「핵 · 경제 병진노선」을 발표하면서 다음과 같이 주장했다.

"인민군대에서는 전쟁억제력과 전쟁수행전략의 모든 측면에서 핵무력의 중

추적 역할을 높이는 방향에서 전법과 작전을 완성해나가며 핵무력의 경상적인 전투준비태세를 완비해나가야 한다."[182]

이것은 재래식 무기에 의존했던 과거의 군사전략을 질적으로 변화시키겠다는 의지를 보여준 것이다. 그렇다고 북한이 재래식 무기의 개발을 소홀히 한 것은 아니다. 전술핵무기를 개발하면 재래식 무기와 결합/배합해서 사용할 수 있기 때문이다. 2014년에 신형 방사포와 다수의 스커드 계열 미사일 및 70여 발의 Frog 로켓 등 100여 발의 미사일을 발사하면서 성능을 시험한 것도 이를 위한 것이다. 짧은 기간에 이렇듯 다수의 미사일을 시험 발사한 것은 김정일 시대에 없던 일이다.

김정은은 핵무기를 전쟁 수행의 핵심 수단으로 구상하면서 군 조직도 개편했다. 과거의 미사일 지도국을 2012년에 「전략로케트사령부」로 확대 개편하고, 공군을 「항공 및 반항공군」으로 개편했다. 2013년에 제3차 핵실험을 한 후에는 "소형화된 핵분열탄 개발에 성공"[183]했다고 발표했다. 그 이듬해인 2014년 3월에는 「전략군」을 창설했다. 그리하여 육군, 해군, 「항공 및 반항공군」과 전략군 등 4군종 체제를 만들었다.[184] 핵무기를 군사작전에 사용하기 위한 준비단계에 돌입한 것이다. 전략군 예하에는 13개 미사일여단이 편성되어 있는 것으로 추정된다.[185]

이후 「특수작전군」을 신설해서 5군종 체제로 군 조직의 변화를 기했다. 「특수작전군」은 2017년 4월 15일 김일성 생일 105주년 열병식에서 확인됐다. 특수작전군은 "11군단과 특수작전대대, 전반군단의 경보병 사·여단 및 저격여단, 해군과 항공 및 반항공군 소속 저격여단, 전방사단의 경보병연대 등 각 군 및 제대별로 다양하게 편성되어 있고, 병력은 20만여 명에 달하는 것으로 평가된다."[186]

182) 김정은이 2013년 3월 31일에 로동당 중앙위원회 전원회의에서 발언한 내용[『로동신문』. (2013. 4. 1.).]
183) 함형필(2021), p. 26.
184) 국방부(2016), p. 23: 김태현(2017), p. 160에서 재인용.
185) 국방부(2020), p. 27.
186) 위의 책, p. 25.

[그림 Ⅱ-5] 북한의 군사지휘기구도

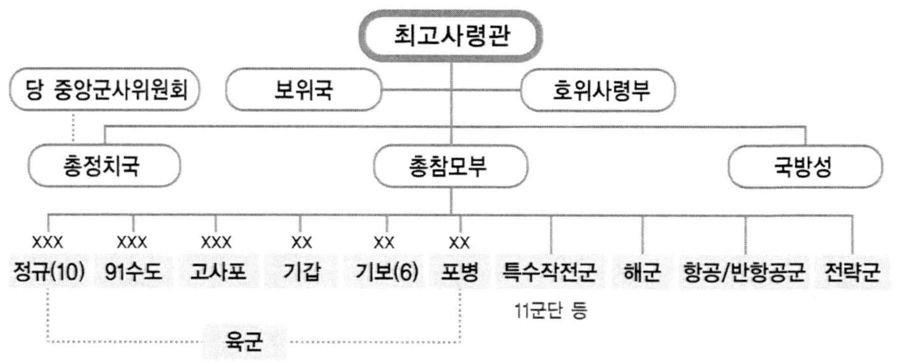

* XXX : 군단 XX : 사단

※ 출처: 국방부(2020), p. 24.

김정은은 한 · 미 연합군의 미사일 방어망을 무력화시키기 위해서 2013년 5월 18일 신형 300㎜방사포 시험발사를 시작으로 "2017년에 (북한판; 필자) 이스칸데르 미사일(KN-23)과 2019년 8월에는 북한판 에이태킴스(ATACMS; Army Tactical Missile System)라 할 수 있는 다연장 탄도미사일급 신형 전술유도무기를 시험 발사하였다. (또한; 필자) 동년 8월 24일 600㎜ 구경의 4연장 초대형방사포(KN-25; 필자)와 8월 2일 6연장발사관의 신형대구경조종방사포 실험을 거듭하였다."[187] 문제는 KN-23의 경우 한 · 미 연합군의 레이더에 탐지되지 않는 저고도로 비행하다가 공격지점에서 갑자기 상승한 후에 회피 기동을 하면서 거의 수직으로 하강하기 때문에 패트리엇과 사드로 요격하기 어렵다는 것이다.

이런 미사일에 전술핵무기가 탑재되면 아군이 심각한 피해를 보지 않을 수 없다. 특히 핵전쟁의 경우 공격하는 측과 방어하는 측의 차이는 크다. 누가 먼저 공격하느냐에 따라서 승패가 갈릴 수 있다. 북한의 군사전략을 과소평가하면 안 되는 이유다. 김정은이 2019년 2월 말 하노이 미 · 북 정상회담이 실패로 돌아간 후 비핵화 협상을 거부하고, 미사일과 방사포 등을 시험 발사한

187) 고재홍(2020), p. 64.

사례는 다음과 같다.

[표 Ⅱ-4] 2019년 북한의 미사일 시험발사 및 엔진시험 경과

구분	날 짜	추정발사체	北 발표	발사 수	사거리	정점고도
1	5월 4일	KN-23		2발	240여 km	60여 km
2	5월 9일	KN-23		2발	420-270여 km	45~50km
3	7월 25일	KN-23	신형전술유도탄	2발	600여 km	50여 km
4	7월 31일	단거리 탄도미사일	신형방사포	2발	250여 km	30여 km
5	8월 2일	단거리 탄도미사일	신형방사포	2발	220여 km	약 25km
6	8월 6일	KN-23	신형전술유도탄	2발	450여 km	약 37km
7	8월 10일	신형 전술 지대지미사일	신형무기	2발	400여 km	48여 km
8	8월 16일	신형 전술 지대지미사일	신형무기	2발	230여 km	30여 km
9	8월 24일	KN-25(?)	초대형방사포	2발	380여 km	약 97km
10	9월 10일	KN-25(?)	초대형방사포	2발	330여 km	약 60km
11	10월 2일	SLBM	북극성-3형	1발	910여 km	약 450km
12	10월 31일	KN-25(?)	초대형방사포	2발	90여 km	약 360km
13	11월 28일	KN-25(?)	초대형방사포	2발	약 97km	약 380km
14	12월 7일	ICBM 엔진시험	중대한 시험			

※ 출처: 이상규(2020), p. 123.

2021년에 북한이 미사일을 시험 발사한 것은 다음과 같다.

[표 Ⅱ-5] 2021년 북한의 미사일 발사 일지

구분	날 짜	발사 지점과 추정 발사체
1	1월 22일	평안북도 구성에서 서해상으로 순항미사일 2발 발사
2	3월 21일	평안남도 온천에서 서해상으로 순항미사일 2발 발사
3	3월 25일	함경남도 함주 일대에서 동해상으로 탄도미사일 2발 발사
4	9월 11~12일	신형 장거리(약 1,500㎞) 순항미사일 발사(위치 미상)
5	9월 15일	평안남도 양덕에서 동해상으로 탄도미사일 2발 발사
6	9월 28일	자강도 룡림군 도양리에서 극초음속미사일 '화성-8형' 1발 발사
7	9월 30일	신형 반항공(지대공) 미사일 시험 발사(위치 미상)
8	10월 19일	신포 일대에서 동해상으로 탄도미사일 1발 발사(미니 SLBM 추정)

※ 출처: 중앙일보. (2021. 12. 24.). "'北 SLBM은 도발아니다'는 韓...美 '北전략, 말리지 말아야'."

북한이 2022년에 1월부터 3월까지 미사일을 시험 발사한 것은 다음과 같다.

[표 Ⅱ-6] 2022년 북한의 미사일 발사 일지

구분	날 짜	발사 지점과 추정 발사체
1	1월 5일	자강도 일대에서 탄도미사일(북 극초음속 주장) 발사
2	1월 11일	자강도 일대에서 탄도미사일(북 극초음속 주장) 발사
3	1월 14일	평북 의주 일대 열차에서 '북한판 이스칸데르(KN-23) 단거리 탄도미사일 2발 발사
4	1월 17일	평양 순안비행장 일대에서 '에이태킴스'(KN-24) 단거리 탄도미사일 2발 발사
5	1월 25일	장거리 순항미사일 2발 발사 (1800㎞ 비행)
6	1월 27일	함흥에서 북한판 이스칸데르(KN-23 개량형) 단거리 탄도미사일 2발 발사
7	1월 30일	자강도에서 중거리 탄도미사일 '화성-12형' 1발 고각발사

8	2월 27일	탄도미사일 1발 발사(고도 560km, 비행거리 270km)
9	3월 5일	평양 순안비행장 일대에서 동해상으로 탄도미사일 1발 발사(고도 620km, 비행거리 300km)
10	3월 16일	평양 순안 일대에서 동해상으로 미사일 발사. 20km 미만 고도서 폭발 추정
11	3월 24일	대륙간탄도미사일(ICBM)로 추정되는 장기리 탄도미사일 1발 발사(고도 6200km 이상, 비행거리 1080km)

※ 출처: 『중앙일보』. (2022. 3. 25.). "문 대통령 5년 매달린 한반도 평화프로세스에 '사망 선고'."

핵 전문가인 이상규는 북한이 방사포와 단거리 미사일에 탑재가 가능한 핵탄두를 생산하는데 어려움이 없을 것으로 판단하고 있다. 북한이 핵무기 소형화에 필요한 플루토늄과 우라늄, 삼중수소 및 중수소 등을 자체적으로 생산할 수 있기 때문이다.[188] 이와 관련해서 이상규는 "전술핵무기가 실전배치되면 공세적 군사전략과 접목되어 전략 · 전술 · 작전 등의 전 영역에서 핵무기가 활용될 것이라고 예상된다"[189]고 말한다. 다만, 이를 위해서 추가 핵실험이 필요한데, 2022년 4월 현재 북한이 핵실험 준비를 하는 것을 이런 맥락에서 이해하면 된다.

주한미군이 존재하는 상태에서 북한이 전면전을 일으킨다면, 북한은 한 · 미 연합군의 전쟁수행 및 작전지휘 능력에 치명적 손상을 입히는 선제타격의 효과를 극대화하기 위해서 전쟁 초기에 전술핵무기 사용을 고려할 것이다. ICBM에 탑재된 전략핵무기는 미군의 대한반도 증원전력을 차단하기 위한 수단이다. 북한은 EMP(Electro Magnetic Pulse; 전자기파)탄으로 한 · 미 연합군의 첨단장비를 무력화시키면서 20만여 명 규모의 특수전 부대를 비대칭전력으로 활용해서 아국의 허를 찌르고 전장의 주도권을 확보하는 시도도 병행할 것이다.

다만, 북한은 무력으로 적화통일을 시도하더라도 가급적 우호적인 여건이 조성된 상태에서 추진하려 할 것이다. 예를 들어 주한미군이 철수한 이후에 시도하려 할 것이다. 그래서 끈질기게 미국과의 평화협정 체결 및 주한미군 철수를 요구하는 것이다. 이와 관련해서 북한은 "평화협정체결문제와 비핵화

188) 이상규(2021), p. 69.
189) 위의 글, p. 72.

문제를 뒤섞어놓으면 어느 하나도 해결될 수 없다는 것은 실천을 통해 여실히 증명된 진리"라고 주장하면서 "평화협정이 체결되고 모든 문제의 발생근원인 미국의 적대시정책의 종식이 확인되면" 그때 가서야 "미국의 우려사항을 포함한 모든 문제들이 타결될 수 있다"190)고 말했다. 북 · 미 평화협정을 통해서 주한미군이 철수하고 난 후에야 비로소 북한의 비핵화 문제를 생각해보겠다는 것인데, 이것은 북한의 속내를 가감 없이 드러내주는 말이다.

제한 핵전쟁?

핵 전문가인 함형필은 북한이 무력 적화통일을 위해서 핵무기를 사용할 가능성에 대해서는 별로 말하지 않는다. 대신에 북한이 확전이나 전쟁 자체의 발생을 억제하는데 핵무기를 사용할 것이라는 데 초점을 맞추고 있다. 그리고 억제가 실패하는 경우 최소한의 생존 보장 속에서 승리와 전략적 이익 극대화를 추구하는 「제한 핵전쟁」을 시도할 것으로 본다.

> "기본적으로 북한의 핵무기 운용은 평시 전략경쟁이나 위기 발생 시에는 주로 확전이나 전쟁 자체의 발생 억제에 초점이 맞추어질 것이다. 그러나 일단 억제 실패가 불가피하다고 인식할 경우에는 최소한의 체제생존을 보장한 가운데 승리나 전략적 이익 극대화를 우선 고려할 것이다."191)

이어서 함형필은 다음과 같이 북한이 전면전보다 제한 핵전쟁을 일으킬 것처럼 시사하고 있다.

---

190) "론리적으로 보아도 조선의 생존 자체를 위협하는 미국의 적대시정책이 계속되고 조선과 미국이 여전히 교전관계에 있는 오늘의 현실에서 조선이 일방적으로 먼저 무장해제되면 평화가 도래할 수 있다는 미국의 주장은 그 누구에게도 납득될 수 없다. 평화협정 체결문제와 비핵화 문제를 뒤섞어놓으면 어느 하나도 해결될 수 없다는 것은 실천을 통해 여실히 증명된 진리이다. 평화협정이 체결되고 모든 문제의 발생 근원인 미국의 적대시정책의 종식이 확인되면 미국의 우려사항을 포함한 모든 문제들이 타결될 수 있다는 조선의 주장은 지극히 정당하다."[『로동신문』. (2015.12.15.). "조선정전협정을 평화협정으로 교체하여야 한다."].

191) 함형필(2021), p. 33.

"오히려 전시 북한의 극단적인 핵공격 가능성보다는 평시 전략경쟁 또는 위기 상황에서의 핵위협과 제한된 확전전략을 통한 전략적 강압(strategic coercion) 위협이 보다 현실적인 시나리오인 것은 틀림없는 사실이다."[192]

또한 함형필은 다음과 같은 주장도 하고 있다.

"한편 북한의 전술핵 사용 시 가용 표적은 (…). 예를 들어 주한미군보다는 우리 군의 지휘통제시설, 무기고·탄약고 등 전략물자 비축시설, 비행장, 항만 등의 군사표적과 지·해·공 기동부대 집결지 등이 이에 해당될 수 있을 것이다. 통상 전술핵을 사용하는 국가들은 최대한의 작전·전술적 이득을 얻으면서도 감내할 수 없는 상대방에 의한 전술핵 맞대응이나 전략핵 보복만큼은 회피하려고 할 것이다. 따라서 대도시나 인구밀집지역, 대규모 산업단지 등은 가급적 전쟁의 초기단계에서는 선제공격 대상으로 고려될 가능성은 높지 않아 보인다."[193]

그런데 주한미군이 존재하는 상태에서 북한이 「제한 핵전쟁」을 일으켜서 무슨 이득을 얻을 수 있을까? 그리고 북한이 만약 「제한 핵전쟁」을 일으킨다면, 왜 주한미군은 빼고 한국군의 지휘통제시설만 공격할까? 북한군이 한국군의 지휘통제시설을 공격하는데 전면전으로 확대되지 않고, 과연 「제한 핵전쟁」으로 끝날 수 있는 것일까? 한국군의 지휘통제시설이 북한의 전술핵무기로 공격받는데, 재래식 대응이든 핵 대응이든 미군이 보복 공격을 안 한다면 한·미 연합사가 존재할 이유가 없지 않을까?

한·미가 연합해서 북한의 지휘통제시설에 대한 반격을 한다면 이것은 국지전이 아니라, 전면전으로 될 수밖에 없다. 그런데 이렇게 전면전이 벌어질 수밖에 없는 상황을 앞에 두고 북한이 미군에 대한 공격은 자제하고 한국군의 지휘통제시설만 전술핵무기로 공격할 것이라는 함형필의 주장은 설득력이 있는 것일까?

함형필의 주장처럼 북한이 전술핵무기로 남한군의 지휘통제시설을 공격

192) 위의 글, p. 39.
193) 위의 글, p. 36.

하는 시나리오가 가능하려면 두 가지가 전제되어야 한다. 첫째, 미군이 한국군에 대한 공격을 자신에 대한 공격처럼 생각하지 않고, 북한군에 대한 군사적 대응을 유보하거나 포기하는 것이다. 이렇게 되면 한미동맹은 그것으로 존재 이유를 상실하게 된다. 둘째, 한국군이 북한군의 공격에도 불구하고 확전을 피해야 한다는 두려움에서 군사적 대응을 자제하는 것이다. 이렇게 되면 한국군의 존재 이유가 사라진다. 만약 이 두 가지 전제조건이 현실에서 구현된다면 북한은 마음 놓고 「제한 핵전쟁」을 시도할 수 있을 것이다. 그렇게 된다면 함형필이 주장하는 것처럼 될 수도 있다. 그런데 이런 상상이 현실적인 것일까, 아마도 한국 정부와 한국군이 정상이고, 한미동맹도 정상이라면 이런 일은 벌어지지 않을 것이다.

하지만 문재인 정부처럼 전쟁을 극도로 두려워하는 정부가 다시 집권한다면 사정이 달라질지도 모른다. 한국군의 지휘통제시설 등이 북한군의 공격을 받아도 전쟁만은 어떻게든 막아야 한다는 일념 하에 확전을 피하기 위해서 미군에게 북한에 대한 공격을 자제해달라고 요청할지도 모른다. 북한은 2020년 6월에 남한 국민들의 세금으로 개성에 만든 남북공동연락사무소를 폭파시켰다. 그래도 문재인 정부는 이에 대해서 항의는커녕 북한이 요구하는 「대북전단금지법」을 만들고 탈북민이 만든 단체들에 대한 조사를 실시했다.

또한 2020년 9월에는 북한군이 북한 해안에 표류한 남한 해양수산부 공무원을 총격으로 사살하고 시신을 불태워 훼손하는 일이 발생했다. 그럼에도 문재인 정부는 사태 초기에 북한에 대한 항의를 하는 시늉만 하다 흐지부지 사건을 무마시켰다. 이런 정부라면 북한이 남한군만을 상대로 공격할 경우 확전 방지라는 명분하에 반격을 자제할지도 모른다. 그런데 함형필이 이런 생각까지 하면서 위에서 언급한 주장을 했을까? 함형필은 다음과 같은 주장도 한다.

> "(…) 북한이 핵 확전 위협 하에 재래식전력을 활용하여 일부 영토를 확보하는 기정사실화(fait accompli) 전략을 펼침으로써 한 · 미연합군으로 하여금 결정적 대응을 주저하게 만들고 딜레마에 빠뜨릴 수 있다."[194]

---

194) 위의 글, pp. 34－35.

그런데 북한이 남한 영토의 일부 지역을 점령하는 상황에서 한 · 미 연합군이 북한의 핵 보복이 두려워서 결정적 대응을 주저할 수 있다고 상상하는 것이 정상적일까? 이런 대응이야말로 바로 북한이 원하는 것인데도 말이다.

북한이 「핵 그늘」 속에서 재래식 전력으로 남한의 일부 영토를 점령하거나, 「제한 핵전쟁」을 시도하는데 한 · 미가 북한의 핵 보복 가능성을 우려해서 미온적으로 대응한다면 북한의 도발은 계속될 것이다. 이렇게 되면 한미동맹은 더 이상 존재할 이유가 없다. 한 · 미 연합군은 재래식 전력이든 전술핵이든 북한의 도발이 있으면 어떠한 경우에도 단호한 대응을 한다는 강력한 의지를 보여줌으로써 북한이 도발할 엄두를 내지 못하게 해야 한다. 그러나 함형필은 더 나아가 다음과 같은 주장도 하고 있다.

> "한편, 북한의 핵 · 재래식전력의 통합 운용은 한미 연합군의 재래식 교전규칙 적용 및 대응목표 설정에 있어서도 상당한 혼란을 조성할 수 있다. 무엇보다 북한에 대한 대응타격을 결심할 때 북한군의 핵보복 가능성으로 인해 결심 자체를 주저하거나 지나치게 대응목표를 제한할 수밖에 없을 것이다. 또한 북한이 미국의 핵보복한계선(nuclear threshold)을 넘지 않는 선에서의 제한된 핵공격, 즉 회색지대(gray zone) 분쟁을 시도할 경우에 한미는 재래식 대응과 핵 대응 간 선택의 딜레마에 놓이게 될 것이고 의견의 불일치가 발생할 가능성을 배제할 수 없다."[195)]

그렇다면 다시 한 번 물어보자. 북한 입장에서 남한 영토의 일부 지역을 점령해서 무슨 이득이 있다고 회색지대(gray zone) 분쟁 혹은 「제한 핵전쟁」을 시도할 것인가? 만약 북한이 전술핵무기를 사용해서 서북 5개 도서 등 남한의 일부 영토를 점령한다면, 남한에서 반북(反北)감정이 극도로 고조되면서 북한이 남한으로부터 경제지원이나 경제협력을 통해서 이득을 확보하는 것이 불가능하게 될 것이다. 물론 전쟁 공포증에 걸린 한국 정부 같으면 확전을 피하기 위해서 북한이 점령한 남한 영토를 회수하기 위한 협상을 북한과 하면서 엄청난 경제적 보상을 제공하려 할지도 모른다.

그러나 현재 미국이 중심이 되어 국제사회가 대북제재를 추진하고 있다.

---

195) 위의 글, p. 35.

이런 구도 하에서는 북한이 남한의 영토 일부를 점령했다고 해서 남한이 북한에 대규모 경제적 보상을 할 수 없다. 북한 입장에서 볼 때 경제적 실익이 없는 「제한 핵전쟁」을 일으킬 여건이 되지 않는 것이다. 그동안 문재인 정부가 이런저런 명분으로 대북제재를 우회해서 북한에 대한 경제지원을 하려고 노력했지만, 실현되지 않은 것이 이 같은 설명을 뒷받침할 수 있다. 그럼에도 불구하고 한국 정부가 북한에 굴복해서 대규모 경제적 보상을 할 경우, 대한민국은 물론 한미동맹도 존폐의 위기에 몰릴 것이다. 따라서 한국 정부가 정상이고, 한미동맹도 정상이라면 이런 경우는 현실로 나타나기 어렵다.

오히려 북한의 의도와 달리 위기 속에서 반북감정이 증폭되고, 한미동맹은 강화될 가능성이 많다. 그러면서 한 · 미가 북한의 침략을 저지 및 분쇄하려는 의지를 강화시킬 것이다. 이것이 정상이다. 따라서 이런 식으로 사태가 전개되면 「제한 핵전쟁」이 전면전으로 확대될 가능성이 매우 높다. 다시 말해서 북한이 서북 5개 도서를 점령하는 국지도발을 일으킬 경우, 북한에게 득보다 실이 많을 수 있다는 것이다.

중국도 북한이 이런 방식으로 한반도에서 긴장을 고조시키는 것을 원하지 않을 것이다. 중국이 대만을 침공할 경우에 북한 역시 남한에 대한 전면전을 일으켜서 미군의 역량을 분산시키려 할 수는 있다. 그러나 이런 상황도 아닌데, 굳이 북한의 국지 도발로 한미동맹이 강화되는 것을 중국은 원하지 않을 것이다.

만약 북한이 점령을 시도하는 남한 영토의 일부가 수도 서울일 경우, 이런 시도는 「제한 핵전쟁」이 아니라 전면전으로 확대되지 않을 수 없다. 수도 서울에 대한 북한의 점령 시도가 있는데도 한 · 미 연합군의 대응으로 전면전이 되지 않는다면 그것이 비정상이다. 만약 한 · 미 연합군이 북한의 수도 평양에 대한 점령을 시도한다면 북한군은 전면전을 각오하고 죽기 살기로 반격할 것이다. 북한은 이렇게 전쟁을 할 것인데, 한 · 미 연합군은 수도 서울이 북한의 공격으로 점령당하는 상황에서 북한과 정치적 협상을 하고, 이를 통해서 전쟁을 종결시키려 한다는 것은 있을 수 없는 일이다.

그럼에도 한국 군사전문가들의 글을 보면 북한이 백령도를 비롯한 서북 5개 도서에 대한 점령을 시도하거나, 서울을 점령한 후에 정치적 협상을 시도할 수 있으며, 한국은 북한의 핵위협으로 끌려 다닐 수 있다는 주장이 단골메

뉴로 등장한다.196) 물론 북한의 국지도발에 대한 대비를 할 필요가 없다는 말은 아니다. 그러나 북한이 전면전보다 제한 전쟁을 일으킬 가능성이 더 많다고 평가하는 한국 군사전문가들의 이런 주장은 북한이 일으키는 전쟁의 목표를 북한 입장에서 생각하지 않는 것이다.

북한은 처음부터 전면전을 계획하지 않았다면, 별로 이득이 없는 제한전 형태의 도발은 하지 않을 것이다. 북한이 「핵 카드」로 남한에 대한 위협은 수시로 하겠지만, 실제로 핵을 사용하는 것은 결정적 순간에 전면전을 일으킬 때 할 것이다. 즉, 북한은 기회가 왔다고 판단될 때 핵무기로 남한 전체를 점령해서 북한식 통일을 이루려고 할 것이다. 이것이야말로 김정은 정권의 궁극적 목표다. 김정일 시대에는 핵무기를 완성하지 못했다. 그리고 주한미군이 존재하는 상태에서 남한 전체를 점령한다는 목표로 전면전을 일으킬 수 없었다.

그러나 전략과 전술의 이중 핵 역량을 갖춘 김정은 시대는 다르다. 「실패국가」 북한의 지도자 김정은은 지금 심각한 경제 위기로 인해서 1990년대 중·후반의 「고난의 행군」 시절을 연상시키는 극한 상황에 처해있다. 북한이 김정은 시대에도 어중간한 「제한 핵전쟁」과 회색 도발을 할 것으로 생각하는 것은 희망적 사고로 북한을 보는 것이다. 또한 한국 정부와 한미동맹이 비정상적으로 대응할 것을 가정하고 논리를 전개하는 것이다.

김정은이 트럼프에게 보낸 마지막 친서에서 밝혔듯이 북한군은 핵무기를 사용하지 않고도 남한군을 이길 자신이 있다고 생각한다. 남한군만 상대한다면 굳이 전술핵무기를 사용할 필요가 없다는 것이다. 따라서 북한이 전술핵무기를 사용한다면 남한군과 주한미군 모두 1차 타격대상이다. 함형필이 말하는 것처럼 미군을 피하고, 남한군에게만 핵무기를 사용하지 않는다는 것이다. 상대를 잘못 생각하면 대응전략도 잘못 만들어질 수밖에 없다.

함형필은 북한이 아주 조심스럽게 그리고 확전을 피하면서 전쟁을 수행할 것으로 보고 있다. 그러나 전쟁은 한 번 일으키면 애초의 계획대로 진행되지 않는 경우가 비일비재하다. 따라서 북한이 전쟁을 일으킨다면 확전될 가능성을 염두에 두고 전략 및 전술핵무기를 사용해서 김정일 시대에 이미 만들어진 비대칭전략, 선제기습전략, 배합전략, 대량파괴전략, 하이브리드전략 등을

---

196) 박휘락(2019), pp. 32－34; 류인석(2021), p. 83.

구사하면서 최단기간 내에 전쟁을 종결지으려 할 것이다.

북한은 전쟁이 벌어지면 한·미 연합공군이 대규모 공습으로 북한을 초토화시킬 것으로 예상한다. 따라서 그렇게 되기 전에 선제기습공격으로 한국군과 미군의 공군기지를 먼저 파괴하려고 할 것이다. 이렇게 되면 제한전으로 전쟁을 억제하고 통제하는 것이 어렵게 된다.

물론 북한이 「제한 핵전쟁」을 일으켜도 확전이 되지 않고, 이를 통해서 잃는 것보다 얻는 것이 더 많다고 판단하면 시행할 수도 있다. 그러나 이런 경우는 상상하기 어렵다. 북한 체제가 내부적으로 붕괴 위기에 직면하면 김정은 정권이 몰락할 수 있다는 위기의식 속에서 돌파구로 핵도발을 감행할 수 있다. 그러나 김정은은 이 경우에도 전면전을 각오하고 핵도발을 시도할 것이다. 핵도발이 제한전 형태로 통제되지 못할 수 있다는 점을 김정은도 알 것이기 때문이다.

다만, 김정은이 「제2의 천안함 사태」 같은 도발을 재현할 수는 있다. 2010년에 북한이 남한 해군의 천안함을 어뢰로 침몰시키고 46명의 남한 군인을 죽게 했어도, 남한의 군사적 대응이 없었기 때문이다. 북한이 군사적으로 도발해도 남한이 이를 응징하지 않는다면, 같은 방식의 도발은 언제든 재발할 수 있다.

북한이 어떤 경우에 한반도에서 전면전을 일으킬 수 있는지, 그리고 이에 대한 남한의 군사대비태세가 현재 어떤 수준인지에 대해서는 이 책의 Ⅵ.2장에서 다루기로 하고, 다음에는 북한의 비핵화 가능성에 대해서 살펴보자.

3. 북한의 비핵화에 대한 환상

가. 북한의 핵 개발 역사

1) 김일성 시대: 핵개발 능력 구축

김일성은 6 · 25 전쟁 중인 1952년 10월에 조선과학원를 설립하고, 12월에 조선과학원 산하 원자력연구소를 설립했다. 1954년에는 인민무력부 산하에 「핵무기 방위부」를 설치했다.[197] 1959년 9월에는 「북 · 소 원자력 평화 이용에 관한 협정」을 체결하고 소련에 북한의 과학자를 유학시켰다.[198] 1959년에는 중국과 원자력협력협정을 체결했다. 1960년에는 영변에 원자력 연구 단지를 설치했다. 1962년 1월에는 소련의 지원으로 제1원자로라고 불리는 IRT-2000 원자로 건설에 착수하고, 1965년에 완공했다. 1965년에는 평안북도 영변에 대규모 핵 단지를 조성하기 시작했다.

북한은 1974년 9월에 국제원자력기구(IAEA; 이하, IAEA)에 가입했다. 1976년에는 이집트에서 소련제 SCUD-B를 도입해서 탄도미사일 개발을 본격적으로 시작했다. 1977년 9월에는 IAEA와 연구용 원자로에 대한 「안전조치 협정」을 체결했다. 1979년에는 영변에 5MW 실험용 원자로인 영변 1호기를 착공했다. 1985년 6월에는 방사화학실험실 건설에 착공했다.[199] 1985년 12월에는 소련과 「원자력발전소 건설에 관한 경제 · 기술협력 협정」을 체결하고, 소련의 요구로 핵확산금지조약(NPT; 이하, NPT)에 가입했다.

1983~1991년 동안에는 플루토늄탄 제조를 위해서 고폭 실험을 70여 차례 실시했다.[200] 1984년 4월에는 자체적으로 개발한 SCUD-B 미사일의 시험발사에 성공하고, 1988년부터 동 미사일 수출을 시작하면서 장거리 탄도미사일 개발에 착수했다.[201]

---

197) 권태영 · 노훈 · 박휘락 · 문장렬(2014), p. 128.
198) 최현호(2013), p. 21.
199) 권태영 · 노훈 · 박휘락 · 문장렬(2014), p. 129.
200) 한용섭(2018), p. 19.
201) 권태영 · 노훈 · 박휘락 · 문장렬(2014), p. 162.

1986년에는 영변 핵단지를 완공하고, 자체적으로 개발한 5MWe 흑연감속용원자로를 완공해서 가동시켰다. 이 원자로는 무기급 플루토늄 추출에 적합하고, 전력을 생산하기 위한 원자력 발전에는 부적절한 것이었다. 김일성으로부터 핵개발에 대한 권한을 위임받은 김정일은 1986년 12월 정무원 산하에 「원자력 공업부」를 신설했다. 그리고 노동당 군수공업부 산하에 「원자력 총국」을 설치해서 핵 분야 연구개발 업무를 총괄하게 했다.

북한은 1991년에 한국과 소련의 국교 정상화 이후 소련에 대한 배신감으로 과학기술교류 · 협력을 종료시켰다. 대신에 소련 붕괴 후 핵과 미사일 분야의 과학자와 기술자를 북한에 초청해서 핵개발에 전력투구했다. 1991년 10월에는 함경북도 화대군 무수단에 핵 · 미사일 기지를 건설하고, 길주군 풍계리에 핵 실험장을 건설했다. 1992년 1월에는 북한 총리 연형묵이 남한 총리 정원식(이하, 정원식)과 「한반도의 비핵화에 관한 공동선언」에 서명했다.

김일성은 1992년 제6차 남북고위급회담 때 정원식에게 "우리는 핵무기를 개발할 의사도 능력도 없다"고 말했다. 그리고 북한은 1992년 5월 4일에 16개 핵시설에 관한 최초의 보고서를 IAEA에 제출했다. 이에 한스 블릭스 IAEA 사무총장(Hans Blix; 이하, 블릭스)은 1992년 5월 11~15일에 북한을 방문했다.

IAEA는 1992년 5월 25~6월 5일의 기간 동안 북한을 방문해서 최초의 임시사찰을 실시하고, 그 결과를 6월 10일 주요 이사국에 보고했다. 그리고 북한이 최초에 보고하지 않은 시설 2곳을 발표했다. 방사성 동위원소 생산시설과 우라늄 농축시설이 이에 해당한다. 그러자 북한과 IAEA 사이에 북한이 제출한 최초보고서의 진실성에 대한 공방이 일어났다.

IAEA는 1993년 2월 25일에 북한에 대한 특별사찰 결의안을 통과시켰다. 그러나 북한은 IAEA의 특별사찰을 거부했다. 이어서 1993년 3월에 한국과 미군이 한 · 미 팀스피리트 훈련을 재개한다고 발표하자 북한은 NPT 탈퇴 선언과 함께 준전시상태를 선포했다. 이에 제1차 북핵 위기가 발생했다.

북한은 1993년부터 핵실험 전단계인 고폭장치 실험을 실시했다.[202] 부토 파키스탄 대통령은 1993년 김정일에게 우라늄 농축 프로그램 설계도를 전달했다고 한다.[203] 릴리 미국 국방부 차관보는 1992년에 "북한에는 1만 1천개의

202) 위의 책, p. 19.
203) 위의 책, p. 28.

땅굴이 있으며, 여기에 플루토늄 저장 및 핵무기 제조 시스템을 설치할 수 있다"[204]고 말했다. 북한은 1980년대 초부터 1990년까지 약 73회의 핵뇌관 실험을 통해서 핵폭발 장치를 개발하는 등 핵무기 생산 준비를 완료했다. 북한은 1993년 5월에 노동미사일의 시험발사에 성공하고, 1998년에는 실전배치를 완료했다.

1991년에 미국이 한국에서 모든 전술핵무기를 철수한 이후 북한은 핵개발에 박차를 가했다. 이런 점을 고려할 때, 북한이 1992년 이후 미국의 핵전쟁 위협 때문에 자위책으로 핵개발을 했다는 것은 설득력이 없다. 북한은 미국의 핵위협이 사라진 상태에서 국제사회의 대북제재를 감수하면서까지 핵개발을 했다. 북한의 핵개발 의도가 확고했기 때문이다. 북한은 미국의 핵우산을 핑계거리로 대지만, NPT 규정에 따라 미국은 핵이 없는 나라에 핵무기를 사용하지 않겠다고 약속했다. 그럼에도 북한은 미국의 대북적대시정책과 이에 따른 핵전쟁 연습 때문에 핵을 개발한다고 주장했다.

2) 김정일 시대: 핵개발과 협상 병행

1994년 7월에 김일성의 사망 후 동년 10월 21일에 미·북 간 「제네바 합의」가 타결됐다. 그러나 북한은 영변 핵시설 동결 후 플루토늄탄 대신 비밀리에 우라늄탄 개발을 추진했다. 김정일은 1990년대 중반에 체제 위기가 닥치자 그것을 극복하기 위한 방편으로 「선군(先軍)정치」를 내세웠다. 「선군정치」의 핵심은 군(軍)으로 김정일 정권을 수호하는 것과 동시에 핵무기를 개발하는 것이었다. 파키스탄의 칸 박사(Abdur Quadeer Khan; 이하, 칸)는 1998년 북한에 우라늄농축용 원심분리기를 제공했다.[205] 칸은 1999년에 북한을 방문했을 때, 3개의 원자탄을 보았다고 말했다.[206]

북한은 1998년에 대포동 1호를 시험 발사하고, 1999년에는 전략로켓군을 창설했다. 그러면서 1999년 9월에 미·북 간 「베를린 합의」를 도출했다. 북한의 미사일 시험발사를 유예하는 대신에 미국의 대북제재를 해제하기로 한 것이다. 당시 김정일은 매들린 올브라이트(Madeleine Albright; 이하, 올브라이트) 미

---

204) 위의 책, p. 24.
205) 위의 책, p. 28.
206) 위의 책, p. 28.

국 국무장관에게 "이미 배치된 미사일은 어떤 합의에도 포함될 수 없다"[207]고 주장했다. 이것은 북한 입장에서 이미 개발한 핵과 미사일은 협상에 포함될 수 없음을 의미하는 것이었다.

그런데 2002년 미국에서 부시 행정부가 출범한 후 미 · 북 관계가 악화되었다. 부시 행정부는 2002년 1월에 북한을 「악의 축」으로 지목하고, 예방공격 가능성을 거론했다. 그리고 2002년에 발간된 「핵태세검토보고서」(NPR)에서 북한을 핵무기 공격 대상국으로 지목하기도 했다. 부시 정부의 이런 입장이 북한에게 핵개발의 명분을 제공했다는 주장도 있다. 그러나 북한은 부시 정부가 출범하기 전인 1990년대 초부터 핵개발을 본격화했다. 따라서 북한의 핵개발 목적은 다른 데서 찾아야 한다.

부시 정부가 등장하기 전부터 북한은 이미 비밀리에 고농축우라늄으로 핵무기를 만들고 있었다. 이런 사실은 미국의 제임스 켈리 미 국무부 동아태 차관보(James Kelly; 이하, 켈리)가 2002년 10월 3~5일에 북한을 방문해서 강석주 북한 외교부 부상(이하, 강석주)을 만났을 때 드러났다. 켈리가 북한의 고농축우라늄(HEU: Highly Enriched Uranium) 개발을 통한 핵개발 의혹에 대해서 추궁하자 강석주가 시인한 것이다.

이에 부시 정부가 「제네바 기본합의」 파기를 선언했고, 11월 15일에 북한에 대한 중유 지원의 잠정 중단과 경수로 건설의 재검토 방침을 발표했다. 북한도 미국에 반발하면서 「제네바 기본합의」 파기를 선언하고 12월 31일에 IAEA 사찰단을 추방했다. 영변 핵시설의 동결도 해제하고, 사용 후 핵연료봉의 재처리도 추진했다. 2003년 1월 10일에는 NPT 탈퇴를 선언했다. 이에 제2차 북핵 위기가 발생했다.

1993년에도 북한이 NPT 탈퇴를 선언하면서 제1차 북핵 위기가 발생했었다. 그러나 북한은 1994년의 미 · 북 「제네바 합의」로 NPT 탈퇴를 유보했다. 그러다가 북한이 2003년 1월에 NPT 탈퇴를 선언하면서 제2차 북핵 위기가 발생한 것이다. 2003년 10월 2일에는 북한 외무성 대변인 담화로 폐연료봉 재처리 완료를 발표했다.[208] 이에 한반도에너지개발기구(KEDO) 집행이사회는 12월에 경수로 건설공사를 중단하기로 결정했다.

---

207) 위의 책, pp. 28–29.
208) 권태영 · 노훈 · 박휘락 · 문장렬(2014), p. 134.

북한은 2005년 1월에 부시 행정부 2기가 출범한 후 6자회담을 통해서 얻을 것이 없다고 판단했다. 그래서 동년 2월 10일에 외무성 대변인 담화를 통해서 핵무기 보유를 선언했다. 2005년 9월 19일에는 6자회담을 통해서 북한이 모든 핵무기와 현존하는 핵 계획을 포기한다는 공동성명을 발표했다. 그러나 미국이 2005년 9월 20일에 「방코델타 아시아 은행」(Banco Delta Asia; 이하, BDA)의 북한계좌를 동결하자 북한은 미국의 금융제재에 맞서서 2006년 7월 5일에 대포동 2호 미사일을 포함해서 7종류의 미사일을 시험 발사했다. 그리고 동년 10월 9일에는 제1차 핵실험을 실시했다.

2008년에 6자회담이 검증 문제로 좌초된 후, 2009년 초에 오바마 정부가 출범하자 북한은 4월 5일에 장거리미사일(은하 2호) 시험발사를 단행했다. 2009년 5월 25일에는 제2차 핵실험을 실시했다. 북한은 2010년 11월 12일에 시그프리드 헤커(Siegfried Hecker; 이하, 헤커) 일행을 북한에 초청해서 우라늄 농축시설을 공개했다. 헤커의 귀국보고서에 따르면 당시 북한은 2,000개의 원심분리기를 설치해서 우라늄 농축시설을 만들었다고 한다.[209)]

3) 김정은 시대: 핵무기 완성과 증강 및 핵보유국 지위 추구

김정은은 2012년 초에 집권한 후 핵과 미사일 개발에 전력투구했다. 「실패국가」 북한을 김정일로부터 상속받은 상태에서 핵개발이 불리한 판세와 북한의 난관을 일거에 뒤집을 수 있는 카드라고 판단했기 때문이다. 집권 후 2017년까지 5년 동안 4차례의 핵실험을 실시한 것이 이를 방증한다. 2012년 2월 23~24일에는 중국의 베이징에서 미 · 북 고위급 회담을 하고, 2월 29일에 합의문을 도출하기도 했다. 북한은 동 합의에서 장거리미사일 시험발사를 유예시키고 우라늄 농축을 중단하며, IAEA 사찰단을 복귀시키기로 약속했다. 미국은 이에 상응하는 조치로 1년간 매월 2만 톤의 영양지원 제공을 약속했다.

그러나 김정은은 2012년 4월 3일 헌법에 북한이 핵보유국이라고 명시했다. 4월 13일에는 장거리미사일 시험 발사로 미 · 북 간 「2 · 29 합의」를 파기했다. 동년 12월 12일에는 다시 장거리미사일인 대포동 2호의 시험 발사를 실시하고 성공시켰다. 이어서 2013년 2월 12일에는 제3차 핵실험을 단행하면서 미국의

---

209) 위의 책, p. 137.

대북제재를 “전쟁행위로 간주하고 보복타격을 가할 것”이라고 위협했다.[210] 제3차 핵실험 후 북한 당국은 핵탄두 소형화에 성공했다고 주장했다.[211]

김정은은 2013년 3월 29일 전략로켓군 화력타격임무 작전회의에서 워싱턴과 하와이, 플로리다, 캘리포니아 등 4개 지점을 목표물로 상정하고 미국 본토를 직접 핵무기로 공격하는 지도를 공개했다. 이것은 미국의 핵공격을 억제하는 수준에서 한 발 더 나간 것이다. 2013년 3월 31일에는 노동당 전원회의에서 「핵 · 경제 병진노선」을 발표했다. 핵무기를 절대 포기하지 않을 것임을 대내외에 천명한 것이다. 동시에 다음과 같이 선포했다.

> “선군조선의 핵무기는 결코 미국의 딸라와 바꾸려는 상품이 아니며 우리의 무장해제를 노리는 대화마당과 협상탁 우에 올려놓고 론의할 정치적 흥정물이나 경제적 거래물이 아니다.
> 우리의 핵무력은 지구상에 제국주의가 남아있고 핵위협이 존재하는 한 절대로 포기할 수 없고 억만금과도 바꿀 수 없는 민족의 생명이며 통일조선의 국보이다. (…)
> 우리 공화국의 핵보유를 법적으로 고착시키고 세계의 비핵화가 실현될 때까지 핵무력을 질량적으로 확대 강화할 것이다.
> 인민군대에서는 전쟁억제력과 전쟁수행전략의 모든 측면에서 핵무력의 중추적 역할을 높이는 방향에서 전법과 작전을 완성해나가며 핵무력의 경상적인 전투준비태세를 완비해나가야 한다.“[212]

2013년 4월 1일에는 최고인민회의 제12기 제7차 회의에서 「자위적 핵보유국의 지위를 더욱 공고히 할 데 대하여」라는 제목의 법령을 채택했다. 2016년 1월 6일에는 제4차 핵실험을 실시하고, 동년 2016년 2월에는 장거리 미사일 시험 발사를 실시했다. 이에 제3차 북핵 위기가 발생했다. 이어서 2016년 5월에 개최된 제7차 당대회에서 김정은은 다음과 같이 말했다.

---

210) 한용섭(2018), p. 39.

211) 김황록. (2022. 2. 18.). “핵탄두 北스커드 고각발사…서울 상공 70㎞ 터지면 벌어질 일.” 『중앙일보』.

212) 『로동신문』. (2012. 4. 1.). “조선로동당 중앙위원회 2013년 3월 전원회의에 관한 보도.”

"미국은 핵 강국의 전열에 들어선 북한의 전략적 지위와 대세의 흐름을 잘 인식하고, 대조선 적대시 정책을 철회해야 하며, 정전협정을 평화협정으로 바꾸고, 남한에서 침략군대와 전쟁장비들을 철수시켜야 합니다.
남조선 당국은 미국에 추종하여 동족을 반대하고 조선반도의 평화와 안전을 위태롭게 하는 정치군사적 도발과 전쟁연습을 전면중지하여야 합니다. 북과 남은 전민족적 합의에 기초한 련방제방식의 통일을 실현하기 위하여 공동으로 노력하여야 합니다."[213]

북한은 2016년 9월 9일에 제5차 핵실험을 실시했다. 중거리 미사일로 미군 해외기지와 한반도에 전개될 미군 증원전력의 타격 능력을 과시하기도 했다. 김정은은 2017년 신년사에서 "우리는 미국과 그 추종세력들의 핵위협과 공갈이 계속 되는 한 그리고 우리의 면전 앞에서 연례적이라는 감투를 쓴 전쟁연습소동을 걷어치우지 않는 한 핵무력을 중추로 하는 자위적 국방력과 선제공격능력을 계속 강화해 나갈 것"[214]이라고 말했다. 북한의 핵무기가 선제공격의 수단이라는 점을 분명하게 밝힌 것이다. 또한 동 신년사에서 김정은은 다음과 같이 말했다.

"제국주의자들의 날로 악랄해지는 핵전쟁위협에 대처한 우리의 첫 수소탄 시험과 각이한 공격수단들의 시험발사, 핵탄두 폭발시험이 성공적으로 진행되었으며 첨단무장장비 연구개발 사업이 활발해지고 대륙간 탄도로케트 시험발사 준비사업이 마감단계에 이른 것을 비롯하여 국방력 강화를 위한 경이적인 사변들이 다계단으로, 연발적으로 이룩됨으로써 조국과 민족의 운명을 수호하고 사회주의 강국건설 위업을 승리적으로 전진시켜 나갈 수 있는 위력한 군사적 담보가 마련되었습니다."[215]

여기서 김정은은 북한이 대륙간탄도미사일 시험발사의 준비사업이 마감단계에 이르렀다고 밝혔다. 2017년 3월에는 준중거리미사일(스커드-ER) 4기 발사 훈련을 하면서 주일미군 기지를 공격할 수 있는 미사일 부대를 부각시켰다. 유사시 미국의 증원군을 공격하거나 억제할 수 있는 거부적 억제력을 강

---

213) 김정은(2016).
214) 김정은(2017). 신년사.
215) 위의 글.

조한 것이다. 이어서 동년 5월에는 신형 대함탄도미사일 시험발사로 미군 항공모함 전단을 격파할 수 있는 능력을 과시했다. 북한이 남침을 단행할 때 미군이 개입하면 격파하겠다는 의지를 보여준 것이다.

2017년 7월 4일과 28일에는 ICBM 화성 14호를 시험 발사하면서 이것이 미국의 심장부에 날려 보낼 핵 운반 수단이라고 주장했다. 이어서 9월 3일에 제6차 핵실험을 실시하고, 동 실험을 '대륙간탄도로케트장착용 수소탄 시험'이라고 명명했다.[216] ICBM에 장착할 수 있는 수소탄 개발에 성공했음을 발표한 것이다. 동년 11월 29일에는 ICBM 화성-15형을 시험 발사하고 성공 소식을 알리면서 핵무력 완성을 선포했다.

[표 Ⅱ-7] 북한의 핵실험 현황

구 분	1차	2차	3차	4차	5차	6차
일 시	2006. 10. 9.	2009. 5. 25.	2013. 2. 12.	2016. 6.	2016. 9. 9.	2017. 9. 3.
규모(mb)	3.9	4.5	4.9	4.8	5.0	5.7
위력(kt)	약 0.8	약 3~4	약 6~7	약 6	약 10	약 50

※ 출처: 국방부(2020), p. 295.

한국지질자원연구원에서 발표한 북한 핵실험의 위력은 [그림 Ⅱ-6]과 같다.

[그림 Ⅱ-6] 북한 핵실험의 위력

※ 출처: 『중앙일보』. (2020. 11. 26.). "38노스 '북, 수해피해 입은 풍계리 핵실험장 복구 중'."

216) 『로동신문』. (2017. 9. 3.).

김정은은 2018년 신년사에서 "그 이행(대륙간탄도미사일 시험발사의 이행; 필자)을 위한 여러 차의 시험발사들을 안전하고 투명하게 진행하여 확고한 성공을 온 세상에 증명하였습니다"라고 말했다. 동시에 "미국은 결코 나와 우리 국가를 상대로 전쟁을 걸어오지 못합니다. 미국 본토 전역이 우리의 핵타격 사정권 안에 있으며 핵단추가 내 사무실 책상 위에 항상 놓여 있다는 것. 이는 결코 위협이 아닌 현실임을 똑바로 알아야 합니다"라고 말했다. 또한 다음과 같은 말도 했다.

> "핵무기연구부문과 로케트공업부문에서는 이미 그 위력과 실효성이 확고히 담보된 핵탄두들과 탄도로케트들을 대량생산하여 실전배치하는 사업에 박차를 가해 나가야 합니다."[217]

김정은은 2012년에 집권한 후 2017년 11월에 핵무력을 완성했다고 선포하기까지 핵실험 4회, ICBM 3회, SLBM 3회, 중·단거리 미사일 44회 시험발사를 실시했다. 김정은이 핵과 미사일 개발에 전력투구했음을 보여주는 사례들이다. 이후 2018년에 북한의 비핵화 협상이 시작되었다. 그러나 협상 중에도 김정은은 핵탄두와 운반수단인 미사일 개발을 계속했다. 김정은은 위에서 볼 수 있듯이 2018년 신년사에서 핵탄두와 탄도미사일의 대량생산을 선포했다. 이것은 김정은이 2018년에 미국과 시작한 핵 협상이 비핵화 협상이 아니라, 핵군축 협상이라는 것임을 알 수 있게 해주는 대목이다.

북한은 2018년에 남한 및 미국과 정상회담을 하면서 미사일 시험발사를 중단했다. 그러나 2019년 2월의 제2차 미 · 북 정상회담이 실패로 끝난 후 5월부터 미사일 시험발사를 재개했다. 김정은이 집권한 2012년부터 2022년 1월까지 10년 동안 실시한 미사일 시험발사는 총 70여 차례가 된다. 김일성(15회)과 김정일(16회) 시대보다 5배 정도 되는 미사일 시험발사를 한 것이다.[218]

2020년 10월에 개최된 노동당 창건 75주년 기념 열병식에서는 핵무기 개발을 지속하면서 강화하고 있음을 역설했다. 이때 화성－15형보다 개발된 신

217) 김정은(2018). 신년사.
218) 윤상호. (2022. 1. 15.). "'대포동'서 '마하10'까지…김정은집권 10년간 60차례 도발." 『동아일보』.

형 ICBM 화성－17형과 SLBM 북극성－4형을 과시하면서 “우리 군사력은 우리 식, 우리 요구대로 우리 시간표대로 그 발전 속도와 질과 양이 변해가고 있습니다”라고 말했다. 그러면서 “시간은 우리 편에 있습니다”[219]라고 주장했다. 여기서 말하는 시간이란 전쟁준비를 끝내고 한반도를 북한식으로 무력 통일하기까지의 시간을 의미한다.

2021년 1월에 개최된 제8차 당대회에서는 북한이 핵강국이 되었다는 사실과 2019~2020년 동안에도 핵무기 고도화를 계속해왔음을 밝혔다. “우리 국가의 군사기술적 강세를 불가역적인 것으로 되게”[220] 한 것을 성과로 강조한 것이 이를 말해준다. 이것은 북한의 비핵화를 불가역적인 것으로 추진해야 한다고 말하는 국제사회의 요구와 전적으로 배치되는 것이다. 또한 김정은은 초대형 ICBM, 다연발 공격무기인 초대형 방사포를 비롯해서 신형전술로케트와 중장거리순항미사일, 첨단 핵전술무기, 극초음속활공비행전부부, 핵잠수함, 전자무기, 무인타격 장비, 군사정찰위성 등 각종 무기체계의 설계를 마쳤거나 현대화하고 있음을 밝혔다.

> “핵기술을 더욱 고도화하는 한편 핵무기의 소형경량화, 전술무기화를 보다 발전시켜 현대전에서 작전임무의 목적과 타격대상에 따라 각이한 수단으로 적용할 수 있는 전술핵무기들을 개발하고 초대형핵탄두생산도 지속적으로 밀고나감으로써 핵위협이 부득불 동반되는 조선반도지역에서의 각종 군사적 위협을 주동성을 유지하며 철저히 억제하고 통제 관리할 수 있게 하여야 한다.
> 이와 함께 1만 5,000㎞ 사정권안의 임의의 전략적 대상들을 정확히 타격 소멸하는 명중률을 더욱 제고하여 핵 선제 및 보복타격능력을 고도화할 데 대한 목표가 제시되였다.
> 가까운 기간 내에 극초음속활공비행전투부를 개발 도입할 데 대한 과업, 수중 및 지상고체발동기대륙간탄도로케트개발사업을 계획대로 추진시키며 핵장거리타격능력을 제고하는데서 중요한 의의를 가지는 핵잠수함과 수중발사핵전략무기를 보유할 데 대한 과업이 상정되였다.”[221]

---

219) 『연합뉴스』. (2020. 10. 10.). “북한 노동당 창건 75주년 열병식에서 한 김정은 연설.”
220) 『로동신문』, (2021. 1. 9.). “우리 식 사회주의건설을 새 승리에로 인도하는 위대한 투쟁강령 조선로동당 제8차대회에서 하신 경애하는 김정은 동지의 보고에 대하여.”

북한은 2022년 1월에는 7차례에 걸쳐 11발의 미사일 시험발사를 시도했다. 그 중에는 최고 속도가 마하 10(음속 10배)인 극초음속미사일과 열차 탑재형 북한판 이스칸데르(KN-23), 북한판 에이태큼스(KN-24), 신형 장거리 순항미사일 및 화성-12형 중거리탄도미사일(IRBM) 등이 포함됐다. 이 중에서 화성-12형 중거리탄도미사일을 제외한 신형 미사일 4종의 비행궤도와 제원 및 한·미연합군의 요격체계를 살펴보면 다음과 같다.

[그림 Ⅱ-7] 북한 주요 신형 미사일의 비행궤도와 한국군 요격체계

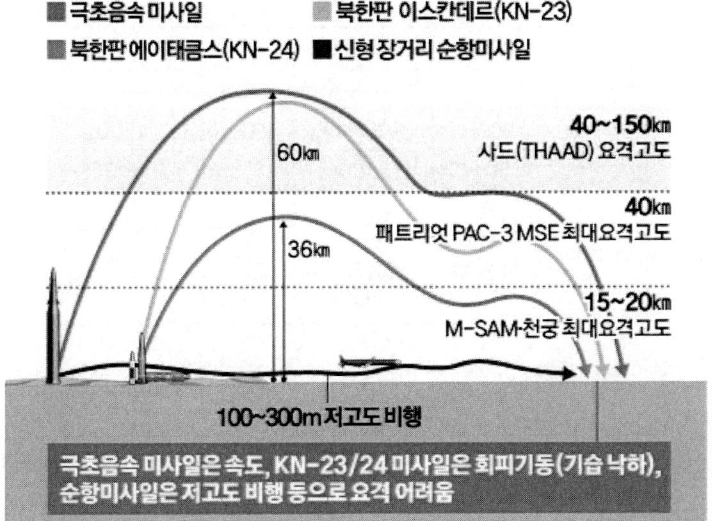

※ 출처: 중앙일보. (2022. 1. 28.). "새해 6번째 미사일 도발…'4종 세트' 섞어 쏘면 막기 힘들다."

221) 위의 글.

[그림 Ⅱ-8] 북한 신형 미사일 4종 제원

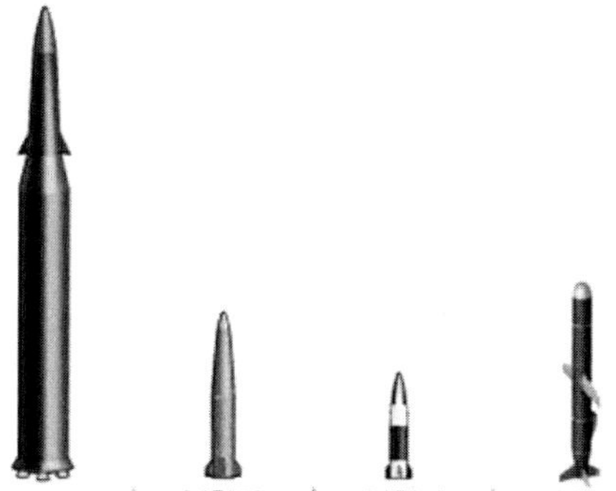

	극초음속 미사일	북한판 이스칸데르 (KN-23)	북한판 에이태큼스 (KN-24)	신형 장거리 순항미사일
길이(추정)	16~17m	4.5~5.6m	3~4m	6m 이상
직경	-	0.9m	0.6m	-
사거리(추정)	700㎞ 이상	600㎞ 이상	400㎞ 이상	1500㎞
정점고도(추정)	약 50~60㎞	약 60㎞	약 36㎞	100~300m
요격 어려운 이유	최소 음속 5배로 50㎞에서 비행	열차에서 발사시 원점 파악에 어려움	목표물 상공서 회피기동	자유기동 및 저고도 비행

※ 출처: 중앙일보. (2022. 1. 28.). "새해 6번째 미사일 도발…'4종 세트' 섞어 쏘면 막기 힘들다."

북한이 2022년 1월에 시험 발사한 미사일들은 비행 속도와 회피 · 변칙기동 및 비행 고도 등의 문제점 때문에 현재 한국군의 미사일방어체계로는 요격이 어렵다. 특히 초대형방사포(KN-25)와 함께 신형 미사일들을 섞어서 쏘면 현재처럼 한국군과 주한미군의 미사일방어체계가 효율적으로 통합되지 않은 상태에서는 더욱 요격하기 힘들다. 뿐만 아니라 북한은 2022년 1월 27일에 지대지 전술유도탄(KN-23)을 시험 발사하면서 목표물에 도달하기 직전 공중에서 폭발시키는 시험을 했다. 핵탄두를 탑재해서 이렇게 폭발시킬 경우 대도시에 대한 파괴력을 극대화할 수 있고, 전자기파로 한 · 미 연합군의 첨단장비를 고철덩어리로 만들 수 있다. 북한이 보유한 주요 미사일의 종류와 제원은 다음과 같다.

[표 Ⅱ-8] 북한의 미사일 종류 및 제원

구 분	SCUD-B/C	19-1 SRBM	19-4 SRBM	19-5 SRBM	SCUD-ER	노동	무수단
사거리 (km)	300－500	약 600	약 600 미만	약 400	약 1,000	1,300	3,000 이상
탄두중량 (kg)	1,000	미상	미상	미상	500	700	650
비고	작전배치	시험발사	시험발사	시험발사	작전배치	작전배치	작전배치
구분	대포동 2호	북극성/ 북극성-2형	북극성－3형	화성－12형	화성－14형	화성－15형	
사거리 (km)	10,000 이상	약 1,300	약 2,000	5,000	10,000 이상	10,000 이상	
탄두중량 (kg)	500－1,000	650	미상	650	미상	1,000	
비고	발사	시험발사	시험발사	시험발사	시험발사	시험발사	

※ 출처: 국방부(2020), p. 297.

[그림 Ⅱ-9] 북한이 개발 또는 보유 중인 탄도미사일 종류

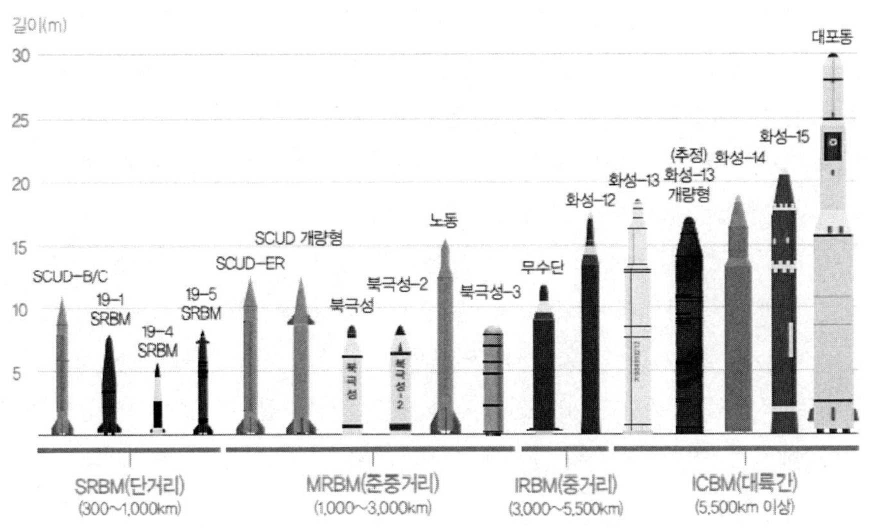

※ 출처: 국방부(2020), p. 29.

[그림 Ⅱ-10] 북한의 탄도미사일 사거리

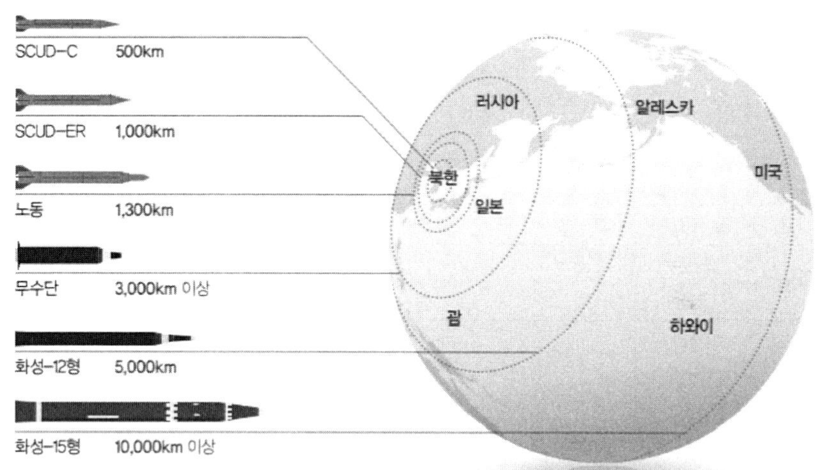

※ 출처: 국방부(2020), p. 29.

2022년 초 기준으로 북한이 보유한 핵무기 숫자는 평가 기관마다 다르다. 올리 하이노넨(Olli Heinonen; 이하, 하이노넨) 전 국제원자력기구(IAEA) 사무차장(현 미국 스팀슨센터 특별연구원)은 북한이 "5~8개의 플루토늄 기반 핵무기(약 40kg의 플루토늄)와 20~25개의 우라늄 기반 핵무기(약 540~550kg의 고농축우라늄)를 가진 것으로 계산된다"며 "북한의 핵 보유량을 최대 40개로 잡는 게 적절한 추정치"[222]라고 말했다. 헤커의 추정치도 비슷하다. 헤커는 현재 북한이 45개의 핵무기를 생산할 만큼의 핵분열성 물질을 보유했다고 말하면서, 핵탄두 보유량이 45개 정도일 것으로 추정하고 있다. 그는 북한이 매년 6개의 핵무기를 생산할 능력을 보유하고 있다고 말했다. 바이든 정부 임기 내에 20개가 증가해서 65개가 될 수 있다고 전망하기도 했다.[223]

이에 반해서 한국의 아산정책연구원과 미국의 랜드연구소는 공동 연구를 토대로 북한의 핵무기가 2027년까지 최대 242개가 될 수 있다고 예상했다. 그러나 헤커는 이러한 분석 결과에 대해서 너무 높게 잡은 수치라고 평가했다.[224]

---

222) 『중앙일보』. (2021. 7. 8.). "IAEA 전 사무차장 '北 핵무기 40개…해킹으로 무기 역설계'."

223) 『중앙일보』. (2022. 2. 15.). "헤커 박사 '북, 바이든 임기 말 핵무기 65개 보유 가능'."

한편, 미국 스탠퍼드대 국제안보협력센터(CISC: Stanford University's Center for International Security and Cooperation) 연구진은 최근 「과학&국제안보지」(Science & Global Security)에 게재한 보고서에서 북한이 연간 20개의 핵폭탄 제조가 가능한 최대 340kg의 옐로우 케이크(yellowcake)를 생산할 능력이 있지만, 실제로는 영변 핵시설의 제약으로 6~10개의 핵폭탄을 제조할 수 있을 것으로 추정했다.[225]

나. 북핵 협상의 역사와 교훈

1) 제1차 북핵 위기(1993년) 전후의 핵협상

남북한 핵협상과 「한반도 비핵화 공동선언」

조시 부시(George H. W. Bush; 이하, 부시 시니어) 전 미국 대통령은 1991년 9월 27일에 유럽과 한반도에 배치된 전술핵무기의 철수를 선언했다. 이에 맞추어 노태우 대통령(이하, 노태우)은 1991년 11월 8일에 「비핵화와 평화구축을 위한 선언」을 발표했다. 이로써 북한의 핵개발 포기와 주한미군의 핵무기 철수가 연계되지 않고 미국의 일방적 조치로 핵무기 철수만 이루어졌다.

이후 남북한은 1991년 12월 13일에 「남북기본합의서」에 서명했다. 동년 12월 26일에는 남북한 핵협상을 시작했다. 1992년 1월에는 남북한 총리가 「한반도 비핵화에 관한 공동선언」에 서명했다. 서명 이후 핵협상이 계속되었다. 남북한 핵협상은 1991년 12월부터 1992년 12월까지 진행됐다.

당시 북한의 핵협상 목표는 다음과 같다. 첫째, 미국의 핵무기가 한반도에서 완전히 철수되었는지 확인하는 것이다. 둘째, 핵협상과 한 · 미 연합군사훈련을 연계하고, 이를 통해서 팀스피리트(Team Spirit) 한 · 미 연합군사훈련을 영원히 취소시키는 것이다. 셋째, 「한반도 비핵지대화」를 통해서 한국에 대한 미국의 핵우산 제공을 못하게 하는 것이다.[226]

---

224) VOA. (2021. 5. 4.). "헤커 박사 '북한, 핵무기 45개 보유 가능성'...전문가들 '정확한 추정 한계'."
225) rfa. (2021. 11. 4.). "스탠퍼드대 '북, 평산서 연 20개 핵폭탄용 우라늄 생산."
226) 한용섭(2018), p. 74

협상 과정에서 북한은 「한반도 비핵화 공동선언」의 핵사찰 문제를 애매하게 표현했다. 남한이 주장하는 사찰을 받지 않으려 했기 때문이다.[227] 북한은 공동선언 서명 후 남한의 특별사찰 주장이 「한반도 비핵화 공동선언」 4항에 위배된다고 주장했다. 이에 남한은 북한이 상호 핵사찰 수용을 거부하면 1993년에 팀스피리트 연습을 재개할 것이라고 북한을 압박했다. 그런데 북한은 계속 사찰에 응하지 않았다. 이에 한국과 미국은 1993년 1월 26일에 팀스피리트 훈련을 재개하겠다고 선언했다.

이후 북한은 남북 대화를 중단하고, 통미봉남(通美封南) 정책을 추구했다. 그 결과 처음이자 마지막으로 개최된 남북한의 비핵화 협상은 실패로 끝났다.

미·북 핵협상과 「제네바 합의」

남북한 비핵화 협상이 실패로 끝나고, 1993년에 북한의 NPT 탈퇴 선언으로 제1차 북핵 위기가 발생하자 미국은 북한과 직접 협상을 하기 시작했다. 미국의 목표[228]는 북한을 NPT에 복귀시켜서 IAEA 사찰을 계속 받게 하는 것이었다. 외교를 통해서 한반도 평화 유지를 실현하려고 한 것이다. 문제는 북한이 미국의 이런 약점을 알고 이용하려 했다는 점이다.

북한의 목표[229]는 북·미 평화협정 체결로 주한미군을 철수시키고, 한·미 팀스피리트 군사훈련을 영구히 취소시키는 것이었다. 또한 북한에 대한 미국의 핵 및 군사적 위협 중지를 요구해서 미국으로부터 북한 체제의 생존에 대한 보장을 받는 것이었다. 핵 문제에서 최소한의 투명성만 제공하고 남한을 따돌리는 것 역시 북한의 목표였다.

미국과 북한은 이렇듯 서로 다른 생각을 하면서 협상에 임했다. 미국은 미·북 간 합의를 통해서 북한이 핵개발을 중단할 것으로 믿었다. 적어도 미·북 간 핵협상과 합의를 통해서 미국이 북핵 문제를 관리할 수 있을 것으로 믿었다. 미·북 간 핵합의가 성사되는 경우 그 합의가 이행되는 과정에서 북한이 동유럽 사회주의국가들처럼 붕괴할 수 있다는 생각도 했다.[230] 북한

227) 위의 책, p. 75.
228) 위의 책, p. 84.
229) Ibid.

체제 붕괴로 인한 북핵 문제의 자동 해결을 생각한 것이다. 이렇게 해서 미·북 간 핵협상이 시작됐다.

그런데 북한이 1994년 5월에 영변의 5MW 원자로에서 8,000개의 핵연료봉을 추출했다. 이에 미국은 한 때 영변 핵시설 폭격을 검토했다. 북한은 미국의 군사공격 가능성이 제기되자, 1994년 6월 3일에 강석주 명의로 미국이 북한에게 경수로를 만들어주면 플루토늄 생산 시설 및 방사화학 실험실을 철거할 의지가 있다고 밝혔다. 마치 북한이 핵개발 의지가 없고 전력을 중시하는 것처럼 기만전술을 구사한 것이다.

김일성도 지미 카터(Jimmy Carter; 이하, 카터) 미국 전 대통령이 미·북 간 중재자를 자처하며 1994년 6월 15일에 북한을 방문했을 때, 카터와의 회담에서 북한이 원하는 것은 전력이지 핵무기가 아니라고 주장했다. 그러면서 미국에게 경수로 제공 및 핵 선제 불사용 보장을 요구했다. 대신에 북한의 핵 프로그램 중단과 NPT 탈퇴 선언 철회를 약속했다.[231] 그래 놓고는 핵개발을 계속했다.

미국과 북한은 1994년 8월 13일에 합의문을 도출했다.[232] 북한은 현존 핵 활동을 동결하고, 미국은 북한에 경수로를 제공하기로 한 것이다. 또한 미국과 북한의 양국 수도에 외교대표부를 설치하고, 미·북 관계를 정상화하기로 했다. 미국은 핵무기 불사용 보장을 북한에 제공하는 대신에 북한은 「한반도 비핵화 공동선언」을 이행한다는 합의도 도출했다. 이후 미국과 북한은 1994년 10월 21일 제네바에서 합의문에 서명했다. 이로써 제1차 북핵 위기가 해결되고, 북한 핵문제가 평화적으로 해결된다는 기대를 낳았다.

북한은 「제네바 합의」의 이행조치로 흑연감속로 관련 핵시설을 동결했다. 그리고 NPT 회원국으로 IAEA의 핵안전조치 협정을 이행하기로 했다. 이에 대한 반대급부로 미국은 북한에게 2000MW급 원자로를 제공하는 컨소시움 설립에 합의했다. 또한 미국은 북한의 기존 흑연 감속로 동결로 발생하는 에

230) "(…) 1994년, 『워싱턴 포스트』의 제프리 스미스는 익명의 미국 관계자를 인용하여 제네바 합의의 이행에 걸리는 시간은 '북한 정권이 붕괴하는 데 충분한 기간이 될 것'이라고 보도했다."[안드레이 란코프(2013), p. 212.]; Smith, J. (1994. 10. 23.). "U.S. Accord with North Korea May Open Country to Change." *Washington Post.*
231) 돈 오버도퍼 · 로버트 칼린(2015), p. 486.
232) 한용섭(2018), p. 86.

너지 손실을 보전하는 조치로 중유를 제공하기로 했다. 1994~1995년 동안 북한에 중유 5만 톤을 제공하고, 1995년 이후 매년 50만 톤을 제공하기로 한 것이다. 한국은 경수로 비용 부담 총 45억 달러 중에서 70%를 부담하기로 했다. 그리고 미국은 북한에 대한 경수로 핵심부품을 제공하기 전에 북한이 IAEA에 신고하지 않은 시설에 대한 사찰 문제를 다시 합의하기로 했다.

미국은 제네바합의에서 과거 핵에 대한 특별사찰을 요구 않고, 현재와 미래의 핵 활동 동결 및 감시만 요구했다. 보다 정확하게 말하면, 과거 핵에 대한 특별사찰을 당장 요구하지 않고, 경수로 건설 완료 시점이 가까워지면 플루토늄탄 제조 시설에 대한 사찰을 하기로 한 것이다. 북한 입장에서는 과거의 핵에 대한 특별사찰을 받기까지 시간을 벌은 셈이다. 이것은 결국 「제네바 합의」가 파기되면서 북한 핵개발의 과거 행적을 규명하지 못하는 결과를 초래했다. 북한은 1995년 신년사에서 핵 군축 의사를 표명했는데, 이것은 북한이 과거에 핵무기를 이미 개발했다는 것을 시인한 것이다.

북한은 핵 관련 투명성과 공개성 및 예측 가능성이 제네바 합의에 포함되는 것을 강력히 반대했다.[233] 그 결과 제네바 합의에서 사찰을 통해서 플루토늄탄 개발 행적을 폐기시킬 수 있는 장치가 미비했다. 미국 입장에서 북한이 합의 이행을 제대로 하고 있는지 통제할 수 있는 수단을 확보하지 못한 것이다. 이것은 북한에게 숨어서 핵개발을 할 수 있는 기회를 제공한 셈이 되었다.

북한이 미국에게 경수로 건설을 요구한 것은 핵 개발 시간을 벌기 위해서였다. 그런데 미국은 북한의 이런 의도를 간파하지 못했다. 제네바합의 이후 북한의 전병호 군수공업부장은 "제네바 합의로 6~7년 벌었다. 그동안 북한은 영변에 있는 주요 핵시설들을 다른 곳으로 옮겨 놓을 수 있는 시간을 벌었다"[234]는 말을 했다고 한다. 그러면서 북한은 과거에 추출한 플루토늄으로 핵개발을 지속하는 동시에 비밀리에 우라늄탄 개발을 시도했다.[235] 허술한 「제네바 합의」는 필연적으로 제2차 북핵 위기를 초래할 수밖에 없었다.

북한은 「제네바 합의」 파기 후 경수로 건설이 지연된 문제를 거론하면서

---

233) 위의 책, p. 94.
234) 전병호가 1994년 10월 21일 이후 열린 첫 번째 노동당 비서국 회의에서 한 발언(위의 책, p. 91에서 재인용).
235) 위의 책, pp. 116-117.

모든 책임을 미국에게 전가했다. 한국은 북한의 통미봉남(通美封南) 정책 속에서 아무런 성과 없이 경수로 건설비용으로 11억 5,000만 달러만 지불했다. 「제네바 합의」를 도출하는 과정에서 북한은 NPT 체제의 탈퇴와 재가입을 협상카드로 사용하고, 미국은 이에 보상하는 방식을 취했다.[236] 이것은 잘못된 것이었다. 또한 북한 핵문제가 미·북 간 문제라는 잘못된 인식을 확산시켰다.[237] 「제네바 합의」 이후 김대중 정부가 북핵과 남북관계를 분리해서 접근하면서 2000년의 남북정상회담 당시 북핵 문제를 합의사항에 포함시키지 않은 것은 잘못된 인식을 더욱 확산시켰다.

제1차 북핵 위기 전후의 핵협상에 대한 평가

1991년 12월부터 1992년 12월까지 남북한 간에 비핵화 협상이 진행되고 「한반도 비핵화 선언」을 발표했다. 그러나 결국 사찰 문제로 비핵화 협상은 실패로 끝났다. 북한은 자발적으로 신고한 핵 시설에 대해서만 IAEA의 사찰을 받고, 신고하지 않고 숨겨 놓은 시설에서는 핵개발을 계속했다. 북한은 남북한 핵협상 진행 중에도 재처리 시설 건설을 계속하고, 비밀리에 플루토늄 재처리와 고폭실험을 진행했다.

남한은 북한과의 협상에서 선이후난(先易後難)으로 유연하게 하다가 결국 선언만 하고 가장 핵심인 사찰 및 검증 문제와 관련해서 성과를 거두지 못했다. 현재까지 한국만 일방적으로 「한반도 비핵화 선언」을 이행하고, 북한은 이행하지 않고 있다.

1993년 6월부터 1994년 10월까지 미국과 북한 간에 진행된 핵 협상도 마찬가지다. 여기서 「제네바 합의」가 도출되었지만, 미국은 합의 이행 초기 단계에서 북한에게 과거의 핵 활동을 규명하기 위한 특별사찰을 요구하지 않았다. 선이후난(先易後難) 방식으로 북한이 껄끄러워하는 문제를 요구하지 않은 것이다. 북한의 핵시설에 대한 사찰을 상당 기간 북한이 1992년 5월 IAEA에 신고했던 시설에 대한 사찰, 즉 IAEA에 의한 정기 및 임시사찰로 한정했다. 그렇다고 미국이 북한에게 IAEA 특별사찰을 아주 요구하지 않은 것은 아니다.

---

236) 위의 책, p. 93.
237) 위의 책, p. 95.

경수로가 완공될 즈음에 특별사찰을 시행하기로 했지, 안 하기로 한 것은 아니다. 그럼에도 결국 「제네바 합의」는 실패했다. 선이후난의 방식으로 하려고 했기 때문이다.

미국은 북한이 시간을 벌기 위해서 경수로 문제를 제기한 것을 간파하지 못했다. 오버도퍼는 북한이 1994년에 미 · 북 간 협상이 진행되는 동안 핵개발을 중단했다고 말한다.[238] 그러나 한용섭은 협상기간 중 북한이 플루토늄 개발을 계속했다고 주장한다.[239] 확실한 것은 제네바 합의가 도출된 이후 북한이 과거에 추출한 풀루토늄으로 핵개발을 계속하는 동시에 제네바합의에서 논의되지 않았던 고농축우라늄으로 핵개발을 추진한 것이다.

협상 방식도 문제였다. NPT 회원국은 반드시 IAEA와 핵안전조치협정을 맺고 사찰을 받아야 한다. 그런데 미국은 1994년에 미 · 북 제네바회담의 진전을 위해서 「팀스피리트 훈련」을 취소했다.[240] 1995년부터는 「제네바 합의」를 존중하는 분위기를 조성한다고 「팀스피리트 훈련」을 완전히 폐기했다. 과도한 조치를 한 것이다. 문재인 정부 시기도 마찬가지다. 김정은이 아무런 비핵화 조치도 취하고 있지 않았는데, 한 · 미 연합군사훈련을 중단 및 축소한 양상이 유사하다.

미 · 북 간 핵협상에서 또 다른 문제점은 북한이 큰 사건만 저지르면 미국이 북한과 직접 접촉한다는 잘못된 믿음을 북한에게 심어준 것이다. 북한이 NPT 탈퇴 선언을 하자 미국이 북한과 협상을 시도한 것이 그렇다. 북한이 1998년에 대포동 1호 시험 발사를 하자, 미국이 북한과 협상에 나서 1999년 9월에 미 · 북 「베를린 합의」를 도출한 것 또한 그렇다. 이때 북한이 미사일 시험발사를 유예하는 대신에 미국은 북한에 대한 경제제재를 해제하기로 했다.

북한은 미국이 경수로 건설을 지연시켜서 「제네바 합의」가 제대로 이행되지 않았다고 주장했다. 그러나 문제의 본질은 다른 곳에 있었다. 경수로 건설을 위한 협정 체결이 지연된 것부터가 문제였다. 북한이 한국형 경수로에 대한 거부감을 표시하고, 경수로 노형 문제를 둘러싼 갈등이 발생하면서 협정 체결 자체가 지연됐었다. 또한 경수로 건설을 위한 인력과 물자 및 장비 반입

---

238) 돈 오버도퍼 · 로버트 칼린(2015), p. 519.
239) 한용섭(2018), PP. 116－117.
240) 위의 책, p. 79.

과정에서 북한 당국의 까다로운 허가 절차로 인해서 공사가 지연되기도 했다.

애당초 북한은 경수로 건설을 원한 것이 아니다. 이를 명분으로 핵개발을 위한 시간을 벌려고 했을 뿐이다. 그래서 경수로 건설이 지연되도록 북한이 꼼수를 부린 것이다. 북한은 경수로의 주요 부분이 완공될 시기에 IAEA의 특별사찰을 받아서 결백을 입증할 의무가 있었다. 그래야 경수로의 핵심 부품을 인도받을 수 있었다. 이것은 합의된 사항이었다.

따라서 핵사찰 동안 경수로 건설의 중단을 막으려면 경수로가 완공되기 2~3년 전인 2002년 말이나 2003년 초부터 핵사찰이 필요했다. 그런데 북한이 사찰에 비협조적으로 반응했다. 이것은 북한이 조기 핵사찰을 통해서 경수로 완공을 앞당길 의도가 없었음을 보여주는 것이다. 북한이 만약 경수로 건설을 통해서 빨리 전력을 사용하려는 생각이 있었다면, 적극 핵사찰에 협조했을 것이다.[241]

북한은 미국이 경수로 건설을 고의로 지연시켰다고 비난했지만, 이것은 사실이 아니다. 문제의 본질은 북한에게 있다. 미국이나 경수로 건설에 참여한 관련국에게 있었던 것이 아니다. 특히 경수로 건설의 주사업자인 한국은 적극 노력했다.

2) 제2차 북핵 위기(2003~2008년)와 6자회담

미국은 「제네바 합의」 후 북한에게 수억 달러의 중유를 제공했다. 두 차례에 걸쳐 대북제재 완화도 시행했다. 또한 경수로 공사비로 한국이 중심이 되어 15억 달러가 지불되기도 했다. 그런데 북한이 비밀리에 고농축우라늄으로 핵무기를 개발하고 있다는 사실이 드러나면서 제2차 북핵 위기가 발생했다. 미국의 부시 정부는 두 번 다시 북한에 안 속는다는 입장[242]을 취했다.

미국은 북한과 1:1로 양자회담을 해서 도출했던 「제네바 합의」의 실패를 다시 반복하고 싶지 않았다. 불신하는 불량국가 북한을 단독으로 상대하기 싫었던 것이다. 또한 미국 외교관들의 북한 기피증도 중요한 역할을 했다.

---

241) 이용준(2018), pp. 154－155.
242) 위의 책, p. 179.

미국은 한 쪽이 불성실하게 나오면 1 : 1 협상은 실패하기 쉬운 반면에, 다자 간 합의는 깨기 어렵다는 점을 기대했다. 미국은 중국의 대북 영향력을 과대평가하기도 했다. 북한이 합의 이행에 협조적인 태도를 취하도록 중국이 영향력을 행사해 줄 것을 기대한 것이다. 북한이 중국과 러시아 앞에서 상투적 벼랑끝 전술을 사용하기 힘들 것으로 기대한 측면도 있다. 5:1 대북 포위구조로 압박하면 북한도 어쩌지 못할 것이라는 기대를 하기도 했다. 이런 배경에서 6자회담이 대안으로 떠올랐다.

6자회담의 진행과정

2003년 1월에 제2차 북핵 위기가 발생한 후 중국의 제안으로 동년 4월 북경에서 미 · 중 · 북 3자회담이 개최됐다. 동년 8월 27일에는 6자회담이 시작되었다. 북한은 초기에 비협조로 일관하며 미국의 부시 정권이 교체되기를 희망했다. 그러나 2005년 1월에 미국의 부시 정부 2기가 출범했다. 그러자 북한은 부시 정부로부터 기대할 것이 없다고 생각하고, 동년 2월에 「핵 보유 선언」을 했다. 자신의 핵보유 선언을 합리화하기 위해서 다음과 같이 미국의 핵우산 정책을 비판하기도 했다.

> "남한이 미국의 핵우산 밑에 있는 조건에서 북한이 핵무기를 가지는 것이 오히려 한반도에서 전쟁을 막고 평화와 안전을 보장하는 기본 억제력으로 된다."[243]

북한은 2005년 「9 · 19 공동성명」에 합의하기 직전인 7월에는 "앞으로의 6자회담은 북한의 핵보유국 지위를 인정하는 바탕 위에서 핵군축회담으로 운영되어야 할 것"[244]이라고 주장했다. 2005년 9월 19일 제4차 6자회담에서 공동성명이 채택되자 북핵 문제의 평화적 해결에 대한 기대가 높아졌다. 「9·19 공동성명」에는 비핵화의 기본원칙과 「말 대 말」 그리고 「행동 대 행동」의 원칙이 반영됐다. 핵심 내용은 북한이 모든 핵무기와 현존하는 핵 계획을 포기

243) 북한 외무성 성명. (2005. 3. 31.).
244) 한용섭(2018), p. 32에서 재인용.

한다는 것이었다.[245] 그러나 「9 · 19 공동성명」은 폐기와 검증 방법이 전혀 반영되지 않은 선언으로 끝나고 말았다.

미국이 2005년 9월 20일에 방코델타아시아 은행(BDA)의 북한 계좌를 동결하자, 북한은 이를 「9 · 19 공동성명」 위반이라고 비난하며 6자회담을 거부했다. 2006년 7월에는 대포동 2호 미사일의 시험발사를 실시했다. 이에 유엔안보리가 북한의 탄도미사일 시험발사를 규제하는 대북제재 결의안 1695호를 채택했다. 북한은 3개월 후인 10월에 제1차 핵실험을 단행했다. 유엔안보리는 다시 대북제재 결의안 1718호를 채택했다.

그러나 미국은 북한의 제1차 핵실험 후 11월에 북한이 먼저 핵을 폐기하면 종전선언이 가능함을 시사했다. 북한의 핵무기 개발은 하지 말아야 할 행동이었다. 그런데 북한이 하지 말았어야 행동을 포기하는 대가로 미국이 종전선언을 할 수 있다고 말한 것이다. 이것은 미국의 양보를 의미했다.

이렇게 미국이 양보하다가 6자회담 대신에 미 · 북 양자 회담이 베를린에서 개최됐다. 이것도 북한이 벼랑끝 전술로 나오니까 미국이 6자회담의 원칙을 훼손한 것이다. 북한은 동 베를린 회담에서 "先 BDA 문제 해결, 後 회담 재개"를 주장했다. 이에 미국이 북한의 요구를 대부분 수용하면서 2007년 2월 13일에 합의문을 도출했다. BDA 북한계좌 동결도 해제해주기로 했다. 이것을 「9 · 19 공동성명」 이행을 위한 1단계 합의라고 말한다. 여기서 비핵화 과정을 「동결 - 불능화 - 신고 - 폐기」의 4단계로 나누고, 1단계 이행에 합의했다.

미국은 2007년 4월 11일에 BDA 북한계좌 동결을 해제했다. 북한은 상응조치로 동년 7월 15일에 5MW 원자로와 재처리시설 및 핵연료공장을 동결시켰다. IAEA 사찰관도 복귀시켰다. 이에 중단됐던 6자회담이 재개됐다. 핵시설 불능화와 핵 프로그램 신고 방안도 논의했다. 그런데 북한은 이미 신고하고 동결한 대상만 신고 목록에 포함시켰다. 즉, 영변의 플루토늄에 대한 신고로 제한한 것이다. 이렇게 되면 영변 이외의 핵시설과 플루토늄 및 우라늄 의혹을 해소할 수 없게 된다. 북한은 핵 활동 검증 조치도 포함시키지 않았다.

미국과 북한은 이런 해석상의 차이를 해소하기 위해서 2007년 10월 3일에 다시 합의문을 도출했다. 이것을 「9 · 19 공동성명」 이행을 위한 2단계 합

245) 위의 책, p. 99에서 재인용.

의라고 말한다. 여기서 북한은 2007년 12월 31일까지 핵 시설 불능화와 핵 프로그램 신고를 완료하기로 했다. 이에 대한 반대급부로 북한은 6자회담의 5개국으로부터 중유 80만 톤 상당의 에너지와 물자를 제공받았다.[246)]

그런데 북한은 「불능화」를 가동 중단 정도로 간주했다.[247)] 미 · 북 간 합의가 도출됐지만, 해석상의 차이가 불거진 것이다. 이런 상태에서 미국은 2008년 10월에 북한을 대테러지원국 명단에서 삭제했다. 북한에 대한 적성국교역법 적용의 종료도 선언했다. 이에 대한 상응조치로 북한은 2008년 6월에 영변 핵시설의 냉각탑을 폭파하는 쇼를 벌였다. 그러나 북한은 2008년 11월에 핵 시설 신고의 정확성 여부를 검증하는 조치를 거부했다. 핵 폐기는 안 된다고 말하면서, 과거의 핵개발 흔적을 추적하는 시료 채취와 검증이 불가능하다는 주장도 했다. 이에 6자회담이 결렬되고 더 이상 진행되지 않았다.

이후 오바마 정권이 2009년 초에 출범하자 북한은 2009년 4월 5일에 은하 2호 장거리미사일 시험 발사를 했다. 이에 유엔안보리는 의장 성명으로 북한에 대북제재 결의안 1718호 이행을 촉구했다. 그러나 북한은 6자회담 비난 성명을 발표하고 더 이상 참여하지 않겠다고 선언했다. 이어서 2009년 4월 16일에 IAEA 사찰단을 추방했다. 2009년 5월 25일에는 제2차 핵 실험을 단행했다. 이로써 6자회담은 완전히 와해됐다.

6자회담에 대한 평가

6자회담에서도 이전의 핵협상과 마찬가지로 선이후난(선易後難)의 접근방식으로 2005년에 「9 · 19 공동성명」을 도출했다. 그 결과 북핵 폐기의 검증방법이 반영되지 않은 상태로 결국 좌초하게 된다. 핵 프로그램 신고는 2007년 7월에 가서야 논의되기 시작됐다. 2007년 7월부터 2008년 말까지 북한과 미국이 불능화의 대상과 검증 주체 및 방식에 대한 논의를 진행한 것이다. 그러나 미 · 북 간 입장 차이로 대립했다. 북한은 「9 · 19 공동성명」의 내용과 달리 실제론 1994년 「제네바 합의」 수준의 동결로 때우려 했다.

북한은 2007년의 「10 · 3 합의」에서 동년 12월 31일까지 IAEA에 통보했

246) 위의 책, p. 102.
247) 위의 책, p. 102.

던 핵시설의 불능화를 완료하겠다고 약속했다. 그러나 불능화를 합의했어도, 불능화에 대한 미·북 간 해석에 차이가 존재했다. 불능화의 정의와 내용 및 절차 그리고 불능화의 검증 절차와 체계에 대한 논의도 제대로 이루어지지 않았다. 이렇게 한 것은 미국의 실수였다. 북핵 관련 프로그램과 핵물질, 핵시설, 핵무기에 대한 사찰은 논의되지 못하고, 합의되지도 못했다.[248] 북한은 2008년 9월에 불능화하겠다던 핵 시설을 복구했다. 재처리시설에 대한 동결 조치도 해제했다. 이어서 과거 핵개발 행적의 파악을 위한 시료 채취를 거부했다.

미국은 6자회담 초기에 6자회담 내에서 미·북 양자회담 추진을 거부했다. 그러다 북한이 제1차 핵실험을 실시한 후 양자회담을 수용했다. 그 결과 6자회담의 의미가 훼손됐다. 북한과 미국이 주연 역할을 하고, 6자회담은 들러리가 된 것이다. 이것은 북한이 도발하면 미국이 유화적으로 나온다는 인식을 하게 만들었다.

정상국가 간의 협상이라면 북핵 문제는 벌써 해결됐을 것이다. 유독 북한과의 협상이 「제네바 합의」에 이어서 6자회담에서도 실패했다. 이것은 핵개발 그 자체보다 북한 정권에게 본질적 문제가 있음을 말해준다. 김정은 정권과 그동안 진행됐던 핵협상도 마찬가지다. 김정은은 협상 중에도 기술적 진전을 반영한 시간표에 따라 핵과 미사일 개발을 지속했다. 북한은 6자회담 진행 기간에 폐연료봉을 재처리하고, 2005년 2월 10일에 핵개발 완료를 선언했다. 2006년 10월 9일에는 핵실험을 실시했다. 이렇게 하면서 협상은 진행되었지만, 비핵화의 실질적 조치에는 가보지도 못하고 실패를 반복했다.

이것은 북한 정권에게 핵 포기 의사가 없었음을 방증하는 것이다. 정상국가에서는 상상하기 어려운 일이다. 북한은 핵물질과 핵기술을 이전하지 않겠다고 선언했었다. 그러나 2007년 9월 시리아에 원자로를 수출한 사실이 이스라엘에 의해서 드러난 일도 있다. 북핵 협상의 진행과정에서 북핵 위협은 더 커져 왔다. 지금도 마찬가지다.

우리 사회 일각에서는 2007년의 미·북 간 「10·3 합의」에서 북한이 핵신고를 하기로 했지만 검증 조항은 없었는데, 미국이 검증을 요구해서 깨졌다는 주장이 제기되기도 했다. 그러나 신고와 검증은 함께 가는 것이다. 검증 없

---

248) 위의 책, p. 107.

이 신고한 내용이 맞는지를 판단할 수 없기 때문이다. 북한이 검증을 거부해서 6자회담이 중단됐다면 그것은 북한의 잘못이지, 미국이나 관련국의 잘못이 아니다. 비핵화를 하기로 했으면, 검증을 해서 정말 비핵화를 했는지 확인하는 것은 필수다. 그런데 북한은 바로 이것을 원하지 않았다. 북한의 이런 방식은 제3차 북핵 위기 후 미 · 북 간 협상에서도 반복됐다.

3) 제3차 북핵 위기(2016년~현재)와 미 · 북 간 핵협상

제3차 북핵 위기의 전개 과정

제3차 북핵 위기는 김정은이 2016년 1월에 제4차 핵실험을 하고, 동년 2월에 장거리미사일 시험 발사를 하면서 시작됐다. 미국의 오바마 정부는 북한의 핵과 미사일 실험에 대한 대응조치로 2016년 3월 2일 유엔에서 대북제재 결의안 2270호를 채택하게 함으로써 북한 경제에 대한 전방위적 압박을 시작했다. 2270호 채택 당시 70년 유엔 역사상 비군사적 조치로는 가장 강력하고 실효적인 제재 결의안이라고 평가됐다. 그러나 북한은 이에 굴하지 않고, 2016년 9월 9일에 제5차 핵실험을 단행했다. 이에 유엔안보리는 다시 대북제재 결의안 2321호를 채택했다. 유엔 회원국들이 북한산 은과 동, 아연, 니켈 등 광물을 수입하지 못하도록 하고, 북한 내 외국 금융기관 및 계좌를 폐쇄시킴으로써 북한에 대한 압박 수위를 높였다.

그러나 김정은은 오바마 대통령(이하, 오바마)의 뒤를 이어 트럼프가 2017년에 미국 대통령으로 취임하기 직전 1월 1일 신년사를 통해서 미국을 겨냥해서 "핵무력을 중추로 하는 자위적 국방력과 선제공격능력을 계속 강화해 나갈 것"[249]이라고 밝혔다. 이후 트럼프와 김정은이 거친 말싸움으로 대립하는 가운데 북한에 대한 미국의 군사공격 가능성이 언론에 제기됐다. 이에 한반도에 위기상황이 조성됐다. 김정은은 이런 분위기 속에서도 2017년 7월 4일과 28일에 ICBM 화성-14형을 시험 발사했다. 그러자 유엔안보리는 대북제재 결의안 2371호를 채택했다. 유엔 회원국들이 북한산 석탄과 철, 철광석 그리고 수산물 등을 수입하지 못하게 전면적으로 금지했다. 신규 북한 노동자의 고용도

249) 김정은(2017). 신년사.

중단시켰다.

그러나 김정은은 2017년 9월 3일에 제6차 핵실험을 실시했다. 유엔안보리는 다시 대북제재 결의안 2375호를 채택했다. 북한의 정유제품 수입을 200만 배럴로 제한했다. 유엔회원국들이 북한산 섬유제품을 수입하는 것도 금지시켰다. 김정은은 2017년 11월 29일에 ICBM 화성－15형을 시험 발사하고, 마침내 핵 무력을 완성했다고 선포했다. 이에 유엔안보리는 대북제재 결의안 2397호를 채택했다. 북한에 대한 원유 공급이 400만 배럴을 초과하지 못하도록 하고, 정유제품 공급 상한선도 50만 배럴로 제한했다. 유엔회원국 내에 파견된 북한 해외노동자가 24개월 내 본국으로 돌아가도록 하는 내용도 포함시켰다.

이렇듯 북한과 미국 그리고 유엔 사이에 공방이 벌어지다가 2018년 6월 12일에 싱가포르에서 미 · 북 정상회담이 개최되면서 비핵화 협상이 시작됐다. 김정은이 2017년 11월 29일에 핵 무력 완성을 선포한 후 6개월여 만에 비핵화 협상이 시작된 것이다. 그런데 세상에 핵무기를 포기하기 위해서 핵무기를 완성하는 나라는 없다. 이것은 앞뒤가 맞지 않는 것이다. 더욱이 김정은은 2013년 헌법에 북한이 핵보유국임을 명시했다. 2016년 5월에 개최된 제7차 당대회에서는 전 세계의 비핵화가 이루어지기 전에 북한이 비핵화를 하는 일은 없을 것이라는 말도 했다. 그렇다면 김정은이 핵 협상에 나선 것은 비핵화를 하기 위해서가 아니라고 추론할 수 있다.

김정은에게 다른 생각이 있었기 미국과의 협상에 나왔다는 것이다. 몇 가지 관점에서 이것을 분석하면 다음과 같다. 첫째, 2017년에 미국이 북한을 군사적으로 공격할 가능성이 제기되고 한반도 위기설이 대두되자 김정은은 위기의식을 느꼈다. 이에 미국의 군사공격을 회피하기 위한 목적으로 미국과 대화를 시작했다. 둘째, 미국 대통령과 정상회담을 개최함으로써 자신의 아버지 김정일과 할아버지 김일성도 누려보지 못한 국제적 위상을 김정은이 누리고자 했다. 셋째, 비전통적 외교를 추진하는 트럼프를 이용해서 부분적 비핵화로 핵 협상을 종결시키는 가운데 북한을 사실상의 핵보유국으로 만들고자 했다. 동시에 국제사회의 강력한 대북제재를 해제시키고 남한의 경제지원을 확보하고자 했다. 넷째, 비핵화 협상을 진행하는 동안 핵무기 성능을 고도화시키고, ICBM 및 SLBM 등 전략무기와 전술핵무기를 개발할 시간을 확보하고자 했다.

다섯째, 미국과의 협상 및 남한과의 대화를 통해서 한미동맹의 균열과 와해를 도모하고자 했다.

그런데 김정은과 트럼프가 정상회담을 할 수 있도록 중재자 역할을 한 것이 바로 한국의 문재인 정부였다. 2017년 5월에 출범한 문재인 정부는 미국의 대북 군사공격 가능성으로 한반도 위기설이 대두되자, 이를 막기 위해서 공개적으로 미국이 한국의 동의 없이 한반도에서 전쟁을 일으킬 수 없다고 말했다. 문재인은 2017년 8 · 15 광복절 경축사에서 "한반도에서의 군사행동은 대한민국만이 결정할 수 있고, 누구도 대한민국의 동의 없이 군사행동을 결정할 수 없습니다. 정부는 모든 것을 걸고 전쟁만은 막을 것입니다"250)라고 말했다. 그러면서 북한과 물밑 접촉을 시작했다.

김정은은 2017년에 핵무기 완성의 막바지 단계에서 미국의 군사공격 가능성이 제기되자 내심 불안하게 생각했었다. 그러던 차에 한국의 문재인 정부가 앞장서서 무슨 일이 있어도 한반도에서 전쟁이 일어나는 일이 없도록 하겠다고 하자 이를 활용해서 문제를 해결할 수 있다고 판단했다. 그리하여 남과 북이 물밑 접촉을 시작한 것이다. 그리고 2018년 초 한국의 평창에서 개최된 동계올림픽을 기회로 삼아 긴장된 분위기를 반전시키기로 합의했다. 평창 동계올림픽에 북한이 선수단을 파견하자, 문재인 정부는 남북 단일팀을 구성하면서 한반도에 위기가 아닌 평화가 왔음을 대대적으로 홍보하고 선전하기 시작했다.

3차례의 남북 정상회담과 2차례의 미 · 북 정상회담

문재인은 평창 동계올림픽의 분위기를 이어서 2018년 3월 5일에 정의용 당시 청와대 국가안보실장을 특사로 북한에 보내서 김정은을 만나게 했다. 이 자리에서 정의용은 미 · 북 정상회담 개최를 주선했다. 이어서 3월 9일에는 특사 자격으로 트럼프를 방문하고 김정은의 미·북 정상회담 제안을 전달했다. 이렇게 해서 2018년 6월 12일에 트럼프와 김정은의 제1차 정상회담이 싱가포르에서 추진됐다. 남과 북은 미 · 북 정상회담이 추진되기 전 4월 27일 판문점

250) 문재인 대통령 제72주년 광복절 경축사에서 발췌, 『뉴스핌』. (2017. 8. 15.).

남측 지역에서 정상회담을 개최했다. 5월 26일에는 판문점 북측 지역에서 후속 정상회담을 가졌다.

한국은 핵 협상에서 당사자가 아닌, 중재자 역할을 자처하며 미국에게 북한과의 핵 협상을 위임했다. 제1차 미 · 북 정상회담에서는 4개항이 합의됐다. 첫째 미 · 북 관계 개선, 둘째 한반도 평화체제 구축, 셋째 한반도 비핵화 그리고 넷째 미군 유해 송환이 합의됐다. 그런데 회담 과정에서 김정은이 트럼프에게 한 · 미 연합군사훈련 중단을 요구했다. 트럼프는 즉흥적으로 김정은의 요구를 받아들였다. 트럼프는 회담 후 가진 기자회견에서 한 · 미 연합군사훈련 중단을 발표했다. 미국의 제임스 매티스(James Mattis; 이하, 매티스) 국방장관과 상의하지도 않고, 트럼프가 일방적으로 발표한 것이다.

싱가포르에서 합의된 사항은 중국이 말하는 쌍중단 및 쌍궤병행과 거의 동일하다. 북한의 핵미사일 실험 중단과 한 · 미 연합군사훈련 중단을 등가로 하고, 한반도 비핵화와 한반도 평화체제를 동시에 추구한다는 중국의 제안 말이다.(Ⅳ.2장)

북한은 제1차 미 · 북 정상회담을 준비하기 위한 실무회담을 의도적으로 방해했다. 미국과 북한의 실무진들이 정상회담을 개최하기 전에 만나서 충분히 준비하도록 기회를 주지 않은 것이다. 김정은은 실무진이 제대로 회담을 준비하지 못하게 하고는 트럼프를 만나서 북한에게 유리한 조건으로 직접 담판을 지으려했다. 그 결과 싱가포르 합의문은 지극히 추상적인 수준으로 나열됐다. 북한이 비핵화를 어떻게 추진할 것인지 전혀 구체적으로 제시되지 않았다. 역대 최악의 핵협상 합의문이 도출된 것이다.

심지어 북한은 핵 협상이 진행되는 동안 핵 시설 가동을 중단시키는 조치도 취하지 않았다. 1994년에 미 · 북 간 회담이 진행됐을 때는 클린턴이 북한을 압박해서 영변의 모든 핵시설 가동을 중단시켰다. 트럼프－김정은 회담에서는 비핵화 개념도 합의되지 않았다. 그리하여 미국과 북한이 비핵화 개념을 각자 다르게 해석하도록 만들었다. 북한은 주한미군 철수와 한국에 대한 미국의 핵우산 보장 철회 등을 포함한 「조선반도 비핵화」(한반도 비핵화)를 주장하고, 미국은 「북한의 비핵화」를 주장하게 만든 것이다. 싱가포르 합의문에 구체적 내용 없이 「한반도 비핵화」라는 용어가 사용됐기 때문이다.

이것은 24년 전의 「제네바 합의」 보다 못한 협상을 한 것이다. 전혀 준비되지 않은 회담에서 첫 단추가 잘못 끼워진 결과 둘째 단추도 잘못 끼워질 수 밖에 없었다. 북한은 자신에게 유리한 1차 회담 결과를 고수하려고 했고, 미국은 그것을 바꾸려고 했기 때문이다. 더욱이 제1차 미 · 북 정상회담에서 한 · 미 연합군사훈련 중단이 선언된 후로 문재인 정부 임기 말까지 그 영향을 받았다. 그런데 문재인 정부는 여기에 더해서 종전선언까지 추진하려고 했다. 북한이 아무런 비핵화 조치를 취하지도 않은 상태에서 남 · 북 · 미 싱가포르 종전선언을 추진하려고 한 것이다. 그러나 제1차 미 · 북 정상회담 직후 문재인 정부가 추진하려 구상했던 싱가포르 남 · 북 · 미 종전선언은 결국 무산됐다.

이후 3개월이 지난 9월 18~20일에 남북정상회담이 개최됐다. 여기서 「평양 공동선언」이 발표됐다. 동 선언에서 핵 관련 내용은 미국이 상응조치를 하면 북한이 영변의 핵시설 폐기를 추진하다는 것이 전부였다. 이것은 미국이 대북제재를 해제하면 북한의 영변 핵시설 폐기로 핵 협상을 종결시키겠다는 것을 의미했다. 즉, 북한이 영변 핵시설 이외의 우라늄 농축시설 등을 제외하고 영변만 언급함으로써 완전한 비핵화가 아닌 부분적 비핵화로 끝내려고 했다는 것을 말한다. 북한의 이런 구상은 2019년 2월 28일 하노이에서 개최된 제2차 미 · 북 정상회담에서 그대로 드러났다. 김정은은 제2차 미 · 북 정상회담 이전에 이미 이런 입장을 굳힌 것이다.

그런데 문재인은 김정은의 이런 구상이 담긴 「9 · 19 평양 공동선언」에 서명했다. 문재인이 김정은의 구상을 정말 몰랐을까? 문재인은 평양의 남북정상회담 이후 유럽을 순방했다. 그리곤 북한의 비핵화 조치가 전혀 이루어지지 않고, 북한이 핵무기를 생산하고 있는 상태에서 프랑스와 영국 및 독일의 정상들에게 대북제재 완화의 필요성을 설파했다. 북핵으로 인한 1차 피해의 당사자가 2018년 10월 유럽 순방에서 이런 주장을 한 것에 대해서 국제사회는 이해하지 못했다. 때문에 문재인이 김정은의 수석대변인이라는 언론보도가 나오기도 했다.[251]

대북제재를 완화하면 북한 비핵화의 동력이 떨어져서 더 이상 핵 협상이 진전을 거둘 수 없다. 그럼에도 문재인은 국제사회에서 대북제재를 완화시키

251) Lee, Y. (2018. 9. 26.). "South Korea's Moon Becomes Kim Jong Un's Top Spokesman at UN.": 『조선일보』. "'文은 김정은 수석대변인'은 블룸버그통신이 첫보도." 에서 재인용.

자고 홍보했다. 이런 행동을 어떻게 이해해야 할까? 북한의 비핵화를 어떻게든 성사시키겠다는 의지가 있는 사람이 이렇게 할 수 있을까? 어쩌면 영변의 핵시설만 폐기하는 북한식 비핵화, 즉 부분적 비핵화에 속으로 동의하면서 나머지 북한의 핵무기는 남한의 대북정책으로 관리하겠다는 생각을 한 것은 아닐까?

이후 2019년 2월 베트남 하노이에서 제2차 미 · 북 정상회담이 개최됐지만, 성과 없이 끝났다. 앞에서 말한 것처럼 북한이 영변 핵시설 폐기에 대한 상응조치로 유엔이 추진하고 있는 대북제재의 「사실상」 해제를 요구했기 때문이다. 김정은은 트럼프에게 영변의 핵시설(핵과학연구센터)을 해체하겠다는 제안을 했다. 그러나 트럼프는 영변을 포함해서 다섯 개의 핵시설을 해체하라고 김정은에게 요구했다. 김정은은 자신의 제안에서 조금도 물러서지 않았다. 이에 트럼프가 "당신은 합의할 준비가 안 됐어요"[252]라고 말했다. 트럼프가 회담 결렬을 선언한 것이다.

김정은은 하노이 회담에서 트럼프에게 영변 이외의 핵시설이 존재한다는 사실을 부인했다고 한다. 그러자 트럼프가 잘못된 합의보다는 차라리 「노딜」(No Deal)을 선택한 것이다. 제2차 미 · 북 정상회담에 참석했던 전 CIA 코리아미션센터 책임자 앤드류 김의 말에 의하면 북한이 부분적 비핵화의 조건으로 주한미군 철수는 물론 한반도 주변, 즉 괌과 하와이에 전개한 미국의 전략자산 철수도 요구했다고 한다.[253] 앤드류 김은 「하노이 노딜」 이후 "한미 간의 대북관에 차이가 있다"면서 "대북 시각차에 대한 대책이 필요하다"는 입장을 밝혔다.[254]

김정은은 하노이 제2차 미 · 북 정상회담에서 김일성 때부터 주장했던 「조선반도 비핵화」의 요구조건을 제시했다. 이에 반해 미국은 「북한 비핵화」에 핵무기는 물론 생화학무기 등 대량살상무기 일체의 폐기를 포함시켰다고 한다. 그런데 문재인 정부는 제2차 하노이 미북 정상회담이 「스몰 딜」(Small Deal)로 마무리되리라고 예상했다. 미국이 북한과 적당히 타협하고 협상하도록 「스몰

---

252) 밥 우드워드(2020), pp. 196－197.
253) 『동아일보』. (2019. 3. 22.). "北, 괌 전략자산 철수 요구'…靑, '비핵화 정의' 헛다리 짚었나."
254) 『동아일보』. (2019. 3. 21.). "앤드루 김 "김정은, 비핵화 통 크게 얘기하다 물러서는 등 오락가락."

딜」을 유도하고 기대한 것이다.

당시의 언론 보도를 보면 이와 관련된 내용이 상당히 많다. 즉, 문재인 정부가 부분적 비핵화인 「스몰 딜」로 협상이 이루어지길 바랐다는 것이다. 북한이 주장하는 방식의 「스몰 딜」, 혹은 「살라미 방식」으로 구성되는 「단계적 비핵화」는 역사적으로 항상 실패했다. 그런데 문재인 정부는 북한이 주장하는 방식에 동조했다. 과거 북핵 협상의 실패한 역사를 되돌아보면 해서는 안 될 일을 문재인 정부가 추구한 것이다. 국민 입장에서 이런 장면을 상상하면 참담한 마음에 모골이 송연해진다.

김정은은 하노이 회담 실패 후 문재인 정부를 비난하기 시작했다. 김정은이 한국의 문재인 정부 말을 듣고 미국과 협상에 임했다가 낭패를 봤다고 생각했기 때문이라는 언론 보도가 있었다.[255] 그런데 스티브 비건(Stephen Biegun; 이하, 비건) 당시 대북특사는 하노이 미·북 정상회담이 개최되기 직전인 2019년 1월에 스탠포드 대학에서 다음과 같이 북한의 비핵화 개념을 "'국제법 요건에 맞추어 북한의 대량살상무기(WMD)를 전부 제거하는 것으로서… 무기들의 생산 수단과, 운반수단인 대륙간 탄도미사일도 해당'된다고 정의했다."[256] 그리고 다음과 같이 말했다.

> "비핵화의 범위로 핵과 미사일 외에도 대량살상무기전체를 아우르고 있다. 접근 방식으로 크게 핵 시설 폐기, 핵·미사일 신고, 보유고 폐기를 제시하였다. 핵시설 폐기의 경우 영변 단지 내 핵물질 생산시설뿐 아니라 북한 전역에 퍼져 있는 비밀 시설을 모두 없애 핵 물질 추가 생산 중단을 목표로 한다."[257]

미국은 하노이 제2차 미·북 정상회담에서 비건이 스탠포드 대학에서 한 연설 내용을 반영하여 북한에게 모든 대량살상무기 제거를 요구했다. 이것은 2018년 9월에 남북 정상회담의 「평양 공동선언」에서 합의된 내용과 상당히 다르다. 그럼에도 문재인 정부는 「스몰 딜」이 이루어질 것으로 기대했다. 비건이 미국 입장을 2019년 1월 스탠포드 대학에서 밝혔는데도, 다르게 생각했

255) 이영종. (2020. 6. 25.). "하노이 '훈수'에 불만…김여정, 청와대에 '배신자' 말폭탄." 『중앙일보』.
256) 박원곤(2020), p. 76; 박원곤(2019) 참조.
257) 박원곤(2020), p. 76.

다. 이해할 수 없는 일이다. 분명한 것은 북한과 북핵 문제를 두고 한국과 미국이 서로 얼마나 다르게 생각했는지를 확인할 수 있다는 사실이다.

미·북 정상회담은 두 차례 모두 준비되지 않은 상태에서 진행됐다. 일반적인 정상회담과 반대인 톱다운 방식으로 진행됐기 때문이다. 이런 점에서 남북정상회담이 미·북 정상회담의 사전 정지작업이 됐어야 했다. 완전한 비핵화를 실현한다는 긍정적인 방향에서 말이다. 그러나 반대로 됐다. 남북정상회담은 비핵화를 목표로 하는 미·북 정상회담에 전혀 기여하지 못했다.

비핵화 개념에도 합의하지 못한 미·북 정상회담

북한이 말하는 비핵화는 「조선반도 비핵화」다. 김정은 정권 하에서 정부대변인이 2016년에 『조선중앙방송』을 통해서 발표한 「조선반도 비핵화」의 5대 조건은 다음과 같다.

> "첫째, 남조선에 끌어들여 놓고 시인도, 부인도 하지 않는 미국의 핵무기들부터 모두 공개하여야 한다. 둘째, 남조선에서 모든 핵무기와 그 기재들을 철폐하고 세계 앞에 검증 받아야 한다. 셋째, 미국이 조선반도와 그 주변에 수시로 전개하는 핵타격 수단들을 다시는 끌어들이지 않겠다는 것을 담보하여야 한다. 넷째, 그 어떤 경우에도 핵으로, 핵이 동원되는 전쟁행위로 우리를 위협 공갈하거나 우리 공화국을 반대하여 핵을 사용하지 않겠다는 것을 확약하여야 한다. 다섯째, 남조선에서 핵사용권을 쥐고 있는 미군의 철수를 선포하여야 한다."[258)]

이것은 우리가 생각하는 북한의 비핵화와 근본적으로 다르다. 애당초 비핵화에 대한 미국과 북한의 생각은 달랐다. 그런데 문재인 정부는 미국과 북한의 비핵화 개념이 같다고 하면서 미·북 정상회담을 주선하고, 핵 협상의 중재자로 자처했다. 협상 시작부터 실패의 씨앗이 잉태되어 있었던 것이다.

비건은 2019년의 하노이 미·북 정상회담을 회상하면서 당시 북한의 제안에는 "북한을 사실상 핵 보유국으로 인정하게 되는 것이 함축돼 있었다"고

---

258) 『조선중앙방송』. (2016. 7. 6). "조선민주주의인민공화국 정부 대변인 성명."

말했다. 그러면서 북한은 하노이 미 · 북 정상회담 이전에 트럼프가 "합의에 도달하고 싶은 마음이 절박하다고 판단해 실무회담에서는 논의하지 않고 정상회담까지 기다려서 그런 제안들을 내놓았다"고 말했다. 비건은 북한의 이러한 전략은 잘못된 것이었으며, "북한 안팎에서 그리고 아마 한국에서 조차도 이런 전략을 추구하도록 부추긴 사람이 있다면 그것은 큰 실수였다"고 말했다.[259] 비건이 하노이 제2차 미 · 북 정상회담과 관련해서 당시 남북한 정부 내 분위기를 암시한 것이다.

제2차 미 · 북 정상회담 실패 후 김정은은 2019년 4월 12일 최고인민회의 제14기 제1차 회의에서 북한의 핵무장을 국가의 근본 이익이라고 말했다. 그러면서 미국이 북한의 비핵화를 제재해제의 조건으로 삼고 있다고 비난했다. 동시에 미국의 대북제재가 장기적으로 계속될 것인 만큼 이것을 자력갱생으로 이겨내야 한다고 강조했다.

> "미국은 회담장에 나와서 한편으로는 관계개선과 평화의 보따리를 만지작거리고 다른 한편으로는 경제제재에 필사적으로 매여달리면서 어떻게 하나 우리가 가는 길을 돌려세우고 선 무장해제, 후 제도전복 야망을 실현할 조건을 만들어보려고 무진 애를 쓰고 있습니다. 미국이 우리 국가의 근본 리익에 배치되는 요구를 그 무슨 제재해제의 조건으로 내들고 있는 상황에서 우리와 미국과의 대치는 어차피 장기성을 띠게 되어 있으며 적대세력들의 제재 또한 계속되게 될 것입니다. (…) 장기간의 핵위협을 핵으로 종식시킨 것처럼 적대세력들의 제재돌풍은 자립, 자력의 열풍으로 쓸어버려야 합니다."[260]

김정은은 동 최고인민회의 연설에서 2019년 말까지 미국이 새로운 접근법을 내놓으라고 요구했다. 미국이 응하지 않을 경우 북한은 「새로운 길」을 가겠다고 협박했다. 2019년에 5월부터는 단거리 미사일 세트를 시험 발사하기 시작했다. 2019년 6월 30일에 판문점에서 갑작스러운 미 · 북 정상회동이 추진

259) VOA, (2021. 6. 4.). "비건 전 부장관 '북한과 합의 가능하다는 믿음 흔들림 없어…바이든 정책, 이전과 다르지 않아 성과 의문'."

260) 『로동신문』. (2019. 4. 13.). "조선로동당 위원장이시며 조선민주주의인민공화국 국무위원회 위원장이신 우리 당과 국가, 군대의 최고령도자 김정은 동지께서 력사적인 시정연설을 하시였다 김정은 현 단계에서의 사회주의건설과 공화국정부의 대내외정책에 대하여."

됐다. 여기서 트럼프와 김정은은 미·북간 실무회담을 추진하기로 합의했다.

그리하여 2019년 10월 5일 스톡홀름에서 미 · 북 간 실무자 회담이 추진됐다. 그런데 북한이 회담에서 먼저 결렬 선언을 했다. 비핵화에 대한 실무회담을 할 의지가 없었기 때문이다. 이어서 김성 유엔 주재 북한대사는 2019년 12월 7일에 "비핵화는 이미 협상 테이블에서 사라졌다"[261]고 주장했다. 북한 입장에서 비핵화 협상이 끝났다는 것이다.

김정은은 2019년 12월 노동당 전원회의에서 미국의 대북적대시정책이 지속되는 한 핵을 포기하지 않을 것이라고 천명했다. 동 전원회의에서 거론된 내용은 2020년 1월 1일자 『로동신문』을 통해서 발표됐다. 미국과의 장기전을 선포하면서 주민들에게 자력갱생으로 어려운 상황을 극복하자고 한 것이 핵심 내용이다. 미국이 북한의 요구를 들어주지 않으면 비핵화 협상은 더 이상 없고 북한이 핵보유의 길을 갈 것이라는 내용도 포함되었다.[262] 『로동신문』을 통해서 발표된 동 전원회의의 주요 내용은 다음과 같다.

> "우리에게 있어서 경제건설에 유리한 대외적환경이 절실히 필요한 것은 사실이지만 결코 화려한 변신을 바라며 지금껏 목숨처럼 지켜온 존엄을 팔 수는 없습니다.
> (…) 미국과의 장기적 대립을 예고하는 조성된 현 정세는 우리가 앞으로도 적대세력들의 제재 속에서 살아가야 한다는 것을 기정사실화하고 각 방면에서 내부적 힘을 보다 강화할 것을 절박하게 요구하고 있습니다.
> (…) 적대세력들의 제재압박을 무력화시키고 사회주의건설의 새로운 활로를 열기 위한 정면돌파전을 강행해야 합니다. 정면돌파전은 우리 혁명의 당면임무로 보나 전망적인 요구로 보나 반드시 수행해야 할 시대적과제입니다.
> (…) 조선로동당 위원장동지께서는 미국의 핵위협을 제압하고 우리의 장기적인 안전을 담보할 수 있는 강력한 핵 억제력의 경상적 동원태세를 항시적으

---

261) Nichols, M. and Brunnstrom, D. (2019. 12. 7.). "North Korea's U.N. envoy says denuclearization off negotiating table with United States," *Reuters*. https://www.reuters.com/article/us-northkorea-usa/north-koreas-un-envoy-says-denuclearization-off-negotiating-table-with-united-states-idUSKBN1YB0FG. Revere, E. J. R.(2020). p. 129에서 재인용.

262) 『로동신문』. (2020. 1. 1.). "주체혁명위업승리의 활로를 밝힌 불멸의 대강우리의 전진을 저애하는 모든 난관을 정면돌파전으로 뚫고 나가자. 조선로동당 중앙위원회 제７기 제５차 전원회의에 관한 보도."

로 믿음직하게 유지할 것이며 우리의 억제력강화의 폭과 심도는 미국의 금후 대조선 립장에 따라 상향조정될 것이라는데 대하여 언급하시였다."[263]

뿐만 아니라, 김정은은 동 전원회의에서 "세상은 곧 멀지 않아 조선민주주의인민공화국이 보유하게 될 새로운 전략무기를 목격하게 될 것이라고"[264] 이라고 주장했다. 그리고 2020년 10월 10일에 당 창건 75주년 기념 열병식에서 1년 전에 자신이 말한 새로운 전략무기(화성 16호)를 과시하면서, 핵무기를 계속 개발하겠다고 밝혔다. 김정은은 3개월 후 2021년 1월에 개최된 제8차 당대회에서도 기존 노선을 유지했다.

미국의 17개 정보기관들은 제2차 미 · 북 정상회담이 하노이에서 개최되기 직전인 2019년 1월에 "북한이 미국과 국제사회의 핵심적인 양보를 얻기 위해 부분적 비핵화 협상을 추구하고 있지만, 모든 핵무기와 생산 능력을 포기하지 않을 것으로 평가"했다.[265] 2020년에 유엔 대북제재위원회는 보고서에서 북한이 평산 우라늄 공장을 가동 중이라고 보고했다.[266] 그럼에도 트럼프는 북한이 핵실험과 ICBM 발사만 하지 않으면 된다고 말했다. 그러면서 김정은과 사랑에 빠졌다고도 말했다.

트럼프는 2018년 6월에 김정은과 제1차 정상회담을 한 후로 태도가 돌변했다. 북한에 대한 최대압박 정책을 포기한 것이다. 이에 대해서 미국 해리티지 재단의 선임연구원인 브루스 클링너(Bruce D. Klingner; 이하, 클링너)는 트럼프가 북한의 비핵화를 위해서 다음과 같은 조치를 취하지 않는다면서 비판했다.

"2018년 6월 트럼프 대통령이 언급한 300개 북한의 조직을 제재하고, 돈세탁과 기타 범죄에 관여한 중국의 금융기관들을 처벌하고, 북한의 제재 회피

263) 위의 글.
264) 위의 글.
265) 박정현(2020), p. 39.
266) "북한은 2017년 말 이후 핵실험과 대륙간탄도미사일(ICBM) 시험 발사를 중단하고 있다. 그러나 핵 관련 시설 건설과 탄도미사일 기술을 이용한 미사일 시험 발사 등을 지속해 유엔 안보리 결의를 위반했다고 제재위는 평가했다. 핵 활동과 관련해선 북한 영변의 경수로 주변에서 건물 신축 작업 등이 위성사진을 통해 포착됐다. 영변의 5MW 원자로는 2018년 말 이후 가동 징후는 포착되지 않았다고 한다. 제재위는 한 유엔 회원국을 인용해 평산의 우라늄 공장이 가동 중이라고도 전했다."(『중앙일보』. (2020. 4. 19.). "'中 묵인, 美방관' 합작…쉴 틈 없던 北바지선, 모래까지 팔았다."

를 지원하는 조직들에 2차 제재를 부과하고 군사연습을 원상 수준으로 회복하고 아시아의 동맹국가들과 긴장관계를 복원하고 인권 보호 원칙을 옹호하여야만 한다."[267]

이것이 북한의 비핵화를 끝까지 추구할 의지가 없었던 트럼프의 본 모습이었다. 트럼프는 2018년에 상업적인 마인드로 김정은에게 접근했다. 그리하여 비핵화의 대가로 북한에 밝은 미래를 제공하겠다고 제안했다. 그러나 이것은 북한 체제의 본질을 모르는 단견이었다. 트럼프의 이런 잘못된 판단에 한국 정부도 일조했다. 북한이 핵개발을 포기하고, 대신에 경제발전을 원할 것이라는 잘못된 정보를 미국의 협상팀에 입력했기 때문이다.

하노이 제2차 미 · 북 정상회담 실패 후 트럼프는 2019년 말과 2020년에 현상유지 정책을 추진했다. 더 이상의 압박으로 북한을 자극하지 않았다. 그렇다고 북한의 비핵화를 위해서 적극 노력하지도 않았다. 다만, 북한이 비핵화의 약속을 지키기를 희망한다는 기존의 원론적 발언을 반복할 뿐이었다. 이것은 트럼프가 비난했던 오바마 정부의 대북 「전략적 인내」와 유사한 것이었다.

트럼프는 싱가포르 정상회담에서 북한으로부터 추상적인 합의 외에 아무것도 받아내지 못했다. 김정은이 2018년 4월에 이미 핵무기를 완성했기 때문에 더 이상 불필요하다고 자체적으로 선언한 핵실험 중지 및 ICBM 발사의 중단[268]에 대한 대가로 한 · 미 연합군사훈련 중단이라는 선물을 김정은에게 주었을 뿐이다. 트럼프가 국가 정책적 관점에서 김정은으로부터 얻은 것은 없다.

---

267) 브루스 클링너. (Bruce D. "美 인도태평양전략과 中 일대일로전략의 경쟁 속의 한미동맹과 한미일 안보협력의 임무. pp. 273-274. 영어 제목: Klingner, B. D. "What Are the Tasks of the ROK-U.S. Alliance and the ROK-U.S.-Japan Trilateral Cooperation in the Midst of the Rivalry between the U.S.'s Indo-Pacific Strategy and China's One-Belt-One-Road Strategy?" 제8회 한국국가전략연구원 - 미국 브루킹스연구소 국제회의: 한반도 평화의 실상과 허상: 냉철한 현실 인식과 전략적 지혜 Reality and Illusion of the Peace on the Korean Peninsula: Disillusioned Reality Check and Strategic Wisdom. (1월 15~16일).

268) "조선로동당 위원장동지께서는 핵개발의 전 공정이 과학적으로, 순차적으로 다 진행되였고 운반타격수단들의 개발사업 역시 과학적으로 진행되여 핵무기병기화 완결이 검증된 조건에서 이제는 우리에게 그 어떤 핵시험과 중장거리, 대륙간탄도로케트시험발사도 필요없게 되였으며 이에 따라 북부 핵시험장도 자기의 사명을 끝마치였다고 말씀하시였다."[『조선중앙통신』. (2018. 4. 21.). "김정은 동지의 지도밑에 조선로동당 중앙위원회 제7기 제3차전원회의 진행."].

그러나 그는 자신이 생각할 때 수백 개의 카메라 앞에서 김정은과 기막힌 TV 쇼를 연출했다. 전 세계의 이목을 끈 것이다. 이것이 그가 미 · 북 정상회담을 통해서 개인적으로 얻은 것이다.[269)]

미국에서 2021년 1월에 바이든 정부가 새로 출범했다. 바이든 정부는 외교적으로 북핵 문제를 해결하기 위해서 수차례 북한에 조건 없는 대화를 제안했다. 그러나 북한의 거부로 2022년 4월 현재까지 단 한 차례의 미 · 북 간 실무협상도 이루어지지 않고 있는 상황이다.

제3차 북핵 위기 시 미 · 북 간 핵협상 평가

2018년과 2019년에 두 차례의 미 · 북 정상회담과 3차례의 남북 정상회담이 개최됐다. 그러나 북한이 먼저 비핵화 협상 결렬을 선언하고, 실질적 비핵화 조치가 없는 상태에서 중단됐다. 심지어 비핵화의 개념에 대한 합의조차 이루어지지 않았다. 한편, 북한은 미 · 북 정상회담 후 오히려 안전하게 핵과 미사일 개발에 전력투구했다. 2019년 하노이 회담 실패 후 다양한 종류의 미사일 실험을 한 것이 이것을 방증한다.

트럼프는 북한이 핵실험과 ICBM 시험 발사만 안 하면 된다고 하면서 북한의 단거리와 중거리 미사일 실험을 모른 척했다. 트럼프는 미국 재무부가 추가 대북제재 조치를 취하려고 하자 철회시키기도 했다. 이런 것들은 미국 실무자들의 대북정책 집행을 어렵게 만들었다.

지난 4년 간 다시 한 번 확인한 사실은 북한이 비핵화를 할 것이라는 믿음이 환상에 불과하다는 것이다. 북한이 2018년부터 2021년까지 4년 동안 취한 조치는 핵실험과 ICBM 시험발사의 중단뿐이었다. 북한이 2018년에 풍계리 핵실험장 갱도 입구를 폭파한 것은 2008년에 영변의 원자로 냉각탑 폭파시켰던 쇼와 다를 것이 없다. 북한은 2018년에 풍계리 핵실험장 입구를 폭파시키더니 이것도 2022년에 3월에 복구시키는 작업을 진행했다. 2022년 3월 24일에는 ICBM 시험발사도 다시 했다.

북한은 「선(先) 신뢰, 후(後) 비핵화」를 요구하면서 핵 시설 동결도 하지

269) 밥 우드워드(2020), p. 214.

않고, 모든 핵 신고도 미룬 채 북한에 대한 미국의 체제보장을 요구했다. 그리고 북한이 핵실험과 ICBM 시험발사를 중단했는데도 미국이 대북제재를 완화시키지 않는다고 주장하면서 비핵화 협상에 비협조적으로 나왔다. 대북제재 해제는 단순히 핵실험과 ICBM 시험발사 중단이 아니라, 북한의 핵과 관련된 모든 프로그램이 폐기되어야 가능한 것임에도 그랬다.

그러면서 북한은 미국의 셈법 변화를 요구했다. 북한 자신은 핵 신고 등 외부의 신뢰를 얻을 수 있는 조치를 않으면서 상대에게 신뢰 조치를 요구한 것이다. 이같이 북한의 방식은 과거와 같다. 그런데 문재인 정부는 유연한 접근을 하자면서 과거의 교훈을 외면했다.

북한은 지난 30년 동안 항상 이득만 취하고 핵협상을 파국으로 몰고 갔다. 선이후난(先易後難) 방식으로 북한과 협상을 하다간 남북 군사분야 합의, 대북제재 해제, 종전선언과 평화협정 등으로 우리만 북한에게 선물을 주고 북한과의 합의에 구속된 채 실패로 끝나게 되어 있다. 전시성 효과만 있을 뿐, 실제론 아무 성과 없이 북한에게 핵개발 고도화의 시간을 벌게 해주면서 실패하게 되어 있다는 말이다.

그런데도 문재인 정부는 초지일관 실패할 정책을 추진했다. 불행 중에도 그나마 다행이었던 것은 미국이 북한의 실질적인 비핵화 조치가 이루어지지 않은 상태에서 느슨해진 대북제재 유지를 고수했다는 것이다. 과거 북핵 협상의 실패를 되풀이하지 않기 위한 조치였다.

제3차 북핵 위기 이후의 핵 협상은 과거보다 못한 방식으로 진행되다가 중단됐다. 북한이 비핵화를 위한 미·북 간 실무진 회담을 사실상 거부하고 트럼프만 상대하면서 목적을 달성하려 했기 때문이다. 때문에 많은 전문가들이 트럼프가 김정은을 만날 때마다 김정은에게 선물만 주고 협상이 끝나지 않을까 조마조마한 마음으로 지켜봤다.

북한 비핵화의 문제점 중 하나는 북한이 자신의 방식으로 「셀프 비핵화」를 하려 한다는 것이다. 그런데 이 「셀프 비핵화」란 것이 겉으론 비핵화인 것 같아도, 실제론 핵 군축이다. 그런데 문재인 정부는 북한의 이런 「셀프 비핵화」에 협조하려 했다. 김정은은 2019년 12월에 개최된 노동당 전원회의에서 더 이상 핵 협상에 연연하지 않고 핵보유의 길을 가겠다고 선포했다. 그럼에도 문재인은 2020년 신년 초에 북한의 비핵화에 대해서 한 마디도 언급하지 않았다. 대신에 평화경제를 강조했다. 그러면서 북한의 비핵화와 관계없이 남북관계를 발전시키자고 북한에게 제안했다.

문재인 정부는 남북관계 발전이 미·북관계의 발전을 촉진할 것이라는 명분을 제시했다. 그러나 남북관계 발전이 북한의 비핵화 및 미·북관계의 발전을 촉진한다는 보장은 어디에도 없다. 북한 자체가 한국 정부의 이러한 주장을 부정하고 있기 때문이다. 남북관계는 북핵 문제와 상관없다는 것이 북한의 변함없는 주장이다.

따라서 미국 입장에서는 한국 정부의 구상이 북한의 비핵화를 촉진하는 것이 아니라, 오히려 방해하는 요소가 된다고 판단하기도 했다. 한국 정부의 구상이 대북제재를 무력화시킬 수 있다고 생각했기 때문이다. 돌아보면 트럼프 못지않게, 한국의 문재인 정부 역시 북한의 비핵화에 얼마나 진지했는지 의구심을 품지 않을 수 없다. 이것이 우리 입장에서는 가장 큰 문제였다.

4) 북핵 협상 30년의 교훈

북한은 협상과 합의 이행 중에도 핵개발을 지속했고, 합의를 제대로 이행한 적이 없다. 첫째, 1992년 남북한 핵협상으로 「한반도 비핵화 공동선언」을 한 후 합의 내용을 이행하지 않았다. 둘째, 1994년 미·북 「제네바 합의」 후 비밀리에 핵개발을 지속했다. 셋째, 2005년 6자회담에서 「9·19 공동성명」을 발표한 후 합의 내용을 이행하지 않았다. 넷째, 2018년 싱가포르 미·북 정상 간 4개항 합의 후 실무회담을 거부했다. 애초부터 핵무기를 포기할 생각이 없었기 때문이다. 북한이 정상국가라면 비핵화 협상을 이렇게 하지 않았을 것이다.

북한을 대할 때, 우리식으로 생각하면 반드시 실패한다. 정상국가들이 하는 식으로 북한도 할 것이라고 기대하고 북한을 대하면 실패한다는 의미다. 지난 30년 동안 북핵 협상은 피상적인 합의서를 만들고는 항상 첫 단계에서 맴돌다 실패했다. 북핵 협상의 역사는 「도발 – 협상 – 타결 – 파국」이라는 악순환의 고리를 벗어나지 못했다. 과거에 북한이 도발하면 미국은 협상을 추진했다. 이것은 북한에게 잘못된 메시지를 전달했다. 그 결과 악순환이 끊이지 않았다. 북한은 긴 호흡으로 핵무기를 개발했다. 역사적으로 협상은 북한에게 핵개발의 시간을 벌기 위한 수단에 불과했다. 그런데 한국과 미국은 단기적

성과를 위해서 급하게 협상을 추진했다.

북한이 1993년에 NPT 탈퇴를 선언하자, 미국은 북한의 NPT 탈퇴 위기를 수습하고 봉합하기에 급급했다. 이에 미국과 북한의 협상이 시작된 후 북한은 통미봉남(通美封南) 정책으로 미국만 상대했다. 이후 1994년 미 · 북 「제네바 합의」가 타결됐다. 북한이 1998년 8월 30일에 대포동 1호 미사일을 시험 발사하자 1999년에 미국 국무장관 올브라이트가 북한을 방문했다. 그리고 동년 9월에 미 · 북 「베를린 합의」가 타결됐다. 북한의 미사일 시험발사 유예에 대한 상응조치로 미국의 대북제재를 해제하기로 한 것이다.

북한은 2006년 10월 9일에 제1차 핵실험을 실시했다. 그러자 미국이 6자회담 내에서 북한과의 양자회담을 거부해 온 관례를 뒤집고 북한과의 양자회담을 수용했다. 또한 BDA의 북한계좌 동결을 해제하는 문제에 대해서 북한과 협상을 시작하고 2007년 2월 13일 미 · 북 간에 「베를린 합의」를 도출했다. 그러나 미국의 금융제재가 철회된 후 아무 효과도 거두지 못한 채, 6자회담도 성과 없이 파국을 맞았다.

2018년 이후에 진행된 미 · 북 간 협상도 마찬가지다. 북한과 큰 틀에서 합의하고, 구체적 내용을 미루면 실패한다. 타협의 성과를 내기 위해서 북한에 양보하면 결국 본질에 도달하지 못하고 실패한다. 우선 합의 가능한 것이라도 하는 것이 좋다는 식으로 임하면 안 된다는 의미다. 협상 초기에 구체적 내용이 포함된 틀을 만들지 못하면 차라리 안 하느니 만 못한 것이 북한과의 협상이다. 북한이 어떤 벼랑 끝 전술을 쓰더라도 합의에 협조하지 않을 수 없도록 압박하지 않으면 북한과의 협상은 결국 실패한다.

투명성과 공개성 그리고 예측 가능성을 확보할 수 없는 비핵화 협상은 그동안 실패를 반복했다는 것이 역사의 교훈이다. 신뢰는 투명성과 공개성 및 예측 가능성이 담보돼야 형성되는 것이다. 깨트리기 위해서 약속하는 북한과 당장 합의를 이루기 위해서 양보하는 것은 어리석은 일이다. 깨질 협상을 하는 과정에서 북한에 인센티브를 준다고 종전선언 등을 하게 되면 유엔사 해체와 한미동맹 와해 등 우리에게 불리한 여러 문제만 발생한다.

문재인은 2018년부터 임기 말까지 김정은에게 비핵화 의지가 없음에도 마치 있는 것처럼 공개적으로 말했다. 김정은의 비핵화 결단에 힘을 실어주자고 역설하기도 했다. 이것은 현실에 부합하지 않고, 국민을 오도하는 주장이었다. 북한은 앞에선 핵협상을 하는 것처럼 하면서, 뒤에선 핵무기를 개발해왔다. 그런데 문재인 정부는 북한의 이와 같은 이중적 태도를 묵인하면서 협조했다. 이런 점에서 문재인 정부의 북핵에 대한 태도는 최악이었다.

미국과 국제사회가 대북제재를 하는 것은 북한이 핵무기를 개발했기 때문이다. 그런데 북한은 자신의 핵무기 개발 때문에 촉발된 대북제재를 미국의 대북적대시정책이라고 선전한다. 그리고 미국의 대북 압살정책과 체제 전복 정책에 대항하기 위해서 자력갱생을 각오하고 핵무기를 개발할 수밖에 없다고 주장한다. 이것은 본말이 전도된 주장이다. 그렇지만 북한이 핵무기를 대량으로 생산하는데도 문재인 정부는 북한에게 비핵화 인센티브를 제공하는 차원에서 대북제재 완화와 종전선언을 하자고 제안했다. 이 과정에서 한·미 간 이견으로 동맹이 약화될 수 있었음에도 그랬다.

다시 한 번 「한반도 비핵화」와 「북한 비핵화」에 대하여

미국에서 바이든 정부가 출범한 후 2021년 3월 17일에 토니 블링컨(Tony Blinken; 이하, 블링컨) 국무장관과 로이드 오스틴(Lloyd Austin; 이하, 오스틴) 국방장관이 한국을 방문했다. 이때 블링컨은 정의용과 회담을 한 후 기자회견에서 「북한 비핵화」를 말했다. 반면에 정의용은 「한반도 비핵화」를 말했다. 그래서 논란이 된 적이 있다. 문재인 정부는 임기 말까지 「북한 비핵화」보다 「한반도 비핵화」라는 개념이 더 정확하다면서 「북한 비핵화」라는 개념을 공식적으로 사용하지 않았다. 북한도 「북한의 비핵화」라는 말을 사용하지 않고, 「조선반도 비핵화」라는 말을 사용한다. 이점에서 문재인 정부와 북한 정권의 용어가 같다.

필자는 「북한 비핵화」라는 표현이 정확한 것이고, 앞으로 이 개념을 사용하는 것이 옳다고 주장한다. 그 이유는 다음과 같다. 만약 북한이 「한반도 비핵화」를 「북한 비핵화」와 동일한 개념으로 인식한다면 두 개념 중 어느 것을 사용해도 무방하다. 그러나 북한이 「한반도 비핵화」를 「북한 비핵화」와 다른 개념으로 사용하고, 또한 「북한 비핵화」를 거부하기 위한 용어로 사용한다면 「한반도 비핵화」라는 표현을 쓰는 것은 부적절하다. 적지 않은 사람들이 북한과의 협상을 위해서 「한반도 비핵화」라는 표현을 사용하는 것에 동의한다.

그러나 지난 30년 동안 북한과의 협상에서 확인한 것은 협상을 위한 협상이 아무 의미가 없었다는 것이다. 협상만 하다가 시간만 낭비하고 결국 실패할 것이라면 그런 협상은 차라리 하지 않는 것이 낫다. 오히려 플랜 B(대안)를 준비하는 것이 훨씬 현실적이다. 중요한 것은 북한의 의도를 정확하게 파악하고, 그에 맞춰서 대응하는 것이다. 지난 역사로부터 교훈을 찾고, 실패를 되풀이하지 않으려는 노력을 하지 않는다면 실패한 역사는 반복될 수밖에 없다.

지금이 북핵 협상의 초기 단계라면 선의로 북한을 대하면서 일단 모호한 표현을 통해서라도 훗날 더 진전된 협상을 할 여지를 만드는 것을 시도해 볼 수 있다. 상대도 진정성을 갖고 협상에 임한다면, 이것이 외교에서 일반적으로 사용하는 방법이기도 하다. 그러나 그렇게 하다가 지난 30년 동안 북핵 협상은 실패했다. 앞에서 지적했듯이 북한과 협상하면서 선이후난(先易後難)의 방식을 도입하면 반드시 실패한다. 수없이 북한의 속임수로 비핵화 협상의 실패를 경험하고도, 아직 지난날의 방식을 되풀이하려는 것은 현명한 행동이 아니다.

북한과의 협상을 위해서 「한반도 비핵화」라는 개념을 사용할 경우, 북한이 이 개념으로 어떻게 나올지, 그 결과가 어떻게 될지 문재인 정부가 정말 모르고 「한반도 비핵화」라는 개념을 주장했던 것일까? 과거에 그 개념을 사용했기 때문에 그대로 하는 것이 옳다는 주장 역시 맞는 것일까? 바로 그런 방식 때문에 북한과의 협상이 항상 실패했는데도 말이다.

「북한 비핵화」 대신 「한반도 비핵화」라는 표현을 좋아하는 국가로는 북한 말고 중국이 있다. 중국도 북한과 마찬가지로 「한반도 평화협정 체결」과 「한반도 비핵화」를 연계하면서 주한미군 철수를 달성하려고 하기 때문이다. 그런데 문재인 정부는 북한과 중국의 이런 의도를 정말 모르고 「한반도 비핵화」라는 개념 사용을 고집했던 것일까? 필자는 그렇지 않다고 생각한다.

문재인 정부는 북한이 주장하는 「조선반도 비핵화」와 한국이 주장하는 「한반도 비핵화」의 개념이 다른데도 불구하고, 같다고 주장했다. 문재인 정부는 전자와 후자가 다르다는 말을 한 적이 없다. 그리고는 북한과 미국 양쪽에 다른 비핵화 개념을 말하면서 미 · 북 정상회담을 중재했다. 한반도에서 미국의 대북 군사공격으로 발생할 수 있는 전쟁을 막고 보자는 것이 목적이었다. 그 결과 본질적 문제가 감춰져 있다가 제2차 미 · 북 정상회담 실패 후 드러났다.

문재인 정부가 문제 해결은 못하고 시간만 끌면서 북한이 마음 놓고 핵과 미사일 개발을 할 수 있도록 도와준 것이다. 북핵 문제는 북한이 정상국가가 되어야 해결이 가능하다. 북한이 비정상국가로 존재하는 한 핵 문제 해결이 어렵다. 북한 정권은 국민을 굶주리게 하고 핵무기를 만들면서 인도적 문제 해결은 국제사회의 도움에 맡겨왔다. 만약 김정은이 정상국가의 지도자라면 경제를 살리기 위해서 핵을 포기하기로 결단했을 것이다. 만약 북한이 정상국가라면 비핵화 협상 중에 핵무기를 더 많이 생산하지도 않았을 것이다. 어차피 협상 후 핵무기를 없앨 것인데, 인민을 굶주리게 하면서 이것을 더 만들 이유가 없다. 그런데 이렇게 하지 않는 것은 김정은에게 비핵화 의지가 없기 때문이다.

그런데 이와 달리 이종석은 북한이 핵을 포기하고 경제를 살리기로 한 것처럼 주장했다. 김정은이 마치 국가전략을 바꾼 것처럼 주장한 것이다. 북한 전문가 정영철도 마찬가지다. 소위 진보 진영에서 한두 사람이 이런 주장을 한 것이 아니다. 그런데 이런 주장은 정말 맞는 것일까? 아니라면 현실을 왜곡하는 것일까? 이 문제를 다음 절에서 자세히 살펴보자.

4. 진보와 보수라는 잘못된 이분법

가. 한국 진보의 「북한 연구」는 정말 진보적인가?

1) 김정은은 국가전략을 바꿨나?

김정은은 2017년 11월 29일에 ICBM 화성－15형의 발사 성공을 계기로 핵무기 완성을 선포했다. 2018년 4월 21일에 개최된 당 중앙위원회 제7기 제3차 전원회의에서는 「핵 · 경제 병진노선」이 성공적으로 관철돼서 강력한 보검인 핵무기를 가질 수 있게 됐다고 말했다. 핵무기를 완성했기 때문에 더 이상 핵실험과 중 · 장거리 및 대륙간탄도미사일 시험발사가 필요하지 않게 됐다는 말도 했다. 북부 핵실험 장소 역시 자기 사명을 마쳤다고 발언했다.

> "조선로동당 위원장동지께서는 핵개발의 전 공정이 과학적으로, 순차적으로 다 진행되였고 운반타격수단들의 개발사업 역시 과학적으로 진행되여 핵무기 병기화 완결이 검증된 조건에서 이제는 우리에게 그 어떤 핵 시험과 중장거리, 대륙간탄도로케트 시험발사도 필요 없게 되였으며 이에 따라 북부 핵시험장도 자기의 사명을 끝마치였다고 말씀하시였다"270)

김정은은 이 같이 말하면서 북한이 핵무기 완성으로 확실하게 군사강국이 된 만큼 앞으로 사회주의경제건설에 총력을 집중하겠다고 말했다. 그리고 이것을 새로운 전략적 노선이라고 표현했다. 그러자 우리 사회 일각에서는 김정은이 국가전략 노선을 바꿨다는 주장이 제기됐다. 김정은이 「핵 · 경제 병진노선」을 버리고 경제건설에 총력을 집중하는 새로운 전략노선으로 바꿨다는 것이다. 예를 들어 임을출 경남대학교 극동문제연구소 교수(이하, 임을출)는 다음과 같이 말했다.

---

270) 『조선중앙통신』. (2018. 4. 21.). "김정은 동지의 지도 밑에 조선로동당 중앙위원회 제7기 제3차 전원회의 진행."

"북한은 2018년 4월 병진노선의 종결을 선언하고 '핵무기 없는 세계'에 대한 비전과 함께 '전당, 전국이 사회주의 경제건설에 총력을 집중하는 것'을 새로운 전략적 노선으로 제시 (…)

이제 튼튼한 안보가 확보되었기 때문에 이제는 경제건설에 집중할 때라는 분명한 메시지를 발신, 김정은 위원장 입장에서는 핵무력을 조기에 완성, 이를 지렛대 삼아 미국을 협상테이블로 견인해 비핵화-제재 완화 교환을 통해 경제발전의 돌파구를 열려고 했던 의도로 해석"[271)]

정영철 서강대학교 공공정책대학원 교수(이하, 정영철)도 임을출과 마찬가지로 김정은이 2018년 4월에 "그간의 '병진노선'을 마무리 짓고, '경제건설 총력집중노선'으로의 변화를 선언하였다"[272)]고 주장했다. 그리고는 김정은이 「인민생활 향상」을 위한 조건을 마련하기 위해서 2018년 한반도 평화와 북미관계 개선을 모색하는 대타협을 시도했다고 주장했다.[273)]

김연철 인제대학교 교수(이하, 김연철)도 "북한은 비핵화에 대한 의지를 보이면서 단계적이고 동시적으로 풀어가겠다는 입장이 분명해 보인다"고 말했다.[274)] 이종석 · 최은주도 김정은이 선군정치를 종식시키고 군사 분야에 대한 자원배분을 인민경제 분야로 돌리면서 국가전략을 바꿨다고 주장했다.[275)] 임을출과 정영철, 김연철 그리고 이종석 뿐만이 아니다. 세칭 진보적 북한 연구자들 상당수가 이 같은 주장을 했다. 문재인 정부 역시 같은 시각으로 해석하면서 김정은의 비핵화 결단을 도와줘야 한다고 주장했다. 문재인 정부의 그런 주장 이면에는 대북제재를 완화하거나, 해제시켜야 한다는 생각이 깔려있었다.

문제는 문재인 정부와 진보 진영 학자들이 북한의 주장을 자의적으로 해석했다는 것이다. 이들은 김정은 정권이 2019년 당 중앙위원회 제7기 제3차 전원회의에서 "병진로선의 위대한 승리에 토대하여 자력갱생의 기치높이 우리 혁명의 전진속도를 더욱 가속화함으로써 당 제7차대회가 제시한 사회주의건

---

271) 임을출(2020), pp. 16－18.

272) 정영철(2020), p. 223.

273) 위의 글, p. 206－207.

274) 『연합뉴스』. (2018. 4. 10.). "김정은, 남북관계 · 북미대화 대응방향 제시…내일 베일 벗나."

275) 이종석 · 최은주(2019).

설의 더 높은 목표를 앞당겨 점령"[276]하겠다고 말한 부분을 북한의 의도와 달리 해석했다.

북한이 말하려고 했던 것은 2013년에 「핵 · 경제 병진노선」을 발표한 후 2017년에 핵무기는 완성했지만 그동안 경제에 힘을 쏟지 못했는데, 이제부터 경제발전에 힘을 쏟아서 향후 제대로 된 「핵 · 경제 병진노선」을 실현하겠다는 것이었다. 이것은 북한이 「핵 · 경제 병진노선」을 버리고 경제에만 힘을 쏟겠다고 한 것이 아니다. 지난날의 말뿐이었던 「핵 · 경제 병진노선」 대신에 제대로 「핵 · 경제 병진노선」을 추진하겠다고 한 것이다.

그런데 한국의 진보 학자들은 북한 당국이 마치 핵을 포기하는 비핵화를 하면서 향후 경제건설에만 총력을 집중하겠다고 한 것처럼 해석했다. 그랬기 때문에 한국 진보는 북한 당국이 동 전원회의에서 「경제건설과 핵무력건설 병진노선의 위대한 승리를 선포함에 대하여」라는 결정서를 가장 먼저 채택하고, 그 첫 번째 항목에서 핵무기 개발을 자랑스럽게 부각시켰던 의미를 이해하지 못했다. 북한 당국이 동 결정서에서 가장 중요하게 선포한 첫 번째 내용을 보면 다음과 같다.

> "첫째, 당의 병진로선을 관철하기 위한 투쟁과정에 림계전 핵시험과 지하 핵시험, 핵무기의 소형화, 경량화, 초대형 핵무기와 운반수단 개발을 위한 사업을 순차적으로 진행하여 핵무기 병기화를 믿음직하게 실현하였다는 것을 엄숙히 천명한다."[277]

북한이 경제건설에 총력을 집중하겠다고 해서, 천신만고 끝에 개발에 성공한 핵무기를 포기하겠다고 한 것이 아니다. 핵은 핵대로 계속 개발하면서, 그동안 성공하지 못한 경제건설에 힘을 보태겠다고 한 것이다. 북한 당국이 경제건설에 총력을 집중하기 위해서 핵을 포기하겠다고 말한 것은 북한 문건 어디에서도 발견할 수 없다.

---

276) 『조선중앙통신』. (2018. 4. 21.). "김정은 동지의 지도 밑에 조선로동당 중앙위원회 제7기 제3차 전원회의 진행."
277) 위의 글.

2) 한국 진보의「북한 연구」비판 – 2

그런데 정영철은 북한의 국가전략이 바뀌면서 경제건설이 가장 중요한 목표가 되었다고 주장했다.

> "김정은 시대의 전략적 선택은 지난 제7차 당대회의 결정문을 통해 공식화되었다.
> (…) 그간 군사의 강국을 앞세웠던 전략적 목표에 변화가 발생하였다. 즉, 과학기술에 기반한 경제강국 건설과 사회주의 문명국 건설이 가장 핵심적인 목표로 설정되었다.
> (…) 북한은 2018년 4월 그간의 '병진노선'을 마무리짓고, '경제건설총력집중노선'으로의 변화를 선언하였다. 이러한 노선의 전환은 사실상 북한이 김정은 시대에 천명한 '인민생활 향상'과 '강성국가건설'이라는 목표를 집중하겠음을 보여주는 것이자, 동시에 한반도에서의 평화의 문제가 길목으로 접어들었다는 낙관의 산물이었다."[278]

정영철은 심지어 "강성국가의 이데올로기가 사회주의 이데올로기를 대신하고 있다"[279]는 주장도 했다. 그러면서 김정은이 경제강국 건설을 위해서 추진한 개혁·개방 정책의 사례로 다섯 가지 변화를 제시했다. 첫째가 전국에 걸친 광범위한 경제개발구의 설치다. 둘째는「사회주의기업책임관리제」와「포전담당제」를 도입해서 실시하고 있다는 경제관리 체계의 변화다. 셋째는 "기존의 국가가 기업들에게 보조금을 지원하던 체제에서 벗어나 기업이 자체의 판단에 따라 상업은행을 통해서 자금을 조달하고, 그에 따른 책임을 지도록"[280] 만드는 변화를 시도한다는 것이다.

넷째는 "경제 운영에 있어서도 자력갱생의 강조에도 불구하고, 대외무역이 한층 강조되고" 있으며 "세계 경제 속에서 경쟁력을 갖추도록 하고 있다"[281]는 것이다. 다섯째는 "시장의 강화 및 '개인'의 재발견"인데, "이미 개인의 역할은 '돈주'의 합법화 및 개인 투자의 허용 등으로 나타나고 있으며, 이들

---

278) 정영철(2020), pp. 217–223.
279) 위의 글, p. 217.
280) 위의 글, pp. 219–220.
281) 위의 글, p. 220.

에게 일정한 투자 이윤을 보장"하며 "기업소는 재정관리권을 가지고 경영자금을 가지고 경영자금을 주동적으로 마련하고 효과적으로 리용하며 확대재생산을 실현하며 경영활동을 원만히 실현해가야 한다"[282]고 북한에서 법적으로 규정하고 있다는 것이다.

정영철이 제시한 다섯 가지 변화를 필자가 하나씩 검토하면 다음과 같다.

첫째, 북한이 설치했다고 하는 경제개발특구 27개(중앙급개발구 8개와 지방급개발구 19개)는 하나도 성공적으로 운영되는 것이 없다. 정영철은 대북제재가 그 원인이라고 말한다. 그런데 김정은이 정말 정영철의 주장처럼 경제강국 건설과 인민생활 향상을 위한 전략적 결단을 내렸다면 왜 대북제재를 감수하면서 자력갱생을 하려고 하는 것일까? 김정은이 경제건설에서 자력갱생을 주장한 것은 하노이에서 제2차 미·북 정상회담이 실패한 후에 시작된 것이 아니다.

싱가포르에서 제1차 미·북 정상회담이 개최되기 전인 2018년 5월에도 김정은은 경제건설총력집중이라는 「새로운」 전략노선과 함께 자력갱생을 강조했다. 김정은이 이런 생각을 갖고 있었기 때문에 트럼프가 2018년 6월 12일 제1차 미·북 정상회담에서 북한이 비핵화를 하면 획기적인 경제발전을 달성할 수 있도록 도와주겠다며 장밋빛 청사진을 제공하고 약속했음에도 트럼프의 제안에 응하지 않은 것이다. 김정은은 정상회담 후 실무진 차원의 회담으로 핵 협상이 진전되는 것도 거부했다.

외부세계에서 생각하는 것과 달리 김정은은 핵 협상 초기부터 개혁·개방에 기초한 시장경제 방식의 경제건설을 할 준비가 전혀 되어 있지 않았다. 북한이 설치했다는 경제개발특구의 의미를 과대평가하면 안 된다는 말이다. 북한이 싱가포르 제1차 미·북 정상회담이 개최되기 직전인 5월에 『로동신문』을 통해서 한 발언이 이를 잘 보여준다.

> "오늘의 경제건설대진군은 본질에 있어서 자력갱생 대진군이다. 자체의 힘과 기술, 자원에 의거하여 경제건설전반에서 활성화의 돌파구를 열어제끼고 인민생활향상에서 결정적 전환을 일으켜 사회주의건설의 더 높은 목표를 점령하기 위한 투쟁이라는데 오늘의 경제건설대진군의 중요한 특징이 있다. (…) 오늘의 세계에서 남의 힘을 빌어 번영을 이룩해보려는 것처럼 어리석은 일은 없다"[283]

---

282) 위의 글, pp. 220-221.

둘째, 김정은이 도입했다는 「사회주의기업책임관리제」와 「포전담당제」와 관련된 문제를 보면 다음과 같다. 북한의 기업소는 이중적으로 운영되고 있다. 지배인(전문 경영인)에게 자율성을 주고 책임도 지우도록 한다면서, 당비서가 인사권을 쥐고 철저하게 감독하고 있다. 물론 지배인에게 일정 부분 자율성이 허용되기도 한다. 그러나 지배인 마음대로 경영 계획을 세우고 운영할 수 없는 구조다. 잘못 되면 모든 책임을 기업소 지배인이 져야 하는데, 제도적 여건이 미비한 상태에서 지배인이 이렇게 할 수 없다.

그리고 기업소에서 수익이 창출되면 그것을 나누어 먹으려는 보위원과 보안원 등 단속하는 사람과 견제하는 사람들이 많다. 「사회주의기업책임관리제」를 통해서 기업소 지배인 혹은 「돈주」(북한식 신흥자본가)에게 자율성을 부여하는 것 같아도, 이들이 치러야 할 대가 역시 상당하다. 투자 대비 리스크가 북한의 법 · 제도 상 상당히 많다는 것이다. 김정은 집권 초 「사회주의기업책임관리제」가 시범적으로 도입되었다고 하지만, 이것이 제도적으로 안착해서 성과를 거두고 있다는 이야기는 들리지 않는다.

김정은은 오히려 2019년 12월의 당중앙위원회 제7기 제5차 전원회의에서 경제 사업이 중앙집권적으로 지도(통일적 지도)되고 있지 못함으로써 문제가 발생하고 있다는 점을 지적했다. 2020년 1월 1일자 『로동신문』의 다음 글이 이를 말해준다.

> "조선로동당 위원장동지께서는 경제 사업에 대한 통일적지도와 전략적 관리를 실현하고 기업체들의 경영관리방법을 개선하기 위한 사업에서 뚜렷한 전진이 없다보니 국가의 경제조직자적역할이 강화되지 못하였으며 경제전반을 정비보강하고 활성화하여 장성단계로 이행하기 위한 사업에서 심중한 문제들이 발생하고 있는데 대하여 지적하시였다."[284)]

283) 『로동신문』. (2018. 5. 14.). 사설 "자력갱생의 위력으로 경제건설대진군의 승리를 이룩해나가자."

284) 『로동신문』. (2020. 1. 1.). "주체혁명위업승리의 활로를 밝힌 불멸의 대강 우리의 전진을 저애하는 모든 난관을 정면돌파전으로 뚫고나가자 조선로동당 중앙위원회 제7기 제5차 전원회의에 관한 보도."

김정은이 무엇인가 개혁적인 새로운 시도를 하는 것 같아도, 그것은 김정은 체제를 위협하지 않는 선에서 허용되는 것이다. 만약 이러한 새로운 시도가 자본주의적 사고방식을 확산시켜서 수령유일지배체제를 위협할 가능성이 보인다고 판단되면 여지없이 불법 및 비법적인 행위로 철퇴를 맞는다. 제도적인 차원에서만 그런 것이 아니다,

「돈주」가 소규모로 사업을 하면 몰라도, 투자 규모가 커지면서 돈을 많이 벌게 될수록 위험 부담도 커진다. 권력을 끼고 사업을 한다고 위험 부담이 사라지는 것이 아니다. 「돈주」로부터 뇌물을 뜯어내기 위해서 혈안이 되어 있는 통제기관의 간부들이 한둘이 아니기 때문이다. 「돈주」가 이들에게 협조하지 않으면 언제, 어떻게 불법 및 탈법의 죄목으로 철퇴를 맞고 처벌받게 될지 모르는 것이 북한의 현실이다. 북한에서 불법 및 탈법을 하지 않고는 사업하는 것이 어렵다. 따라서 북한의 법 · 제도와 현실 사이에 괴리가 크고, 이 때문에 경제활동을 하는 사람들은 항상 불안해한다. 외부에서 생각하는 것처럼 북한의 새로운 정책이 구조적으로 성공하기 어렵다는 것이다.

한국의 진보진영은 북한에서 무슨 새로운 이야기가 나오면 그것에 대단히 큰 의미를 부여한다. 그러면서 그것이 마치 개혁 · 개방의 징표인 것처럼 과대 포장하는 경향이 있다. 겉으로 나타난 일부 현상 변화를 보고 본질이 변하는 것처럼 주장하기도 한다. 「사회주의기업책임관리제」가 북한에서 구조적으로 정착하기 어려운 장애요인이 많음에도 마치 큰 변화가 북한에서 일어나고 있는 것처럼 주장한 것이 이에 해당한다. 이것은 북한에서 당과 정치가 내각과 경제를 지배하는 본질적 구조를 도외시하기 때문에 나타나는 현상이다. 그 결과 이들의 주장이 북한의 현실과 부합하지 않는 경우가 많다.

그동안 명목을 유지했던 「사회주의기업책임관리제」는 국가가 기업소와 공장을 지원할 수 없는 상태에서 기업이 자력갱생으로 운영하도록 책임을 지우고, 국가에게 성과의 일정 부분을 상납하도록 만든 제도 이상의 것이 아니다. 국가가 과거에 지던 책임을 기업소에 전가하면서, 동시에 기업소를 갈취해서 국가 경영에 도움을 받으려고 한 시도 그 이상이 아니라는 말이다. VOA 2021년 3월 6일자의 다음 기사가 이를 잘 말해주고 있다.

“게다가 기업소 자체적으로 돈을 빌려 공장을 돌리고 이자를 갚으며 직원들을 먹여 살리려면 생산량을 모두 국가에 바칠 수 없는 구조지만, 수뇌부는 오히려 8차 당대회 이후 이런 관행을 부정부패로 몰아 처벌과 통제를 강화하고 있다는 지적입니다.

- [녹취: 이현승 씨] ‘너무 비현실적인 정책들입니다. 일군들이 자꾸 일을 안 하는 것처럼 강조하고. 기간 기업소에서 조금 나머지 이익 갖고 팔아서 자재 등을 보장하려고 하면 국가에서 다 뺏어갑니다. 그렇기 때문에 공장 기업소가 운영이 안 됩니다. 심지어 화학공업성, 금속공업성도 돈이 없으니까 원자재를 보장해주지도 못하고. 현실적으로 국가에서 자재나 자본을 대주지 않고 공장이나 기업소 자체로 생산해서 현물을 만들어 내라는 것인데 진짜 생땅에서 돈 나오는 것을 바라는 겁니다. 그런 것을 김정은이 요구하는 겁니다. 김정은 본인 자체가 이것을 이해 못 하는 겁니다.’”285)

「포전담당제」도 처음 실시할 때는 효과가 있는 것 같았다. 그러나 농민들이 할당량 이상의 곡물을 생산해서 추가 수입을 자기 몫으로 가질 수 없는 것이 북한의 현실이다. 애국미(군량미)를 바치고, 각종 명목으로 여기저기 뺏기다 보면 농민에게 남는 것이 없기 때문이다.

자유아시아방송(이하, rfa)의 2021년 11월 19일자 보도에 따르면 “얼마 전 태탄군 읍협동농장은 탈곡한 군량미를 전량 군양정사업소에 바쳤다”면서 “당국에서는 군량미를 양정사업소까지 운반하는데 필요한 차량과 연유를 지원해주지 않아 이런 것까지 다 알곡으로 바꿔서 해결해야 하니 군량미계획량이 늘어날 수밖에 없다”고 한다. 소식통은 그러면서 “농장원들은 한해 동안 피땀흘려 지은 곡식을 거의 군량미로 바치는데 군대에 간 그들의 자녀(병사)들은 영양실조에 걸려 집으로 돌아오는 비참한 현실에 분노하고 있다”면서 “농장원 가족들이 먹을 식량도 부족한데 입대한 아들이 영양실조에 걸려 집에 돌아오게 되니 얼마나 분통이 터질 일인가”라고 반문했다고 한다.286)

셋째, 정영철은 북한에서 “기존의 국가가 기업들에게 보조금을 지원하던 체제에서 벗어나 기업이 자체의 판단에 따라 상업은행을 통해서 자금을 조달”

285) VOA. (2021. 3. 6.). “전문가들 ‘김정은 경제 정책’ 비현실적, 모순 많아…개혁만이 살길.”

286) rfa. (2021. 11. 19.). “군량미 수납 독촉에 북 농민들 불만 고조.”

하게 한다는 주장을 했다. 그런데 김일성 사망 후 김정일과 김정은 시대에 언제 국가가 기업들에게 보조금을 지원한 적이 있었나? 1990년대 중 · 후반 「고난의 행군」 이후 모든 기관과 기업소는 자력갱생으로 생존하는 것이 불문율이 되었다. 특별한 경우에 수령이 통치자금을 기업소에 선물로 하사하는 경우는 있지만, 이것은 예외적인 것이다. 일반적인 경우에 국가가 기업소에 보조금을 지원한 적은 없다. 오히려 기업소에게 자력갱생을 요구하면서, 일정량을 국가에 상납하게 하고 착취하는 것이 북한의 현 실태다.

넷째, 북한이 대외무역을 강조하면서 "세계 경제 속에서 경쟁력을 갖추도록 하고 있다"는 주장도 북한의 현실과 거리가 먼 주장이다. 물론 북한 당국이 이런 희망을 피력할 수는 있다. 그렇다고 해서 그런 방향으로 북한에서 변화가 진행되는 것은 전혀 아니다. 세계 경제 속에서 경쟁력을 갖추려면 국제규범과 질서를 존중해야 하는데, 북한이 그렇게 하면 체제가 흔들린다. 그래서 북한이 악조건 속에서도 자력갱생을 강조하는 것이다. 남북경협조차 국제규범과 질서를 존중하면서 이루어지 않는다. 그럼에도 한국의 진보진영은 마치 이런 방향으로 북한의 변화가 진행되는 것처럼 현실을 잘못 전달하고 있다.

다섯째, 정영철은 북한에서 "시장의 강화 및 '개인'의 재발견"이 나타나고, "'돈주'의 합법화 및 개인 투자의 허용"과 "투자 이윤의 보장"이 법적으로 규정되고 있다고 주장한다. 하지만 북한에서 사적 소유권이 법적으로 보장되고 있지 않는데 어떻게 「돈주」의 투자와 이윤의 보장이 법적으로 보장된다고 정영철이 주장하는 것인지 도무지 이해가 되지 않는다. 북한에서 설령 새로운 법적 시도가 있더라도, 그것이 북한의 헌법 등 기존의 법체계와 어떻게 조화를 이루고 있는지 혹은 충돌하는지를 잘 살펴야 한다. 새로운 과도기적 시도는 기존의 제도와 충돌하는 경향이 많기 때문이다.

특히 북한처럼 법 · 제도와 현실 사이에 괴리가 많은 곳에서는 많은 문제가 발생한다. 권력이 초법적인 영향력을 미치기도 한다. 「돈주」는 매사에 조심해야 한다. 기업소와 공장을 사적으로 소유할 수 없는 북한의 법체계 때문에 「돈주」가 한국 같은 자본주의 사회에서처럼 투자하고 이윤을 보장받는 것은 근본적으로 어렵다. 「돈주」의 사업 행위는 언제든 법에 따라 이렇게 걸릴 수도 있고, 저렇게 걸릴 수도 있다. 그래서 항상 불안해한다. 정영철의 주장은 북한의 현실을 모르고 너무 쉽게 하는 말이다.

시장의 강화와 「개인」의 재발견이 북한에서 나타나고 있다는 정영철의 주장 또한 현실과 괴리가 있는 것이다. 김정은은 시장이 「자본주의의 온상」이라며 경계 대상으로 생각한다. 그래서 철저한 통제 속에서 관리하고 있다. 북한에서 시장이 확대된 것은 당국이 그것을 장려해서가 아니다. 국가가 주민들의 삶에 전혀 도움이 되지 못하기 때문에 주민들이 먹고 살기 위해서 장사를 하는 가운데 자연발생적으로 그 숫자가 늘어난 것이다.

시장이 확대될수록 북한 당국자들은 시장의 상인들을 착취하고 통제를 강화한다. 북한의 『로동신문』을 보면 항상 집단주의를 강조하고, 개인주의를 타도 대상으로 교육하고 있다. 그런데 정영철은 김정은 시대에 「개인」이 재발견된다고 말한다. 초현실적인 주장을 보는 것 같다.

그동안 남한의 많은 북한 연구자들은 순수 경제의 관점에서, 즉 북한이 정상국가로 변화하면서 자본주의적 시장경제를 활성화시키는 정책을 추진하는 것처럼, 혹은 이렇게 하지 않을 수 없는 것처럼 북한 경제를 해석해 온 경향이 있었다. 김정은의 관점에서 북한 경제를 보지 않은 것이다. 그 결과 정치 논리가 지배하는 북한 경제의 본질을 이해하지 못했다. 그러다 보니 장마당 경제를 통해서 북한 경제의 본질적 변화가 진행 중인 것처럼 해석했다. 그리고는 마치 이것이 북한 당국의 계획적인 개혁 · 개방정책인 것처럼 주장했다. 북한 당국 스스로는 개혁 · 개방이라는 말을 전혀 하지 않는데도 그랬다.

북한 경제가 제 기능을 못하면서 장마당 확산 등을 통해서 사회 밑바닥에서 변화가 있는 것은 사실이다. 문제는 북한 사회의 제한적인 밑바닥 변화가 북한 체제의 본질적 변화를 초래할 수 있느냐 하는 것이다. 북한의 장마당 경제는 경공업 위주로 의식주를 해결하는 수준의 작은 경제다. 북한 당국은 체제를 위협하지 않는 수준에서 장마당을 허용하면서 국가의 통제와 당적 지도를 강화하고 있다. 사회의 밑바닥 변화가 체제의 본질적 변화를 초래하지 못하게 적극 통제하고 있다는 말이다. 김정은이 개혁 · 개방에 대한 환상을 가진다면 체제 전환이 가능하겠지만, 김정은은 자신이 통치하고 있는 체제의 한계를 명확하게 인식하고 있다.

한국 진보는 북한을 지원하기 위해서 마치 북한이 핵무기를 포기하기로 결단한 것처럼 말하고, 국제사회가 북한의 비핵화 결단을 도와줘야 하는 것처럼 말했다. 동시에 미국과 남한의 비협조로 북한이 변화를 할 수 없는 것처럼 말하기도 했다. 그러나 북한이 개혁 · 개방을 거부하고 핵개발을 선택한 것은 김정일과 김정은 입장에서 최선이라고 생각한 정책이었다. 남한과의 체제 경쟁에서 주도권을 쥘 수 있는 유일한 수단이기 때문이다. 문제는 이것이 남한을 위협하고, 그래서 우리가 이것을 받아들일 수 없다는 것이다. 그럼에도 우리 사회에서 북한에 대한 인식이 변하면서 연구자들이 북한의 현실을 왜곡하고, 정치적으로 이를 뒷받침하는 현상이 확산되고 있다.

3) 한국 진보의 「북한 연구」 비판 - 3

이종석 · 최은주가 2019년에 펴낸 책 『제재 속의 북한경제, 밀어서 잠금해제』[287]도 비슷한 주장을 한다. 4명의 저자 중에서 누가 어느 부분을 작성했는지에 대한 설명이 없다. 목차에서 해당 내용의 저자에 대한 표기가 없다. 그래서 이 책의 내용을 인용할 때 이종석 · 최은주로 표기하지 않을 수 없다. 그런데 제1장의 제목부터가 "군사중심 국가에서 경제건설중심 국가로"[288]이다. 북한이 2018년 4월을 기점으로 군사 중심 국가에서 경제건설 중심 국가로 전환했다는 것이다. 그리고 "국가전략노선의 전환에 따라 자원 배분에서도 '군사 분야 우선 → 인민경제 분야 우선'으로 변화가 나타나고 있"[289]다고 주장하고 있다.

그러나 군사 분야 우선에서 어떻게 인민경제 분야 우선으로 자원 배분이 변화되고 있는지에 대해서 구체적 근거로 제시한 것은 함경북도 경성군 중평리에 소재한 공군비행장을 철거하고, 그 자리에 대규모 온실 농장 건설을 만든 것과 경제건설 현장에 군부대를 대규모로 투입시킨 것 두 개다. 이것을 자원 배분의 변화에 대한 설득력 있는 근거라고 말할 수 있을까? 북한군에는 건설을 담당하는 병력이 별도로 존재한다. 그래서 건설현장에 군병력이 투입되는 것은 새로운 것이 아니다. 군사 분야 우선에서 인민경제 분야 우선으로의 변화를 설명할 수 있는 근거가 되지 못한다는 것이다.

원산의 갈마반도가 관광지구로 적합하다고 판단되어 그곳에 있던 기존의

287) 이종석 · 최은주(2019).
288) 위의 책, p. 3.
289) 위의 책, p. 4.

비행장을 철거 및 이전하고 그곳에 휴양시설 준비의 일환으로 온실농장 등 대체시설을 건설한 것도 전혀 놀라울 것이 없는 일이다. 김정은이 관광사업을 국가의 주력사업으로 정했는데, 기존의 비행장 자리를 휴양시설로 바꾸는 것이 효율적이라고 판단했다면 그렇게 추진하는 것이 이상할 게 없다는 말이다. 특히 북한군은 휘발유가 부족해서 비행기 훈련도 잘 못하는 실정이다. 관광사업을 위해서 김정은의 지시로 비행장을 다른 곳에 만들어 짓는 것은 북한에서 일도 아니다.

그런데 이것을 마치 '군사시설을 인민경제시설로' 바꾸어 군사 분야에 우선 투입하던 자원을 인민경제로 돌리는 것으로 해석하고, 국가전략 노선이 변화한 대표적 사례로 제시하는 것은 지나친 과장이다. 국가전략의 노선 변화를 보여주는 근거 자료라면 최소한 예산 배분이 어느 정도의 규모로 크게 변화되고 있는지를 보여주거나 또는 이에 상당한 정도는 되어야 할 것이다.

또한 이종석 · 최은주는 "2018년 4월 '경제발전 총력 집중' 노선 채택 후 북한 역사에서 최초로 국방산업이 인민경제발전에 종속되는 현상 발생"이라고 주장하고 있다. 그 근거로는 김정은이 2019년 신년사에서 인민경제에 필요한 물품을 군수공장에서 생산했다고 말한 것을 제시하고 있다.

예를 들어 김정은이 군수공장에 대한 현지지도에서 "공장에서 인민경제와 국방력 강화에 절실히 이바지하는 성능 높은 기계설비들을 마음먹은 대로 생산하고 있는데 대해 높이 평가"하고 "스키장에 설치할 수평 승강기(에스컬레이터)와 끌림식 삭도(케이블카)를 비롯한 설비제작을 모두 주요 군수공장들에 맡겨보았는데 나무랄 데 없이 잘 만들었다"[290]고 치하한 발언을 근거로 제시하고 있다.

그러나 이것은 이종석 · 최은주의 주장과 달리 "국방산업이 인민경제발전에 종속되는 현상"이 발생했다는 점을 입증하기에 너무 빈약한 근거다. 김정은이 현지지도를 나갈 경우에 해당 기업소와 공장은 김정은의 발언을 충실히 이행하고 있다는 점을 보여주기 위해서 특별히 신경을 쓴다. 그리고 그런 것이 일회성인 경우도 비일비재하다. 북한 경제가 매우 어려운 상황에서 스키장 설비 수요가 얼마나 많다고 이런 것을 군수공장에서 지속적으로 만드나? 또한

290) 위의 책, p. 11.

'강계 뜨락또르종합공장'에서 김정은의 신년사 발언을 입증하기 위해서 "인민경제와 국방력 강화에 절실히 이바지하는" 기계 설비를 생산했다는데 이것도 보여주기 식 전시성 행사일 가능성이 다분하다.

김정은은 그동안 노동당 전원회의에서 군수공장이 국방력 강화를 위한 무기생산을 지속하고 있음을 강조하는 동시에 인민경제 건설에 필요한 생산이 제대로 이루어지지 못하고 있다고 내각과 당을 다그쳐왔다. 내각의 경제 책임자들을 문책하기도 했다. 이것이 북한의 현실이다. 전력이 부족해서 군수공장도 자체적으로 필요한 물품을 만들기 위해서 쩔쩔맬 텐데, 일회성 보여주기식이라면 몰라도 어떻게 군수공장이 인민경제에 필요한 물품을 지속적으로 생산할 수 있단 말인가.

북한의 국방산업이 인민경제발전에 종속되는 현상이 발생하고 있다는 주장은 전혀 북한의 현실에 부합하지 않는 것이다. 정말 놀라운 것은 북한 당국이 주민들에게 선전하기 위해서 만든 사진과 자료를 그대로 이용해서 한국에서 김정은의 정책을 홍보해주는 이종석과 최은주의 노력이다. 진보적 연구라 함은 북한 당국이 거짓으로 은폐해서 감춰져 드러나지 않은 진실을 밝혀내는 것이다. 북한의 선전 도구를 이용해서 김정은의 정책을 홍보해주는 것이 아니다.

이종석 · 최은주는 김정은 집권 후 2019년 4월 11일 헌법에서 「선군사상」과 「선군혁명노선」이라는 용어를 삭제함으로써 "국가운영에서 선군정치의 영향을 배제"시키고 선군정치가 종식되었다는 주장도 한다. 다음 주장이 이에 해당한다.

> "북한은 2019년 4월 11일 헌법을 개정하여 본문에 규정된 '선군사상'과 '선군혁명노선'을 삭제함으로써 국가운영에서 선군정치의 영향을 배제 (…) 선군정치의 종언은 북한이 정상국가로 나아가고 있음을 보여주는 것임"[291]

그런데 북한 헌법 본문에서 「선군」 관련 단어 한두 개를 삭제했다고 선군정치의 종언을 주장할 수 있을까? 북한 인민의 절반가량이 굶주림으로 영양실

291) 위의 책, p. 14.

조에 걸려도 핵과 미사일 개발에 우선적으로 예산을 투입하는 것은 김정일 시대나 김정은 시대나 변함이 없다. 유엔 보고서에 따르면 북한 주민의 영양상태는 김정일 시대보다 오히려 김정은 시대에 더 나빠졌다.(Ⅱ.1) 식량을 생산하면 농민 사정은 아랑곳없이 애국미라는 이름으로 군량미를 최우선적으로 거두는 것도 김정일과 김정은 시대에 변함없이 벌어지고 있는 일이다.

이런 것은 정상국가에서 있을 수 없는 일이다. 북한의 다른 모든 정책이 실패해도, 그 희생 위에 국방우선 정책은 오히려 진전하고 있다. 김정은은 국방력 강화를 인민경제에 우선하는 정책으로 추진하고 있다. 이것은 선군정치로 포장되지 않았을 뿐, 선군정치와 다른 것이 아니다.

경제정책의 처참한 실패로 제2차 「고난의 행군」을 감수하면서도 2021년 10월 11일에 개최된 「국방발전전람회」를 통해서 최신 무기 개발을 자랑한 것이 김정은이다. 물론 김정일 시대의 선군정치와 김정은의 국방우선 정책에는 차이점이 있다. 그럼에도 이종석 · 최은주가 김정은 시대에 선군정치가 종식되고 정상국가로 나아가고 있는 것처럼 말하는 것에는 동의하기 어렵다. 김정은은 상기한 「국방발전전람회」에서 다음과 같이 연설을 했다.

> "다시 한 번 곱씹어 강조하는바이지만 그 누구도 다칠 수 없는 무적의 군사력을 보유하고 계속 강화해나가는 것은 우리 당의 드팀없는 최중대정책이고 목표이며 드팀없는 의지입니다. (…) 전체 인민들도 우리 당과 정부의 일관하고도 강력한 의지를 따라 나라의 국방력을 강화해나가는 것을 최대의 애국으로 간주하고 물심 량면의 지원을 아끼지 말아야 할 것입니다."[292]

이것은 비록 김정은이 「선군정치」라는 용어로 포장하진 않았어도, 김정은 방식으로 추진되는 국방우선 정책 혹은 「선군정치」를 보여주는 것이다. 김정일 시대에 주장된 「선군노선」이란 "나라의 정치, 경제, 사상문화적 힘을 비롯한 모든 력량을 군사력을 강화하는데 집중한다는"[293] 노선이다. 그런데 김정은이 국방발전전람회에서 말한 위의 내용은 김정일 시대에 주장된 「선군노선」과 일치한다.

---

292) 『조선중앙통신』. (2021. 10. 12.). "국방발전전람회에서 하신 김정은 동지의 기념연설."
293) 강희봉(2008), p. 74.

북한이 정상국가로 나아간다는 주장을 하려면 김정은이 감시와 통제 및 세뇌를 통해서 북한 전체를 감옥소로 만들어 온 기존의 정책에서 근본적인 변화가 나타나는 사례를 근거로 제시해야한다. 「병영국가」 체제에도 근본적인 변화가 나타나야 한다. 이런 변화도 전혀 없는데, 「선군정치의 종언」과 북한의 「정상국가화」를 말하는 것은 논리의 지나친 비약이다.

이런 점에서 한국 진보의 「북한 연구」는 전혀 진보적이지 않다. 한국에서 진보라고 하는 연구자의 상당수는 북한 문제를 이야기할 때, 초점을 흐리거나 본질에서 비켜가는 주장을 많이 한다. 이것이 문제다.

나. 남남갈등의 기원과 전개

1) 주사파의 등장

6 · 25 전쟁의 경험은 한국 사회에서 1980년대 중반까지 북한을 부정적으로 인식하게 만든 결정적인 계기가 되었다. 그런데 1980년의 「광주사태」 이후 한국 사회의 운동권에서 반공주의에 대한 부정적 시각이 사회주의를 긍정하는 정서로 전환됐다.[294] 그 때까지 정치적으로 반공주의를 활용한 군사정권에 대한 혐오감이 반공주의에 대한 극단적 부정을 초래한 것이다. 동시에 군사정권의 적, 즉 「적의 적」인 북한을 동지와 같이 생각하는 정서가 작용했다.[295]

이에 1980년대 중반 6월 항쟁이 일어나기 직전에 학생 운동권 내부에서 북한을 동경하는 분위기가 형성됐다. 특히 주체사상을 수용하고 사회변혁운동의 이념으로 인정한 주사파가 전국대학생대표자협의회(이하, 전대협)를 조직하고, 전대협이 학생운동을 주도하면서 「주사파」(NL, National Liberation; 민족해방계 세력)가 확산됐다.

이창언에 따르면 "'주사파'는 김일성주의를 신봉하고 조선노동당을 전체 조선 혁명의 영도조직으로, 한국민족민주전선(한민전, 전 통일혁명당)을 한국 혁명의 영도조직이며 전위조직으로 굳게 믿고 활동하는 세력"[296]이다. 「주사파」

294) 김지형(2014), p. 80.
295) 위의 글.
296) 이창언(2011), p. 117.

와 달리 「마르크스－레닌주의」에 입각한 PD(People's Democracy; 인민민주주의) 계열은 북한을 「이상한」 사회로 취급했다. 그러나 주사파에게 북한은 더 이상 적대국가가 아닌 이상향이자 「혁명의 정통」으로까지 인식됐다.[297]

김태호에 따르면 주사파에게 "진정한 전사는 '수령(김일성; 인용자)을 진심으로 높이 모시고 수령의 사상과 영도를 받드는 자세와 입장을 갖는 것이며, 또 당대에 끝나는 것이 아니라 수령에 대한 충실성은 대를 이어 계승해나가야 하는' 사람들과 조직을 의미"[298]했다. 이런 주사파가 운동권을 주도하는 하나의 축이 되면서 반미운동도 함께 확산됐다.

주사파는 야당과 민족자본가까지 포함하는 넓은 차원의 연대를 추구하면서 1987년 6월 항쟁에 견인차 역할을 했다. 그래서 운동권에서 주류가 될 수 있었다."[299] 이창언에 따르면 "민주화운동과 결합한 반미주의는 1987년 6월 항쟁 이후 조국통일 담론으로 확장되었다. 반미연공연북의 지평을 확장시키려는 통일민족주의 담론의 확산 과정에서 운동사회 내에서 주체사상과 통일전선론은 더욱 확산"[300]됐다. 이와 함께 「미국 바로 알기」와 「북한 바로 알기」 운동이 대중적으로 전개됐다.[301] 1988년 이후에 반미 · 자주와 민주 그리고 통일의 관계가 어떻게 인식되었는지는 다음 글이 잘 보여준다.

> "모든 투쟁은 반미자주화의 궤도선상에서 이루어져야 하며 반미자주화를 지향해야 하며 반미투쟁과 결합시켜야 합니다. … 반미투쟁을 기본 축으로 반독재, 민중생존권 투쟁을 튼튼히 결합시켜 내야만 승리를 앞당길 수 있다는 교훈을 우리는 역대 정권의 종말과 독재정권의 연장에서 확인한 바 있습니다."[302]

한편, 남한의 진보진영은 1990년대 중반 북한에서 대규모 탈북자가 발생하고 인권 문제가 부각됐을 때 북한 인권 문제에 대한 언급을 기피했다. 특히 주사파는 북한 인권 문제에 대한 비판을 북한 체제를 전복하려는 이데올로기

---

297) 김지형(2014), p. 80.
298) 김태호(1990). 『90년대의 도약 청년학생운동』, pp. 60~71: 이창언(2011), p. 118에서 재인용.
299) 이창언(2011), p. 150.
300) 위의 글, p. 144.
301) 위의 글, p. 144, 각주 10.
302) 녹두출판사. (1989): 이창언(2011), p. 143에서 재인용.

로 인식했다.[303] 비록 PD계열이 북한 인권 문제의 제기를 이해하는 입장이었지만,[304] 한국 진보는 전체적으로 북한 인권 문제에 대하여 무관심했다. 대신에 북한 정권에 대해서는 우호적인 자세를 취했다. 이렇게 되기까지 주사파 등 1980년대 한국에서 형성된 진보의 특수성으로 인해서 북한에 대한 인식이 굴절된 측면을 생각할 필요가 있다.

이미 오랜 역사를 지닌 유럽의 진보 진영에서는 북한의 주체사상을 스탈린주의의 아류로 생각하고 인정하지 않았다. 북한을 진정한 의미에서 사회주의를 추구하는 국가로 보지도 않았다. 만약 1980년대에 한국 대학가에서 주체사상을 지하서클에서 몰래 공부하지 않고 유럽처럼 개방적인 토론을 통해서 접할 수 있었다면, 주체사상이 운동권에 정착하기 어려웠을 지도 모른다. 대학의 학문적 토론을 통해서 주체사상의 문제점을 분명하게 인지할 수 있는 기회가 있었을 것이기 때문이다.

통일 전 서독에서는 보통 시민들이 동독을 방문해서 「마르크스-레닌주의」에 대한 책을 사서 볼 수 있었다. 한국에서는 21세기인 2022년에도 보통 시민이 북한의 『로동신문』을 보기 어려운 것과 차원이 다르다. 서독 대학에서는 자본주의 체제를 비판적 시각에서 공부하기 위해서 마르크스의 『자본론』을 공부하는 학생들이 있었다. 반면에 서독 대학에서 동유럽 사회주의국가의 이데올로기인 「마르크스-레닌주의」를 공부한 학생은 필자가 알기로 거의 없었다. 교조주의적인 「마르크스-레닌주의」에 매력을 느끼지 못했기 때문이다.

그런데 남한에서는 1980년대 학문의 자유가 없는 군사독재 분위기 속에서 운동권 학생들이 수령의 무오류를 주장하는 북한의 이데올로기와 동유럽사회주의국가의 마르크스-레닌주의를 무비판적으로 수용했다. 약소국이면서도 당당하게 미국에 맞서서 자주외교를 펼쳤던 북한의 모습이 운동권 학생들에게 긍정적으로 다가왔던 측면이 있었다고 한다.

1980년대 중·후반에 주사파가 등장한 후 한국의 진보운동은 기형적으로 발전했다. 냉전 이데올로기 청산이라는 명분으로 북한 체제의 논리가 남한에 전파되고, 마치 반미운동이 진보운동인 것처럼 포장되기도 했다. 문제는 북한의 전체주의적 통치와 대남전략이 변하지 않은 상태에서 이런 분위기가 확산

303) 김지형(2014), p. 84.
304) 위의 글, p. 85

된 것이다. 물론 재야 진보운동가 중에는 주사파가 아닌 사람도 많았고, 이들이 한국사회의 민주화에 기여한 공로는 이루 말할 수 없이 크다. 따라서 모든 진보운동을 주사파라는 프리즘을 통해서 평가하는 것은 옳지 않을 것이다.

노태우 정부와 김영삼 정부시기에는 민주화가 진행되었지만, 아직 정착되지 않았다. 그러다 보니 주사파가 아닌 건전한 민주세력조차 주사파로 몰아갔던 (신)공안정국의 분위기가 있었다. 이런 분위기는 남남갈등이 성장하는 토대가 되었다. 이 과정에서 주사파는 건전한 민주세력까지 보수진영으로부터 도매 급으로 공격 받게 만든 원인이 되었다. 그리하여 보수는 진보를 「빨갱이」로 비난하고, 진보는 보수를 수구세력으로 비난하는 가운데 서로를 불신하는 진영 간 갈등이 성장하기 시작했다.

2) 김대중 정부와 남남갈등

김대중은 민주주의와 시장경제의 병행 발전을 추구했다는 이유로 급진적인 좌파로부터 신자유주의자라는 비판을 받았다. 김대중이 보수주의자라고 비판받은 것이다. 그러나 김대중 정부는 북한에 대해서 유화정책을 추진했다. 이런 점을 고려할 때, 북한에 대한 인식과 대북 접근법만으로 좌파와 우파, 혹은 진보와 보수라고 구분하는 것은 적절치 못하다. 또한 김대중 정부가 북한에 대한 자신감을 바탕으로 「햇볕정책」을 통해서 북한의 변화를 모색하고 독일식 통일을 추구했다는 점에서 친북이라 말하기 곤란한 점도 있다. 독일통일을 모델로 「햇볕정책」을 추진하고 지지한 사람은 주체사상을 신봉했던 주사파와 시각이 다르기 때문이다.

그러나 김대중 정부 자체가 친북적이진 않았다고 하더라도 주사파 등 친북단체(한국대학총학생회연합<한총련>과 범민련 등)는 김대중 정부의 「햇볕정책」에 편승해서 북한의 주장을 대변하며 반미활동을 지속했다.[305] 가장 큰 문제는 김대중 정부가 「햇볕정책」을 정당화하기 위해서 북한의 변화를 과장해서 홍보하고, 북한의 군사위협을 의도적으로 과소평가했는데, 이 과정에서 북한에 대한 남한사회의 인식이 큰 폭으로 변화하기 시작했다는 것이다.

김대중 정부는 북한에 대한 지원을 보수진영이 「대북 퍼주기」라고 비판

---

305) 남시욱(2009), pp. 481~482.

하는 것에 대한 대응 차원에서 「햇볕정책」을 정당화하려고 했다. 이를 위해서 동서독 사례를 이용하면서 북한에 대한 남한 사회의 인식 변화를 유도하기도 했다. 그러나 목적이야 어떠했듯, 이로 인해서 북한의 현실을 있는 그대로 보지 못하고, 왜곡해서 보는 현상이 나타났다. 그리고 주사파와 친북단체들은 이 틈을 파고들었다.

김대중 정부가 북한이 변화하는 사례로 든 것은 김정일 정권이 2002년에 「7 · 1 경제관리개선 조치」를 통해서 시장경제를 부분적으로 인정한 것과 남북교류 · 협력(철도·도로연결, 개성공단 개발, 금강산관광 등)에 적극적인 자세를 취하면서 남북정상회담을 개최한 것 등이다.[306] 그런데 이런 것은 김정일 정권의 전술적 변화이지, 북한 체제의 본질적 변화라고 말할 수 없다.

김정일 정권은 남한의 경제지원을 확보하기 위한 수단으로 남북관계 개선을 추진했다. 그러나 철저하게 북한 방식으로 추진함으로써 남북한 주민들의 접촉은 원천적으로 차단됐다. 남북경협도 국제사회에서 통용되는 일반적인 방식과는 동떨어지게 비정상적인 방식으로 이루어졌다.

남한의 관광객이 금강산에서 만날 수 있었던 사람은 소수의 안내원밖에 없었다. 금강산의 제한된 구역에서만 이동이 가능한 가운데 북한 주민은 전혀 볼 수 없었다. 이명박 정부시기 2008년 7월 11일에 금강산을 관광하던 남한의 박왕자씨가 북한군 총격으로 피살된 후 금강산 관광이 중단될 때까지 변함이 없었다. 이런 식의 관광은 국제사회에서 일반적이지 않다.

김대중 정부는 금강산관광 사업을 일단 시작하면 북한의 변화가 보다 크게 확대될 것으로 기대했다. 그러나 현실은 전혀 그렇게 전개되지 않았다. 오히려 남한의 금강산관광객이 북한군의 총격으로 피격되어 중단되는 사태가 발생했다. 김대중 정부가 「햇볕정책」을 홍보하기 위해서 금강산관광을 예로 들고 북한의 변화를 말한 것은 과장된 것이다. 그럼에도 김대중 정부의 홍보정책은 남한 사회에서 착시현상을 일으켰다. 남한 주민이 북한에 있는 금강산을 관광할 수 있었다는 사실만으로 마치 북한이 크게 변화하기 시작한 것처럼 인식하는 현상이 발생했기 때문이다.

이런 분위기 속에서 진보진영은 「햇볕정책」에 대한 보수의 지적을 냉전

306) 진희관(2010), p. 91에서 재인용.

적 사고로 비판했다. 필자도 당시에 그랬다. 이 점에 대해서 부끄럽게 생각한다. 당시의 분위기를 홍진표는 다음과 같이 말했다.

> "특히 남북정상회담 이후에는 한동안 북한 체제에 대한 경계나 비판조차 시대에 뒤떨어진 냉전시대의 발상이라는 식으로 비웃는 여론이 형성되었으니 친북 세력 경계론은 이른바 수구꼴통으로 조롱받기 딱 좋은 상황이었다."[307]

이렇게 해서 남남갈등이 김대중 정부 때부터 구조화되기 시작했다. 동시에 남한이 북한과의 체제경쟁에서 이겼다는 우월의식에 기초해서 북한을 과소평가하고 대남전략을 잘못 이해하는 경향이 증가했다. 김정일은 당시에 "우리에게서 그 어떤 변화도 기대하지 말라"고 했다. 그러나 남한의 진보진영은 북한 체제의 본질을 무시하고 희망적 사고로 접근했다. 자신이 보고 싶은 대로 북한을 보려한 것이다.

3) 노무현 정부와 남남갈등

노무현 대통령(이하, 노무현)은 2006년 3월에 「국민과의 인터넷 대화」에서 자신의 정부가 「좌파 신자유주의 정부」라고 말했다가 좌·우 양쪽으로부터 비판 받았다.[308] 이런 점에서 김대중 정부와 유사한 측면이 있다. 그리고 노무현 정부가 추진했던 「평화·번영 정책」도 포장만 다를 뿐, 김대중 정부의 「햇볕정책」을 계승했다는 점에서 같은 내용의 대북정책을 추진했다고 말할 수 있다. 북한에 대한 인식도 크게 다르지 않았던 것으로 보인다. 한 가지 차이점은 노무현이 경륜이 많았던 김대중보다 북한에 대해서 잘 모르고 순진하게 생각했다는 것이다. 노무현의 다음과 같은 발언이 이것을 잘 보여준다.

> "북한이 남한적화 전략을 갖고 있다는 것은 모두 알고 있으나 그것은 관념적 주장이지, 현실에서 가능하지 않다. 가능하지도 않은데 가능하다는 것을 전

---

307) 홍진표·이광백·신주현(2010), p. 108.

308) 남시욱(2009), p. 534에서 재인용.
http://www.president.go.kr/cwd/kr/archive/archive_view.php?meta_id=pre_news1&id=2584503b0f75394ba37a2337

제로 해석하고 굳이 매달릴 이유가 뭐냐"[309]

노무현은 2004년 11월 「LA(로스엔젤스) 연설」에서 "자위용이라는 북한의 핵 개발 주장은 여러 상황에 비춰 일리 있는 측면이 있다"고 말했다.[310] 당시 북한을 방문한 장 핑 유엔총회 의장의 발언에 따르면 "북한은 노무현 대통령이 LA연설에서 (북핵 보유에 대해) 객관적인 발언을 했다고 평가했다"고 한다.[311] 노무현은 2006년 5월에는 북한의 핵무기가 「방어용」이라고 변호하고, 7월에는 북한의 미사일이 한국에 위협이 안 된다고 주장하기도 했다. 같은 해 12월 7일 호주의 시드니에서 열린 동포간담회에서는 "북한에 핵무기가 있다고 할지라도 한국의 군사력은 충분히 균형을 이루고 있으며, 우월적 균형을 이루고 있다고 말할 수 있다"[312]고 말하기도 했다.

그런데 국가 지도자가 이렇게 말하면 국민들이 북한의 핵위협을 과소평가하게 된다. 북한의 핵무기로 발생하는 위협을 위협으로 인식하지 않게 된다는 것이다. 이런 과정을 거치면서 북한을 바라보는 남한의 인식에 대폭 변화가 발생했다. 2007년 10월에 제2차 남북정상회담이 개최됐을 당시 평양 주재 러시아 대사관에 근무했던 바실리 미헤예프는 다음과 같이 말했다.

"북한 체제가 시장경제를 지향하도록 바꾸지 못할 경우 남한의 지원금은 군수품으로 바뀔 것이다. 경협 확대의 결과 긴장이 풀릴 것이라고 생각하면 정말로 순진하다고 본다."[313]

그런데 정말 미헤에프가 지적한 대로 되었다. 그러나 노무현 정부는 북한이 2006년에 제1차 핵실험을 실시한 이후에도 2007년에 남북정상회담을 통해서 대규모 대북지원 의지를 밝혔다. 그리고 그 정당성을 홍보했다. 김대중 정부에 이어서 노무현 정부까지 10년 동안 이런 식으로 대북정책을 추진하고 대

---

309) 『동아일보』. (2002. 5. 15.). 남시욱(2009), p. 508에서 재인용.
310) 안용현. (2010. 12. 25.). "북한 툭하면 '핵공격' 운운… '방어용'이라던 北核 對南 협박용 노골화." 『조선일보』.
311) 『조선일보』. (2004. 11. 25.). "北, 盧대통령 LA발언 긍정 평가."
312) 고성혁. (2013. 2. 5.). "김대중-노무현의 北핵 옹호 발언 모음.". NewDaily.(http://www.newdaily.co.kr/site/data/html/2013/02/05/2013020500047.html).
313) 『동아일보』. (2007. 10. 9.). 남시욱(2009), p. 526에서 재인용.

국민 홍보를 했기 때문에 남한 사회에서 안보 불감증이 증가했다. 동시에 본질적으로 변하지 않은 북한을 겉으로 드러난 일부 현상만 보고 변한 것처럼 인식하는 경향이 늘었다.

김대중 정부 때처럼 노무현 정부 때도 주사파 출신들이 민노총과 전교조, 한총련, 전국연합, 통일연대 범민련 남측본부, 실천연대, 평통사, 한청 등 다수의 좌파 단체와 시민단체에서 영향력을 행사했다. 이를 통해서 1990대에 약화되어가던 주사파 세력이 부활했다는 평가도 있다.[314)]

한편, 노무현 정부가 외교 · 안보정책을 추진하는 과정에서 유엔의 「북한 인권결의안」 문제와 「이라크파병 연장」 등을 둘러싸고 자주파와 동맹파(한미동맹을 중요하게 생각한 관료들)가 갈등했었다. 이런 점에서 노무현 정부를 친북적이었다고만 평가하는 것은 곤란하다. 그러나 노무현 집권 전반기 청와대 참모의 상당수는 386 운동권이었으며, 이들의 주류는 주사파 출신이었다는 평가가 있다.[315)]

그러다 보니 보수진영이 노무현 정부에 반발하면서 남남갈등이 증폭했다. 2003년 8월 15일에는 보수단체와 진보단체가 각각 서울 도심 한복판에서 서로를 비난하는 대규모 집회를 개최했다. 「자유시민연대」, 「대한민국 특전 동지회」, 「대한민국 재경 경우회」, 「자유지성 300인회」, 「북핵저지 시민연대」 등의 보수단체로 구성된 「8·15 국민대회 준비위원회」는 서울 시청 앞 광장에서 「건국 55주년 반핵 · 반김(김정일) 8 · 15 국민대회」를 개최했다. 이철승 「자유민주민족회의」 의장은 대회사에서 "노무현 대통령이 반미 · 친북 · 부패라는 김대중 전 대통령의 유산을 말끔히 청산하지 못한다면 우리 국민은 노무현을 버리고 (대통령을) 바꿔야 할 것"[316)]이라고 말했다.

반면에 「통일연대」와 「여중생범대위」 그리고 한총련 등 진보 성향의 시민 · 학생 단체는 「반전 평화 8 · 15 통일 대행진」을 서울 종로1가에서 개최했다. 진보단체는 "우리 민족끼리 조국 통일", "통일암초 한나라당 해체" 그리고 "경축 평양 8 · 15 민족대회" 등이 쓰인 수십 개의 깃발을 들고 행진했다.[317)]

---

314) 이종철(2014), pp. 126－127.

315) 남시욱(2009), p. 512. 신주현. (2006. 11. 17.). "청와대에 'NL386' 출신 40여 명 포진." 『데일리NK』.(http://www.allinkorea.net/sub_read.html?uid＝4064§ion＝section＝section16#).

316) 『조선일보』. (2003. 8. 15.). "보수－진보 또 갈라진 8 · 15집회."

이 같은 남남갈등은 정권이 바뀌어도 다양한 형태로 계속 나타났다. 이명박 정부는 출범 후 북핵 문제 해결을 대북정책의 중심에 놓고 「원칙 있는 대북정책」을 추구했다. 그러나 천안함 피격 등 북한의 도발로 남북관계가 경색되자 적지 않은 시민들이 이명박 정부가 잘못된 대북정책을 추진해서 문제가 발생한 것으로 평가했다. 이것은 진보 정부와 좌파 단체 및 시민단체에서 활동한 주사파 등 진보 진영이 10년 동안 대북 유화정책의 정당성을 선전하면서 시민의식에 영향을 미친 것이 결과적으로 나타난 것이다.

4) 문재인 정부와 남남갈등

노무현 정부의 대북정책을 그대로 계승한 문재인 정부는 역대 어느 진보 정부보다 북한 문제에 있어서 국내외적으로 많은 비판을 받았다. 한국 대통령이 북한 통치자(김정은)의 대변인이라는 블룸버그 통신의 발언은 하나의 사례에 불과하다.[318] 문재인은 2021년 6월 9일 미국 주간지 타임(TIME)과 진행한 화상 인터뷰에서 김정은을 “매우 솔직(honest)하고”, “국제적인 감각도 있다”고 평가했다. 이와 관련해서 타임은 “다수의 북한 소식통들은 김 위원장에 대한 문 대통령의 변함없는 옹호를 착각으로 보고 있다”며 문재인의 발언을 비판적으로 평가했다. 또한 타임은 문재인이 김정은을 좋게 묘사한 데 대해서 김정은은 “숙청, 고문, 강간, 장기적인 기아 유발을 포함한 ‘반인권적 범죄’를 주도한 사람”이라고 반박하기도 했다.[319]

문제는 북한이 핵무기를 완성하고, 비핵화 의지가 없는데도 문재인 정부가 주도해서 2018년에 평화 분위기를 띄우면서 오지도 않은 평화가 마치 온 것처럼 홍보한 것이다. 이것은 국민들 사이에 착시현상을 불러일으켰다. 임종석 등 주사파 계열의 전대협 출신은 문재인 정부의 실세[320]로 영향력을 행사

---

317) 위의 글.

318) Bloomberg, (2018. 9. 26.). “*South Korea's Moon Becomes Kom Jong Un's Top Spokesman at UN.*”

319) CAMPBELL, Ch. (2021. 6. 23.). “South Korean President Moon Jae-in Makes One Last Attempt to Heal His Homeland,” *TIME*; 『동아일보』. (2021. 6. 24.). “文 ‘北 김정은 매우 솔직’…타임 ‘반인륜 범죄 주도한 인물’.”; 『TV조선』. (2021. 6. 25.). “윤희숙 ‘타임지, 文에게 <망상>에 빠졌다고 비판…얼굴 화끈거려’.”

320) 남시욱(2009), pp. 652~653.

하면서 한반도 평화 분위기를 주도했다. 이것은 2018년 6월에 치러진 한국의 지방자치단체 선거에서 큰 효과를 보았다. 이후 문재인 정부는 평화 문제를 국내정치에 이용하면서 임기 말까지 종전선언을 추진하는 등 평화 분위기를 조성하기 위해서 노력했다.

김정은이 핵무기를 고도화하고 증강하면서 한국군과 주한미군의 미사일 방어망을 뚫을 수 있는 다양한 미사일을 개발하고 있는데도 이런 일이 발생했다. 뿐만 아니다. 문재인은 2018년에 판문점과 평양에서 김정은과 정상회담을 할 때마다 김정은이 마치 정상국가의 지도자인 것처럼 분위기를 띄웠다. 또한 2018년 9월에 남북정상회담을 수행했던 많은 사람들은 평양의 고층건물 등 겉으로 드러난 일부 모습만 보고 귀국해서 북한이 엄청나게 변한 것처럼 소개했다. 이것은 우리 사회에서 북한에 대한 착시현상이 확대되는데 기여했다.

동시에 진보진영의 학자들은 변하지도 않은 북한의 대남전략과 국가전략이 변한 것처럼 주장했다.(Ⅱ.2장) 그러면서 문재인 정부와 함께 국민들의 대북인식에 혼란을 초래했다. 그러다 보니 현실과 괴리가 있는 문재인 정부와 진보진영의 주장에 대해서 보수진영이 반발하는 가운데 끊임없이 남남갈등이 재생산되었다. 진보진영의 학자가 보수진영의 대북관을 비판하는 것을 보면, 과거에 보수진영이 진보진영을 색깔론으로 비난한 것과 방향만 다를 뿐 거의 유사한 방식으로 나타나고 있다.

예컨대 정영철은 보수진영의 대북관을 냉전 반공주의의 유지와 존속을 원하는 시각으로 분류하며 보수진영이 "냉전 시기의 '죽고 죽이는' 식의 이분법적"[321] 남남갈등을 증폭시킨 것으로 말하고 있다. "(…) 안보를 명분으로 정치와 언론 등 기존의 국가주의－권위주의적 지배세력이 사회의 다양한 의제들을 갈등의 정쟁으로 동원하고 있는 데서"[322] 문제의 원인을 찾을 수 있다는 정영철의 발언이 이를 뒷받침한다.

물론 정영철의 말 중에는 맞는 것도 있다. 즉 이념적 "편향성의 동원이 가능한 이유는 있는 그대로의 '사실'이 아니라 '해석된 사실' 즉, 자신들에게 유리하게 해석된 '사실'을 근거로 정치담론을 확대하는 것에 있다"는 것이 이에 해당한다. 정영철의 이런 주장은 합리적이다. 그러나 문제는 이렇게 이념적

321) 정영철(2018), p. 72.
322) 위의 글, pp. 72－73.

편향성을 동원하는 주인공은 보수진영이고, 진보진영은 그렇지 않다고 주장하는 데 있다. 필자는 과거에 보수진영이 북한과 통일 문제에 대한 담론을 독점하면서 정적을 탄압하는 수단으로 반공이데올로기를 이용했던 사실을 부정하지 않는다. 그러나 지금도 이런 잣대와 논리로 진보 정권에 대한 합리적인 비판조차 냉전 논리로 매도하는 것은 잘못된 것이다. 또 하나의 편향에 불과하기 때문이다.

필자가 이 대목에서 묻고 싶은 것은 과연 진보 진영 자신은 북한을 있는 그대로 보고 있느냐는 점이다. 예를 들어 북한의 대남전략이 바뀌지 않은 현실 속에서 탈냉전이라는 명분하에 무조건 평화를 외치는 것이 현실에 부합하느냐는 것이다. 주사파가 탄생하고, 김대중 정부가 출범한 후 진보진영에서도 자신의 정치담론과 대북정책이 정당하다는 것을 주장하기 위해서 「사실 관계」에 기초하지 않은 내용으로 상대를 비난하고 비판한 경우가 많았다. 이에 대한 성찰이 필요하다는 것이 필자의 생각이다.

보수진영이 비판하면 무조건 냉전세력으로 비난하는 경향은 문재인 정부에 들어서 전혀 나아지지 않았다. 문재인 정부의 대북정책과 평화정책을 비판하면 수구 · 보수 냉전세력으로 비판하면서, 그럼 "전쟁을 하자는 것이냐"고 합리적인 비판조차 매도한 것이 이를 방증한다. 문재인 정부는 김정은에게 비핵화 의지가 있다고 임기 내내 주장해왔다. 그러나 문재인 정부의 이런 주장은 이 책 Ⅱ.3장에서 밝힌 것처럼 김정은의 발언과 명백하게 다른 것이다.

문재인 정부는 2018년에 마치 한반도에 평화가 온 것처럼 대대적으로 홍보했다. 그러나 현실은 문재인 정부의 주장과 정면으로 배치된다. 문재인 정부 출범 후 오히려 북한의 핵무기 숫자가 증가하고, 한국군과 주한미군의 미사일 방어체계를 무력화시킬 수 있을 정도로 미사일 개발이 이루어지면서 북한의 군사위협은 증가했다. 북한의 위협이 문재인 정부가 평화정책을 추진하기 전보다 오히려 더 커졌다는 것이다.

필자도 김대중 정부 때 진보진영의 학자로서 보수진영을 비판했지만, 세월이 흐른 후 당시 보수진영이 했던 말 중에서 일리 있는 부분이 많았음을 인정하고 있다. 북한이 핵무기로 남한을 위협하는 상황에서 과거의 「햇볕정책」에 대한 성찰 없이 이른바 「진보적」이라는 대북관으로 남남갈등을 확대재생산하는 것은 잘못이다. 설령 정치인들이 잘못 하더라도 학자까지 여기에 편승하면 안 된다.

냉정하게 평가하면 한국 진보정권의 대북정책은 목표와 반대되는 결과를 초래했다. 북한의 변화에 기여하기 보다는 김정일과 김정은 정권의 유지에 기여함으로써 북한이 변하지 않는데 기여했기 때문이다. 그러면서 북한의 대변인처럼 미국과 남한의 비협조로 북한이 변화를 하지 못한 것처럼 왜곡하기도 했다. 그러나 이런 문제점이 있음에도 불구하고 진보진영은 보수진영을 무조건 부정적으로만 매도했다. 정영철의 다음 발언이 이를 보여준다.

> "역사적으로 김대중 정부 시절부터 남남갈등이 본격화된 것은 시민사회 확대 등의 한국 사회 전반의 변화와 더불어 이러한 분단-냉전 구조의 변화가 시작되면서, 기존의 구조를 온존시키고 그 구조 속에서 이득을 취해왔던 정치 및 언론 등 기득권 세력의 위기감의 발로이기도 하다. 사실, 이러한 모습은 우리가 '보수'라고 칭하는 과거의 가치와 전통을 지키려는 것과는 거리가 있다고 하겠다. 오히려 지금의 모습은 민주주의에 역행하는 퇴행적 모습이라 할 것이다"[323]

이렇게 주장하는 것은 사실관계를 토대로 학문을 하는 태도가 아니다. 이것은 정영철이 비판하는 과거의 권위주의 정권이 그랬던 것처럼, 정영철 자신도 이분법적 논리로 보수진영을 매도하는 것이다. 때문에 필자가 정영철에게 묻는 것이다. 왜 냉전적 대결의식의 근본 원인인 북한 정권은 그대로 두고, 남한 사회의 진보정권에 비판적인 사람들만 진영 논리적 시각으로 비판하는 것이냐고. 정영철은 2018년에 개최된 북미정상회담과 남북정상회담 등으로 한반도의 냉전구조가 해체되고 있다고 주장했다. 그러면서 다음과 같이 말했다.

> "이러한 구조적 변화에 따라 정치권의 '편향성의 동원'이 더 이상 대중적인 설득력과 정당성을 갖기 어려울 것이며, 과거의 '낙인찍기' 식의 냉전 담론은 오히려 구시대의 적폐로 인식될 가능성이 높아진다."[324]

이것은 현 상황과 괴리가 있는 주장이다. 정영철은 "(…) 현재의 남남갈등

323) 위의 글, pp. 76－77.
324) 위의 글, p. 80.

은 '진보－보수'라는 대립구도로 설명될 수 없고, 오히려 반공－안보의 담론이 그에 저항하는 담론을 일방적으로 억압했던 역사적 산물이라 할 수 있다"고 주장하기도 했다.[325] 그러나 진보진영 내에서도 종북과 비(非)종북이라는 갈등이 있다. 소위 NL(주사파/자주파)과 PD(인민민주주의)계열의 갈등이 이에 해당한다. 북한에 대해서는 다양한 시각이 존재한다.

그러나 정영철은 이런 사실을 외면하고, 자신과 진보는 옳고 상대와 보수는 틀렸다는 가정 하에 논리를 전개한다. 때문에 자기모순에 빠지게 되는 것이다. 자신도 이분법적 진영논리에 빠져있으면서, 상대방만 진영논리에 빠져있는 것으로 비난하는 전형적인 「내로남불」에서 벗어나지 못하고 있다는 것이다.

이런 식으로 진보진영은 보수진영을 비난하면서 문재인 정부 임기 내내 가짜 평화 분위기를 조성했다. 그 결과 남남갈등이 벌어지고 있는 와중에 많은 국민들이 북핵 문제를 진지하게 걱정하는 대신에 "어떻게 되겠지" 하면서 무관심하게 대하는 경향이 증대했다. 또한 2019년 11월에 북한을 탈출해서 한국에 귀순하려고 했던 탈북민 선원 2명을 문재인 정부가 제대로 된 절차도 거치지 않고 북한에 송환시키고, 북한 당국이 2020년 6월에 한국 정부가 개성에 건설한 남북공동연락사무소를 폭파했어도 시간이 지나면 아무 일 없었던 것처럼 관심을 갖지 않지 않는 국민이 늘어났다.

한국의 해양수산부 공무원 이 모씨가 2020년 9월에 북한의 해안에 표류하다 북한군의 총격으로 사망하고, 불에 타서 시신조차 찾을 수 없는 상황이 되어도 문재인 정부는 이 사건을 제대로 조사하지 않았다. 그래도 한국에서 많은 국민은 현재 이 문제에 관심을 갖지 않고 잊어버렸다. 북한 당국이 한국 국민을 죽이고, 한국 국민의 세금으로 지은 남북공동연락사무소를 폭파해도 그때만 잠시 관심을 가질 뿐, 시간이 지나면 아무 일 없었던 것처럼 생각할 정도로 우리 사회는 많이 변했다.

북한의 비정상적인 압박과 위협에도 문재인 정부는 비굴할 정도로 저자세를 보였다. 북한 당국자들이 "삶은 소대가리도 앙천대소할 노릇"이라며 "정말 보기 드물게 뻔뻔스러운 사람"[326]이라고 한국 대통령을 비난해도 정작 문

325) 위의 글, p. 81.
326) 『조선중앙통신』. (2019. 8. 16.). "조국평화통일위원회 대변인담화."

재인 정부는 무(無)대응으로 일관했다. 그러면서 오히려 한·미 연합군사훈련 축소와 「대북전단금지법」 제정 등으로 북한의 요구를 들어주기 위해서 노력했다. 이런 분위기가 일상화되면서 남남갈등 속에서 북한만 비정상이 아니라, 대한민국도 함께 비정상이 되는 현상이 나타났다.

다. 유럽 좌파의 시각에서 본 북한 체제 및 한국 진보

1) 유럽 좌파의 시각에서 본 북한 체제

우리나라는 해방 전후에 좌·우 진영의 대립이 있었다. 그런데 최근에는 좌·우라는 개념 대신에 진보와 보수라는 개념이 사용되고 있다. 이것은 유럽과 다르다. 유럽에서는 진보와 보수라는 개념을 잘 사용하지 않는다. 대신에 아직도 좌·우라는 개념을 사용한다. 좌·우 개념이 탄생한 것은 1814년으로 거슬러 올라간다.[327] 당시 프랑스 의회에서 대통령의 오른쪽에 앉은 정당원은 기존의 정치·사회적 구조를 유지하자는 측이었고, 왼쪽에 앉은 정당원은 기존의 정치·사회적 구조의 변화를 추구하는 측이었다. 여기서 좌와 우의 개념이 탄생했다.

그런데 좌파 정권이 오래 집권하면 우파가 기존의 정치·사회적 구조의 변화를 추구한다. 역으로 우파 정권이 오래 집권하면 좌파가 기존의 정치·사회적 구조의 변화를 추구한다. 이런 점을 고려할 때, 기존 질서의 변화를 추구하는 것만으로 좌파와 우파를 규정하는 것에는 문제가 있다. 최근 유럽에서는 기존 질서의 변화보다 「약자와의 연대」를 좌파 개념의 핵심으로 보고 있다.[328]

20세기 초 러시아에서 볼셰비키 혁명이 성공하기 전만 해도, 유럽에서 좌파와 사회주의 혹은 사회민주주의는 같은 범주로 인식됐다. 사회주의와 사회민주주의를 추구한다는 것이 기존의 자본주의 체제에 대한 혁명적 변화를 의미했기 때문이다. 그런데 20세기 초 러시아에서 사회주의 혁명이 성공한 후 독재정치로 인권 탄압이 심해졌다. 소련은 제2차 세계대전 이후 동유럽 국가

327) 혹자는 1814년이 아닌 1840년 전후를 좌우 개념이 탄생한 시기로 본다. Stoltenberg (1963), p. 3 참조.
328) Thurich, E.(2011), p. 103.

들의 사회주의 체제를 보호한다는 명분하에 이들 국가에서 발생한 민주화 운동을 탄압하기도 했다. 그러자 좌파와 사회주의를 같은 범주로 인색했던 기존 시각에 변화가 나타나기 시작했다.

유럽에서 1968년에 분출된 학생운동 중에서 좌파 성향을 지닌 그룹(New Left)은 소련을 사회주의국가라고 말하지 않았다. 대신에 「현존하는 사회주의 국가」라고 불렀다. 소련식 사회주의를 평가 절하한 것이다. 소련 체제가 노동의 해방을 구조적으로 억압한다고 비판하면서 소련의 정통성을 부정하기도 했다. 이들은 대안적 사회주의를 추구하면서 자신을 「신(新)좌파」로 불렀다. 이렇게 해서 좌파의 혁신이 시작됐다.

서독의 신좌파 학생들은 서독 내 반공 이데올로기에도 비판적이었지만, 동독에도 매우 비판적이었다. 동독의 시민운동가들도 동독 체제를 비판했다. 동독이 붕괴되기 직전 동독의 시민운동가들이 민주화 시위를 하면서 초기에 원했던 것은 독일 통일이 아니었다. 대신에 동독에서 「진정한 사회주의」 혹은 「민주적 사회주의」를 실현하는 것이었다. 소련에서 고르바초프가 개혁 · 개방을 통해서 민주적 사회주의를 추구했던 것처럼, 동독에서 저항운동을 했던 시민운동가들도 마찬가지였다.

그런데 사회주의를 현실 속에서 실현한다는 것은 이론처럼 쉬운 일이 아니다. 소련의 실험을 통해서 역사적으로 실패한 경험도 있다. 그래서 좌파 혹은 진보의 범주를 사회주의에 국한시킬 수 없게 되었다. 유럽에서 진보라 하면 자본주의의 한계를 인식하고, 민주적인 방식으로 개혁을 통해서 대안을 찾는 사람들이다. 이들 중에는 사회주의자도 있고 사회민주주의자도 있다. 녹색당에서 진보적 대안을 찾는 사람도 있다. 그 핵심에는 「약자와의 연대」가 있다. 이들이 추구하는 진보 이념의 밑바닥에는 「비판 정신」이 흐른다. 자본주의 체제의 모순도 비판하지만, 소련식 사회주의도 인간의 자유를 억압하는 형태로 비판했던 정신이 흐르고 있다.

유럽의 좌파는 북한이 수령을 신격화하는 전체주의 체제라는 점에서 사회주의국가로 인정하지 않는다. 서독 좌파는 히틀러의 파시즘 체제와 스탈린의 전체주의 국가 모두 보수와 진보의 범주에 포함시키지 않는다. 아예 열외로 거론한다. 정상국가의 범주에 포함시키지 않는다는 말이다. 좌파의 원조 마르크스(Marx)가 북한을 봤다면 사회주의 탈을 쓴 「현대판 노예사회」라고 비판했을 것이다. 그의 역사발전 이론에 따르면 북한은 자본주의 체제보다 먼저 극복돼야 할 대상이다.

2) 유럽 좌파의 시각에서 본 한국 진보

현재 유럽연합(EU)은 좌·우파를 떠나서 북한의 인권 상황을 개탄하고, 유엔에서 북한 인권문제를 적극 제기한다. 인권 문제는 좌파가 추구하는 가장 중요한 가치 중 하나다. 그런데 한국의 좌파 혹은 진보는 유럽 진보와 반대의 길을 걸었다. 북한에 대한 비판 정신은 아예 실종됐다. 특히 1980년대에 전두환 독재정권에 맞서서 민주화를 추구했던 학생운동에서 주사파가 주도권을 쥐면서 학생운동이 이상하게 변질됐다. 북한의 독재 이데올로기인 주체사상을 자신이 추구해야 할 이념으로 받아들였기 때문이다. 군사정권의 반공이데올로기에 속았다는 성찰이 북한의 주체사상에 경도되는 것을 합리화할 수는 없다. 그럼에도 그랬다.

이렇게 해서 유럽의 68운동 출신 좌파 입장에서 상상할 수 없는 일이 한국에서 벌어지기 시작했다. 유럽 좌파의 시각으로 보면, 한국 진보는 북한 체제를 비판하고, 약자인 북한 주민과 연대하는 정치를 추구해야 했다. 북한은 거대한 감옥소다. 개인의 인터넷 사용이 금지된 세계에서 유일한 국가다. 인터넷이 가능하더라도 국내망 접속만 가능하다. 국제변호사협회(IBA)는 2017년 12월에 북한 정치범수용소를 나치가 세운 아우슈비츠 수용소보다 더 극악무도한 곳이라고 평가하기도 했다.[329]

그런데 한국의 진보운동에서 하나의 커다란 축을 형성한 「주사파」는 민주화 운동 이후 정치권에 진입해서 권력을 쥔 후에도 김정일과 김정은 정권의 인권 탄압에 침묵했다. 북한 주민의 인권 참상에 대해서는 침묵하면서 오히려 이들을 억압하는 김정은 정권을 변호하고 대변해왔다. 이 점에 대해서 최정호는 다음과 같이 말했다.

---

329) 백승구. "북한은 하나의 무서운 감옥...아우슈비츠수용소보다 더 극악무도한 곳...탈북자들의 충격 증언." (http://monthly.chosun.com/client/mdaily/daily_view.asp?Idx=2316&Newsnumb=2017122316&stype=rep). (검색일: 2019. 3. 18.): 김태훈(2019), p. 24에서 재인용.

"햇볕정책을 집권 정부가 공식적 대북 정책으로 추진한 이후 한국 사회의 참으로 진기한 남남 대립 양상은 현대 세계에서 가장 반동적인 북한의 세습 독재 체제에 친화적인 세력이 '진보'를 자처하고 북한 주민의 인권을 거론하는 세력이 '보수'로 몰리고 있는 현실이다."[330]

만약 반북(反北)을 보수라 말한다면 중국과 러시아를 제외한 국제사회의 상당 부분을 보수라 불러야 한다. 이것은 틀린 말이다. 2021년 유엔 총회에서 「북한인권결의안」에 공동제안국으로 참여한 국가는 60개다.[331] 그런데 문재인 정부는 2019년부터 3년 연속으로 유엔에서 「북한인권결의안」의 공동제안국에 참여하지 않았다. 그리고 김정은 정권의 모욕에도 어떻게든 북한을 자극하지 않으며 오히려 두둔했다. 북한이 문제를 일으켜도 북한 입장에선 그럴 수 있다고 이해하려 하기도 했다.

우리 입장에서 북한의 군사위협을 과소평가하고 실재하지 않는 것처럼 생각하는 것은 문제다. 그런데 핵과 미사일 개발로 야기되는 북한의 위협을 북한 입장에서 있음직한 일로 이해하려는 자세는 더욱 문제다. 우리 사회에는 북한의 잘못된 행위에 보상부터 해주려는 경향이 있다. 북한의 비본질적 변화의 모습을 보고 마치 김정은 정권이 정상국가를 지향하는 것처럼 바라보는 착시현상도 나타났다.

한국 진보 중엔 북한을 추종하는 세력도 적지 않은 것처럼 보인다. 세계 최악의 인권탄압국가인 북한의 독재자 김정은을 「위인」으로 칭송하는 「백두칭송위원회」가 서울에서 결성되어 공개 활동을 하는데 문제가 없었기 때문이다.

유럽 좌파가 북한을 비판하는 식으로 우리 사회에서 북한의 수령절대독재를 비판하거나 김정은의 비핵화 의지에 대해서 합리적 의심을 제기하면 한국 진보는 이것을 냉전적 수구 · 보수적 행위로 비난했다. 한국 진보의 이런 주장은 전혀 진보적이지 않다. 오히려 시대착오적이다. 이것은 기득권 세력이 된 한국 진보의 위선과 비리를 감추기 위해서 진영논리를 앞세우는 저급한 정

330) 최정호(2008), p. 156.
331) 『중앙일보』. (2021. 11. 18.). "유엔 '北 인권결의안' 17년째 채택…한국은 3년 연속 불참."

치적 행위로 나타날 때가 많았다. 이런 맥락에서 김인영의 다음과 같은 지적을 참고할 필요가 있다.

> "이제 진보에게 우선적으로 필요한 것은 진지한 자기성찰과 자기반성이다."[332] 한국 진보는 "한국사회에서 뉴레프트는 만들어보지도 못하고 올드 레프트를 부여잡고 북한을 옹호하는 시대착오에 빠져 있다. 기든스와 같은 '제3의 길' 전략의 개발은 고사하고 인류 보편적 이념인 인권과 복지를 북한에 적용도 못하는 자기모순에서 헤어 나오고 있지 못하다."[333]

그렇다고 필자가 한국 보수의 입장을 지지하고 옹호하는 것은 아니다. 보수의 문제점에 대해서는 이 책이 아닌 다른 책에서 상세히 언급할 기회가 있을 것이다. 다만, 이 책에서는 과거 한국의 군사정권이 반공주의와 색깔론으로 민주세력을 탄압했다고 해서 또 다른 극단이 정당화되는 것이 아니라는 점을 말하고 있는 것이다. 그리고 한국 진보가 진보 노릇을 하려면 제대로 하라는 것이다. 과거에 보수가 반공주의를 앞세웠다고 해서 지금도 반북을 주장하면 보수가 되는 것은 아니다. 북한 문제의 본질이 김일성과 김정일 및 김정은의 세습정권에 있는 경우가 대부분이기 때문이다.

보수진영에서 진보를 친북과 종북이라고 등식화하는 것은 올바른 것이 아니다. 친북과 종북이 아닌 진보도 있기 때문이다. 사이비 진보가 잘못된 북한 정권을 지지한다고 해서 진보적 가치 그 자체를 무조건 부정하는 것은 바람직하지 않다. 이렇게 되면 진보 역시 이에 대한 반발로 보수의 가치 그 자체를 부정할 수 있다. 그 결과 진보와 보수의 갈등이 악순환에 빠지게 되면서 이성이 마비된다.

중요한 것은 한국에서 사용되고 있는 진보 개념의 혼선을 바로 잡는 것이다. 안보를 둘러싼 환경이 어떻게 변하든 「햇볕정책」과 「평화정책」에 우호적이면 진보, 비판적이면 보수라고 편 가름하는 것은 한국 사회의 잘못된 이분법이다. 이런 이분법으론 복잡하게 얽힌 현실 문제를 풀어갈 수 없다.

예를 들어 다음과 같이 진보와 보수를 구분하는 것은 문제가 있다. 아래

---

332) 김인영(2014), p. 206.
333) 위의 글, p. 209.

의 표는 결과적으로 나타난 현상을 묘사한다는 점에서 맞는 부분도 있다. 예컨대 한국 진보가 대체적으로 대북포용정책을 지지하고, 남한에 대한 북한의 군사적 위협이 감소됐다고 인식하는 경향을 묘사한다는 점에서는 틀리지 않는다. 그러나 이렇게 구분하면 진보 성향의 학자가 북한 체제를 비판하는 경우에 보수로 분류되는 문제가 생긴다.

[표 Ⅱ-9] 통일논의 쟁점에 대한 진보와 보수의 입장

쟁 점	진 보	보 수
대북포용정책 전반	적극 찬성	반대/소극 찬성
북한에 대한 인식	우호적	적대적
북한의 변화에 대한 인식	실용주의적 노선으로 전환	기본적으로 변한 것 없음
북한의 군사적 위협에 대한 인식	북한의 남한에 대한 군사적 위협은 대폭 감소됨	북한의 군사적 위협은 여전히 위협적이고 심지어 남침 의욕을 버리지 않고 있음
대북협상론에 대한 인식	현재의 기조 유지	북한에 대하여 저자세

※ 출처: 최용섭(2001), p. 6. 원본의 표가 커서 일부 내용만 발췌해서 인용함.

북한에 대한 비판이 다른 사상을 포용하지 못하는 폐쇄성과 색깔론에서 나오는 것이 아니라면, 이런 비판은 경청할 필요가 있다. 북한을 평가할 땐 진실과 사실관계로 해야 한다. 북한 체제에 대한 진보의 연구가 잘못될 수도 있음을 인정한다면, 위의 표처럼 구분할 수가 없다. 중요한 것은 북한에 대한 진실을 먼저 규명하는 것이다. 그리고 진실이나 사실 관계를 규명할 때도 이념으로 덧씌워서 상대 논리를 매도하면 안 된다.

잘못된 진실 규명에서 출발하는 남남갈등은 허망한 것이다. 싸우지 말아야 할 것을 놓고 잘못된 진영논리로 싸우는 셈이 되기 때문이다. 이런 맥락에서 백낙청 서울대학교 명예교수(이하, 백낙청)이 한 다음 말을 참고할 필요가 있다.

> "또 하나는 '진보 대 보수'라는 틀이 사실 진실을 드러내기보다도 진실을 감추거나 왜곡하는 효과가 있는 것 같습니다. ... 갈등의 본질이 진보 대 보수의 이념투쟁이 아닌데, 그것을 이념투쟁으로 호도하는 효과가 있습니다."[334]

(…) "사실 관계 차원으로 가면, 이념이나 노선이 아니고 사실이냐 아니냐, 둘 중 하나밖에 없습니다."[335] (…) "아무래도 사실관계 차원이 기본입니다. 그에 입각해서 걸맞은 대응책을 세워야 합니다."[336]

역사적 경험으로부터 교훈을 도출하고, 북한을 있는 그대로 인식하면 보수와 진보의 이분법적 구분은 의미가 없다. 북한의 실체를 알면, 진실 앞에서 진보와 보수로 구분하는 것이 무의미하다는 말이다. 그런데 학문이 정치화되다보니, 정치를 위해서 진실을 왜곡하면서 불필요한 남남갈등을 심화시키고 확대시키는 경향이 있다. 진실 규명으로 남남갈등을 해소시켜야 할 학자가 오히려 진실을 왜곡하면서 남남갈등을 부추긴다는 것이다. 이것이 현재 우리 사회에서 벌어지고 있는 남남갈등의 본질적 문제 중 하나다.

이렇게 진실을 왜곡하는 학자들을 보면 그들이 과연 진보적 이념체계로 무장되었는지도 의심하게 된다. 정말 진보적이라면 북한 체제를 미화하는 발언을 해선 안 된다. 그런데 미화하기 때문이다. 예를 들어 세계 최악의 독재자 김정은을 정상국가의 지도자 혹은 계몽군주라고 하는 발언이 그렇다.

필자가 한국에서 진보로 거론되는 유형을 구분하면 다음과 같다. 첫째, 소련식 사회주의 정권은 역사적으로 몰락했지만, 한국에서 대안적 사회주의(기존의 사회주의에 대한 대안으로서의 사회주의) 혹은 자본주의에 대한 대안을 추구하는 사람들이 있을 것으로 생각한다. 이들 중에는 이념적으로 사회주의를 추구하는 사람도 있지만, 제3의 길을 추구하는 사람도 있을 것이다. 사회주의가 현실에서 얼마나 실현 가능한지에 대해서는 사람마다 생각하는 정도에 차이가 있을 것이다. 분명한 것은 이들이 좌파 혹은 진보로서 자본주의를 거부한다는 점이다. 자본주의의 모순은 체제가 존재하는 한 사라지지 않는다고 보기 때문이다.

둘째, 자본주의에 대한 대안을 찾지 못한 상태에서 자본주의 체제를 인정하되, 그 안에서 모순을 극복하며 점진적 변화를 추구하는 사람들이 있을 것이다. 예를 들면 유럽식 사회민주주의를 지향하는 사람들이 그런 유형이라고

334) 백낙청(2010), p. 278.
335) 위의 글, p. 284.
336) 위의 글, pp. 288-289.

할 수 있다. 다만, 한국에서 이들이 아직 유럽식 사회민주주의를 주장할 수 있을 만큼 정치세력화를 이루지는 못한 것으로 보인다. 분명한 것은 자유민주주의가 지닌 한계를 인정하지 않고, 대안적 민주주의를 찾는 사람들이 있다는 것이다.

셋째, 정체성이 명확하지 않은 진보가 있다. 어떨 때는 북한 체제를 옹호한다. 또 어떨 때는 중국식 사회주의를 지향하는 것 같기도 하다. 이들은 정치권 안팎에서 활동하면서 자신의 정체성을 분명하게 밝히지 않는다. 분명한 건 이들이 자유민주주의에서 자유를 향유하면서도 자유민주주의를 인정하지 않는다는 것이다. 이들의 세력은 상당하다. 이들 때문에 한국 사회에서 진보와 보수의 갈등이 상당히 왜곡된 형태로 나타나고 있다. 정체불명의 진보가 남남갈등의 한 축을 이루기 때문이다.

앞에서 밝혔듯이 북한 체제는 사회주의 체제가 아니다. 세습으로 이어지는 절대왕조의 수령유일지배체제다. 사회적 불평등이 최악의 상태로 구조화된 북한은 평등을 지향하는 사회주의와 근본이 다른 정반대의 체제다. 북한 정권은 이것을 「북한식 사회주의」라고 포장하고 미화한다. 그러나 유럽 좌파는 북한의 이런 주장을 인정하지 않는다.

그런데 셋째 유형의 한국 진보는 북한 체제를 부정하지 않는다. 김정은을 계몽적 절대군주라고 미화하고, 정상국가의 지도자처럼 홍보하기도 한다. 이들은 북한이 정상국가로 변화하고 있다는 주장도 한다. 북한의 변화를 촉진하기 위해서 「햇볕정책」과 「평화정책」을 추진해야 한다고 말하기도 한다. 북한 논리에 따라 미국의 대북적대시정책 때문에 북한이 자신을 보호하기 위해서 핵무기를 개발했다고 주장하기도 한다.

그러나 이들은 북한 정권의 인권 유린에 대해서 철저하게 침묵한다. 그래야 「햇볕정책」을 추진해서 남북관계를 개선할 수 있다고 보기 때문이다. 아직도 주사파의 그늘에서 벗어나지 못한 사람들처럼 보인다. 중국도 사회주의 체제가 아니다. 정치체제는 사회주의를 지향한다고 하지만, 경제는 자본주의 체제다. 그래서 사회주의 이론을 공부한 사람은 중국을 국가자본주의로 말하기도 한다. 물론 중국 공산당은 자신의 체제를 「중국 특색 사회주의」라고 포장하고 미화한다.

셋째 유형의 한국 진보는 이런 중국에 우호적이다. 그래서 미국과 중국

사이의 줄타기 외교를 당연한 것처럼 추구한다. 그렇다고 한국에서 친중적인 사람과 미 · 중 간 줄타기 외교를 주장하는 사람이 모두 셋째 유형의 한국 진보는 아니다. 그러나 역(逆)은 성립한다.

넷째, 마지막 유형의 「한국적」 진보가 있다. 이념적 기준으로 볼 때, 이들은 진보로 분류할 수 없는 사람들이다. 진보적 가치관을 추구하지 않기 때문이다. 「약자와의 연대」를 삶의 중요한 가치로 생각하면서 살아온 사람들도 아니다. 그러나 한국 진보정권의 대북정책을 지지하고, 북한의 변화를 믿어 온 사람들이다. 이념적으로 자유민주주의를 추구하면서 북한의 변화와 한반도 평화 및 남북관계 개선을 위해서 「햇볕정책」과 「평화정책」을 지지하는 사람들이다.

북한 연구자들 사이에 이런 사람들이 적지 않다. 나름대로 학문적 분석을 하면서 북한의 변화를 주장하는 사람도 있다. 그러나 희망적 사고로 북한을 연구하는 사람도 많다. 북한이 변해야 한다고 희망하면서 이런 방향으로 이론을 만들어내는 사람들이 후자에 속한다. 이들을 좋은 학자라고 말하기는 어렵다. 현실을 왜곡하기 때문이다. 그럼에도 이들은 한국의 북한 학계에서 상당한 세력을 형성하고 있는 것처럼 보인다.

이들 중에는 학문을 정치에 종속시키면서, 「햇볕정책」과 「평화정책」을 지지하는 사람도 있다. 이들은 남북관계를 악화시키지 않으려면 달리 대안이 없다고 생각하는 경향이 있다. 이중에는 「평화주의자」도 있다. 진보적 가치관을 추구하지 않지만, 보수 정치권에 대한 반발로 진보에 호감을 갖는 사람도 있다. 그런데 출세를 위해서 학자적 양심을 버리고 북한의 변화를 주장하면서 「햇볕정책」이 유효하다고 강변하는 사람도 있다. 이들은 북한을 「악마화」하지 말라고 한다. 왜 중국과 러시아의 핵무기는 문제 삼지 않으면서, 북한의 핵무기만 문제 삼느냐는 말을 하기도 한다.

한국에서 넷째 유형의 진보는 셋째 유형의 진보에 이론적 기반을 제공한다. 유럽 좌파의 시각에서 볼 때 한국의 셋째 유형과 넷째 유형은 진보에 속하지 않는다. 그러나 한국 진보를 이야기할 때, 셋째와 넷째 유형의 진보를 거론하지 않을 수 없다. 이들이 남남갈등의 한 축을 형성하기 때문이다. 정체불명의 진보도 거론해야 하고, 진보가 아닌 진보를 진보진영에 포함시켜서 거론해야 한다는 것이다. 이런 의미에서 필자가 이 책에서 「진보와 보수의 잘못된 이분법」이라는 말을 하고 있는 것이다.

앞에서 필자는 사실관계에 입각해서 거짓과 진실의 잣대로 판단해야 할 것조차 진보와 보수의 대결로 판단하는 오류가 잘못된 이분법이라고 말했다. 여기에 정체불명의 진보와 진보가 아닌 진보를 진보진영에 포함시켜야 하는 우스꽝스러운 현실이 추가적으로 「진보와 보수의 잘못된 이분법」이라는 표현을 사용하게 만든다.

북한 당국은 체제를 수호하기 위해서 핵무기가 필요하다고 주장한다. 그러나 현 북한 체제를 수호하는 것이 좋다고 생각하는 북한 주민이 과연 얼마나 될까? 차라리 남한이 북한을 흡수하는 통일을 하면 더 잘 살 수 있게 되어 좋다고 하는 사람이 많지 않을까? 그렇다면 체제 수호를 위해서 핵무기가 필요하다는 북한 당국의 주장은 김정은 정권과 이 정권에서 특혜를 누리는 특권층의 주장에 다름 아니다. 결국 체제와 인민을 위해서 핵무기가 필요하다는 북한 당국의 주장은 진실이 아니라는 말이다.

또한 북한 당국은 사회주의 체제를 수호하기 위해서 인권이 억압받아도 그것은 당연하다고 주장한다. 그런데 억압받는 북한 주민들 입장에서도 그렇게 생각할까? 인권 침해의 피해자인 북한 주민들은 현재의 북한 체제를 위해서 인권이 억압받는 것에 동의하지 않을 것이다. 다만, 인권에 대한 개념을 알지 못하고 수령과 당에 충성하도록 교육받고 살아왔으며, 불만이 있어도 표현할 수 있는 자유가 없어서 말을 못할 뿐이다. 그렇다면 체제 수호를 위해서 인권이 억압받는 것을 감내해야 한다는 북한 당국자의 주장도 진실이 아닌 것이 된다.

문제는 우리 사회에서 북한 당국자들이 하는 주장을 대변해주는 사람들이 적지 않다는 것이다. 그런데 이들은 진보를 자처한다. 이런 사람들의 주장 때문에 우리 사회가 분열되고 갈라져서 고통 받고 있다. 한국 진보는 유럽 좌파/진보와 정반대의 길을 가면서 남북관계를 개선하고 한반도 평화를 추구하기 위해서 어쩔 수 없이 그렇게 해야 한다는 이유를 내세운다. 그런데 한국의 진보 세력 혹은 정권이 주장하는 것처럼 그들이 주장하는 방식으로 정말 남북관계를 개선하고 한반도 평화체제를 실현할 수 있는 것일까?

한국의 진보정권은 자신의 행동을 합리화하기 위해서 통일 전 서독의 대동독정책을 인용하기도 한다. 서독에서 1970년대에 빌리 브란트(Willy Brandt;

이하, 브란트) 총리와 슈미트가 동독을 국가로 인정하고 교류 · 협력을 추진함으로써 동서독 관계를 개선하고 통일의 기반을 닦았던 것이 한국 진보정권의 대북정책과 일맥상통한다는 것이다.

그런데 서독의 브란트와 슈미트가 한국의 김대중, 노무현 그리고 문재인처럼 동독의 인권 탄압에 침묵하면서 동독의 독재자가 요구하는 대로 끌려 다녔을까? 또한 한국의 진보정권이 중국 눈치를 보는 것처럼, 서독의 진보정권[337]이 소련 눈치를 보면서 미국과의 동맹정책에 균열을 내고 안보를 소홀히 했을까? 다음 Ⅲ장과 Ⅴ장에서 이 문제를 살펴보자.

---

337) 1970년대 서독의 진보정권은 사회민주당(SPD: Sozialdemokratische Partei Deutschlands, 이하 사민당)이 주도했지만, 엄밀하게 말하면 자유민주당(FDP: Freie Demokratische Partei, 이하 자민당)과의 연합정권이다.

영혼 없는 정치

1. 동독 vs 북한

가. 동독의 정치 · 사회 vs 북한의 정치 · 사회

냉전기에 동독은 동유럽 사회주의국가 중 모범국가였다. 1990년에 서독으로 흡수되어 통일되기 전까지 동유럽 사회주의국가 중에서 최고의 생활수준을 영위했다. 고르바초프가 동독으로부터 배워야 한다고 말했을 정도다. 동독이 사회주의를 추구하는 국가였던 만큼 동독에서는 복지가 시민이 누리는 당연한 권리라는 의식이 형성되어 있었다.[1)]

문제는 서독과의 비교를 통해서 동독의 복지수준이 평가받았다는 것이다.[2)] 사회주의국가 중에서 동독의 복지수준이 최고였지만, 서독과 비교할 때는 낮은 수준이었다. 그 결과 동독의 사회주의 체제가 주민들에게 서독의 자본주의 체제보다 못한 것으로 평가되었다. 1983년 당시 동독 연금수급자의 가구 평균소득은 서독의 1/4 수준에 불과했다.[3)] 이런 사정 때문에 동독은 1980년대에 외채 증가 등으로 인한 경제적 어려움에도 서독을 의식해서 복지정책을 후퇴시킬 수 없었다.

그러나 북한은 처음부터 동독과 다른 길을 택했다. 북한에서 현재 복지는 국가가 보장해주는 인민의 당연한 권리가 아니다. 1990년대 중 · 후반에 배급

1) 황규성(2016), p. 122.
2) 위의 글, p. 124.
3) 위의 글, p. 124.

제가 붕괴하기 전에는 복지가 국가의 역할로 생각됐었다. 그러나 1990년대에 배급제가 붕괴하면서 수령이 인민들을 먹여 살리지 못하게 됨에 따라 사정이 달라졌다. 북한의 복지시스템이 무너진 것이다. 그럼에도 당시에 북한에서는 사상교육의 영향이 건재했다. 주민들이 "우리에게 배급을 달라"고 항의하거나 시위를 벌이는 일은 상상할 수 없었다. 인민을 철저하게 피동적인 인간으로 만든 북한의 시스템은 동독과 근본적으로 다르다.

북한 정권은 1990년대 중 · 후반에 닥친 위기 속에서 자력갱생을 강조했다. 그리고 주민들이 장마당/시장 활동을 통해서 먹고 사는 것을 묵인했다. 동시에 시장이 북한 체제에 미치는 부정적 영향을 통제했다.[4] 국제사회가 원조해주는 것은 인민에 대한 최하 수준의 복지를 충당하는데 일부 사용했다. 다만, 핵심 지지계층과 평양시민에게는 배급과 선물 제공을 유지하면서 특별히 관리했다.[5]

이렇게 되면서 배급제가 붕괴한 후에 생계의 책임이 주민 스스로에게 있는 것으로 생각하는 분위기가 형성됐다. 북한식 복지의 책임이 주민 자신에게 있다고 생각하기 시작한 것이다.[6] 공장과 기업소도 마찬가지다. 기업소의 구성원이 자력갱생을 해서 기업소를 운영하고, 일정 부분 북한 당국에 상납을 해야 하는 것이 현실이다. 공장과 기업소에 대한 국가의 예산 지원은 김정은이 정책적으로 우선시하는 분야와 특별히 선택된 대상에게만 주어진다.

그런데 명색이 사회주의국가인 북한에서 이런 비정상적인 상황이 현재 정상적인 것으로 주민들에게 인식되고 있다.[7] 북한 당국의 철저한 통제와 우

---

4) "지배세력은 시장에 대한 방치와 억제를 주기적으로 반복했다. 2003년 5월 5일 내각지시 24호 종합시장설치 지시문이나 내각결정 27호 시장관리 규정은 시장활동에 대한 규칙을 만들었다. 시장관리규정은 1조에서 "위대한 영도자 김정일 동지께서 시장을 적극 장려하며 사회주의 경제관리와 인민생활에 효과적으로 리용"하기 위한 규정임을 밝힌 바 있다(임수호, 2008: 279). 반면 종합시장 식량거래 금지 및 전매제 조치(2005년), 개인밭 금지(2006년), 종합시장 운영에 대한 세부규정(2007년), 종합시장의 과거 농민시장으로의 회귀 조치(2008년), 화폐개혁에서 나타난 종합시장에 대한 규제(2009년) 등 정반대의 조치들도 병행된다. 이러한 조치들은 시장에 의한 생존에 어떻게 대처할 것이냐 라는 딜레마(양문수, 2013)에 처한 북한의 지배세력이 일관된 방향을 설정했기 보다는 그때그때(ad hoc) 대처하는 데 급급했음을 말해준다."(위의 글, p. 130.)

5) 위의 글, pp. 129~130.

6) "개별적 생존방식은 의식에서도 뿌리 내리고 있어 이제 북한 주민들은 복지의 책임이 국가에 있는 것이 아니라 자신에게 있다고 내면화하는 단계에 진입한 것으로 판단된다."(위의 글, p. 131)

민화 정책으로 북한 주민이 남한을 비롯해서 외부세계를 너무 모르고, 자신의 삶을 외부세계와 비교할 수 없기 때문이다.

이런 분위기 속에서 노동당이 주민들을 도와주기는커녕 시장통제를 하면서 각종 명목으로 뇌물을 갈취하고 있다. 때문에 북한 주민들은 노동당이 도와주지 않아도 좋으니, 제발 간섭하지만 않으면 좋겠다는 생각을 한다고 한다.(Ⅱ.1장) 여기에 김일성 생일과 김정일의 생일 등 북한의 명절에 수령이 선물을 주면 주민이 감사하는 분위기가 조성되었다. 북한식 복지 혜택이 국가의 역할에서 수령이 베푸는 선물로 바뀐 것이다.[8)]

이렇게 되면서 수령이 복지라는 선물을 제공하지 않아도 피지배자가 이를 문제 삼지 않는 분위기가 형성되었다. 황규성은 이것을 지배자와 피지배자 사이의 교환관계가 느슨해지고 분절되면서 비대칭적으로 전환되었다고 표현한다. 또한 황규성은 복지가 독재 중립적으로 소멸된("독재 중립적 복지 소멸") 구조 속에서 북한의 독재가 큰 타격을 받지 않게 되었다고 주장한다.[9)]

황규성은 북한과 동독의 복지 시스템을 비교하고 북한에서 「비정상의 정상화」가 자리 잡는 과정을 밝히면서 학문적으로 중요한 기여를 했다. 북한 주민들이 변화된 상황에서 스스로 벌어먹고 사는 자력갱생을 당연하게 받아들이는 것과 동시에 국가로부터의 복지 혜택에 대한 기대를 하지 않게 된 사회 분

---

7) "비정상적인 것이 일상이 되면 정상적인 것으로 굳어진다. 위기가 지속되면 더 이상 위기가 아니다. 1990년대와 2000년대 초반 경제위기를 거치면서 형성된 위기관리형 교환관계는 2010년대에 이르면 확대·심화 과정을 거쳐 정상궤도에 올라서게 된다."(위의 글, p. 131)

8) "복지는 "위대한 수령 김일성 동지와 친애하는 지도자 김정일 동지의 극진한 배려에 의하여 우리나라 근로자들에게 돌려지는 사회보장을 통한 막대한 혜택"으로 만들어졌다(이철수, 2003: 82). 지도자의 생일에 맞추어 배급이 늘거나 특별한 것이 공급되는 것은 북한에서 복지가 선물로 형상화된다는 것을 단적으로 드러낸다."(위의 글, p. 127.)

9) "교환관계가 이중적으로 분절되는 상황에서 독재는 흔들리지 않았다. 국가가 공급하는 복지가 심각하게 훼손되었음에도 불구하고 독재를 유지할 수 있는 데에는 교환관계 자체의 느슨한 성격에 힘입은 바 크다. 북한에서 성립된 연성 교환관계는 경성 교환관계와 달리 변형의 폭이 넓었다. 즉, 교환이익이 대칭적이지 않고 비대칭적이기 때문에 생활수준의 향상이 정치적 지배의 정당성에 영향을 미치는 정도는 크지만 역으로 생활수준의 저하가 지배에 타격을 미치는 정도는 낮다. 교환관계의 위기도 연성 위기였던 셈이다. 복지와 정치적 지배의 정당성 사이에는 넓은 완충지대가 있기 때문에 심각한 생존의 위기로 인해 정치적 정당성에 타격을 받는 정도가 덜하다. 지배세력이 채택한 교환관계의 분절화 전략은 이러한 완충지대를 적확하게 활용한 것이다. 이렇게 교환관계의 비대칭성으로 말미암아 '독재 중립적 복지 소멸'로 재편되었다."(위의 글, pp. 130~131.)

위기가 형성된 과정을 잘 설명하고 있다. 그러나 황규성의 이런 주장은 절반만 맞는다. 당과 국가에 대한 주민들의 불신을 간과하고 있기 때문이다.

북한 주민이 동독 주민과 달리 김정은 정권의 독재에 저항하지 않는 것은 복지가 독재 중립적으로 소멸되면서 당과 국가에 대한 불만이 없어서 그런 것이 아니다. 주민들은 국가의 도움 없이 자력갱생으로 힘들게 겨우 살고 있다. 그런데 노동당과 통제기관의 관료들은 시장을 통제하는 과정에서 주민들로부터 뇌물을 갈취한다. 때문에 당과 국가에 대한 불신이 형성되기 시작했다. 당과 국가에 대한 주민의 불만이 없는 것이 아니다. 단지 공포정치와 사회통제가 동독과는 비교할 수 없을 정도로 강력해서 불만이 있어도 감히 저항할 엄두를 내지 못할 뿐이다. 이것이 「북한식 사회주의」의 실체다.

북한과 동독 모두 공산당(북한: 노동당, 동독; 독일사회주의통일당<SED>)이 절대 권력을 행사해왔다는 점에서 공통된다. 외부 정보를 체제 위협요인으로 보고 통제해왔다는 점에서도 북한과 동독에 공통점이 존재한다. 그러나 통제 수준에 엄청난 차이가 존재한다. 동독 정부는 국제사회의 일원으로 인정받고 싶어 했다. 그래서 국제적 위상 제고를 추구하며 서독과의 관계에서도 격(格)을 갖추려고 했다.

또한 동독 정권은 그들의 사회주의 체제가 공개적으로 비교되는 상태에서 서독의 자본주의 체제보다 우월하다고 주장했다. 그만큼 자부심도 있었다. 그래서 사회주의국가로서의 체면을 생각했다. 동독 주민의 의식도 북한 주민과 비교할 수 없을 정도로 깨어 있었다. 주민의 반발과 저항으로 동독 정부가 동독 주민의 서독 TV 시청에 대한 통제를 포기했을 정도다.[10]

동서독과 달리 북한 주민은 남한 사회를 너무 모른다. 알아도 지극히 피상적으로만 알고 있다. 동독 주민들은 자신의 안방에서 서독 TV방송을 시청했다. 그러나 북한 주민은 남한의 라디오 방송을 듣다 걸리면 노동교화형으로 처벌받는다. DVD와 USB(저장매체)로 남한의 드라마를 몰래 시청하다 걸려도 마찬가지다. 남한 드라마를 유포하다 걸린 사람은 사형에 처해진다. 동독과 달리 북한은 공포와 폭력이 지배하는 사회다. 또한 북한에서는 수령을 신격화하고 있다. 반면에, 동독에서는 통치자에 대한 북한식 숭배가 없었다. 이것도 동

10) 정상돈(2017c) 참조.

독과 북한의 큰 차이다.[11)]

뿐만 아니라, 북한은 1990년대의 체제위기와 경제위기 속에서 주민생활을 개선하는데 노력하는 대신에 국가 예산을 일차적으로 핵무기 개발에 투자했다. 이것도 동독에선 상상할 수 없는 일이다. 통일 후 17년과 19년이 지난 시점에 동독출신들을 대상으로 설문조사를 실시한 결과는 사회주의를 추구했던 동독과 가짜 사회주의국가 북한이 얼마나 다른지를 극명하게 보여준다. 2009년에 실시한 설문조사에서 동독 출신의 57%는 통일 후에 과거의 동독을 회상하면서 동독에 나쁜 점보다는 좋은 점이 많았다거나 혹은 대체적으로 좋았다는 답변을 했다. 또한 2007년에 실시한 설문조사에서는 상당수의 동독출신이 옛 동독의 사회보장제도가 서독의 사회보장제도보다 우월하다고 평가했다.

[그림 Ⅲ-1] 동독은 불법국가인가? 2009년 여론조사
- 동독의 생활상에 대한 평가

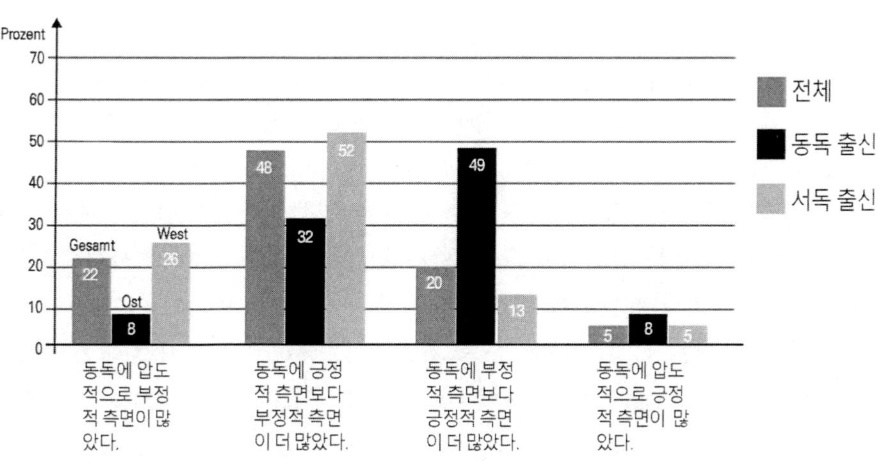

※ 출처: Repräsentative Befragung in eigenem Auftrag durchgeführt von TNS Emnid 20.04.–23.04.2009. Lizenz: Creative Commons by–nc–nd/3.0/de; Bundeszentrale für politische Bildung, 2020, www.bpb.de[12)]. 원본에서 독일어를 필자가 번역했음.

11) 한스 마레츠키(1991), 참조.
12) Holtmann, E.(2010), p. 4.

[그림 Ⅲ-2] 동독은 불법국가인가? 2007년 여론조사
- 통일 후 분야별 수준이 향상되었나, 아니면 악화되었나?

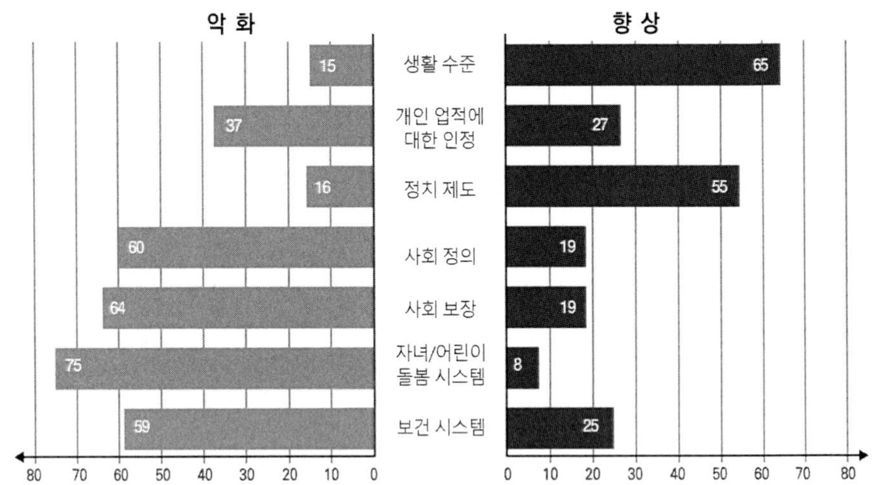

※ 출처: Sachsen-Anhalt-Monitor 2007 - Politische Einstellungen zwischen Gegenwart und Vergangenheit. Befragung untr 1,000 Bürgerinnen und Bürgern des Landes Sachsen-Anhalt. Lizenz: Creative Commons by-nc-nd/3.0/de: Bundeszentrale für politische Bildung, 2010, www.bpb.de[13]. 원본에서 독일어를 필자가 번역했음.

사회보장과 보육 및 보건 시스템 등 동독의 제도를 서독의 제도와 비교하면 상대적으로 서독보다 동독에 부족한 부분이 있었다. 그러나 사회주의국가 동독에선 모두가 사회보장의 혜택을 누릴 수 있었다. 실업자도 없었다. 반면에 통일 후 서독에선 가진 사람과 없는 사람 간의 차이가 많아서 모두가 비슷한 혜택을 누리지 못한다. 동독 출신들은 통일 후 새로운 독일 체제에서 심한 불평등을 느꼈다. 그래서 사회보장과 보건 시스템 등의 제도적 측면을 비교할 때 평등을 추구했던 동독 시절이 더 좋았다고 답변한 사람들이 많은 것이다.

물론 이들에게 "동독 시절로 돌아갈 수 있다면 돌아가겠느냐?"고 물어보면, 그건 아니라고 말하는 사람이 대부분일 것이다. 옛날에 대한 향수는 있지만, 과거로 돌아가진 않겠다는 사람이 대부분이라는 것이다. 많은 여론조사 결과가 이 같이 말한다. 이런 선택의 가장 큰 이유는 동독 시절에 누릴 수 없던

13) Ibid., p. 6.

자유를 통일 독일에서 누릴 수 있기 때문이다. 새로운 체제에서 불평등을 통해서 느낀 상실감과 서독 주민들이 동독 주민들을 열등한 시민처럼 대했을 때 느낀 상대적 박탈감, 이런 것들이 복합적으로 작용해서 많은 동독 주민들이 동독 시절에 대한 향수를 느낀 건 사실이다.

그러나 통일 전 동독과 통일 후 독일 중에서 양자택일을 한다면 어느 것을 선택하겠느냐고 물어볼 때 과거의 동독 시절로 돌아가지 않겠다는 답변이 압도적으로 많다. 이 부분을 언급하는 이유는 동독과 북한은 차원이 다른 국가라는 점을 말하기 위해서다. 동서독의 경제와 사회 시스템을 비교하면, 동독 주민의 생활수준이 서독에는 못 미쳤다. 그러나 실업자가 없었다. 동독 주민은 교육/보육과 의료 분야에서 기본적으로 혜택을 받았다.[14] 이런 것들은 북한과 비교가 되지 않는다. 북한의 김정은 정권은 스스로 사회주의를 추구한다고 말하지만, 현실은 전혀 그렇지 않다. 북한은 동독과 달리 사회주의적 요소가 상실된 기형의 전체주의 국가다.

그럼에도 불구하고 김정은 정권은 사회주의를 지킨다는 명분하에 반(反)사회주의적이고 비(非)사회주의적인 행동을 없애야 한다면서 주민들을 통제·억압하고 있다. 이렇게 하면서 북한을 거대한 감옥으로 만들었다. 그런데 남한 사회 일각에는 이런 북한 체제와 정치를 이해하는 입장에서 접근해야 한다고 주장하는 사람들이 적지 않다. 북한의 인권 문제에 대해선 아예 침묵하기도 한다. 이것은 북한에 대한 인식에 근본적으로 문제가 있는 것이다.

동독에는 공산당의 정책을 비판하는 저항운동이 있었다. 저항운동을 하던 사람들에게 정부에 대한 비판정신을 제공했던 것은 마르크시즘과 사회주의 이론[15] 그 자체였다. 동독의 지배세력은 사회주의라는 이름으로 자신의 권력 독점을 정당화했다. 그러나 동독의 저항세력은 바로 그 사회주의 이론으로 동독의 지배세력과 지배 이데올로기에 문제가 있다고 비판했다.

동독의 붕괴 과정에서 저항운동이 최초에 요구했던 것도 서독과의 통일이 아니라 동독에서 「진정한 사회주의」 혹은 「민주적 사회주의」를 구현하는 것이었다. 동독 공산당이 추진했던 잘못된 사회주의를 바꿔서 제대로 된 사회주의국가를 만들려고 했다는 것이다. 이것이 가능했던 것은 동독이 북한과 달

14) Holtmann, 위의 글, p. 5.
15) 윤철기(2017), p. 89.

리 사회주의 철학과 원칙을 추구하는 국가였기 때문이다.

그러나 비슷한 전체주의 국가이면서도 북한은 이런 동독과 근본적으로 다르다.[16] 북한에서는 『자본론』과 같은 이론서도 금서다. 형법도 주민이 알면 비판의식이 생길 것을 우려해서 읽지 못하게 할 정도로 인민을 바보로 만든다. 그 결과 북한 주민의 인권 개념은 희박하다. 북한은 동독과 달리 현대판 노예사회다. 다시 한 번 강조하지만 북한은 사회주의국가가 아니다.

또한 동독에서는 교회가 저항세력의 피난처 구실을 하면서 시민운동의 발전에 중요한 역할을 했다. 그러나 북한에서 기독교와 교회는 철저한 탄압의 대상이다. 북한은 동독처럼 저항운동이 생기는 것이 불가능한 체제다. 동독에서는 저항세력이 비록 탄압을 받았지만, 그럼에도 사회주의에 대한 해석을 정부와 다르게 할 수 있었다. 반면에 철저하게 공포정치와 폭력으로 통치하는 북한은 「김일성-김정일주의」에 대한 해석을 달리할 수 없는 체제다. 달리 해석하는 경우 본인은 물론 가족과 친척까지 연좌제로 처형을 받는다.

이런 분위기 속에서 국정철학으로 강조되는 「김일성-김정일주의」는 사회주의나 마르크시즘 혹은 마르크스-레닌주의와 근본적으로 다르다. 사회주의로 포장한 세습 왕정의 이데올로기일 뿐이다. 북한은 「우리식 사회주의」라는 이름으로 체제의 온갖 모순과 부조리를 은폐하는 세계 최악의 인권탄압 국가이자, 사이버 해킹으로 다른 나라 은행을 도둑질하는 범죄국가다.

북한 주민에게는 생존이 최고 목표다. 생존 이외에 다른 것을 생각할 수 없는 현실이 북한 주민의 가장 커다란 비극이다. 북한 주민은 외부세계로부터 차단되어 외부 상황을 인지하지 못하고 있다. 예를 들어 왜 국제사회가 북한에 강도 높은 대북제재를 추진하는지, 대북제재의 실태는 어떤지, 그리고 왜 많은 나라가 북한과의 외교관계를 단절하면서까지 압박하는지 잘 모른다.

---

16) "반파시즘과 사회주의는 지식인계층은 물론 동독사회 전체가 합의하고 있던 근본적인 가치였다. 이 가치에 적극적으로 참여해야 한다는 책임의식이 동독의 소수 지식인들로 하여금 체제 자체를 문제 삼는 방향으로 나아가게 한 것이다. 결국 동독에서 체제와 반체제 사이의 갈등은 사회주의의 이념과 가치를 공유하지만 그 실천의 방향에 있어 입장을 달리하는 지식인계층 내의 갈등이었다고 할 수 있다.(안성찬(2005), p. 38). Meckel (1999), pp. 9-16 참조.

나. 동독의 통일정책 vs 북한의 통일정책

동독은 1949년에 건국된 후 초기에 사회주의 원칙에 입각한 독일 통일을 추구했다. 집권당인 독일사회주의통일당(SED: Sozialistische Einheitspartei Deutschlands)은 동독 최초의 헌법에서 독일(동서독 전체)을 하나의 「분리할 수 없는 공화국」으로 정의했다. 국적 역시 「하나의 독일 국적」을 주장하면서 동독 헌법이 전 독일 민족과 영토를 대상으로 하고 있음을 천명했다.[17] 이런 주장에는 동독이 전 독일을 대표하는 정통성 있는 국가임을 내세우려는 의도가 깔려 있었다.

그러나 동독은 시간이 지날수록 서독과의 체제경쟁에서 열세에 몰렸다. 그리하여 동독이 추구하는 방식의 통일이 불가능하게 인식됐다. 그러자 동독은 1950년대 중반 이후 독일에 사실상 두 개의 국가가 존재함을 주장하기 시작했다. 동시에 국제사회가 동독을 국제법적으로 서독과 대등하게 인정해줄 것을 촉구했다.

이렇게 함으로써 동독 내부적으로 정통성이 부족한 부분을 상쇄하고 안정성을 회복하려고 했다.[18] 이것은 당시에 서독 정부의 할슈타인 독트린(Hallstein Doktrin)에 대항하는 의미도 있었다. 할슈타인 독트린은 서독만이 전 독일을 대표하는 유일한 국가라고 주장하면서 동독을 인정하는 국가와는 수교를 맺지 않을 것을 천명한 서독 정부의 원칙이었다.

동독의 발터 울브리히트(Walter Ulbricht; 이하, 울브리히트) 서기장은 독일에 두 개의 국가가 존재한다고 말했다. 그러면서 1956년에 동서독이 국가연합을 거쳐 통일을 실현해나가자고 주장했다.[19] 그런데 울브리히트가 제안한 국가연합안의 성립 조건에는 서독 정부가 받아들일 수 없는 것들이 포함되어 있었다. 서독 내 파시즘 세력의 극복과 나토 탈퇴, 서독 독점자본의 무력화, 핵심산업을 국민 재산으로 환수할 것. 동독 모델에 따른 토지개혁과 학교 개혁 등을 실현하는 것 등이 이에 해당한다.[20] 울브리히트는 이런 조건이 충족되면 동서독 양측이 동수로 구성된 「전(全)독일위원회」의 위원을 선출하고, 이 「전

17) 김형률(1994), p. 282.
18) Kronenberg(2009).
19) 한운석(2005), pp. 321~322; 김형률(1994), p. 286.
20) 한운석, 위의 글, pp. 321~322.

독일위원회」가 국가연합의 정부로서 전체 독일의 자유선거를 준비하도록 하자는 제안을 했다.

동독의 이런 방안은 국가연합을 통해서 중립국 통일을 실현하겠다는 것이었다. 그런데 공식 입장과 달리 실제론 통일 대신 사회주의 동독의 체제 강화 및 정권 안정을 추구하려는 의도가 깔려 있었다. 서독 정부가 동독이 국가연합의 조건으로 제시한 것을 거부할 것이라고 생각했기 때문이다. 동독 정부가 가장 심각하게 생각했던 것은 서독과의 체제 경쟁 속에서 1949년 9월부터 1961년 전반기까지 약 350만 명이 동독을 떠나 서독으로 도피한 것이었다.[21] 이에 동독 정부는 위기의식을 느끼고 동독 주민의 탈출을 막기 위해서 마침내 1961년 8월에 베를린 장벽을 설치했다.

동독의 독일사회주의통일당은 1970~1971년에 「1민족 2국가론」에서 「2민족 2국가론」으로 전환하는 정책을 추진했다. 울브리히트는 1970년 1월 19일 기자회견을 통해서 동독을 「사회주의적 독일민족국가」(Ein sozialistischer deutscher Nationalstaat)로 정의했다.[22] 반면에 서독은 자본주의적 나토국가(Ein kapitalistischer NATO－Staat)로 규정했다.[23] 즉, 독일에 사회주의적 민족국가와 자본주의적 민족국가가 별개로 존재한다는 것이다.

울브리히트의 후임으로 서기장이 된 에리히 호네커(Erich Honecker; 이하, 호네커)는 울브리히트보다 한 걸음 더 나아갔다. 호네커는 1971년 6월 16일에 개최된 제8차 당대회에서 두 개의 독일 국가와 두 종류의 독일 민족이 존재한다고 주장했다. 동독에는 사회주의 민족(Eine sozialistische Nation)이, 그리고 서독에는 부르주아 민족(Eine buergerliche Nation)이 존재한다고 주장한 것이다.[24] 1974년 10월에는 동독 헌법에서 하나의 독일 민족을 연상시키는 표현을 삭제했다. 아울러 독일 분단은 역사적으로 종결됐다고 주장했다.[25] 통일 포기를 선언한 것이다.

동독 정부는 동서 데탕트의 분위기 속에서 1970년대 초에 서독과의 관계 개선을 모색했다. 그러면서 동서독 간 사회 · 문화적 교류의 폭발적 증가로 발

21) 정상돈(2017c), p. 56.
22) 김형률(1994), p. 288.
23) 위의 글.
24) 위의 글, p. 289.
25) 한운석(2005), p. 336.

생할 수 있는 후유증을 차단하고 동독 체제의 안정을 도모할 필요성을 느꼈다. 이에 「2민족 2국가론」을 주장한 것이다.[26)]

서독과의 관계정상화는 동독에게 기회와 위험성을 동시에 제공하는 요인이었다.[27)] 동독이 서독과의 관계개선을 토대로 서방세계의 다른 국과들과 수교를 하고 국제사회에서 외교적 고립을 탈피한 것은 동독에게 기회 요인이었다. 그러나 동서독 교류 · 협력의 확대를 통한 외부정보 유입이 동독 체제의 불안정을 야기한 것은 위험 요인이었다. 그래서 동독이 통일 대신에 평화공존을 추구하면서, 동독과 서독이 두 개의 독일 국가로 각각 존재하기를 원했던 것이다.

여기서 잠깐 짚고 넘어갈 것은 동독이 추구했던 평화공존과 북한이 말하는 평화공존(Ⅲ.3장) 사이에 근본적 차이가 존재한다는 것이다. 북한은 동독이 서독에 흡수 통일된 시나리오를 두려워하면서 동독의 전철을 밟지 않으려 다른 길을 선택했다. 동독은 독일 통일을 포기하고 동서독이 두 개의 국가로 평화공존하기를 원했다. 반면에 북한은 동독과 달리 대남 적화통일 노선을 고수하고 있다.(Ⅱ.2장)

국가 경쟁력 차원에서 만성적인 경제난에 시달리는 북한은 남한의 상대가 되지 못한다. 때문에 평화공존 상태가 지속되면서 남한에 대한 북한 주민의 동경심이 확산되면 북한도 결국 동독이 서독에 흡수되었던 것처럼 남한에 흡수될 가능성이 많다. 따라서 김정은 정권은 이렇게 되기 전에 북한이 남한을 군사력으로 점령하는 방식으로 통일을 추구한다. 이 방법 말고 북한이 남한과의 체제 경쟁에서 이기면서 북한 체제를 유지하거나, 북한 주도의 통일을 실현할 수 있는 방법은 없다. 이런 점에서 북한이 말하는 평화공존은 북한식 통일을 실현하기 위한 여건 조성용으로 전략 · 전술 차원의 수단에 지나지 않는다.

그러나 동독은 진심으로 서독과의 평화 공존을 원했다. 통일을 포기하고 두 개의 독일 국가로 동독과 서독이 평화 공존하기를 원했던 것이다. 그랬기 때문에 동독 지도부는 1972년에 서독 정부와 「동서독기본조약」(Grundlagenvertrag)을 체결하고, 합의사항을 이행했다. 또한 동독 지도부는 제2차 세계대전 후 독

26) 위의 글, p. 340.
27) 김형률(1994), p. 290.

일 땅에서 전쟁이 재발하는 것을 원하지 않았다. 그래서 북한과 달리 서독을 상대로 군사도발을 하지 않았다. 하지만 북한은 이미 1950년에 대남 무력적화 통일을 시도한 전력이 있다. 그 이후에도 남한을 상대로 수많은 군사도발을 감행했다.

뿐만 아니라 북한 정권은 현재도 주민들에게 언젠가 다시 전면전이 발생할 것이라고 교육시키고 있다. 김정은은 김일성과 김정일의 대남 통일전략을 그대로 계승해서 실천하고자 한다. 동독은 「동서독기본조약」을 이행했지만, 북한은 남한과 1991년에 체결한 「남북기본합의서」를 이행하지 않는다. 『로동신문』에서는 북한의 통일정책 관련 어떤 변화도 발견할 수 없다. 북한의 선전매체인 『통일신보』는 2021년에도 수차례에 걸쳐서 김정은 정권이 김일성의 통일방안을 그대로 계승하고 있음을 공식적으로 밝혔다.(Ⅱ.2장) 평화공존과 통일 및 전쟁과 관련해서 동독과 북한 사이에 근본적 차이가 있음을 알 필요가 있다.

동독에선 내부적으로 개혁과 개방의 압력이 있었다. 저항운동도 있었다. 이웃 국가 폴란드의 저항운동은 더 강했다. 고르바초프가 주도한 소련의 개혁 · 개방 바람은 동유럽 사회주의권 전반에 불었다. 동독 정부만 이런 분위기를 무시하고, 피해갈 수 없었다. 그래서 내부 개혁을 거부하는 대신에 개방을 확대하면서 주민들의 삶의 질 개선에 신경 썼다. 이것은 서독과의 경제협력에 동독이 더 의존하는 결과를 초래했다. 그러나 북한에선 개혁 · 개방 대신에 공포정치로 통치한다. 저항운동은 존재하지 않는다.

2. 남북관계에 대한 환상

가. 남한의 대북정책과 남북관계

1) 냉전기 남한의 대북정책과 남북관계

해방과 남북 분단

제2차 세계대전 후 미국과 소련이 한반도를 분할 점령하기로 합의하면서 한반도는 남북으로 분단되었다. 만약 미국이 한반도 분할통치를 제안하지 않았다면 당시에 소련이 한반도 전체를 점령했을 것이라는 평가가 많다.[28] 소련의 한반도 구상에 대한 대응차원에서 미국은 한반도 「신탁통치안」을 제안했다. 이것은 한반도의 지정학적 중요성을 감안해서 어느 한 강대국이 한반도에 대한 독점적 영향력을 행사하는 것을 막기 위한 전략이었다. 소련의 팽창을 저지하는 것이 미국의 주목적이었다. 이와 동시에 동북아시아에서 냉전이 시작되었다.

1947년 10월에 한반도 신탁통치를 협의하기 위한 「미 · 소 공동위원회」가 결렬됐다. 이에 미국은 한국 문제를 유엔에 이관했다. 남한에서는 1948년 5월 10일에 「유엔한국임시위원단」의 감시 하에 총선거가 실시됐다. 동년 8월 15일에는 대한민국 정부가 수립됐다. 북한은 1948년 8월 25일에 독자적으로 총선거를 실시했다. 동년 9월 9일에는 「조선민주주의인민공화국」을 수립했다.

해방 후 김구 등 남한의 민족주의자들은 미군의 철수계획을 알지 못하고 미군철수를 주장했다. 주한미군 철수가 남한의 안보에 치명적임에도 불구하고, 미국과 소련 때문에 분단이 되고 통일이 늦어진다고 생각했기 때문이다. 민족주의자들의 국제정세 판단이 미흡했음을 엿볼 수 있는 대목이다. 미국에선 국가안전보장회의(NSC: National Security Council; 이하, NSC)가 1949년 6월 30일에 주한미군 철수를 종료시키기로 결정을 내렸다.

---

28) 김계동(2012), p. 83.

이승만 정부는 남한이 국제법적 · 도덕적으로 북한에 우월하다는 인식에 기초해서 북한을 철저하게 부정했다. 북한을 남한과 대등한 지위에서 생각하지 않았다. 북한과 평화적 협상을 통해서 통일을 추구하는 시도를 금기시하고, 북진통일을 주장했다. 아울러 유엔 감시 하 인구비례에 의한 남북한 총선거로 통일하는 방안을 제시했다. 반면에 북한의 김일성 정권은 「민주기지론」으로 대남 적화통일을 추구했다. 이렇듯 남과 북이 적대적으로 대립하는 가운데, 1949년 1월부터 1950년 6월 25일까지 38선 일대에서 발생한 남북 군사충돌은 874회였다.

북한은 1950년 6월 25일에 「남조선 해방」이라는 명분을 내세우고 전쟁을 개시했다. 전쟁 초반에는 북한군이 압도적으로 우세했다. 그러나 유엔군의 개입으로 북한군이 후퇴하면서 중공군이 개입했다. 중공군 개입 후 전쟁이 소강상태에 들어가고, 1953년 7월 27일에 정전협정이 체결됐다. 전쟁으로 인한 사상자는 150만 명, 부상자는 360만 명 그리고 실종자는 120만 명이었다. 전쟁 이후 1950년대 말까지 적대적 남북관계가 계속됐다.

남한에서 1960년 4월 19일에 민주혁명이 일어나고 이승만 정권이 붕괴했다. 이에 북한은 대남 평화공세의 일환으로 「연방제」 통일방안을 제안했다. 동시에 주한미군 철수를 주장했다. 그러면서 남한의 혁명과 무력을 통한 통일을 추구했다. 양면전술을 구사한 것이다. 남한에서는 장면 정부가 출범해서 북진통일 방안을 폐기하고 유엔 감시 하 남북한 자유총선거에 의거한 통일 방안을 제시했다. 이후 1961년 5월 16일에 군사정변이 일어나 박정희 정권이 등장했다. 박정희 정권은 1966년에 「선(先)건설, 후(後)통일」을 주장했다. 1960년대에도 남북한이 서로 상대를 인정하지 않는 가운데 적대관계가 지속됐다.

1968년 1월 21일에는 북한의 특수부대원 31명이 서울로 침투해서 청와대를 기습 공격하고, 박정희를 암살하려고 했다. 같은 해 10월 30일과 11월 1일 그리고 11월 2일에는 북한 특수부대 소속 무장 군인 120명이 남한의 울진과 삼척에 침투해서 무고한 민간인 16명을 살해한 사건이 발생했다.

그러나 1960년대 말부터 시작된 동 · 서 데탕트(détente, 긴장완화)가 남북관계에 영향을 미쳤다. 서독의 브란트 정부가 1969년에 출범해서 대동독정책의 변화를 모색하면서 동서독 간에 교류 · 협력의 분위기가 조성되자, 남북한도 「대화 없는 대결」에서 「대화 있는 대결」로 전환했다. 박정희 정부는 1970

년 8월 15일에 북한을 대화 상대로 인정한다는 내용을 발표했다. 북한과 접촉한 후 1972년에는 「7 · 4 남북 공동성명」을 발표했다.

공동성명에는 자주, 평화와 민족대단결의 3대 원칙이 제시됐다. 그러나 남과 북은 공동성명의 내용을 각자 자기 좋을 대로 해석했다. 첫째, "통일은 외세에 의존하거나 외세의 간섭을 받음이 없이 자주적으로 해결하여야 한다"는 내용에 대해서 북한은 주한미군 철수 및 유엔사 해체로 해석했다. 남한은 민족자결의 원칙 혹은 당사자해결의 원칙으로 해석했다. 둘째, "통일은 서로 상대방을 반대하는 무력행사에 의거하지 않고 평화적 방법으로 실현하여야 한다"는 내용에 대해서 북한은 한국의 군사력 현대화와 한 · 미 연합군사훈련의 반대를 주장했다. 남한은 통일이 전쟁을 통해서가 아닌, 오직 평화적 방법을 통해서 실현되어야 한다고 대응했다. 셋째, "사상과 이념, 제도의 차이를 초월하여 우선 하나의 민족으로서 민족적 대단결을 도모하여야 한다"는 내용에 대해서 북한은 국가보안법 철폐와 주적론 철회, 비전향장기수 석방, 이적단체 규정 삭제, 공산당 활동 합법화 등을 주장했다. 반면에 남한은 다방면의 교류 · 협력을 통한 북한 사회의 개방과 민족동질성 회복을 주장했다.[29)]

남북한이 1970년대 초에 대화 없는 대결에서 대화 있는 대결로 전환했지만, 남과 북은 접촉을 통해서 양자 간의 근본적 시각 차이만 확인했다. 남과 북의 시도는 변화하는 국제정세를 전술적으로 국내정치에 활용하는 수준에 머물렀다. 남한은 「7 · 4 공동성명」 발표 후 1972년 10월에 유신을 선포하고, 12월에 「유신 헌법」을 채택하면서 장기집권을 시도했다. 북한은 1972년 12월에 발표한 사회주의 헌법을 통해서 김일성의 유일지배체제를 강화해나갔다. 북한은 1974년 8월 15일에 재일(在日) 한국인 문세광을 사주해서 박정희 암살을 시도했다. 당시 박정희 대신에 부인 육영수 여사가 문세광의 총격으로 사망했다.

북한은 이후 베트남이 통일되는 과정을 모방해서 미국과의 평화협정과 주한미군 철수를 추구했다. 한반도의 베트남화(化)를 모색한 것이다. 남한에서 1979년 10월에 박정희가 시해되자, 북한은 남한의 혼란을 틈타서 1980년 10월에 「고려민주연방제」를 제안했다.

남한에서는 1980년 초에 전두환 정권이 등장해서 1981년에 남북정상회담

---

29) 제성호(2010), p. 247.

을 제안하고, 1982년에 「민족화합 민주통일방안」을 제시했다. 이 방안은 최초로 로드맵을 갖춘 남한의 통일방안으로 평가된다. 그러나 당시 남북한 정권 모두 남과 북의 적대관계를 자신의 정권 유지에 활용하는 수준에 머물렀다. 북한은 1983년 10월 9일에 남한의 전두환 대통령(이하, 전두환)이 미얀마를 방문했을 때 전두환을 암살하기 위해서 테러를 자행했다. 이에 남한 고위관료 17명이 사망하고, 14명이 부상당했다.

1985년에 소련에서 고르바초프가 집권해서 개혁 · 개방을 시도하고, 동유럽 사회주의국가들도 이에 동참하기 시작하면서 세계적으로 긴장완화의 분위기가 다시 조성됐다. 그러나 1987년 11월 29일에 북한 공작원에 의해서 대한항공 여객기(KAL 858)가 공중에서 폭발했다. 승무원을 포함한 탑승객 115명 전원이 사망했다. 그럼에도 노태우 정부는 1980년대 후반 국제사회에 형성된 신(新)데탕트 분위기에 편승해서 1988년에 「7 · 7 특별선언」을 발표했다. 북한을 대결의 상대가 아니라 「선의의 동반자」로 간주하겠다는 의지를 밝힌 것이다. 아울러 남북 간 대결구조를 화해구조로 전환하겠다는 의지도 천명했다.

노태우 정부는 남북관계와 북방외교에서 획기적 전환점을 이루겠다는 의지와 비전을 제시하기 위해서 1989년 9월 11일에 「한민족공동체 통일방안」을 발표했다. 동 통일방안에서 자주, 평화, 민주의 3원칙을 제시하고, 「신뢰구축 협력」 → 「남북연합」 → 「단일민족국가 건설」의 3단계 과정을 거쳐 통일을 추진해 나갈 것을 밝혔다. 이 통일방안은 현재까지 대한민국의 공식적 통일방안의 토대가 되고 있다.

2) 탈냉전기 남한의 대북정책과 남북관계

1990년에 동독이 서독에 흡수 통일되고, 1991년에 소련이 해체되는 등 동유럽 사회주의국가들이 연이어 붕괴하거나 체제 전환을 했다. 그러자 북한은 국제적으로 고립되기 시작했다. 이에 북한은 1990년대 초 위기 상황에서 대남 평화공세를 추진하는 동시에 핵무기 개발에 박차를 가했다. 북한의 대남 평화공세는 당시 김일성이 1991년 신년사에서 제시한 「느슨한 연방제」를 통해서 나타났다.(Ⅱ.2장) 한편, 남한은 북한과의 체제경쟁에서 자신감을 갖고 북한의 평화공세에 적극 대응했다. 그 결과 남북한은 1991년에 남북한 동시 유엔 가입을 추진했다. 「남북기본합의서」도 체결했다. 1992년에는 「한반도비핵화 공동선언」에 서명했다.

그러나 남북한의 평화 무드는 일시적으로 조성되었다가 와해되는 과정을 반복했다. 「남북기본합의서」는 체결 이후 사문화됐다. 남북이 합의한 「한반도 비핵화 공동선언」도 마찬가지다. 남한은 정권에 따라 북한의 체제유지 능력을 다르게 평가했다. 남한의 보수정권일수록 북한 체제가 오래 가지 못할 것으로 평가했다. 김영삼 정부는 북한을 「고장 난 비행기」로 표현하기도 했다.

김영삼 정부 출범 후 제1차 북핵 위기가 발생하면서 해결 수단으로 1994년에 제1차 남북정상회담 추진 계획이 발표됐다. 그러나 김일성이 회담 직전 사망해서 무산됐다. 이후 남북관계가 경색되면서 북한은 미국과 통하고 남한을 봉쇄한다는 통미봉남(通美封南) 정책을 추진했다. 1994년에 북한과 미국은 제네바에서 핵 문제에 대한 합의를 이루었다. 그 결과 제1차 북핵 위기가 해소되었다.

김영삼 정부 뒤를 이어 출범한 김대중 정부는 북한을 화해와 협력의 대상으로 인식했다. 「햇볕정책」을 추진하며 대북정책의 패러다임 변화를 시도했다. 김대중 정부는 북한 체제가 경제위기 속에서 변화하지 않을 수 없다고 판단했다.[30] 이에 북한의 변화를 지원하는 가운데 한반도의 분단 상황을 안정적으로 관리하고자 했다. 아울러 급진적 통일은 가능하지도 않고, 바람직하지도 않다는 생각으로 점진적 · 단계적 통일을 추구했다.

김대중 정부는 옛 서독의 대동독정책을 모방하면서 "당장 법적 · 제도적 통일의 실현을 서두르기보다는 안보태세를 확고히 유지하는 가운데 교류와 협력을 활성화해 나감으로써 남북주민들이 자유롭게 오고가면서 상호 이해의 폭을 넓히고 민족동질성을 회복하게 되는 '사실상의 통일 상황'을 실현시키고자"[31] 했다. 서독 정부는 통일 전에 「접근을 통한 변화」(Wandel durch Annährung)를 대동독정책의 슬로건으로 제시했었다. 김대중 정부는 이 표현을 「접촉을 통한 변화」로 바꿔서 「햇볕정책」의 슬로건으로 제시했다. 이런 과정을 거치며 남북 간 화해 분위기가 조성됐다.

---

30) 김대중 정부는 북한이 일단 "변화의 방향으로 들어선 이상 앞으로 개혁과 개방의 속도와 폭이 커질 가능성이 높다"고 판단했다.[통일부(2002), p. 9.].

31) 통일부(2008), p. 15.

그러나 북한은 1999년 6월 25일에 제1차 연평해전을 일으켰다. 북한 경비정이 북방한계선을 침범해서 남한 해군 함정에 먼저 발포하는 군사도발을 일으킨 것이다. 그럼에도 김대중 정부는 2000년 6월 13~15일 사이에 제1차 남북정상회담을 추진했다. 금강산관광사업과 개성공단 건설도 추진했다. 당시 극심한 경제난으로 고통 받던 북한은 남한의 대북지원과 경제협력(이하, 경협)으로 기사회생했다. 남한의 대북지원과 경협은 북한에게 산소호흡기와 같은 역할을 했다. 그 결과 2000년대 초 김정일 체제가 위기를 극복하고 안정된 국면에 접어들기 시작했다.

김정일 정권은 김대중 정부로부터 대북지원이라는 이득만 취하면서 비밀리에 핵개발을 추진했다. 그런데 김대중 정부는 북한이 고농축우라늄으로 핵개발을 한 사실을 알지도 못했다. 알게 된 후에도 북한에 아무런 영향을 미치지 못했다. 남한의 관광객은 금강산관광을 하면서 북한 안내원과 접촉하는 것 외에 금강산 지역에서 북한 주민을 전혀 접촉할 수 없었다. 김대중 정부가 제시한 「접촉을 통한 변화」는 이루어지지 않았다. 북한은 남한의 대북지원으로 극심한 경제난을 극복했다. 그러나 고마워하기는커녕 2002년 6월 29일에 또 다시 서해의 북방한계선을 침범하고 남한의 해군 함정을 기습 공격하는 「제2차 연평해전」을 일으켰다.

2003년 1월에는 북한이 NPT를 탈퇴하면서 제2차 북핵 위기가 발생했다. 이런 분위기 속에서 출범한 노무현 정부도 김대중 정부처럼 「북한의 변화」를 불가역적으로 보았다. 북한의 변화가 전 분야에서 근본적인 변화로 진전될 것으로 예단하고, 김대중 정부의 대북정책을 계승했다. 노무현 정부의 대북정책을 설명하는 『통일백서』에는 다음과 같은 내용이 실렸다.

> "(…), 북한의 각 분야에서 진행되고 있는 변화는 양적 · 질적으로 확대 · 심화되고 제도화 과정을 겪으면서, 변화의 불가역적 특성에 따라 궁극적 · 장기적으로 전 분야의 「근본적인 변화」로 진전될 것으로 보인다. 이러한 북한의 변화는 체제생존을 위한 북한 스스로의 자구노력과 함께 우리의 일관된 대북화해협력정책의 복합적 작용에 기인한 것으로 평가할 수 있다."[32]

---

32) 위의 책, p. 29.

문제는 노무현 정부가 언급한 「북한의 변화」가 실제로 이루어지지 않았다는 것이다. 필자가 이 책 Ⅱ.1장에 기술한 것처럼 북한 체제의 본질적인 변화는 발생하지 않았다. 단지 북한의 장마당 활성화를 둘러싼 경제적 측면의 변화가 발생했다. 그러나 이것도 김정일의 정책과 남한의 대북정책이 복합적으로 작용한 결과물로 생긴 것이 아니다. 북한 경제의 내부적 어려움 때문에 자생적으로 발생한 것이다.

노무현 정부는 남북 공동번영과 경제공동체 실현을 목표로 개성공단 등 남북경협과 함께 대북지원을 추진했다. 그러나 북한은 2005년 2월에 핵보유를 선언하고, 2006년 10월 9일에는 제1차 핵실험을 단행했다. 2007년에 6자회담을 통해서 「2 · 13 합의」와 「10 · 3 합의」가 이루어졌다. 하지만 북한은 비핵화 조치를 시작도 하지 않았다. 그런 상태에서 노무현 정부는 2007년 10월 2~4일에 평양에서 제2차 남북정상회담을 추진했다. 그리고 핵개발을 하고 있는 북한에게 남한이 대규모 경제협력을 통해서 지원하겠다는 「10 · 4 남북정상 공동선언」을 발표했다.

노무현 정부의 뒤를 이어 이명박 정부가 2008년 2월 26일에 출범했다. 이명박 정부는 과거 10년의 대북 유화정책, 즉 「햇볕정책」(김대중 정부)과 「평화번영정책」(노무현 정부)에 대한 반성에서 출발했다. 북한의 버르장머리를 고친다는 생각으로 강경한 대북정책을 추진했다. 그러자 북한은 이명박 대통령(이하, 이명박) 취임 직후 3월 2일부터 28일까지 개성공단에서 남한 기업인과 관리인 등을 추방하고 미사일 3기를 시험 발사하면서 도발을 감행했다.

이런 분위기 속에서 이명박 정부는 실용주의에 입각한 대북정책을 강조했다. 실용의 기준은 다음과 같다. 첫째, 대북정책이 북한 주민의 삶의 질 향상에 실질적으로 기여하는가? 둘째, 비용 대비 성과가 있는가? 셋째, 북한의 발전을 촉진하는가? 넷째, 북한의 핵문제 해결에 기여하는가? 다섯째, 평화통일에 기여하는가?[33] 실용적 효과가 없는 대북정책은 추진하지 않겠다는 의지를 밝힌 것이다. 이명박 정부는 북핵 문제 해결을 최우선 정책 과제로 삼았다. 그리고 일방적인 대북지원에서 벗어나 쌍방향적이고 상호 보완적인 협력에 기초한 남북경제공동체 건설을 지향했다.

---

33) 통일부(2009), p. 22.

대규모 경협사업 추진을 위해서 제시한 이명박 정부의 4원칙은 다음과 같다. 첫째가 북핵 문제의 진전이다. 둘째는 경제적 타당성이다. 셋째는 우리의 재정부담 능력이다. 넷째는 국민적 합의다.[34] 그러나 북한은 2008년 7월 11일에 비(非)무장한 민간인 금강산 관광객 박왕자를 총격으로 살해했다. 그리고 2009년 5월 25일에는 제2차 핵실험을 단행했다.

김정은이 김정일의 후계자로 책봉된 후에는 북한의 버르장머리를 가르치겠다는 이명박 정부에게 타격을 입히기 위해서 두 차례 군사도발을 감행했다. 첫째, 2010년 3월 26일에 북한 잠수정이 한국 해군의 천안함을 어뢰로 폭침시켜서 승무원 46명이 사망한 사건이 발생했다. 둘째, 2010년 11월 23일에는 북한군이 해안포와 다연장 로켓포로 남한의 연평도에 대한 포격을 감행했다. 한국군은 북한의 연평도 포격에 대해서 즉각 대응사격을 했으나, 천안함 폭침과 관련해서는 북한의 사과도 받아내지 못하고 대응도 제대로 하지 못했다. 대북정책에서 가장 중요하게 생각한 북핵 문제와 관련해서도 전혀 성과를 거두지 못했다.

2011년 12월 17일에 북한에서 김정일이 사망했다. 후계자 김정은은 즉시 최고사령관으로 부임했다. 2012년 4월에는 김정은이 공식적으로 북한의 지도자가 되었음을 대내외에 알렸다. 김정은은 2012년 4월 13일 최고인민회의에서 개정된 「사회주의 헌법」 서문에 북한을 「핵 보유국」이라고 명시했다. 2012년 8월 25일에는 「선군혁명 영도 기념 8 · 25 경축연회」 연설을 통해서 "조국통일 대업을 성취하기 위한 전면적 반공격에로 이행할 데 대한 명령을 전군에 하달하였으며, 이를 위한 작전계획을 검토하고 최종수표 하였다"고 말했다.[35]

이명박 정부의 뒤를 이어 박근혜 정부가 2013년 2월 25일에 출범하기 직전 북한은 2월 12일에 제3차 핵실험을 실시했다. 그럼에도 박근혜 정부는 2014년 3월 28일 독일 드레스덴에서 「한반도 평화통일을 위한 구상」(일명 드레스덴 구상)을 발표하고 「평화통일 기반 구축을 위한 3대 제안」을 제시했다.[36]

첫째, 이산가족 상봉을 정례화하고, 유엔과 함께하는 북한 모자(母子) 패키지(1,000days) 사업을 추진하면서 남북한 주민들의 인도적 문제를 해결하겠

34) 위의 책, p. 24.
35) 통일부(2013), p. 22.
36) 통일부(2015), p. 23

다는 구상을 밝혔다. 둘째, 북한의 비핵화에 연계하면서 복합농촌단지 조성과 경제개발 협력(남: 교통·통신·건설 분야 투자, 북: 지하자원 개발 허용) 및 남·북·러/남·북·중 3각 협력으로 남북한 공동번영의 민생 인프라를 구축하겠다는 구상을 밝혔다. 셋째, 남북한의 역사·문화예술·스포츠 교류를 장려하고, 북한 인력에 대한 경제교육을 실시하면서 미래세대의 교육프로그램을 공동으로 개발해서 남북 주민 간 동질성을 회복하겠다는 구상을 밝혔다. 이러한 3대 제안을 실현하기 위해서 「남북교류협력사무소」를 설치하겠다는 구상도 밝혔다.[37]

그러나 박근혜 정부의 「드레스덴 구상」은 아무것도 실현되지 못했다. 대신에 북한은 2016년 1월 초 제4차 핵실험을 단행했다. 한 달 뒤 2월에는 장거리미사일 시험발사를 했다. 이에 박근혜 정부는 개성공단 폐쇄를 결정했다. 북한은 2016년 9월에 다시 제5차 핵실험을 실시했다. 이 두 차례의 핵실험으로 제3차 북핵 위기가 고조된 상태에서 2017년 초 미국에서 트럼프가 대통령에 취임했다. 트럼프는 북한과 핵 문제로 대립하기 시작했다. 한국에서는 2017년 5월에 문재인 정부가 출범했다. 당시에 북·미 간 갈등이 심해지면서 미국의 대북 군사공격 가능성이 대두됐다.

문재인 정부는 김대중 정부와 노무현 정부의 대북정책을 계승하면서 평화를 최우선적으로 추구해야 할 정책 목표로 제시했다. 통일은 먼 훗날 여건이 조성되면 가능한 일로 생각했다. 그래서 문재인 정부는 통일 및 대북정책이라는 용어를 사용하지 않았다. 대신에 「한반도 정책」 혹은 「한반도 평화프로세스」라는 용어를 사용했다.

문재인 정부는 북한 붕괴 불원, 흡수통일 및 인위적 통일 불(不)추구라는 3－No라는 입장을 밝혔다.[38] 동시에 남과 북이 서로를 존중하고 협력하면서 「함께 잘 사는 한반도」를 만들어 나가겠다고 말했다. 또한 국내적 측면에서는 「통일국민협약」을, 남북관계 측면에서는 「남북기본협정」을 그리고 국제적 측면에서는 「한반도 평화협정」을 체결해서 제도적으로 지속 가능한 남북관계를 정립하겠다는 구상도 밝혔다.[39] 남북 간 정상회담과 고위급회담 및 분야별 대

37) 위의 책, p. 35.
38) 통일부(2017), p. 10.
39) 위의 책, p. 8.

화의 정례화 의지를 개진하기도 했다.40) 문재인 정부의 「한반도정책 추진 체계도」는 아래의 그림과 같다.

[그림 Ⅲ-3] 문재인 정부의 한반도정책 추진 체계도

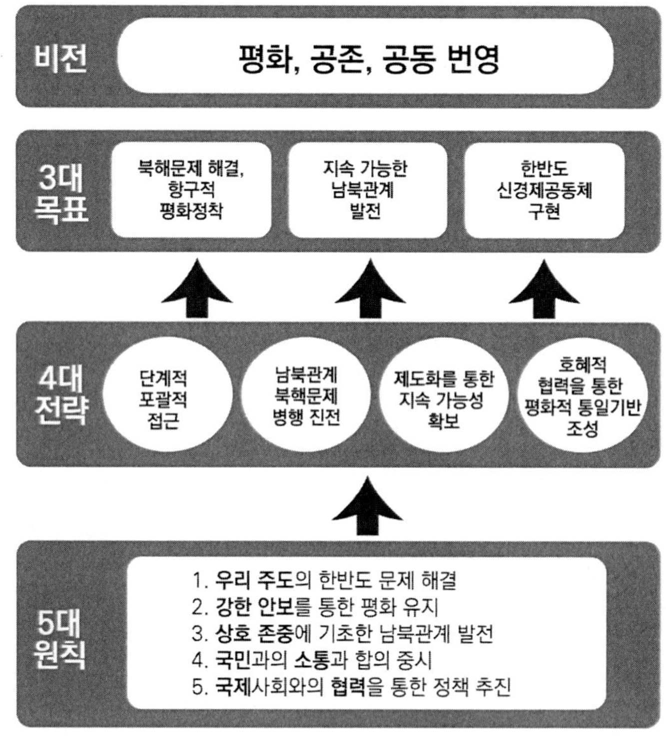

※ 출처: 통일부, 『문재인의 한반도 정책』, P. 11.

문재인 정부가 대북 평화정책의 추진 의사를 밝혔음에도 김정은은 2017년 9월에 제6차 핵실험을 단행했다. 11월에는 ICBM 화성-15형의 시험발사를 실시하고, 핵무력 완성을 선포했다. 이후 김정은은 국제사회의 강력한 대북제재를 완화시킬 목적으로 남한의 문재인 정부를 이용해서 2018년에 국제사회에 데뷔했다. 남북 정상회담과 북·중 정상회담 및 미·북 정상회담을 추진한 것이다.

김정은이 가장 먼저 추진한 정상회담은 2018년 3월에 중국의 시진핑 주석(이하, 시진핑)과 만난 북·중 정상회담이다. 그런 다음 김정은은 문재인과

40) 문재인 정부 청와대 국가안보실(2018), p. 48.

동년 4월과 5월에 남북정상회담을 추진했다. 이어서 6월에는 트럼프와 싱가포르에서 정상회담을 개최했다. 9월에는 다시 문재인과 평양에서 정상회담을 개최했다.

남과 북은 이렇게 하면서 한반도에 평화 분위기를 연출하고, 2018년 9월에는 개성에 남북공동연락사무소를 설치하기도 했다. 그러나 2019년 2월에 하노이에서 개최된 미·북 정상회담이 결렬되고, 김정은 뜻대로 핵협상이 진행되지 않았다. 이후부터 북한은 남한에 대한 비난 공세를 하기 시작했다. 북한 자신은 아무런 비핵화 조치도 취하지 않았다. 하지만 국제사회의 대북제재로 인해서 남북경협이 실현되지 않자 2019년부터 노골적으로 남한 정부를 비난하기 시작한 것이다.

김정은은 2019년 4월에 개최된 최고인민회의 연설에서 한국에게 북한과 미국 중 하나를 선택하라고 요구했다. 이것은 대남비방의 전주곡이었다. 동 연설에서 김정은은 남한이 미·북 간 중재자가 아니라 민족 문제의 당사자로서 외세와의 공조 대신 민족공조를 선택하라고 주장했다. 남한이 미국의 대북제재에 편승하는 대신에 주체적으로 남북경협을 추진할 것과 한·미 연합군사훈련을 중단할 것을 요구한 것이다. 또한 "남한 당국자가 오지랖 넓은 행동을 하지 말"[41]라며 문재인이 미·북 간 중재자 역할을 하는 것을 비난했다.

이런 와중에 문재인 정부는 북한에게 비핵화 요구는 하지 않으면서 남북관계를 발전시켜야 한다는 이유로 대북제재 완화를 시도했다. 그리하여 미국과 충돌하기 시작했다. 북핵 문제는 유엔안보리 결의안 등으로 이미 국제문제화 되었다. 따라서 남북관계가 국제사회와의 공조 속에 진행되는 것이 정상이다. 그럼에도 문재인 정부는 남북관계가 미·북 관계를 선도해야 한다며 남북경협을 추진하기 위해서 대북제재를 완화시킬 필요성이 있다는 주장을 했다.

문제는 한국 정부의 이런 주장이 북한의 주장과도 배치된다는 것이다. 북한은 남북관계가 미·북 관계를 선도한다고 결코 말한 적이 없다. 문재인 정부가 남북관계를 앞세우는 과정에서 남북관계가 미·북 관계를 선도하는 대신에 단지 한·미 간 균열을 일으키면서 안보 위기를 초래했다. 동시에 비핵화

41) 김정은. (2019. 4. 13). "현 단계에서의 사회주의건설과 공화국정부의 대내외정책에 대하여." 『로동신문』.

동력은 감소했다.

문재인 정부는 2010년의 천안함 폭침 때문에 이명박 정부가 만든 「5 · 24 대북제재 조치」를 2020년 5월에 무력화시키면서까지 남북 교류 · 협력 추진 의사를 밝혔다.[42] 이에 미국 국무부가 한국에 재차 대북공조를 요구하는 일이 벌어졌다. 2018년 9월 평양에서 개최된 남북정상회담에서 남한이 북한과 서명한 「남북군사분야합의서」도 최소한 북한의 비핵화와 병행해서 추진하거나, 비핵화 후 추진했어야 맞는 것이다.

북한의 비핵화가 추진되지 않고, 북한이 핵무기를 증강하는 상황에서 남과 북이 재래식 군비통제에 합의한다는 것은 비정상이다. 남한이 핵을 보유하지 않고, 재래식 무기만 가진 상태에서 재래식 군비통제를 하면 손해를 보는 건 북한이 아닌 남한이기 때문이다.

이렇듯 문재인이 북한과의 관계를 중시하는 가운데 대북제재를 완화시키기 위한 노력을 계속하자 언론에서 문재인을 김정은의 수석대변인이라고 표현하는 기사가 등장했다. 그러나 북한은 하노이 제2차 미 · 북 정상회담 실패 후 남한을 무시하듯 다수의 신형 탄도미사일과 초대형 방사포 시험발사 등을 통해서 한국군과 주한미군의 미사일 방어망 무력화를 추구했다. 이것이 특히 문제되는 것은 북한이 핵무기를 소형화 · 경량화하면서 전술핵무기 개발의 일환으로 남한을 겨냥한 신형 탄도미사일 개발을 했기 때문이다.

북한은 2020년 6월 16일에는 탈북민 단체가 남한에서 제작한 대북전단을 북한 지역에 살포하는 것을 문재인 정부가 막지 않았다는 이유로 개성 소재 남북공동연락사무소를 폭파시켰다. 문재인 정부에 대한 징벌 차원의 도발이었다. 동시에 북한은 문재인 정부가 법을 제정해서라도 탈북민 단체의 대북전단 발송을 막으라고 요구했다. 그러자 문재인 정부는 신속하게 「대북전단금지법」 제정 계획을 발표했다. 그리고 국회에서 동 법이 제정되기 전에도 대북전단 살포 행위를 불법 및 탈법으로 규정하고 원천봉쇄했다.

---

42) "여상기 통일부 대변인의 지난 20일 정례 브리핑 발언이 계기를 제공했다. 여 대변인은 5 · 24 조치에 대한 정부 입장을 질문받고서 "정부는 지난 시기 역대 정부를 거치면서 유연화와 예외조치를 거쳤다"며 "그래서 사실상 그 실효성이 상당부분 상실됐다"고 말했다. 여 대변인은 이어 "이에 따라 정부는 5 · 24 조치가 남북 간 교류협력을 추진하는데 있어서 더이상 장애가 되지 않는다고 보고 있다"고 부연했다."(『연합뉴스』, (2020. 5. 23.). "정부가 '실효성 상실' 거론한 5 · 24조치 현황은?"

한편, 여당인 「더불어민주당」은 북한이 남북공동연락사무소를 폭파한 데 대하여 사과 및 책임 있는 후속조치를 요구하는 대신에 종전선언 추진 의지를 밝혔다. 또한 2020년 12월에 국회에서 「남북관계 발전에 관한 법률」(약칭: 남북관계발전법, 일명 「대북전단금지법」)의 개정안을 통과시켰다. 통일부는 탈북민이 운영하는 북한인권 단체를 조사하면서 압박했다. 이에 유엔인권위원회와 국제인권단체는 한국의 문재인 정부가 탈북민 인권단체를 탄압한다고 비판했다. 동 문제는 국제문제로 비화되면서 미국 의회의 청문회에서 논의되기도 했다.

2020년 9월에는 남한의 해양수산부 공무원 이 모 씨가 서해에서 실종된 후 북한의 해안가에 표류하는 일이 발생했다. 이 때 북한 지도부는 북한군으로 하여금 남한의 공무원을 사살하도록 지시하고, 시신을 불태워 없애는 만행을 저질렀다. 국제법에 명백히 위반되는 범죄행위를 저지른 것이다.

그럼에도 문재인 정부는 북한 당국에 항의하고 책임자 처벌을 요구하지 않았다. 대신에 북한과 공동으로 조사해서 진상을 규명하겠다고 밝혔다. 그러나 문재인 정부는 임기 말까지 북한과의 공동조사는 없던 일로 하면서 이 문제에 미온적으로 대처했다. 전혀 성의 있는 태도를 보이지 않고, 아무 일도 없었던 듯 그냥 넘어가고 만 것이다. 문재인 정부는 오히려 북한의 만행에도 불구하고 인도적 차원의 대북지원 의사를 끊임없이 밝혔다.

나. 동서독관계 vs 남북관계

동독 정부는 1970년대 초에 소련이 붕괴한다는 것을 상상할 수 없었다. 그리고 소련이라는 후원자가 있는 한 서독과 교류·협력을 추진해도 동독 체제가 붕괴하지 않을 것으로 확신했다. 그래서 서독과의 교류·협력을 통한 후유증을 두려워했지만, 자신감을 갖고 서독과 관계개선을 시도했다. 물론 동독이 서독과의 관계개선에서 부정적 효과만을 예상한 것은 아니다. 오히려 서독과의 관계개선을 통해서 동독의 국제적 위상이 높아지고, 경제적 이익을 취할 수 있다는 긍정적 효과를 더 중요시했다. 서독 역시 주변국 견제로 가까운 미래에 통일이 어렵다고 판단했다. 그래서 동독과 서독 모두 적극적으로 교류·협력정책을 추진했다.

동독 정부는 1960년대 말부터 이미 인적·물적·정보 분야에서 서독과의 교류를 제한했던 기존 조치를 완화하기 시작했다. 그러던 중 1972년에 서독 정부와 기본조약을 체결한 후 더 큰 폭으로 대(對)서독 접근방법의 전환을 모색했다. 그 결과 1973년부터 서독 특파원이 동독에 상주하면서 취재 내용을 서독으로 송출할 수 있었다. 동독 정부는 1973~74년에 서독의 28개 언론기관이 파견한 특파원이 동베를린에 체류하는 것을 허가했다.[43] 동독 주민은 안방에서 서독 특파원이 서독에 송출한 서독의 TV방송을 보면서 동독 내 분위기를 파악할 수 있었다.

뿐만 아니라 동독의 연금생활자들은 서독을 방문해서 서독의 실상을 눈으로 확인할 수 있었다. 동독 정부는 1964년에 이미 동독의 "연금생활자(남자 65세, 여자 60세 이상)들에게 1년에 1회에 한하여 4주간 서독이나 서베를린에 거주하는 친척을 방문할 수 있도록 허용하였다. (…) 그리하여 1964~1972년에는 매년 100만 명 정도의 연금생활자들이 서독을 방문하였다."[44] 그런데 「동서독기본조약」 체결 후 이런 방문은 보다 큰 폭으로 확대됐다. 동독 정부는 서독 주민이 동독을 방문하는 것도 허락했다.

동독은 1972년 5월에 서독과 교통조약을 체결하고, 연금생활자가 아닌 동독 주민도 긴급한 가사 사유에 해당하는 경우에 허락을 받고 서독을 방문할 수 있게 허락했다. 예를 들어 서독 거주 친척의 "출생, 세례, 견진성사, 성찬식, 유아세례, 결혼, 결혼기념일, 60세, 65세, 70세, 75세 및 그 이후의 생일, 생명이 위독한 질병 병문안 또는 임종" 등의 경우가 이에 해당했다.

당시에 여행허가 신청자격이 있는 친척의 범위는 "조부모, 부모, 자식, 형제, 자매, 이복 형제 및 자매"였는데 1984년 8월부터는 친척뿐만 아니라 아는 사람까지로 범위가 확대되고 60일 범위 내에서 서독 지역을 방문할 수 있었다.[45] 그 결과 "1973~1985년에 연금생활자는 매년 130~150만 명, 일반 주민은 매년 4~6만 명 정도가 서독을 방문하였다."[46] 동서독이 1972년에 관계개선을 시도한 후 동독주민이 서독을 방문한 경우를 보면 아래의 표와 같다.

---

43) 통일부(1993), p. 677.
44) 김영탁(1997), p. 106.
45) 통일부(1993), pp. 278–279.
46) 김영탁(1997), P. 106.

[표 Ⅲ-1] 동독주민이 서독을 방문한 경우 (단위: 명)

연 도	연금수령자	이산가족	합 계
1972	1,068,000	11,000	1,079,000
1973	1,257,000	41,000	1,298,000
1974	1,316,000	38,000	1,354,000
1975	1,330,000	40,000	1,370,000
1976	1,328,000	43,000	1,371,000
1977	1,323,000	41,000	1,364,000
1978	1,384,000	49,000	1,433,000
1979	1,369,000	41,000	1,410,000
1980	1,554,000	40,000	1,594,000
1981	1,564,000	37,000	1,601,000
1982	1,554,000	46,000	1,600,000
1983	1,463,000	64,000	1,527,000
1984	1,546,000	61,000	1,607,000
1985	1,600,000	66,000	1,666,000
1986	1,516,000	244,000	1,760,000
1987	3,800,000	1,200,000	5,000,000
1988	6,700,000	1,100,000	7,800,000

※ 출처: Plück(1995), pp. 2024－2025[47].

분단 직후 서독 주민의 동독 방문은 항상 가능했는데, 1950년대에 활발하게 이루어지다가 1961년에 베를린 장벽이 설치되면서 불가능하게 되었다. 동독 정부는 1963년부터 동독에 친척이 있는 서독 주민의 동독 방문을 허용했다. 1972년 10월 17일에 통행조약(Verkehrsvertrag)이 발효된 이후에는 서독 주민의 동독 방문에 대한 조치를 대폭 완화시켰다. 동독에 아는 사람이 있는 경우에도 1년에 30일 범위 내에서 여러 번 방문할 수 있게 했다. 1984년부터는 총 여행일수가 30일에서 45일로 늘어났다.[48]

동서독 국경 부근의 56개 도시와 마을에 거주하는 시민은 「동서독기본조약」이 발효된 후 동독의 54개 국경도시와 마을을 하루 체류 조건으로 방문할 수 있었다. 동독 내에 위치한 서베를린은 특수한 상황에 있었는데, 서베를린

47) 정상돈(2017c), p. 54에서 재인용.
48) 통일부(1993), p. 275.

시민도 동독과 동베를린을 1년에 45일 범위 내에서 여러 번 방문할 수 있었다.[49] 서독 주민이 동독을 방문한 경우는 아래의 표와 같다.

[표 Ⅲ-2] 서독주민이 동독을 방문한 경우 (단위: 명)

년 도	서독주민들의 동독방문(서베를린주민 제외)	서베를린주민의 동독방문	동독의 국경부근 방문	합 계
1972	1,500,000	3,300,000	–	4,800,000
1873	2,200,000	3,800,000	193,000	6,193,000
1974	1,900,000	2,500,000	331,000	4,731,000
1975	3,100,000	3,200,000	463,000	6,763,000
1976	3,100,000	3,400,000	445,000	6,945,000
1977	2,900,000	3,400,000	443,000	6,743,000
1978	3,100,000	3,200,000	480,000	6,780,000
1979	2,900,000	3,100,000	416,000	6,416,000
1980	2,700,000	2,600,000	392,000	5,692,000
1981	2,100,000	1,800,000	280,000	4,180,000
1982	2,200,000	1,700,000	299,000	4,199,000
1983	2,200,000	1,700,000	310,000	4,210,000
1984	2,500,000	1,600,000	343,000	4,443,000
1985	2,600,000	1,900,000	319,000	4,819,000
1986	3,800,000	1,800,000	325,000	5,925,000
1987	5,500,000			

※ 출처: Plück(1995), pp. 2025-2026.[50]

베를린 장벽이 생긴 1961년부터 1989년까지 매년 동독에서 서독으로 이주한 사람은 평균 2만 1천 명이다.[51] 가장 적었던 해가 1만 1천 명이고, 가장 많았던 경우는 4만 8천 명이다. 1980년대 초부터는 서독으로 망명한 동독 사

49) 위의 책, p. 276.
50) 정상돈(2017c), pp. 54-55에서 재인용.
51) 안드레이 란코프(2009), p. 89.

람이 동독에 있는 고향을 방문하는 것도 허용됐다. 서독에 망명한 후 즉시 동독의 입국 허락을 받지는 못했다. 그러나 몇 년 후에 동독에 거주하는 가족을 방문하는 것이 가능했다.[52] 이것 역시 탈북자가 현재의 남북관계에서 상상할 수 없는 일이다.

[표 Ⅲ-3] 동독에서 서독으로 이주한 사람의 규모 (단위: 명)

연 도	1962~1983	1984~1988	1989.1~1989.11.9
규 모	매년 약 1만 명	매년 약 2만~4만 명	약 225,000 명

※ 출처: Baum(1999), p.433.[53]

동서독 간 편지와 소포 등의 우편물 교환은 단절된 적이 없었다. 동독 정부가 동독 체제에 크게 부담이 되지 않는다고 판단했기 때문이다. 1980년대에 이루어진 동서독 간 우편물 교환을 보면 아래와 같다.

[표 Ⅲ-4] 동서독 주민들 간의 우편물 교환 (단위: 만)

연 도	종 류	동독에서 서독으로 발송된 우편물	서독에서 동독으로 발송된 우편물
1980	편지	7,000	8,300
	소포	900	2,700
1984	편지	8,500	6,200
	소포	900	2,500
1987	편지	9,500	7,500
	소포	900	2,400

※ 출처: Plück(1995), p. 2021의 내용을 재구성.[54]

동독 정부는 1970년대부터 동독 주민들의 서독의 TV 방송 시청도 묵인하기 시작했다.[55] 1970년대 말에 동독 주민을 대상으로 실시한 설문조사 결과에

52) 위의 책, p. 90.
53) 정상돈(2017c), p. 56에서 재인용.
54) 위의 글, p. 58에서 재인용.
55) 외부정보의 동독유입에 대한 글은 정상돈의 위의 글 참조.

따르면 동독에서 TV 소유자의 70%가 서독의 TV방송을 시청했다고 한다. 그러나 북한 당국은 1991년에 「남북기본합의서」에 서명하고도 남북한 주민의 상호방문을 허용하지 않는다. 금강산관광이 추진되었을 때 그리고 개성공단이 가동되었을 때도 남북한 주민 간의 접촉은 원천적으로 차단됐다.

금강산 관광을 하던 남한 주민은 현지에서 북한의 일반 주민을 볼 수 없었고, 오직 북한의 안내원만 상대할 수 있었다. 개성공단에서도 남한의 관리인은 북한 노동자를 직접 접촉하지 못하고, 북한의 관리인을 통해서만 북한 근로자에게 일을 시킬 수 있었다. 남북한 주민의 접촉이 원천적으로 차단된 상태에서 교류 · 협력이 이루어진 것이다. 이것이 동서독관계와 남북관계의 가장 큰 차이점 중 하나다.

동독 주민은 국내에서 자유롭게 여행하는 것이 가능했으며, 동유럽과 동아시아의 사회주의국가 및 쿠바로 자유롭게 여행을 갈 수 있었다.[56] 그러나 북한 당국은 주민들의 국내여행조차 철저하게 통제하고 있다. 주민들의 해외여행은 아예 금지되고 있다.

동독은 1986년 5월 6일에 서독과 「문화협정」(das Kulturabkommen)을 체결했다. 문화, 예술, 교육 그리고 학문 등의 분야에서 서독과 협력을 증진하기로 한 것이다.[57] 그 결과 서독과 동독 사이의 학술교류가 확대되면서 1985년에 동서독 200명의 학자들이 각각 상대국을 방문했다. 1988년에는 400명의 서독 학자들이 동독을 여행할 때, 그리고 약 250명의 동독 학자들이 서독을 여행할 때 서독 연방내독성의 재정지원을 받았다.[58] 대학교 사이의 자매결연을 비롯하여 청소년과 대학생들의 교류도 이루어졌다. 신문과 정기간행물의 교류도 있었다.[59]

북한에서 남한 정보에 대한 접근이 금지된 것은 주지의 사실이다. 그런데 남한에서도 북한 자료에 대한 접근이 매우 제한되어 있다. 허락받은 소수의 국책연구소가 아니면 일반적인 북한 연구자조차 통일부 산하 북한자료센터에 가야만 철지난 북한의 신문과 정기간행물을 볼 수 있다. 이것은 동서독 현실

56) 안네-카트라인 베커 · 김재경(1997), pp. 201~209.
57) 손선홍(2005), p. 246.
58) 통일부(1993), p. 558.
59) 위의 책, pp. 615-616.

과 매우 대비된다. 이러다 보니 북한에 대한 왜곡된 정보가 남한 사회에서 난무해도 시비를 가리기 어렵다. 왜곡된 정보에 뿌리를 둔 남남갈등이 사라지기 어렵다는 것이다.

서독이 대동독정책을 추진하면서 동서독관계 개선에 성공할 수 있었던 것은 동독 정부가 큰 틀에서 협조했기 때문이다. 소련이라는 후원자가 존재하는 한, 동독이 붕괴한다는 것을 상상할 수 없었던 상태에서 동독은 서독에 협조했다. 또한 서독과의 교류 · 협력을 통해서 동독 정부에게 경제적 이익이 생기는 것을 원했다.

그러나 북한은 동독의 전철을 밟지 않으려 한다. 남북관계 개선을 위한 남한의 노력에 협조하지 않는다. 예를 들어 북한의 비핵화 조치가 시작되어야 대북제재가 완화되고 남한이 북한을 도와줄 수 있는데, 김정은은 자신이 취해야 할 조치는 전혀 하지 않는다. 그러면서 남한이 국제규범을 어기면서까지 남북경협을 통해서 북한을 지원하라고 요구했다.

북한은 자신의 요구가 실현되지 않으면, 남북 간에 합의한 사항을 위반하는 것을 서슴지 않는다. 김정은이 2019년 10월 23일에 금강산을 방문해서 금강산에 설치된 남한 기업의 시설물을 철거하라고 일방적으로 지시한 것이 이에 해당한다. 2022년 3월 17일에는 동 시설 철거가 진행 중이라는 사실이 언론을 통해서 보도됐다. 동독은 서독에게 믿을 수 있는 경제파트너였다. 반면에 북한은 전혀 신뢰할 수 없는 파트너다. 그런데 남한이 서독이 추진했던 대동독정책의 겉모습만 모방해서 북한을 상대로 대북정책을 추진하면 성공할 수 있을까?

다. 남북관계란 무엇인가?

남북관계가 발전하려면 남북한이 동서독처럼 상호간에 합의한 문서를 성실하게 이행하려고 노력해야 한다. 따라서 남북관계를 평가할 때의 가장 큰 기준은 합의 이행 여부다. 남과 북이 합의한 문서 중에서 가장 포괄적이고 풍부한 내용을 담은 것은 「남북기본합의서」다. 그 외에 「7 · 4 공동성명」과 「한반도비핵화 공동선언」, 「6 · 15 공동선언」, 「10 · 4 공동선언」, 「4 · 27 판문점 선언」, 「9 · 19 평양선언」 등이 있다.

한국의 역대 모든 정권은 남북관계가 동서독처럼 개선되기를 원했다. 특히 진보 정권은 서독이 동독에게 해준 것처럼, 남한이 북한에 대해서 포용과 지원을 하면 남북관계가 개선될 것이라고 생각했다. 문제는 남한만 서독처럼 북한에 잘 해서는 안 된다는 것이다. 북한은 「남북기본합의서」와 「한반도 비핵화 공동선언」을 전혀 이행하지 않는다. 그러면서 남한이 「6 · 15공동선언」과 「10 · 4 공동선언」 및 「4 · 27 판문점선언」과 「9 · 19 평양공동선언」 등을 이행하라고 요구한다. 동 선언에서도 자신이 취해야 할 조치는 하지 않고, 남한에게만 합의 이행을 요구한다. 이런 상태에서는 남북관계 개선이 어렵다.

문재인 정부는 항상 먼저 북한에 선의를 베풀려고 노력했다. 2018년 평창동계올림픽 당시 남한은 북한 선수단을 극진하게 대접했다. 심지어 남북한 여자 아이스하키 단일팀을 만든다는 명분하에 남한 선수의 자리를 북한 선수로 채우기도 했다. 남한 선수의 희생을 감수했던 것이다. 그런데 2019년 평양에서 남북한 축구경기가 벌어졌을 때, 북한 당국은 사전에 약속했던 경기 녹화중계를 일방적으로 취소했다. 그래서 동년 10월 15일 평양 김일성경기장에서 열린 남북 축구 경기는 생중계와 관중 및 취재진이 없는 상태에서 진행됐다.

월드컵 예선 경기가 이렇게 비정상적으로 치러진 경우는 북한 말고 다른 곳에서는 없다. 한국에서는 남북한 축구 경기를 보지 못하면서, 손흥민 같은 남한 선수들이 북한 선수의 거친 플레이에 부상당하는 일이 없기만 바랄 정도였다. 이것이 남북관계와 비정상국가 북한의 진면목을 보여주는 한 단면이다.

그동안 남한의 진보정권 주도로 대북지원과 남북 교류 · 협력이 이루어졌다. 그런데 모든 것은 북한이 일방적으로 정한 방식으로 추진됐다. 그리고 이 방식이란 것도 비정상적인 것이 대부분이었다. 금강산관광사업도 그렇고 개성공단 사업도 그렇다. 한국 정부는 북한의 비정상적인 방식을 수용하면 언젠가 북한의 태도가 변할 것으로 생각했다. 그러나 이런 기대는 이루어지지 않았다.

비정상국가 북한이 정상국가로 변하기 위한 노력을 하지 않는 상태에서 남북관계 개선이 가능한 것일까? 북한에서는 강력한 통제정책으로 남한을 있는 그대로 보고, 아는 것이 불가능하다. 동독 주민이 서독 TV를 볼 수 있었던 것과 달리 북한에서는 남한 TV를 볼 수 없다. 북한에서 2020년 12월에 제정한 『반동사상문화배격법』에 따르면 북한에서 남한 영상물을 유포시킬 경우 최대 사형에 처한다. 시청만 하더라도 최대 노동교화형 15년에 처할 수 있

다.[60]

국제 인권단체 「전환기정의워킹그룹」(TJWG)이 2021년 12월 15일에 발표한 「김정은 시대 10년의 처형 지도」라는 보고서에 의하면 김정은 집권 후 공개 처형된 기록은 27건이다. 그 중에서 "남한 영상을 시청하거나 배포한 혐의"가 7건으로 가장 많았다.[61] 이 대목에서 남북관계가 과연 무엇인지 자문해 보지 않을 수 없다.

아무리 남한 정부가 북한 지도자의 정권 유지에 도움 되는 대북 유화정책을 추진하면서 겉보기에 남북관계가 개선되는 듯해도 남북한 주민의 접촉이 원천적으로 차단되고, 남한 드라마를 보는 북한 주민이 처벌 · 처형되는 현실이 변하지 않는다면 남북관계 개선이 이루어진다고 말할 수 없기 때문이다.

남북관계가 발전하려면 정상국가 간의 관계에 근접하도록 남북한 쌍방이 노력해야 한다. 특히 인권 문제에서 북한의 변화가 절대적으로 필요하다. 같은 민족이기 때문에 더욱 그렇다. 그런데 북한은 「우리민족끼리」를 내세우면서 오히려 남한과 북한 주민의 접촉을 철저하게 차단하고 있다. 심지어 북한 청년들이 남한 주민의 말투도 사용하지 못하게 금지하고 있다. 이런 현실 속에서 남한이 북한의 철도를 현대화시켜준다고 남북관계가 개선되는 것일까? 또한 남한이 북한의 산림 복구를 도와준다고 남북한 사이에 신뢰가 생길 수 있는 것일까?

북한은 남북관계를 정상국가 간의 관계로 만들기 위해서 아무런 노력도 하지 않는다. 오히려 그 반대다. 그런데 왜 남한의 진보 정권은 대북지원을 하지 못해서 안달을 하는 것일까? 대북지원을 하면 남북관계가 개선될 것처럼 화려하게 포장해도 북한의 태도는 본질적 측면에서 아무 변화도 없는데 말이다. 남한 정부의 이런 잘못된 태도가 오히려 남북관계의 잘못된 관행을 고착시켜온 것은 아닐까? 북한이 어떻게 행동해도 남한 정부가 북한에 대한 저자세와 일편단심을 그대로 유지하는데, 북한이 자신의 태도를 변화시키려고 할까?

문재인 정부는 역대 어느 정부보다 북한에 우호적이었다. 심지어 문재인이 김정은의 「수석대변인」이라는 말을 들었을 정도로 북한에 잘 하려고 노력

60) YTN. (2021. 6. 15.). "'케이팝은 악성 암' 김정은, 北 여성 '오빠' 호칭에 '대노'."
61) 『중앙일보』. (2021. 12. 16.). "北, 아들 처형때 아버지 맨 앞줄 앉혀…시체 불태워질때 기절."

했다. 그럼에도 북한은 남한의 대통령을 수시로 모욕했다. 남한에 대한 북한의 협박과 모욕은 관행이 되었다. 이런 측면에서 남북관계는 문재인 정부 들어서 가장 비정상적으로 되었다. 문재인은 2019년 8월 15일 경축사를 통해서 남북협력으로 한반도 평화경제를 실현하겠다고 말했다. 그러자 북한의 조국평화통일위원회(이하, 조평통) 대변인은 그 다음 날 8월 16일 담화를 통해서 다음과 같이 비난했다.

> "남조선당국자(문재인; 필자)의 말대로라면 저들이 대화분위기를 유지하고 북남협력을 통한 평화경제를 건설하며 조선반도평화체제를 구축하기 위해 노력하고 있다는 소리인데 삶은 소대가리도 앙천대소할 노릇이다. (…)
> 정말 보기 드물게 뻔뻔스러운 사람이다. (…)
> 아래 사람들이 써준 것을 그대로 졸졸 내리읽는 남조선당국자가 웃겨도 세게 웃기는 사람인 것만은 분명하다. (…)
> 북쪽에서 사냥총 소리만 나도 똥줄을 갈기는 주제에 애써 의연함을 연출하며 북조선이 핵이 아닌 경제와 번영을 선택할 수 있도록 하겠다고 력설하는 모습을 보면 겁에 잔뜩 질린 것이 력력하다."[62]

북한의 선전매체『우리민족끼리』도 2020년 1월 6일에 문재인을「남조선 청와대의 현 당국자」라고 지칭하면서 "어처구니없는 것은 남조선 당국자가 조선반도에서의 대화 · 평화 흐름을 마치 저들이 주도하기라도 하는 듯이 자화자찬하면서 철면피하게 놀아댄 것"이라고 비난했다. 이어서 "남조선 당국은 아전인수 격의 궤변을 늘어놓을 것이 아니라 현실을 똑바로 보고 창피스러운 입방아를 그만 찧는 것이 좋을 것"[63]이라고 말하기도 했다.

2018년에 대북 유화정책으로 잠시 남북관계가 개선되는 것 같은 착시현상이 있었다. 그러나 현실은 정반대로 전개되었다. 북한의 모욕과 협박에도 남한 정부가 굴종하고 인내하는 태도가 관행으로 고착되면서 비정상적 남북관계의 악순환이 지속되었다. 문재인 정부의 대북 유화정책은 남북관계의 발전과 정상화에 기여한 것이 아니라 비정상화에 기여했다.

---

62)『조선중앙통신』. (2019. 8. 16.). "조국평화통일위원회 대변인담화."
63)『중앙일보』. (2020. 1. 6.). "北 또 文비난 '주제넘게 중재자 설쳐대는 입방아 그만 찧어라."

2020년 5월 3일에는 북한군이 중부전선 비무장지대(DMZ) 내 남한군의 감시초소(GP)에 총격 도발을 감행했다. 그런데 "청와대는 사건 초기에 북한군이 총격에 사용한 화기, 군 대응 총기 및 방식 등 기본적인 사실관계조차 공개하지 못하게 하고 북한 GP의 오발 가능성을 강조하도록 국방부와 합참에 지시"[64]했다고 한다.

문재인은 일주일 뒤인 2020년 5월 10일 대통령 취임 3주년 특별연설 및 기자회견에서 북한의 남한 GP 총격에 대해서 한 마디도 언급하지 않았다. 대신에 북한에 대한 코로나 지원 의사를 밝히며 "남과 북도 인간안보에 협력하여 하나의 생명공동체가 되고 평화공동체로 나아가길 희망"한다고 밝혔다.[65] 그리고 기자와의 질의응답 시간에 "이제는 북미 대화만 바라보지 말고 남북 간에 있어서도 할 수 있는 일들은 찾아내서 해 나가자"고 말했다.[66]

그러나 북한은 문재인의 이 같은 구애에도 한 달 후 6월에 개성 소재 남북공동연락사무소를 폭파시켰다. 탈북민 인권단체가 대북전단을 만들어서 북한에 보내는 것을 남한 정부가 막지 않는다고 남한 정부를 협박하면서 남한 국민의 세금으로 만든 남북공동연락사무소를 폭파시킨 것이다. 그런데 문재인 정부는 북한의 잘못된 행동에 항의하기는커녕 북한 당국의 요구에 굴종하면서 국회에서 여당이 졸속으로 「대북전단금지법」을 만들도록 했다.

문재인 정부 들어서 남북관계 개선의 의미는 본래의 취지에서 변질됐다. 남북관계가 긍정적 차원에서 동서독관계처럼 개선되는 것을 의미하는 것이 아니라, 부정적 차원에서 북한이 군사도발을 하지 않고 사고를 치지 않음으로써 남북관계가 악화되지 않는 것을 의미하게 되었다. 문재인 정부는 이것을 평화라고 선전했다. 문재인 정부는 북한이 군사도발을 하면 남북관계가 악화되면서 자신의 평화정책이 실패하게 된 것을 자인할 수밖에 없었다. 그래서 이를 막기 위하여 미국과의 충돌을 감수하면서까지 무리한 대북지원을 모색했다. 그랬기 때문에 북한이 자기 뜻대로 남북관계를 좌지우지할 수 있었다.

그런데 인권과 평화는 동전의 앞뒷면과 같은 것이다. 북한이 인권을 존중

64) 『경향신문』. (2020. 5. 4.). "[박성진의 군 이야기] 3사단 GP 총격 사건 '4대 쟁점'."
65) 『대한민국 정책브리핑』. (2020. 5. 10.). "문재인 대통령 취임 3주년 특별연설." (https:// www.korea.kr/archive/speechView.do?newsId=132032136).
66) "(문재인) 대통령 취임 3주년 특별연설 질의응답." (2020. 5. 10.). (https://www1. president.go.kr/articles/8608).

하지 않기 때문에 평화를 파괴하는 행위도 서슴지 않는 것이다. 남북한 주민의 접촉에 기초한 교류·협력이 정상적으로 이루어지지 못하는 것도 북한이 인권을 탄압하기 때문에 생기는 일이다. 북한의 이율배반적인 행동은 인권을 경시하는 의식과 정책에서 비롯된다. 물론 김정은은 체제 유지를 위해서 기존의 인권탄압 정책을 변화시킬 의지가 없다. 그래서 북한 스스로 이런 태도를 변화시킬 의지가 없다면 외부의 압박을 통해서라도 북한이 변화하지 않을 수 없도록 해야 한다. 그렇게 하지 않고는 북한이 변하지 않는 상태에서 남북관계의 진정한 개선과 발전이 불가능하다.

그런데 문재인 정부는 반대로 했다. 그리곤 북한 인권을 실질적으로 개선하기 위해서 평화정책으로 남북관계를 개선해야 하고, 이를 위해서 대북지원도 필요하다는 주장을 했다. 북한 인권이 개선되어야 남북관계가 개선되는데, 거꾸로 남북관계 개선을 통해서 북한 인권을 개선하겠다고 말한 것이다. 북한 인권의 실질적 개선을 어떻게 이루어낼 것인지에 대한 구체적인 청사진은 전혀 제시하지 않은 채 말이다.

북한인권 문제와 관련해서 문재인 정부가 한 일은 단지 침묵하고, 북한의 협박에 굴복하면서 남한에서 북한인권 관련 시민단체의 행동을 무력화시킨 것이다. 북한인권 문제를 제기하면 북한의 반발로 남북관계 개선과 평화에 장애요인이 발생한다고 말하면서 대북 평화정책으로 북한 주민의 실질적 생활의 개선을 추구한다고 주장한 것이 문재인 정부가 한 일의 전부다.

그러나 문재인 정부의 이런 주장은 본말이 전도된 것이다. 첫째, 인권 문제 제기를 체제 위협으로 간주하고 반발하는 북한의 김정은 정권 자체가 잘못이다. 둘째, 북한이 싫어한다고 비정상적 행태를 용인하면서 남북관계의 정상화를 기대하는 것도 잘못이다. 이렇게 해선 북한 정권의 잘못된 정책과 태도를 개선할 방법이 없다. 남북관계가 개선되려면 남북한이 서로 존중하는 것이 기본이 돼야 한다. 그러나 문재인 정부의 방식으로는 남북한이 상호 존중하며 관계를 발전시키는 것이 불가능하다. 따라서 북한에게 국제사회의 보편적이고 정상적인 기준에 따라 행동할 것을 요구해야 한다.

남한이 선의로 북한에게 잘 해주면 남북관계가 개선될 것이라는 믿음은 환상이다. 북한의 비핵화와 아무 상관없이 남북관계 개선을 추구한다는 것 역시 공허한 말장난에 불과하다. 북한이 핵무기를 완성하고 남한을 위협하는데 어떻게 남북관계가 개선될 수 있단 말인가. 만약 동독이 과거에 핵무기를 개발해서 서독을 겨냥했다면, 서독은 대동독 화해 · 협력정책을 추진하지 못했을 것이다.

북한이 정상국가처럼 남북한 주민 간의 접촉을 허용하고, 핵개발을 포기한다면 대북제재 해제와 더불어 남북관계 개선이 이루어지지 못할 이유가 없다. 남북관계는 그동안 역사적으로 대부분 북한이 원할 때, 북한이 원하는 방식으로 진행되며 파행을 거듭해왔다. 김정은 시대에도 마찬가지다.

북한과 동독도 다르지만, 남한의 진보정권과 서독의 진보정권도 많이 다르다. 문재인 정부는 서독의 대동독정책에서 겉모습만 모방하고 실제 중요한 본질은 외면했다. 그러면서 서독의 대동독정책으로 자신의 대북정책을 정당화하려고 했다. 이것은 잘못된 것이다. 남북관계 개선을 말하려면 최소한 동서독 관계처럼 변해야 한다. 그런데 이것은 김정은 체제에서 불가능하다. 많은 사람들이 대북정책의 일관성 유지를 강조한다. 문재인 정부도 이런 주장을 했다.

그러나 북한이 한편으로는 교류 · 협력을 외치면서, 동시에 다른 한편으로는 금강산 관광객을 총격으로 사살하고, 천안함 폭침 및 연평도 포격 도발을 하는데 남한이 어떻게 일관되게 교류 · 협력을 추진할 수 있나. 또한 북한이 핵무기를 완성하고 남한을 위협하는데 어떻게 수미일관으로 「햇볕정책」을 추진할 수 있나. 교류 · 협력과 평화란 남과 북, 쌍방이 함께 호흡을 맞추고 노력해야 가능해지는 것이다. 북한이 겉과 속이 다르게 행동하는데, 남한만 일편단심으로 북한에 잘 지내보자고 할 수는 없는 일이다. 특히 국가를 운영하는 지도자가 대책 없이 이렇게 해서는 안 된다.

상대가 있는 정책인 경우 상대에 맞는 맞춤형 정책을 추진하는 것이 바람직하다. 상대가 진심으로 평화를 원하는데 강경책만 주장하는 것은 부적절하다. 또한 상대가 겉과 속이 다른 이중정책을 추진하는데 겉만 보고 유화정책을 추진하는 것도 부적절하다. 중요한 것은 어떤 정책이라도 그것이 상대를 정확하게 평가한 토대 위에서 추진되는 것이냐 하는 것이다.

대북정책을 평가할 때, 이런 점에서 보수와 진보의 진영논리로 접근하는 것은 부적절하다. 서독 정부가 추진했던 대동독 화해 · 협력정책은 동독의 협조가 있었기에 가능했다. 북한이 남한에게 하는 것처럼 하면 대북 화해 · 협력정책을 추진하는 것이 근본적으로 불가능하다.

남한 진보정권의 대북정책은 지난날 일시적 착시현상을 초래했을 뿐 진정한 남북관계의 화해와 발전 도모에는 실패했다. 김대중 정부가 대북 포용정책이 추진할 당시 1999년 6월 15일의 제1차 연평해전과 2002년 6월 29일의 제2차 연평해전이 발생한 것을 돌아볼 필요가 있다. 김대중 정부의 대북 경제지원을 통해서 북한은 경제위기를 극복하고 기사회생할 수 있었다. 그럼에도 불구하고 북한은 필요하다고 판단하면 언제든지 남한에 대한 군사도발을 서슴지 않았다.

북한은 남한 정부가 북한의 군사 도발에 취약하다는 약점을 알고 협상과 도발을 섞어 가며 중·장기적으로 자신의 뜻을 관철해왔다. 그럼에도 한국의 진보 정권은 북한의 방식을 거스르지 않으면서 남북관계를 개선할 수 있다는 환상에서 벗어나지 못했다. 북한은 남한의 이런 약점을 알고 협상과 도발의 이중전략으로 남한과 국제사회가 황당하다고 생각했던 것들을 하나씩 현실로 만들어 나갔다. 이 점을 과소평가하면 안 된다. 북한의 이런 방식에 휘둘리지 않으려면 남한이 그동안 해왔던 것과는 다른 원칙을 갖고 북한을 상대해야 한다.

현재의 남북관계는 정상국가와 비정상국가의 관계다. 그런데 문재인 정부가 비정상국가 북한의 요구에 맞추다 보니 남한도 비정상국가가 되었다. 다만, 문재인 정부 자신만 이 사실을 몰랐을 뿐이다. 어쩌면 알면서 그랬을 수도 있다. 국제사회가 상식에서 벗어난 문재인 정부의 대북정책을 비판해도, 문재인 정부가 자신의 정책을 평화정책이라고 자찬한 것이 이를 말해준다.

통일된 독일도 현재 대북제재에 적극적이다. 이것은 만약 통일 전 동독이 핵개발을 했다면, 대(對)동독제재에 적극적이었을 것을 의미한다. 다시 한 번 강조하지만, 북한이 정상국가가 되게 하려면 정상국가의 기준을 따르도록 관계를 만들어가야 한다. 북한에 대한 무조건적 지원은 곤란하다는 의미다. 남한이 금강산관광이나 개성공단 같은 형태의 비정상적 남북경협을 했기 때문에 북한은 잘못된 관행을 고치려 하지 않았다. 김정은 정권이 원하는 경협은 국제사회의 일반적 규범에 따른 경협이 아니다. 북한에 의해서 철저하게 통제된 경협이다.

처음 해보는 남북 경제협력이라면 몰라도 이미 10년 이상 해보고도 시행착오를 반복하는 건 어리석은 일이다. 한국 기업이 북한에 가서 돈을 벌고 못 벌고 하는 것이 중요한 게 아니다. 북한이 한국 기업을 이용해서 돈을 벌고,

이 돈으로 핵과 미사일 등 군사력을 개발해서 한국을 위협하는 게 문제다. 대북 인도적 지원 문제도 마찬가지다.

남한에선 북한을 있는 그대로 보지 않고, 희망적 사고를 하는 경향이 많다. 마치 우리가 희망하는 대로 북한이 행동할 것처럼 생각하고 정책을 추진하는 경향 말이다. 북한을 보는 남한의 시각이 변한 결과, 안 변한 북한을 변한 것처럼 보고 싶어 하는 경향도 존재한다. 미국 때문에 북한이 변하지 않는 것처럼 주장하는 사람도 있다. 북한 스스로는 변화를 부정하는데, 한국의 일부 학자들은 온갖 억지 논리를 만들어서 북한이 마치 변하는 것처럼 주장하기도 한다. 북한의 위장 평화공세를 보고 전략이 바뀐 것으로 착각하기도 한다.

다른 국가(일본 및 중국)들과의 관계와 다른 남북관계의 특수성은 어디에 있을까? 한일관계 및 한중관계와 다른 남북관계의 특수성 말이다. 이 특수성은 남한과 북한 둘 중에서 어느 한 쪽이 다른 쪽에 흡수돼야 게임이 끝나는 관계라는 데 있다. 동서독이나 통일 전 남·북 베트남 관계처럼 말이다. 이것을 냉전적 사고로 보는 것은 순진한 인식이다. 북한에 대해서 압박만으로 안 되기 때문에 대화를 해야 하고, 전쟁이 일어나서는 결코 안 된다는 입장이 우리 사회에 만연하다. 가능한 이렇게 해야 한다. 그러나 전쟁은 우리 노력만으로 방지하고 억제할 수 있는 것이 아니다. 무엇보다 남북한이 서로 존중하는 가운데, 북한이 남한의 선의에 협조해야 가능하다.

북한이 어떻게 행동하든 전쟁을 막는다는 명분하에 남한이 북한의 요구를 들어준다고 남한 뜻대로 되지 않는다. 이럴 경우 결국 북한에 끌려 다니다 남한이 더 이상 물러설 수 없는 지점에 몰리면서 불리한 여건 속에서 북한과 전쟁을 하지 않을 수 없게 될 수도 있다. 제2차 세계대전 직전 영국과 독일의 관계가 이랬다. 때로는 더 큰 위기를 피하기 위해서 작은 위기를 감수해야 할 필요가 있다. 정책이란 모든 옵션을 배제하지 않고 상대와 상황에 따라 적합한 정책을 추진하며 최악의 사태에도 대비하는 것이 최선이다.

라. 서독의 대(對)동독정책 vs 한국의 대북정책

1) 서독의 대(對)동독정책 vs 한국의 대북정책

서독의 대동독정책

독일이 분단된 후 1949년 5월 23일에 독일연방공화국(BRD; Bundesrepublik Deutschland; 이하, 서독)이 설립됐다.[67] 서독의 초대 총리인 콘라드 아데나워(Konrad Adenauer; 이하, 아데나워)는 서구 편입을 통한 「힘의 우위 정책」(Politik der Stärke)을 표방했다. 전범 국가이던 서독을 서방세계의 일원으로 편입시키는 방법을 통해서 재건하고, 강한 국가로 만들고자 했다. 아데나워가 총리로 재직 시 여당은 기독교민주연합(CDU: Christlich Demokratische Union Deutschlands, 이하 기민련)과 기독교사회연합(CSU: Christlich－Soziale Union in Bayern, 기사련)이었다. 이 보수연정은 집권 기간인 1949~1963년 동안 동독을 국가로 인정하지 않았다. 통일 문제에 있어서는 스탈린의 중립화 제안(1952년)을 거부했다. 동독이 1957년 7월 27일에 제안한 국가연합안도 거부했다.

아데나워는 할슈타인 독트린(Hallstein－Doktrin)으로 국제사회에서 동독의 고립을 추구했다. 이 독트린은 제3국이 동독과 수교할 경우 이를 독일 분단 고착화의 비선린적 행동으로 간주하고 제3국과 외교관계를 맺지 않겠다고 밝힌 원칙이다. 유고슬라비아가 동독과 외교관계를 수립하자 서독은 1957년 10월 19일에 할슈타인 독트린을 적용해서 유고슬라비아와의 외교관계를 끊었다. 이런 분위기 속에서 서독의 보수연정은 전체 독일에서의 자유선거를 통한 통일 방안만을 고수했다. 동독과의 정치협상을 통해서 통일을 논의하는 방안을 배제했다.[68]

1963년 이후 보수연정을 거쳐서 대연정으로 이어진 후속 정부도 1969년까지 서독을 서방세계에 편입시키는 정책과 함께 동독을 국가로 인정하지 않는 기존 정책을 이어갔다. 루드비히 에어하르트(Ludwig Erhard; 이하, 에어하르트)

---

67) 동독은 1949년 10월 7일에 독일민주공화국(DDR; Deutsche Demokratische Republik, 이하 동독)이라는 이름으로 설립됐다.

68) 이동기(2008), p. 77.

총리의 집권기(1963~1966)와 기민련 · 기사련/사민당(SPD: Sozialdemokratische Partei Deutschlands)의 대연정(1966~1969)이 그랬다. 그러다가 브란트가 총리로 선출되어 1969년에 집권한 후에야 비로소 대동독정책에서 일대 전환이 일어났다. 서독이 기존에 고집해온 할슈타인 독트린을 포기하고, 동독을 국가로 인정한 것이다. 1970년에는 제1차 동서독 정상회담을 추진했다.

브란트는 동독 지도부와의 대화를 통한 정치 없이 분단으로 초래된 문제를 관리할 수 없다고 생각했다. 사라져가는 민족동질성도 유지할 수 없다고 보았다. 그래서 브란트는 접근/접촉을 통해서 동독을 변화시킨다는 정책(Wandel durch Annährung)을 추진했다. 동독 국가의 존재를 무시하고, 부정하던 기존 정부의 정책에서 동독을 국가로 인정하고, 동독과의 대화를 통해서 분단된 독일을 관리하는 정책으로 바꾼 것이다. 서독은 1972년 12월 21일에 동독과 기본조약을 체결하고 서명했다.

그러나 브란트는 동독을 국가로 인정하되, 동독과 서독이 서로에게 외국이 아닌 「특수관계」에 있음을 동시에 밝혔다. 통일이라는 장기적 목표를 염두에 두었기 때문이다. 그러면서 동서독 간 교류 · 협력의 확대를 통해서 분단으로 발생한 민족의 고통과 아픔을 해소하고자 노력했다.[69] 1970년대에 야당인 기민련과 기사련은 브란트의 대동독정책에 비판적이었다. 브란트 정부가 독일 통일을 포기하고 분단을 공고화한다는 것이 비판의 이유였다. 이에 기사련이 집권한 바이에른 주(州)정부는 「동서독기본조약」이 통일을 추구하는 서독의 기본법(Grundgesetz)에 위배된다고 연방헌법재판소에 위헌소송을 제기하기도 했다.

그러나 보수 야당의 반대에도 불구하고 동서독 교류 · 협력이 확대되는 과정에서 동서독 주민 간의 접촉은 획기적으로 증가했다. 또한 자연스럽게 외부정보가 동독으로 유입되었다. 이 같은 정보 유입은 서독 정부 차원의 기획보다 민간 차원의 교류를 통해서 더 많이 이루어졌다. 이에 동독 정부는 교류 · 협력의 부작용을 차단하는 정책을 추진했다. 그러나 동독 정부는 큰 틀에서 「동서독기본조약」의 이행에 협조적이었다. 1991년에 체결된 「남북기본합의서」가 북한의 비협조로 사문화된 것과 대조적이다.

---

69) 한운석(2005), p. 342.

그러던 동독 정부가 1980년 10월 13일에 동서독관계에 제동을 걸었다. 서독 정부에게 「게라 요구」(Geraer Forderungen)[70]라고 하는 것을 제시하면서 제동을 건 것이다. 이에 따라 동서독 관계가 난관에 봉착했다. 그렇지 않아도 당시 시대적 분위기는 1979년에 소련의 아프가니스탄 침공으로 신(新)냉전이 발생해서 동서독관계도 영향을 받지 않을 수 없는 상황이었다.

동독 정부가 제시한 「게라 요구」(Geraer Forderungen) 내용은 다음과 같다. 첫째, 서독이 동독 주민의 동독 국적을 인정할 것. 둘째, 동베를린 주재 서독 상주대표부를 대사관으로 승격시킬 것. 셋째, 동독의 불법 행위를 조사해서 기록하는 서독 기구(Zentrale Erfassungsstelle für DDR-Unrecht in Salzgitter)를 폐쇄시킬 것. 넷째, 엘베(Elbe)강 하천 중앙선을 동서독 국경선으로 확정할 것, 다섯째, 동독을 방문하는 서독 주민들이 의무적으로 환전(Zwangsumtausch)해야 하는 금액(최소의무 환전액)을 12마르크에서 25마르크로 두 배 이상 인상시킬 것 등이다.

이 중에서 앞의 두 가지 사항은 서독 정부가 원칙적으로 수용할 수 없는 것이었다. 동독 정부가 동서독의 특수한 관계를 외국 간의 관계로 전환하자고 요구하는 것이었기 때문이다. 브란트는 「동서독기본조약」을 체결할 때, 동독을 국가로 인정하되 외국으로는 인정하지 않는다는 점을 분명하게 밝혔다. 그런데 동독이 「게라 요구」를 통해서 서독에게 동독을 외국으로 인정해달라고 요구한 것이다. 1980년 당시 총리였던 슈미트는 동독 정부의 요구에 굴복하지 않았다. 원칙에서 물러서지 않은 것이다.

슈미트는 동독의 무리한 요구 때문에 경색된 국면을 해결하기 위해서 1981년 12월 11~13일에 동독을 방문했다. 동독의 지도자인 호네커와 업무 차원의 정상회담을 추진하기 위해서였다. 호네커는 서독이 주도한 「나토 이중결정」(Nato Doppelbeschluß)(Ⅲ.3장)을 수정하라고 요구했다[71]. 소련은 1970년대

---

70) "동독 정부는 1980년 10월 3일에 '게라 요구'라는 것을 제시했는데 여기에는 동독 국적을 인정하는 것과 동베를린 소재 서독 상주대표부를 대사관으로 승격시키는 것 그리고 동독의 불법을 조사하여 기록하는 기구(Zentrale Erfassungsstelle für DDR-Unrecht in salzgitter)를 폐쇄시킬 것 등이 포함되어 있었다. 여기서 동독이 동베를린 소재 서독 상주대표부를 대사관으로 승격시키라고 요구한 것은 서독이 동독을 외국으로 인정하라는 것이다."(정상돈(2017c), p. 51).

71) Hacker(1995), p. 1537.

중 · 후반에 동독 및 다른 동유럽 사회주의국가에 서유럽을 겨냥한 중거리 핵미사일(SS-20)을 배치했다. 이에 대응해서 슈미트는 서유럽 나토 회원국가에 미국의 중거리 핵미사일을 배치하는 결정(나토 이중결정)을 주도했다.

그런데 호네커가 정상회담에서 슈미트에게 「나토 이중결정」을 수정하라고 요구했다. 동독 정부가 동서독관계를 국제안보 문제와 연결시키면서 서독이 동서독관계의 발전을 원하면 안보문제에서 양보하라고 압박한 것이다.

이것은 북한이 남북관계를 한 · 미 연합군사훈련 문제와 연결하면서 문재인 정부를 압박한 것과 유사하다. 그러나 슈미트는 동독의 요구를 단호하게 거절했다. 동독이 동서독관계를 수단으로 서독 정부에게 안보를 희생하고, 동맹정책을 희생하라고 압박한 것을 용인하지 않은 것이다. 문재인 정부가 북한 눈치를 보면서 한 · 미 연합군사훈련을 축소 및 중단하고, 한미동맹 약화를 감수한 것과 근본적으로 다르다.

1970년대 야당 시절 기민련과 기사련은 집권 여당인 사민당(SPD) · 자민당(FDP) 정권의 대동독정책을 비판했었다. 그러나 기민련과 기사련의 보수연합은 1982년에 집권하자 변화하는 상황에 맞추어 자신의 기존 입장을 바꿨다. 1970년대에 사민당과 자민당의 연합정권이 추진했던 대동독정책을 계승하고 이어간 것이다. 이것은 전임 브란트 정부와 슈미트 정부가 추진했던 대동독정책이 분단 상황을 안정적으로 관리하는 성과를 거뒀기 때문에 가능했다. 또한 동서독 주민의 상호 방문 확대를 통해서 이산가족의 인간적 고통 해소에 기여하는 성과도 달성했기 때문에 가능했다.

그래서 서독 국민들이 브란트와 슈미트의 대동독정책을 지지했고, 콜은 전임 총리의 정책을 계승할 수 있었다. 만약 동독이 북한처럼 행동해서 동서독관계에 진전이 없었다면 콜이 이전 정부의 대동독정책을 계승할 수 없었을 것이다.

한국에선 정권이 바뀌어도 대북정책을 일관성 있게 유지해야 한다는 말을 많이 한다. 특히 진보 정권일수록 이런 주장을 한다. 그러나 이렇게 되려면 그 정책이 성과를 거두어야 한다. 겉보기에만 번지르르하고, 실제론 아무 성과가 없으면 정권이 바뀌었을 때, 전임 정부의 정책을 계승해서 일관성을 유지할 수 없다.

콜은 1980년대 초 미 · 소 신냉전이 동서독관계에 미치는 영향을 최소화하면서 동서독 교류협력을 계속 발전시켜 나가고자 했다. 그래서 취임 직후인 11월 29일에 호네커를 서독에 초청하고 싶다는 친서를 작성해서 그 다음날 전달했다.[72] 최고지도자 간의 직접적인 접촉을 시도한 것이다. 동독 정부는 오래 전부터 서독이 동독을 국제법상 외국으로 인정해 줄 것을 원했었다. 그런데 콜이 동독을 외국으로 인정할 수는 없지만, 동독의 최고지도자를 국빈에 해당하는 수준으로 초청해서 정상회담을 하자고 한 것이다. 이렇게 되면 동독의 위상이 높아지게 된다. 콜은 호네커가 이것을 좋아할 것으로 생각했다.

뿐만 아니라, 콜은 1983년 1월 호네커에게 직접 전화를 걸어서 정상 간의 대화를 나누는 등 적극적으로 대동독 화해 · 협력정책을 추진했다. 이후 동서독 정상 간의 전화통화는 정기적으로 이루어졌다. 콜이 총리가 되기 전에는 동독의 호네커가 1980년에 미 · 소 신냉전의 분위기 속에서 서독의 슈미트 정부에게 「게라 요구」를 제시한 후 동서독관계가 침체됐었다.

그런데 서독에서 콜 정부가 출범한 후 동독에 두 차례 대규모 차관 보증을 해주면서 동서독관계가 다시 활성화되기 시작했다. 첫 번째 차관보증은 서독 정부가 1983년 6월 28일에 10억 마르크 상당의 은행 대출을 주선하고 보증하면서 성사됐다. 이것은 당시 재정적으로 매우 어려운 상태에 있던 동독 정권에게 큰 도움이 되었다. 이에 동독 정권은 국경에 설치된 자동발사화기를 같은 해 9월 말부터 철거하기 시작했다. 서독 정부의 경제적 지원에 보답한 것이다.

1983년은 「나토 이중결정」에 따라 미국의 중거리 핵미사일을 서독에 배치하기 시작한 해였다. 소련도 이에 대응해서 개량된 핵미사일을 동유럽에 추가 배치함으로써 동 · 서 양진영의 갈등은 심화됐다. 그러나 이런 분위기 속에서도 동독과 서독은 관계개선과 평화 정착을 위해서 각자의 역할을 수행하면서 협력하기로 했다. 1983년 12월 19일에는 콜이 호네커와 전화통화를 하면서 다시 한 번 호네커를 서독에 국빈으로 초청해서 정상회담을 개최하는 문제에 대해서 논의했다. 1984년 여름에는 서독 정부가 동독에게 9억 5천만 마르크의 차관을 제공하면서 동서독관계가 획기적으로 개선됐다.

그런데 미 · 소 신냉전 분위기 속에서 동서독관계가 개선되기 시작하자

---

72) Potthoff(1995), p. 2070.

동 · 서 양진영에 속한 동맹국들이 동독과 서독에게 의혹의 눈길을 보내기 시작했다. 소련은 바로 동서독관계에 개입했다. 그리고 호네커가 서독을 방문하지 못하도록 제동을 걸었다. 그러나 동서독 지도자들은 공식적으로 각자가 속한 진영과 동맹에 대한 책임과 의무를 다할 것이라고 말하면서도, 물밑에선 동서독관계의 개선에 대한 의지를 포기하지 않았다.

볼프강 쇼이블레(Wolfgang Schäuble; 이하, 쇼이블레)가 서독 총리실 국가장관(Staatsminister)으로 임명되고 몇 주 지나지 않아서 동독을 방문했을 때의 일이다. 쇼이블레가 오스카 피셔(Oskar Fischer) 동독 외교장관과 당중앙위원회의 허버트 해버(Herbert Häber)를 만나서 협상할 때, 동독 측이 “평화정책이란 더 많은 접촉과 보다 인간적인 것 그리고 더 많은 주민의 자유를 의미한다”고 말했다. 그러면서 국경에서의 총격 행위 등 무력사용을 중단함으로써 서독에 협조할 뜻을 밝혔다.[73] 서독과의 관계개선 의지를 동독 정부가 적극적으로 다시 확인한 것이다.

이후 동독은 1980년 「게라 요구」에서 제시한 서독 방문자의 최소환전금액 인상 문제와 서베를린 시민이 동독을 이틀 간 방문하는 문제 그리고 동독 주민의 서독 방문 문제 등에 대해서 완화하는 조치를 취했다. 물론 이런 조치는 서독이 1983년과 1984년에 대규모 차관 보증으로 동독 정권을 도와준 데 대한 보답의 행동이었다.

콜과 호네커 두 정상은 1985년 3월에 소련의 콘스탄틴 우서티노비치 체르넨코(Константин Устинович Черненко; 이하, 체르넨코) 서기장의 장례식에 참석차 모스크바를 방문했을 때 만났다. 이 때 두 정상은 “독일에서 다시는 전쟁이 일어나지 않게 하고, 평화가 이루어져야 한다”는 공동성명을 발표했다.[74]

이 문제로 콜은 과거에 사민당 정부가 이루지 못한 것을 자신이 성취했다고 자랑하기도 했다.[75] 북한은 한국의 김대중 정부와 노무현 정부가 남북경협

---

73) Ibid., p. 2075.

74) “Von deutschem Boden darf nie wieder Krieg, von deutschem Boden muß Frieden ausgehen.” Text der “Gemeinsamen Erklärung” u.a. *Bulletin* Nr. 28. (1985. 3. 14). p. 230. Potthoff(1995), p. 2076에서 재인용.

75) “Niederschrift” Gespräch Kohl－Honecker am 12.03.1985, *ZPA J IV 2/2A/2729.* Potthoff(1995), p. 2076에서 재인용.

을 통해서 북한이 경제 위기를 극복하도록 도와줬어도, 남북한 주민들의 접촉을 원천적으로 차단하고 남한을 위협하는 핵무기를 개발했다. 이런 북한과 동서독관계의 발전을 위해서 서독에게 협조한 동독을 비교할 때, 얼마나 차이가 많은지 확인할 수 있다.

소련에서 체르넨코의 후임자로 고르바초프가 취임한 후에 미국과 중거리 핵미사일(INF) 폐기에 대한 협상을 다시 착수했다. 이에 따라 동·서 양 진영 간에 새로운 긴장완화 분위기가 전개되기 시작했다. 이것은 동서독관계에도 긍정적인 영향을 미쳤다. 그 결과 동서독 주민의 상호 방문이 크게 확대되고, 동서독 양국 정부의 군축회담이 추진됐다. 동서독 간 환경보호를 위한 전문가 회담도 계획됐다. 오랜 기간 합의를 보지 못했던 동서독 문화협정(Kultur Abkommen)도 1986년 5월 6일에 체결됐다.

1985년에 서독의 사민당 정부가 통치하던 도시 살로니스(Saarlonis)시와 동독 도시 아이젠휘텐시(Eisenhütenstadt)의 파트너십 체결을 시작으로 동서독 도시 간의 자매결연도 추진됐다. 이후 1989년 9월까지 62개의 동서독 도시 간 자매결연이 성사됐다.[76] 호네커는 소련의 동의를 얻어 1987년 9월 7~9일에 서독을 방문했다. 서독 정부는 외국 정상을 대접할 때처럼 호네커에 대한 예우를 취했다.

그러나 동독 TV에 생방송으로 중계됐던 정상회담 연설에서 콜 총리는 동독 지도부가 불편해하는 내용으로 연설하는 것을 주저하지 않았다. "자결권으로 통일을 실현할 것과 자유로운 독일을 실현할 것" 그리고 "인권을 존중할 것과 베를린 장벽 제거 및 국경에서의 자유 보장" 등을 주장한 것이다.[77] 콜은 이렇듯 정상회담에서 서독이 추구하는 원칙과 철학을 분명하게 밝혔다. 이것은 북한 지도자 앞에서 인권에 대해서 한 마디도 꺼내지 못하는 한국 지도자와 다른 서독 정치인의 모습을 보여주는 사례다.

---

76) 통일부(1993), pp. 707－708.

77) Der Besuch von Generalsekretär Honecker in der Bundesrepublik Deutschland. *Eine Dokumentation*, Bonn 1986, p. 27: Potthoff(1995), p. 2080에서 재인용.

서독 정부는 동독 주민을 독일인으로 규정하고, 별도의 동독 국적이라는 것을 인정하지 않았다. 동독 주민이 서독 지역을 방문하면 누구든 독일 국적을 가진 사람으로 대했다. 이런 원칙은 독일연방공화국(서독) 출범 후 통일되는 그날까지 변함없이 지켜졌다. 1989년에 동독 주민이 대량으로 동독을 탈출해서 제3국에 있는 서독 대사관으로 도피한 일이 발생했다. 이 때 서독 정부가 이들을 모두 서독인과 똑같은 독일인으로 대하면서 서독으로 송환하는 작업을 추진했던 것도 이런 원칙에 기반한 것이다.

그러나 문재인 정부는 한국에 귀순의사를 밝힌 탈북민 선원 두 명을 2019년 11월 7일에 판문점을 통해서 북한으로 강제 송환시켰다. 북한 눈치를 봤기 때문이다. 이것은 서독 정부가 취했던 행동과 전혀 다르다. 이에 대해서 국제 엠네스티 한국 지부는 "한국 당국은 이들의(탈북민 선원 두명의; 필자) 난민 자격 심사를 받을 권리를 즉각적으로 부인했고 난민들을 박해가 우려되는 국가로 송환해서는 안 된다는 강제송환금지 원칙을 지키지 않았다"고 비판했다.[78] 강제송환금지 원칙은 난민을 박해 받을 위험이 있는 국가로 송환하면 안 된다는 국제법상의 원칙이다.

동독과 서독은 1972년에 「동서독기본조약」을 체결한 후 각각 상대 지역에 「상주대표부」(Ständige Vertretung)를 설치해서 자국의 이익을 대표하게 했다. 동독은 서독의 수도 본(Bonn)에 상주 대표부를 설치했고, 서독은 동독의 수도 동베를린(Ost－Berlin)에 상주 대표부를 설치했다. 그런데 동독 정부는 상주 대표부를 대사관 급으로 격상시켜서 동독과 서독이 상호 간에 외국으로 외교관계를 맺고 있음을 주장하고자 했다. 그러나 서독 정부는 동독을 국가로 인정하되, 외국으로 인정하지 않았기 때문에 상주 대표부를 대사관으로 격상시키자는 동독의 요구를 처음부터 끝까지 거부했다. 서독 정부의 원칙을 초지일관 지킨 것이다.

그런데 남북한은 동서독의 상주 대표부와 유사한 조직인 남북공동연락사무소를 2018년 9월에 북한 소재 개성에만 설치하고, 남한에는 설치하지 않았

78) rfa. (2021. 10. 27.). "태영호 '국가인권위, 권력 앞 무기력'."

다. 이렇듯 남북관계는 항상 비대칭적이고 비정상적이다. 뿐만 아니라, 비엔나 외교협정 제22조와 29조에 의하면 상주대표부 혹은 남북공동연락사무소는 주재국의 공권력으로부터 불가침의 특권을 누리게 되어 있다. 그런데 북한은 2020년 6월에 남북공동연락사무소를 일방적으로 폭파시켰다. 이것은 비엔나 외교협정 위반이다. 북한이 감히 중국 대사관이나 러시아 대사관 등 제3국의 공관을 폭파시키는 일은 일어나지 않을 것이다. 그런데 북한이 남한을 상대로는 이런 일을 서슴없이 저지른다.

문재인 정부는 북한의 비상식적인 행동에 대해서 항의도 없이 침묵으로 대응했다. 이것도 서독과 너무 다른 남한의 모습이다. 동베를린 주재 서독 상주 대표부의 주요 임무 중 하나는 동독 기관에 의해서 체포된 서독인을 법적으로 보호하고 지원하는 일이었다. 통일 전에는 서독 주민이 동독을 여행하다 교통사고가 발생하는 일이 있었다. 그리고 동독에서 서독으로 탈출하는 동독 주민을 도와주다 체포되어 구금된 서독인들도 있었다. 서독의 상주대표부는 매년 평균 동독 구치소에 억류된 300~400명의 서독인 구속자를 지원했다.[79]

그런데 한국이 만든 개성 소재 남북공동연락사무소는 폭파되기 전에 북한에 구속된 한국인에 대한 보호와 지원 조치를 실시한 적이 전혀 없다. 언론을 통해서 북한에 한국인 선교자와 재입북한 탈북자 등 한국 국적자 6명이 구금되어 있는 것으로 알려져 있다. 그런데 문재인 정부는 이들을 위해서 아무런 일도 하지 않았다. 북한이 싫어하는 일이라면 무조건 피했기 때문이다. 그러다 보니 문재인 정부 하에서 남북관계는 동서독관계와 전혀 다르게 전개되었다. 북한이 남북관계를 지배하는 방식으로 전개되어 온 것이다.

서독 정부는 동독 주민의 인권을 보호하기 위해서 1961년 11월 15일 니더작센(Niedersachsen)주(州) 소재 잘츠기터(Salzgitter)시(市)에 동독 인권침해 사례를 기록하는 기구(Zentrale Erfassungsstelle)를 설치했다. 동독 정부가 정권 유지를 위해서 동독 주민을 대상으로 살인행위를 하거나 인도주의 원칙을 크게 위반하는 형벌을 선고한 경우에 그 책임자 및 관련자의 이름을 기록하고 증거를 보관함으로써 통일 후 처벌할 것이라는 경고를 하기 위해서였다. 서독 정부는 동독 정부가 인권 침해 행위를 자제하도록 유도하기 위한 목적으로 이

79) 통일부(1993), p. 73.

기구를 운영했다.

그러자 동독 정부는 이 서독 기구의 행위를 동독에 대한 내정간섭으로 규정하고 반발하면서 해체를 주장했다. 앞에서 언급한 「게라 요구」에서도 동독은 동 기구의 폐쇄를 촉구했다. 그러나 서독은 동독의 요구에 끝까지 응하지 않았다. 이것은 서독법이 동독 주민을 독일인으로 규정했기 때문에 가능했다. 서독 정부가 진보와 보수를 떠나서 얼마나 원칙을 소중하게 지키려고 노력했는지 알 수 있다.[80] 이것도 남북관계 개선이라는 명분하에 영혼 없는 대북정책을 추진한 한국의 문재인 정부와 많이 다른 모습이다.

중요한 것은 서독에서 진보 정권이든 보수 정권이든 포기할 수 없는 가치에 대해서는 결코 동독에게 양보하지 않는 원칙을 고수했다는 것이다. 그랬기 때문에 동독 정부가 결국 서독 정부의 원칙을 인정하고 동서독관계가 정상화될 수 있었다.

동서독 정상회담은 한 번 동독에서 개최되면, 그 다음에는 서독에서 개최됐다. 예를 들면 다음과 같다. 1970년 3월 19일에 개최된 서독의 브란트와 동독의 빌리 슈토프(Willy Stopf; 이하, 슈토프) 총리의 제1차 정상회담은 동독의 에어푸르트(Erfurt)에서 진행됐다. 이후 1970년 5월 21일에 개최된 브란트와 슈토프의 제2차 정상회담은 서독의 카쎌(Kassel)에서 진행됐다. 1981년 12월 11~13일 개최된 슈미트와 호네커의 정상회담은 동독의 동베를린시 근교에서 진행됐다. 1987년 9월 7~11일 개최된 콜과 호네커의 정상회담은 서독의 본에서 진행됐다.

80) 위의 책, pp. 31-36.

[표 Ⅲ-5] 동서독 정상회담 일지

일 시	회담에 참가한 동서독의 정상	회담 장소
1970년 3월 19일	서독: 빌리 브란트 총리, 동독, 빌리 슈토프 총리	동독, 에어푸르트
1970년 5월 21일	서독: 브란트 총리, 동독: 빌리 슈토프 총리	서독, 카셀
1981년 12월 11~13일	서독: 헬무트 슈미트 총리, 동독: 에리히 호네커 서기장	동독, 동베를린 근교
1987년 9월 7~11일	서독: 헬무트 콜 총리, 동독: 에리히 호네커 서기장	서독, 본

※ 출처: 필자가 작성

그러나 남북한 정상회담은 판문점 남측과 북측 지역을 제외하고는 북한에서만 개최됐다. 이것은 비정상이다. 김정일도 김정은도, 중국과 러시아에는 정상회담 하러 가면서 남한에는 오지 않는다. 김정은은 심지어 북·중 정상회담을 5차례 진행하면서 시진핑이 한 번 평양에 오는 대신에 자신은 4차례나 중국에 갔다. 북한이 생각할 때, 남북관계는 자기 마음대로 해도 된다고 생각하기 때문에 이런 일이 발생하는 것이다. 남한의 진보정권이 무엇이든 북한이 하자는 대로 하기 때문에 남북관계가 격에 맞지 않게 비정상적으로 전개되어 온 것이다.

2) 서독의 대(對)동독 인권정책 vs 한국의 대북 인권정책

서독의 대동독 인권정책

서독 정부는 초기에 강경한 대동독 인권정책을 추진했다. 초대 총리 아데나워는 동독에 대해서 대결적 인권정책 추진을 추진했다. 동독 내 저항세력을 지원하고, 반체제 의식 강화를 위한 선전 활동을 시도했다.[81] 동독 정부가 1961년에 베를린 장벽을 설치한 후에는 국내적으로 동독 인권 감시 체계를 수

81) 이동기(2011), p. 35.

립하는 동시에 국제무대에서도 동독 인권 상황을 알리는 활동을 했다. 1961년에 서베를린 시장이었던 브란트 역시 진보 정치인이었지만 동독 인권 상황 비판에 동참하면서 이산가족 상봉 등 실질적인 문제의 해결을 위해서 노력했다.

브란트가 총리가 된 1969년 이후에는 동독과의 전면적인 교류 · 협력을 통해서 인권 문제의 실용적 해결 및 외연 확대를 추구했다. 그러나 브란트는 실용적 인권 정책을 추진했어도, 원칙만큼은 분명히 밝혔다. 그리고 원칙에 입각해서 대동독 인권정책을 추진했다. 이것은 브란트 정부가 동독과 체결한 「동서독기본조약」 제2조의 인권보호 조항 명문화에서 잘 드러난다. 반면에 남한의 진보 정권이 북한과 체결한 모든 합의문에는 인권 항목이 없다. 서독 진보 정권과 남한 진보 정권의 차이를 확인할 수 있는 대목이다.

「동서독기본조약」은 1972년에 체결됐는데, 앞에서 기술했듯이 당시 바이에른(Bayern)주 정부는 이 조약이 「기본법」(Grundgesetz, 서독의 헌법)에 위배된다고 위헌소송을 제기했다. 이에 서독 연방헌법재판소는 1973년 7월 31일에 「동서독기본조약」에 대한 판결을 내렸다. 동 판결문에서 인권 문제와 관련한 5개항이 제시됐다. 그 내용을 보면 다음과 같다.

첫째, "동서독인들에 대한 서신, 우편 · 통신 비밀 보장은 제한하거나 완화할 수 없고, 정보의 자유로운 교환을 제한할 수 없음", 둘째, "라디오, TV 제작 및 방송과 관련하여 동독 측이 원치 않는 방송을 금지시킬 수 있는 법적 · 행정적 조치를 취해서는 안 되며, 서독측은 방송의 자유를 제한하는 사항에 동독 측과 협의하면 안 됨". 셋째, "결사의 자유와 관련해서 동독 측이 원치 않는 단체가 (서독에; 필자) 결성되어 이 단체의 목적과 선전활동이 조약의 정신에 일치하지 않으며 (동독에 대한; 필자) 내정간섭을 행하고 있다고 동 단체를 금지하라는 요청이 있더라도, 서독 측은 동 단체가 (서독의; 필자) 기본법질서를 준수하는 한 이를 금지해서는 안 됨". 넷째, "동독 측이 서독 측의 내정간섭을 구실로 자유민주적 기본질서에 입각한 주민들의 이익의 표출을 제한하려는 어떠한 시도도 조약을 위반하는 것임". 다섯째, "주민들의 자유왕래를 방해하는 내독 간 국경선의 현실 즉 장벽, 철조망, 죽음의 사선, 탈출자에 대한 사격명령 등은 조약의 정신과 합치하지 않음".[82] 인권에 대한 서독의 이런 원칙

82) 통일부(1993), pp. 176–177; *Entscheidungen des Bundesverfassungsgerichts.* Bd. 36,

이 한국과 얼마나 다른지는 아래에서 살펴볼 것이다. 우선 서독의 상황이 어땠는지를 알려주기 위해서 위의 다섯 가지 판결문을 기술했다.

브란트의 뒤를 이어 총리가 된 슈미트 역시 사민당 소속 진보 정치인이다. 슈미트는 1985년 8월에 유럽안보협력회의(CSCE: Conference on Security and Cooperation in Europe, 이하 CSCE)에서 동독과 함께 헬싱키 최종의정서에 서명함으로써 동독 인권 문제의 국제화를 시도했다. 또한 슈미트는 매년 의회에서 「독일 의회에서 민족 상황에 대한 정부 보고」(Regieungserklärung zur Lage der Nation vor dem Deutschen Bundestag)라는 연설을 했다. 동 연설에서 슈미트는 베를린 장벽과 동독 정부의 국경 봉쇄 조치 및 발포 명령, 자유로운 이동의 제한 그리고 동독 탈출을 도와준 서독인에 대한 동독 정부의 재판 등을 지적하면서 동독 정부에게 공개적으로 인권 개선을 촉구했다.[83]

서독의 진보 정권은 동독과 교류 · 협력을 하면서 동독 체제를 부정하고 전복하려는 듯한 인상은 피했다. 그렇다고 남한의 진보 정권처럼 인권 문제를 회피하지도 않았다. 보수당인 기민련의 콜은 슈미트의 대동독정책을 계승하면서 슈미트보다 더 공개적으로 동독인권 상황을 비판했다. 베를린 장벽 철거가 동서독 관계 정상화의 조건이라고 말할 정도였다.[84] 다만, 원칙을 지키면서도 콜은 동독 지도부를 상대할 때 실용적이었다.

서독에서는 진보 정권과 보수정권과 모두 동서독 화해 · 협력 시기에도 일관되게 동독 인권상황에 대한 비판적 입장을 고수했다. 동독 인권 문제와 관련해서 서독의 진보와 보수 사이에 초당적 합의가 존재했기 때문이다.[85]

동독 인권에 대한 서독 정부의 접근방법은 두 가지 방식으로 이루어졌다. 첫째, 국제인권규범에 따라 동독에 인권 개선을 요구했다. CSCE를 통한 국제

Tuebingen (1974). pp. 1~37; "Grundlagenvertrag." *Dokumentation zu den innerdeutschen Beziehungen. Abmachungen und Erklärungen,* Presse- und Informationsamt der Bundesregierung(Ed.). (1990). Bonn: Press-und Informationsamt der Bundesregierung. p. 21.

83) Bundeskanzler Schmidt. (1976. 1. 29.). "Regieungserklärung zur Lage der Nation vor dem Deutschen Bundestag." In Texte zur Deutschlandpolitik Ⅱ/4, 11. Januar 1976 – 27. Februar 1977, p. 43; 9. März 1978, Bundeskanzler Schmidt. (1978. 3. 9.). "Bericht zur Lage der Nation.". In Texte zur Deutschlandpolitik Ⅱ/7, 21. Juni 1978 – 12. März 1980, p. 1135: 이동기(2011), p. 47에서 재인용.

84) 이동기(2011), p. 47.

85) 위의 글, p. 46. p. 55.

적 압박으로 동독 내 저항세력 보호와 인권 개선에 기여한 것이 이에 해당한다. 둘째, 실용적 외교로 동서독 주민의 상봉 실현을 확대하고, 이를 통해서 분단으로 발생한 인간적 고통의 해소를 추구했다.

서독 정부는 동독과의 교류·협력을 확대하기 위한 수단으로 인권 문제를 활용하기도 했다. 동독 정부가 국제인권규범에 맞추어 동서독 교류·협력의 확대에 협조하도록 요구한 것이다. 이를 위해서 동독 정부에게 인권 문제를 제기해야 할 때 피하지 않았다. 동시에 조용한 협상을 통해서 대가를 지불하고 동독의 정치범을 서독으로 이주시키는 교환 방식을 추진하기도 했다.

한국의 대북 인권정책

서독의 대동독 인권정책과 비교할 때, 한국의 대북 인권정책에서 생각해야 할 것은 크게 두 가지다.

첫째, 문재인 정부는 북한 정권에게 인권 문제에 대한 직접적인 언급은 하지 않고, 실질적인 북한 인권 개선을 추구한다고 주장했다. 그러나 이런 인권정책은 북한이 남한에게 어느 정도 협조할 때에만 가능한 것이다. 동서독관계에서와 달리 북한이 전혀 인권문제에 협조하지 않는 상태에서는 문재인 정부처럼 신중한 것이 의미가 없다.

문재인 정부가 북한인권 문제에 신중했지만, 실질적인 북한인권 개선은 전혀 이루어지지 않았다. 문재인 정부의 이런 주장은 북한의 심기를 건드리지 않기 위한 자신의 소극적인 행동을 합리화하는 시도에 불과했을 뿐이다.

동독은 기본적으로 인권 문제에 대해서 서독과 해석을 달리했다. 그럼에도 국제협약을 존중해서 어느 정도 준수하는 태도를 유지했다. 동독 주민이 합법적으로 서독에 이주하는 것을 허용했고, 동서독 주민의 접촉 증대를 허용했다. 동독 주민의 탈출을 막기 위해서 국경에 설치한 자동발사화기 SM-70를 1983~1984년에 철거하기도 했다.[86] 동독의 이런 협조가 있었기 때문에 서

---

86) 위의 글, p. 54. 이 외에 다음 자료 참조. Ammer, Th. (1986). "Stichwort: Flucht aus der DDR", p. 1207. In Bundesministerium für innerdeutsche Beziehungen(Ed.), *Innerdeutsche Beziehungen. Die Entwicklung der Beziehungen zwischen der Bundesrepublik Deutschland und der Deutschen Demokratischen Republik 1980~1986*.

독 정부가 인권 문제에 대해서 동독 정부에 대한 직접적인 비판을 어느 정도 자제하는 것이 가능했다. 서독 정부는 동서독관계의 발전을 위해서 신중한 태도를 취하는 동시에 국제협약 등을 수단으로 동독을 압박했다.

물론 서독 정부는 필요한 경우 동독 정부에 대한 직접적인 비판과 압박도 피하지 않았다. 의회에서 동독 인권을 거론할 때 그랬다. 국제협약을 통한 압박 등 서독 정부의 직·간접적인 노력으로 동독 인권 문제는 점진적으로 개선되었다. 만약 서독 정부가 – 문재인 정부가 북한에게 했던 것처럼 – 동독 정부에게 인권 개선을 요구하지 않았더라면 동독인권 문제에서 아무런 성과와 변화가 없었을 것이다. 인권 문제와 관련한 서독 정부의 대원칙은 평화정책과 화해·협력 정책을 추진한다는 이유로 인권 문제가 대동독정책에서 중요성을 잃은 적이 없다는 것이다.[87]

그런데 문재인 정부는 북한 정권을 상대로 인권 문제에 대한 직접적 비판과 압박을 하지 않는 것은 물론, 국제사회가 제기하는 북한인권 문제에도 동참하지 않았다. 유엔에서 「북한인권결의안」은 2021년에 17년 연속 채택됐다. 2021년에 「북한인권결의안」 공동제안국에 참여한 국가는 총 60개국이다. 한국은 2008년부터 2018년까지 매년 유엔에서 공동제안국에 참여했었다. 그런데 문재인 정부 들어서 2019년부터 3년 연속 공동제안국에 참여하지 않았다.

문재인 정부는 한국이 "한반도 평화 정착을 위한 노력 및 남북 관계의 특수성"을 앞세워서 참여하지 않았다고 말했다.[88] 그러나 서독은 동서독관계의 특수성을 앞세워서 국제협약을 통한 동독인권 문제 제기를 회피한 적이 없다. 오히려 동서독관계의 특수성 때문에 인권문제를 더 제기했다. 동서독 주민이 같은 민족이었기 때문이다.

문재인 정부가 출범한 2017년에 「북한 인권의 실질적 개선 지원」을 위한 예산은 4,520만 원이었다. 그런데 문재인 정부 임기 중인 2021년에 1,500만 원으로 감소됐다. 3분의 1 수준으로 줄어든 것이다. 2016년 「북한인권법」에 따라 신설된 「북한인권국제협력대사」도 문재인 정부 들어서 5년 내내 공석이었다.[89] 「북한인권재단」도 마찬가지다. 「북한인권법」에 따르면 「북한인권재

Eine Dokumentation (Bonn, 1986).

87) 통일부(1993), p. 178.

88) 『중앙일보』. (2021. 11. 18.). "유엔 '北 인권결의안' 17년째 채택…한국은 3년 연속 불참."

단」이 출범해서 활동을 해야 하지만, 문재인 정부와 여당인 「더불어민주당」이 재단의 이사를 추천하지 않아서 출범조차 못했다.

통일부 소속 「북한인권기록센터」는 문재인 정부 출범 후 2021년까지 한 번도 북한인권 침해 기록 결과를 공개하지 않았다.[90] 인권 문제에 대한 서독 정부의 접근방법과 문재인 정부의 접근방법에 근본적 차이가 있음을 알 수 있다. 다시 한 번 강조하지만 문재인 정부의 대북정책에는 영혼이 없다.

동서독관계와 달리 남북관계에서는 모든 것이 북한의 방식대로 진행되고 있다. 북한이 만나자고 하면 남한이 당장에 달려가고, 북한이 원하지 않으면 남북관계는 단절되고 만다. 북한의 뜻대로만 된다는 것이다. 핵 문제도, 대화와 협상의 문제도, 인권 문제도 모두 그렇다. 이런 것이 바뀌지 않고 오히려 악화되는 상태에서 한국의 진보 정권이 자신의 대북정책으로 남북관계가 개선되고, 북한 인권의 실질적 개선이 이루어진다고 주장하는 것은 거짓이다.

둘째, 우리는 앞에서 서독의 연방헌법재판소가 1973년에 「동서독기본조약」에 대한 위헌소송을 판결하면서 제시한 다섯 가지 인권 관련 사항을 보았다. 그 중 세 개를 간단히 반복하면 다음과 같다. 라디오, TV 제작 및 방송과 관련해서 서독 정부가 동독이 원치 않는 방송을 금지하는 법적 · 행정적 조치를 취해서는 안 되며, 서독 정부는 동독 정부와 방송 자유를 제한하는 합의를 하면 안 된다. 또한 동독 정부가 원치 않는 서독 단체를 서독에게 금지하라고 요청하더라도 서독 정부는 동 단체가 서독의 기본법을 준수하는 한 「결사의 자유」를 보장하기 위해서 동 단체를 금지해서는 안 된다. 그리고 서독에서 내정간섭을 한다는 이유로 동독 정부가 서독의 자유민주적 기본질서에 입각한 이익 표출 행위를 제한하려 한다면, 이것은 「동서독기본조약」 위반이다.

서독 헌법재판소의 상기한 판결문과 비교할 때, 한국의 문재인 정부가 2020년 12월 국회를 통해서 의결한 「대북전단금지법」은 매우 대조적이다. 동 법의 원래 명칭은 「남북관계 발전에 관한 법률」(약칭: 남북관계발전법)이다. 이것은 2020년 12월 14일 한국 국회에서 의결되었다. 개정된 내용은 군사분계선 일대에서 대북전단 살포 행위와 확성기 방송 행위를 규제한 것이다. 그 근거는 동 행위가 남북합의서(판문점선언 등)에 위배된다는 것이다. 동 법을 위반한

89) 『중앙일보』. (2021. 9. 23.). "'北인권, 文정부 무관심' 결국 예산도 3분의 1토막."
90) 『동아일보』. (2021. 8. 11.). "민간유일 北인권백서, 올해는 왜 못 보나."

자는 3년 이하의 징역 또는 3천만 원 이하의 벌금형을 받게 된다.[91)]

통일부는 동 법의 추진 배경으로 대북전단 살포 행위가 "1972년 「7 · 4 남북공동성명」부터 시작하여 「남북기본합의서」(1992년), 「판문점선언」(2018년)에 이르기까지 상호 비방 · 중상을 중단하고 전단 등 살포를 금지하기로 반복 합의"한 것에 위배된다는 점을 들고 있다. 또한 다음과 같은 근거도 제시했다.

> "대북 전단 등 살포는 북한의 고사총 사격 · 남북공동연락사무소 폭파 등 북한의 도발을 초래하여 접경지역 주민들의 생명 · 안전 · 재산 등 '타인의 권리'를 침해하고, 남북 간 긴장을 고조시켜 '국가안보'를 저해하며, 살포단체와 접경지역 주민 간 충돌 · 갈등으로 '공공질서'를 어지럽히고 있어 「시민적 · 정치적 권리에 관한 규약」뿐 아니라 헌법이 정하는 제한 사유에 해당"
> (…) 또한 "과거의 사례를 볼 때 살포된 전단지 내용 중 북한 지도부를 합성한 외설적 선전물이나 가짜뉴스 등을 담은 전단 살포는 표현의 자유의 보호범위에 속하지 않으며, 이와 같은 해석은 헌법재판소 결정례에도 부합"[92)]

그러면 문재인 정부(통일부)의 이 같은 주장에 내포된 문제점을 하나씩 살펴보자. 「남북기본합의서」와 「판문점선언」 등의 남북 간 합의서는 정부끼리 상호 비방을 하지 않겠다고 약속한 것이다. 여기에 한국 민간인이 북한을 비판하는 내용은 포함되지 않는다. 남북합의서를 근거로 한국 민간인의 대북전단 살포 행위를 금지하는 것에는 문제가 있다.

북한 당국은 『조선중앙통신』과 『우리민족끼리』 등 각종 선전매체를 통해서 공개적으로 남한을 비방하면서 북한 주민에게 남한에 대한 왜곡된 인식을 심어주고 있다. 심지어 김여정은 북한의 언론 매체를 통해서 남한 당국자들을 「떼떼」(말더듬이), 「태생적 바보」, 「미친 개」, 「겁을 먹은 개」, 「기괴한 족속들」, 「특등머저리들」이라며 저급한 언어로 비난했다.[93)] 문재인을 직접 비난하는 말도 다음과 같이 했다.

---

91) 대한민국 법제처 국가법령정보센터. 「남북관계 발전에 관한 법률」, (https://www.kri.go.kr).
92) 통일부(2020), p. 14-4.
93) 『조선중앙통신』. (2020. 3. 3.). "청와대의 저능한 사고방식에 경악을 표한다--김여정 당중앙위원회 제1부부장 담화."; 『조선중앙통신』. (2021. 1. 13.). "김여정 당중앙위원회 부부장 담화."; 『머니투데이』. (2021. 8. 10.). "北 담화문에 등장한 '김정은 뜻'…南에 '더 많은 양보' 바라나."

"명색은 《대통령》의 연설이지만 민족 앞에 지닌 책무와 의지, 현 사태수습의 방향과 대책이란 찾아볼래야 볼 수가 없고 자기변명과 책임회피, 뿌리 깊은 사대주의로 점철된 남조선당국자의 연설을 듣자니 저도 모르게 속이 메슥메슥해지는 것을 느꼈다. (…)

문제는 시궁창에 빠져 허우적거리는 이 순간까지도 남조선당국자가 외세의 바지가랭이를 놓을 수 없다고 구접스러운 모습을 보이고 있다는 것이다.

짐승도 한번 빠진 함정에는 다시 빠지지 않는다고 하였다.

그런데 제 손으로 제 눈을 찌르는 미련한 주문을 한두 번도 아니고 연설 때마다 꼭꼭 제정신 없이 외워대고 있는 것을 보면 겉으로는 멀쩡해 보이는 사람이 정신은 잘못된 것이 아닌가 하는 걱정이 든다."[94]

한국 민간인의 대북전단 살포가 아닌, 북한 정부 차원의 이런 언행이야말로 남북합의 정신에 위반되는 것이다. 또한 한국 민간인의 대북전단 살포 행위에 대해서 북한군이 고사총으로 한국의 영토와 주민을 사격하고, 남북공동연락사무소를 폭파하는 것은 명백한 비대칭적 불법 행위다. 민간인의 대북전단에 대한 북한 당국의 폭력적이고 군사적인 대응 자체가 잘못된 것인데, 이런 비정상적인 북한의 행동에 굴복해서 한국이 「대북전단금지법」을 제정한 것은 더더욱 잘못된 것이다.

통일부 주장대로 한다면, 한국은 북한이 군사행동으로 위협할 때마다 긴장 고조를 막기 위해서 북한이 요구하는 법을 제정하거나 북한의 요구를 들어줄 것인가? 필자 역시 북한에 외부정보를 유입하는데 반드시 대북전단이라는 수단으로 할 필요는 없다고 생각한다. USB와 메모리카드 뿐만 아니라, 북한 휴대폰에서 사용 가능한 애플리케이션(App)을 개발하고 인공위성과 무선 인터넷(와이파이) 등 보다 세련된 첨단기술을 활용하면 효과적인 방법을 찾을 수 있을 것이다.

문재인 정부가 제정한 법은 일체의 외부정보를 북한에 유입시키는 것을 금지시킨 것처럼 보인다. 정부가 마음만 먹으면 법을 이용해서 금지할 수 있기 때문이다. 만약 동독 정부가 1950~60년대에 서독의 전단에 고사총을 쏘는

94) 『조선중앙통신』. (2020. 6. 17.). "조선로동당 중앙위원회 제1부부장 담화 발표."

등 비대칭적 군사도발을 했다면 서독 정부와 국민 모두가 이를 용납하지 않았을 것이다. 동서독관계에서 상상할 수 없는 논리로 한국의 통일부가 잘못된 「대북전단금지법」 제정 행위를 정당화하는 것은 부끄러운 일이다.

북한 당국은 주민들이 외부소식을 알지 못하게 하기 위해서 외부정보를 철저하게 차단하고 있다. 심지어 개인의 인터넷 사용도 금지하고, 북한 내부에서만 통용되는 인트라넷을 사용하게 한다. 전 세계에서 북한처럼 외부정보를 차단하는 국가는 없다. 이렇게 하면서 북한 당국은 주민의 인권을 마음대로 유린하고 있다. 이런 것은 바뀌어야 한다.

이를 위해서 누구보다 같은 민족인 한국 정부가 노력해야 한다. 그런데 문재인 정부는 역행했다. 문재인 정부는 전단지 내용에서 "북한 지도부를 합성한 외설적 선전물이나 가짜뉴스"가 포함된 것을 문제점으로 지적하고 있다. 대북전단의 내용에서 문제가 있는 것은 개선하면 된다. 문재인 정부가 전단의 일부 내용을 문제 삼아서 대북전단과 저장매체(USB)의 살포를 원천적으로 금지한 것은 지나친 것이다.

앞에서 설명했듯이 동독에서는 1970년대에 일부 예외적인 지역을 제외하고 거의 모든 동독 주민이 안방에서 서독의 TV방송을 시청할 수 있었다. 동독 주민은 동독 TV방송보다 서독 TV방송을 더 신뢰하고 즐겨봤다. 북한 주민도 이렇듯 남한의 TV방송을 시청할 수 있다면, 대북전단을 보내는 것 자체가 불필요할 것이다.

통일부는 「대북전단금지법」의 근거로 남북합의 이행의 필요성을 들었다. 그러나 「남북 사이의 화해와 불가침 및 교류 · 협력에 관한 합의서」(이하 「남북기본합의서」)의 「'제3장 남북교류 · 협력'의 이행과 준수를 위한 부속합의서」 제1장 제4조의 내용은 다음과 같다.

> "남과 북은 우편과 전기통신교류에 필요한 시설을 설치 · 연결하며, 우편과 전기통신 교류의 비밀을 보장한다."

그리고 제2장 제9조의 내용은 다음과 같다.

> "남과 북은 교육, 문학 · 예술, 보건, 체육과 신문, 라디오, 텔레비전 및 출판물을 비롯한 출판 · 보도 등 여러 분야에서 교류와 협력을 실시한다."[95)]

그런데 북한은 이 「남북기본합의서」에 서명해놓고도 전혀 이행하지 않고 있다. 따라서 남북합의서를 이행하지 않는 것은 남한이 아니라, 북한이다. 통일부는 「대북전단금지법」의 추진배경으로 "북측은 남북합의 위반 등을 사유로 우리 측을 비난하고, 전단살포에 대응한 제반 조치 감행을 위협하며 남북간 긴장 고조"[96]를 한다고 제시했다. 그러나 우리 입장에서는 북한이 남북합의 위반 등을 사유로 우리 측을 비난한다고 북한에 굴복할 것이 아니라, 왜 북한이야말로 「남북기본합의서」에 서명해 놓고도 지키지 않는지를 물어야 할 것이다. 북한이 「남북기본합의서」를 이행한다면, 민간단체가 대북전단을 북한에 보내는 일도 불필요하게 될 것이다.

문재인 정부의 「대북전단금지법」에 대해서 국제사회는 심각한 문제 제기를 했다. 나이젤 아담스 영국 외교부 아시아 담당 국무상(Minister of State)은 한국 정부의 "대북전단금지법이 어떻게 이행되는지 계속 관심을 갖고 주시할 것"[97]이라고 밝혔다. 그레그 스칼라튜 미국 북한인권위원회(HRNK) 사무총장은 2021년 2월 23일 "한국의 대북 전단 살포 금지법은 자국 헌법과 시민적·정치적 권리에 관한 국제규약(ICCPR)을 위반한다"는 의견을 한국 통일부에 제출했다고 밝혔다. 그러면서 이 법이 "표현, 사상, 양심, 종교, 집회, 결사의 자유를 포함한 국제 인권기준을 침해"하고 "법이 시행되면 이미 억압받고 있는 북한 주민들에게 2차 피해를 가져오게 될 것"이라고 말했다.[98]

미국 의회 내 초당적 기구인 「톰 랜토스 인권위원회」는 2021년 4월 15일에 「대북전단금지법」 제정 등 한국의 인권 상황과 관련한 청문회를 개최했다. 북한 인권 문제와 함께 한국 인권 문제가 미국 의회의 청문회에서 토론 거리가 된 것이다. 이 자리에서 동 인권위원회의 민주당 측 공동위원장인 제임스 맥거번 하원의원은 문재인 정부에게 「대북전단금지법」의 수정을 촉구했다.

그러나 문재인은 2021년 5월 10일 취임 4주년 특별연설에서 대북전단 살포를 "남북 관계에 찬물을 끼얹는 일"이자 "남북합의와 현행법 위반"으로 공개 비판하며 수사 의지를 밝혔다.[99] 이 일이 있은 후 대북 민간단체 「노체인」의

---

95) 허문영 외(2007), pp. 56-57.
96) 통일부(2020).
97) VOA. (2021. 1. 13.). "영국 외교부 '한국의 대북전단금지법 이행 주시할 것."
98) VOA. (2021. 2. 23.). "미국 인권단체 '대북전단금지법, 국제법 위반'…한국 정부에 의견 제출."

정광일 전 대표(이하, 정광일)는 이 단체 본부를 한국에서 미국 워싱턴으로 옮겼다. 정광일은 옮긴 이유를 다음과 같이 말했다.

> "우리가 외부 정보 유입을 통해 북한의 민주화 실현에 중심을 두고 활동했는데, 이번에 워싱턴으로 옮기게 된 것은 지금 한국에서는 도저히 북한 (대북정보 유입) 인권 활동을 할 수 없고. 이런 활동을 하면 마치 그 어떤 적대행위를 한 것처럼 여기기 때문에…"[100]

문재인 정부는 자신의 대북정책을 합리화하기 위해서 서독의 대동독정책을 자주 이용한다. 그러나 필자가 많은 사례를 들어 설명했듯이 서독의 대동독정책은 문재인 정부의 대북정책과 근본이 다르다. 한국의 진보 정권과 진보 진영의 지식인들은 동서독 사례를 이용해서 현실을 왜곡하는 일이 없어야 할 것이다.

99) VOA. (2021. 5. 13.). "대북전단 겨냥 문 대통령 발언, 워싱턴서 '바이든 행정부에 부담' 우려."

100) VOA. (2021. 11. 5.). "한국 민간단체 '대북전단금지법 압박에 워싱턴으로 본부 옮겨...정보 유입 새 기술 개발 모색'."

3. 평화에 대한 환상

가. 평화에 대한 북한의 인식과 전략

1) 평화에 대한 북한의 인식

김일성은 "노예적 굴종이 가져다주는 평화는 평화가 아니"[101]라고 말했다. "노예의 평화를 반대하여 억압자들의 통치를 뒤집어엎지 않고서는 진정한 평화를 달성할 수 없다"는 것이다.[102] 또한 "제국주의자들에게 구걸하는 방법으로써는 평화를 유지할 수 없다. … 평화를 전취하기 위해서는 또한 제국주의를 반대하는 원칙적 립장을 견지하고 견결한 반제투쟁을 전개해야 한다"[103]고도 했다. 그러면서 김일성은 "제국주의를 반대하는 투쟁에서도 반미투쟁은 평화를 위한 투쟁의 기본이다. 미제국주의는 평화의 주되는 교란자이며, 평화의 가장 흉악한 원쑤이다. 미제국주의를 반대하는 투쟁을 떠나서는 … 민족적 해방과 독립도, 민주주의와 사회주의의 승리도 이룩할 수 없다"[104]고 주장했다.

이 같은 맥락에서 북한은 주한미군을 "조선반도의 평화를 위협하는 가장 주된 요인"으로 말하고 있다. 따라서 북한에게 주한미군 철수는 진정한 평화 확보의 조건이다.[105] 북한에게 진정한 평화란 계급투쟁과 미 제국주의자들과의 투쟁이 끝난 후에야 오는 것이다. 사회주의 혁명과 조국통일이 달성되어야 온다는 말이다. 그 이전의 평화는 북한 정권이 과도기 전략 · 전술 차원에서 거론하는 것일 뿐이다. 평화에 대한 인식이 우리와 근본적으로 다르다. 북한의 시각에서 남한의 평화는 외세, 즉 미국 강점 하의 평화다.

김정일 시대에도 변함없이 주한미군은 한반도 평화의 가장 큰 장애요인이라는 주장이 되풀이되었다. "오늘 조선반도에서 평화를 위협하고 긴장을 격

---

101) 『김일성 저작선집』 4권. p. 521: 제성호(2000), p. 148에서 재인용.
102) 제성호, Ibid.
103) Ibid.
104) 『김일성 저작선집』 3권. p. 415: 제성호(2000), p. 148.
105) 제성호, 위의 책, p. 153.

화시키는 기본요인은 미국의 대조선지배전략과 남조선강점 미군이라고 말할 수 있다. 남조선강점 미군은 지난 시기에도 그러하였지만 오늘도 여전히 조선반도의 평화와 통일의 길을 자주적으로 열어가는 데서 최대의 장애요인”[106]이라는 내용이 이에 해당한다.

이 같은 주장은 김정은 시대에도 이어지고 있다. 싱가포르 제1차 미·북 정상회담 후 2018년 8월 5일자 북한의 대외선전매체 『우리민족끼리』에는 “우리는 미국의 제국주의 침략전쟁과 식민지 분할통치를 강력히 반대한다. 민족분렬의 원흉이자 우리 민족의 숙원인 조국통일을 가로막고 있는 미국을 강력히 규탄한다!”는 내용이 실렸다. 이 같은 내용은 북한의 여러 선전매체에서 발견된다. 2021년 9월 11일 『통일신보』에 실린 내용은 다음과 같다.

> “미군의 남조선강점 70여 년 력사는 강점군의 이러한 치떨리는 범죄의 련속이였다. (…) 흘러온 력사와 오늘의 현실은 남조선강점 미군이야말로 우리 민족이 당하는 온갖 불행과 고통의 화근이라는것을 웅변으로 실증해주고 있다. 남조선에서 미군강점의 치욕의 력사를 하루빨리 끝장내야 한다.”[107]

김일성과 김정일에 이어 김정은 시대에도 조선반도의 평화와 통일의 가장 큰 장애요인으로 주한미군을 지목하면서 주한미군 철수를 요구하는 정책은 전혀 바뀌지 않고 있다. 통일이 되어야 진정한 평화가 도래한다는 말은 위에서 언급한 엄국현과 윤금철의 책에 다음과 같이 나온다.

> “조선반도에서의 진정하고도 공고한 평화를 보장하기 위하여서는 통일이 실현되여야 한다. (…) 나라가 통일되지 않고서는 우리나라에서 전쟁위험이 가셔질 수 없으며 진정한 평화가 도래할 수 없다”.[108]

물론 북한이 말하는 통일이 북한식 통일이지, 남한이 주도하는 흡수통일은 아닐 것이다. 그리고 북한이 생각하는 평화는 통일되어야 가능하다는 점에

106) 엄국현 · 윤금철(2006), p. 34, 134, 120, 122.
107) 『통일신보』. (2021. 9. 11.). “외세를 몰아내고 우리 민족의 힘으로 조국통일을 이룩하자,”
108) 엄국현 · 윤금철(2006), p. 34, 134, 120, 122: 차승주(2016), p.192에서 재인용.

서 남한이 생각하는 공존의 평화가 아니다. 그런데 북한 주도의 통일을 구현하는 수단 중 하나가 평화협정 체결이다. 그러나 북한이 말하는 평화협정은 문재인 정부가 추구하는 평화협정과 다르다. 북한이 말하는 평화협정은 남과 북의 공존을 위한 것이 아니라, 주한미군 철수를 위한 수단에 불과하기 때문이다.

2) 북한의 평화전략

평화협정 추진전략

김일성 시대에 주장했던 평화협정 추진 방식의 변화를 보면 다음과 같다. 1962~1974년의 기간에는 「남북 평화협정」을 주장했다. 김일성이 1962년 10월 23일 최고인민회의 제3기제1차 회의에서 주한미군 철수를 조건으로 「북남 평화협정」 체결[109]을 제의한 것이 시작이었다. 「선(先) 미군철수, 후(後) 남북 평화협정」의 방식이었다. 그러다가 1974~1984년의 기간에는 「북 · 미 평화협정」 체결을 주장했다. 1974년 3월 25일 최고인민회의 제5기 제3차 회의에서 채택한 대미(對美)서한이 그 시작이다. 평화협정 체결의 대상이 남한에서 미국으로 바뀐 것이다.

북한은 1975년 9월에 제30차 유엔총회에 제출한 각서를 통해서 한국전쟁 및 정전협정의 「실질적 당사자」인 북한과 미국이 평화협정을 체결해야 한다고 주장했다.[110] 이것은 「선(先) 평화협정 체결, 후(後) 주한미군 철수」를 지향했다. 베트남 전쟁을 해결하기 위한 파리 평화협정이 1973년에 체결된 후에 미군이 철수한 베트남 사례를 북한이 한반도에 적용하려는 시도였다. 동시에 북한은 통일의 대상은 남한이지만, 평화 문제의 대상은 미국이라면서 통일과 평화를 분리하는 전략을 추진했다.

이후 북한은 1984년 1월 10일에 중앙인민위원회 · 최고인민회의 상설회의 연합회의에서 북 · 미 평화협정을 통한 주한미군 철수와 남북 불가침선언의 동시 추진을 주장했다.[111] 1990년 12월 11~14일에는 제3차 남북고위급회담에

---

109) 제성호(2000), p. 109.
110) Ibid., p. 110.

서 평화강령을 발표했다. 여기에는 ① 남북 불가침선언 채택, ② 북 · 미 평화협정 체결, ③ 남북한 군비축소, ④ 주한미군 및 핵무기 철수가 포함됐다.[112] 이 노선은 1991년에 「남북기본합의서」를 체결할 때까지 유지됐다. 「남북기본합의서」가 체결된 후에는 동 합의서 체결로 북 · 남 불가침 선언이 이루어졌다고 말하면서, 그 다음 순서로 북 · 미 평화협정 체결이 필요하다고 주장했다.

특히 1993년 6월에 미국과 핵 협상을 시작한 후 1994년 10월까지 평화협정 문제를 미국과 협상 의제로 삼기 위해서 노력했다. 주한미군 철수를 달성하는 수단 외에, 핵 협상을 깨는 수단으로도 평화협정 문제를 활용하기 위해서였다. 여기에는 북 · 미 평화협정 체결과 주한미군 철수를 핵 협상에 포함시켜서 요구하다가 관철되지 않으면 체제보장이 안 된다는 이유로 핵 협상을 깨려는 계산이 깔려있었다.

북한 외교부는 1994년 4월 28일 대변인 성명을 통해서 정전협정이 「빈 종이장」이 되었으므로 평화협정으로 대체하는 것이 필요하다고 주장했다.[113] 그리고는 정전협정을 사문화[114]시키기 위해서 양대 정전기구인 「군사정전위원회」와 「중립국감독위원회」의 무력화를 시도했다. 그 일환으로 북한 측 군사정전위원회 대표를 일방적으로 철수시켰다.

1995년 5월에는 군사정전위원회의 대안으로 「조선인민군 판문점대표부」를 설치했다. 동 「조선인민군 판문점대표부」 명의로 중립국감독위원회 사무실을 폐쇄하기도 했다. 정전협정과 정전관리 기구를 무력화시키고는 정전협정이 「빈 종이장」이 되었으므로 평화협정을 체결해야 한다는 것이 북한의 논리였다. 그래 놓고서 정전협정의 사문화 및 정전기구의 기능 상실 책임이 미국에 있다고 주장했다.

김정은 시대도 마찬가지다. 북핵 문제와 미사일 문제도 미국의 대북적대시정책과 북 · 미 간 적대관계 때문에 발생했다고 주장한다. 따라서 한반도 문제를 해결하기 위해서는 북 · 미 간 적대관계가 해소되어야 하고, 이를 위해서

111) 허문영 외(2007), p. 181.
112) 제성호(2000), pp. 116-117.
113) "오늘 정전협정은 조선반도에서 평화를 보장할 수 없는 빈 종이장으로 되고 군사정전위원회는 사실상 주인이 없는 기구로써 유명무실하게 되었다."[북한 외교부 대변인 성명. (1994. 4. 28.): 제성호(2000), p. 121 각주 29에서 재인용].
114) 제성호(2000), p. 114.

북한 체제의 안전을 보장해주는 조치와 평화협정이 체결되어야 한다고 주장한다. 이런 일련의 과정을 보면 북한은 자신이 평화를 위협하는 상황을 만들고 평화협정만 체결하면 마치 평화가 올 것처럼 주장한다는 점을 알 수 있다. 평화협정을 통해서 유엔군사령부 해체와 주한미군 철수라는 목표를 달성하려는 북한의 전형적인 수법이다.

북한이 말하는 「평화보장체계」와 종전선언의 의미

평화협정 체결과 더불어 북한이 1990년대 전반기에 중요시했던 것은 정전체계를 대신하는 평화보장체계 수립이다. 북한은 1994년 4월 28일에 조선외교부 성명으로 새로운 「평화보장체계」 수립을 위한 북 · 미 협상을 제의했다.

> "조선반도에 조성되고 있는 제반 사태는 조미사이의 적대관계를 해소하고 화해를 이룩하며 조선반도에 진정한 평화와 안전을 보장하자면 반드시 정전협정을 평화협정으로 바꾸고 현 정전기구를 대신하는 평화보장체계를 수립할 것을 요구하고 있다."[115)]

이 성명서 내용에 따르면 북한이 말하는 「평화보장체계」는 정전협정을 북 · 미 평화협정으로 대체하고, 군사정전위원회와 중립국감독위원회 같은 정전감시기구를 「조선인민군 판문점대표부」와 「북 · 미 장성급 고위군사접촉채널」 같은 북 · 미 간 상설협의체 등으로 대체하는 것이다. 북한이 「새로운 평화보장체계」에 대해서 더 구체적으로 밝힌 내용으로 국내에 알려진 것은 없다. 다만, 이것이 북 · 미 평화협정과 불가분의 관계에 있다는 점에서 유엔군사령부 해체와 주한미군 철수를 내포하는 것으로 보면 틀리지 않는다.

평화보장체계 수립에 대한 담화는 1995년 2월 25일 조선외교부 대변인 담화문에서도 발표됐다.[116)] 그리고 대미(對美) 평화체제 수립의 필요성은 2005년 7월 22일 조선외무성 대변인 담화문에서 발표됐다. 흥미로운 것은 김여정이 2021년 9월 24일자 『조선중앙통신』 담화를 통해서 종전선언 문제와 함께

---

115) 허문영 외(2007), p. 196.
116) 허문영 외(2007), p. 181.

다시 이 「조선반도 평화보장체계 수립」에 대한 말을 꺼냈다는 것이다. 김여정이 말한 것을 보면 다음과 같다.

"문재인 대통령은 제76차 유엔총회에서 종전선언 문제를 또다시 제안하였다. 장기간 지속되여 오고 있는 조선반도의 불안정한 정전상태를 물리적으로 끝장내고 상대방에 대한 적대시를 철회한다는 의미에서의 종전선언은 흥미 있는 제안이고 좋은 발상이라고 생각한다.

조선반도평화보장체계수립의 단초로 되는 종전선언의 필요성과 의의를 공감한데로부터 우리는 지난 시기 여러 계기들에 종전선언에 대하여 론의한 바 있다."[117]

1990년대에 나온 이야기가 2021년에 김여정의 담화에 등장한 것이다. 이처럼 북한의 주장은 역사적 흐름 속에서 일관되게 전개되고 있다. 때문에 북한의 전략을 알려면 그 흐름을 이해해야 한다. 여기서 우리가 주목해야 할 것은 종전선언이 조선반도 평화보장체계 수립의 단초가 된다는 것이다. 즉, 북한 입장에서 종전선언은 유엔군사령부 해체와 주한미군 철수의 출발점이라는 것이다.

그런데 문재인은 2020년에 이어서 - 김여정이 위의 인용문에서 언급했듯이 – 2021년 9월 21일 제76차 유엔총회 기조연설에서도 종선선언을 제안했다.[118] 그리고 9월 24일에 기자 간담회에서 종선선언이 "주한미군의 철수라든지 한미동맹과는 아무런 관계가 없다"[119]고 말하면서 종전선언을 비판하는 견해에 대해서 "종전선언에 대해 '너무 이해가 참 없구나'라는 생각이 들었다"[120]고 말했다. 또한 "한미동맹이나 주한미군의 주둔은 한국과 미국 양국 간에 합의해서 가는 것이고, 북미관계가 정상화되고 북미 간에 수교가 이루어지고 난 이후에도 한국과 미국이 필요하면 미군이 한국에 주둔을 하는 것"[121]이라고 말하기도 했다.

---

117) 『조선중앙통신』. (2021. 9. 24.). "김여정 조선로동당 중앙위원회 부부장 담화."
118) 청와대. (2021. 9. 22.). "제76차 유엔 총회 기조연설."(https://www1.president.go.kr/articles/11119).
119) 『한겨레』. (2021. 9. 24.). "귀국길 문 대통령 "종전선언, 관련국들 소극적이지 않아."
120) 『중앙일보』. (2021. 9. 24.). "北도발을 '저강도'라고 표현한 文…남북 종전선언 의기투합?"
121) 『한겨레』. (2021. 9. 24.). "귀국길 문 대통령 "종전선언, 관련국들 소극적이지 않아."

그러나 이것은 「한미상호방위조약」이 남조선 강점 합법화의 수단[122]이라고 말해온 북한의 입장과 전혀 다른 것이다. 주한미군이 조선반도 평화의 가장 큰 장애요인이라면서 주한미군 철수를 북한 외교정책의 최우선 목표로 추진해온 북한의 주장과 문재인의 주장이 다르다는 것이다. 북한의 담론을 역사적 흐름에서 보면, 문재인이 말하는 것처럼 종전선언이 주한미군 철수와 무관한 것이 아니다. 북한의 본심을 있는 그대로 읽지 않고, 우리가 희망하는 대로 보는 것은 매우 위험하다. 이 문제는 아래(평화에 대한 남한의 인식과 전략)에서 보다 자세히 설명할 것이다.

3) 1990년대 미·북 간 평화 논의와 변화

핵 협상 수단으로 진화한 평화협정 문제

북한은 위에서 언급한 것처럼 1991년부터 1996년까지 정전체제를 와해시키는 조치를 취했다. 이에 한국과 미국은 1996년 4월에 개최된 김영삼과 클린턴의 한·미 정상회담에서 한반도 평화체제를 논의할 4자회담 개최에 합의했다. 그 결과 1997년 12월부터 1999년 8월까지 6차례 남·북·미·중 4자회담이 개최됐고, 여기서 한반도 평화체제와 긴장완화가 논의됐다. 그러나 북한은 동 회의에서 미·북 간 평화협정 체결과 주한미군 철수를 고집했다. 그래서 협의는 결렬됐다. 이렇듯 북한은 항상 평화협정 체결과 주한미군 철수를 분리할 수 없는 이슈로 주장해왔다.

그런데 북한이 핵 협상 과정에서 평화협정 체결을 비핵화와 연계하면서 평화에 대한 논의가 확대 및 변화됐다. 미국은 과거에 북한이 평화협정 체결을 요구하면 무시했었다. 그러나 북핵 문제로 미·북 간 협상이 시작되자 미국의 태도에 변화가 나타났다. 북한이 핵 문제를 비롯한 한반도 문제의 해결을 위해서 북·미 간 적대관계 해소가 필요하다며 평화협정 체결을 요구하자, 미국이 핵 문제 해결을 위해서 입장 변화를 보이기 시작한 것이다. 북한은 이후 모든 사안에 평화협정을 단골메뉴로 등장시켜 주한미군 철수를 유도하기 시작했다.

---

122) 제성호(2000), p. 190.

북한 외무성 대변인은 1995년 4월 19일에 담화를 통해서 "북미 기본합의문 대로 평화와 안전을 보장하기 위해서는 평화보장 체계를 수립하고 미군을 철수시키는 것이 급선무이며, 경수로제공을 비롯해서 기본합의문 이행도 결국은 이 문제의 해결에 결정적 영향을 받는다"[123]고 주장했다. 그리고 2005년에 제4차 6자회담에서 발표된 「9 · 19 공동성명」에 한반도 평화체제에 대한 내용을 포함시키기도 했다. 「9 · 19 공동성명」에서 "직접 관련 당사국들은(6자회담 참여국; 필자) 적절한 별도 포럼에서 한반도의 항구적 평화체제에 관한 협상을 가질 것이다"라는 부분이 이에 해당한다.

북한은 2010년 1월 11일 외무성 성명을 통해서 "비핵화 과정을 다시 궤도 위에 올려 세우기 위해서는 핵문제의 기본당사자들인 미북 사이의 신뢰를 조성하는데 선차적인 주목을 돌려야 한다는 것이 北이 도달한 결론"이라면서 "미북 사이에 신뢰를 조성하자면 적대관계의 근원인 전쟁상태를 종식시키기 위한 평화협정부터 체결되어야 할 것"[124]이라고 말하기도 했다.

이런 전략은 김정은 집권 후에도 나타났다. 한국과 중국이 북한의 입장을 지지하는 가운데 김정은이 2018년 6월 12일 싱가포르 미 · 북 정상회담에서 비핵화와 평화체제를 확실하게 연계하는 합의문을 도출하고 발표했기 때문이다. 이렇듯 북한은 평화협정과 비핵화를 연계하면서 미국이 대북적대시정책을 철회하고 북한과 평화협정을 체결해서 북한 체제의 안전을 보장해주지 않으면 비핵화를 할 수 없다고 주장하고 있다.

앞에서 설명했듯이 북한이 말하는 평화협정엔 북한 입장에서 꺼리는 주한미군 철수가 당연히 포함된다. 그렇기 때문에 미국이 북한과 평화협정 체결을 꺼리는 것이다. 그런데 북한은 바로 미국의 이런 태도를 문제 삼아 비핵화 협상을 거부하는 전략을 세우고 있다. 북한이 최근에도 미국이 북한의 체제안전을 보장해줘야 핵 협상 대화에 나오겠다고 주장한 것을 이런 맥락에서 이해하면 틀리지 않는다. 중국도 미국이 북한의 비핵화를 원하면 북한의 합리적인 요구, 즉 북한체제 안전보장을 해줘야 한다고 주장하고 있다. 미국이 주한미군을 철수시키라는 것이다.(Ⅳ.2장)

123) 제성호(2000), p. 126: 각주 37에서 재인용.
124) 북한 외무성 성명. (2010. 1. 11.). 『조선중앙통신』: 통일부(2010), p. 53에서 재인용.

4) 평화 문제에 대한 북한의 이중성

북한은 1990년대 초에 평화공세를 하는 한편, 동시에 평화를 위협하는 행동을 했다. 미국과 평화협정을 체결하기 위해서 정전협정을 무력화시킨 것이 이에 해당한다. 정전협정이 사문화되었기 때문에 평화협정이 필요하다는 주장을 하기 위해서 의도적으로 정전협정을 무력화시킨 북한의 이중성 말이다. 북한은 남한과 1991년에 평화공존을 추구하는 양 「남북기본합의서」를 체결했다. 북한은 이후에 평화 문제에서는 남한이 당사자가 아니라고 배제하면서 미국을 상대하려고 했다. 이것도 북한의 이중성을 보여주는 부분이다.

또한 북한은 평화를 원하지만, 미국이 북한 체제의 안전을 보장하지 않고 대북적대시정책을 계속하기 때문에 북한은 어쩔 수 없이 핵개발을 하지 않을 수 없다고 말해왔다. 평화 파괴 행위는 북한이 저질러 놓고, 그 책임을 미국에게 전가하면서 미국의 역할과 책임을 강조하고 있는 것이다. 그리곤 핵개발을 포기하지 않기 위해서 한 · 미가 거부하는 주한미군 철수를 요구하고 있다. 이에 미국이 북한의 주한미군 철수 요구를 들어줄 수 없다고 말하면, 북한은 미국이 협조하지 않는다고 주장하면서 평화(협정) 문제를 핵 협상 거부의 수단으로 활용한다.

이것은 「한반도 평화프로세스」의 틀에서 평화 문제를 북한 비핵화의 입구이자 출구로 바라보는 문재인 정부의 입장과 극명하게 대비된다. 그래서 겉과 속이 다른 북한의 의도를 꿰뚫어 봐야 한다. 그런데 우리 사회는 거짓된 북한의 논리가 진실을 덮어서 혼란스럽다. 북한의 논리를 두둔하는 지식인과 정치인들이 적지 않기 때문이다. 이와 더불어 생각해야 할 또 다른 문제는 설령 평화협정으로 주한미군이 철수하더라도 북한의 비핵화를 보장하지 못한다는 것이다. 북한이 지난 역사에서 신뢰할 수 있는 파트너라는 인식을 전혀 심어주지 않았기 때문이다.

북한이 평화체제에 대한 한 · 미 간 접근방법의 차이를 노리고 한미동맹의 약화를 도모하는 것도 간과해선 안 되는 부분이다. 북한은 한국이 전시작전통제권을 갖고 있지 못하기 때문에 북한과 평화 문제를 논의할 수 있는 당사자가 될 수 없다고 주장해왔다.[125] 이것 역시 한미동맹의 균열을 노리는 북

125) 『로동신문』. (1995. 3. 3.): 제성호(2000), p. 164에서 재인용.

한의 전술이다. 전시작전통제권 없는 한국은 미국의 괴뢰로서 자격이 없다고 말하면서 한·미 간 갈등을 유도하기 때문이다. 이 부분을 아래에서 보다 자세히 살펴보자.

5) 김정은의 전술적 변화

평화협정의 당사자 문제

북한은 1990년대에 평화협정 체결의 당사자는 북한과 미국이라고 주장했다. 또한 평화 문제를 비롯해서 핵문제는 미국과 해결할 문제이며 남한이 개입할 사안이 아니라고 주장했다.

> "새로운 평화보장체계를 수립하는 문제는 정전협정 체결의 당사자인 우리와 미국 사이에 협의해서 해결할 문제이지 괴뢰들이 끼어들 문제가 아니다." 그리고 "남조선 괴뢰들은 거기에 끼여들 초보적인 권능도 자격도 없다."[126)]

이것이 북한이 1990년대 중반에 주장한 발언들이다. 그런데 이것이 김정은의 2019년 신년사에서 변화됐다. 변화된 내용은 다음과 같다.

> "정전협정 당사자들과의 긴밀한 연계 밑에 조선반도의 현 정전체계를 평화체계로 전환하기 위한 다자 협상도 적극 추진하여 항구적인 평화 보장 토대를 실질적으로 마련해야 합니다."[127)]

한반도 평화체제에 대한 다자간 협상은 중국도 주한미군 철수를 실현하기 위해서 강력하게 요구하는 사항이다. 김정은이 2019년 신년사에서 이렇듯 변화를 시도하기까지 2018년에만 중국의 시진핑과 3차례 정상회담을 했었다는 점에 주목할 필요가 있다.(Ⅳ.2장) 중요한 것은 김정은과 시진핑 모두에게 주한미군 철수가 한반도 평화협상의 목표라는 것이다. 양자 간 회담에서 다자

---

126) 『조선중앙방송』. (1994. 9. 19. 1995. 3. 2.), 『평양방송』. (1995. 12. 9.). 『로동신문』 (1995. 3. 3. 1997. 6. 25.): 제성호(2000), p. 165에서 재인용.
127) 김정은(2019). 신년사.

간 회담으로 바뀌었다고 김정은의 목표가 바뀐 것은 아니다. 단지 전술적 변화만 존재할 뿐이다. 주한미군 철수를 다자 간 협상에서 중국이 지지하는 것은 북한에 전혀 손해가 되지 않는다.

여기서 한 가지 더 주목할 것이 있다. 과거 1990년대에 북한 당국은 남한과는 「남북기본합의서」로 불가침 선언을 이미 했으니, 미국과는 평화협정을 체결하면 된다고 주장해 왔다. 평화협정 문제에서 남한을 배제하기 위해서다. 그런데 김정은이 2019년 신년사에서 과거 북한 당국의 이런 주장을 반복했다. 2018년의 「판문점선언」과 9월 「평양 공동선언」 및 「남북군사분야합의서」이 불가침 선언이라고 의미를 부여한 다음 발언이 이에 해당한다.

> "조선반도에 더 이상 전쟁이 없는 평화시대를 열어놓으려는 확고한 결심과 의지를 담아 채택된 판문점 선언과 9월 평양 공동선언, 북남 군사 분야 합의서는 북남 사이 무력에 의한 동족상잔을 종식시킬 것을 확약한 사실상의 불가침 선언으로써 참으로 중대한 의의를 가집니다."[128]

이런 논리라면 남한은 김정은 입장에서 여전히 한반도 평화체제에 대한 다자 간 협상에서 배제될 수 있다. 북한 입장에서 남한과는 불가침선언을 이미 했기 때문에, 다자 간 협상에서 미국 및 중국과 평화를 논할 때 남한이 끼어들 필요가 없다고 말할 수 있다. 어쩌면 남한이 전시작전통제권 전환을 하지 않는 한 북한이 남한을 평화협상 상대에서 배제할 것이라는 언질을 주었을 수도 있다. 그래서 남한의 문재인 정부가 다자 간 평화협상에 참여할 수 있기 위해서 전시작전통제권 전환에 목을 맨 것은 아닐까?

이 문제는 북한이 분명하게 밝히지 않아서 아직 드러나지 않았다. 시간이 지나면 알게 될 것이다. 문재인 정부는 재임 기간에 조건이 충족되지 않고 여건도 조성되지 않은 상태에서 한미동맹을 위태롭게 하면서까지 무리하게 전시작전통제권 전환을 하려고 했다. 도무지 상식적으로 이해할 수 없는 행동이었다. 그러다 보니 이런 의문을 품게 되는 것이다.

---

128) 김정은(2019). 신년사.

김정은 집권 후에는 주한미군 철수 주장이 여러 번 다른 방식으로 제기되었다. 김정은이 2018년에 남북정상회담과 미 · 북 정상회담을 하면서 평화 분위기를 조성하기 전에는 미국이 한반도 개입을 중단하고, 주한미군을 철수시킬 것을 직접적으로 요구했다.

그러다가 김정은이 2018년 2월에 평창올림픽에 북한 선수단을 파견하여 남북관계의 분위기를 바꾸고, 핵협상에 임하면서부터는 주한미군 철수라는 직접적인 표현 대신에 종전선언과 한 · 미 연합군사훈련 중단을 요구하기 시작했다. 한 · 미 연합군사훈련이 중단되면 한미동맹이 무력화되고, 결국 와해될 수 있다고 보았기 때문이다. 그래서 지속적으로 한 · 미 연합군사훈련 중단을 요구했다. 또한 핵협상에서 미국을 자극하지 않기 위해서 주한미군 철수 대신에 한 · 미 연합군사훈련 중단이라는 카드를 사용했다.

적어도 싱가포르 제1차 미 · 북 정상회담까진 그랬다. 일단 북한에게 유리한 고지를 점령하려고 했기 때문이다. 미국을 자극하지 않으면서 「완전한 비핵화」 대신에 「부분적 비핵화」를 관철시키려는 속내도 있었다.

2018년 평창 동계올림픽이 열리기 직전 신년사에서 김정은이 한 · 미 연합군사훈련 중단을 요구하기 시작했는데, 이런 주장은 2021년 제8차 당대회까지 계속 이어졌다. 김정은은 2018년 4월 27일에 문재인과 함께 「판문점 선언」에서 종전선언을 내용에 담았다. 그러나 북한이 언론에 종전선언 문제를 적극 제기한 것은 싱가포르에서 개최된 제1차 미 · 북 정상회담 직후인 7월 23일이다. 『우리민족끼리』에서 미국이 싱가포르 정상회담에서 종전선언을 하기로 합의해 놓고, 왜 이행하지 않느냐고 요구한 것이다.[129)]

2018년 8월 5일자 『우리민족끼리』는 “종전선언이 조선반도의 평화체제를 구축하는 첫걸음”이라고 말했다. 그러면서 「판문점 선언」에 입각한 종전선언을 조속히 추진해서 “외세의 간섭 없이 우리 민족끼리 자주적으로 분렬과 전쟁을 넘어 통일과 평화, 공동번영의 길로 나아갈 것”[130)]이라고 말했다. 이것은 문재인 정부에게 종전선언을 통해서 외세의 간섭 없는 한반도 환경을 만들고,

129) 『우리민족끼리』. (2018. 7. 23.). “종전선언문제, 결코 수수방관해서는 안 된다.”
130) 『우리민족끼리』. (2018. 8. 5.). “종전선언은 조선반도의 평화체제를 구축하는 첫걸음이다.”

남과 북이 자주적으로 통일과 평화를 실현해나가자고 요구한 것이다. 미국이 종전선언에 소극적으로 나오니까, 문재인 정부에게 「판문점 선언」에 입각해서 종전선언을 추진하라고 압박한 것이다.

그러더니 북한 당국은 2018년 10월 2일자 『조선중앙통신』에서 "종전은 결코 누가 누구에게 주는 선사품이 아니며 우리의 비핵화 조치와 바꾸어 먹을 수 있는 흥정물은 더더욱 아니다"131)라고 말했다. 종전선언과 비핵화 조치의 연계를 부정한 것이다. 미국이 종전선언은 북한 비핵화의 로드맵 속에서 추진되어야 한다고 말하자, 북한이 미국의 이런 주장을 거부한 것이다. 이것은 북한이 종전선언을 평화체계 구축의 출발점으로 여겨 추진하더라도 비핵화를 하지 않은 상태에서 하려고 했음을 보여주는 증거다. 북한에게 애초부터 비핵화 의지가 없었기 때문이다.

다시 한 번 말하면, 미국이 종전선언을 할 경우에 북한은 반대급부로 무엇을 제공할 것이냐고 물으니 북한이 더 이상 종전선언에 연연하지 않겠다는 입장을 밝힌 것이다. 이어서 2018년 12월 4일자 『우리민족끼리』는 종전선언을 언급하지 않고, 한·미 연합군사훈련 중단으로 한미동맹의 무력화를 추구하는 주장만 실었다. "날로 높아가는 민족의 지향과 요구에 맞게 조선반도에서 항구적이며 공고한 평화체제구축을 실현해나가자면 외세와의 합동군사연습이 중지되여야 한다"132)는 내용이 이에 해당한다.

다시 말해서 북한은 2018년에 연출된 평화 분위기 속에서 초기에는 종전선언과 한·미 연합군사훈련 중단 및 미국의 대한반도 전략자산 전개와 전쟁장비 반입 중지를 요구하는 방식으로 전술적 변화를 도모하면서 한미동맹의 무력화를 추구했다. 그러다가 미국이 종전선언의 대가로 북한이 비핵화의 초기 조치를 취해야 한다고 주장하자, 더 이상 종전선언을 언급하지 않고 대북제재 해제와 한·미 연합군사훈련 중단만 요구하면서 한·미 간 균열과 한미동맹의 무력화를 시도했다.

북한이 취해야 할 비핵화 조치는 생각이 없고, 한국과 미국이 취해야 할 것만 요구한 것이다. 김정은은 2019년 신년사에서 한·미 연합군사훈련 중단

131) 『조선중앙통신』. (2018. 10. 2.). "종전은 누가 누구에게 주는 선사품이 아니다—조선중앙통신사 론평."
132) 『우리민족끼리』. (2018. 12. 4.). "항구적이며 공고한 평화체제구축을 실현해나가자면."

을 다음과 같이 다시 한 번 강조했다.

> "북과 남이 평화 번영의 길로 나가기로 확약한 이상 조선반도 정세 긴장의 근원으로 되고 있는 외세와의 합동 군사연습을 더 이상 허용하지 말아야 하며 외부로부터의 전략자산을 비롯한 전쟁장비 반입도 완전히 중지되어야 한다는 것이 우리의 주장입니다."[133]

2019년 1월 17일자 『로동신문』도 동일한 내용을 재확인했다. 한 · 미 연합군사훈련과 전쟁장비 반입이 2018년의 4 · 27 「판문점 선언」과 9 · 19 「평양 공동선언」 및 남북군사분야합의를 부정하는 행위라고 말한 것이 이에 해당한다.[134]

북한은 오래전부터 한 · 미 연합군사훈련을 실시하는 과정에서 남한에 첨단 군사장비를 반입하는 것이 정전협정 위반이라는 것을 일관되게 주장해왔다.[135] 미국의 전략자산이 한반도에 전개되는 것을 반대하는 주장은 김일성 시대부터 「조선반도 비핵화」 개념 속에 포함됐었다. 그런데 김정은이 이 같은 주장을 2018년에 다시 반복했다. 그렇다고 주한미군 철수를 직접적으로 언급하지 않은 김정은의 전술적 변화가 전략적 변화를 의미한 것은 아니다. 이것은 김여정이 『조선중앙통신』을 통해서 2021년 8월 10일에 발표한 아래의 담화를 통해서 잘 드러난다.

> "조선반도에 평화가 깃들자면 미국이 남조선에 전개한 침략무력과 전쟁장비들부터 철거하여야 한다. 미군이 남조선에 주둔하고 있는 한 조선반도 정세를 주기적으로 악화시키는 화근은 절대로 제거되지 않을 것이다. (…) 우리는 날로 가중되는 미국의 군사적 위협에 대처하기 위한 절대적인 억제력, 즉 우리를 반대하는 그 어떤 군사적 행동에도 신속히 대응할 수 있는 국가방위력과 강력한 선제타격 능력을 보다 강화해 나가는데 더욱 박차를 가할 것이다."[136]

---

133) 김정은(2019). 신년사.

134) "북남관계가 화해와 협력의 관계로 전환되고 온 겨레가 평화와 통일을 바라고 있는 오늘 외세와의 합동군사연습과 전쟁장비 반입을 중지하는 결단을 내리지 못한다면 그것은 력사적인 판문점선언과 9월평양공동선언, 북남군사분야합의서를 부정하는 행위로 된다." [『로동신문』. (2019. 1. 17.). "공고한 평화보장은 시대의 요구."]

135) 제성호(2000), pp. 185－186.

136) 『조선중앙통신』. (2021. 8. 10.). "김여정 조선로동당 중앙위원회 부부장 담화."

북한 당국이 2019년 2월 하노이 미 · 북 정상회담에서 핵 협상이 틀어지고, 더 이상 바이든 정부의 미국으로부터 양보를 받아내기 어려울 것으로 전망되자 김여정이 2021년에 주한미군 철수를 노골적으로 주장하기 시작한 것이다.

국방력 강화의 의미

이외에도 우리는 김정은과 북한 당국자들의 말 속에 감춰진 본심을 읽을 수 있어야 한다. 김정은은 2014년 신년사에서 "국방력 강화는 국사중의 국사이며 강력한 총대위에 조국의 존엄과 인민의 행복도 평화도 있습니다"[137]라고 말했다. 2019년 신년사에서는 "조선반도의 평화를 무력으로 믿음직하게 담보할 수 있게 국방 공업의 주체화, 현대화를 다그쳐"야 한다고 말했다.[138] 또한 2019년 4월 최고인민회의 제14기 제1차 회의에서는 다음과 같이 연설했다.

> "우리는 강력한 군력에 의해서만 평화가 보장된다는 철리를 항상 명심하고 자위의 원칙을 확고히 견지하며 나라의 방위력을 계속 튼튼히 다져야 합니다. 공화국 정부는 인민군대를 강화하고 전민 무장화, 전국요새화를 실현하는데 필요한 인적, 물적 자원을 우선적으로 충분히 보장하며 국방공업의 주체화, 현대화를 완벽하게 실현하여 국가방위력을 끊임없이 향상시켜 나갈 것입니다."[139]

김정은에게 평화를 보장하는 수단은 오직 국방력 강화다. 김정은은 많은 경우에 외교적인 표현으로 평화를 지키는 데, 즉 방어적 측면에서 국방력을 사용할 것처럼 말했다. 그러다가 2019년 2월 하노이에서 개최된 미 · 북 정상회담이 실패하고, 자신의 위장평화 공세가 뜻대로 전개되지 않자 2021년 1월에 제8차 당대회에서 강력한 국방력으로 조국 통일을 앞당기겠다는 주장을 했다.

---

137) 김정은(2014). 신년사: 신대진(2019), p. 31에서 재인용.
138) "군수공업 부분에서는 조선 반도의 평화를 무력으로 믿음직하게 담보할 수 있게 국방공업의 주체화, 현대화를 다그쳐 나라의 방위력을 세계의 선진국가 수준으로 계속 향상시키면서 경제건설을 적극 지원하여야 하겠습니다."(김정은(2019), 신년사).
139) 김정은(2019). (2019. 4. 13.). "현 단계에서의 사회주의건설과 공화국정부의 대내외정책에 대하여." 『로동신문』.

> "조선로동당은 남조선에서 미제의 침략무력을 철거시키고 남조선에 대한 미국의 정치군사적 지배를 종국적으로 청산하며 온갖 외세의 간섭을 철저히 배격하고 강력한 국방력으로 근원적인 군사적 위협들을 제압하여 조선반도의 안전과 평화적 환경을 수호하며 민족자주의 기치, 민족대단결의 기치를 높이 들고 조국의 평화통일을 앞당기고 민족의 공동번영을 이룩하기 위하여 투쟁한다."140)

이것은 북한의 국방력 강화가 단지 방어 수단으로 추진되고 있지 않음을 확인할 수 있게 해주는 말이다. 위의 당규약에는 "강력한 국방력으로 조국의 평화통일을 앞당기고 민족의 공동번영을 이룩하기 위하여 투쟁한다"는 말이 있다. 그런데 강력한 국방력으로 평화통일을 앞당기겠다는 말을 어떻게 이해할 것인가? 이것은 연방제를 남한에 강요하겠다는 것이다.

일반적 의미에서 평화통일은 국방력으로 실현하는 것이 아니기 때문에 달리 해석할 방도가 없다. 제8차 당대회에서 노동당규약 개정에 대한 결정서를 채택하면서 2021년 1월 10일자 『로동신문』은 다음과 같이 주장했다.

> "이것은 강위력한 국방력에 의거하여 조선반도의 영원한 평화적 안정을 보장하고 조국통일의 력사적 위업을 앞당기려는 우리 당의 확고부동한 립장의 반영으로 된다."141)

여기에는 강위력한 국방력으로 조국통일의 역사적 위업을 앞당기겠다는 표현이 등장한다. 이것이 북한의 솔직한 표현이다. 김여정은 위에서 인용한 2021년 8월 10일자 담화문에서 "절대적인 억제력"과 "선제타격 능력"을 보다 강화해나갈 것이라고 말했다. 여기서 절대적인 억제력은 핵무기다. 그러니 선제타격용 핵무기를 더욱 개발해나가겠다고 한 것이다.

스웨덴의 스톡홀름국제평화연구소(SIPRI)가 2020년 연감에서 밝힌 바에 따르면 북한은 이미 2020년 1월에 30-40개의 핵탄두를 보유한 것으로 평가되고 있다.142) 김정은은 2021년 1월 제8차 당대회에서 밝힌 것처럼 핵무기 증

---

140) 2021년 1월 제8차 당대회에서 개정된 당규약의 서문에서 인용.

141) 『로동신문』. (2021. 1. 10.). "조선로동당 제8차대회에서 조선로동당규약 개정에 대한 결정서 채택."

강에 대한 시도를 현재 이 순간에도 멈추지 않고 있다. 핵무기를 단지 방어용으로만 생각한다면 이렇게 숫자를 늘리면서 증강할 이유가 없다.

그리고 북한이 2019년부터 선보이기 시작한 북한판 이스칸데르(KN-23)와 북한판 에이태킴스 및 초대형 방사포도 한국군과 주한미군의 미사일 방어망을 무력화시키기 위한 수단으로 개발되고 있다.[143] 북한이 다양한 미사일과 방사포를 섞어 쏘면 한국군과 주한미군의 현재 미사일방어체계로 막기 어려운 것이 현실이다.

2021년 3월과 9월에 시험 발사된 신형전술유도탄(북한판 이스칸데르 개량형)과 신형 장거리 순항미사일, 열차 발사 탄도미사일 그리고 극초음속미사일 및 10월에 시험 발사된 잠수함발사탄도미사일(SLBM)은 방어하기가 매우 어렵다. 모두 북한군의 기습타격능력을 보여주는 무기체계에 속한다. 미국의 군사전문가들은 북한의 극초음속미사일에 핵탄두를 장착하면 게임체인저가 될 것으로 평가하고 있다. 북한의 미사일과 방사포가 단지 방어용이 아니라는 이야기다.

뿐만 아니라, 김정은은 2021년 1월 제8차 당대회에서 "상용 탄두 위력이 세계를 압도하는 신형 전술로케트와 중장거리 순항미사일을 비롯한 첨단 핵전술무기들을 연이어 개발함으로써 믿음직한 군사기술적 강세를 틀어쥐었다"고 말했다. 또한 "초대형 핵탄두"와 "극초음속활공비행전투부", "수중 및 지상 고체발동기대륙간탄도로케트", "핵잠수함"과 "수중발사핵전략무기", "군사정찰위성" 등 단지 방어수단으로 볼 수 없는 각종 첨단무기의 개발 계획을 밝혔다.

북한의 국방력 강화를 단순히 평화를 지키기 위한 수단으로 보는 것은 잘못 보는 것이다. 김정일 시대에는 핵무기 개발이 완성되지 않은 상태에서 핵과 미사일 개발이 정치적 효과를 거두기 위한 수단적 측면을 내포하고 있었다. 반면에, 김정은 시대에는 기술적 진전을 이루면서 핵과 미사일이 실제 전쟁에서 효과적으로 사용될 수 있는 수단으로 개발되고 있다. 이런 점에서 북한이 평화라는 달콤한 말을 하더라도 그 속에 비수가 숨겨져 있음을 알아야

---

142) 『연합뉴스』. (2020. 6. 15.)., "SIPRI '북한 핵탄두 30~40개 보유 추정…작년보다 10개 늘어'."

143) 『중앙일보』. (2019.9. 16.). "북한이 쏜 10차례 발사체 중 8차례는 KN-23, 기만술 구사."

한다.

우리가 유의해야 할 점은 북한의 전략이 김일성 시대부터 김정은 시대까지 변하지 않고 있다는 것이다. 그리고 일관된 전략에 기초해서 미국과 한국의 국내정치와 지도부 변화 등 시대상황과 북한의 핵 · 미사일 개발의 기술적 수준 및 북한의 경제적 위기 등 여러 여건을 고려하면서 전술적 변화가 시도된다는 것이다. 이 대목에서 우리가 착각하면 안 된다.

나. 평화에 대한 남한의 인식과 전략

1) 평화에 대한 남한 역대 정부의 인식과 전략

박정희 정부는 북한이 말하는 평화협정이 주한미군 철수를 철수시키고 남한의 국방력을 무력화시키는 가운데 기회가 오면 무력으로 적화통일을 이루려는 전략 · 전술적 수단이라고 보았다.[144] 그래서 북한의 진의를 의심하고 남북한의 평화 개념이 다르다고 다음과 같이 말했다.

> "우리들이 말하는 평화라는 것은 그야말로 전쟁이라는 것은 완전히 포기를 하고 다시는 서로 침략을 하지 않는다, 무력을 가지고 대결을 하지 않는다 하는 것을 우리는 평화라고 하는데, 공산주의자들이 말하는 평화라는 것은 자기들이 어떠한 목적 달성을 위해서, 일시적으로 필요할 때 시간을 얻기 위해서 상대방을 안심시키기 위해서 「평화」 운운하는 얘기를 들고 나옵니다."[145]

박정희는 북한이 진심으로 평화를 원한다면 휴전협정만 잘 준수해도 되는데, 실제론 13,000여 차례 휴전협정을 위반했다고 지적했다.[146] 그러면서 북한이 정말 평화를 지킬 의지가 있으면 평화협정 대신에 남한과 불가침 협정을 체결하자고 제안했다.[147]

노태우는 1988년 10월 18일 제43차 유엔총회의 연설에서 북한에 남북정

144) "박정희 대통령 연두기자회견." (1974. 1. 18.): 허문영 외(2007), p. 168에서 재인용.
145) 위의 글, p. 169.
146) 위의 글, p. 170.
147) 위의 글.

상회담 개최를 제안했다. 그리고 남북정상회담에서 "한반도의 평화정착을 가능케 하는 제도적 장치와 통일실현 방안, 남북 간의 교류협력, 군비축소 등 군사문제를 포함한 쌍방이 제기하는 모든 문제를 진지하게 논의"하자고 제안했다. 또한 "휴전협정을 항구적 평화체제로 대체하는 구체적 방안"도 남북정상회담에서 강구해나가자고 말했다. 아울러 한반도의 평화정착을 위해서는 남북한만의 화해를 넘어서 남북한이 "한반도의 평화와 이해관계가 있는 모든 당사국들과 더욱 합리적이며 정상적인 관계를 구축할 수 있어야" 한다고 말했다.[148]

노태우는 1991년 7월 12일에 평통자문회의 제5기 출범식 개회사에서 한반도 평화체제는 남북한이 당사자가 되고, 관련국들이 이를 확인하고 보장하는 방법을 통해서 만들어 가야 한다고 말하기도 했다.[149]

김영삼도 1995년 8월 15일에 광복절 제50주년 경축사에서 한반도 평화체제는 반드시 남북 당사자 간에 협의되고 해결되어야 하며, 관련 국가들의 협조와 뒷받침이 필요하다고 말했다.[150] 노태우의 평화구상을 그대로 계승한 것이다. 김영삼은 노태우 정부 시절에 체결된 「남북기본합의서」와 「한반도비핵화 공동선언」을 비롯해서 남북 간의 모든 합의사항이 존중되어야 한다는 말도 했다.

김대중 역시 1999년 5월 5일에 CNN 회견 기조연설에서 한반도의 평화와 안정을 위해서는 우선적으로 「남북기본합의서」에서 합의한 사항, 즉 화해와 불가침 및 교류 · 협력의 합의사항을 성실히 이행해나가야 한다고 말했다. 그리고 북 · 미관계와 북 · 일관계의 개선 및 정상화를 제안하면서 미국과 북한이 「제네바 합의」를 성실하게 이행해 나갈 것을 주문했다. 또한 한반도에서 핵과 미사일 등 대량살상무기의 통제 및 제거를 통해서 군비통제를 실현하고, 현재의 정전체제를 남북 간의 평화체제로 전환하자고 말했다.

김대중의 이런 발언은 노태우 정부 및 김영삼 정부의 정책과 대동소이하

148) "노태우 대통령 제43차 유엔총회 연설." (1988. 10. 18): 허문영 외(2007), pp. 153~154에서 재인용.
149) "노태우 대통령 평통자문회의 제5기 출범식 개회사." (1991. 7. 12.): 허문영 외(2007), p. 150에서 재인용.
150) "김영삼 대통령 광복절 제50주년 경축사." (1999. 8. 15.): 허문영 외(2007), p. 145에서 재인용.

다. 다만, 북한에 대한 김대중 정부의 포용정책, 즉 「햇볕정책」을 국제사회가 지지해달라고 촉구한 것이 새로운 내용이다.[151] 언론에서는 김대중의 이러한 제안을 「한반도 냉전종식을 위한 5대 제안」이라고 불렀다.

김대중 정부는 한반도 평화정착과 남북관계 개선을 동시에 추구했는데, 이를 실현하는 수단이 대북포용정책(햇볕정책)이라고 보았다.[152] 포용정책을 통해서 "체제위기를 맞고 있는 북한이 개방과 변화의 길로 나올 수 있는 환경과 여건을 만들어 줌으로써 전쟁을 방지하고, 평화통일의 기틀을 마련"[153]하겠다는 것이 김대중 정부의 생각이었다. 김대중은 북한과의 협력을 통해서 남북 간 신뢰를 형성하는 동시에 북한의 개방을 유도하고자 했다. 그리고 이를 통해서 남북 간 적대관계를 청산하고 평화공존을 실현하고자 했다.

달리 말하면 「햇볕정책」으로 한반도의 냉전체제를 종식시키고 평화체제를 달성하겠다고 한 것이다. 이와 더불어 김대중 정부는 김영삼 정부 때 추진된 4자회담을 지속적으로 추진해서 한반도의 평화 문제와 긴장완화 문제를 해결해 나가면서 정전체제를 평화체제로 전환하겠다는 의지도 밝혔다.[154]

김대중은 2000년 3월 9일 독일 베를린 대학에서 「독일통일의 교훈과 한반도 문제」라는 제목으로 연설을 했다. 그러면서 북한에 경제지원을 할 테니 북한도 핵과 장거리 미사일을 포기하고 한반도 평화정착에 협조하라고 제안했다. 이것을 김대중의 「베를린선언」이라고 말한다. 김대중은 동 선언에서 "한반도 문제는 궁극적으로 남북한 당국자만이 해결할 수 있다고 확신"한다는 말도 했다.[155] 그런데 김대중 정부는 2002년 10월에 제2차 북핵 위기의 조짐이 나타났음에도 기존의 남북관계와 경제협력을 지속했다. 남북관계를 북핵 문제와 분리해서 추진한 것이다.

또한 1999년과 2002년에 서해 북방한계선 부근에서 남북한 함정이 두 차례 군사적으로 충돌하는 연평해전이 발생했다. 그럼에도 김대중은 금강산관광 등 경제협력을 지속했는데, 이것 역시 평화 문제와 남북관계를 분리해서 생각했음을 방증하는 것이다. 말로는 안보를 바탕으로 대북포용을 추진한다고 했

151) "김대중 대통령 CNN 회견 기조연설." (1999. 5. 5.): 허문영 외(2007), p. 142에서 재인용.
152) 통일부(1999).
153) 위의 글, p. 7.
154) 위의 글, p. 17.
155) "김대중 대통령 베를린 선언." (2000. 3. 9.): 허문영 외(2007), p. 140에서 재인용.

지만, 한반도 평화가 위협받는 상황에서 김대중의 실제 행동은 달랐다.

노무현은 2003년 2월 25일 대통령 취임사에서 "북한은 핵무기를 보유할 것인지, 체제안전과 경제지원을 약속받을 것인지를 선택해야 합니다"[156]라고 말했다. 북핵 문제와 대북지원을 연계한 것이다. 그러나 노무현의 말과 실제 행동도 달랐다. 2003년 1월에 제2차 북핵 위기가 발생하고, 한 달 후인 2월에 취임한 노무현이 개성공단의 1단계 이행을 지속적으로 추구했기 때문이다. 그러면서 2004년 11월 13일 미국 국제문제협의회(WAC) 연설에서는 "북한이 끝내 핵무기를 포기하지 않을 때는 미국을 비롯한 서방세계는 물론 한국, 중국, 러시아의 지원마저도 기대하기 어렵게 될 것입니다"[157]라고 말했다.

노무현은 2005년에는 북핵 문제가 해결되지 않아도 남북 간 기존합의를 이행하는 것이 필요하다는 말을 했다. 남북관계와 북핵 문제를 분리하기 시작한 것이다. "무엇보다 중요한 것은 약속의 실천입니다. 북핵 문제가 걸려 있지만, 이것이 남북 간 기존 합의의 이행을 지체하거나 무산시킬 이유는 아니라고 생각합니다. 합의한 사항들을 반드시 이행해 나가는 것이 남북관계를 발전시키는 가장 확실한 길"[158]이라고 말한 것이 이에 해당한다. 북한은 남북 간 합의를 이행하지 않는데, 남한은 합의를 이행해야 한다고 노무현이 말한 것이다.

이렇게 해서 노무현 정부 시절 금강산관광 사업 등으로 남북교역 규모가 2002년 6억 4,200만 달러에서 2006년 13억 4,900만 달러로 증가했다.[159] 북한 문제에 대한 노무현의 발언에는 일관성이 없었다. 2006년 10월에 북한이 제1차 핵실험을 했음에도 노무현 정부가 남북경협의 틀을 유지한 것 역시 이런 맥락에서 평가할 수 있다. 또한 노무현 정부는 2007년 10월에 제2차 남북정상회담을 통해서 대규모 대북지원 경제프로젝트 구상을 밝히는 동시에 종전선언과 평화체제 구축을 모색하기도 했다. 「10 · 4 남북 정상선언」에 담긴 다음 글이 이 점을 명시하고 있다.

> "남과 북은 현 정전체제를 종식시키고 항구적인 평화체제를 구축해 나가야 한다는데 인식을 같이하고 직접 관련된 3자 또는 4자 정상들이 한반도지역에서

---

156) 국가안전보장회의 상임위원회(2006), p. 18.
157) Ibid.
158) "노무현 대통령 「6 · 15」 공동선언 5주년 국제학술대회 축사." (2005. 6. 13.).
159) 스콧 스나이더(2018), p. 168.

만나 종전을 선언하는 문제를 추진하기 위해 협력해 나가기로 하였다."[160]

이명박 정부 역시 "한반도 비핵화와 평화체제의 구축, 미 · 일 · 중 · 러와의 우호적 협력관계와 동북아시아 지역협력안보체제의 구축, 남북경제공동체의 토대를 마련함으로써"[161] 한반도 평화구조를 창출하겠다는 의지를 밝혔다. 이런 점은 노무현 정부의 정책과 대동소이하다. 이명박 정부는 다음과 같이 말하기도 했다.

"새로운 평화구조란 남북한이 진정성 있는 대화, 생산성 있는 교류협력 관계를 통해 만들어 가는 상생과 공영의 한반도 질서를 의미합니다. 상생과 공영의 남북관계 발전과 국제협력을 토대로 한반도의 냉전구조를 종식하고 항구적인 평화를 정착시키겠습니다. 현재의 정전상태를 남북 사이의 공고한 평화상태로 전환시켜 나가겠습니다."[162]

이것 역시 김대중 정부 및 노무현 정부의 지향점과 다르지 않다. 이명박이 2010년 8 · 15 경축사에서 「경제공동체」 및 「민족공동체」와 함께 북핵 문제 해결을 전제로 한 「평화공동체」 건설을 제안한 것도 같은 맥락이라고 볼 수 있다.

박근혜 정부 역시 남북 간 신뢰 구축을 통해서 남북관계를 발전시키고, 이를 토대로 한반도에 평화를 정착시키면서 통일기반을 구축하겠다는 「한반도 신뢰프로세스」를 대북정책의 핵심기조로 밝혔다. 다음 주장이 이에 해당한다.

"튼튼한 안보가 평화를 지키는 수단이라면 한반도 신뢰프로세스는 적극적으로 평화를 만들어가는 방법이다. 정부는 신뢰를 바탕으로 북한의 변화를 이끌어 내고 남북관계의 정상화와 발전을 도모하면서 지속가능한 평화를 달성하고자 한다."[163]

160) "남북관계 발전과 평화번영을 위한 선언(10 · 4 남북 정상선언)" 제4항.
161) 통일연구원(2008), p. 13.
162) 위의 글, p. 22.
163) 박근혜 정부 청와대 국가안보실(2014), p. 19.

2) 남한 역대 정부의 평화전략 평가

노태우 정부부터 박근혜 정부까지 한국의 역대 모든 정부는 선언적으로 남북관계 개선과 평화정착을 추구했다. 남북한 교류 · 협력을 남북관계 발전의 수단으로 보고, 남북관계의 발전을 토대로 한반도 평화를 달성해나가겠다고 주장한 것이다. 통일방안도 노태우 정부가 제안한 「한민족공동체통일방안」을 김영삼 정부가 「민족공동체통일방안」으로 계승 · 발전시킨 뒤 문재인 정부에 이르기까지 한국의 통일방안으로 유지되고 있다. 이것은 3단계로 통일을 추구하는 방안이다. 1단계인 「화해 · 협력 단계」를 거쳐서 2단계인 「남북연합 단계」로 나아간 뒤 3단계에서 「통일국가」를 완성한다는 것이다.

이것을 통해서 알 수 있듯이 역대 모든 정부는 남북한의 화해 · 협력이 실현될 것으로 보고 이를 위해서 노력해왔다. 그리고 이 화해 · 협력을 통해서 한반도의 평화 여건을 조성하고, 궁극적으로 평화체제를 구축하며 통일기반을 조성할 수 있을 것이라는 교과서적인 믿음을 가졌다. 하나의 사례를 들어 이명박 정부의 주장을 복기하면 다음과 같다.

> "한반도의 진정한 평화정착은 한반도의 비핵화가 그 출발점이라 할 수 있으며, 아울러 남북한이 진정성 있고 생산성 있는 대화와 합의를 도출하고 이를 실천하는 과정에 축적될 것입니다. 남북한 간 교류협력의 심화와 함께 정치적 신뢰증진, 군사적 신뢰구축이 이루어져 한반도의 실질적인 긴장완화 및 평화보장 조치가 실현될 때 의미 있는 평화정착을 이야기할 수 있을 것입니다. 한반도 평화체제는 단순한 평화협정 체결로 마무리되는 것이 아니라, 이와 함께 상호간의 실질적인 평화보장 조치가 실천됨으로써 완성되는 것입니다."[164]

박근혜 대통령(이하, 박근혜)이 2014년 3월에 독일을 방문하고 드레스덴에서 발표한 「한반도 평화통일을 위한 구상」(일명 드레스덴 선언)도 남북한 교류 · 협력을 가정한 것이다. 이러한 목표가 바람직한 것이라는 점에서 목표 설정 자체를 탓할 수는 없다. 그런 목표를 가져야만 한다는 당위성에서 출발한

---

164) 통일연구원(2008), p. 41.

것도 이해할 수 있다.

실제로 동서독은 1970~80년대에 화해 · 협력 단계를 거쳐서 1990년 초 · 중반에 화폐통합 등 통합정책을 추진하는 가운데 「동 · 서 국가연합」이라는 짧은 과도기를 거친 뒤 1990년 10월에 평화적으로 통일국가를 달성했다. 독일 통일의 이런 경험에 한국의 역대 정부가 영향을 받고 독일 모델을 본보기로 삼으면서 한반도에 적용하려고 한 것은 심정적으로 충분히 이해가 가는 부분이다. 필자 자신도 그런 생각을 가졌었다.

문제는 이런 목표가 북한이라는 비정상국가를 상대로 실현될 수 있느냐는 것이다. 만약 바람직한 목표라도 근본 가정이 잘못돼서 현실적으로 실현되기 어렵다면, 이제라도 발상의 전환을 해서 대안을 찾아야 하는 것이 아닐까? 동독과 북한은 전혀 다른데, 동독을 상대로 서독이 추진했던 전략을 남한이 북한에 적용하면 성공할 수 있을까? 이런 근본적인 문제를 제기하지 않고, 전략적 대안도 찾지 않았기 때문에 역대 정부의 대북정책과 평화추진 전략이 실패한 것은 아닐까? 물론 역대 보수 정권과 진보 정권의 대북 접근법에는 공통점과 차이점이 있다. 정전체제를 평화체제로 바꾸겠다는 목표는 동일했지만, 방법에는 차이가 있었다.

노태우 정부와 김영삼 정부, 이명박 정부와 박근혜 정부 등 보수 정권은 북한이 협조하지 않을 때 멈출 줄 알았다. 북한의 군사도발로 평화가 위협받거나, 북핵 문제가 해결되지 않았을 때 보수정권은 무리하게 남북관계를 추진하지 않았다. 대북지원과 남북경협을 중단하거나, 확대하지 않은 것이다. 하고 싶어도 할 수 있는 여건이 아니라고 보았기 때문이다. 이것이 상식적이고 합리적인 판단이다.

이명박 정부는 2008년 7월 11일에 금강산을 관광 중이던 박왕자씨가 북한군 총격으로 살해된 후 금강산관광 사업을 중단시켰다. 그리고 2010년 3월 26일에 북한의 어뢰 공격으로 한국 해군의 천안함이 침몰하고 46명의 승조원들이 사망한 후 「5 · 24 대북제재 조치」를 단행하고 개성공단에 대한 신규투자를 금지했으며 이외의 모든 남북교역을 중단했다.

"북핵문제 해결과 남북관계 발전이 선순환하도록 노력해 나갈 것"[165]이

165) 박근혜 정부 청와대 국가안보실(2014), p. 57.

라고 말했던 박근혜 정부 역시 출범 직전인 2013년 2월에 북한이 제3차 핵실험을 했어도, 남북경협의 틀을 변화시키지 않았다. 그러다가 2016년 1월에 북한이 제4차 핵실험을 하고, 한 달 후 2월에 장거리미사일 시험발사를 하자 개성공단 가동 전면 중단을 선언했다. 멈춰야 할 때 멈춘 것이다.

반면에 김대중 정부는 1999년과 2002년에 북한의 도발로 두 차례의 연평해전이 발생했음에도 금강산관광 등 남북경협을 중단 없이 추진했다. 2000년에 추진한 제1차 남북정상회담에서 공동성명을 발표했지만, 여기에서 평화를 위한 노력은 전혀 언급되지 않았다.

제2차 북핵 위기가 발생한 후 2003년에 출범한 노무현 정부는 북한의 핵위협이 더 증가했음에도 남북경협의 규모를 확대했다. 뿐만 아니라, 북한이 2006년 10월에 핵실험을 한 후 북한의 비핵화 조치가 전혀 이루어지지도 않은 상태에서 임기 말 2007년 10월에 남북정상회담을 개최하고 대규모 대북지원 경제프로젝트와 종전선언 및 평화체제 추진을 모색했다. 평화에 대한 위협이 실질적으로 증가했음에도 남북경협을 통해서 남북관계를 개선하는 것이 가능하다고 본 것이다.

그런데 노무현 정부가 이렇게 해서 실제로 남북관계가 개선되었나? 아니면 북한이 남북경협으로 번 돈을 핵과 미사일 개발에 사용해서 평화에 대한 위협이 더욱 증가했는가? 남북경협뿐만이 아니다. 노무현 정부와 문재인 정부는 평화 여건이 전혀 조성되지 않은 상태에서 종전선언과 평화체제 구축을 모색했다. 이런 점에서 진보정권과 보수정권은 분명히 달랐다. 진보 정권은 남북관계와 평화체제에 대한 환상을 갖고 희망적 사고에 입각해서 정책을 추진했다. 그러다 보니 일시적으로 (국내)정치적 효과를 볼 수는 있어도, 결국 성공하지 못할 정책을 추진한 것이다.

진보 정부와 달리 노태우 정부와 김영삼 정부는 "「남북기본합의서」와 「남북불가침분야 부속합의서」의 성실한 이행이 평화체제 전환의 전제이며 조건"[166]이라고 생각했다. 또한 「남북기본합의서」에 명시된 남북화해, 불가침 및 교류 · 협력에 관한 규정을 남과 북이 제대로 이행하고 실천하면 실질적 평화 달성이 가능하다고 여겼다. 다음에 인용된 내용이 「남북기본합의서」에서

166) 제성호(2000), p. 179.

해당되는 부분이다.

"남과 북은 현 정전상태를 남북사이의 공고한 평화상태로 전환시키기 위하여 공동으로 노력하며 이러한 평화상태가 이룩될 때까지 현 군사정전협정을 준수한다."(제1장 제5조)
"남과 북은 상대방에 대하여 무력을 사용하지 않으며 상대방을 무력으로 침략하지 아니한다."(제2장 제9조)
"남과 북은 의견대립과 분쟁문제들을 대화와 협상을 통하여 평화적으로 해결한다."(제2장 제10조)

다음은 「남북불가침분야 부속합의서」에서 해당되는 부분이다.

"남과 북은 현 정전상태를 남북사이의 공고한 평화상태로 전환시키기 위하여 '남북사이의 화해와 불가침 및 교류 · 협력에 관한 합의서'와 '한반도의 비핵화에 관한 공동선언'을 성실히 이행 · 준수한다."(제5장 제18조)
"남과 북은 남북사이의 공고한 평화상태가 이룩될 때까지 현 군사정전협정을 성실히 준수한다."(제5장 제20조)

특히 김영삼 정부는 북한이 기존 합의문을 이행하지도 않는 상태에서 새로운 선언을 하고 협정을 체결하는 것이 의미 없다고 보았다. 북한의 행동과 평화협정 체결 관련 주장이 모순된다고 생각한 것이다.[167] 실제로 북한은 미국과의 평화협정 체결을 주장하면서 동시에 정전체제를 무력화시키는 평화 파괴행위를 했다. 때문에 북한이 기존의 합의 사항도 지키지 않는데 평화협정을 체결한다고 평화가 조성될 것인가에 대해서 의문을 품은 것이다.

당시 김영삼 정부는 공고한 평화 정착과 구축은 협정이나 조약으로 한 번에 달성되는 것이 아니라고 생각했다. 대신에 평화협정 그 자체보다 평화를 확보할 수 있는 실질적 기반 조성을 중요시했다. 김영삼 정부의 이런 생각은 합리적인 것이었다.

물론 김영삼 정부도 비판받을 부분이 있었다. 김영삼 정부는 북한이 정전

167) 위의 책, pp. 154-155.

협정을 무력화시키니까 할 수 없이 위기관리 차원에서 평화협정을 대안으로 생각했다. 그 결과 1996년 제주도에서 개최된 김영삼과 클린턴의 한 · 미 정상회담에서 김영삼은 남북한과 미국 및 중국이 참여하는 4자회담을 제안했다. 이런 점에서 김영삼 정부의 태도는 이중적이었다. 북한의 태도에 의문을 품으면서도 결국 북한이 원하는 방향으로 대응했기 때문이다. 4자회담에서 성과를 거두지도 못했다.

김영삼 정부가 북한을 「고장난 비행기」로 비유하고, 북한의 붕괴가 임박한 것처럼 판단한 것도 현실에 부합하지 않았다. 북한 체제에 대한 평가 및 전망과 관련해서는 이명박 정부와 박근혜 정부도 마찬가지다. 이명박 정부가 북한이 비핵화를 하고 개방을 하면 주민소득을 3,000 달러 수준으로 만들어주겠다는 「비핵 · 개방 3,000」[168]을 제안한 것 자체가 북한을 너무 모르는 희망적 사고였다. 또한 이명박이 "통일은 도둑 같이 올 것"[169]이라며 통일 재원을 마련한다고 「통일 항아리」를 만든 것도 막연한 희망에 기초한 것이었다.

박근혜 정부가 북한과 신뢰를 구축하겠다면서 「한반도 신뢰프로세스」를 구축하겠다고 한 것과 「통일대박」이라는 슬로건을 제시한 것 역시 순진한 희망적 사고에 토대를 둔 것이었다. 2014년 1월에 박근혜가 신년 기자회견에서 「통일대박론」을 제시한 후 만들어진 통일준비위원회의 정종욱 부위원장은 "북한의 호응이 있어야 한반도 신뢰프로세스가 시작되는 건데 북한이 이리 꿈적도 안 할 거라곤 예상하지 못했던 부분"[170]이라고 말했다.

168) 이명박. (2009. 9. 21.). "CRF/KS/AS 공동주최 오찬 연설.".
169) 『한국일보』. (2017. 10. 6.). "이명박의 '도둑' 박근혜의 '대박' 문재인의 '새벽'이 가리키는 것은."
170) 『국민일보』. (2014. 10. 3.). "정종욱 통일준비委 부위원장 '한반도 신뢰프로세스 미세한 조정 필요하다."

3) 평화에 대한 문재인 정부의 인식과 전략

평화에 대한 문재인 정부의 인식

문재인 정부는 역대 정부의 3단계 통일방안을 계승하고 있다.[171] 남북관계 개선과 평화체제 구축을 동시에 추구하는 것도 역대 정부와 같다. 평화에 대한 문재인의 인식은 2019년 6월 12일 노르웨이 오슬로 대학에서 행한 연설에서 잘 드러난다. 문재인은 동 연설에서 요한 갈퉁의 평화 이론을 언급하면서 "남북한 주민들이 분단으로 인해 겪는 구조적 폭력을 평화적으로 해결하는 것이 중요"하고, "이를 위해 교류와 협력으로 서로를 이해할 수 있어야 구조적 갈등을 찾아 해결할 수 있을 것"[172]이라고 말했다. 또한 "평화란 힘에 의해 이뤄질 수 있는 게 아니다. 평화는 오직 이해에 의해서만 성취될 수 있다"[173]는 아인슈타인의 말을 인용하기도 했다.

그러나 평화에 대한 문재인의 연설 내용은 오직 국방력이라는 힘으로 평화를 지킬 수 있다는 김정은의 주장과 정반대다. 북한은 문재인과 달리 남북한 교류 · 협력을 평화로 가는 과정으로 생각하지 않는다. 오히려 자본주의 황색바람이 침범해서 북한 체제를 오염시키는 수단으로 여긴다. 그래서 김정일 시대부터 남북 경제협력을 하더라도 단지 남한의 경제지원을 확보하는 수단으로만 생각하면서 철저하게 모기장으로 자본주의 황색바람을 차단하는 정책을 추진해왔다. 교류 · 협력으로 남북한이 서로 이해하고, 구조적 폭력과 갈등을 찾아 해결하는 것을 남한의 흡수통일 전략으로 본 것이다. 이런 점에서 평화에 대한 남북한의 인식은 전혀 다르다.

그런데 문재인은 이런 점을 외면하고 희망적 사고에 입각해서 남북한 교류 · 협력이 평화를 위해서 필요하다는 이야기를 했다. 문재인이 지난 남북관계의 역사에서 교훈을 도출하지 못하고, 실패한 역대 한국 정부의 전략을 큰 틀에서 그대로 답습했다는 것을 알 수 있다. 특히 북한의 핵무기가 완성되지

---

171) "문재인 정부의 「3－No」는 1989년 이래 역대 정부의 공식 통일방안인 「민족공동체 통일방안」의 기본정신을 따르고 있습니다."[통일부(2017), p. 7.]

172) 문재인. (2019. 6. 12.). "국민을 위한 평화." 노르웨이 오슬로 포럼 기조연설. 청와대(https://www1.president.go.kr/articles/6495).

173) 위의 글.

않았을 때와 핵보유국이 되었을 때는 남한이 다르게 대응하는 것이 상식이다. 그런데 평화에 대한 문재인의 인식은 북한이 핵무기를 보유한 현실의 변화를 반영하지 않았다.

문재인 정부의 평화전략

문재인 정부는 출범 후 초기에 평화 추진전략을 북한의 비핵화와 연계해서 두 단계로 구상했다. "북한의 비핵화 초기 조치와 함께 종전선언을 추진하고, 비핵화가 완전히 해결되는 단계에서 평화협정 체결을 추진한다"[174]는 것이 그것이다. 문재인 정부는 동 전략을 실현하기 위해서 2018년 초 한국의 평창에서 개최된 동계올림픽을 계기로 북한과의 접촉 확대에 나섰다.

동년 4월 27일에는 판문점에서 남북정상회담을 개최하고 「판문점 선언」을 발표했다. 그리고 「판문점 선언」에서 한반도의 군사적 긴장을 완화하고 전쟁 위험을 해소하기 위한 일련의 조치, 즉 △ 지상 · 해상 · 공중에서의 적대행위 중지, △ 비무장지대(DMZ)의 평화지대화, △ 서해 해상의 평화 수역화, △ 군사회담 정례화 등을 북한과 함께 추진하기로 합의했음을 밝혔다.

또한 남북 간 불가침 합의를 재확인하고, 상호 신뢰가 구축되는 데 따라 단계적 군축을 실현해 나가기로 했다. 2018년 내로 종전선언과 평화협정 체결을 통한 평화체제 구축 문제를 논의하기 위해서 남 · 북 · 미 3자 또는 남 · 북 · 미 · 중 4자회담 개최를 추진해 나갈 뜻도 밝혔다. 남한과 북한이 한반도 비핵화를 위해서 "각기 자기의 책임과 역할을 다하기로 하였다"는 의지도 확인했다. 이것은 「4 · 27 판문점 선언」을 통해 발표된 내용이다.

문재인 정부는 2018년 9월 19일에 평양에서 다시 개최된 남북정상회담에서는 「판문점 선언」 이행을 위한 「남북군사분야합의서」를 체결했다. 동 합의서의 주요 내용은 다음과 같다. 첫째, 남북 쌍방의 무력 사용 금지와 쌍방의 대규모 군사훈련 및 무력증강, 항행 방해, 상대방에 대한 정찰행위 중지 문제 등을 「남북군사공동위」에서 협의해 나가기로 했다. 둘째, 지상에서 군사분계선으로부터 5㎞ 안에서 포병 사격훈련 및 연대급 이상 야외기동훈련을 전면

174) 문재인 정부 청와대 국가안보실(2018), p. 40.

중지하기로 했다. 해상에서는 일정 수역에서 포사격 및 기동훈련 중지와 포문 폐쇄 조치를 취하기로 했다. 셋째, 공중에서는 군사분계선 상공 비행금지구역을 설정하기로 했다. 넷째, 비무장지대 내 감시초소(GP) 상호 철수와 판문점 공동경비구역의 비무장화 및 비무장지대 내 남북공동유해 발굴을 진행함으로써 비무장지대를 평화지대로 만들어가기로 했다. 다섯째, 서해 북방한계선 일대의 평화수역화와 남북교류·협력의 군사적 보장 대책을 강구하기로 했다. 여섯째, 남북 군사당국자 간 직통전화 설치 및 운영과 남북군사공동위원회 구성 및 운영을 협의해 나가기로 했다.

그런데 남북 군사분야 합의는 최소한 북한의 비핵화와 병행하거나, 아니면 비핵화 이후에 추진해야 맞는 것이다. 북한의 비핵화가 전혀 안 되고 핵무기를 증강하는 상황에서 재래식 무기의 군비통제와 축소를 하는 것은 한국에만 절대적으로 불리하기 때문이다. 그래서 「남북군사분야합의서」 체결을 둘러싸고 많은 비판이 제기됐다.

특히 한국 정부가 2018년 9월의 「남북군사분야합의서」에서 북한의 핵과 장사정포 등 한국에 위협이 되는 것들은 언급도 하지 않은 채 북한에 위협이 되는 한 · 미 공군의 비행 금지를 합의한 것은 아주 잘못된 것이었다. 북한은 전방에 60－70%의 군사력을 배치하고 있다. 이 군사력은 선제기습공격을 수행하기 위한 수단이다. 그런데 문재인 정부는 북한의 이런 위협을 그대로 둔 채, 이것에 대비하는 한 · 미 연합군의 정찰과 대응능력을 대폭 약화시켰다.

뿐만 아니라, 한국 정부는 사전에 미국과 충분한 조율 없이 「9 · 19 남북군사분야합의서」를 체결했다. 그래서 이 문제로 당시 미국 국무장관이던 마이크 폼페이오(이하, 폼페이오)가 강경화에게 항의하는 전화를 하기도 했다.175) 한미동맹으로 북한의 군사위협에 공동 대응하기로 해놓고, 미국과 사전에 충분한 논의 없이 북한과 군사분야합의서를 불리하게 체결한 것은 잘못된 것이다. 주한미군도 영향을 받기 때문이다. 문재인 정부가 북한의 환심을 사기 위해서 한미동맹이 약화되는 것을 주저하지 않았기 때문에 이런 일이 발생했다.

김정은은 2019년 11월 23일에 북방한계선(NLL) 북방 창린도를 방문해서 해안포 사격을 지시했다. 2020년 5월 3일에는 강원도 철원군 비무장지대 북한

175) 『조선일보』. (2018. 10. 10.). “강경화, 남북군사합의에 美폼페이오 ‘불만’ 인정.”

군 초소에서 남한의 감시초소(GP)를 향하여 14.5㎜ 고사총을 발사하며 도발을 했다.[176] 북한이 두 차례 9 · 19 남북군사합의를 위반한 것이다. 또한 북한군의 잠수정이 동해에서 대남 침투 훈련을 한 사례는 2018년, 즉 남북정상회담이 3차례 개최되고, 「남북군사분야합의서」가 체결된 년도에 가장 많이 발생했다. "120여회(2014년)→80여회(2015년)→90여회(2016년)→90여회(2017년)이던 훈련 횟수가 2018년에는 150여회로 늘었다"[177]는 사실이 이를 말해준다.

동시에 한 · 미 해군의 대잠(對潛) 연합훈련은 2018년부터 축소됐다. "2016년 16회(훈련일 34일), 2017년 13회(31일)이던 것이 2018년에는 8회(14일)로 줄었다"고 한다. 그리고 "1994년부터 해마다 실시하던 한 · 미 연합 대잠 해양탐색훈련(SHAREM)은 2018년 이후 중단된 상태"라고 한다.[178] 이것이 문재인 정부가 추진했던 평화전략의 실체다. 말로는 평화가 온 것처럼 주장하는 동안에 북한의 군사적 대남 침투 훈련은 오히려 증가해도 모른 척 하면서 한 · 미 연합군사훈련을 축소하거나 중단한 것이다.

김정은 자신은 평화를 지키기 위해서 국방력을 강화시켜야 한다고 말한다. 북한 자신은 핵과 미사일 개발의 지속은 물론 모든 동계 및 하계 대규모 군사훈련을 정상적으로 실시해왔다. 그러면서 한국의 자주국방과 국방력 강화를 인정하지 않고, 한국이 이러지도 저러지도 못하게 요구해왔다. 「남북군사분야합의서」를 구실로 한 · 미 연합군사훈련은 물론이고 남한의 단독 군사훈련조차 못하게 비난한 것이 이를 방증한다. 북한은 한국이 F-35 전투기를 도입한 것도 비난했다. 다음 발언은 2019년 3월 20일자 『우리민족끼리』에 실린 글이다.

> "더우기 북남선언들에서 천명된 대로 북과 남이 평화번영의 길로 나가기로 확약한 이상 내외의 우려를 자아내고 조선반도정세긴장의 근원으로 되고 있는 온갖 형태의 전쟁연습은 완전히 중단되여야 한다. (…) 그런데도 남조선당국이 단독군사연습들을 벌리겠다고 광고하고 있는 것은 북남선언들에 대한 란폭한 위반으로서 절대로 용납될 수 없다."[179]

---

176) 중앙일보. (2020. 5. 8.). "'군사합의' 체리피커 북한…이러려고 한국군 군사분계선 훈련 중단했나."
177) 『중앙일보』. (2021. 10. 5.). "軍이 감춘 진실…정상회담 그해 北잠수정 침투훈련 2배."
178) 위의 글.

이것은 한국에게 무장해제를 하라고 말하는 것이다. 북한이 문재인 정부를 자기 마음대로 다룰 수 있다고 생각하기 때문에 이런 주장을 한 것이다. 북한 입장에서는 문재인 정부만큼 다루기 쉬운 한국 정부가 없었다. 「9 · 19 남북군사분야합의서」 체결은 남북한 협상이 균형감을 잃고 비정상적으로 이뤄진 하나의 작은 사례에 불과하다. 북한과의 협상은 항상 이런 식으로 진행되어 왔다. 북한이 이럴 줄 모르고 합의서를 체결한 문재인 정부의 인식에 심각한 문제가 있었음을 지적하지 않을 수 없다.

4) 문재인 정부와 종전선언

문재인 정부는 「판문점 선언」을 통해서 2018년 내로 종전선언 및 평화체제 구축을 위해서 관련국들의 회담을 시작하겠다는 의지를 밝혔다. 그리고 이 내용을 실현하기 위해서 임기 내내 노력했다. 우선 2018년 6월 12일에 개최된 싱가포르 제1차 미 · 북 정상회담에서 남 · 북 · 미 3개국 정상이 참여하는 종전선언을 추진했다. 그러나 무산됐다. 그러자 3개월 후인 9월 말 유엔총회에서 남 · 북 · 미 · 중의 정상이 모두 참석한 가운데 종전선언을 하는 것을 추진했다. 하지만 이것 역시 무산됐다.[180]

북 · 미 간에 종전선언에 대한 입장 차이가 커서 진척이 없자, 문재인 정부는 『국가안보전략서』에서 밝힌 구상을 수정했다. 북한의 비핵화 조치 초기단계에 종전선언을 한다는 구상을 포기했다. 그리고 말로는 종전선언이 북한의 비핵화를 견인할 것이라고 주장했지만, 실제론 비핵화와 연계하지 않고, 종전선언을 추진하는 방향으로 선회했다. 문재인 정부가 북한의 핵 신고를 생략한 채 종전선언을 정치적 선언으로 하자고 주장한 것이 이를 방증한다.

이런 맥락에서 강경화는 2018년 10월 3일에 워싱턴포스트(WP)와의 인터뷰에서 북한의 영변 핵시설 폐기에 앞서 미국이 종전선언을 하면 "비핵화를 향한 거대한 한 걸음이 될 것"[181]이라고 말했다. 북한의 비핵화 조치 이전에 종전선언을 유인책으로 제시한 것이다. 문정인 (대통령) 통일외교안보 특별보

179) 강금철. (2019. 3. 20.). "조선반도의 평화와 안전을 수호해야 한다." 『우리민족끼리』.
180) 『한겨레』. (2018. 8. 30.). "문정인 "문재인 정부, 9월 유엔총회서 종전선언 목표."
181) 『한국경제』, (2018. 10. 4.). "강경화, 핵신고 미루고 영변 폐기 – 종전선언 '빅딜' 제안."

좌관(이하, 문정인) 역시 2018년 10월 29일 「2019 KPF 저널리즘 콘퍼런스」에서 "미국이 말하는 '선(先) 신고 후(後) 사찰'은 비합리적"이라면서 "종전선언에 이어 신뢰를 구축하고 불가침 협정을 한 다음 핵신고 · 핵사찰을 하겠다는 북한의 입장이 일리 있다"고 주장했다.[182)]

강경화와 문정인이 「선(先) 종전선언, 후(後) 비핵화」를 말하면서 비핵화 견인 수단으로서의 종전선언에 의미를 부여한 것이다. 그러나 북한이 종전선언과 북한 비핵화의 연계성을 부정하는 상태에서, 종전선언이 비핵화를 견인한다는 보장은 어디에도 없다.

국제사회의 대북제재가 변함없이 지속되는 가운데 「판문점 선언」의 내용 중에서 북한이 중요하게 생각하는 남북경협이 무산되자, 문재인 정부가 종전선언이라도 추진해서 북한에게 선물을 주려 한 것이다. 그러나 미국은 북한 비핵화의 첫걸음도 떼지 않은 상태에서 종전선언을 하는 것이 북한에게 주한미군 철수의 명분만 제공할 수 있다고 우려하는 입장을 취했다. 그리고 북한 비핵화의 전체 로드맵 속에서 한 단계로 종전선언을 고려할 수 있다는 생각을 밝혔다.

그러자 문정인은 하노이 제2차 미 · 북 정상회담이 개최되기 직전인 2019년 2월 15일에 국회 의원회관에서 열린 「2019년 한반도 정세 전망」이라는 간담회에서 다시 종전선언에 대한 논의에 불을 지폈다. "'선(先) 신고 · 사찰, 후(後) 종전선언'과 같은 미국의 접근 방식에 대해 '현실성이 없다'"고 평가하면서 "북한이 미국에 핵시설 · 물질 · 무기와 수량과 위치를 신고하는 것은 북한으로선 미국에 공격 리스트를 주는 격"이라고 말했다.[183)]

핵시설 · 물질 · 무기의 수량과 위치를 신고하지 않고는 비핵화 조치가 전혀 이루어질 수 없다. 그런데 북한이 핵 신고를 거부하니까 이런 조치를 생략하고 먼저 종전선언을 하자고 문정인이 말한 것이다. 이것은 북한이 하고 싶은 말을 대신 해 준 것에 다름 아니다. 북한이 종전선언을 비핵화와 관계가 없는 것으로 주장하는 상태에서 문재인 정부가 달리 종전선언을 주장할 명분이 없다 보니 이렇게 말한 것이다. 그러다 보니 문재인 정부가 추진하는 정책들

182) 『조선일보』. (2018. 10. 29.). "문정인 '김정은, 이복형 암살 등 나쁜 일 했지만 사악하겐 보지 말아야'."
183) 『조선일보』. (2019. 2. 15.). "문정인 '先신고 · 사찰－後종전선언은 비현실적'."

은 문제의 본질에서 비켜나 옆길로 새면서 계속 새로운 문제를 만들어냈다.

김정은은 2019년 2월 말에 개최된 제2차 미 · 북 정상회담에서 영변 외의 핵시설은 숨겨둔 채 기껏해야 과거 IAEA에 신고했던 영변의 핵시설만 보여주고 비핵화를 끝내려 했다. 미국이 영변 외의 핵시설에 대해서 파악하고 있는 정보를 제시하자 이것을 부정하기도 했다. 이것은 북한이 완전한 비핵화가 아닌 「부분적 비핵화」를 하면서 핵보유국으로 자리매김하려 했다는 의도를 보여준 것이다.

이런 상태에서 문재인 정부가 종전선언이 비핵화를 견인할 것이라고 주장한 것은 그 자체가 틀린 것이다. 이런 식으로 종전선언을 하게 되면, 북한은 이제 종전을 했으니 미국이 대북적대시정책을 완전히 포기하라면서 한 · 미 연합군사훈련 중단과 주한미군 철수를 요구할 수 있다. 결국 북한은 핵보유국으로 남은 채 새로운 문제가 발생하게 되는 것이다.

5) 종전선언에 대한 남북한의 시각차

문정인이 2018년 9월 19일 평양에서 개최된 남북정상회담 직후 JTBC 방송과의 인터뷰에서 했던 말도 종전선언과 평화체제 구축 방법에 대한 남북한의 시각차를 명확하게 보여주고 있다. 동일한 사안을 남북한이 서로 다른 시각으로 보고 접근하는 경우 문제가 생기지 않을 수 없다. 문정인이 동 인터뷰에서 한 발언을 보면 다음과 같다.

> "아니, 종전선언이라고 하는 건 우리 정부가 갖는 것은 기본적으로 53년 이후에 지속 돼 왔던 아주 비정상적인 전쟁 상태를 끝내는 것을 정치적으로 선언하자. 그리고 두 번째로는 적대관계를 종식시킨다는 걸 정치적으로 선언하자. 그리고 평화협정이 또는 평화조약이 체결될 때까지는 기존의 정전체제를 유지함으로써 군사분계선도 유지하고 UN군 사령부도 유지하고 중립국감시위원단도 유지하는 상태에서 북한의 비핵화와 한반도 평화체제를 연동시켜서 나가자는 기본적인 안이거든요."[184)]

184) JTBC. (2018. 9. 20.). [인터뷰] 문정인 "북 · 미 상호 신뢰 확보 위한 장치가 종전선언." (https://news.jtbc.joins.com/article/article.aspx?news_id=NB11700001).

그러나 북한은 종전선언을 할 경우 평화협정 체결 전까지 정전협정을 대신할 잠정협정을 체결할 것을 주장해왔다. 문정인이 말한 것처럼 정전체제가 기존의 형태로 유지되는 것이 아니다. 그리고 북한은 "잠정협정을 이행감독하기 위하여 판문점에 군사정전위원회를 대신하는 조미 공동군사기구가 조직운영되어야 한다"고 주장했다. 이렇게 되면 북한식 "연방제통일을 위한 전제도 마련되게 될 것"이라는 주장도 했다. 북한이 잠정협정 관련 성명에 유엔군사령부 해체를 언급하지는 않았지만, 북한의 논리상 이것이 포함되지 않을 수 없다. 북한 외무성이 1996년 2월 22일에 발표한 담화문의 내용을 인용하면 다음과 같다.

"우리는 조선반도에서 안전하고 포괄적이며 항구적인 평화를 보장하는 장치를 마련하려면 조 · 미 사이에 평화협정이 체결되어야 한다고 시종일관하게 주장한다.

그러나 미국의 대조선정책과 현 조 · 미관계 수준을 고려하여 우리는 조선반도에서 무장충돌과 전쟁을 막기 위한 최소한의 제도적 장치라도 시급히 마련되어야 한다고 인정한다.

이로부터 조선민주주의인민공화국정부는 새로운 평화보장체계를 수립하기 위한 다음과 같은 전개된 제안을 내놓는다.

첫째로, 조선반도에서 무장충돌과 전쟁위험을 제거하고 정전상태를 평화적으로 유지하기 위하여 조 · 미 사이에 잠정협정이 체결되어야 한다.

(…) 잠정협정은 완전한 평화협정이 체결될 때까지 정전협정을 대신한다.

둘째로 잠정협정을 이행 · 감독하기 위하여 판문점에 군사정전위원회를 대신하는 조 · 미 공동군사기구가 조직 · 운영되어야 한다.

(…) 우리의 구체적인 이 제안이 실현되면 조선반도의 긴장을 완화하고 평화를 이룩하기 위한 획기적인 상황이 도래할 것이며 연방제통일을 실현하기 위한 전제도 마련되게 될 것이다."[185]

북한의 주장을 보면 문정인의 주장과 많이 다른 것을 알 수 있다. 북한은 위의 담화문에서 밝힌 것처럼 종전선언을 할 경우 결코 정전협정을 그대로 유

185) "조선외교부 대변인 담화문, 대미 잠정협정 제의." (1996. 2. 22.): 허문영 외(2007), p. 192에서 재인용.

지하지 않을 것이다. 대신에 잠정협정을 체결하자고 요구할 것이다. 그리고 기존에 정전협정을 관리하던 기구도 폐기하고, 잠정협정을 이행·감독하기 위한 새로운 기구를 도입하자고 요구할 것이다. 이러면서 정전협정과 관련된 중립국감시위원단은 물론 유엔군사령부의 해체도 주장할 것이다. 결국 문정인이 말한 대로 하면, 북한 비핵화와 관련해서는 아무런 변화도 없는 상태에서 유엔군사령부 해체의 구실만 주게 될 것이다.

혹자는 필자가 1990년대 북한의 언어로 현재의 북한을 예단하면 곤란하지 않느냐고 말할지 모른다. 그러나 필자는 앞에서 북한이 1990년대에 주장하던 「조선반도 평화보장체계」를 김여정이 2021년 9월 24일 『조선중앙통신』 담화문에 소환해서 종전선언과 함께 말하는 것을 보여줬다. 뿐만 아니라, 김정은은 김일성과 김정일 시대의 국정철학과 국가전략 및 대남전략을 현재 그대로 계승하고 있다. 심지어 「3대혁명 붉은기 쟁취운동」 등 대중동원 전략까지 김일성 시대의 것을 차용하고 있다. 위에서 북한 외무성이 1996년에 말한 담화문 내용을 철지난 것이라고 무시하면 안 된다.

이해를 돕기 위해서 문재인 정부 하에서 종전선언이 제기되고, 전개된 과정을 잠시 복기하면 다음과 같다. 2018년 4월에 남북관계에 훈풍이 도는 듯한 분위기에서 종전선언이 제기됐다. 「판문점 선언」에 종전선언이 등장한 것이다. 그리고 6월 12일 싱가포르 제1차 미 · 북 정상회담에서 종전선언이 논의됐다. 이후 미국과 북한 사이에 종전선언에 대한 논의가 구체화되었다. 그러나 미국이 종전선언과 북한의 비핵화를 연계하자 북한은 종전선언이 흥정물이 아니라며 미국의 요구를 거부했다.

그러자 문재인 정부가 북한의 핵 신고 같은 비핵화의 초기 조치가 없어도 북한에게 종전선언을 인센티브로 제공하자고 말했다. 이후 김정은은 2021년 9월 29일 최고인민회의 제14기 제5차 회의에서 종전선언 추진에 대한 조건을 문재인 정부에게 제시했다. 첫째, 한국을 포함한 국제사회가 북한의 탄도미사일 개발을 유엔결의안 위반이라고 규탄하는 것은 이중기준을 적용하는 것이니 철회해야 한다고 요구했다. 둘째, 남한에게 2018년에 체결한 「판문점 선언」 및 「평양 선언」을 이행하라고 요구했다. 다음 인용문이 이 같은 사실을 말해준다.

“(김정은 동지께서는; 필자) 종전을 선언하기에 앞서 서로에 대한 존중이 보장되고 타방에 대한 편견적인 시각과 불공정한 이중적인 태도, 적대시관점과 정책들부터 먼저 철회되여야 한다는 것이 우리가 계속 밝히고 있는 불변한 요구이며 이것은 북남관계를 수습하고 앞으로의 밝은 전도를 열어나가기 위해서도 선결되여야 할 중대과제이라고 언명하시였다.

(…) 남조선당국은 우리 공화국에 대한 대결적인 자세와 상습적인 태도부터 변해야 하며 말로써가 아니라 실천으로 민족자주의 립장을 견지하고 근본적인 문제부터 해결하려는 자세에서 북남관계를 대하며 북남선언들을 무게있게 대하고 성실히 리행하는 것이 중요하다는데 대하여 언급하시였다.”[186)]

여기서 북한이 “불공정한 이중적인 태도”라고 말한 것은 다른 나라가 탄도미사일 시험을 하는 것은 묵인하면서, 북한이 탄도미사일 시험을 하면 유엔 안보리 결의 위반이라고 문제 삼는 것을 의미한다. 이것은 한국이 북한의 핵과 미사일 개발을 더 이상 문제 삼지 말라고 한 것이다. 또한 「판문점 선언」 등 「북남선언」을 이행하기 위해서 한·미 연합군사훈련을 중단하는 동시에 대북제재에 동참하지 말고 남북경협을 추진하라고 요구한 것이다. 이렇게 북한은 자신이 비핵화와 관련해서는 아무것도 하지 않으면서 한국이 종전선언을 하고 싶으면 김정은이 요구한 것을 이행하라고 주장했다.

만약 종전선언을 하게 되면 북한은 한국과 미국에게 또 다른 새로운 요구조건을 제시할 것이다. 북한의 협상방식은 하루아침에 바뀌지 않는다. 즉, 북한은 종전선언 후 자기가 해야 할 의무사항은 외면하고 상대방에게 요구할 것만 먼저 챙길 것이다. 예를 들면 종전선언은 어디까지나 선언일 뿐, 아직 평화가 정착되지 않았기 때문에 미국의 대북적대시정책이 완전히 사라질 때까지 핵과 미사일 개발 등의 자위권을 포기할 수 없다고 주장할 것이다. 그러면서 대북적대시정책 철회의 징표로 대북제재 해제와 유엔군사령부 해체 및 한·미 연합군사훈련 중단과 주한미군 철수를 요구할 것이다.

이것이 그동안 북한이 항상 보여 온 행동방식이다. 그리고 북한의 요구에 불응하면 북한은 여지없이 판을 깨버리거나 상대가 북한의 요구를 들어줄 때

186) 『조선중앙통신』. (2021. 9. 30.). “경애하는 김정은 동지께서 력사적인 시정연설 《사회주의건설의 새로운 발전을 위한 당면투쟁방향에 대하여》를 하시였다.”

까지 버티기 작전으로 들어갈 것이다. 이렇게 되면 종전선언을 해놓고도 다시 과거의 상태인 원점으로 돌아가게 되고, 남북관계와 북미관계는 더 악화될 것이다. 그러면 북한은 모든 책임을 남한과 미국에게 전가할 것이다. 동시에 김정은은 또 다시 북한의 핵보유를 정당화할 것이다. 이 과정에서 만약 한국 정부가 다시 북한의 요구를 들어주려고 미국을 설득하려고 하면 한미동맹은 더욱 악화될 것이다. 이렇게 되면 종전선언을 하지 않은 것보다 못한 일이 벌어지게 된다.

그런데 문재인 정부는 굳이 종전선언을 하려고 했다. 남한이 2018년 4월에 북한과 「판문점 선언」을 한 후 북한은 지속적으로 문재인 정부가 「판문점 선언」을 이행하지 않는다고 비난하면서 합의문을 이행하라고 요구했다. 대북제재에 동참하는 대신에 미국 눈치 보지 말고 남북경협을 추진하라고 한 것이다. 「판문점 선언」으로 북한에게 비난의 구실만 제공한 것이다. 종전선언을 해도 마찬가지다. 북한은 비핵화와 관련해서 아무 것도 하지 않거나, 혹은 시늉만 내면서 한국과 미국이 종전선언의 정신을 위반하고 선언 내용을 이행하지 않는다고 비난할 것이다. 그러면서 한 · 미 간 균열을 도모할 것이다.

문재인 정부가 종전선언으로 북한에 먼저 인센티브를 제공하면 비핵화와 함께 한반도평화체제가 이루어질 수 있을 것으로 생각하는 것은[187] 허상을 쫓는 것이다. 문재인 정부는 「4 · 27 판문점 선언」과 「9 · 19 평양 공동선언」 등 지키지도 못할 약속을 북한에게 해서 약점만 잡히고, 채무자처럼 시달렸다. 그러면서 왜 또 다시 「종전선언」이라는 시행착오를 반복하려 한 것일까? 국가정책을 이런 식으로 추진해도 되는 것일까?

문재인은 2018년 9월 25일 미국 폭스뉴스와의 인터뷰에서 종전선언이 "정치적 선언이기 때문에 언제든지 취소할 수 있다"[188]는 말을 했다. 그런데

---

187) "미국 워싱턴DC 민간 연구기관인 카네기국제평화재단(Carnegie Endowment for International Peace)은 한반도를 둘러싼 동북아 안보 특히 북한의 군사현황 등을 상세히 분석한 보고서(Korea Net Assessment 2020: Politicized Security and Unchanging Strategic Realities)를 지난 18일 발표했습니다. 보고서는 미국과 한국이 북한에 핵심적인 인센티브 즉 장려책을 제공하기만 한다면 한반도의 영구한 평화체제 구축이 가능할 것으로 한국 정부가 믿고 있다고 진단했습니다. (…) 북한에 인센티브를 제공함으로써 북한 김정은 국무위원장이 비핵화 약속을 이행하리라는 전제에 근거한 한국의 대북 정책은 실행 가능한 국가안보 정책이 될 수 없다는 설명입니다."[rfa. (2020. 3. 20.). "카네기 '한국 정부, 남북평화 추구보다 국가안보 우선시해야'."].

국가정책을 마치 모래성을 쌓는 것처럼 이렇게 쉽게 추진해도 되는 것일까? 세상일이 한 번 저지르면, 쉽게 없었던 일처럼 되돌아가는 것일까? 종전선언 후 원점으로 돌아갈 때까지 그동안 국민들이 느꼈을 감정과 실망 등은 어떻게 하고, 국가 지도자가 이렇게 무책임하게 국가정책을 추진해도 되는 것일까?

종전선언을 문재인의 말처럼 취소하는 경우, 독재국가인 북한은 별로 타격을 받지 않을 것이다. 주민들이 종전선언에 대해서 잘 알지도 못하고, 설령 알게 되더라도 자체적인 여론을 조성해서 정권을 위협할 수준이 되지 못하게 할 것이기 때문이다. 그러나 남한은 다르다. 이 일로 남한 사회는 극심한 분열과 혼란을 겪게 될 것이다.

문재인 정부는 종전선언이 주한미군과 무관한 것이라고 주장해왔다. 이 문제도 다시 한 번 짚어보자. 문정인이 2020년 10월 27일 한국의 동아시아재단과 미국의 애틀랜틱카운슬이 공동 주회한 화상 세미나 연설에서 한 말을 『아주경제』의 박경은 기자는 다음과 같이 정리했다.

> "문 특보는 또 종전선언을 채택하더라도 주한미군의 한국 주둔 지위에 대한 변화는 없을 것이고, 관련해 남·북·미 모두 공유된 이해가 있다고 주장했다. 주한미군 지위는 한·미 동맹 문제로 북한이 간섭할 공간이 없다고도 했다. 이어 '만약 북한이 이를 고집한다면 종전선언이 채택되지 않을지도 모른다'고 강조했다."189)

위의 인용문에서 문정인의 했다는 말은 앞뒤가 모순된다. 앞에서는 주한미군의 지위와 관련해서 "남 · 북 · 미 모두에게 공유된 이해가 있다"고 말했다. 그리고 뒤에서는 "만약 북한이 주한미군 철수를 고집한다면 종전선언이 채택되지 않을지도 모른다"고 말했다. 이 논리대로라면 문재인 정부는 종전선언과 주한미군에 대한 북한의 입장을 분명하게 확인하지 않은 상태에서 종전선언 같은 중대한 일을 추진하자고 한 셈이다. 있을 수 없는 일이다. 그런데 이런 일들이 그동안 문재인 정부 하에서 너무나 쉽게 벌어졌다.

---

188) 『조선일보』. (2018. 9. 27.), "종전선언, 미국은 손해 볼 것 없다."
189) 『아주경제』. (2020. 10. 28.). "문정인, 先종전선언 · 後비핵화 또 주장...'좋은 결과 있을지 누가 아느냐'."

문재인도 정치적 선언에 불과한 종전선언으로 인해서 “현재의 법적 지위가 달라지는 것이 없고 종전에 정전협정에 의해서 이뤄지고 있는 여러 가지 관계들은 그대로 지속된다”고 말했다. 그러면서 “한미동맹이나 주한미군의 주둔은 한국과 미국 양국 간에 합의해서 가는 것이고, 북미관계가 정상화되고 북미 간에 수교가 이루어지고 난 이후에도 한국과 미국이 필요하면 미군이 한국에 주둔을 하는 것”[190]이라고 말했다. 문재인의 이 말 역시 북한의 입장과는 전혀 다른 것이다.

문재인 정부는 북한과 생각이 다른 부분은 협상을 통해서 좁혀나가고 타협점을 찾을 수 있을 것으로 생각했을지도 모르겠다. 그러나 남북한이 생각하는 것은 근본 지향점이 다르다. 그리고 북한이 남한에게 양보한 적은 없다. 항상 남한이 북한에게 끌려갔을 뿐이다.

문재인 정부는 그동안 북한에게 끌려가면서도 평화정책의 성과를 냈다고 홍보해왔다. 문재인이 2019년 11월 11일 임기 반환점을 돈 후 처음 주재한 수석·보좌관 회의에서 “한반도 정세의 기적 같은 변화도 만들어냈다”며 “한반도에서 전쟁의 위험을 제거하고 대화와 외교를 통해 평화와 번영의 새로운 질서로 대전환하는 중대한 역사적 도전에 나서고 있습니다”[191]라고 한 발언이 이에 해당한다. 이것은 전혀 현실에 부합하지 않는 주장이다. 문재인 정부 출범 전보다 출범 후에 북한의 핵과 미사일 위협이 증가했기 때문이다.

특히 한미공조가 흔들리는 상태에서 북한의 핵·미사일 위협이 증가한 것을 심각하게 봐야 한다. 한·미 연합군사훈련이 축소 및 중단된 상태에서 북한의 위협이 증가한 것은 심각한 문제다. 문재인 정부가 「판문점 선언」 이후 한미동맹 약화를 감수하면서 북한에게 뭔가를 제공하기 위해서 많은 노력을 했지만, 북한으로부터 얻은 것은 아무 것도 없다. 오히려 남한 당국자들을 향해서 「태생적 바보」와 「특등 머저리」 등과 같은 북한의 비난만 쏟아졌을 뿐이다.

문재인 정부가 종전선언에 얼마나 집착했는지는 2019년 2월 말 하노이에

190) 이 말은 문재인이 2021년 9월 23일 유엔총회와 하와이 순방 일정을 마치고 공군 1호기로 귀국 중 기내에서 순방에 동행한 기자들과 가진 간담회에서 한 말이다.(『한겨레』. (2021. 9. 24.). “귀국길 문 대통령 ‘종전선언’, 관련국들 소극적이지 않아.”

191) 문재인 대통령 비서실(2020), p. 72.

서 제2차 미 · 북 정상회담이 개최되기 직전에 김의겸 당시 청와대 대변인(이하, 김의겸)이 한 말에서도 잘 드러난다. 김의겸은 제2차 하노이 미 · 북 정상회담에서 한국이 배제된 채 북한과 미국만의 종전선언이 이루어져도 그것으로 충분하다고 말했다. 다음 발언이 이에 해당한다.

> "종전선언은 평화협정과 다르며 북한의 비핵화를 이끌기 위한 의미로서 종전선언이 본질적인 의미가 있다."
> "우리와 중국, 미국과 중국은 이미 수교를 했고, 남북은 두 번의 정상회담과 9 · 19 군사합의로 사실상 종전선언과 불가침 선언을 했기에 이제 남은 것은 북한과 미국"
> "따라서 북미가 종전선언을 하면 실효적인 의미가 달성된다는 취지의 말씀을 제가 말씀드린 적이 있는데 이는 여전히 유효하다고 생각한다."
> "종전선언의 형식 · 내용은 여러 가지가 있을 수 있다고 생각한다."
> "주체만 놓고 봐도 많게는 4자 남북미중, 3자 남북미, 2자 북미 등 여러 방식이 있을 수 있는데 어떤 형식의 종전선언이라도 우리 정부는 환영한다."[192]

그러나 남북한이 1991년에 체결한 「남북기본합의서」의 불가침 관련 내용은 현재 실효성이 전혀 없다. 김의겸이 말한 두 차례의 정상회담과 9 · 19 「남북군사분야합의」도 종전선언과 불가침 선언이 아니다. 그럼에도 김의겸은 이런 식으로 주장했다. 문재인 정부의 인식이 현실과 지나치게 괴리되어 있다는 점을 지적하지 않을 수 없다.

• 참조: 다시 한 번 짚어보는 김정은의 평화

이 대목에서 평화에 대한 김정은의 인식을 다시 한 번 짚어보자. 앞에서 우리는 김정은이 오직 힘에 의해서 평화가 보장된다고 말한 것을 보았다. 김정은은 이 같은 인식을 노동당 창건 76주년을 맞아 2021년 10월 11일에 평양의 3대혁명 전시관에서 개막한 국방발전전람회(자위－2021, 무기전시회)에서 다시 피력했다. 김정은이 동 무기전시회에서 한 연설 내용은 다음과 같다.

192) 『연합뉴스』. (2019. 2. 25.). "靑 '북미, 종전선언 합의 가능성…2자 선언만으로도 충분'."

"조선반도에 조성된 불안정한 현 정세 하에서 우리의 군사력을 그에 상응하게 부단히 키우는 것은 우리 혁명의 시대적 요구이고 우리들이 혁명과 미래 앞에 걸머진 지상의 책무로 됩니다. (…) 평화를 위한 그 어떤 대외적인 우리의 노력이 절대로 자위권포기는 아닙니다. (…) 다시 한 번 곱씹어 강조하는바이지만 그 누구도 다칠 수 없는 무적의 군사력을 보유하고 계속 강화해 나가는 것은 우리 당의 드팀없는 최중대 정책이고 목표이며 드팀없는 의지입니다."193)

김정은은 여기서 평화라는 명분으로 자위권을 포기하는 일은 절대 없을 것이라고 말했다. 또한 무적의 군사력을 보유하는 것이 노동당의 최중대 정책이자 목표라고 밝혔다. 여기서 무적의 군사력은 노동당이 최우선정책으로 개발하는 핵과 미사일 등을 말한다. 그런데 이렇게 말하는 김정은이 평화협정과 비핵화를 교환할까? 핵무기야말로 평화보장의 수단이라고 믿는 김정은이 언제든 깨질 수 있는 평화협정을 믿고 평화수호의 절대적 수단을 포기할 것이냐는 말이다. 김정은은 결코 핵무기를 (종전)선언이나 (평화)협정과 맞바꾸려 하지 않을 것이다.

2019년 2월 하노이 미 · 북 정상회담이 실패로 끝난 후 2022년 현재까지 김정은은 비핵화라는 단어를 한 번도 사용하지 않았다. 오히려 핵과 미사일 개발에 더 전력을 기울이겠다는 말을 해왔을 뿐이다. 김정은이 최근 2022년 4월 25일 북한군 창건 90주년 기념 열병식에서 한 다음 발언이 이를 잘 보여준다.

"특히 국력의 상징이자 우리 군사력의 기본을 이루는 핵 무력을 질량적으로 강화하여 임의의 전쟁 상황에서 각이한 작전의 목적과 임무에 따라 각이한 수단으로 핵전투 능력을 발휘할 수 있게 하여야 합니다.
지금 조성된 정세는 공화국무력의 현대성과 군사 기술적 강세를 항구적으로 확고히 담보하기 위한 보다 적극적인 조치들을 강구할 것을 재촉하고 있습니다.
우리는 격변하는 정치군사정세와 앞으로의 온갖 위기에 대비하여 우리가 억척같이 걸어온 자위적이며 현대적인 무력건설의 길로 더 빨리, 더 줄기차게 나갈 것이며 특히 우리 국가가 보유한 핵 무력을 최대의 급속한 속도로 더욱 강화 발전시키기 위한 조치들을 계속 취해나갈 것입니다."194)

193) 『조선중앙통신』. (2021. 10. 12.). "국방발전전람회에서 하신 김정은 동지의 기념연설."
194) 『로동신문』. (2022. 4. 26.). "조선인민혁명군창건 90돐 경축 열병식에서 하신 경애하는

지난날 김정은이 사용했던 비핵화라는 말은 선언적 차원의 수사에 불과했다. 그런 김정은이 종전선언과 평화협정을 이야기했을 때는 다른 목적이 있어서 그런 것임을 생각할 필요가 있다. 김정은에게 종전선언과 평화협정은 중·장기적으로 대남적화통일을 달성하기 위해서 필요한 전략·전술적 수단에 불과하다. 평화협정이 체결되면 주한미군 철수 명분을 얻게 되니 그것대로 좋고, 안 되면 비핵화를 할 이유가 없다고 하면서 핵보유를 주장할 수 있으니 그것대로 좋은 것이다.

김정은은 2021년 10월 11일 국방발전전람회 「자위－2021」 개막 연설에서 "분명코 우리는 남조선을 겨냥해 국방력을 강화하는 것이 아닙니다. (…) 우리의 주적은 전쟁 그 자체이지 남조선이나 미국 특정한 그 어느 국가나 세력이 아닙니다"[195]라고 말했다.

그러나 김정은은 1주일 후인 10월 19일에 남한을 타격할 수 있는 잠수함발사탄도미사일(SLBM) 시험 발사를 했다. 김정은의 일시적인 궤변보다는 그동안 지속적으로 보여준 말과 행동을 보고 김정은의 속내를 정확하게 파악해야 한다. 평화라는 목적지로 가려면 그 길이 바른 것이어야 한다. 우리의 목을 김정은의 비수가 겨누고 있는데, 전쟁이 끝났다고 선언하고 평화가 왔다며 잔치를 하는 것은 바른 길이 아니다. 그리고 종전선언, 즉 평화선언을 하면 우리의 안보의식은 어떻게 되나? 북한의 비핵화는 시작도 안 했는데 한국 정부가 앞장서서 이래도 되는 것이었나?

다. 평화란 무엇인가?

평화란 무엇인가? 단지 전쟁이 없는 상태를 평화라고 할 수 있을까? 잠시 전쟁이 없지만, 평화의 기반이 붕괴되고 전쟁이 임박한 상태에서 일시적으로 누리는 평화도 평화라고 할 수 있을까? 혹은 다른 나라의 침략으로 굴복해서 전쟁이 더 이상 없게 된 상태, 즉 상대의 속국 혹은 식민지가 된 상태도 평화 상태라고 말할 수 있을까? 평화가 무엇이냐는 어떻게 정의하느냐에 따라 다를 것이다. 자신의 삶을 스스로 결정하지 못하고 억압 속에서 자유를 상실한 노

김정은 동지의 연설."

195) 『조선중앙통신』. (2021. 10. 12.). "국방발전전람회에서 하신 김정은 동지의 기념연설."

예 상태의 평화조차 평화라고 말할 수 있을지는 다시 한 번 생각해 봐야 한다.

호시탐탐 기회를 노리는 상대가 전쟁을 일으킬 때까지 일시적으로 누리는 평화도 마찬가지다. 제2차 세계대전 직전 영국과 프랑스가 누렸던 평화가 이런 평화였다. 당시에 영국과 프랑스는 독일이 전쟁을 준비하는 것을 모른 척했다. "어떤 희생을 각오하고서라도 평화를 유지한다! 이것이 당시 영국과 프랑스의 외교 원칙"[196]이었기 때문이다. 그러나 전쟁의 기회를 노리고 있던 히틀러에게 영국과 프랑스의 이런 유화정책은 처음부터 아무런 의미가 없었다.[197]

1938년 9월 30일에 영국의 체임벌린은 독일의 히틀러와 뮌헨에서 평화협정을 체결하고 마치 진정한 평화가 온 것처럼 자랑했다. 그러나 히틀러는 뮌헨협정에 서명하면서 머릿속으로 이미 체코 전체의 정복을 생각하고 있었다. 그리고 6개월 후 1939년 3월에 체코를 침공했다. 1939년 9월에는 폴란드를 침략했다. 이렇게 해서 제2차 세계대전이 발발했다. 영국과 프랑스가 전쟁을 피하려고 평화를 구걸하다가 결국 막다른 처지에 몰리면서 전쟁을 하게 된 것이다.

전쟁이란 내가 피하려 한다고 피할 수 있는 것이 아니다. 모든 일이 그렇듯 여건이 성숙되면 전쟁은 내가 원하지 않아도 발생하는 것이다. 내가 아무리 평화를 원하고 전쟁을 피하고 싶어 해도 상대가 전쟁을 원하고, 전쟁의 여건이 조성되면 피할 수 없는 것이 전쟁이다. 제2차 세계대전 전에 미국과 영국 및 프랑스 등 강대국에서 반전 여론이 강했지만, 전쟁이 일어나는 것을 막을 수 없었다. 오히려 전쟁을 피하려는 심리 때문에 평화를 구걸하다가 히틀러에게 방해받지 않고 전쟁을 준비할 기회만 제공한 측면이 있다.

심지어 독일 국민들도 1939년에 전쟁이 일어나는 것에 부정적인 생각을 갖고 있었다. 다만 히틀러의 전쟁 의지를 불가항력적인 현실로 받아들였을 뿐이다.[198] 이것은 전쟁이 여론과는 상관없이 일으키려고 하는 자의 의지와 함께 여건이 조성되면 일어날 수 있다는 사실을 보여준다.

중요한 건 피할 수 있는 전쟁이냐, 그렇지 않느냐를 정확하게 파악하는 것이다. 그리고 피할 수 없는 전쟁이라면, 전쟁을 계획하는 상대의 전략과 구

196) 게르하르트 슈타군(2006), p. 257.
197) 위의 책, p. 210.
198) 안드레아스 힐 그루버(1996), P. 38.

조적 환경 및 전쟁 발발 양상 등을 정확하게 분석하고 전망하며 대비할 수 있어야 한다. 동시에 상대의 의도를 어떻게 분쇄 및 억제하고 구조적 환경을 우리에게 유리하게 변화시킬 수 있는지 대안을 찾아야 한다.

나쁜 평화에는 여러 종류와 수준이 있다. 만약 앞에서 말한 평화, 즉 전쟁이 임박한 상태에서 일시적으로 누리는 평화 등을 (진정한) 평화로 받아들일 수 없다면, 그리고 나쁜 평화를 선택해도 결국 전쟁을 피할 수 없게 된다면, "아무리 나쁜 평화도 전쟁보다 낫다"는 말을 쉽게 할 수 없을 것이다. 그런데 우리 정치권에는 이런 말을 하면서 군인과 국민들에게 어떻게든 전쟁 회피 심리를 조장하는 가운데 싸울 의지를 무력화시키는 경향이 있다.[199] 상대가 전쟁을 계획하더라도 쉽게 전쟁을 일으키지 못하게 억제하려면, 오히려 언제라도 싸울 수 있는 정신무장과 상대가 얕잡아볼 수 없는 군사력을 갖추는 것이 기본이다.

국민들에게 "어떤 대가를 치르더라도 전쟁만은 피해야 한다"는 말로 "아무리 나쁜 평화도 전쟁보다 낫다"는 생각을 갖게 유도하면서 동시에 제대로 정신무장을 하도록 만들기는 어렵다. 이렇게 되면 싸워보기도 전에 우리 자체부터 무너지게 된다. 아마 김정은은 대한민국이 이렇게 되는 것을 가장 원할 것이다. 이런 상황은 김정은에게 전쟁을 유혹하는 원인이 될 수도 있다. 체임벌린 영국 총리의 유화정책이 히틀러의 환상을 부추겼던 것처럼 말이다.

현재 대한민국은 전쟁을 극도로 두려워하는 나라가 되어버렸다. 그런데 이렇게 해서 국가를 정상적으로 운영할 수 있을까? 주변국이 위협하면 쉽게 굴복하는 나라, 이런 나라가 정상적으로 국가를 운영할 수 있느냐는 말이다. 대한민국을 둘러싼 국제정세는 냉혹하고 비정하다. 대한민국은 중국과 러시아, 일본 및 북한에 둘러싸여 있다. 중국과 러시아 그리고 일본은 과거에 조선을 두고 전쟁을 치렀다. 조선은 일본의 침략으로 결국 주권을 상실하고 식민지가 되었다. 북한은 1950년에 남한을 침공했고, 이때 시작된 전쟁은 아직 끝나지 않았다.

대한민국이 전쟁을 두려워할수록 주변국들은 대한민국을 존중하지 않는다. 오히려 우습게 볼 것이다. 그렇다고 대한민국이 그동안 전쟁을 대비하지

199) 이춘근(2020), p. 53 참조.

않은 것은 아니다. 그러나 위태로운 수준이다. 문재인 정부가 거짓 평화에 대한 환상을 조장함으로써 전쟁 회피 심리가 만연한 상태에서 제대로 전쟁 대비를 하는 것이 어려웠기 때문이다. 종전(終戰) 여건도 조성되지 않은 상태에서 북한에 종전선언 혹은 평화선언을 제안하고, 북한 눈치를 보느라 한 · 미 연합 군사훈련도 제대로 하지 않는 나라가 어떻게 전쟁에 대비하는 나라라고 할 수 있을까?

오히려 거짓 평화의 분위기를 조성하고, 한미동맹을 약화시키면서 북한이 마음 놓고 전쟁 준비를 할 수 있도록 도와줬는데, 이런 상태에서 일시적으로 누린 평화를 진정한 평화라고 말할 수 있을까? 김정은은 2021년 7월 27일 정전협정 체결 68주년을 맞아 6 · 25 전쟁 전사자 묘역인 「조국해방전쟁 참전열사묘」를 참배하고, 제7차 「전국노병대회」에서 다음과 같은 말을 했다.

> "오늘 우리에게 있어서 사상초유의 세계적인 보건위기와 장기적인 봉쇄로 인한 곤난과 애로는 전쟁 상황에 못지않은 시련의 고비로 되고 있습니다."[200]

북한의 경제 상황이 전쟁 상황에 버금갈 정도로 안 좋다는 말이다. 그럼에도 김정은은 핵무기를 비롯한 첨단유도무기 개발에 전념하고 있다. 현재 영양 결핍상태인 약 40% 이상의 북한 주민이 어떻게 살아가는지를 외부에서는 알 수 없다. 북한 주재 외국 공관의 외교관도 북한의 코로나 방역조치로 인해서 상당수가 철수하고, 대북지원을 하던 국제기구의 직원들도 대부분 철수한 상태다.

이런 와중에 김정은은 2021년 1월 제8차 당대회에서 무기체계개발을 국가의 최중대사업으로 추진하라는 지시를 내렸다. 이에 북한군과 국방과학원 등 관련 기관은 동년 9월에 순항미사일과 열차에서 발사한 탄도미사일, 극초음속미사일과 지대공미사일 및 잠수함발사탄도미사일(SLBM)로 연일 시험발사를 진행했다.

북한의 국방과학원은 극초음속미사일 시험발사 후 조선중앙통신을 통해서 "당중앙(김정은; 필자)의 특별한 관심 속에 최중대사업으로 간주되여 온 이

200) 『로동신문』. (2021. 7. 28.). "전승세대의 위대한 영웅정신은 빛나게 계승될것이다 제7차 전국로병대회에서 하신 김정은 동지의 연설."

무기체계 개발은 나라의 자립적인 첨단 국방과학기술력을 비상히 높이고 우리 국가의 자위적방위력을 백방으로 강화하는데서 커다란 전략적 의의를 가진다"[201]고 발표했다. 이것이 1990년대에 김정일이 선군정치를 내세운 이후 현재까지 변하지 않고 있는 모습이다.

김정은은 2019년 5월부터 현재까지 수십 회에 걸쳐서 각기 다른 종류의 미사일 시험발사를 하면서 성능 고도화를 추진하고 있다. 왜 이렇게 하는 것일까? 전쟁에 대한 김정은의 의지가 강하기 때문이다. 좀 더 직접적으로 표현하자면, 김정은이 전쟁을 계획하고 있기 때문이다. 그래서 트럼프가 싱가포르 제1차 미 · 북 정상회담에서 북한이 비핵화를 하면 비약적인 경제발전을 할 수 있도록 도와주겠다고 제안했지만, 김정은이 거부한 것이다.

만약 김정은이 모든 것을 전쟁 준비에 쏟아 부었는데, 내부 불안정과 민심 이반으로 궁지에 몰려서 다른 대안이 없게 되는 상황에 몰린다면 어떤 선택을 할까? 그런데 문재인 정부는 평화를 추구한다면서 북한을 달래는 정책으로 일관했다. 최근 대만 문제를 둘러싸고 미 · 중 간 군사적 충돌 가능성이 거론되고 있다. 북한은 미국이 중국과의 군사적 충돌로 인해서 한반도에 개입하기 어려운 상황을 기대하면서 전쟁준비를 할 수 있다. 중국 역시 북한의 대남 무력도발로 미국의 역량이 분산되는 상황을 대만 침공의 기회로 생각할 수 있다. 이 부분에서 북한과 중국의 이해관계가 일치한다.

이런 상황은 결코 한반도 평화에 우호적이지 않다. 그런데 이런 환경에서 한국이 「나 홀로」 평화정책을 추진한다고 평화가 지켜질 수 있을까? 북한이 대남적화통일 노선을 포기하지 않고, 핵무기로 이 노선을 관철하려고 하는 상황에서 한국 정부가 이런 현실을 무시하고 거짓 평화를 이야기한다면 그것은 매우 위험하고 무책임한 태도다.

이 책 Ⅱ.1장에서 말했듯이 북한은 병영국가로서 체제 자체가 반(反)평화적이다. 이런 북한과 한반도 평화체제를 구축하겠다던 문재인 정부의 정책은 객관적인 현실 인식에 기초한 것이 아니었다. 이것은 비현실적인 평화주의와 희망적 사고를 벗어나지 못한 몽상가 집단의 착각이었다. 한반도에 평화체제

---

201) 『조선중앙통신』. (2021. 9. 29.). "국방과학원 새로 개발한 극초음속미싸일 《화성-8》형 시험발사 진행."

가 구축되려면 우선 남북한이 서로 존중하는 관계에 있어야 한다. 그리고 이렇게 되려면 북한이 정상국가가 되어야 한다. 북한의 정상국가화는 한반도 평화체제 구축의 필요조건이다. 하지만 현실은 이와 다르다.

북한 체제는 평화 지향적이 아니라, 전쟁 지향적이다. 교육도 김일성의 항일 빨치산전투 정신을 함양시키는 방식으로 진행하고 있다. 이것은 지금도 『로동신문』을 보면 확인할 수 있다. 북한에는 전쟁교육이 있어도 서구 사회에서 볼 수 있는 평화교육은 없다. 이런 폭력적이고, 반(反)평화적인 국가의 지도자가 전쟁을 계획하고 있는데, 한국이 평화를 구걸한다고 평화를 달성할 수 있을까?

이것은 제2차 세계대전 직전 체임벌린이 히틀러에게 평화를 구걸한 것과 같다. 이 같은 평화 구걸은 폭력적인 북한에게 남한의 생존을 맡기는 것에 다름 아니다. 문재인 정부의 선의는 최악의 결과를 초래할 수 있었다. 안타깝지만 이것이 지나온 남북관계의 역사가 보여준 냉엄한 현실이다. 앞에서 「남북군사분야합의서」에 대한 평가 문제로 잠시 언급했지만, 남한이 병영국가 북한과 군비통제를 균형 있게 추진한다는 것은 구조적으로 불가능하다.

뿐만 아니라, 북한이 추구하는 평화보장체계는 남한이 추구하는 평화체제와 근본적으로 지향점이 다르다. 그런데 문재인 정부가 어떻게 평화정책으로 북한과 함께 평화를 달성할 수 있단 말인가? 북한은 1990년대 수세적 상황에 몰리자 앞에선 비핵화 및 평화체제 관련 협상을 하면서 뒤로는 핵개발을 했다. 김정은 역시 2018~2019년에 앞에선 비핵화 협상을 하면서 뒤에선 핵과 미사일 개발을 계속했다. 평화 문제도 마찬가지다. 김정은은 앞에서 평화를 말하면서 뒤에서 다른 궁리를 했다. 이것은 김정은이 지난 10년의 통치 기간에 한 말과 행동을 종합해서 평가하면 명확하게 드러난다.

현재 한반도는 전쟁이 끝나지 않은 상태다. 남북한은 군사적으로 첨예하게 대치하고 있다. 특히 북한의 병영국가 체제가 변하지 않는 상태에서 종전선언을 하고, 평화협정을 체결한다고 군사적 대립이 사라질 수 없는 구조다. 설령 남한의 문재인 정부가 통일을 내세우지 않고, 평화공존을 주장해도 북한은 병영국가 체제를 바꾸지 않을 것이다. 그것이 김정은의 통치에 가장 효과적인 수단이기 때문이다. 김정은 정권은 태생적으로 자신을 변화시킬 수 없다. 지난 10년 김정은이 어떻게 북한을 통치해 왔는지를 보면서, 아직도 김정은에 대한 환상과 미련을 버리지 못하는 것은 어리석은 일이다.

북한식 평화체제 구축 방안은 북한의 핵보유를 기정사실로 하면서 주한미군 철수를 지향하고 있다. 북한이 현재도 비핵화 대신에 핵과 미사일 증강을 추진하면서 동시에 주한미군 철수를 계속 요구하는 것이 이를 방증한다. 김정은이 2018년에 비핵화 협상을 한다고 국제사회에 등장했을 때도 그렇고, 그 이후에도 북한은 항상 자신이 책임 있는 핵보유국이라고 주장하면서 절대적인 억제력을 계속 강화시켜 나가겠다는 말을 해왔다. 북한의 모든 문건을 보면 이렇게 나온다.

북한의 평화체계 추진방식을 따르는 것은 북한식 통일을 용인하는 것이 된다. 대한민국이 누리던 평화가 사라진다는 말이다. 그렇다고 북한이 남한식 평화체제 구축을 받아들이지도 않을 것이다. 북한이 남한이 원하는 대로 비핵화를 하고, 주한미군이 계속 주둔하는 상태에서 남북한이 정치·군사·경제·사회 등 제 분야의 교류 · 협력으로 사실상의 평화 분위기를 만들게 되면 북한 체제는 오래 버티지 못할 것이다. 이렇게 되면 김정은이 가장 두려워하는 동독 시나리오가 전개되면서 북한은 어느 한 순간에 무너질 것이다.

남북한의 평화 추진 방식은 각각 상대 체제를 위협하고 있다. 그래서 남북한이 현재까지 불안정한 상태로 오면서 남북관계가 개선되지 못한 것이다. 이런 상황은 문재인 정부의 유토피아적 평화주의로 바뀌지 않는다. 2021년 여름에 아프가니스탄에서 미군이 완전히 철수한 것에서 보았듯이, 미국은 전쟁을 극도로 피하려 한다. 미국 경제와 국내 상황도 좋지 않다. 더욱이 핵무기를 비롯해서 여러 대량살상무기를 보유한 북한에게 미국이 먼저 전쟁을 일으키는 것에 미국 국민은 동의하지 않을 것이다. 북한이 핵무기를 포기해도 마찬가지다. 미국이 북한을 상대로 전쟁을 하는 것은 아무런 이득이 되지 않기 때문이다. 핵무기도 없고, 북한보다 잃을 것이 많은 남한은 더더욱 전쟁을 원하지 않는다.

이런 점을 고려할 때, 만약 북한이 정말 한반도 평화체제를 원한다면 미국이 북한의 안전보장을 위협한다고 비방할 것이 아니다. 대신에 북한이 남한과 미국을 설득할 수 있는 대안을 제시하는 것이 정상이다. 물론 북한의 비핵화도 당연히 추진되어야 한다. 그런데 북한은 이렇게 하지 않는다. 미국의 대북적대시정책 때문에 북한의 평화가 위협받고 있다고 주장하면서 자신의 핵개발을 정당화하고 있을 뿐이다.

평화를 둘러싼 남북한의 언어는 이렇게 다르다. 북한의 핵개발은 북한의 국가전략과 대남전략의 일환으로 추진되는 것이다. 북한은 외부에서 생각하는 것처럼 그렇게 움직이지 않는다. 북한의 작동 논리는 서방세계와 전혀 다르다. 이런 상태에서 문재인 정부가 추구하던 한반도 평화체제는 애당초부터 실현 가능성이 없었다. 그런데 그동안 문재인 정부는 문제투성이인 평화정책을 비판하면 "전쟁을 하자는 것이냐"면서 비판하는 사람의 입을 막았다. 북한의 평화 공세가 위장평화 공세일 수 있다고 대비하자는 게 잘못된 것은 아니다. 그럼에도 그랬다. 이런 이분법은 이성을 마비시켰다. 그리고 한국 사회를 분열시켰다.

한편, 북한은 핵 문제에서 남한이 당사자가 아니라고 주장했다. 그래서인지 문재인 정부는 북핵 문제의 당사자이기를 회피하고, 미·북 간 중재자를 자처했다. 그런데 한국이 핵 문제의 당사자가 못 되면서 어떻게 한반도 평화 협정 체결의 당사자가 될 수 있단 말인가? 김정은 정권과 문재인 정부가 주장하는 것을 보면, 서로 다른 세계에서 말을 하는 듯하다.

그러다 보니 문재인 정부는 북한 문제가 대두되면 문제의 본질을 비켜갔다. 대신에 자신을 끊임없이 북한의 논리에 맞추면서 무리수를 뒀다. 문재인 정부가 입으론 북한의 비핵화를 언급했지만, 실제 행동이 달랐던 것도 이 때문이다. 문재인 정부는 겉으론 「북한 비핵화」와 같은 의미의 「한반도 비핵화」를 추구한다고 말했다. 그러나 공식 언어와 달리 실제론 북핵 있는 평화를 추구했다.

북한의 핵무기에 대해서 말하지 않고, 비핵화를 위한 노력도 하지 않으면서 평화만 외쳤기 때문이다. 문재인 정부가 주장하던 종전선언이 비핵화를 견인하는 수단이 되지 못한다는 점은 필자가 앞에서 자세히 설명했다. 이런 점을 고려할 때, 문재인 정부가 지난 5년 동안 추진했던 정책은 평화라는 이름 아래 오히려 평화의 기반을 약화시킨 것이다.

실패한 정치는 전쟁을 초래한다. 거짓 평화를 조성하는 과정에서 잘못된 조치로 오히려 상황을 악화시키기 때문이다. 북한은 그동안 외부세계가 황당하게 생각했던 것들을 하나씩 현실로 만들어 왔다. 주민의 여론을 고려하지 않고 억압과 통제로 정권을 유지했기 때문에 이것이 가능했다. 이것이 지난 몇 십 년 동안 변하지 않은 북한 체제의 본질적 특징이다. 이것을 과소평가하면 안 된다.

라. 서독의 평화정책 vs 한국의 평화정책

1) 슈미트 정부: 안보에 기초한 평화정책

동·서 핵 균형의 변화

동서독은 지정학적으로 냉전 시기 동·서 양진영의 최전방에서 대치했다. 서독군은 1955년 11월 12일에 창설되었다. 서독 공군은 1950년대 말부터 전술핵무기로 공격하는 훈련을 했다. 물론 서독군이 독자적으로 핵무기를 사용할 수는 없었다. 당시에 미군이 서독에 배치했던 핵탄두는 5,000개 정도가 된다. 유럽 전체에 배치됐던 미군의 핵탄두는 최대 7,300개 정도라고 한다.[202)]

당시 나토의 전략은 소련군을 위시한 바르샤바조약군이 서독을 침범하면 바로 핵무기를 사용하는 것이었다. 나토군의 재래식 전력이 바르샤바조약군의 재래식 전력보다 열세였기 때문이다. 이 전략은 바르샤바조약군이 감히 서유럽을 공격하지 못하도록 위협하는 효과가 있었다. 1968년에 나토가 「유연한 전략」(Fexible response)을 도입하기 전까지 그랬다.[203)]

나토의 새로운 전략이 시행되더라도 바르뱌사조약군의 공격을 초기에 핵무기로 응징하는 전략이 필요했다. 그렇지 않으면 서독이 최전선에서 바르샤바조약군의 재래식 무기로 초토화될 가능성이 있었기 때문이다. 문제는 나토가 새롭게 도입한 「유연한 전략」이 이 문제에 대한 서독의 불안을 해소하느냐 하는 것이었다. 그런데 소련이 1970년대 중반에 기존의 핵미사일을 개량한 중거리 SS-20을 동독과 체코 등 동유럽에 배치하기 시작했다.

그러자 동·서 유럽의 군사력 균형이 무너졌다. 당시 미국이 서유럽에 배치했던 핵무기는 단거리용으로 소련 본토를 타격할 수 없었다. 소련의 핵공격 의지를 억제하기에 부족했다는 것이다.

---

202) Nassauer(2005).
203) Rink(2015).

이에 슈미트는 1976년 총선 직후 『슈피겔』지와의 인터뷰에서 "유럽에서 군사적 균형을 유지하는 것은 민주주의 제도의 생존조건"[204]이라고 말했다. 소련이 개량된 중거리 핵미사일 SS-20을 동유럽에 배치해서 유럽의 군사력 균형을 무너트리고, 이것을 이용해서 서유럽에 정치적 압력을 행사하면 민주주의가 영향을 받을 수 있다고 보았기 때문이다. 미국은 당시에 소련과 군축회의(SALT: Strategic Arms Limitation Talks)를 했다. 그러나 미국을 직접 위협하는 ICBM에만 관심이 있었다. 서유럽을 위협하는 소련의 중거리 핵미사일은 미·소 간 군축회의에서 논의 대상이 아니었다.

슈미트는 안보상황이 불리하게 전개되는 것을 바꾸고자 했다. 가장 바람직한 방법은 동·서 양진영이 군축을 통해서 군사적 균형을 회복하는 것이었다. 즉, 미국과 소련의 중거리 핵미사일을 유럽에 배치하지 않는 것이었다. 그러나 이것이 실현되지 않을 경우 슈미트는 동유럽에 배치된 소련의 중거리 핵미사일에 대항해서 서유럽에 미국의 중거리 핵미사일을 배치할 것을 원했다. 그래야만 동·서 양진영의 군사력 균형을 회복하고, 평화를 유지할 수 있다고 생각했다. 안보에 기초한 평화정책을 추진한 것이다.

슈미트는 1977년 10월 28일 영국의 국제전략연구소(IISS: International Intitute for Strategic Studies)에서 자신의 생각을 피력했다. 이것은 훗날 「나토 이중결정」의 모태가 되었다. 슈미트의 마음속에는 미국의 지미 카터(Jimmy Carter; 이하, 카터) 대통령에 대한 불신이 있었다. 소련이 서유럽, 특히 서독을 단거리와 중거리 핵무기로 공격할 경우 미국이 소련의 미국 본토에 대한 핵공격을 무릅쓰고 서독에 대한 핵우산을 보장할 것인지에 대한 우려도 했다. 슈미트는 카터가 동맹국인 서독의 안전을 염두에 두고, 동맹국이 바라는 것을 미국의 외교·안보정책에 반영해 줄 것을 요구했다.[205]

슈미트는 1979년 1월 프랑스령 과들루프(Gaudeloupe)에서 미국의 카터, 프랑스의 발레리 지스카르 데스탱(Valéry Giscard d'Estaing; 이하, 지스카르 데스

204) Winker, H. A. (2015. 11. 11-12.). "Helmut Schmidt. Der Kanzler der Krisen." *Die Zeit* Nr. 46.

205) Haftendorn(1999), p. 95.

탱) 대통령, 영국의 제임스 캘런(James Callaghan) 총리와 회담을 갖고 「나토 이중결정」의 모태가 되는 구상에 합의했다. 이 4개국 중에서 비핵(非核)국가는 서독뿐이었다. 합의 내용은 미국이 가능한 빨리 소련과 유럽의 전략무기 감축 회담을 하되, 만약 이것이 성공하지 못할 경우 서독을 포함한 서유럽에 108개의 퍼싱 Ⅱ(Pershing Ⅱ) 중거리 핵미사일과 464개의 순항미사일(Cruise Missile)을 배치하자는 것이었다. 이 두 조치를 수렴한 「나토 이중결정」은 1979년 12월 12일 브뤼셀의 나토 동맹국 외교 · 국방 장관 회의에서 정식으로 채택됐다.

우선 소련에게 중거리 핵미사일 군축회담을 제안하고, 이것이 실패하면 4년 후 서독을 포함한 서유럽에 미국의 중거리 핵미사일을 배치하기로 결정한 것이다. 여기서 슈미트의 우선순위는 미국이 먼저 소련과 중거리 핵미사일 군축회담을 하는 것이었다. 그런데 1980년 미국 대통령 선거에서 승리한 로널드 레이건(Ronald Reagan; 이하, 레이건)은 군축보다 유럽에 중거리 핵미사일을 배치하는 것을 선호했다.

권력보다 국가를 생각했던 슈미트

「나토 이중결정」은 슈미트가 속한 사민당 내에서 심각한 반발을 불러일으켰다. 평화주의자인 사민당의 좌파 그룹은 물론, 현실 정치가인 사민당의 사무총장 에곤 바(Egon Bahr)와 원내대표였던 허버트 베너(Herbert Wehner)까지 많은 사민당원들이 1980년 11월 총선 후 「나토 이중결정」 문제로 슈미트에게 반기를 들었다. 더 심각했던 것은 사민당 총재였던 브란트도 이들 반대파의 입장에 동조하려는 경향이 있었다는 것이다. 그럼에도 슈미트는 정치적 위기 상황에서 자신의 권력과 자신이 속한 정당의 이익보다 국익을 우선시했다.

1980년대 초에 평화운동이 확산되면서 서독 역사상 최대 규모로 수십만 명의 시민이 슈미트가 주도한 「나토 이중결정」에 반대하는 시위를 했다. 다수의 독일 언론도 「나토 이중결정」을 반대했다. 「나토 이중결정」에 반대하는 평화주의자들은 1980년 11월 16일에 「크레펠드 호소」(Krefelder Appell)」라는 것을 제안했다. 여기에 서명한 시민은 300만 명이 넘었다.[206] 독일 외교부가 책

206) Rink(2015).

으로 발간한 고(古)문서 자료에 따르면 슈미트가 1982년 재임 중 「나토 이중결정」 문제로 살해 위협까지 받았다고 한다. 그럼에도 슈미트 총리는 자신이 신뢰하는 외국 지도자[207]에게 「나토 이중결정」을 위해서라면 죽게 되어도 좋다는 말을 했다고 한다.[208]

슈미트는 1982년 말 의회에서 불신임안으로 사퇴했다. 가장 큰 원인은 경제정책에 대한 연립정권 파트너 자민당과의 불협화음이었다. 그러나 「나토 이중결정」으로 인한 사민당 내 불협화음도 슈미트가 사퇴하는데 또 다른 요인이 되었다. 「나토 이중결정」에 따라 일차적으로 추진한 소련과의 군축협상이 실패로 돌아가고 미국의 중거리 핵미사일 서독 배치가 가시화되자, 슈미트가 자신의 소속 정당인 사민당 내에서 고립되고 궁지에 몰리면서 야당에게 공격의 빌미를 제공했기 때문이다.[209] 슈미트가 국익을 위해서 자신의 권력에 마이너스가 되는 선택을 한 것이 총리직 사퇴에 영향을 미친 것이다.[210]

슈미트는 1996년에 출간한 자신의 저서 『동반자』(Weggehärten)[211]에서 지난날을 회상하며 서유럽과 독일국민은 자신이 주도한 「나토 이중결정」을 자신의 후임자인 콜이 정책으로 관철시킨 것에 대해서 감사하게 생각해야 한다는 말을 했다. 1982년 말에 슈미트가 불신임 안(案)으로 사퇴하고, 기민당의 콜이 총리로 취임한 후 1983년 11월 22일 의회에서 미국의 중거리 핵미사일을 서독에 배치하는 안(案)을 통과시켰기 때문이다.

서독 의회에서 이 안이 비준되기 불과 한 달 전인 1983년 10월 22일에 약 130만 명의 서독 시민이 전국적으로 미국의 중거리 핵미사일을 서독에 배치하는 것에 항의하는 시위를 했었다. 이런 상황에서 콜이 「나토 이중결정」을 관철한 것이다.[212] 콜은 서독 내 평화주의자들의 격렬한 반대시위에도 불구하고 슈미트가 주도한 「나토 이중결정」을 관철하면서 미국 등 동맹국에게 서독의 외교정책에 대한 투명성을 보여줬다. 동시에 서독에 대한 의구심을 해소시

---

207) 슈미트와 절친한 사이였던 프랑스의 지스카르 데스탱이었을 것으로 추측된다.

208) Welt. (2013. 1. 27.). "*Helmut Schmidt hatte 1982 Angst um sein Leben.*"

209) Haftendorn(1999), p. 94.

210) Bundeszentrale für politische Bildung. (2018. 11. 21.). "Vor 35 Jahren: Bundestag bestätigt Entscheidung zum NATO–Doppelbeschluss."; Kissinger(1999), p. 110.

211) Schmidt(1996).

212) Bundeszentrale für politische Bildung. (2018. 11. 21.). "Vor 35 Jahren: Bundestag bestätigt Entscheidung zum NATO–Doppelbeschluss."

켰다. 슈미트가 콜의 이런 노력을 높이 평가한 것이다.[213]

서유럽 내 중거리 핵미사일 배치와 미 · 소 중거리 핵미사일(INF) 폐기 협정

서유럽은 「나토 이중결정」을 통해서 소련의 압력에 굴복하지 않는다는 단합된 모습을 보여줬다. 이것은 훗날 소련에서 고르바초프가 집권한 후 유럽에 배치된 중거리 핵미사일을 폐기하는 협정(INF Treaty: Intermediate-Range Nuclear Forces Treaty)이 1987년에 체결되는 데 중요한 계기가 되었다. 소련 입장에서 볼 때, 소련이 동독에 배치한 중거리 핵미사일은 미국을 타격할 수 없었다. 반면에 미국이 서유럽에 배치한 572개의 중거리 핵미사일은 모스크바를 바로 타격할 수 있었다. 이런 점에서 미국과 소련이 함께 유럽에 중거리 핵미사일을 배치한 것은 소련에게 손해였다.

물론 1987년은 슈미트가 이미 정계에서 은퇴하고, 콜이 총리로서 독일 정부를 이끌었던 시기다. 그러나 1980년대 초에 슈미트가 주도한 「나토 이중결정」이 훗날 1987년에 미 · 소 간 군축회담(INF) 성공의 토대가 된 것이다. 소련은 「나토 이중결정」이 서방 진영에서 논의되던 초기에 매우 강경한 입장을 취했다. 그러나 1981년 22월에 미국의 레이건과 소련의 레오니드 브레즈네프(Леони́д Ильи́ч Бре́жнев; 이하, 브레즈네프)가 독일의 수도 본에서 만났을 때, 슈미트가 이들을 중재했고 협상과 강공을 병행한 외교를 통해서 브레즈네프로부터 일정 부분 양보를 얻어낼 수 있었다. 당시 동독 정부도 슈미트의 미 · 소 간 중재자 역할을 높이 평가했을 정도다.[214]

미국을 비롯한 서유럽 국가들은 「나토 이중결정」을 계기로 서독의 정권교체에도 불구하고 계속된 슈미트와 콜의 확고한 동맹정책을 높이 평가했다. 이것은 1980년대 말 독일에 통일의 기회가 갑작스럽게 찾아왔을 때 서독에게 중요한 자산이 되었다.[215] 이와 관련해서 콜은 자신의 전임자 슈미트의 결단이 옳았다고 평가했다. 슈미트가 재임 중 「나토 이중결정」에 대한 구상을 주도하고 사민당 내 반대와 수십만 서독 시민의 반대 시위를 극복하면서 1979년

213) Winker, 앞의 글.
214) 귀도 크놉(2000), p. 284.
215) Winker, 앞의 글.

12월 나토 외교 · 국방 장관회의에서 채택되도록 한 것을 콜이 높이 평가한 것이다. 서로 경쟁했던 독일의 정치 지도자들이 안보정책과 관련해서 상대를 높이 평가한 것은 한국의 정치 지도자들이 배워야 할 부분이다.

2) 문재인 정부: 안보와 분리된 평화정책

상식적으로 납득할 수 없는 문재인 정부의 행동

미국은 그동안 종전선언이 북한 비핵화의 전체 로드맵 속에서 고찰되어야 한다고 말했다. 그러면서 비핵화와 연계되지 않은 종전선언이 문재인 정부가 주장하는 것과 달리 북한에게 유엔군사령부 해체와 주한미군 철수의 명분만 제공할 것을 우려했다. 그래서 문재인 정부의 종전선언 제안에 거리를 두었다. 그런데 문재인 정부는 2018년에 종전선언을 앞장서서 추진하더니 2022년 초 임기 말까지 종전선언에 집착하면서 동맹국인 미국을 강요하려 했다. 이런 행동은 상식적으로 납득할 수 없는 것이었다.

앞에서 설명했듯이 체임벌린은 독일과의 전쟁을 피하기 위해서 평화정책을 추진하며 어떤 대가도 지불하려 했다. 그러나 실패했다. 문재인은 체임벌린의 실패한 평화정책을 반면교사로 삼아야 했는데, 오히려 더 했다. 김정은조차 2021년 9월 29일 최고인민회의 제14기 제5차 회의에서 현재처럼 남북한이 군사적으로 대립하고 있는 상황은 종전선언을 할 여건이 되지 못한다고 다음과 같이 말했을 정도였다.

> "(김정은 동지께서는; 필자) 얼마 전 남조선이 제안한 종전선언 문제를 론한다면 북남사이의 불신과 대결의 불씨로 되고 있는 요인들을 그대로 두고서는 종전을 선언한다 해도 적대적인 행위들이 계속될 것이고 그로 하여 예상치 않았던 여러 가지 충돌이 재발될 수 있으며 온 겨레와 국제사회에 우려심만을 안겨주게 될 것이라고 하시였다."[216)]

216) 『조선중앙통신』. (2021. 9. 30.). "경애하는 김정은 동지께서 력사적인 시정연설 《사회주의건설의 새로운 발전을 위한 당면투쟁방향에 대하여》를 하시였다."

그럼에도 문재인은 4년 내내 종전선언에 집착했다. 뿐만 아니라, 한국의 여당인 「더불어민주당」은 북한이 남북공동연락사무소를 폭파한 지 한 달이 지난 2020년 7월 말에 야당 「국민의 힘」의 반대에도 불구하고 종전선언 촉구 결의안 처리를 강행하겠다는 의지를 밝혔다. 대통령 선거를 앞두고 여당인 「더불어민주당」의 이재명 후보(이하, 이재명)도 2022년 3월 9일에 선거가 치러지기 직전까지 종전선언 추진 의지를 밝혔다.

통일 전 서독 같으면 상상할 수 없는 일들이 한국에서 벌어졌다. 김정은이 비핵화 협상을 거부하고 2021년 1월에 제8차 당대회에서 군사력으로 통일을 앞당기겠다는 말을 했는데도 불구하고 문재인 정부와 여당이 안보태세를 강화하는 대신에 전쟁이 끝났다는 선언을 하려고 했기 때문이다.

「종전선언」을 위한 문재인 정부의 전(全)방위적 노력

2020년 9월에 한국의 해양수산부 공무원 이 모 씨가 서해에서 실종된 후 북한 해안에 표류하다 북한군의 총격으로 사살된 사건이 발생했다. 그럼에도 문재인은 북한의 만행에 대응하기 위한 국가안전보장회의(NSC)에 참석하지도 않고, 같은 달 22일 제75차 유엔총회 기조연설에서 북한과의 종전선언을 제안했다. 문재인은 1년 후인 2021년 9월에도 유엔총회에서 남·북·미 혹은 남·북·미·중이 참여하는 종전선언을 하자고 제안했다.

당시 한국 언론에서 문재인 정부가 2022년 3월에 실시되는 대통령 선거에 영향을 미치려는 의도에서 종전선언을 추진하는 것이라고 많은 의혹을 제기하는 상황에서 그랬다. 문재인 정부가 2022년에 치러질 제20대 대통령 선거 직전에 중국의 베이징 동계올림픽에서 남·북·미 혹은 남·북·미·중이 참여하는 종전선언을 추진함으로써 평화 분위기를 연출하고, 이를 통해서 한국 대통령 선거에 영향을 미치려 한다는 것이 한국 언론에서 제기했던 의혹의 핵심이었다.

심지어 김부겸 당시 국무총리(이하, 김부겸)도 2021년 10월 1일 공개된 일본 「니혼게이자이」 신문과의 인터뷰에서 국제올림픽위원회(IOC)가 2021년 말까지 북한의 올림픽 참가 자격을 정지한 결정을 철회해 줄 것을 요청했다. "(북한에 대한) 관대한 조처를 바란다. 그렇게 되면(북한이 올림픽에 참가할 수 있게 되면) 남북 고위급 당국자가 자연스럽게 베이징에서 만날 수 있다. 필요하다면 적극적으로 국제올림픽위원회와 의사소통을 하겠다"[217]고 말한 내용이 이에 해당한다. 문재인 정부가 추진했던 베이징 남북정상회담 가능성을 염두에 둔 것이다.

정작 북한은 국제올림픽위원회에 2022년의 베이징 올림픽 참가 문제와 관련해서 아무 말도 하지 않았다. 그런데 문재인 정부가 남북정상회담과 종전선언에 몸이 달아서 국제올림픽위원회에 북한을 대신해서 읍소하겠다고 일본 신문 「니혼게이자이」에 밝힌 것이다. 북한의 김여정은 2021년 9월 24일에 문재인의 종전선언 제안에 대해서 다음과 같이 「사진 찍기용」이라고 논평했다.

> "나는 현존하는 불공평과 그로 인한 심각한 대립관계, 적대관계를 그대로 둔 채 서로 애써 웃음이나 지으며 종전선언문이나 랑독하고 사진이나 찍는 그런 것이 누구에게는 긴절할지 몰라도 진정한 의미가 없고 설사 종전을 선언한다 해도 변하는 것은 아무 것도 없을 것이라고 생각한다."[218]

종전선언에 대한 김여정의 시각과 필자의 시각은 근본적으로 다르다. 그러나 2021년 9월 21일 유엔총회에서 종전선언을 제안한 문재인의 의도와 관련해서 김여정이 위의 인용문에서 한 말에는 전적으로 공감한다. 북한 당국이 지난 몇 년 동안 문재인 정부를 상대해왔으니, 문재인 정부의 의도에 대해서는 누구보다 잘 알 것이다. 종전선언을 하면 북한 입장에서야 유엔군사령부 해체와 주한미군 철수의 구실이 생겨서 좋을 것이다. 그럼에도 오죽하면 김여정이 이런 말을 했을 지에 대해서 생각해 볼 필요가 있다.

북한 입장에서 볼 때도 전혀 종전선언을 할 여건이 조성되어 있지 않은데, 문재인 정부가 초현실적으로 이런 제안을 하니 김여정이 이런 말을 한 것이다. 문재인 정부가 상황을 너무 자기중심적으로 보기 때문이었다. 종전선언은 그 기반이 조성될 때 하는 것이고, 평화에 대한 선언도 실질적 평화가 조성되었을 때 하는 것이다. 그런데 기반도 조성되지 않은 상태에서 종전선언을

---

217) 『한겨레』. (2021. 10. 1.). "김부겸 총리 베이징 올림픽에서 "남북 고위급 당국자 자연스레 만날 수 있어."

218) 『조선중앙통신』. (2021. 9. 24.). "김여정 조선로동당 중앙위원회 부부장 담화."

하고 평화선언을 하겠다는 것은 평화가 왔다 치고 이후에 평화의 기반을 조성하겠다는 것과 마찬가지다. 도무지 앞뒤가 맞지 않는 것이다.

그럼에도 문재인 정부는 종전선언 제안을 전방위적으로 추진했다. 문재인이 2021년 9월 유엔총회에서 종전선언을 제안한 후, 정의용은 10월 5일 프랑스 파리에서 개최된경제협력개발기구(OECD) 각료이사회 참석을 계기로 미국의 블링컨을 만났다. 이 때 정의용은 블링컨과의 약식 회담에서 종전선언을 제안했다. 이어서 서훈 청와대 국가안보실장(이하, 서훈)도 10월 12일에 제이크 설리번(이하, 설리번) 백악관 국가안보보좌관을 만나서 다시 종전선언을 제안했다. 그러더니 노규덕 외교부 한반도평화교섭본부장(이하, 노규덕)이 10월 19일 미국 워싱턴DC 국무부 청사에서 성 김 미 국무부 대북특별대표와 후나코시 다케히로 일본 외무성 아시아·대양주국장을 만나서 종전선언을 제안했다. 한국 정부가 종전선언에 대해서 전방위적으로 미국과 일본 당국자들을 설득한 것이다.

문재인 정부는 종전선언을 하면 마치 북한의 비핵화와 한반도 평화가 시작될 것처럼 주장했다. 북한이 생각하는 종전선언의 의미와 평화가 남한이 생각하는 그것과 본질적으로 다름에도 이렇게 말했다. 북한은 남한과 전혀 다른 의도와 목표를 갖고 평화체제를 추구하고 있고, 김정은은 이미 여러 차례 비핵화 의지가 없음을 말과 행동으로 보여줬다. 그럼에도 문재인 정부는 이런 현실을 외면하고 모르는 척 평화 분위기를 띄워보려 했다.

이것은 오지도 않은 평화를 온 것처럼 쇼를 하면서 국민들에게 착시현상을 일으키고, 이를 통해서 국내정치적 지지를 얻으려 한 것에 불과하다. 이런 평화는 참으로 위험하다. 착시현상을 일으키면서 한국 국민과 한국군의 안보의식을 무너트리기 때문이다. 이것은 문재인 정부의 평화정책이 안보와 분리됐다는 것을 보여주는 단적인 사례다.

남한의 환상을 이용한 북한

김정은은 현 시점에서 종전선언을 하는 것이 적절하지 않음을 밝혔다. 그러면서도 문재인 정부가 종전선언을 추진하고 싶으면 「판문점 선언」 등을 이행하고, 무기개발과 관련해서 북한에게 적용해 온 「이중기준」을 철회하라는 조건을 제시했다. 즉, 남한이 국제사회가 추진하는 대북제재의 대열에서 벗어나 독자적으로 남북경협을 추진하고, 동시에 북한의 핵 · 미사일 개발을 유엔 결의안 위반으로 몰면서 비판하지 말라고 한 것이다. 이 부분은 앞에서 설명했다. 김정은은 2021년 9월 29일 최고인민회의 제14기 제5차 회의에서 한 · 미 연합군사훈련이 남북 사이에 충돌 위험을 초래하고 있다는 점도 거론했다.

> "(김정은 동지께서는; 필자) 최근 미국과 남조선이 도를 넘는 우려스러운 무력증강, 동맹군사 활동을 벌리며 조선반도주변의 안정과 균형을 파괴시키고 북남사이에 더욱 복잡한 충돌위험들을 야기시키고 있는데 대하여 주시하고 있다고 하시면서 미국과 남조선의 강도적 론리에 맞서 이를 강력히 규탄하고 이런 위험한 흐름을 억제할 우리의 부동한 립장을 철두철미 견지하며 필요한 모든 강력한 대책을 세워나가야 한다고 강조하시였다."[219]

김정은은 이같이 2021년 9월 29일 최고인민회의 제14기 제5차 회의에서 종전선언의 조건을 제시하면서 동시에 한 · 미 연합군사훈련을 비난했다. 여기에는 종전선언에 갈급해하는 문재인 정부를 압박하면서 한 · 미 연합군사훈련 중단으로 한 · 미 간 균열을 극대화하면서 한미동맹을 무력화시키려는 의도가 있었다. 북한은 이미 문재인 정부 기간에 한 · 미 연합군사훈련을 축소 및 중단시키면서 상당한 성과를 거두었다.[220](Ⅳ.1장) 그런데 임기 말 조바심을 내는 문재인 정부의 평화에 대한 환상을 이용해서 최대한 한미동맹 와해라는 목표를 추구하려 한 것이다.

문재인과 슈미트 그리고 노무현

노무현 정부 당시 외교장관이었던 송민순은 종전선언과 관련해서 다음과 같이 말했다.

---

219) 『조선중앙통신』. (2021. 9. 30.). "경애하는 김정은 동지께서 력사적인 시정연설 《사회주의건설의 새로운 발전을 위한 당면투쟁방향에 대하여》를 하시였다."

220) 한 · 미 연합군사훈련의 축소 및 중단과 관련한 한국과 미국의 갈등에 대해서는 이 책 Ⅳ.1장에서 보다 자세히 설명할 것이다.

"종전이 되려면 전후 처리, 경계선 확정, 평화유지 구조 등 실질 문제에 대해 합의한 후 조약을 체결하는 것이 중요하다. 그리고 그 조약이 발효될 때 비로소 전쟁 상태가 종료되는 것이다. 1951년 샌프란시스코 평화조약, 1979년 이스라엘 · 이집트 평화조약, 1994년 이스라엘 · 요르단 평화조약, 1998년 영국 아일랜드 평화조약과 같은 사례들이 이를 말해준다. (…) 그런데 한반도에서는 휴전선의 비무장화, 육상과 해상에서의 경계선, 외국 군대의 주둔, 그리고 북한 핵 등 함께 해결해야 (할; 필자) 문제들을 앞에 두고 있다. 종전선언부터 먼저 하게 되면 마치 마차가 말을 끌고 가도록 하는 것과 같이 된다."[221]

필자는 앞에서 종전선언 그 자체보다 종전의 기반조성이 중요하고, 평화협정 그 자체보다 평화의 기반조성이 중요하다고 말했다. 종전을 선언할 수 있는 환경이 전혀 조성되지도 않았는데, 종전선언을 카드로 사용하려는 것 자체가 전략적 사고에 역행하는 것이다. 한국의 평화가 북핵으로 위협받고 있는데 전쟁이 끝났다는 종전선언부터 한 후 평화의 기반인 비핵화를 모색하겠다는 것은 본말이 전도된 방식이다. 북한의 전략을 고려할 때, 한반도 비핵화와 한반도 평화협정 체결을 연계한 한국 정부의 구상 자체가 잘못된 가정에서 출발한 것이었다. 더욱이 종전선언으로 거짓 평화 분위기를 연출하는 것은 현실을 왜곡하는 비정상적 전략이었다.

북한의 평화협정 주장은 지난 몇 십 년 동안 항상 주한미군 철수와 연계되어 있었다. 핵문제가 대두되기 전부터 그랬다. 북한의 이런 노선이 변했다는 증거는 어디에도 없다. 심지어 중국도 북한의 이런 노선을 지지하면서 한반도 평화협정 체결에 참여하려고 한다. 중국이 원하는 주한미군 철수를 관철할 수 있는 절호의 기회라고 보기 때문이다. 문재인 정부가 거짓 평화를 위한 여건을 조성하는 과정에서 중국을 종전선언과 한반도 평화체제 구축 논의에 끌어들인 것은 상황을 악화시킨 것이다.

문재인 정부는 왜 이렇게 하려고 했을까? 앞에서 문재인 정부가 2022년 3월의 대통령 선거에 영향을 미치기 위해서 종전선언을 전방위적으로 추진하려 한 것이 아니냐고 한국 언론이 보도했다는 내용을 언급했다. 그런데 문재인 정부가 임기 말까지 남북정상회담과 종전선언으로 평화 분위기를 띄우면서 대

221) 송민순(2016), pp. 425－427.

통령 선거에 활용하려 한 것은 국내정치적 계산으로 한국의 안보를 훼손한 행위다.

서독의 슈미트는 앞에서 설명했듯이 소속 정당보다 국가의 이익을 위해서 「나토 이중결정」을 이끌어냈다. 이로 인한 살해 위협에도 굴하지 않았다. 권력을 잃는 것도 두려워하지 않았다. 그랬기 때문에 자신의 소속 정당 사민당과 지지자들의 반대에도 강력하게 맞섰다. 국가 지도자로서 문재인은 슈미트와 너무 다르다. 노무현은 2007년 12월에 제17대 대통령 선거가 있음에도 불구하고, 지지자들의 반대에 맞서서 한미 FTA와 이라크파병 연장을 추진했다. 한미동맹을 강화하는 것이 국익을 위한 것이라고 보았기 때문이다. 이런 노무현과도 문재인은 많이 다르다.

한 · 미 연합군사훈련 문제도 마찬가지다. 문재인 정부는 한 · 미 연합군사훈련 축소 및 중단으로 북한의 요구에 부응하려고 노력해왔다. 이것이 한국의 안보와 국익을 해치는 것임에도 그랬다. 2020년에 미국은 아프가니스탄의 탈레반과 평화협정을 체결했다. 그러나 2021년에 미군이 철수하자, 기존의 아프간 정부는 탈레반의 공격에 속절없이 무너졌다. 평화협정은 평화를 보장하지 못한다. 평화협정보다 중요한 것은 평화를 지킬 수 있는 의지와 힘이 있느냐이다. 그리고 평화를 유지할 수 있는 환경이 조성되었느냐 하는 것이다.

북한 비핵화 협상은 지난 30년 동안 진행됐다. 그러나 김정은은 비핵화 의지를 전혀 보이지 않는다. 외교적 협상을 통한 북한의 비핵화는 실패했다. 이젠 북한의 핵위협을 한국의 국방력으로 억제하거나 혹은 동맹의 도움으로 억제하는 것만이 평화보장의 수단이 되었다. 그런데 문재인 정부는 거꾸로 했다. 남북관계를 개선한다는 명분하에 북한의 잘못된 요구를 들어주려고 하면서 한미동맹을 악화시켰다. 이것이 대한민국의 위기를 불렀다. 다음 장에서 이 부분을 보다 자세히 살펴보자.

한반도와 미·중 패권경쟁

Ⅳ

한반도와 미·중 패권경쟁

1. 한반도와 미국

가. 흔들리는 한미동맹

미국의 세계전략과 한반도

한반도는 미국과 일본 그리고 중국 및 러시아 등 4강의 이해가 교차하는 지정학적 요충지다. 20세기 냉전 당시 한반도는 미국의 소련 견제에 중요한 거점이었다. 미국은 해방 직후 남한에서 군사통치를 실시했으나, 대한민국 정부 수립 후에는 주한미군을 철수시켰다. 그러나 1년도 지나지 않아 1950년에 한반도에서 6 · 25 전쟁이 발발하자 유엔을 활용해서 북한의 남침을 저지했다.

미국은 21세기에 들어서 패권 유지가 동아시아와 중국을 관리하고 견제하는 것에 달려 있다고 판단하고 있다. 현재 미국의 가장 중요한 외교 · 안보 전략은 중국의 패권도전 억제다. 그리하여 한반도는 21세기 미국의 중국 견제에 중요한 거점이 되었다. 이것은 미국의 대한반도 정책을 미국의 세계전략과 대아시아전략 차원에서 고찰해야 한다는 것을 의미한다.

트럼프 정부의 동맹관

미국은 오바마 때부터 중국 견제를 위해서 아시아-태평양 지역을 중시(Asia Rebalancing)하기 시작했다. 트럼프 정부와 바이든 정부도 마찬가지다. 다만, 트럼프의 동맹관은 위험했다. 미국 우선주의(America First)를 내세우며 동맹을 중요하게 생각하지 않았다. 동맹을 상업적 거래의 대상으로 대하기도 했다. 심지어 "우리의 동맹국들이 적들보다 우리를 훨씬 더 이용해 먹는다"고 말하기도 했다.[1)]

문재인 정부의 동맹관

그런데 비슷한 시기에 출범한 문재인 정부의 동맹관도 과거 한국 정부와 달랐다. 우선 북한을 한미동맹 차원에서 「공동의 적」으로 인식하지 않고, 평화정책의 동반자로 인식했다. 트럼프 정부 초기에 북한에 대한 미국의 대북 군사공격 가능성이 거론되자, 미국을 오히려 한반도 평화의 위협요인으로 인식하기도 했다. 이것은 문재인 정부가 미국과의 충돌을 불사하며 조속한 전작권 전환을 추구한 배경이 되었다.

문정인은 심지어 "한미동맹을 살리려다 남북관계가 망가진 것 (…) 남북관계의 가장 큰 장애물은 유엔군 사령부"[2)]라는 말도 서슴지 않았다. 이런 분위기 속에서 한미동맹을 유지해온 제도 및 기구가 문재인 정부 출범 후 급격한 변화를 겪었다. 한·미 간 정책 목표와 방향 및 최종상태에 대한 공감대가 과연 있기는 한 것인지에 대해서 의문이 제기되기도 했다.

한·미 간 주요 갈등 다섯 가지

문재인 정부 기간에 나타났던 한·미 간 주요 갈등 다섯 가지를 보면 다음과 같다.

---

1) 트럼프, 2019년 8월 13일 펜실베이니아주 모나카에서의 연설: 김열수(2019), p. 47에서 재인용.

2) 문정인은 2018년 2월 27일에 민주평화통일자문회의 워싱턴협의회가 주관한 평화공감포럼 강연에서 "대한민국 대통령은 군사주권을 갖고 있다. 대통령이 주한미군에게 나가라고 하면 나가야 한다"고 말했다.[『조선일보』. (2018. 2. 28.). "문정인 '대통령이 주한미군 나가라고 하면 나가야'."]

① 북한 및 대북제재를 둘러싼 갈등

대북제재를 통해서 북한의 비핵화를 유도하려는 미국과 제재 완화를 통해서 남북관계의 변화를 추구하려는 한국의 문재인 정부 사이에 갈등이 지속됐다. 이에 미국은 한국이 남북관계를 북한 비핵화보다 앞세울 때마다 제동을 걸며 한·미 공조를 강조했다.[3] 북한 문제를 둘러싼 한·미 간 갈등이 심해지자 2018년 11월에 미국 요구로 「한·미 워킹그룹」이라는 실무조직이 만들어지기도 했다. 비록 바이든 정부 출범 후 한미워킹 그룹의 명칭이 한·미 국장급 회의로 바뀌는 등 재구성되기는 했으나, 한·미 간 갈등의 주제였던 대북제재 유지 혹은 완화 문제는 2021년에 바이든 정부가 출범한 후에도 지속됐다.

과거에 한국과 미국은 북한이라는 「공동의 적」을 가정하고 한미동맹의 중요성을 공감했다. 그러나 문재인 정부 들어서는 「공동의 적」 앞에서 동맹이 강화되기보다 오히려 약화됐다. 2016년에 시행된 미국의 「대북제재와 정책강화법」 초안 작성에 참여한 조슈아 스탠튼 변호사는 "유엔 제재와 자국민의 시민적 자유를 희생해가며 김정은의 이익을 옹호하는 문재인 행정부의 경향을 고려할 때, 미국이 한국을 동맹으로서, 그리고 수만 명의 미군과 미군 가족들의 안전한 주둔국으로서 신뢰할 수 있는지를 바이든 행정부는 현실적으로 재평가해야 할 것"[4]이라고 주장하기도 했다.

미국은 대북제재를 북핵 문제 해결의 필수적인 지렛대로 보고 있다. 그런데 문재인 정부는 임기 내내 북한의 핵무기 증강에는 침묵하면서 오히려 북한을 도와주지 못해서 노심초사했다. 한국의 문재인 정부와 미국 정부의 북핵 해법에 근본적 차이가 존재했음을 알 수 있는 대목이다.[5] 이에 미국 정부는

---

3) "트럼프 행정부는 공개적으로는 문재인 정부의 대북정책에 지지의사를 표명하지만 비공개석상에서는 의구심과 염려를 표하고 있다. 워싱턴은 한국 정부가 2018년 9월 남북정상회담을 기점으로 개성공단과 금강산관광 재개, 남북 간 철도 연결, 개성 연락사무소 설치, 남북 군사합의 이행 등을 서두르는데 대해 남북관계의 속도를 늦추라는 메시지를 여러 차례 보냈다."[김태효(2018), p. 116.]

4) VOA. (2021. 3. 2.). "미 전문가들 '한국 통일장관, 제재 아닌 김정은 실정 비판해야...북한 자체 제재가 민생 파괴'."

5) "문재인 대통령은 2018년 10월 18~19일 브뤼셀에서 개최된 12차 아시아-유럽 정상회의(ASEM: Asia-Europe Meeting) 계기에 영국, 독일, 프랑스의 정상을 상대로 대북 경제제재 완화를 설득했지만 이들은 모두 반대의 입장을 밝혔다. 51개 참가국이 도출한 ASEM 의장선언문은 (북핵 폐기를 이끌어내기 위해) '유엔 대북 제재 결의의 완전한 이행을 약속 한다'는 문장을 채택했다. 강경화 외교부 장관의 대북 경제제재(5.24 조치) 해제 검토

한국 정부가 대북제재를 완화하자고 제안하는 것을 수없이 거부했다.

일례로 정의용은 2021년 9월에 유엔 총회 참석차 뉴욕을 방문하고 22일 미국외교협회(CFR) 초청 대담에서 "미국은 아직 준비돼있지 않지만 이제는 제재 완화를 고려할 시점"[6]이라며 대북제재 완화를 제안했다. 그러나 킨 모이 미 국무부 동아시아 · 태평양 담당 수석부차관보는 며칠 후인 9월 28일 워싱턴 DC에서 한국국제교류재단(KF)과 미 싱크탱크 애틀랜틱카운슬이 공동주최한 연례포럼에서 "전 세계 확산 방지 노력을 강화한다는 목표에 따라 모든 유엔 회원국이 국제적 의무를 다할 것을 촉구한다"[7]고 말했다.

② 방위비 분담금을 둘러싼 갈등

미국에서 바이든 정부 출범 후 2021년 3월에 한 · 미 간 방위비 분담금 협상이 타결됐다. 그러나 문재인 정부는 트럼프 재임 기간에 비타협적 태도를 고수했다. 일차적으로 한국에게 50억 불의 방위비 분담금을 요구했던 트럼프의 과도한 요구가 문제였다. 그러나 협상이 시한을 지났음에도 계속 타결되지 않을 경우 미국 내에서 주한미군 감축 논의가 진행될 수 있는 상황이었다.

실제로 트럼프는 2020년 대선 기간 중 비공개석상에서 재선에 성공하면 2기 정부에서 한미동맹을 날려버리겠다는(blow up) 말을 했다고 한다. 이 발언은 언론을 통해서 알려졌다.[8] 그럼에도 문재인 정부는 북한에게는 비상시적인 저자세로 일관한 반면에, 미국에게는 상식적 협상을 촉구하며 비타협적 강경한 자세를 고수했다. 트럼프가 재선에 성공했다면 한미동맹이 어떻게 됐을지 생각할 때, 착잡한 마음을 금할 수 없다.

③ 전작권(전시작전통제권, 이하 전작권) 전환을 둘러싼 갈등

전작권 전환을 둘러싼 갈등은 2006년 한 · 미 정상 간에 합의가 이루어진

발언)이 나온 지 몇 시간 만에 우리(미국)의 승인 없이 한국이 그렇게 하지 않을 것이라는 트럼프 대통령의 발언이 나온 것은 한 · 미 양국 정부의 입장차를 극명하게 보여준다."[(김태효(2018), p. 116.).

6) 『조선일보』. (2021. 9. 23.). "미국 간 정의용 '中 공세적 외교는 당연... 대북제재 완화 고려할 시점'."

7) 『중앙일보』. (2021. 9. 29.). "北 비핵화 없으면 제재 유지…美 당국자, 정의용 제안 반박."

8) 『중앙일보』. (2021. 7. 14.). "트럼프, 재선 성공하면 '한미동맹 날려버린다'고 했다."

후 수차례에 걸쳐 수정되면서 아직도 진행 중이다. 북한의 반복되는 핵실험으로 전작권 관련 합의가 수정되었는데, 2014년 제46차 한미안보협의회의(ROK－US Security Consultative Meeting; 이하, SCM)에서 「시기가 아닌 조건에 기초한 전작권 전환」에 합의했다. ① 연합방위를 주도할 수 있는 한국군의 능력, ② 북한의 핵 · 미사일에 대비한 한국군의 초기 대응능력, ③ 전작권 전환에 부합하는 한반도 및 지역 안보 환경이라는 조건이 충족될 때 미국 대신에 한국이 전시 연합방위체제를 주도하는 방향으로 전환하기로 한 것이다.

문제는 이런 조건이 충족되지도 않은 상황에서 문재인 정부가 임기 내에 무리하게 전작권 전환을 추진하려고 했다는 것이다. 기존의 전작권 전환 계획과 절차는 4단계로 구성되었다. ① 검증이전 평가 → ② 기본운용능력(IOC) 평가 → ③ 완전운용능력(FOC) 평가 → ④ 완전임무수행능력(FMC) 평가의 4단계였다. 그런데 문재인 정부의 송영무 전 국방장관(이하, 송영무)은 2018 국방부 업무보고 당시 「검증이전 평가」를 생략하고 바로 「기본운용능력 평가」를 실시해서 전작권 전환의 절차와 시간을 단축하겠다는 입장을 밝혔다.[9] 그러나 한 · 미 연합군사훈련이 축소되면서 운용능력 검증이 제대로 추진되기 어려운 상황이 계속됐다.

미국은 그동안 문재인 정부의 전작권 전환 추진 과정을 보면서 문재인 정부가 동 문제를 군사 · 안보적 관점이 아닌 정치적 · 이념적 관점에서 접근하는 것으로 의심했다. 현 상황이 전작권 전환을 검토하기에 적절한 것인지에 대해서 회의적인 시각을 갖고 있었기 때문이다. 또한 한국군이 변화하는 북한 위협 대응에 필요한 능력(주요 무기체계 및 기획·지휘·운용 능력 포함)을 목표 시간 내에 확보할 수 있을 것인지에 대해서도 의구심을 가졌다.[10] 미국이 전작권과 관련한 한국 정부의 빈번한 입장 변경에 피로감을 내비치면서 불신하는 마음을 갖게 되었다는 것이다.

④ 한 · 미 연합군사훈련과 관련한 갈등

문재인 정부 출범 후 한 · 미 연합군사훈련은 지속적으로 축소되거나 중단됐다. 기존의 「키 리졸브」(Key Resolve)연습은 2019년에 「동맹」으로 명칭이

9) 최강(2019), pp. 362~363.
10) 위의 글, p. 363.

변경되고 규모가 축소됐다. 「독수리 훈련」(Foal Eagle)은 명칭을 없애고, 대대급 이하 소규모 부대 위주 훈련으로 대체했다. 사실상 폐지된 것이다. 「을지프리덤 가디언」(UFG: Ulchi Freedom Guardian) 연습은 중단하고, 두 개의 훈련으로 나누어 실시하기로 했다. 한국군 단독 지휘소연습인 「태극훈련」과 정부부처 연습인 「을지연습」은 통합해서 「을지태극연습」으로 실시하기로 했다. 「프리덤 가디언」은 「19－2동맹연습」으로 축소해서 시행하기로 했다. 또한 "대규모 연합 상륙훈련이었던 쌍용훈련은 폐지됐고, 대규모 연합 공군 훈련인 '비질런트 에시스'도 대폭 축소돼 비공개로 진행"[11]되었다.

문제는 북한의 요구에 의해서 한국과 미국 정부 모두 한 · 미 연합군사훈련을 축소하고 중단했다는 점이다. 트럼프는 비용 문제를 제기하면서 2018년 싱가포르에서 개최된 제1차 미 · 북 정상회담 직후 기자회견을 통해서 한 · 미 연합군사훈련 중단을 발표했다. 그 결과 2018년부터 대규모 야외기동 훈련(FTX)이 중단되고, 실내에서 컴퓨터 시뮬레이션으로 진행하는 지휘소 연습(CPX)만 진행됐다. 그런데 트럼프는 그렇다 치고 문재인 정부도 남북대화 개선이라는 명분으로 이런 분위기 형성에 일조해왔다. 미국에서 바이든 정부가 출범한 후에는 문재인 정부가 한 · 미 연합군사훈련의 연기를 주도했다.

김정은은 2016년에 개최된 제7차 당대회에서 미국이 한반도에 개입하지 말 것을 요구했었다. 그런데 2019년 신년사에서는 "외세와의 합동군사연습을 더 이상 허용하지 말아야 하며 외부로부터의 전략자산을 비롯한 전쟁장비 반입도 완전히 중지되어야 한다는 것이 우리의 주장"[12]이라고 말했다. 김정은은 2021년 1월에 개최된 제8차 노동당대회에서도 한국 정부가 남북관계 개선을 원하면 "첨단장비 구매와 한 · 미 연합군사훈련을 중단하라"고 요구했다. 그러자 문재인은 며칠 뒤인 1월 18일 신년 기자회견에서 "필요하면 남북군사공동위원회를 통해 (한 · 미 연합군사훈련에 대해서; 필자) 북한과 협의할 수 있다"고 대응했다.

그런데 미 국방부 존 커비 대변인이 2021년 2월 22일 기자회견에서 말한 내용을 보면 문재인이 한 · 미 간 사전 협의 없이 북한과 한 · 미 연합군사훈련에 대해서 협의할 수 있다고 말한 것을 알 수 있다.[13] 이 문제와 관련해서 에

11) VOA. (2022. 2. 10.). "미한훈련 '축소' 장기화…미일 '육해공 전방위' 훈련과 대조."
12) 류제승(2020), p. 177 각주 (3)에서 재인용.

반스 리비어 전 국무부 수석 부차관보(이하, 리비어)는 "한국이 북한과 미-한 군사훈련에 대해 북한과 논의해야 한다는 생각을 지지할 수 없다"며 "미국의 동맹으로서 그렇게 한다는 것은 매우 부적절하다"[14]고 평가했다.

남북대화가 중단된 상태에서 한·미가 2021년 3월에 예정된 연합군사훈련을 실시하자, 김여정은 저급한 표현을 사용하면서 한국 정부 당국자를 비난했다. 그리고 2021년 8월 1일에는 『조선중앙통신』에 담화문을 발표하면서 한·미 연합군사훈련 실시는 "북남관계의 앞길을 더욱 흐리게 하는 재미없는 전주곡이 될 것"[15]이라고 경고했다. 한·미 연합군사훈련을 중단하라고 압박한 것이다.

이에 문재인이 "여러 가지를 고려해서 신중하게 협의하라"고 관계부처에 지시한 가운데 한국 정부가 흔들리는 모습을 보이더니 「더불어민주당」 소속 국회의원 72명이 한·미 연합군사훈련 연기를 요구하는 연판장에 서명하는 사태가 벌어지기도 했다.[16]

그러나 한국 정부 및 여당의 이런 입장에도 불구하고 미국 국방부는 "계획된 훈련 일정에 변함이 없다"고 밝혔다. 한·미 간 입장 차이를 확인할 수 있는 대목이다. 문제는 설령 한·미가 합의해서 연합군사훈련을 축소·중단했다고 하더라도, 이런 상태가 지속되면 한미동맹이 무력화되는 것을 막을 수 없다는 것이다.

또한 대규모 야외기동 훈련 중단은 북한군의 도발에 언제든지 대응할 수 있는 준비태세를 약화시킬 뿐만 아니라, 미군 증원 전력 전개 능력 약화 및 주한미군 및 증원전력 감축 논의 등을 초래하면서 필연적으로 한미동맹의 약화를 초래할 수밖에 없다. 훈련을 안 하는 군대는 존재 이유가 없기 때문이다. 그럼에도 문제인 정부는 평화 쇼를 벌이면서 북한을 자극하지 않고 비핵화 협상에 나서게 한다는 명분으로 한·미 연합군사훈련을 중단 내지 축소함으로써 한·미 연합군의 군사대비태세만 약화시켰다.

---

13) 『중앙일보』. (2021. 2. 23.). 미 국방부, "한미연합훈련, 한반도서 상당 수준 준비태세 유지해야."
14) VOA. (2021. 1. 20.). "미 전문가들 미한훈련은 동맹 핵심…'북한과 협의' 매우 부적절."
15) 『조선중앙통신』. (2021. 8. 1.). "김여정 조선로동당 중앙위원회 부부장 담화."; 『중앙일보』. (2021. 8. 8.). "규모 상관없다"는 北, '축소 훈련' 반응은? 선전매체 "엄중 난관."
16) 『중앙일보』. (2021. 8. 7.). "한미훈련 진행하되 한국군 축소…北에 대화 명분 줄 듯."

로버트 에이브럼스(Robert Abrams; 이하, 에이브럼스) 전 주한미군사령관은 재임 중 한·미 간 "연합훈련이 컴퓨터 게임이 돼선 곤란하다"고 말해왔다. 한·미 연합군사훈련이 축소 및 중단된 데 대해서 우려를 표시한 것이다. 에이브럼스는 2021년 5월 13일에 임기를 마치고 떠나면서 고별사에서 "평시에 땀을 흘려야 전시에 피를 흘리지 않는다"고 말하기도 했다.[17] 같은 기간에 미·일 연합군사훈련이 강화된 것과 대비된다.

정의용은 청와대 국가안보실장으로 재직 시 2018년 3월 5일에 문재인 특사로 방북해서 김정은을 만난 후 귀국 기자회견에서 김정은이 한·미 연합군사훈련을 이해하고 문제 삼지 않는다고 말했다. 그러나 김정은은 2018년 6월 싱가포르에서 개최된 미·북 정상회담에서 트럼프에게 한·미 연합군사훈련 중단을 요구했다. 이후 최근까지 한국과 미국에게 한·미 연합군사훈련의 중단을 지속적으로 요구했다. 김정은이 정의용의 말과 다른 행동과 주장을 하고 있는 것이다. 정의용은 이에 대한 해명 없이 계속 김정은을 믿는다고 말했다.

문재인 정부가 지난 4년 동안 이렇게 북한의 요구에 부응하려고 노력했어도 북한이 자신의 행동에 변화를 가져온 것은 전혀 없었다. 북한의 비핵화 조치는 전혀 없이 문재인 정부의 「평화정책」으로 우리 자신의 무장해제만 했을 뿐이다. 미국이 한·미 연합군사훈련과 관련해서 한국 정부를 공식적으로 비판하지 않았다고 해서 이것이 한미동맹에 아무 문제가 없었던 것을 의미하지는 않는다.

바이든 정부가 동맹을 중요하게 생각하기 때문에 문재인 정부에 대한 표현을 절제했지만, 미국 조야는 트럼프 시절에도 문재인 정부에게 의구심을 갖고 불편하게 생각해왔다. 설령 미국이 북한에게 대북제재 완화와 종전선언 및 한·미 연합군사훈련 축소 및 중단을 인센티브로 제공하려 해도 우리가 막는 것이 정상이었다. 그런데 이렇게 하지 않으면서 북핵 문제는 미국에게 맡겨놓고 우리가 앞장서서 대북제재 완화와 종전선언 및 한·미 연합군사훈련 축소 및 중단을 미국에게 요구한 것은 매우 잘못된 것이다.

북한은 자신의 협박에 상대가 굴복하면 계속 새로운 요구조건을 제시한

17) 『한국일보』. (2021. 5. 13.). "떠날 때도 거침없는 에이브럼스 '평시 땀 흘려야 전시에 피 안 흘려'."

다. 문제는 남한 정부가 북한의 요구 하나를 들어주면 북한이 새로운 요구 조건을 제시하는데도 문재인 정부가 북한에 대한 저자세를 버리지 못했다는 것이다. 이러다 보면 남한은 더 이상 양보할 수 없는 지점까지 몰리게 된다. 그리고 피하고 싶어도 어쩔 수 없이 북한에 맞서지 않을 수 없는 상황에 처하게 된다. 다만, 돌이킬 수 없을 정도로 불리해진 여건 속에서 북한과 충돌하게 될 뿐이다.

그래서 어차피 언젠가 충돌할 수밖에 없는 것이 남과 북의 운명이라면 지금부터 단호한 모습을 보이며 북한이 도발할 수 없는 환경을 만드는 것이 현명하다. 남한이 북한의 부당한 요구에 더 이상 물러서지 않는다는 단호함을 보여야 한다는 것이다. 하지만 문재인 정부 들어서 이와 반대되는 모습이 일상화됐다.

평화체제에 관련한 문재인 정부의 접근 방식은 노무현 정부의 방식을 계승하고 있다. 그러나 노무현 정부와 다른 큰 차이점이 존재한다. 노무현 정부는 출범 초기에 미국의 부시 정부와 많은 갈등을 빚었다. 하지만 갈등을 겪으면서도 노무현은 큰 틀에서 한미동맹을 강화시켰다. 국내정치 차원에서 지지자의 반발을 무릅쓰면서 2007년에 한미 FTA 협상을 타결했다. 이라크파병 연장도 추진했다. 2007년 12월에 차기 대통령 선거가 있음에도 노무현은 국내정치적 이익보다 국익을 우선시했다. 이런 점을 고려할 때, 노무현 정부가 남북관계를 중시한 가운데 평화보장의 수단인 한미동맹 강화를 통해서 안보를 튼튼히 한 측면은 긍정적으로 평가할 수 있다.

반면에 문재인은 남북관계를 중시하는 가운데 「북한 우선」 정책을 추진하면서 한미동맹을 약화시켰다. 대표적 사례로 미국과의 갈등을 감수하면서 임기 말까지 국제사회가 추진하는 대북제재를 완화시키자고 미국에 요구한 것을 들 수 있다. 북한 눈치를 보느라고 한국군과 미군이 합동으로 실시해오던 대규모 야외기동 훈련을 없앤 것도 한미동맹의 약화를 초래한 요인 중 하나다. 이외에 남·북·미 3자 또는 남·북·미·중 4자가 참여하는 종전선언을 추진하자고 문재인 정부 임기 내내 미국에게 요구해 온 것도 갈등을 불러온 요인이다.

⑤ 중국 문제로 인한 갈등

북한 문제와 별개로 중국 문제와 관련해서도 한국과 미국의 인식 차이는 크게 존재했다. 중국은 북한 체제의 붕괴 방지와 안정을 대한반도정책의 최우선 과제로 인식하고 있다. 중국 입장에서 북한의 비핵화보다 북한 체제 유지가 더 중요하다는 말이다. 특히 미·중 패권경쟁이 심화되는 상태에서는 더욱 그렇다. 북한을 미국 견제의 수단으로 활용하기 위해서다. 그래서 중국은 북한 비핵화에 소극적이며, 대북제재에도 소극적이다. 북한은 중국의 이런 태도를 이용해서 핵무기 개발을 추진하고 완성했다.

뿐만 아니라, 중국은 한반도에 주둔하고 있는 주한미군을 눈엣가시로 여기면서 북한과 함께 한미동맹 해체와 주한미군 철수를 추구하고 있다. 또한 중국은 한국 주도의 통일에도 부정적이다.

그런데 한국의 문재인 정부는 중국의 대북정책에 동조했다. 중국을 경제협력의 대상이자, 대북정책에 대한 협력자로 인식했기 때문이다. 그 결과 미국이 중국을 위협으로 인식하고 있는 상황에서 한국이 미·중 간 양다리 걸치기 외교를 추구하는 상황이 벌어졌다. 문재인 정부의 기회주의적 외교는 미국과 북한 사이에서도 마찬가지로 추진됐다. 한국이 미국의 동맹국이면서 아닌 것처럼 행동한 것이다. 대북제재를 포함해서 북한 문제와 관련해서 사안별로 「남·북·중·러 vs 미·일」 구도가 형성되기도 했다. 문재인 정부 들어서 기존의 「한·미·일 vs 북·중·러」의 구도가 깨진 것이다.

문재인 정부는 2017년 중국에게 3불(不) 원칙을 제시했다.[18] 첫째, 한국에 사드 추가 배치를 하지 않겠다고 말했다. 둘째, 미국의 미사일방어망인 MD체제에 참여하지 않겠다고 말했다. 셋째, 한·미·일 군사동맹에 참여하지 않겠다고 말했다. 이후 시진핑은 한·중 정상회담이 개최될 때마다 한국에게 사드 문제 해결을 촉구했다.[19] 미국은 한국이 중국에게 제시한 3불(不) 정책이 미국 및 주한미군과 관련이 있음에도 미국과 협의 없이 중국 입장만 배려했다는 점에서 불만을 가졌다.[20] 미국 조야에서 중국에 대한 한·미 간 인식 차이

18) 강경화 외교부 장관, 2017년 10월 30일 국회 발언; 김열수(2019), p. 50; 이상현(2019), p. 107.

19) 한·중 간 제1차 정상회담(2017. 7. 독일 베를린), 제2차 정상회담(2017. 11. 베트남 다낭), 제3차 정상회담(2017. 12. 중국 북경), 제4차 정상회담(2018. 11. 파푸아뉴기니), 제5차 정상회담(2019. 6. 일본 오사카).[김열수(2019), p. 50 각주 48 참조].

를 문제점으로 인식하는 가운데 문재인 정부의 친중 노선에 대한 우려가 증대했다.

바이든 정부는 2021년 1월에 출범한 후 중국 견제를 위해서 트럼프가 주장했던 「미국 우선주의」를 버리고 동맹 유지 및 강화를 추구하고 있다. 민주주의 가치를 중심으로 동맹을 강화하고, 글로벌 리더십 회복을 도모하면서 중국을 견제하고 있다. 바이든은 집권 직후 미국과 일본, 인도 및 호주가 참여하는 4자 안보대화 쿼드(Quad; Quadrialateral Security Dialogue) 정상회담을 개최했다. 블링컨도 2021년 3월 27일에 개최된 미 · 일 외교장관 회담 직후 "인도－태평양 지역이 글로벌 지정학의 중심"이라고 발표했다.

미국은 한미동맹을 인도－태평양 전략의 틀 속에서 추진하고 있다. 주한미군 역시 대북 견제를 넘어서 대중국 견제에 활용하는 방안을 모색 중이다. 에이브럼스는 2021년 1월에 "주한미군이 인도－태평양 사령부 예하 준통합사령부로 존재한다며, 자신은 주한미군사령관으로서 인도태평양사령부 대중국전략과 연계해 임무를 수행한다"고 밝히기도 했다.[21] 이런 분위기 속에서 미국은 동맹국이 "새로운 환경에 탄력적으로 대처해야 한다는 점"[22]을 강조하고 있다. 한국이 북한 문제를 넘어서 지역안보에 기여할 것을 기대하고 있는 것이다.

블링컨은 한미동맹이 인도－태평양 전략의 핵심축이라고 발언하기도 했다. 2021년 12월에 한국을 방문한 호세 페르난데스 미국 국무부 경제성장 · 에너지 · 환경 담당 차관은 "우리(미국과 한국; 필자)의 관계는 자유롭고 열린 인도태평양 지역을 유지하는 것에서부터 기후변화, 보건 및 여성의 경제 역량 증진 그리고 과학기술 및 사이버, 우주 부문 협력을 강화시키기 위한 신기술에까지 이른다"[23]고 말했다.

한국은 현재 미국의 도움 없이 북핵에 대한 대응이 불가능하다. 따라서 한국은 전통적인 한미동맹의 관점에서 벗어나서 미국의 새로운 기대에 부응하는 전략을 추진할 필요가 있다. 한국이 미국으로부터 도움은 받으려 하면서, 반대로 미국에게 도움을 주지 않으려는 이중적 태도를 가져선 안 된다는 것이

---

20) 김열수, 위의 글, p. 51
21) VOA. (2021. 1. 8.). "'인도태평양 지원도 임무 해당'…주한미군 사령관 발언 의미는?"
22) 김진아(2021).
23) 『동아일보』. (2021. 12. 16.). "美국무부 경제차관 '한국과 5G 구축 논의'…中견제 전선 동참 요청."

다. 한국은 6 · 25 전쟁에서는 물론 이후에도 미국의 도움으로 북한의 도발을 억제하고, 경제발전을 달성할 수 있었다. 그런데 한국의 문재인 정부는 미 · 북 및 미 · 중 간 「양다리 걸치기」 외교를 계속했다.[24)]

미국이 「2+2 외교 · 국방장관 회담」을 개최하는 아시아 국가 중에서 호주와 일본 및 인도는 쿼드에 참여하면서 미국의 인도-태평양전략에 적극 호응하고 있다. 문재인 정부의 한국만 중국을 의식해서 쿼드에 불참하고, 미국의 인도-태평양전략에도 소극적으로 대응했다. 이런 상황에서 미국이 - 인도는 제외하더라도 - 한국을 일본 및 호주와 비교하지 않았다면 그것은 이상한 일이라 할 것이다.

나. 북 · 미 관계의 한계

북한 대미정책의 핵심 목표는 주한미군 철수

북한과 미국은 6 · 25 전쟁 이후 현재까지 국교가 단절된 상태다. 북한은 1960년대에 미국을 「100년 숙적」으로 부각시키면서[25)] 병영국가 체제를 유지해왔다. 미국의 대북적대시정책 때문에 병영국가 체제를 유지할 수밖에 없다는 것이 북한의 설명이었다. 또한 북한은 주한미군을 「조선반도 평화」의 주요 장애요인으로 지목하고, 주한미군 철수를 대외정책의 핵심목표로 설정해왔다.

북한은 냉전기에 북 · 미 평화협정 체결을 요구하며 주한미군 철수를 모색했다.[26)] 1990년대 이후 탈냉전기에는 미국의 대북적대시정책을 이유로 핵무기 개발을 정당화했다. 동시에 핵을 매개로 미국과 협상을 시도했다. 북핵협상의 조건으로는 북미관계 개선과 대북제재 해제 그리고 북한의 체제안전보장 및 주한미군 철수를 제시했다.

주한미군 철수를 요구하는 북한의 입장은 김정은 시대에도 유지됐다. 김정은은 2019년 신년사에서 "외세와의 합동군사연습을 더 이상 허용하지 말아

---

24) VOA. (2021. 4. 30.). "미 전문가들 '한국은 중립국 아닌 동맹...미북대화 압박 말아야'."

25) 『김일성 저작집』 22권: 서훈(2008), p. 43. 각주 25 참조.

26) 1974년 3월 25일 최고인민회의 제5기 3차 회의에서 '미합중국 국회에 보내는 편지' 채택. 동 회의에서 허담 외교부장은 군사정전협정을 평화협정으로 바꾸는 문제를 미국에게 토의하자고 제안[국토통일원(1988), p. 844.; 통일부(1994), p. 7.].

야 하며 외부로부터의 전략자산을 비롯한 전쟁장비 반입도 완전히 중지되어야 한다는 것이 우리의 주장"이라고 밝혔다.27) 여기서 김정은이 한 · 미 연합군사훈련의 중단을 요구한 것은 사실상 한미동맹의 무력화를 염두에 둔 것이다.

2021년 8월 1일에 김여정은 남한에게 한 · 미 연합군사훈련의 중단을 촉구했다. 그러나 문재인 정부가 규모를 축소한 채 컴퓨터 시뮬레이션 중심의 한 · 미 연합군사훈련 추진 의사를 밝혔다. 그러자 김여정은 8월 10일 담화를 통해서 주한미군이 한반도 평화의 장애요인이라며 철수를 요구했다.

이에 한국 언론은 마치 김일성과 김정일은 주한미군의 존재를 인정했는데, 김정은 대(代)에 와서 입장이 바뀐 것처럼 묘사했다. 이런 주장은 그동안 소위 진보적 북한 연구자들이 했던 말이다. 그런데 언론이 이들의 주장을 반복한 것이다. 2021년 8월 11일자 『중앙일보』에는 "김일성 시대인 1992년 1월 최초의 북 · 미 고위급 회담에서 김용순 당시 노동당 국제담당비서는 아널드 캔터(이하, 캔터) 당시 미 국무부 차관에게 '북 · 미 수교를 해주면 주한미군 철수를 요구하지 않겠다'"28)고 제안했다는 내용이 실렸다. 2021년 6월 28일자 『한겨레 신문』29)도 마찬가지다. 김용순의 이런 제안 자체가 있었던 것은 사실이다.

그러나 당시에는 동유럽 사회주의국가들이 붕괴하고, 한국이 중국 및 러시아와 국교 정상화를 모색하는 상황에서 북한은 국제적으로 고립된 처지에 몰렸

---

27) 류제승(2020), p. 177 각주 (3)에서 재인용.

28) 차세현 · 박현주. (2021. 8. 11.). "김정일은 대놓고 말 못했는데…김정은, 주한미군 철수 공식화."

29) "(김대중) 대통령께 비밀 사항을 정식으로 말씀드리겠습니다. 미군 주둔 문제입니다만, 1992년 초 미국 공화당 정부시기에 김용순 비서를 미국에 특사로 보내 '북과 남이 싸움 안 하기로 했다'고 말했습니다. 그러면서 '미군이 계속 남아서 남과 북이 전쟁을 하지 않도록 막아주는 역할을 해달라'고 요청했댔습니다. 역사적으로 주변 강국들이 한반도의 지정학적 위치와 전략적 가치를 탐내어 수많은 침략을 자행한 사례를 들면서 '동아시아의 역학관계로 보아 반도의 평화를 유지하자면 미군이 와 있는 것이 좋다'고 말해줬어요. 제가 알기로 김 대통령께서는 '통일이 돼도 미군이 있어야 한다'고 말씀하셨는데, 그건 제 생각과도 일치합니다. 미군이 남조선에 주둔하는 것이 남조선 정부로서는 여러 가지로 부담이 많겠으나 결국 극복해야 할 문제가 아니겠습니까?"

'미군 철수'를 입에 달고 살아온 조선민주주의인민공화국(북한)에서 도대체 누가 이렇게 놀랍고도 흥미로운 주장을 했을까? 김일성 주석과 함께 '영원한 수령'으로 불리는 김정일 국방위원장이다.[이제훈. (2021. 6. 28.). "'한반도에 미군 있어야' 김정일 '파격 제안' 걷어찬 미국."].

다. 이에 북한은 수세적 입장을 모면하기 위해서 남한과 마음에도 없는 「남북기본합의서」를 체결했다. 김용순이 1992년 1월에 캔터 미 국무부 차관에게 북·미 수교를 제안한 것도 고립된 처지를 모면하기 위한 정치적·외교적 수사에 불과하다. 북한이 북·미 수교에 관심이 없었던 것은 1994년에 타결된 「북·미 제네바 합의」 이후에 북한이 보인 행동을 통해서 잘 드러난다.

미국은 우여곡절 끝에 1994년에 북핵 문제의 해결을 위해서 북한의 요구를 들어주며 「팀스피리트 훈련」을 중단했다. 그러나 북한은 핵개발을 포기하지 않았다. 미국이 북한의 관계개선 요구를 들어줬으면 북한이 영변 핵시설에 대한 IAEA의 특별사찰을 들어주고 핵개발을 포기했을지 모른다는 우리 사회 일각의 주장은 환상에 가깝다. 북한은 김용순의 상기 발언과 별개로 1990년대부터 끊임없이 핵 협상을 북·미 평화협정 체결 및 주한미군 철수와 연계하면서 후자를 강조해왔다.

역사적으로 고찰할 때, 북·미 평화협정 체결을 통한 주한미군 철수가 북한 외교안보전략의 중심축이다. 이것은 김용순의 발언과 모순된다. 그렇다면 김용순의 발언이 북한의 외교·안보전략을 대변하는 것으로 보는 대신에, 거꾸로 북한 외교·안보전략의 중심축을 기준으로 김용순이 한 발언의 의미와 배경을 평가하는 것이 합리적이다.

다시 한 번 2021년 8월 11자 『중앙일보』로 돌아가서 아래의 인용문을 보자.

> "김정일 국방위원장의 입장도 크게 다르지 않았다. 김대중 전 대통령의 자서전과 임동원 전 통일부 장관의 회고록 등에 따르면 김 위원장은 2000년 6월 첫 남북 정상회담에서 김 전 대통령에게 주한미군 주둔의 필요성을 일정 부분 인정했다. 당시 정상회담에 깊숙하게 관여했던 박지원 국가정보원장도 인터뷰 등을 통해 '김 위원장이 과거에는 주한미군이 우리를 위협하고 우리의 군사적 조치를 막는 억지력의 일환이었지만 냉전이 끝나자 오히려 동북아의 군사적 안정을 유지해 주고 있다'고 말했다."[30]

김정일이 김대중에게 이같이 말한 것은 사실로 알려져 있다. 그러나 김정일은 2000년에 김대중에게 이런 말을 하고 1년 후인 2001년 8월 4일에 러시

30) 차세현·박현주, 앞의 글.

아의 푸틴 대통령(이하, 푸틴)과 정상회담을 가진 후 8개항으로 구성된 「북 · 러 모스크바 선언」을 발표했다. 동 선언의 제8항은 다음과 같다.

> "조선민주주의인민공화국은 남조선으로부터의 미군철수가 조선반도와 동북아시아의 평화와 안전보장에서 미룰 수 없는 초미의 문제로 된다는 입장을 설명하였다."[31]

문제는 김정일이 남한 사람들이나 미국 사람(캔터 등) 앞에서 외교적으로 한 말을 가지고 우리 사회에서 마치 그것이 진실인 것처럼 북한의 외교적 수사를 대신 홍보해준다는 것이다. 북한의 정책 변화를 판단하려면 지난 역사의 흐름과 북한 사회를 지배하는 분위기 및 담론을 종합적으로 살펴야 한다. 김일성과 김정일 그리고 김정은의 정치적, 외교적 언사를 갖고 그것이 전체인 양 판단해선 안 된다는 것이다. 김정일이 2000년에 주한미군을 용인하는 듯 말한 것은 중국을 견제하고 자극하기 위한 전략적 발언이었다. 중국이 북한에게 더 잘해야 한다는 의미가 내포되었다는 것이다. 이것은 북한의 전형적 외교술의 일환이다.

1990년대에 중국이 한국과 국교를 정상화한 이후 1999년까지 북 · 중관계는 최악이었다. 이런 배경에서 김정일이 주한미군에 대해서 말한 것을 진심으로 받아들이는 것은 순진한 생각이다. 김정은이 트럼프와 정상회담을 하고, 핵협상을 하는 과정에서 김정일처럼 미국 당국자들에게 주한미군을 용인하는 것처럼 말했는지에 대해서는 알려진 바가 없다. 그러나 설령 김정은이 이렇게 말했더라도, 김정은의 수사적 발언에 현혹되면 안 된다.

김일성 시대부터 김정은 시대까지 북한 내부에서 주한미군과 관련한 지배적 담론은 주한미군이 조선반도 평화의 가장 큰 장애요인이기 때문에 주한미군이 철수하고 조선반도가 북한식으로 통일되어야 진정한 평화가 온다는 것이다. 북한에겐 북한식으로 통일하는 것보다 더 중요한 과제가 없다. 그래야 김씨 정권의 생존이 장기적으로 담보되기 때문이다. 그런데 이런 흐름을 도외시하고 마치 주한미군에 대한 북한의 입장이 김일성, 김정일 시대와 달리 김

31) 『한겨레』. (2001. 8. 4.). "북－러 '모스크바 선언' 전문."

정은 시대에 와서 변한 것처럼 주장하는 것은 잘못된 것이다.

최근 시진핑 시대에 나타난 북·중관계의 변화는 2018년에 김정은이 트럼프와 정상회담을 하려고 하자 시진핑이 북한에 대한 태도를 급선회하면서 나타났다. 시진핑은 김정은과 2018년 3월에 제1차 북·중 정상회담을 가졌다. 김정은이 트럼프와 싱가포르에서 정상회담을 하기 전이다. 제1차 북·중 정상회담에서 시진핑은 북·중관계를 강화하면서 김정은으로 하여금 한미동맹의 균열과 주한미군 철수를 적극 추진하도록 부추겼다.

이런 현상은 김여정이 2021년 8월 1일에 한·미 연합군사훈련 중단을 요구하고, 중국의 왕이 외교부장(이하, 왕이)이 2021년 8월 6일에 김여정의 발언에 동조한 것에서 반복되어 나타났다.[32] 김여정이 8월 10일에 다시 주한미군 철수를 요구하는 담화를 발표한 후 리룡남 주중 북한대사는 8월 13일 중국 환구시보(環球時報)에 서면 인터뷰를 보냈다. 그리고 한·미 연합군사훈련 중단과 주한미군 철수를 요구했다. 미·중 패권경쟁이 심화되는 분위기 속에서 주한미군에 대한 중국의 입장이 북한의 발언에 반영된 것으로 볼 필요가 있다. 리룡남 주중 북한대사의 서면 인터뷰 내용 중 일부를 보면 다음과 같다.

> “조선반도에 평화가 깃들자면 미국이 남조선에 전개한 침략무력과 전쟁장비들부터 철거하여야 한다. 미군이 남조선에 주둔하고 있는 한 조선반도 정세를 주기적으로 악화시키는 화근은 절대로 제거되지 않을 것이다. (…) 미국의 대조선정책 변화가 없는 조건에서 우리는 앞으로 우리에게 가해지는 각종 위협들을 절대로 수수방관하지 않을 것이며 날로 가중되는 미국의 군사적 위협에 대처하기 위한 절대적인 억제력 즉 우리를 반대하는 그 어떤 군사적 행동에도 신속히 대응할 수 있는 국가방위력과 강력한 선제타격 능력을 보다 강화해 나가는데 더욱 박차를 가할 것이다. 중국의 각계층인사들과 언론, 학계에서도 합동군사연습(한·미 연합군사훈련; 필자)이 정세발전에 미칠 파국적 후과에 대하여 엄중히 경고하는 견해들이 광범히 나오고 있다. (…) 우리는 앞으로도 공동의 위협인 미국에 대응하기 위하여 조·중 사이의 협력을 강화할

32) 왕이 외교부장은 8월 6일 화상으로 열린 아세안(ASEAN · 동남아시아국가연합)지역안보포럼(ARF) 외교장관회의에서 “한미훈련은 건설적이지 못하다”고 말하며 “미국이 북한과 진정으로 대화를 재개하고자 한다면 긴장을 고조시킬 수 있는 어떤 행동도 삼가야 한다”고 주장했다.[『뉴스1』. (2021. 8. 14.). “北외무성, 홈피에 ‘한미훈련 반대’ 中 환구시보 칼럼 게재.”].

것이다."[33]

그동안 진보진영에서 북한의 변화를 부각시키기 위해서 숲을 보여주는 대신에 나무만 보여주면서, 겉 다르고 속 다른 김정일과 김정은의 개인적 발언을 과장되게 부각시켜 온 경향이 있다. 그러면서 북한 사회를 지배하는 실질적 담론, 즉 주한미군 철수와 대남적화통일의 필요성을 북한 주민 홍보용으로 치부하며 이런 담론이 북한의 현실과 괴리가 있는 것처럼 과소평가해왔다. 그러나 2021년 8월 10에 김여정의 담화를 통해서 명백하게 드러났지만, 한미동맹 해체와 주한미군 철수는 북한 외교 · 안보정책의 최우선 핵심 목표다.

미국의 대북제재

미국은 1950년부터 현재까지 70년 동안 다양한 대북제재를 추진해왔다.[34] 1950~1975년까지 북한이「안보위협국」및「공산주의 · 비(非)시장경제」라는 이유로 대북제재를 추진했다. 주요 내용은 다음과 같다. ① 상업 및 금융거래의 전면 금지(수출관리법, 적성국교역법), ② 미국 내 북한자산 동결(적성국교역법), ③ 북한에 대한 경제 지원 및 원조 제한, ④ 북한에 대한 최혜국대우 부정(무역협정연장법), ⑤ 북한과의 무기거래 및 군수산업 관련 수출입 금지(무기수출통제법)가 이에 해당한다. 1988년에는 북한을 테러지원국으로 지정하고 대북제재를 추가했다. 1992년에는 대량살상무기 확산 방지를 이유로 대북제제를 추진했다.[35]

이외에도 미국은 북한의 사이버 위협 및 인권 문제 등으로 대통령의 행정명령에 따른 제재를 추진했다. 북한이 2016년 1월에 제4차 핵실험을 한 이후에는 유엔안보리 결의를 주도하여 전방위적 대북제재를 추진 중이다. 북한은 미국이 대북적대시정책을 중단해야 대화에 나설 수 있다는 말을 해왔다. 이 대북적대시정책의 핵심 내용에는 미국의 대북제재가 포함된다.

---

33) 신경진. (2021. 8. 14.). "이용남 베이징 北대사 '미군 철수하라'…북 · 중 릴레이 압박 이어가."『중앙일보』에서 재인용.
34) 임수호(2018).
35) 위의 글.

탈냉전기 미국 역대 정부의 대북정책

탈냉전기 미국의 대북정책을 핵심 키워드로 압축하면 다음과 같다. 클린턴 정부는 대북 개입 및 관여 정책으로 북핵 협상을 하고 「제네바 합의」를 도출했다. 반면에 부시 정부는 북한을 이란, 이라크와 함께 불량정권 및 「악의 축」으로 인식했다. 그럼에도 북핵 문제 해결을 위한 「6자회담」을 추진했다. 오바마 정부는 북한을 상대로 「전략적 인내 정책」을 추진했다. 사실상 아무것도 안 한 것이다. 트럼프는 북핵 문제를 정치적 이벤트로 활용했다. 현재 바이든 정부는 북핵과 북한 인권을 동시에 중요시하는 정책을 추진하면서 북한에게 대화와 협상에 나설 것을 요구하고 있다. 그러나 성과를 거두지 못하고 있다. 최근 상황을 중심으로 트럼프 정부 하 미 · 북 관계와 바이든 정부의 대북정책을 간략하게 살펴보면 다음과 같다.

트럼프 정부 하 미 · 북 관계

미국과 북한은 2018~2019년에 두 차례 정상회담을 추진했다. 하노이에서 2019년 2월에 개최된 제2차 미 · 북 정상회담에서 김정은은 영변의 핵시설 일부를 폐기하는 대가로 유엔이 추진하고 있는 대북제재의 사실상 해제를 요구했다. 그러나 트럼프가 김정은의 제안을 거부하면서 회담은 실패로 끝났다. 그러자 북한은 2019년 4월에 동년 말까지 미국의 태도 변화를 기다리겠다고 선포했다. 2019년 6월에 판문점에서 김정은과 트럼프의 깜짝 회동이 있었고, 이 자리에서 북 · 미 간 실무협상을 하기로 합의했다.

2019년 10월 스웨덴의 스톡홀름에서 북 · 미 간 실무협상이 한 차례 개최됐으나, 아무런 성과를 거두지 못했다. 이어서 북한은 2020년 1월에 "미국과 적대세력들이 우리가 편하게 살도록 가만두리라는 꿈을 꾸지도 말아야"한다고 주장했다.[36] 그리고 미국에게 대북적대시정책 철회와 체제안전보장을 해주면 대화에 응하겠다고 말했다. 기존에 해오던 말을 반복한 것이다.

---

36) 『로동신문』. (2020. 1. 4.): 양운철(2020)에서 재인용.

바이든 정부의 대북정책

미국은 현재 중국과 러시아 및 이란과 함께 북한을 세계 안보를 위협하는 국가로 지목하고 있다. 특히 북한의 핵 위협과 사이버 도발을 심각한 도전으로 판단하고 있다. 미국은 북한을 통해서 핵 확산이 발생할 수 있다는 위험 외에도 북한의 핵무기가 본토를 위협한다고 인식하고 있다. 미국 국무부는 외교와 압박을 병행해서 추진하는 대북정책을 추진하고 있다. 압박에는 대북제재와 북한인권 개선 요구 등이 포함된다. 반면에 미국 국방부는 공식적으론 북핵을 인정하고 있지 않으나, 북한을 사실상의 핵보유국으로 인정하고 군사적 대비태세를 강조하고 있다.

미국은 북핵 문제 해결을 위해서 경쟁 상대인 중국을 활용하려는 기대를 하고 있다. 그러나 이것은 미국의 대중국 견제정책과 모순된다. 따라서 한계가 존재한다. 오히려 세컨더리 보이콧(secondary boycott)을 활용한 미국의 대중국 압박이 대북정책과 대중국 견제정책에 부합한다. 그러나 미국은 세컨더리 보이콧을 적극 시도하고 있지 않다. 그럼에도 미국이 북한을 상대함에 있어 인권 압박과 함께 대북제재를 강화시킬 가능성이 증가하고 있다. 북한이 미국에 협조하지 않는 상태에서 달리 대안이 부재하기 때문이다. 미국 정부가 대북제재를 완화하고 싶어도 국내법 때문에 할 수 없는 상황이기도 하다.

트럼프 정부에서 바이든 정부로 바뀌면서 미국의 대북정책은 투트랙(two track)으로 전환됐다. 북핵 문제에는 동맹과 함께 대응하고, 북한 인권 문제는 다자(유엔 등) 협의체로 대응하려고 한다. 그런데 미국의 국내정치와 경제 문제, 중국과의 경쟁 및 우크라이나에 대한 러시아의 군사도발 등으로 북한 문제가 미국의 외교정책 우선순위에서 밀리고 있다. 이런 점에서 바이든 정부의 대북정책을 제2의 「전략적 인내」라고 평가하는 전문가들이 많다.

다. 남 · 북 · 미 3각 관계

북한의 시각

북한은 남 · 북 · 미 3각 관계에서 북미관계를 중심축, 남북관계를 종속변수로 생각한다. 북한은 상황에 따라 통미봉남(通美封南)을 추구하기도 하고, 남한을 이용해서 미국의 대북정책 변화를 유도하기도 했다. 그러나 북한 입장에서 볼 때, 남 · 북 · 미 3각 관계에서 중심축은 북미관계다. 그래서 북미관계가 악화되면 대체적으로 남북관계도 악화되었다. 북한은 핵 문제로 위기가 발생했을 때, 남한을 인질로 삼고 미국의 군사적 위협을 억제해왔다. 2017년에 북한에 대한 미국의 군사옵션 가능성이 대두되자, 김정은은 2018년에 문재인 정부를 이용해서 남북정상회담과 북 · 미 정상회담을 추진했다.

북한은 문재인 정부 임기 내내 한국을 움직여서 한 · 미 연합군사훈련 중단과 대북제재 완화를 달성하려고 했다. 이를 위해서 북한은 남한에게 「우리 민족끼리」와 민족공조를 내세우며 북한과 미국 중 하나를 택하라고 종용하기도 했다. 북한이 남 · 북 · 미 3각 관계에서 궁극적으로 추구하는 것은 한 · 미 간 균열과 한미동맹 해체다.

문재인 정부의 시각

남한은 정권에 따라 한미동맹보다 남북관계에 더 비중을 두기도 했다. 특히 문재인 정부 출범 후 남북관계를 중시하는 정책을 추진했다. 이 과정에서 한미동맹이 약화됐다. 문재인 정부는 북핵 문제에서 한국을 당사자가 아닌 중재자로 자리매김했다. 이에 대해서 니컬러스 에버스타트 AEI 선임연구원은 "한국을 파괴하는 데 전념하는 정권과 한국을 방어하는 데 전념하는 동맹 사이에서 한국이 중개인을 자처한다는"37) 점이 문제라고 지적했다.

그런데 문재인 정부는 사실상 미국보다 북한 입장을 더 지지하는 정책을 추진했다. 미국과 충돌하면서까지 대북제재 완화를 주장한 것이 이에 해당한

---

37) VOA. (2021. 4. 30.). "미 전문가들 '한국은 중립국 아닌 동맹...미북대화 압박 말아야.'"

다. 북한의 군사위협에 대응하는 한미동맹을 약화시키면서까지 한 · 미 연합군사훈련을 축소 및 중단시킨 것도 북한을 고려한 행동이었다. 북한이 핵 신고를 거부하자 미 · 북 간 불신을 이유로 핵 신고 없이 종전선언을 하자고 미국에 제안한 것도 마찬가지다. 핵 신고 없이는 비핵화의 첫걸음을 뗄 수 없음에도 그랬다.

문재인 정부는 북한이 주장하는 로드맵 없는 「단계적 비핵화」 방안을 지지하기도 했다. 그런데 이 방안은 과거에 비핵화 시늉만 내다 실패한 것이다. 미국은 현재 북한과의 대화를 원하지만, 북한은 미국과의 대화를 원하지 않는 상태다. 그런데 문재인 정부는 북한에게는 제대로 말도 못하면서 미국에게는 북한과의 대화를 종용했다. 워싱턴 정가에서는 이런 한국 정부를 신뢰하지 않는다는 말이 돌았다.[38)]

미국의 시각

바이든 정부는 중국 견제 차원에서 미 · 북 관계나 남북관계보다 한국과의 동맹관계를 더 중시하고 있다. 북핵 문제도 중요하게 생각하지만, 한미동맹을 더 중요시한다는 의미다. 미국이 지난 30년의 북핵 협상 실패에도 불구하고 여전히 북핵 문제의 해결이 가능하다고 생각할지는 의문이다. 바이든은 2021년 5월에 개최된 한 · 미 정상회담 후 기자회견 자리에서 솔직하게 북핵이 어려운 문제라고 발언했다. 그러나 미국 정부가 공식적으로 북한의 비핵화 포기 발언을 할 수는 없을 것이다. 이란이 북핵 협상을 지켜보고 있기 때문이다.

그래서 미국은 북핵 문제를 해결하는 모양새를 취하고 있다. 그러나 보다 중요하게는 중국 견제에 한국을 동맹으로 활용하려고 한다. 대중국견제가 미국의 외교 · 안보정책에서 가장 중요하기 때문이다. 미국은 한국이 북핵 문제에 도움이 못 되고, 대북정책에서 부담이 돼도 중국 견제에 도움이 된다면 2급 수준이라도 한미동맹을 유지할 것이다. 그런데 만약 한국이 미국의 대북정책과 대중국정책 두 가지 측면에서 모두 도움이 되지 않는다면 어떻게 될까?

중국 및 북한 문제를 둘러싸고 존재해 온 한 · 미 간 인식 차이는 갈등으

---

38) 위의 글.

로 잠복해있다. 한국의 문재인 정부가 미국과 중국 그리고 미국과 북한 사이에서 미국의 동맹이 아닌 것처럼 행동했다는 것이 한국에 대한 미국의 솔직한 인식이다. 문재인 정부는 그동안 북한이 아무리 모욕하고 능멸해도 인내해왔다. 반면에 일본, 호주와 달리 미국과의 관계에서는 단물만 빨아먹으려는「동맹 아닌 동맹국」으로 처신했다. 문정인 등 지도급 인사들이 한미동맹을 폄훼하는 주장을 해도 문재인 정부는 방관했다. 어쩌면 내심 이런 주장을 지지했을지도 모를 일이다.

한국 내 사드 배치의 정상화는 문재인 정부가 환경영향 평가를 미루면서 5년 내내 안 이루어졌다. 문재인 정부가 남북관계 개선과 한중관계의 악화 방지를 위해서 한미동맹 약화를 감수해 온 것들이 이런 결과로 이어졌다. 현 상황은 한 · 미 간 정책 목표와 방향 및 최종상태에 대한 공감대를 다시 만들어야 하는 단계다. 워싱턴 정가에서는 미국이 한국의 정권 교체를 기다렸다는 말이 돌았다.

2. 한반도와 중국

가. 한국과 중국의 엇갈리는 상호 인식

미 · 중 관계의 틀에서 한국을 바라보는 중국

중국은 한국에서 미국의 영향력이 강화되는 것을 원하지 않는다. 또한 한국이 미국 주도 대중국 포위의 전략적 기지가 되는 것을 원하지 않는다. 따라서 한국에서 미국과 중국의 이익은 부딪친다. 한국에서 미국의 대한반도 전략과 중국의 대한반도 전략이 대립하고 있다는 의미다.

한국 내 사드 배치에 대한 중국의 입장과 태도

중국은 한국에 배치된 사드가 중국을 포위하는 미국 미사일방어(MD) 시스템의 일환이라고 판단하고 있다.[39] 그래서 사드의 한국 배치에 격렬하게 반대하고 보복해왔다. 사드의 한국 배치가 한 · 미 · 일 군사동맹으로 이어진다는 주장도 제기되어 왔다.[40] "사드의 주요 목적이 북한의 핵위협에 맞서려는 것보다는 중국과 러시아를 타깃으로 아시아의 전략안보 균형을 무너뜨리기 위한 것"이라는 쉬광위(徐光裕) 전 인민해방군 총참모부 부부장의 주장이 이에 해당한다.[41]

중국은 북핵 문제를 해결하지 못해도 중국의 국익을 위해서 한국 내 사드 배치는 불가하다는 입장이다. 그 결과 한국의 안보를 심각하게 위협하는 북핵 문제의 본질은 사라지고, 한국의 방어 수단인 사드를 둘러싸고 중국이 한국을 억압하는 현상이 발생했다.[42] 핵무기를 개발하는 북한을 제재하는 대신에 한국을 경제보복이라는 방법으로 제재한 것이다.

---

39) 유상철. (2016. 2. 25.). "중국은 왜 한국의 사드 도입에 결사 반대하나." 『중앙일보』.
40) 김진호(2018), p. 113.
41) 위의 글, p. 114.
42) 강준영(2018).

한국의 안보가 안중에도 없는 중국의 입장은 철저하게 자기중심적이다. 왕이 중국 외교부장은 한국에게 사드 문제의 우선적 해결이 한·중 협력의 기초라고 주장해왔다.[43] 한국에게 가해자이면서 오히려 피해자 행세를 하고 있는 중국의 행태가 이를 보여준다.

중국의 목표: 한·미·일 공조의 균열과 북·중·러 협력 추진

중국에게 한·중관계와 북·중관계는 독립 변수가 아닌, 미·중관계의 하위 변수다.[44] 그러나 한국은 중국과 달리 양자관계에서 중국에 접근하고 있다.[45] 중국은 6·25 전쟁도 미·중 관계의 틀에서 항미원조(抗美援朝) 전쟁으로 인식하고 있다. 시진핑은 2020년 10월 19일 인민혁명군사박물관에서 열린 「중국 인민지원군 항미원조작전 70주년 기념 전시회」 개막식에 참석해서 "항미원조 전쟁의 승리는 정의의 승리이자 평화의 승리, 인민의 승리"라고 말했다. 또한 "항미원조 전쟁의 위대한 정신을 계승해야 한다"면서 "위대한 정신을 새로운 시대에 이어받아 중화민족의 부흥을 위해 노력하자"고 당부했다.

같은 개막식에서 왕후닝 중국 공산당 상무위원 겸 중앙서기처 서기(이하, 왕후닝)도 "항미원조전쟁은 평화를 보위(保衛)하고 침략자에 대항한 정의로운 전쟁"이라고 말했다.[46]

6·25 전쟁이 "침략자에 대항한 정의로운 전쟁"이라면 시진핑과 왕후닝에게 한국은 무엇인가? 과거에도 그랬듯이 중국은 향후에도 남북한이 군사적으로 충돌하는 경우 미·중 경쟁의 틀에서 평가할 것이다. 2010년 3월에 한국의 천안함이 북한군에 의해서 피격된 후 중국은 북한 대신 피해자인 한국을 비판했다. 그럼에도 한국은 북한 문제에서 중국의 도움을 기대해왔다.

한국은 이제 중국의 대한반도 정책의 본질을 파악하고 중국에 대한 환상에서 깨어나야 한다. 그런데 문재인은 2017년 12월에 중국을 방문했을 때 한국과 중국이 「운명공동체」라며, "중국은 높은 산봉우리이고 한국은 작은

43) 이성현(2020a), p. 4.
44) 이성현(2019), p. 6.
45) 위의 글, p. 6.
46) NewDaily. (2020. 10. 21.) "'6.25 참전은 침략자에 대한 정의로운 전쟁이었다'… 中 시진핑, 대놓고 '공개 망언'."

나라"라고 언급했다.[47)]

중국에 대한 한국의 태도는 일본 및 호주 등 미국의 다른 동맹국들과 대조적이다. 그러다 보니 중국은 한국을 「억누르면 굴복하는 나라」로 인식하고 있다. 또한 미국의 반중(反中) 동맹에서 「약한 고리」로 인식하면서[48)] 한·미·일 공조의 균열을 추구하고 있다. 그래서 일본에 대립적이며 중국에 우호적인 한국이 되기를 바라고 있다. 중국은 박근혜 정부 때 한국이 일본과 위안부 문제에 합의한 것을 못마땅하게 생각했다.[49)]

왕이 중국 외교부장은 2021년 4월 3일 한·중 외교장관회담에서 "한반도 문제 해결의 관건은 북한이 직면한 군사적 압력과 위협을 해결하는 것"이라며 미국을 비판하는 동시에 "한중 양국은 한반도 문제의 정치적 해결을 위한 프로세스를 끊임없이 추진하기로 했다"고 밝혔다.[50)] 한·미 간 이간질을 시도한 것이다.

반면에 중국은 북·중·러 협력 체제를 추진하고 있다. 2018년 이후 중국과 러시아는 유엔안보리에서 미국의 대북 추가제재를 반대해왔다. 동시에 대북제재 완화를 주장했다. 그런데 문재인 정부는 북핵과 대북제재 및 한반도 평화프로세스와 관련해서 미국 보다 오히려 중국과 공감대를 형성하는 모습을 보였다.

47) 연상모(2021).
48) 『중앙일보』. (2021. 3. 24.). "한국 전략적 모호성, 미국은 불안…중국 편든다 오해 낳아."
49) 김진호(2018), p. 105
50) 『중앙일보』. (2021. 4. 12.). "中, 2년 비워둔 한반도특별대표에 류샤오밍 전 주北대사 투입."

나. 강화되는 북 · 중 관계

북 · 중 관계의 변화

중국은 6 · 25 전쟁을 계기로 북한과 혈맹이 되었다. 1961년에는 「북 · 중 우호협력상호원조조약」을 체결하고 동맹관계를 확인했다. 그러나 중국은 1972년에 미국과 정상회담을 추진하면서 동 회담에서 베트남, 한국 및 타이완 문제를 미 · 중관계의 장애요인으로 만들지 않기로 합의했다.[51] 또한 중국이 해외 파병을 하지 않겠다고 언급하기도 했다.

그러자 북한은 한반도 분쟁 발생 시 중국으로부터 군사적 지원을 기대할 수 없게 되었다고 판단했다.[52] 이에 따라 북 · 중 관계는 자연스럽게 냉각기에 들어갔다. 북한과 중국은 1978년에 시작된 등소평의 개혁 · 개방 정책으로 각자 다른 노선을 추진했다. 1992년에는 한·중 수교를 계기로 북 · 중 관계가 혈맹관계에서 「국가 대 국가」의 관계로 전환됐다. 뿐만 아니라 북 · 중관계는 1990년대 초 제1차 북핵 위기가 겹치면서 1999년까지 사실상 단절됐다.

그러나 2000년에 남북한이 정상회담을 개최하고 관계개선을 모색하자 장쩌민 주석은 2001년에 북한을 방문하고, 북 · 중 관계에 대한 「16자 방침」을 선언했다. 북 · 중관계의 회복을 시도한 것이다. "전통계승, 미래지향, 선린우호, 협력강화"가 이 「16자 방침」이다.[53] 김정일 사망 후 2012년 초에 집권한 김정은은 2022년 4월까지 4차례의 핵실험과 80차례 정도의 미사일 시험발사를 추진했다. 이에 미국은 한국에 사드 배치를 시도하고, 한미동맹과 미 · 일 동맹 및 한 · 미 · 일 군사협력의 강화를 모색했다. 그런데 이것은 중국의 전략적 이익을 훼손하는 것이었다.[54] 그 결과 시진핑 집권 후 2017년까지 북 · 중 관계가 악화됐다.[55]

하지만 시진핑은 북한이 2018년에 북 · 미 정상회담과 남북정상회담 계획을 발표하자 한반도에서의 영향력 회복을 위해서 북 · 중 관계 개선을 모색했

51) 김한권(2018), p. 16.
52) 위의 글, p. 16. 각주 19 참조.
53) 김진호(2018), pp. 108－109.
54) 김한권(2018), p. 22.
55) 이춘근(2016), p. 378.

다. 미 · 중 패권경쟁이 심화되는 가운데 전략적 가치가 상승하기 시작한 북한도 대미협상에서 배후 지원세력을 확보하기 위해서 중국의 관계개선 시도에 적극 호응했다.

그 결과 북한과 중국은 2018년 3월과 2019년 6월 사이에 5차례의 북 · 중 정상회담을 개최하며 관계를 회복했다. 제1차 정상회담(2018년 3월 25~28일)에서 시진핑은 "전통적인 중조친선은 피로써 맺어진 친선으로서 유일무이"하다고 말했다.[56] 이어서 시진핑은 제2차 정상회담(2018년 5월 7~8일)에서 신시대(新時代) 북 · 중 관계를 천명하고,[57] 북한과 중국이 운명공동체[58]라고 말했다.

제1차 미 · 북 정상회담 직후 개최된 제3차 북 · 중 정상회담(2018년 6월 19~20일)에서 시진핑은 "사회주의 북한에 대한 중국의 지지는 변하지 않을 것"이라고 말했다.[59] 이에 김정은은 "조선반도와 지역의 새로운 미래를 열어나가는 력사적인 려정에서 중국동지들과 한 참모부에서 긴밀히 협력"[60]하겠다고 응답했다.

제4차 북 · 중 정상회담(2019년 1월 7~10일)은 제2차 미 · 북 정상회담이 하노이에서 2월 말에 개최되기 직전에 열렸다. 미 · 북 정상회담이 개최되기 전에 항상 북 · 중 정상회담이 개최된 것이다. 여기서 "북 · 중은 순치의 관계"임이 강조되었다.[61] 시진핑은 동 정상회담에서 "선대의 유업을 더욱 계승 발전시켜 나가 북중 간 전통 우호관계를 더욱 공고히 해 나가고 이를 통해 한반도 문제를 함께 해결해 나갈 것"[62]이라고 강조했다.

제5차 북 · 중 정상회담은 시진핑이 2019년 6월 20~21일에 북한을 방문하면서 이루어졌다. 동 정상회담에서 시진핑은 "중국은 북한의 합리적인 안전에 대한 우려와 발전 우려를 위해 중국이 할 수 있는 모든 도움을 제공"[63]하겠다고 말했다. 또한 "공산당이 영도하는 사회주의국가를 견지하는 것은 북중관계의 본질적 속성"이라고 강조하기도 했다.[64]

56) 이성현(2020b), p. 5.
57) 위의 글, p. 6.
58) Ibid.
59) 위의 글, p. 7.
60) Ibid.
61) 『로동신문』. (2019. 1. 10.): 이성현 위의 글(p. 7)에서 재인용.
62) 정재흥(2019).
63) 이성현(2020b), pp. 9-10.

이렇듯 시진핑은 북 · 중관계의 강화를 도모하는 가운데 6 · 25 전쟁을 「항미원조 전쟁」으로 재조명하면서 미국과의 대립각을 세우는 한편, 북한과의 각별한 관계(혈맹?)를 강조하고 있다.

대북제재에 대한 중국의 태도

중국은 2006년에 북한이 제1차 핵실험을 한 후 대북제재에 참여했으나, 이후 대북지원을 추진했다. 북한이 2009년에 제2차 핵실험을 한 후에도 대북제재에 참여했으나, 이후 다시 대북지원을 추진했다. 북 · 중 간 무역도 2006년에서 2011년에 3배로 증가했다.

중국은 2016년과 2017년에 유엔안보리가 추진한 대북제재에도 참여했다가, 2018년 이후에는 지속적으로 대북제재의 완화를 주장했다. 동시에 대북지원을 추진했다. 대규모 중국인 관광객의 북한 여행을 허가했으며, 1억 7천 5백만 달러 규모의 대북지원을 하기도 했다.[65] 유엔 대북제재위원회에서 발간한 2020년 보고서에 따르면 2019년에 북한의 대중국 불법 모래, 석탄 및 조업권 판매로 5~6억 달러의 북한 측 수입이 발생했다.

시진핑이 2019년 6월에 북한을 방문한 후에는 북 · 중관계가 개선되면서 쌀과 의약품 및 비료 등이 차관형태로 북한에 제공됐다. 중국은 2019년 말 러시아와 함께 유엔 안보리에 대북제재 완화 결의안을 제출하기도 했다. 또한 중국은 북한의 대북제재 회피 활동을 지원했다. 북한 노동자들이 중국에서 취업비자가 아닌 학생비자나 관광비자로 취업하게 하면서 북한의 대북제재 회피 활동을 도왔다.[66]

---

64) 이성현(2019), p. 14.
65) 박정현(2020), p. 45.
66) rfa. (2018. 12. 4.). "[심층취재: 북중 접경지역을 가다②] 단둥 내 북한 근로자들의 실태."; rfa. (2019. 3. 29.). "러시아 내 '학생비자' 소지 북한 식당종원업 증가."

다. 한국의 평화정책을 역(逆)이용하는 북한과 중국

미국을 견제하는 중국의 대(對)한반도 전략

중국은 자신을 대국으로, 남한과 북한은 소국으로 인식하고 있다. 그러나 사회주의국가를 지향한다는 김정은이 중국을 방문했을 때 최고 수준의 국빈 대우를 했다. 반면에 문재인이 중국을 방문했을 때는 홀대했다.[67] 미국의 대한반도정책과 대칭적으로 중국이 북한과의 사회주의 연대[68]를 중시하는 가운데 이런 현상이 나타나고 있다.

중국은 남북한이 직접 소통하며 2018년에 남북 정상회담과 북·미 정상회담 추진 계획을 발표하자, 이를 견제하고 한반도 문제에서 소외되지 않기 위해서 남북정상회담 보다 앞선 2018년 3월에 북·중 정상회담을 추진했다. 중국은 동년 5월에도 북·중 정상회담을 추진했다. 이 자리에서 시진핑은 김정은이 6월 12일 트럼프와 정상회담을 할 때 한·미 연합군사훈련 중단을 요구하도록 사전에 설득하는 작업을 했다고 한다.[69]

중국이 제시하는 북핵 문제 해결 방안은[70] 쌍잠정(雙暫停)과 쌍궤병행(雙軌竝行)이다. 쌍잠정(雙暫停)은 북한의 핵실험과 미시일 발사 및 한·미 연합군사훈련의 잠정 중단을 의미한다. 쌍궤병행(雙軌竝行)은 한반도 비핵화 프로세스와 평화협상의 병행 추진을 의미한다. 그런데 중국은 한반도 종전선언과 평화협정 추진 시 유엔사 해체와 주한미군 철수가 수반되어야 한다는 입장이다.[71]

북핵 문제를 주한미군 철수의 수단으로 인식하는 중국

중국은 북핵 문제를 대미(對美)전략 혹은 미·중 경쟁의 틀에서 바라본다. 그러면서 북핵 문제를 주한미군 철수의 수단으로 인식하고 있다. 중국에서

67) 이성현(2020b), p. 3
68) 위의 글, p. 3.
69) 김한권(2019), p. 61.
70) 정재흥(2018), p. 1.
71) 위의 글, p. 2.

한 때 북한이 전략적 부담이라는 인식이 있었다. 현재는 북한이 중국에게 부담이기 보다는 전략적 자산이라는 인식이 대세다.[72] 미국을 견제하는데 북한이 중국의 전략적 자산이 되고 있다는 말이다.

한반도 문제에 관여하려는 중국의 의도는 2018년에 3차례 개최된 북·중 정상회담을 통해서 북한에 전달됐다. 이것은 김정은의 2019년 신년사에 반영되기도 했다. 중국은 자신이 한반도 정전협정 체결 당사국이라면서 종전선언 및 평화협정과 관련해서 중국의 참여가 필수적이라고 말하고 있다. 중국이 배제될 경우 한·중 관계가 심각한 위협에 직면할 것이라고 한국을 위협하기도 했다.[73] 걸핏하면 한국을 협박하는 중국은 한반도 종전선언과 평화협정 문제를 두고 북한과 남한 및 러시아와의 협력을 추진했다.[74] 대신에 미국을 압박했다.

중국은 다자간 협상구도(6자회담)와 동북아다자안보협의체 구축을 통한 중국의 역할 확대도 모색하고 있다.[75] 중국에서 상당수 한반도 전문가는 한반도 비핵화의 이행과 평화체제 구축을 위해서 남·북·미·중의 종전선언과 평화협정뿐만 아니라, 동북아 다자안보체제도 구축하는 것이 필요하다는 주장을 한다고 한다.[76] 그런데 문재인 정부도 중국처럼 동북아다자안보협의체를 강조해왔다. 이 문제와 관련해서 한·중 간 공감대가 형성된 듯한 모습이 보인다.

그런데 한반도 종전선언 및 평화체제에 대한 중국과 북한의 입장은 분명하다. 유엔사 해체와 주한미군 철수가 궁극적 목표다. 그래서 종전선언과 평화협정 추진이 현실화되면 유엔사 해체와 주한미군 철수가 쟁점화되는 것을 피하기 어렵다. 중국과 북한은 유엔사 해체와 주한미군 철수가 수반되지 않으면 북한의 안전 문제가 해결되지 않기 때문에 비핵화와 평화체제 구축이 어렵다는 입장이다.

중국의 왕이 외교부장은 2018년 9월 25일 제73차 유엔 총회연설에서 "한반도 문제가 실질적으로 해결되기 위해서는 미국의 대북제재 완화와 종전선언과 같은 적극적인 상응조치가 필요하다"[77]는 주장으로 미국의 대북정책 변화

72) 위의 글, p. 10.
73) 위의 글, p. 14.
74) 위의 글, p. 18.
75) 정재흥(2019a), p. 20.
76) 정재흥(2018), p. 17.

를 촉구하기도 했다. 그러나 바로 이런 이유 때문에 미국은 한반도 종전선언에 소극적이다.

반면에 문재인 정부는 주한미군 문제가 평화체제와 별개의 사안이라면서 종전선언 추진에 적극적이었다. 중국과 북한은 주한미군과 평화체제가 별개의 사안이라는 문재인 정부의 주장에 동의하지 않는다. 따라서 문재인 정부가 종전선언과 한반도평화프로세스를 추진한 것은 중국과 북한이 쳐놓은 함정에 빠지는 결과를 자초할 수밖에 없었다. 그럼에도 한국과 중국의 외교부 수장은 2021년의 만남에서 한반도 평화프로세스 추진을 위한 협력에 합의했다.

북핵과 한반도 평화체제에 대한 중국의 입장은 동북아시아에서 미국의 영향력을 몰아내고, 중국 주도로 새로운 역내 정치 · 경제 · 안보 질서를 구축하는 것이다. 이것은 미국 중심의 질서에서 벗어나 중국 중심의 새로운 질서를 실현한다는 중국몽과 연계되어 있다. 문제는 중국이 추구하는 새로운 질서가 북한에게 이로운 반면에, 한국의 존립을 위협할 수 있다는 것이다.

77) 위의 글, p. 9.

3. 한반도와 미 · 중 패권경쟁

가. 21세기 미 · 중 패권경쟁

1) 미국 중심의 국제질서에 도전하는 중국

20세기 미 · 중 간 데탕트

제2차 세계대전 후 미국과 중국의 군사적 충돌은 1950년 한반도에서 벌어진 6 · 25 전쟁을 통해서 이루어졌다. 그러나 1972년의 미 · 중 정상회담으로 미 · 중 간 데탕트가 시작되었다. 상대를 이용해서 소련을 견제하려고 했던 점에서 미국과 중국의 이해가 일치했기 때문이다. 미국과 중국은 소련이라는 공통의 적을 견제하기 위해서 이념적 대립을 유보했다.

21세기 중국의 부상과 미 · 중 갈등의 시작

중국은 1970년대 말 개혁 · 개방에 나서고, 1979년에 미국과 국교를 수립했다. 이에 미국은 중국의 개혁 · 개방을 적극 지원하는 동시에 중국의 시장에서 경제적 이익을 취하고자 했다. 미 · 중 간 경제 교류가 확대되는 가운데 중국 경제는 급성장했다. 그런데 중국은 2007~2008년 미국에서 금융위기가 발생하자 미국을 쇠퇴하는 강대국으로 인식하기 시작했다.

2009년에 중국의 국방비는 세계 2위 규모가 되었다.[78] 중국의 경제규모(GDP)는 2010년에 일본을 능가하고 세계 2위가 되었다. 이렇게 중국이 강대국으로 부상하면서 "어떠한 형태로든 미국과 한 번의 충돌은 피할 수 없"다는 인식[79]을 하게 되었다. 남중국해에서 중국과 동남아 국가들의 영유권 분쟁이 점화되기 시작한 것도 이때부터다.

중국의 후진타오 주석(이하, 후진타오)은 2012년 5월 미 · 중 전략경제대화 개막식에서 미국과 중국의 「신형대국관계」를 언급했다. 시진핑은 2015년 9월

---

78) 정재홍(2019a), p.11.
79) 이성현(2019), p. 7.

에 「신형국제관계」를 발표했다. 이것은 미국이 중국의 「신형대국관계」 요구에 응하지 않아도 중국이 강대국으로 새로운 국제정치 질서를 만들겠다는 의지를 표현한 것이었다.[80]

시진핑 집권 후 중화민족주의가 부상하기 시작했다. 시진핑은 2035년까지 「중국 특색 사회주의」의 현대화를 달성하겠다는 목표[81]를 제시했다. 2050년까지 중화민족의 위대한 부흥으로 「중국몽」(中國夢)을 달성하고, 중국식 사회주의 강대국 건설로 세계 일류국가를 만들겠다는 국정 슬로건도 제시했다.[82] 동시에 서구적 보편규범 및 제도와 다른 중국식 권위주의와 민족주의적 가치 및 규범을 강조했다.[83] 중국이 주도하는 새로운 국제질서, 즉 중화질서 구축이라는 대전략을 수립한 것이다.

미국 중심의 국제질서를 변화시키려는 중국

미국은 1979년 초 중국과 수교한 후에 중국이 전후 국제질서에 편입될 수 있도록 중국의 경제발전을 도와줬다. 그러나 중국은 미국의 도움으로 경제강국이 된 후 군사력을 강화하면서 미국이 주도하는 국제질서를 부정하고, 현상타파를 추구하기 시작했다.

중국은 국제질서의 「참여자」에서 「기획주도자」로 전환을 모색했다.[84] 중국이 주도하는 다자기구 아시아투자인프라은행(AIIB) 설립 및 「일대일로」(一帶一路: 중국 주도의 신(新) 실크로드 전략) 추진[85] 등이 이에 해당한다. 동시에 중국은 핵심이익 등 레드라인(red line)을 제시하면서 미국이 주도하는 대중국 봉쇄전략을 무력화시키려고 한다. 대만 및 동중국해와 남중국해 문제에 대한 외부 개입을 허용하지 않으려는 것도 이런 전략의 일환이다. 2020년에는 중국의 GDP(PPP 기준)가 미국의 1.25배로 증가하며 미국을 추격하는 일이 벌어지기도 했다.

---

80) 반길주(2020), p. 19; 최수문. (2019. 10. 7.). "'인류운명공동체' 앞세워 중국몽 세력 키우는 중국." 『서울경제』.
81) 이동민 · 정재흥(2021), p. 4.
82) 정재흥(2019a), p.11.
83) 위의 글, p. 18.
84) 위의 글, p. 14.
85) 위의 글, p. 19.

[표 Ⅳ-1] 신냉전기 미·중 하드파워(경제력) 격차 방향성 (단위: 미 달러)

구 분		초기 (2000년대)		2기 (2010년대)		3기 (2020년대)
		2000	2005	2010	2015	2020
중 국	GDP	1.2조	2.3조	5.8조	10.9조	14조
	GDP(PPP)	3.6조	7.6조	12.3조	17.7조	27조
미 국	GDP	10.1조	13.6조	15.1조	18.1조	21.4조
	GDP(PPP)	10.3조	13.1조	15.1조	18.7조	21.4조

※ 출처: The World Bank, https://www.worldbank.org[86)]

2020년에 중국의 전투함(360개)은 양적 측면에서 미국(297개)을 추월했다.

[표 Ⅳ-2] 중국 전투함의 증강추이

구 분	초기(2000년대)		2기(2010년대)		3기(2020년대)
	2000	2005	2010	2015	2020
SSBN	1	1	3	4	4
SSN	5	4	5	6	7
SS	56	56	48	53	55
항모/순양함/구축함	19	25	25	26	43
호위함/초계함	38	43	50	74	102
중국 총전력	110	220	220	255	360
미국 총전력	318	282	288	271	297

※ 출처: CRS(2020).[87)]

트럼프 재임 시 「미국 우선주의」를 내세우는 정책을 추진하면서 미국의 국제 리더십은 쇠퇴했다. 중국은 이 기회를 이용해서 중국의 국제적 리더십 강화를 모색했다. 동시에 「아시아의 안보는 아시아의 손으로」라는 새로운

86) 반길주(2021), p. 17에서 재인용.
87) 위의 글, p. 18에서 재인용.

역내 질서를 제시했다.[88] 이것은 아시아에서 미국을 몰아내고, 중국이 그 자리를 차지하겠다는 의미다.

중국은 이를 위해서 강력한 군사력이 뒷받침되어야 한다고 생각하며 강군몽(强軍夢)을 제시했다. 피할 수 없는 미국과의 군사적 충돌에 대비하자는 전략이다.[89] 강군몽이라는 슬로건과 함께 제시된 목표는 ① 2020년까지 기계화 및 정보화 달성, ② 2035년까지 군 현대화 달성, ③ 2050년까지 세계 일류 군대 달성이다.[90]

그런데 중국은 2020년 10월에 폐막된 19기 5중 전회에서 "중국군의 현대화를 창군(創軍) 100주년이 되는 2027년까지 실현"[91]하겠다고 조정된 목표를 제시했다. 2027년까지 「기본적인 군사력 현대화」를 실현하고, 2035년까지 「군 현대화(기계화 및 정보화)의 기본적 수준」을 달성하겠다는[92] 목표를 제시한 것이다. 이를 실현하기 위한 중국군의 국방예산 증가액 추이는 다음과 같다.

[그림 Ⅳ-1] 중국의 국방 예산

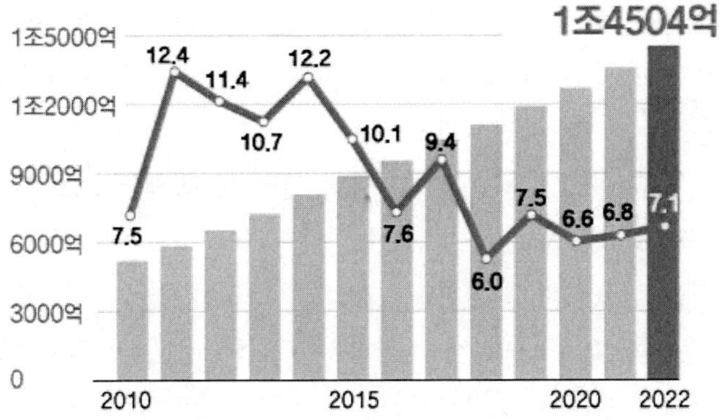

※ 출처: 신경진, "中 국방비 7.1% 증액 279조원…'대만 통일' 노려 군비 증강'" 중앙일보 2022년 3월 6일.

88) 정재흥(2019a), p. 11.
89) 이성현(2019), p. 7.
90) 정재흥(2019a), p. 2.
91) 이동민 · 정재흥(2021), p. 2.
92) 위의 글, p. 3.

중국은 미국의 군사력에 대항하기 위해서 「반(反)접근/지역거부 전략」(A2/AD: Anti-Access/Area Denial))을 추진하고 있다. 이것은 중국이 제1도련선(일본 오키나와에서 필리핀을 거쳐 인도네시아에 이르는 선) 내에서 미국 해군의 작전 거부 능력을 보유하는 것과 제2도련선(괌-사이판) 내로 미국 해군이 접근하는 것을 거부할 수 있는 능력의 보유를 목표로 설정하고 있다.[93)]

중국은 미국과의 패권 경쟁에서 필요한 건 시간이라고 인식하고 있다. 특히 첨단 「4차 혁명」 분야의 기술 굴기를 추구하며 장기적으로 승산이 있다고 생각한다. 2021년에 세계 대기업의 1/5이 중국의 국유기업이다.[94)] 중국은 2035년에 「중국 스탠더드 2035」를 세계 무역기준으로 제시할 계획도 갖고 있다. 이것은 중국이 서방 세계의 무역기준을 따르지 않을 것을 의미한다.[95)]

포용에서 견제로 변화된 미국의 대중국 정책

미국에선 탈냉전 시기 30년의 대중국 포용정책이 중국을 긍정적으로 변화시키지 못하고 오히려 중국의 힘만 키워서 현재 미국의 전략적 경쟁자로 만들었다는 실패론이 대두됐다.[96)] 이에 미국의 대중국 정책이 전환되기 시작했다. 대중국 포용정책에서 견제정책으로 바뀐 것이다. 후자는 오바마 정부 때 시작해서 트럼프 정부 때 강화됐다. 바이든 정부는 이전 정부의 대중국 견제정책을 계승 · 유지 및 발전시키고 있다.

오바마 정부는 2011년에 지역질서의 안정 및 동맹국 보호 차원에서 아시아 피봇 정책(Pivot to Asia)을 추진했다. 해군의 60%를 아시아 지역에 배치하겠다는 계획을 발표하기도 했다.[97)] 2012초 발표된 미국의 「국방전략보고서」에서 "미국은 중국의 「반(反)접근/지역거부 전략」(A2/AD) 도전에도 불구하고 미국의 군사력을 투사할 것"[98)]이라는 의지도 분명히 밝혔다.

---

93) "1도련선은 오키나와-대만-필리핀을 연결하는 방어선이고 2도련선은 괌-사이판을 연결하는 방어선이다. 1도련선 내에서는 지역거부 능력이 2도련선 내에서는 반접근 능력이 투사된다."[반길주(2020), p. 21.].

94) 『한겨레』. (2021. 5. 5.). "미 · 중 대결 시대에서 '중국 견제 시대'로…한국 'G10체제' 주도해야." 박민희 논설위원의 지만수 한국금융연구원 연구위원 인터뷰.

95) 『중앙일보』. (2021. 5. 26.). "'축의 이동' 서방이 예측한 2035년 중국의 모습."

96) 이상현(2020), p. 5.

97) 이춘근(2016), p. 306.

트럼프 정부가 2017년 12월에 발표한 「국가안보전략서」(NSS)[99]는 중국을 미국의 안보와 번영을 위협하는 요인으로 명시했다. 중국이 미국의 위협이 되었다는 인식은 미국에서 초당적으로 발전했다. 트럼프는 2017년에 중국을 견제하는 인도-태평양 전략을 추진하기 시작했다.

그러나 트럼프는 「미국 우선주의」(America First)를 내세우면서 동맹과 갈등을 초래했다. 때문에 중국 견제정책에서 성과를 보지 못했다. 바이든 정부는 이를 반면교사로 삼았다. 그리하여 동맹국과의 협력을 통한 중국 견제와 미국의 글로벌 리더십 회복을 외교정책의 핵심으로 추진하고 있다. 바이든은 중국의 「일대일로」에 대한 대응 차원에서 주요 7개국(G7) 파트너들과 「더 나은 세계 재건」(Build Back Better World·B3W)이라는 글로벌 투자 프로젝트를 추진하겠다고 천명했다. 개발도상국들을 도와주기 위해서 40조 달러를 투자할 예정이다.

2) 전(全)방위적 대결로 진화하는 미·중 패권경쟁

미·중이 첨예하게 대립하는 기술경쟁은 윈윈(Win-Win)하기 어려운 구조다. 종국에는 1등이 지배하는 구조다. 이 기술은 안보 분야에서도 활용된다. 뿐만 아니라 경제 패권은 군사 패권의 토대가 된다. 그래서 미국은 경제와 안보가 긴밀히 연계되어 있다고 생각한다. 경제와 안보를 분리해서 접근하지 않는다는 의미다.

미국은 중국의 신산업 분야 경제·기술 굴기를 막기 위해서 중국을 제외하는 글로벌 공급망 체제 구축을 시도하고 있다. 이를 위해서 한국, 일본 및 대만 등과 핵심부품 공급망을 재편하고 있다. 과학·기술 분야(5G, 6G 등)에서 미국의 동맹과 연대하면서 중국과 탈동조화(Decoupling) 및 중국 배제 전략도 추진하고 있다.

미·중 갈등은 「중국식 국가주도 시장경제」에 대한 미국의 견제[100]에서 시작했다. 중국의 국가주도 경제가 세계의 공정거래를 왜곡하는 것을 막고 서

98) 위의 책, p. 308.
99) 정재흥(2019a), p. 16.
100) 『한겨레』. (2021. 5. 5.). "미·중 대결 시대에서 '중국 견제 시대'로…한국 'G10체제' 주도해야." 박민희 논설위원의 지만수 한국금융연구원 연구위원 인터뷰.

방세계의 자유 시장경제를 보호하자는 취지에서 시작한 것이다. 그 결과 미·중 경쟁은 서방 세계의 자유 시장경제와 중국식 국가주도 시장경제가 충돌하는 양상을 띠고 있다. 그런데 미국은 여기서 더 나아가 중국과의 대결을 민주주의와 전체주의의 대결로 승화시키면서 동맹국을 모으고 체제 대결을 추진하고 있다. 단순히 무역 불균형의 시정이 아니라는 의미다.

바이든은 2021년 6월에 유럽을 방문해서 G7+3(한국과 호주 및 남아프리카) 정상회담과 유럽연합(EU) 정상회담 및 나토 정상회담에 참석했다. 대(對)중국 전선을 확대하기 위해서였다. G7 정상은 공동성명을 통해서 중국의 신장 위구르인 인권 탄압, 홍콩과 대만 문제 및 남중국해 정책을 강하게 비판했다.

나토는 공동성명에서 중국을 규칙에 기반한 국제질서와 동맹안보에 대한 구조적 도전으로 규정했다. 그러면서 "중국의 영향력 확대와 국제 정책은 우리가 동맹으로써 함께 해결해야 할 도전(challenge)"으로 표현하고, "중국의 명시적 야망과 공격적 행동은 규칙에 따른 국제질서와 동맹 안보와 관련된 분야에 대해 구조적 도전을 야기한다"고 지적했다.[101] 러시아를 「위협」으로 규정한 반면에 중국은 「도전」으로 표현했다.

바이든의 제안으로 나토는 중국 견제 차원에서 「신(新)전략」 개념을 준비하기로 했다. 중국의 도전이 나토의 「신전략 개념」에 포함된 것은 초유의 일이다. 옌스 스톨텐버그 나토 사무총장은 2021년 10월 18일에 "중국의 안보위협에 맞서는 것이 나토의 주요 미래 전략"[102]이라고 선언하기도 했다. 영국과 프랑스 및 독일은 함정을 파견해서 미국의 인도-태평양전략에 협조하고 있다. G7 공동선언에 대만 문제가 포함된 것도 처음 있는 일이다. 트럼프 때와는 전혀 다른 분위기다. 나토는 정상회의 공동성명에서 한국과 일본, 호주 및 뉴질랜드를 협력 강화 대상으로 지목했다.

한편, 미국과 유럽연합은 2021년 6월의 정상회담에서 중국의 기술 굴기를 견제하기 위해서 「미국·EU 무역기술위원회」(TTC) 신설에 합의했다. 미국은 동 위원회가 "21세기 경제로 가는 길의 규칙을 쓰게 될 것"[103]이라고 말했다.

101) 『중앙일보』. (2021. 6. 15.). "나토도 '중국 도전' 적시…바이든, 유럽·아태 동맹 묶는 '큰 그림' 짜나."

102) 김윤종. (2021. 10. 19.). "나토 사무총장 '中 위협에 맞서는 것이 핵심 미래 전략'." 『동아일보』.

103) 『중앙일보』. (2021. 6. 16.). "G7·나토·EU까지 '중국 3중 포위망'…바이든의 큰 그림

미국과 유럽연합은 2021년 12월 2일에는 공동 언론발표문에서 "남 · 동중국해와 대만 해협에서의 중국의 문제 많고 일방적인 행위들에 대해 강한 우려를 나타냈다"[104]고 밝혔다.

유럽국가들은 바이든의 동맹 중시 정책을 보면서 안도하고 있다. 바이든은 트럼프 정부 때 소원해진 유럽연합을 다시 미국 편으로 끌어들이는 성과를 일정 부분 거뒀다. 그 결과 미 · 중 대결이 미국－유럽의 중국 견제로 변화하는 양상을 띠고 있다.[105] 향후 미국이 주도하는 중국 체제의 변화가 서방세계의 목표가 될 수도 있다.[106] 이를 둘러싸고 국제질서에 큰 변화가 도래할 전망이다.

최근 대만 문제로 미국과 중국의 이익이 첨예하게 대립하고 있다. 바이든 정부는 2021년 4월의 미 · 일 정상회담과 5월의 한 · 미 정상회담에서 공동성명에 중국이 불편해하는 대만 문제 삽입을 요구하고 관철했다. G7 외교 · 개발장관들이 2021년 5월에 가진 회담에서는 공동성명에 대만의 WHO 포럼과 세계보건총회(WHA) 참여를 지지한다는 입장을 포함시키기도 했다.[107]

중국이 가장 예민하게 생각하는 부분을 건드린 것이다. 필립 데이비드슨 미국 인도－태평양사령부 사령관은 2021년 3월 상원 군사위원회 청문회에서 "중국이 6년 안에 대만을 상대로 군사행동에 나설 가능성"[108]을 경고했다. 향후 대만 문제를 둘러싸고 미국과 중국이 군사적으로 충돌할 가능성이 쟁점이 되고 있다.

완성."

104) 『한겨레』. (2021. 12. 3.)., "미－유럽연합 '대만 해협에서 중국 일방적 행위에 강한 우려."

105) 『한겨레』. (2021. 5. 5.). "미 · 중 대결 시대에서 '중국 견제 시대'로…한국 'G10체제' 주도해야." 박민희 논설위원의 지만수 한국금융연구원 연구위원 인터뷰 참조.

106) 위의 글.

107) 『경향신문』. (2021. 5. 6.). "중국 'G7 공동성명은 주권 간섭, 강력 규탄'."

108) 『동아일보』. (2021. 5. 29.). "中, 대만통일 시간표 짰다… 2027년 중국군 건군 100돌 맞춰 끝낼 것."

나. 한반도와 미 · 중 패권경쟁

1) 남북관계와 미 · 중 관계

1970 ~ 80년대 남북한과 미 · 중 관계

미국과 중국은 1950년 한반도에서 발발한 6 · 25 전쟁을 통해서 군사적으로 충돌했다. 그러나 1972년에 미국의 리처드 닉슨(이하, 닉슨) 대통령과 중국의 마오쩌뚱 주석(이하, 마오쩌뚱)이 정상회담을 하고 관계개선을 모색하면서 한반도의 현상 유지에 합의했다. 닉슨은 미 · 중 정상회담 직전인 1971년에 주한미군 제7사단을 철수시켰다. 이런 분위기 속에서 박정희는 미 · 중 데탕트를 한국 안보의 위기로 인식했다. 그래서 자주국방과 핵무기 개발을 추구하며 북한과 (시간 벌기) 대화를 시작했다.[109)]

반면에 북한은 닉슨 정부의 주한미군 철수 정책과 미 · 중 데탕트를 위기가 아닌 기회로 인식하고 위장 평화공세를 강화했다. 미 · 중과 달리 한반도에서 현상 유지가 아닌 현상 타파를 추구한 것이다. 남북한은 동상이몽 속에서 1972년에 「7 · 4 공동성명」을 발표했다. 그러나 북한은 1973년 8월에 일방적으로 대화를 중단했다.

김일성은 베트남의 무력 적화통일이 임박한 분위기에서 1975년 4월에 중국을 방문했다. 한반도에서 전쟁이 재발할 경우 지원해 줄 것을 요청하기 위해서였다. 그러나 중국은 한반도의 현상 유지를 위해서 김일성의 요청을 거절했다.[110)] 미국과 중국이 1979년 1월에 국교 정상화를 추진한 후, 중국의 황화 외교부장은 1980년 1월에 다음과 같이 말했다.

> "우리는 남한에 주둔하고 있는 미군과 관련하여 미국이나 일본과 시각을 공유한다. 한반도의 안정은 지역 전체의 안정에 기여한다."[111)]

---

109) 마상윤(2014), p. 295.
110) 마상윤, p. 296.
111) 위의 글, p. 301. 각주 19 참조; 黃華, 1980年代外交情勢政策及今後的任務 (1980. 1. 25.): 최명해(2009), 338쪽에서 재인용.

소련을 견제하는데 주한미군이 도움 된다고 중국이 생각했기 때문이다.[112] 당시 미 · 중 관계가 협력 분위기에 있었기 때문에 중국이 주한미군에 반대하지 않은 것이다. 그러나 이것은 주한미군 철수를 원하는 북한의 입장과 배치되는 것이었다.[113]

탈냉전기와 미 · 중 패권경쟁 그리고 남북관계

미 · 중 관계는 1989년 천안문 사태로 잠시 냉각됐다. 그러나 냉전 종식 후에는 다시 개선됐다. 그러다가 미국과 중국은 트럼프 정부와 시진핑 정부하에서 본격적으로 충돌하는 모습을 보여주기 시작했다. 남북관계는 미 · 중 관계와 달리 냉전이 종식될 때까지 대결 상태에 머물렀다. 독일이 통일되고 동유럽 사회주의국가들이 붕괴하면서 고립된 북한은 위장 평화공세로 나왔다. 그 결과 남북한이 유엔에 동시 가입하고, 「남북기본합의서」가 체결되는 등 잠시 남북관계가 개선되는 듯한 모습을 보였다.

그러나 북한의 핵무기 개발과 핵시설 사찰 거부 및 NPT 탈퇴 선언으로 1993년에 제1차 북핵 위기가 발생하면서 남북관계는 악화됐다. 그 후 김대중 정부 등 진보정권이 출범할 때마다 대북 포용정책을 추진하면서 남북관계가 일시적으로 개선되는 모습을 보였다. 하지만 북한의 핵문제가 근본적으로 해결되지 않음에 따라 남북관계 개선에 한계가 있음이 드러났다.

진보 성향의 문재인 정부도 대북 평화정책으로 남북관계 개선을 시도했다. 그러나 북핵 문제가 해결되지 않는 상태에서 성과를 거두지 못했다. 한편, 김여정은 2020년 6월에 남한을 적(敵)으로 규정했다. 이것은 남북관계가 냉전기와 탈냉전기를 비롯해서 미 · 중 패권경쟁 하에서도 대립관계에 있음을 보여주는 것이다.

112) 김진호(2020), p. 4.
113) 마상윤(2014), p. 301.

2) 한국과 미 · 중 패권경쟁

미국과 중국의 관계가 트럼프 정부와 시진핑 정부 때부터 악화되자 중국은 북한과의 관계를 강화시키면서 북한을 미국 견제의 카드로 활용하고 있다. 북한 또한 미 · 중관계의 악화를 자신의 기회로 활용하면서 중국의 대북지원을 유도하고 있다. 반면에 한국과 미국은 북한과 중국에 대한 인식에 있어 차이를 보이며 갈등하기 시작했다. 바이든 정부 출범 후 2021년 5월에 개최된 한 · 미 정상회담으로 한미동맹을 회복하려는 시도가 있었다. 그러나 문재인 정부가 미 · 중 간 그리고 미 · 북 간 양다리 걸치는 기회주의 외교를 계속 추진함에 따라 한미동맹에 잠복된 문제는 개선되지 못했다.

미국은 대북제재를 통해서 북한의 비핵화를 유도하려 한다. 그러나 중국은 미국의 방안을 부정하고 있다. 그리고 북한의 안보 우려를 미국이 우선적으로 해소해줘야 한다는 북한식 접근법에 동조하고 있다.[114] 그런데 한국은 중국을 만나면 중국의 주장에 동조하고, 미국을 만나면 미국의 주장에 동조했다. 사례 하나를 들면 다음과 같다.

2021년 4월 2일 미국 아나폴리스 해군사관학교에서 한 · 미 · 일 안보실장 회담이 개최됐다. 거의 동시간대인 2021년 4월 3일에 중국 푸젠성 샤먼(廈門)에서는 한 · 중 외교장관 회담이 개최됐다. 한국은 상기한 두 회의에서 북핵문제에 대한 공동성명 및 입장을 각기 다른 방식으로 발표했다. 한 · 미 · 일 안보실장 회담에서는 유엔 대북제재 준수를 강조했다. 서훈 안보실장은 이에 공감을 표시했다.

반면에 한 · 중 외교장관회담에서는 한반도 평화프로세스를 강조했다. 이 자리에서 왕이는 "한반도 문제 해결의 관건은 북한이 직면한 군사적 압력과 위협을 해결하는 것"[115]이라고 말했다. 중국 시각에서 북한이 직면한 군사적 압력과 위협의 해결은 궁극적으로 주한미군 철수를 의미한다. 그런데 정의용은 한반도 평화프로세스의 진전을 위해서 "중국이 계속 적극적 역할을 해줄 것을 요청한다"[116]고 말했다. 이렇게 이중 플레이를 하면 미국과 중국을 포함

---

114) 이성현(2019), p. 12.

115) 『중앙일보』. (2021. 4. 5.). "中 왕이 '한반도 비핵화, 평화협정 병행 추진해야'". 왕이 외교부장은 "중국은 한반도 문제 처리의 열쇠는 북한이 여러 해 동안 직면한 군사적 압력과 위협을 해결하는 데 있다고 밝혔다"고 말했다.

한 어느 국가도 한국을 신뢰하지 않는다. 신뢰야말로 외교에서 국가의 가장 중요한 자산임에도 문재인 정부의 고위당국자들은 미·중 사이에서 이렇게 했다.

중국은 현재 국제 질서의 현상 변경을 추구하고 있다. 한반도에서도 한미동맹 해체와 주한미군 철수를 통한 현상 변경을 추구하고 있다. 북한 역시 핵무기로 남북한 군사력 균형을 무너트리고 한반도 질서의 현상 변경을 추구하고 있다. 이런 이해관계 속에서 최근 급속도로 밀착하고 있는 중국과 북한의 연대에 주목할 필요가 있다.

그런데 중국과 북한이 동시에 대만 해협과 한반도에서 통일을 목적으로 군사력을 통한 현상 변경을 추진하면 한국은 어떻게 할 것인가? 한국이 제대로 된 균형정책을 추구한다면 중국이 경제력과 군사력으로 국제질서의 균형을 깨고, 한반도에서도 주한미군 철수를 추구하면서 힘의 균형을 깨는 것에 대항해야 하는 것이 아닐까? 그러나 문재인 정부 하에서 한국은 이렇게 하지 않았다. 미·중 간 전략적 모호성을 유지하면서 균형 외교를 추진한다고 말했다.

한국에서는 그동안 진보와 보수 정권을 막론하고 미·중 양측과 사이좋게 지내는 외교를 추구해왔다. 박근혜 정부 때는 미국의 동맹국으로 유일하게 한국만 중국의 전승절에 참가하면서 미·중 양국으로부터 러브콜을 받는다고 자랑하기도 했다. 오바마 정부는 한국 정부의 이런 태도에 경고의 메시지를 보냈다. 미국의 반대편에 베팅하는 것은 현명한 선택이 아니라고 2013년 12월 6일 당시 바이든 부통령이 한국을 방문했을 때 박근혜에게 말했을 정도였다.

문제는 한국이 그동안 주장한 미·중 간 균형정책이 기회주의 그 이상도 이하도 아닌 「줄타기 외교」라는 것이다. 2021년 5월에 개최된 한·미 정상회담에서 문재인 정부는 기존의 외교정책에 변화를 시도하는 모습을 보여줬다. 중국이 불편해하는 대만 문제를 한·미 공동성명에 넣은 것이다. 비록 수사적 차원이라 해도, 미·중 간 중국 눈치 보기에서 미국과의 협력 강화로 방향을

116) "정 장관은 이어 '우리 정부는 한반도 정세의 안정적인 관리, 그리고 한반도 평화 프로세스가 실질적으로 진전해 나갈수 있도록 중국이 계속 적극적 역할을 해줄 것을 요청한다'면서 '이번 회담 통해 한반도 정세의 안정적 관리는 물론이고 내년 수교 30주 년을 맞이해 한반도의 실질적 협력 관계가 더 발전할 수 있는 여러 방안에 대해 매우 심도 있는 협의를 갖고자 한다'고 덧붙였다."(『이데일리』. (2021. 4. 3.). "정의용—中왕이 '양국관계 발전·한반도 평화프로세스 추진' 공감대.")

선회한 듯한 모습을 보였다. 그러나 한·미 정상회담 직후 정의용은 한·중 관계의 특수성을 강조[117]하면서 중국의 우려를 불식시키기 위한 발언을 했다.

정의용은 G7+α 외교·개발 장관 회의에 참석 차 2021년 5월 31일에 출국하기 전 기자회견에서 "굳건한 한미 동맹을 바탕으로 한중 관계를 조화롭게 발전시켜 나가겠다는 것이 정부의 확고한 입장"이라며 "미국과 중국은 우리의 선택 대상이 결코 아니고, 우리에게 그런 요구를 해온 적도 없다"고 강조했다.[118]

청와대 고위관계자 역시 한·미 정상회담 직후 5월 24일에 "미국과 중국은 우리에게 모두 중요한 나라"라며 "정부는 굳건한 한·미동맹을 기반으로 한·중 전략적 협력동반자 관계가 조화롭게 발전될 수 있도록 한다는 일관된 입장을 갖고 있다"고 말하면서 한국이 미·중 간 균형외교를 추진하고 있음을 부각시켰다. 또한 "우리 측은 외교부 등을 통해 이번 방미(放美)와 관련해 중국 측과 필요한 소통을 해오고 있다"고도 했다.[119] 여기서 방미(放美)는 2021년 5월에 개최된 한·미 정상회담을 말한다. 한·미 정상회담 결과를 중국에 보고한다고 한 것이다.

중국이 국제법과 질서를 무시하고 현상 변경을 추진하고 있음에도 한국의 문재인 정부는 이렇게 말했다. 중국이 남한의 안보 우려는 외면하고, 북한의 안보 우려에만 공감하는데도 한국 정부는 이렇게 주장했다. 그러다 보니 중국은 한국을 우습게 보고 함부로 대한다. 왕이는 2021년 6월에 개최된 「G7+3」 정상회의 직전에 정의용과의 전화통화에서 "옳고 그름을 파악해 편향된 장단에 휩쓸려서는 안 된다"[120]고 겁박했다. 한국이 동맹국인 미국 편에 서지 말라고 한 것이다.

---

117) "정 장관은 '중국 문제에 관해 국제사회에 여러 가지 논의가 있는 것은 사실'이라면서도 '정부는 한·중 간 특수 관계에 비춰 중국 내부 문제에 대한 구체적 언급을 자제해오고 있다'고 답했다."[『이데일리』. (2021. 5. 25.). "정의용, 한·미 공동성명 中 반발에 '양안 관계 특수성 인지하고 있다'."].

118) 『한국일보』. (2021. 4. 2.). "한국, 美中 양자택일 못해…대중봉쇄는 촌극, 중국의 기고만장."

119) 『경향신문』. (2021. 5. 24.). "'한·중관계 불똥 튈라'…청와대 '미국과 중국 모두 중요한 나라'."

120) 『서울경제』. (2021. 6. 14.). "G7, 中 ㅊ대응 합의…'가치 동맹' 확실히 해야."

20세기 미 · 소 냉전과 서독 vs 21세기 미 · 중 패권경쟁과 한국

V

20세기 미 · 소 냉전과 서독 vs 21세기 미 · 중 패권경쟁과 한국

1. 20세기 미 · 소 냉전 vs 21세기 미 · 중 패권경쟁

가. 구조적 차이

대결의 성격과 세력 규모 비교

제2차 세계대전 직후 미국과 소련은 처음부터 대결 구도에 들어갔다. 이것은 미국을 중심으로 하는 서구식 자본주의 진영과 소련을 중심으로 하는 사회주의 진영 간 대결로 확대됐다. 제2차 세계대전 전 · 후로 유럽에선 사회주의 이념에 대한 우호적 분위기가 있었다. 그랬기 때문에 미 · 소 대결이 단일 국가 간의 대결이 아닌, 진영 대결로 확대될 수 있었다.

한편, 미국과 중국은 1950년 한반도에서 군사적 대결을 했으나, 1970년대부터 공동의 적인 소련을 견제하기 위해서 협력하는 구도를 만들었다. 미국은 중국에 대한 포용정책을 추진하면서 중국이 개혁 · 개방 정책으로 시장경제를 도입하고 경제 성장을 추구하는 것을 적극 도왔다. 동시에 미국은 중국의 시장을 활용해서 경제적 이득을 취했다.

그러나 중국은 21세기에 경제대국으로 부상하면서 패권을 추구하고 국제질서의 현상 변경을 추구하고 있다. 이에 미국은 대(對)중국 포용정책이 실패했다고 판단하고 오바마 정부 때부터 중국에 대한 견제정책을 추진하기 시작했다. 미국과 중국의 패권경쟁은 미 · 소 냉전과 달리 서구식 자본주의와 「중국식 국가자본주의」 혹은 중국식 표현으로 「중국 특색 사회주의」 간의 대결 형태를 띠고 있다. 중국이 경제를 당/국가가 주도하는 자본주의 방식으로 운영하면서 정치적으로는 사회주의를 지향하기 때문에 중국의 특징을 이렇게 이중적으로 표현하는 것이다.

오바마 정부에 이어서 트럼프 정부는 본격적으로 대중국정책을 대결 및 봉쇄정책으로 전환했다. 트럼프 정부는 초기에 동맹의 중요성을 인지하지 못하고 단독으로 중국에 대한 압박정책을 추진했다. 그러나 소기의 성과를 거두지 못했다. 임기 말에 비로소 동맹과의 연대가 중요함을 느끼지 시작했다. 바이든 정부는 트럼프 정부의 대중국정책을 계승하되, 처음부터 동맹을 규합하여 중국을 봉쇄하는 정책을 추진하고 있다.

반면에 중국은 경제 협력 대상으로서의 파트너 국가는 있으나, 동맹을 갖지 못하고 있다. 그리하여 중국은 미국을 중심으로 한 동맹 및 서방 진영의 분열을 추구하면서 각개격파를 시도하고 있다. 중국이 러시아와 함께 합동군사훈련을 실시하고는 있지만, 중국과 러시아가 동맹은 아니다. 국제 사회에서 중국 경제에 대한 개별 국가의 의존도는 미국의 대중국 봉쇄정책에 장애 요인으로 작용하고 있다. 그러나 중국의 정치가 대내적으로는 전체주의적 성향을 띠고, 대외적으로는 공격적인 성향을 띰에 따라 중국에 대한 국제사회의 여론이 악화되고 있다.

[표 V-1] 20세기 미 · 소 냉전과 21세기 미 · 중 패권경쟁 비교 (1)
- 대결의 성격과 세력 규모 비교

구 분	20세기 미 · 소 냉전	21세기 미 · 중 패권경쟁
대결의 성격	* 미국은 제2차 세계대전 직후 초기부터 소련 봉쇄 * 서구식 자본주의와 소련식 사회주의의 대결	* 미국, 1970년대부터 대중국 포용정책 추진 - 그러나, 2010년대 이후 대중국 포용정책이 실패했다고 판단하고 대결정책으로 전환 * 서구식 자본주의와 중국식 국가자본주의(혹은 중국 특색 사회주의) 간 대결

대결 세력의 규모	• 사회주의 체제의 모순이 심화되기 전 유럽에서 사회주의 이념에 대한 우호적 분위기 존재 • 이런 분위기 속에서 미 · 소의 대결은 서구식 자본주의 진영과 동유럽 사회주의 진영 간 체제 대결로 확대	• 미국, 동맹을 규합해서 중국에 대한 압박과 봉쇄정책 추진 • 중국, 동맹이 없는 상태에서 미국을 중심으로 한 서방 진영의 분열과 각개격파 추구 • 국제사회에서 중국 경제에 대한 개별 국가의 의존도는 미국의 대중국 봉쇄정책에 장애 요인 • 중국식 정치모델(전체주의)에 대한 우호적 분위기가 거의 없는 상태에서 중국의 공격적 외교에 대한 국제 여론 악화

※ 출처: 필자 작성

대결 분야 및 양상 비교

20세기 미 · 소 냉전 당시에는 소련과 동유럽 사회주의진영이 사회주의 경제의 모순으로 위기에 봉착했다. 따라서 서구식 자본주의가 동유럽 사회주의 경제보다 월등히 우월한 위치에 있었다. 20세기 동 · 서 양 진영의 경제 · 교류협력도 21세기 미 · 중 간 경제 · 교류협력과는 비교가 되지 않을 정도로 규모가 작았다. 동 · 서 양 진영의 경제력 격차 확대로 냉전은 정치 · 이념 · 군사 분야에 집중됐다.

21세기 미 · 중 패권경쟁은 경제 분야에서 시작해서 정치 · 이념 · 군사 등 전(全)방위로 대결이 확대되고 있다. 글로벌 자유시장경제와 중국식 국가자본주의/중국식 시장경제의 대결에서 시작해서 민주주의와 권위주의/전체주의의 대결로 확대되고 있다. 현재는 미국의 군사력이 중국의 군사력을 압도한다. 때문에 중국이 군사 도발을 자제하고 있다.

그러나 중국은 남중국해 영토와 대만 문제를 중국의 핵심 이익(red line)으로 제시하며 양보 불가의 입장을 천명하고 있다. 향후 인토－태평양 지역에서 영향력 확대를 위한 미 · 중 간 군사적 대결 가능성이 상존한다. 미국이 국내 정치적으로 위기에 빠지거나, 재정 · 경제 위기에 직면해서 외부에 눈을 돌리기 어려워질 경우 중국이 이를 기회로 삼고 대만 해협을 포함한 인도－태평양 지역에서 군사도발을 감행할 수 있다.

20세기 미·소 양국은 초기에 치열하게 대결하는 모습을 보여줬다. 그러나 1962년의 쿠바위기를 수습하고 1960년대 말과 1970년대 초에 미국과 소련 모두 현상 유지를 추구했다. 그래서 긴장완화와 협력의 분위기 조성이 가능했다. 동·서 양 진영은 군사동맹인 나토와 바르샤바조약기구의 대립과는 별개로 유럽안보협력회의(CSCE: Conference on Security and Cooperation in Europe, 이하 CSCE)를 만들고, CSCE를 통해서 윈·윈(Win-Win)을 추구했다.

반면에 미국과 중국은 1970년대부터 양국 정상회담과 국교 정상화를 통해서 경제협력을 시작하며 우호적인 분위기에서 출발했다. 그러나 21세기에 미국과 중국이 경제력 1~2위를 다투는 가운데 이것이 군사력 경쟁으로 이어지면서 서로 양보할 수 없는 양상을 띠고 있다. 중국은 자국 중심의 국제질서 구축을 통한 현상 변경을 추구하고 있다. 반면에 미국은 중국을 배제하는 글로벌 공급망 구축을 통해서 중국의 부상을 억제하는 가운데 미국의 패권 유지를 추구하고 있다. 그 결과 핵심 기술·경제 및 군사 분야에서 미국과 중국은 제로섬 게임을 하지 않을 수 없는 구조다.

미국은 현재 동맹 규합을 통해서 중국이 국제 규범과 질서를 존중하고 따를 것을 요구하며 압박하고 있다. 그러나 중국은 경제 분야에서는 물론, 국제 영토 문제에서도 현상 변경을 추구하고 있다. 때문에 미국이 중국의 태도 변화를 넘어서 체제 변화를 추구할 가능성이 존재한다. 이런 추세가 지속되면, 20세기 미·소 냉전 후반기에 현상 유지를 추구했던 미·소와 달리 21세기 미·중 패권경쟁은 신(新)냉전에 머물지 않고 열전으로 진화할 가능성이 있다.

[표 Ⅴ-2] 20세기 미 · 소 냉전과 21세기 미 · 중 패권경쟁 비교 (2)
- 대결 분야 및 양상 비교

구 분	20세기 미 · 소 냉전	21세기 미 · 중 패권경쟁
대결 분야	* 미국과 소련의 경제력 격차 확대로 대결이 정치 · 이념 · 군사 분야에 집중 - 미국과 소련의 상호 경제 의존도 낮음 * 민주주의/자본주의 vs 전체주의/사회주의 * 미국과 소련 모두 핵보유국으로 우열을 가리기 힘들었고 전면전이 벌어질 경우 양측에 엄청난 피해 발생 - 이에 미 · 소는 제3국을 통한 간접 군사 대결과 이를 통한 영향력 확대 추구	* 경제 분야에서 시작해서 정치·이념·군사 등 전(全)방위로 대결 확대 * 글로벌 자유시장경제 vs 중국식 국가자본주의/중국식 시장경제 - 미국과 중국의 상호 경제 의존도가 높은 가운데, 그만큼 경쟁도 치열 * 민주주의 vs 권위주의/전체주의 * 인도-태평양 지역에서의 영향력 확대를 위한 군사적 대결 가능성 상존 * 현재는 미국의 군사력이 중국의 군사력을 압도하기 때문에 중국이 군사 도발 자제 - 그러나 중국은 남중국해 영토와 대만 문제를 중국의 핵심 이익(red line)으로 제시하며 양보 불가 천명
대결 양상	* 쿠바 위기 후 미 · 소는 1960년대 말부터 70년대 중 · 후반까지 대결(나토 vs 바르샤바조약기구)과 병행해서 현상 유지와 평화공존 추구 * 그 결과 나토와 바르샤바조약기구 회원국이 1975년에 중립국을 포함시키는 유럽안보협력회의(CSCE) 설립 * 「공포의 균형」이 유지되는 가운데 동 · 서 양진영은 CSCE를 통해서 윈 · 윈(Win-Win) 추구	* 중국, 자국 중심의 국제질서 구축을 통한 현상 변경 추구 * 미국, 중국을 배제하는 글로벌 공급망 구축을 통해서 중국 부상 억제와 미국의 패권 유지 추구 * 핵심 기술·경제 및 군사 분야에서 제로섬 게임 * 현재는 미국이 중국에게 국제 질서와 규범 존중을 요구 - 중국이 이를 거부하는 영역이 확대되면서, 미국이 중국의 태도 변화를 넘어서 체제 변화 추구 가능

※ 출처: 필자 작성

20세기 미·소 냉전은 초기에 대결 위주로 전개되다가 1972년 닉슨과 브레즈네프의 정상회담을 계기로 데탕트(긴장완화) 시대에 진입했다. 그리하여 1972년에 전략무기제한협상(SALT; Strategic Arms Limitation Talks)과 1973년에 「핵전쟁방지에 관한 협정」을 체결하고 경제협력 등 관계개선을 모색했다. 1970년 말과 1980년대 초의 신냉전을 거친 후 1987년 12월에는 중거리 핵무기 (폐기) 협정(INF Treaty; Intermediate Range Nuclear Forces Treaty, 이하 INF)을 체결했다.

이 INF 조약으로 미국은 848기의 미사일을, 그리고 소련은 1,846기의 미사일을 폐기했다.[1] 이것은 상대방에 대한 불확실성을 감소시키면서 미국과 소련 간 안보 딜레마 해소에 기여했다. 이에 미·소 간 군사충돌 가능성이 점진적으로 감소하고 시간이 흐를수록 대결 구도는 약화되었다.

한편, 미·중 관계는 초기인 1950~60년대는 대결에서 시작했다가 1970년대 이후 2000년대 초까지 협력 구도로 전개됐다. 그러나 시진핑이 2012년에 집권한 후 미국에게 「신형국제관계」를 요구하고, 중국몽을 제시하면서 패권경쟁으로 발전하고 있다. 시간이 흐를수록 미·중 간 대결 구도는 심화되고 있다. 군비경쟁이 심화되는 가운데 상호 간 신뢰구축 조치와 장치는 없다. 오히려 대만과 남중국해를 둘러싼 군사충돌 가능성이 증가하고 있다.

또한 21세기 미·중 간에는 체제 대결을 약화시킬 다자안보협의체 구성이 어려운 실정이다. 20세기 미·소 냉전 당시 만들어진 다자안보협의체 CSCE는 대결보다 통합을 지향했다. 특히 미국과 소련이 하나의 이익 추구를 위해서, 다른 이익을 양보할 준비가 되어 있었다. 그래서 CSCE가 만들어질 수 있었다.

CSCE는 애초에 서방세계가 아닌 소련을 중심으로 한 동유럽 사회주의국가들이 제안했다. 소련은 제2차 세계대전 후 동유럽 지역 점령으로 구축한 공산주의 체제를 국제적으로 인정받고 싶어 했다. 따라서 현존하는 국경의 불가침, 즉 현상 유지와 현상 인정을 추구했다.[2] 서방세계와의 경제협력을 통한 이익도 추구했다. 반면에 서방 진영은 CSCE에서 안보 문제에 국한시키지 말

1) 이근욱(2012), pp. 137-138. 각주 21 참조.
2) 고상두(2020), p. 74.

고, 사람과 정보의 자유로운 이동을 포함한 인권 문제도 함께 논의하자고 제안했다.[3] 기본적으로 동·서 양 진영의 이해관계가 달랐던 것이다. 그러나 타협에 의해서 1975년 8월 1일 동서 양 진영과 중립국 등 35개국이 「헬싱키 협정」에 서명하면서 CSCE가 탄생했다.

CSCE에서 제시된 10대 원칙에는 ① 주권평등과 주권 존중, ② 무력사용 금지, ③ 국경 불가침, ④ 영토 인정, ⑤ 분쟁의 평화적 해결, ⑥ 내정 불간섭, ⑦ 자유와 인권의 존중, ⑧ 평등권과 자결권 인정, ⑨ 국가 간 협력, ⑩ 국제법적 의무의 성실한 이행[4] 등이 있다. 군사·안보 분야의 신뢰구축 조치는 「바스켓 Ⅰ」에서 다뤘다. 그리고 경제·과학·기술·환경 분야의 협력은 「바스켓 Ⅱ」에서 다뤘다. 마지막으로 동구권이 꺼리던 인권 문제와 인적 접촉은 「바스켓 Ⅲ」에서 논의됐다.[5] 소련은 CSCE를 통해서 안보와 경제의 두 측면에서 성과를 거둔 반면에, 인권 문제에서는 서방 세계의 요구를 일정 부분 들어주고 양보했다.

서방 진영은 경제협력을 지렛대로 동유럽 사회주의 진영이 동·서 양 진영 간의 인적 접촉과 정보 교류에 협력하도록 유도하면서 인권 개선을 추구했다. 예를 들어 미국은 폴란드의 노조탄압이 중단되어야 경제지원을 할 수 있다고 주장했다. 동유럽 사회주의국가 내에서 반체제 인사와 시민단체는 인권 운동의 활성화를 위해서 「헬싱키 협정」의 제7원칙과 「바스켓 Ⅲ」를 활용했다.[6] 서독 정부 역시 동서독 간 인적 교류 확대와 동독 내 인권 개선을 위해서 「헬싱키 협정」의 제7원칙과 「바스켓 Ⅲ」를 활용했다.

CSCE가 "소련과 동유럽 내부에 민주적 개혁 운동세력이 생겨날 수 있는 정당성 제공"[7]에 기여한 것이다. 그러나 중국은 현재 미국이 제기하는 인권 문제에 극도의 거부감을 보이면서 양보하는 자세를 전혀 보이지 않고 있다. 따라서 중국은 인도-태평양 지역에서 CSCE 같은 다자안보협의체 구성에 동의하지 않을 것이다.

남중국해와 동중국해 그리고 대만 문제에서 현상 변경을 추구하는 중국

3) 김수암(2012), p. 77.
4) 고상두(2020), p. 74.
5) 김수암(2012), p. 99; 홍기준(2006), p. 61 참조.
6) 김수암, 위의 글, p. 102.
7) 고상두, 위의 글, p. 75.

은 「헬싱키 협정」의 제3원칙인 「국경 불가침」과 제4원칙인 「영토 인정」 및 제10원칙인 「국제법적 의무의 성실한 이행」에도 동의하지 않을 것이다. 따라서 21세기 미·중 패권경쟁 시대에 체제 대결을 약화시킬 다자안보협의체의 구성은 불가능에 가깝다. 중국이 입으로는 다자협력을 강조하지만 이것은 외교적 수사에 불과하다.

[표 Ⅴ-3] 20세기 미·소 냉전과 21세기 미·중 패권경쟁 비교 (3)
– 대결 구도의 변화 과정과 군사적 위기관리 장치 비교

구 분	20세기 미·소 냉전	21세기 미·중 패권경쟁
대결 구도의 변화 과정	* 대결에서 대결과 협력의 병존으로 변화 – 대결(1945~1960년대 말) → 데탕트(1960년대 말~1970년대 말) → 신냉전과 대결(1970년대 말~1980년대 중반) → 신데탕트(1980년대 중반~1980년대 말) → 냉전 종식(1990년대 초) – 시간이 흐를수록 대결 구도 약화	* 대결(1950~1960년대 말) → 협력(1970년대 초~2010년대 초) → 협력과 대결이 병행되고 있으나, 대결이 우세한 방향으로 변화(2010년대 초~현재) – 시간이 흐를수록 대결 구도 심화
위기관리 장치 및 제도	* 유럽안보협력회의(CSCE)를 통해서 체제 대결 약화 * 핵군축을 통한 신뢰구축조치(CBMs) 등 제도화 추진 – 중거리 핵미사일(INF) 폐기 협정 체결 – 전략무기감축회담(START) 추진 및 협정 체결 * 미·소 간 군사충돌 가능성 점진적 감소	* 인도–태평양 지역에서 CSCE와 유사한 다자안보협의체 구성 불가 * 군비경쟁 심화 * 신뢰구축 조치와 제도 없음 * 대만과 남중국해를 둘러싼 미·중 간 군사충돌 가능성 증대

※ 출처: 필자 작성

나. 행위자 차이: 고르바초프 vs 시진핑

1) 냉전 종식을 초래한 고르바초프

1985년 3월에 소련의 최고지도자가 된 미하엘 고르바초프(Michail Gorbatschow; 이하, 고르바초프)는 1980년대에 소련의 경제난 속에서 미국과의 경제력 격차가 더욱 벌어짐에 따라 기존의 군비경쟁에 변화가 필요하다는 인식을 하게 되었다. 어려운 경제 상황에 비추어 국방비가 과도하게 지출되는 것을 막을 필요가 있었던 것이다.

이에 고르바초프는 "이 시대를 평화롭게 살아나가고 더 나아가 생존해 나가기 위해서는 새로운 사고방식으로 세계를 바라보아야 할 필요가 있다고 역설"[8]했다. 핵으로 인해 인류가 승자도 패자도 없이 전멸할 수 있는 위기의 시대와 세계적 규모의 재난을 공동으로 극복해야 하는 시대에 공멸을 피하기 위해서 탈냉전의 신사고가 필요하다는 점을 역설한 것이다.[9] 또한 "배타적 자기이익의 추구는 정상적 국제관계에 위해가 된다고 주장하였다."[10]

이러한 고르바초프의 신(新)사고는 1986년 2월에 개최된 제27차 당대회에서 소련 외교정책의 기조에 반영되었다. 고르바초프는 동 · 서 양 진영의 이념과 무관하게 국제관계를 협력과 존중의 관계로 만들어 갈 것을 선언했다.[11] 동시에 국제법에 의하여 지배되는 국제관계의 수립을 소련이 추구할 주요 외교목표의 하나로 선언했다[12]. 즉, 체제의 차이에 상관없이 모든 국가에 적용되는 국제법의 중요성을 인정한 것이다. 그러면서 사회주의 체제냐 자본주의 체제냐에 따라 이중적 기준으로 국제법을 바라보는 대신에 「동일한 게임규칙」에 입각해서 국제관계의 형성에 참여할 것을 선포했다.[13]

뿐만 아니라, 고르바초프는 "상호의존의 세계 속에서 사회주의와 자본주의 진영은 공존하면서 더불어 생존을 확보하고 발전을 도모해야 한다"[14]고 말

---

8) 정은숙(2004), p. 14.
9) 위의 책, pp. 15-16.
10) 위의 책 pp. 14-15에서 재인용. Gorbachev(1987), pp. 135-137.
11) 정은숙, 위의 책, p. 21.
12) 김광린(1995), p. 646.
13) 위의 글, p. 653.
14) 위의 글, p. 647.

했다. 그리하여 대결 대신에 협력을 강조했다. 국가 간의 분쟁을 전쟁이나 무력으로 해결하는 시도도 거부했다. 아울러 고르바초프는 소련의 대외적 영향력이 "타국의 눈에 비친 소련의 이미지, 즉 대외적 명성에 의해 크게 좌우"된다고 여겼다. 그리고 이 대외적 명성은 "소련이 추구하고 실현해 나가려는 가치와 이상의 보편성, 경제적 성취 등으로부터 나온다"[15]고 생각했다. 소련이 먼저 모범을 보여서 이미지를 개선하겠다는 고르바초프의 이런 인식이 있었기 때문에 소련의 일방적 군사력 감축 제안 및 선언도 가능했다.

국방 분야에서 고르바초프는 1986년 1월에 핵무기 폐기를 위한 3단계 구상안을 발표하고, 미 · 소 간 군축논의를 활성화시켰다. 동년 10월 11－12일 레이캬비크에서 개최된 레이건과의 제2차 정상회담에서는 - 비록 성과 없이 끝났지만 – 미국에게 중거리 핵미사일을 유럽에서 전면 폐기하고, 전략무기 50%를 감축하자고 제안하기도 했다. 재래식 무기와 관련해서 고르바초프는 1986년 4월에 전통적인 「상호 균형적 군축」(Mutual and Balanced Force Reductions)의 방식을 넘어선 무기감축을 제안했다.

이런 생각을 했기 때문에 고르바초프가 1988년 12월 제43차 유엔총회에서 소련군 50만 명의 일방적 감축과 유럽 주둔 소련군 5만 명의 철수 계획을 발표하는 것이 가능했다.

이런 일련의 과정을 겪으면서 미국은 소련을 신뢰하기 시작했다. 그리하여 1987년 12월 워싱턴에서 고르바초프와 레이건은 INF 협정에 서명했다. 그리고 1989년 1월에 나토와 바르샤바 조약기구는 유럽 배치 재래식 군사력 감축에 합의했다. 1990년 11월에는 중부 유럽의 재래식 군사력 감축에 대한 최종 합의(CFE Treaty: Conventional Forces in Europe Treaty)를 도출하기도 했다.[16]

이외에도 고르바초프 시대에 소련은 "세계인권선언의 가치를 재평가하고, 인권을 보호하고 신장하기 위한 국제적 활동에 적극 참여하였으며, 국내적 차원에서 다원주의적 민주개혁을 통해 양심의 자유, 정치 종교적 견해로 인한 체포의 금지 등 국제적으로 보편적으로 인정되는 기본권을 보장하기 위한 제도적 조치를 취하였다"[17]고 한다. 21세기에 시진핑이 중국 특색 사회주의를

15) 위의 글, p. 650.
16) 이근욱(2012), p. 142.
17) 김광린(1995), p. 650.

추구한다고 하면서 사회통제를 강화하고 인권을 탄압하는 것과 비교되는 부분이다.

고르바초프가 추구했던 것은 오직 하나였다. "사회주의를 갱신하면서 행정 명령식 모델을 제거하고, 민주 방법을 도입하면서 사회주의의 잠재력을 보다 완전하게 키우"[18]는 것이었다." 고르바초프 자신의 표현에 따르면「더 많은 민주주의」가「더 나은 사회주의」를 가져다 줄 것이었다.[19] 당시 소련의 시대 상황을 고려할 때, 전통적 마르크스-레닌주의자들의 인식 틀을 뛰어 넘는 신사고라고 평가하지 않을 수 없다.

고르바초프는 사회주의국가들 간의 관계에 있어서도 기존의「브레즈네프 독트린」을 버리고 동유럽 사회주의국가들의 내정에 간섭하지 않는 대외정책을 추진했다. 과거의 소련 통치자들은 헝가리와 체코슬로바키아 그리고 동독에서 시민들의 저항운동이 발생했을 때, 소련군을 동원해서 무력으로 진압했다.

그러나 고르바초프는 1989년 동독에서 대규모 민주화 시위가 발생해서 동독 정권을 위협했을 때, 동독의 내정에 간섭하지 않는다며 동독 주둔 소련군이 중립을 지키도록 지시했다. 그랬기 때문에 동독의 시민운동이 중국의 천안문사태와 달리 1990년 3월에 평화적으로 정권교체를 달성할 수 있었다. 동독의 평화적 정권교체는 1990년 10월에 독일 통일로 이어졌다. 이런 점에서 독일은 지금도 고르바초프에게 깊이 감사하고 있다. 현재 중국이 남한 주도의 한반도 통일을 결코 원하지 않으면서 김정은 정권을 지지하는 것과 대비된다.

소련은 고르바초프의 기대와 달리 몰락했다. 그러나 당시에 국제사회는 소련의 개혁(페레스트로이카)·개방(글라스노스트) 정책에 열광하고, 대결적 냉전질서의 변화를 추구했던 고르바초프에게 열광했다. 고르바초프의 신사고가 소련 체제의 문제점에 대한 솔직한 자기 성찰에 바탕을 두었기 때문이다. 그래서 고르바초프의 개혁이 실패하고 그가 원하던 목표를 달성하지 못했지만, 서방세계의 많은 사람은 고르바초프를 좋게 평가한다. 고르바초프가 신사고를 통해서 전체주의적 사회주의가 아닌 민주적 사회주의를 추구하면서 평화적으로 역사의 흐름을 바꾸는데 기여했기 때문이다.

---

18) 바딤 메드베데프(1995), p. 327.
19) 미하일 고르바초프(2013), p. 286.

물론 보는 관점에 따라 고르바초프를 다르게 평가할 수 있다. 서방세계의 평가와 달리 러시아에서는 고르바초프를 「배신자」로 평가한다고 한다. 소련의 몰락과 해체를 가져왔다는 것이 그 이유다. 그러나 보리스 옐친이 고르바초프를 배신하지 않고, 개혁 · 개방을 통해서 민주적 사회주의를 추구했다면 역사는 지금과 달랐을 것이라는 평가도 존재한다.

소련의 해체에 결정적인 역할을 한 것은 고르바초프가 아니라, 옐친이다. 고르바초프는 마지막 순간까지 소련 해체를 막으려고 노력했다. 러시아를 독점 자본가들이 지배하게 만든 것도 고르바초프가 아니라 옐친이었다. 고르바초프의 급진적인 방법이 과연 옳은 것이었는지에 대해서는 논쟁이 있을 수 있다. 그런데 고르바초프가 하지 않고, 옐친이 한 일로 고르바초프가 나쁘게 평가받는 부분이 있다. 따라서 이런 오해에 대해서 아쉽게 생각하는 역사학자들이 있다. 필자 역시 비록 고르바초프 개인은 실패했어도, 그가 역사에 남긴 긍정적인 발자취는 제대로 평가해야 한다는 입장이다.

2) 신(新)냉전을 부르는 시진핑

중국은 소련의 실패와 몰락에서 전혀 다른 교훈을 도출했다. 고르바초프의 실패를 반면교사로 삼고, 민주적 사회주의 실현에 실패하더라도 전체주의적 사회주의로 부강한 중국을 만들 수 있다면 수단과 방법을 가리지 않는 길을 택하고 있다. 그래서 「중국 특색 사회주의」라는 이름하에 원래 추구했던 사회주의 이념을 수정하는 것도 마다하지 않는다. 중국은 고르바초프가 과거에 경제개혁에 성공하지 못한 상태에서 성급하게 서구식 민주 정치개혁을 추구함으로써 개혁을 통제 불능의 상태로 만들었기 때문에 실패했다고 생각한다.

이에 중국 지도부는 일당 독재를 유지하고 우월한 공산당의 지도 및 지배를 포기해선 안 된다고 생각한다. 그리고 공산당에 대한 어떤 도전도 용납하려 하지 않는다. 사회적 불평등 해소를 추구하는 노동운동을 탄압하면서 사회통제를 강화하는 것도 주저하지 않는다.[20] 중국 군대는 국가의 군대이기 전에 당의 군대다. 그래서 중국군이 1989년의 천안문 사태를 해결했을 때처럼 "비상시 당의 명령에 따라 동료, 시민에게 총을 겨눌 수 있을 정도로 확고부동한

20) 박민희(2021), p. 25.

당의 군대"[21]로 존재하는 것을 중요하게 생각하고 있다.

그러다 보니 "중국 각지에서 벌어지는 노동자와 농민 등 기층의 저항과 일부 재야 지식인과 활동가들의 목소리를 살펴보면, 그들은 왜 사회주의국가인 중국이 그 주인인 노동계급을 탄압하고 있는지를 끊임없이 묻고 저항하고 있다."[22] 중국이 평등을 추구하는 "'사회주의' 간판을 걸고 있지만, 지니계수 0.47의 세계에서 가장 불평등한 국가 주도 자본주의 국가가 되었다"[23]는 비판도 제기되고 있다. 때문에 「중국 특색 사회주의」가 「중국 특색 자본주의」와 무엇이 어떻게 다르냐는 질문이 제기되기도 한다.[24] 다만, 이런 지적이 공산당의 강력한 통제 속에 겉으로 표출되지 못할 뿐이다.

중국은 소수민족에 대한 억압적 통치도 강화하고 있다. 소련이 과거에 민족주의 정책에 실패한 것이 소련 몰락의 한 원인이었다고 중국이 판단하기 때문이다. 그래서 중국은 소수 민족을 강제적으로 중화민족주의에 동화시키는 한편, 이들이 분리 · 독립을 추구하지 못하게 하는 정책을 추진하고 있다. 중국이 소련식 사회주의 개혁의 실패를 반면교사로 삼는다고 해서 중국이 하는 모든 행동이 합리화될 수 없음에도 중국은 이렇게 하고 있다.

특히 시진핑 집권 후 극단적 애국주의와 민족주의로 대내외적 위기 극복을 시도하고 있다. 중국에게 이익이 된다면 타국을 억압하고 배타적 자기 이익을 추구하는 행동도 서슴지 않는다. 그런데 중국 언론은 오히려 이런 중국의 공격적 외교를 전랑(戰狼; 늑대전사)외교라고 하면서 부추기고 있다. 그 결과 오만하고 탐욕스러운 중국에 대한 국제사회의 여론이 악화되고 있음은 물론이다. 이것은 고르바초프가 소련이 국제사회에서 모범을 보임으로써 인정을 받으려했던 것과 정반대의 모습이다. 문제는 중국이 이런 식으로 수단과 방법을 가지지 않고 살아남아서 국제사회에 도대체 무슨 도움이 되고, 무슨 의미가 있느냐 하는 것이다.

중국은 21세기에 자국법(九段線)에 따른 남중국해의 역사적 권리를 주장하면서[25] 「영해 및 접속수역법」과 「배타적 경제수역 및 대륙붕법」 등을 제정

21) 김재관(2019), p. 132.
22) 하남석(2021), p. 114.
23) 박민희. (2021. 8. 23.). "'선부론'은 끝났다." 『한겨레』.
24) 하남석(2017), p. 130.
25) 김재관(2016), 2016년.

했다. 그리고 남중국해의 90%에 대한 영유권을 주장함으로써 필리핀과 베트남 등 주변국과의 갈등을 야기하고 있다. 이에 필리핀은 2013년 1월 국제상설중재재판소(PCA)에 중국의 부당한 행위를 제소했다. 미국은 남중국해에서 자유롭고 안전한 국제 운송로 확보와 항행이 중국의 영유권 주장으로 위협받아서는 안 된다면서 중국의 주장에 맞서고 있다.

국제상설중재재판소는 필리핀이 중국을 상대로 제소한 재판에서 필리핀에 유리한 판결을 내렸다. 그러나 중국은 국제상설중재재판소의 판결을 인정하지 않고 불복하는 태도를 고수하고 있다.[26] 이것은 고르바초프가 국제법에 의해서 지배되는 국제관계의 수립을 소련 외교의 주요 목표 중 하나로 선언하고, 국제사법재판소의 역할을 긍정적으로 평가한 것[27]과 대비된다.

또한 중국은 다른 국가의 정당한 요구도 그것이 중국의 이익에 반하는 것이라고 판단하면 보복하기를 서슴지 않는다. 호주는 2020년 4월에 코로나 위기가 중국에서 비롯된 것인지를 객관적이고 중립적인 조사를 통해서 밝히자고 제안했다. 그러자 중국은 호주에게 무역보복 조치만 취한 것이 아니라, 대규모 사이버공격을 단행했다.[28] 한국이 북핵 위협에 대한 대응 차원에서 사드를 배치했을 때, 중국이 한국에게 경제 보복을 한 것도 마찬가지다. 특히 시진핑 시대에 이런 일이 발생하고 있다.

21세기 미 · 중 패권경쟁 시대에는 경제적 상호 의존도가 높기 때문에 중국과의 갈등이 20세기 미 · 소 냉전 시대보다 심하지 않을 것으로 전망하는 견해가 많았다. 그러나 중국은 타국의 중국에 대한 경제 의존도를 압력수단으로 악용하면서 굴복을 강요하고 중국의 정치적 이익을 관철하려 한다. 이런 측면에서 경제 의존도의 심화가 국가 간의 갈등을 약화시키는 것은 아니라는 점을 생각할 필요가 있다.

---

26) "중국은 이 지역에서(남중국해에서; 정상돈) 주변국 및 미국의 반대에도 불구하고 인공섬을 건설하고, 민간용 개발이라는 초기의 약속을 뒤집고 군사기지화하고 있다. 중국이 매립한 7개의 섬에 활주로, 방공미사일 및 방공포, 레이다 및 통신 시설, 그리고 접안시설을 설치했다."[김인한(2021), p. 30.].

27) 김광린(1995), pp. 646–647.

28) 린다 레이놀즈 호주 국방장관은 중국을 겨냥해서 "정부가 직접 후원하는 조직에 의한 정교한 해킹 공격이 이뤄지고 있다"며 "그들은 우리 국가를 위협하기 위한 기회를 호시탐탐 노리고 있다"고 경고했다.[『아시아경제』. (2021. 9. 4.). "'中, 상상 초월하는 사이버공격'…호주, 대규모 해킹 표적된 이유는."].

중국은 군사력이 미국에 맞설 만한 수준에 도달했다고 판단할 경우, 군사력으로 미국의 개입을 억제하면서 주변국에 대한 압력 행사를 주저하지 않을 것이다. 아직은 중국이 미국의 군사개입을 무력화시킬 만한 수준에 이르지 못했다고 생각하기 때문에 미국과의 직접적인 충돌을 피하고 때를 기다릴 뿐이다.

향후 국제정세와 관련해서 다음과 같은 세 가지 이유로 중국이 남중국해와 동중국해 및 대만 해협에서 군사력으로 영토 분쟁을 해결하지 못할 것으로 진단하는 견해도 있다. 첫째, 대만과 일본 등 분쟁 당사국의 방어 능력이 중국의 군사도발을 억제할 것이다. 둘째, 아시아 지역에서 미국의 군사 개입 의지가 강하다. 셋째, 중국이 군사도발이 실패할 경우 발생할 국내정치적 후폭풍을 우려하고, 주변국들의 반발로 아시아 지역에서 오히려 미국의 역할이 강화되는 것을 우려하기 때문이다. 즉, 무력행사로 인해서 중국이 치러야 할 비용이 크기 때문에 무력 사용을 자제할 것이라는 예측이다.[29)]

그러나 미국이 국내정치적 위기 상황에 직면하거나, 심각한 경제적 · 재정적 위기로 인해서 외부에 개입하기 어려운 상황이 도래할 수 있다. 또한 중국의 군사력이 미국의 군사력에 맞설 수 있는 수준에 도달하는 경우, 중국은 지리적 이점을 살려서 남중국해나 동중국해 및 대만 해협에서 군사력을 사용한 공격적인 행보에 충분히 나설 수 있다. 간과해서 안 될 점은 중국이 현재 평화 시대에는 도저히 상상할 수 없을 정도의 속도와 규모로 군사력을 강화하고 있다는 것이다. 중국의 이런 정책이 국제질서의 현상 변경을 목표로 하고 있음은 물론이다.

29) 김인한(2021).

[표 V-4] 20세기 미 · 소 냉전과 21세기 미 · 중 패권경쟁 비교 (4)
- 체제 모순과 대응 방식 비교

구 분	20세기 미 · 소 냉전	21세기 미 · 중 패권경쟁
체제 모순과 대응	* 사회주의 진영에서 1980년대 중반에 경제 침체 등 체제 내 모순을 극복하기 위한 개혁 시도 * 그러나 경제 개혁이 실패하고, 사회 혼란이 심화되면서 정치 개혁마저 실패 - 그 결과 소련 체제와 동유럽 사회주의국가의 붕괴 및 체제 전환 발생	* 미국, 극우 포퓰리즘 세력에 의한 민주주의 위기 속에서 트럼프 시대에 『미국 우선』 정책으로 글로벌 리더십 손실 - 바이든 시대에 동맹과의 연대로 글로벌 리더십을 회복하면서 대중국 봉쇄정책 추진 - 그러나 국내 불안정 상태 지속 * 중국, 그동안 경제성장이 체제 내 모순을 억제했으나, 미국의 대중국 봉쇄정책 속에서 경제성장을 계속 이어갈 수 있을지는 미지수 - 경제 성장을 위해서 정치 개혁을 후퇴시키며 공산당 독재 강화 - 배타적 애국주의와 민족주의로 대내외적 위기 돌파 시도 * 미국과 중국 모두 상대 체제의 모순이 심화되기를 기대

※ 출처: 필자 작성

다. 평 가

상기한 20세기 미 · 소 냉전과 21세기 미 · 중 패권경쟁을 비교하면, 현재의 상황이 과거보다 훨씬 위험한 방향으로 흘러가고 있음을 알 수 있다. 중국은 국유기업과 자본시장을 통제하는 등 공산당이 주도하는 국가자본주의를 강화해야만 중국 특색 사회주의 체제를 유지할 수 있다고 본다. 중국이 국가 주도 자본주의를 변화시킬 의지가 없다는 말이다. 그러다 보니 중국 정부와 중국 기업의 불공정 문제로 글로벌 시장경제와 충돌하지 않을 수 없는 상황이 발생한다. 따라서 미 · 중 패권경쟁은 어느 한 쪽이 양보할 수 없는 싸움이 되고, 결국 평화적으로 전개되기 어렵다.

또한 시진핑은 기존의 국제질서를 바꾸고 중화민족 중심의 새로운 국제질서로 중국몽을 실현하겠다는 계획을 밝혔다. 시진핑은 이를 위해서 미국과의 협력과 공존을 추구했던 고르바초프와 달리 중국 인민들에게 대미 결사항전의 태도를 고취시키고 있다. 홍콩에 약속한 「일국양제」를 깨고, 무력으로 대만을 통일하겠다는 주장도 공공연하게 하고 있다.

그러다 보니 미국과의 패권경쟁에서 물러설 경우 중국 인민과 공산당 내부의 지지도를 잃으면서 정치적 위기가 조성될 수 있는 분위기를 시진핑 스스로 만들었다. 그만큼 시진핑 시대의 애국주의와 민족주의가 양날의 칼이 되어서 위험하다는 것이다. 이런 점을 고려할 때, 구조적인 측면은 물론 행위자적 관점에서도 21세기 미 · 중 패권경쟁의 미래가 20세기 미 · 소 냉전 당시 보다 불안정하다.

시진핑은 현재 중국 당 · 정 · 군의 엘리트를 장악하고 있다.[30] 중국 국민도 상당수가 공산당의 강권 통치를 지지하는 분위기다. 지난 40여 년 동안 유지돼온 경제성장이 그 밑거름이다. 그러나 향후에도 중국의 경제성장이 지속되면서 시진핑이 중국 인민의 지지를 계속 받을 수 있을 것인지는 미지수다. 시진핑이 새롭게 제시한 경제성장 전략인 「쌍순환 전략」과 「자립적 혁신전략」이 양극화된 중국 경제의 구조적인 문제점을 극복하고 성공할 것인지 불투명하기 때문이다.

중국의 경제성장에 보다 더 큰 장애요인은 미국의 대중국 봉쇄정책이다. 갈수록 악화되는 미 · 중 패권경쟁 속에서 시진핑이 미국의 대중국 봉쇄정책을 어떻게 극복할 수 있을지도 미지수다. 만약 시진핑이 국내정치적으로 위기에 처하게 되면, 대외적인 도발로 국면 돌파를 시도할 가능성이 존재한다.

중국이 현재처럼 미국과의 패권경쟁을 지구전으로 생각하고 대처하는 동안은 중국이 미국과의 군사적 충돌을 자제할 것으로 전망된다. 그러나 향후 미국의 국내정세가 어떻게 전개될지 불투명하다. 만약 미국이 국내정치적 위기 상황에 처하게 되거나, 경제적 · 재정적 위기로 외부개입이 어려워지는 상황이 발생하게 되면 중국이 이를 기회로 삼고 남중국해와 동중국해 및 대만

30) 이정남(2021), p. 51.

해협에서 군사 도발을 감행할 가능성이 많다. 이렇게 되면 국제정세가 상당히 불안정해지고, 한반도 역시 부정적인 영향을 받게 될 것이다.

독일은 고르바초프의 도움으로 평화적 통일을 달성했다. 그러나 한국은 시진핑의 도발로 생존이 위협받는 상황에 몰릴 수 있다. 시진핑의 대만 침공이 북한의 남한 침공을 유발할 수 있기 때문이다. 이 부분은 다음 Ⅵ장에서 보다 자세히 다룰 것이다.

중국식 모델은 서구식 (사회적) 시장경제의 대안이 될 수 없다. 그렇다면 경제적 측면을 고려할 때 미·중 패권경쟁 속에서 한국의 선택이 분명해진다. 한국이 추구해야 할 균형정책이란 당장의 경제적 이익을 취하기 위해서 미·중 간 줄타기 외교를 하는 것이 아니다. 대신에 중국의 위험한 국가전략에 맞서기 위해서 미국의 대중봉쇄에 적극 참여하는 것이다.

안보를 고려한다면 미국과 중국 사이에서 어느 쪽을 선택해야 할지는 더욱 분명해진다. 핵무기를 보유한 북한이 무력에 의한 대남 적화통일을 추구하는 상태에서 한국은 미국의 도움 없이 안보 문제를 해결할 수 없다. 그런데 중국은 북핵 문제를 해결하는데 도움을 주기는커녕, 오히려 북핵을 수단으로 한미동맹의 균열과 해체를 노리고 있다. 따라서 한국은 중국에 대한 환상을 버리고, 한미동맹을 더욱 강화해 나감으로써 북한의 도발을 억제해야 한다.

많은 국가들이 단기적 이익 때문에 장기적 이익을 희생하면서 중국과의 공생을 추구해 온 것이 그 동안의 상황이다. 그러나 바이든 정부 출범 후 유럽에서 중국에 대한 전략을 변화시켜야 한다는 여론이 급등하고 있다. 계속 이대로 가다가는 결국 중국에게 당한다고 생각하기 때문이다.

2. 서독의 균형외교 vs 한국의 균형외교

가. 서독의 균형외교

아데나워의 친서방정책

서독의 초대 총리인 아데나워는 14년 재임 기간 동안 철저하게 친서방정책을 추진하면서 서독의 주권 회복을 도모했다. 아데나워는 동 · 서 양진영 사이에서 기회주의적인 정책을 추진하지 않았다. 이렇게 해야 서방 진영과 연대하면서 「강자의 정치」(Politik der Stärke)를 추구할 수 있다고 생각했기 때문이다. 아데나워는 특히 미국과의 동맹을 통해서 독일 문제와 유럽 문제를 해결하는 것이 중요하다고 생각했다. 독일 통일의 기회도 친서방정책을 통해서 생길 것으로 보았다. 아데나워에게 통일은 장기적인 목표에 머물렀으며, 당장 추구해야 할 친서방정책보다 하위구조에 있었다.

그런데 1950년대 중반 이후 동 · 서 양 진영의 냉전이 고착화되면서 소련은 제2차 세계대전 이후의 국제질서 유지와 독일 분단의 고착화를 원했다. 이런 분위기 속에서 미국은 독일 문제로 소련과 갈등관계에 처하는 것을 원하지 않았다. 설상가상으로 1961년에 베를린 장벽이 설치되자 서독은 소련과의 관계를 개선하지 않고는 서방진영의 도움을 받아서 통일을 실현하는 것이 불가능하게 느껴졌다. 아데나워가 서방진영의 도움에 기대서 추구했던 「강자의 정치」가 한계에 봉착한 것이다.

그렇지만 서독은 서방진영, 특히 미국을 고려하지 않고, 독자적으로 소련과의 관계개선을 도모할 수 없었다. 소련의 위협으로부터 서독을 보호할 수 있었던 것은 오직 미국이었기 때문이다.

에어하르트의 긴장완화정책 모색

이런 상황에서 미국의 린든 존슨(Lyndon B. Johnson; 이하, 존슨) 대통령이 쿠바 위기와 베트남 전쟁의 후유증을 극복하기 위해서 긴장완화 정책을 모색했다. 이에 아데나워의 후임자인 에어하르트는 미국의 긴장완화정책을 서독의 동방정책과 연계하면서 동유럽 사회주의국가들과 관계개선을 시도했다. 그렇다고 동독에 대한 서독의 강경한 정책이 포기된 것은 아니었다. 서독은 할슈타인 독트린을 그대로 둔 채, 폴란드와 루마니아 및 헝가리와 1963~64년에 무역협정을 체결하고 이들 나라에 무역대표부를 설치했다. 이렇게 함으로써 동독을 동유럽 사회주의 진영 내에서조차 고립시키려고 했다.

이후 서독에서는 1966년부터 1969년까지 기민련(CDU)/기사련(CSU)과 사민당(SPD)이 연합해서 정부를 구성했다. 대연정이 탄생한 것이다. 연립정부의 총리는 쿠어트 게오르그 키징어(Kurt Georg Kiesinger; 이하, 키징어)였고, 부총리 겸 외교장관은 사민당의 브란트였다. 키징어는 초대 정부성명에서 통일 대신에 평화 보장을 최우선정책으로 내세웠다. 아데나워 정부 시절에 내세웠던 "통일을 통한 긴장완화(Entspannung durch Wiedervereinigung)" 정책이 "긴장완화를 통한 통일(Wiedervereinigung durch Entspannung)" 정책으로 바뀐 것이다.[31]

키징어 정부는 서방진영과의 동맹정책을 근간으로 하면서 동시에 동유럽을 상대로 동방정책을 추진했다. 그러나 소련이 키징어 정부의 동방정책을 견제하면서 큰 성과를 보지 못했다. 그러다가 소련이 1969년에 중국과의 국경분쟁으로 서방진영과의 긴장완화 정책을 긍정적으로 검토하기 시작하면서 서독에게 기회가 찾아왔다. 이때 새로 출범한 서독 정부의 총리가 바로 브란트였다.

브란트의 동맹정책과 신(新)동방정책

브란트는 1969년에 할슈타인 독트린을 포기하고 동독을 국가로 인정하면서 대동독정책에서 획기적인 변화를 시도했다. 그러나 소련은 독일에 대해서 이중정책을 구사했다. 서독에게는 관계개선의 의지가 있음을 밝히면서, 동시에 동독에게는 서독에 대해서 차단정책을 추진하라고 제동을 걸었다.[32] 이에 서독 정부는 소련을 통하지 않고는 동독과의 관계 개선을 제대로 할 수 없다

31) Kronenberg(2009).
32) 위의 글.

는 사실을 절감했다.

그리하여 서독은 소련과의 오랜 협상 끝에 1970년 8월 12일에 「모스크바 조약」(Moskauer Vertrag)을 체결했다. 이어서 동년 12월 8일에 폴란드와 「바르샤바 조약」(Warschauer Vertrag)을 체결했다. 그러고 난 후에야 서독은 동독과의 관계개선과 서베를린 문제에 있어서 진전을 볼 수 있었다.

브란트 정부의 동방정책은 새로운 패러다임으로 추진되었다는 점에서 기존의 동방정책과 구별되는 신(新)동방정책이라고 불렸다. 브란트는 친서방정책과 신동방정책을 동시에 추진했다. 하지만 어디까지나 서독 외교정책의 버팀목은 미국과 서유럽을 중시하는 대(對)서방 동맹정책이었다.

브란트의 후임자인 슈미트는 취임한 다음날 1974년 5월 17일에 독일 의회에서 「힘의 균형」을 통해서 평화를 유지하겠다고 밝혔다. 아울러 슈미트는 나토가 서독 안보정책의 기초가 될 뿐만 아니라, 긴장완화정책를 추진하는데도 필수적인 정치적 조건이라고 말했다. 또한 국제질서의 균형과 서유럽의 안보는 유럽에 주둔하고 있는 미군에 의존하고 있다는 정부 성명을 발표했다.[33]

동맹정책에 기초한 슈미트의 균형외교

슈미트는 1980년대 초 미·소 간 신냉전이 도래했을 때도 미국과 서유럽의 협력과 동맹관계가 정치적 이해관계를 넘어서 운명공동체의 모습을 띠고 있다고 주장했다. 그러면서 서방진영의 행동 법칙(das Gesetz des Handelns)을 소련과 그 조력자들이 좌지우지하게 해서는 안 된다고 말했다. 아울러 국제정치와 글로벌 경제의 균형도 유럽인과 미국인이 긴밀하게 협력함으로써 이루어낼 수 있다고 주장했다.[34]

서독이 이를 위해서 다각적으로 노력하고 있다는 말도 하면서 서방진영이 소련에 대항해서 단합된 모습을 보여줘야 한다는 주장도 했다.[35] 동맹국가들 사이에 신뢰할 수 있는 파트너십을 강조한 것이다. 비핵(非核)국가

33) Deutschlandarchiv(1974), pp. 636－637.
34) Schmidt(1981), pp. 198－203.
35) 위의 글, p. 202.

서독이 소련의 위협으로부터 자신을 지킬 수 있는 수단은 서방진영과의 굳건한 동맹이었기 때문이다.

이런 인식을 토대로 슈미트는 소련에 대해서 분명하게 할 말을 했다. 슈미트는 1981년 11월 소련의 레오니드 브레즈네프 서기장이 독일을 방문했을 때, 소련이 SS-20을 철수시키는 협상에 부정적이거나 소극적일 경우 미국의 중거리핵미사일을 서독을 포함한 유럽에 배치하겠다는 의지를 확실하게 밝혔다. "1983년 말까지 미소 양측이 중거리 핵미사일을 감축하는 데 돌파구를 마련하지 않는 한 어떤 독일 정부라도 미군의 핵무기를 독일에 배치하는 것을 승인할 것입니다"[36]라고 브레즈네프에게 말한 것이다.

슈미트가 소련 및 동독과의 긴장완화정책을 추구했다고 해서, 안보를 소홀히 하고 소련 눈치를 보면서 할 말을 못하지 않았다. 그렇다고 슈미트가 강경한 방식으로만 외교·안보정책을 추진한 것은 아니다. 1970년대 중·후반에 서방진영이 소련 및 바르샤바조약기구 동맹국들과 협력해서 만든 기구, 즉 CSCE도 계속 발전시키려고 노력했다.

그러나 서독은 신동방정책을 통해서 소련 및 동유럽 사회주의국가들과의 관계개선을 모색할 때나, 동독과의 관계발전을 모색할 때도 최대한 신중한 자세를 유지하고 자신의 한계를 알면서 행동했다. 서독이 신동방정책을 추진하되 서방진영과의 동맹정책이 흔들릴 정도로 하지 않았다는 것이다. 균형정책을 추구하되, 동맹정책을 기초로 했다.

슈미트의 외교 · 안보정책을 계승한 콜

슈미트의 뒤를 이어 1982년 말에 취임한 콜도 10월 13일 정부성명을 통해서 나토가 독일 국익의 핵심 요소라고 말했다.[37] 서독이 미·소 간 신냉전 속에서 무엇보다 미국을 중심으로 한 서방진영에 속해 있음을 확고하게 밝힌 것이다. 동시에 서독이 유럽경제공동체(EG)를 유럽연합(EU)로 확대발전시키기 위해서 노력할 것이라는 점도 주장했다.

물론 서방진영 내에도 경쟁과 갈등이 있었다. 미국과 서독 간에는 군

36) 귀도 크놉(2000), pp. 282-283.
37) Potthoff(1995), p. 2068에서 재인용.

사적, 경제적, 정치적 문제를 둘러싼 갈등이 적지 않았다.[38] 방위비 분담과 관련해서 미국은 부유한 서독에게 다른 국가보다 더 많은 분담을 요구했다. 서독이 협조하지 않을 경우, 서독주둔 미군을 철수하겠다며 압박하기도 했다.[39] 서독의 동맹국들은 동서독관계가 기대 이상으로 가까워지는 것을 의혹의 눈초리로 바라보기도 했다. 특히 1980년대 전반부 신냉전 시기에 그랬다. 미국의 레이건 정부가 강경일변도의 대(對)소련정책을 일방적으로 추진했을 때에도 긴장완화정책을 추구했던 서독과 일정 부분 불협화음이 있었다.

또한 미국과 프랑스 간에는 유럽의 주도권을 둘러싼 갈등이 항상 존재했다. 서방진영 내에서 이렇듯 갈등이 존재하는 상황에서 서독이 미국을 움직이려 할 때는 혼자 하지 않고, 서유럽의 다른 동맹국들과 함께 하는 경우가 많았다. 이럴 때 서독에게 도움이 된 가장 중요한 파트너는 프랑스였다. 그래서 서독은 초대 총리인 아데나워 때부터 프랑스와의 관계 회복을 위해서 많은 노력을 했다. 미국과의 동맹정책을 외교·안보정책의 최우선 순위에 놓으면서도 서유럽국가들과의 연대와 단합을 중요시한 것이다. 프랑스가 겉과 달리 속으로 서독을 많이 견제했음에도 그랬다.

미국이 유럽에서 군사적 개입을 축소하는 경우에 대비하기 위해서도 서독에게 서유럽국가들과의 연대는 중요했다.[40] 오늘날의 유럽연합도 서독과 프랑스의 노력이 없었다면 만들어지지 못했을 것이다. 두 차례의 세계대전을 일으켜서 이웃국가들에게 피해를 입힌 서독은 많은 견제를 받았다. 통일 전 서독에게 동맹정책은 힘이 되기도 했지만, 제약하는 요인이 되기도 했다. 그럼에도 동맹국들의 비호가 있었기 때문에 서독은 신동방정책과 대동독정책에서 자신의 뜻을 효과적으로 관철할 수 있었다.[41] 특히 나토는 서독의 안보 문제에 있어서 결정적인 역할을 했다.

38) Hanrieder(1989).
39) Haftendorn(1988), p. 69.
40) Ibid., p. 68.
41) Ibid., p. 71.

나. 한국의 균형외교

「줄타기 외교」를 균형외교로 착각하는 한국

과거에 한국은 「안보는 미국, 경제는 중국」이라는 안미경중(安美經中)을 미 · 중 간 「줄타기 외교」의 기본 틀로 인식해왔다. 그러나 미 · 중 패권경쟁이 치열해지면서 경제와 안보를 분리하는 것은 비현실적 사고로 인식되고 있다. 균형정책을 추진하려면 현실에 대한 올바른 인식을 바탕으로 해야 한다. 현실에 부합하지 못하는 정책은 아무런 성과도 거둘 수 없다. 이런 정책은 당장은 균형을 추구하는 것처럼 보여도, 결국 불균형을 초래하게 된다. 앞에서 우리는 21세기에 미 · 중 패권경쟁이 심화되는 가운데 경제와 안보가 분리할 수 없게 된다는 것을 보았다. 따라서 안미경중은 한국에게 정책 대안이 될 수 없다.

우리 사회 일각에서는 국익을 위해서 「줄타기 외교」가 필요하다는 주장이 거리낌 없이 주장되고 있다.[42] 그러나 이런 주장을 들여다보면 지극히 공허하다. 미 · 중 사이에서 어떻게 중심과 균형을 잡을 수 있는지에 대해서 아무런 대안을 제시하지 못하기 때문이다.

남북 간 군사력 균형은 북한의 핵무기 개발로 무너졌다. 한국이 아무리 재래식 군사력에 첨단기술을 도입해도 핵무기를 억제하는데 한계가 있다. 북한의 군사전략은 선제 기습공격에 입각하고 있다. 반면에 한국의 군사전략은 큰 틀에서 「선(先)방어, 후(後)반격」에 기초하고 있다. 그런데 북한이 선제기습공격에 핵무기나 강력한 EMP(전자기 펄스) 폭탄을 사용하면 한국의 첨단무기는 순식간에 고철덩이가 될 수 있다. 이것을 막고 무너진 남북한 군사력의 균형을 메우는 방법은 현재로선 한미동맹과 주한미군밖에 없다. 북한이 비핵화를 하지 않는 한 그렇다. 주한미군이 있어야 북한의 핵 도발을 억제할 수 있다는 말이다.

미국과 달리 중국은 한국의 안보를 도와주지 않는다. 북한의 비핵화에도 협조하지 않는다. 중국은 오히려 북핵 문제를 한미동맹 해체와 주한미군 철수의 수단으로 활용하려고 한다. 이런 점에서 중국은 북한을 전략적 부담이 아

42) 양갑용(2021).

니라, 자산으로 여기고 있다. 중국이 핵무기를 개발한 북한에 대한 제재는 완화하려고 하면서, 북핵으로부터 한국과 주한미군을 보호하려는 사드 배치를 문제 삼아 한국을 제재한 것은 상식적으로 납득할 수 없는 행동이었다. 그럼에도 한국은 중국의 도움을 기대하면서 미국과 중국 모두와 잘 지내겠다고 생각했다. 이것은 환상이다. 특히 안보 문제에 있어서 그렇다. 현실을 제대로 인식하지 못한 것이다.

적과 아군을 구분하지 못하고 미국과 중국 사이에서 「양다리 걸치기」 외교를 하면서 모두와 잘 지내겠다고 하는 것은 비현실적 사고다. 양쪽으로부터 버림받을 수 있기 때문이다. 이것은 균형정책이 아니다. 자기파괴적 기회주의 외교에 불과하다. 특히 문재인 정부 식 굴종 외교로는 균형외교를 할 수 없다. 중국이 문재인 정부를 무시하고 얕보는데, 어떻게 균형외교를 할 수 있나. 문제는 문재인 정부가 국제정치를 아전인수로 생각한다는 것이다. 문재인식 균형외교가 한국을 도와주는 동맹국인 미국의 신뢰를 상실하는 정책적 오류임에도 문재인 정부는 자신의 정책에 대한 성찰을 하지 않았다.

중국은 현재 국제 질서를 깨고 중국 중심의 중화질서를 새로운 국제 질서로 만들려고 한다. 남중국해의 분쟁에서 볼 수 있듯이 중국은 국제규범을 무시하고, 주변국들을 존중하지 않는다. 그러면서 일방적으로 중국의 이익만 추구하려고 한다. 경제 문제에 있어서도 중국은 WTO에 가입한 후 회원국으로서의 의무는 제대로 이행하지 않았다. 국제규범을 제대로 지키지 않으면서 특혜만 누렸다.

중국의 번영은 다른 국가들의 희생을 토대로 이루어진 측면이 있다. 그동안 독일 같은 수출 강국들은 중국과의 무역을 통해서 어느 정도 파이를 나누어 먹었다. 하지만 미래에는 그것도 보장되지 않는다. 독일은 현재 중국에 대한 의존도가 중국에 대한 종속적 관계로 바뀔까 우려하고 있다. 독일을 비롯해서 이런 우려가 유럽에서 점증하고 있다. 유럽의 변화에 주목해야 한다. 우리의 문제이기도 하기 때문이다.

한국이 정말 균형외교를 추구한다면

한국이 정말 균형 외교를 추구한다면, 미국을 중심으로 중국의 잘못된 관행을 바로잡으려는 국제사회의 노력에 힘을 보태야 한다. 국제질서의 균형을 깨는 중국의 잘못된 행동에 맞서서 국제사회와 함께 중국의 잘못된 태도를 바로 잡는 것이 한국이 추구해야 할 올바른 균형정책이라는 것이다. 한국이 국제사회에서 책임 있는 행동은 하지 않고, 당장 눈앞의 이익만 추구한다면 이것은 균형정책이 될 수 없다. 이것은 미국 편이냐 중국 편이냐의 문제가 아니다.[43]

미국은 그동안 한국의 문재인 정부에게 지속적으로 남중국해 훈련에 함께 참여해 줄 것을 요청했다. 그러나 한국은 미국의 요청에 유보적인 입장을 견지했다.[44] 이것은 잘못된 것이다. 이제라도 한국은 국제사회에서 올바른 선택을 하고 책임지는 모습을 보이면서 새로운 시대를 미국과 함께 열어 나가야 한다. 국제질서의 변화가 올바른 방향으로 진행될 수 있도록 한국이 적극 참여하면서 기여해야 한다는 것이다. 이것이야 말로 시대정신이다.

통일 전 서독이 이런 외교를 추진했다. 그 결과가 독일의 통일이다. 중국은 자신을 대국으로 그리고 주변국들을 소국으로 대하면서, 일방적으로 자국의 이익만 관철하려는 국가다. 지금이야말로 미국을 중심으로 힘을 모아야 할 때다. 만약 미국이 중국과의 패권 경쟁에서 지게 된다면 한국은 오만하고 탐욕스러운 중국 눈치를 보면서 굴욕적으로 살 게 될 것이다. 중국은 현재도 한국에게 굴욕을 강요하고 있다.

---

43) 『한겨레』. (2021. 5. 5.). "미 · 중 대결 시대에서 '중국 견제 시대'로…한국 'G10체제' 주도해야." 박민희 논설위원의 지만수 한국금융연구원 연구위원 인터뷰 참조.

44) 이성현(2019), p. 12.

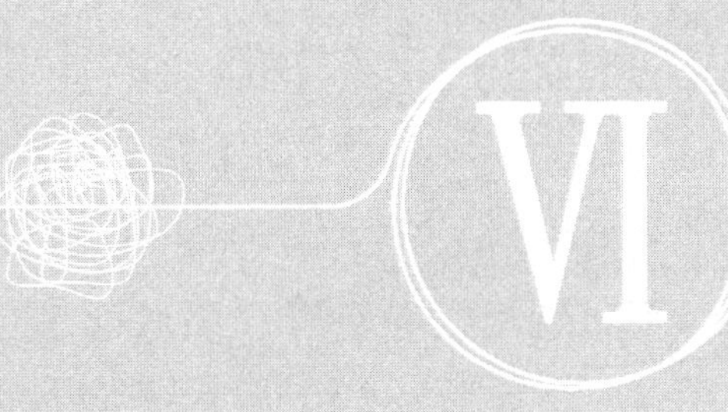

위기의 시대,
전쟁을 부르는 정치

VI

위기의 시대, 전쟁을 부르는 정치

1. 위기의 시대, 두 개의 전선(戰線): 대만과 한반도

가. 대만을 둘러싼 미 · 중 군사충돌 가능성

대만의 전략적 가치

미국은 중국을 견제하기 위해서 인도－태평양 전략을 추진하고 있다. 그런데 대만은 미국이 남중국해로 진입하는 길목에 위치하고 있다. 중국이 미국에 맞서 남중국해의 영유권을 주장하고 지배하려면 대만이라는 전략적 요충지를 확보하는 것이 필요하다. 군사적 측면에서 중국의 북해함대와 동해함대의 해군 함정들이 남중국해를 거쳐 인도양으로 진출하기 위해서도 반드시 대만해협을 통과해야 한다.

대만이 중국의 명실상부한 영토가 되어야 중국의 잠수함이 미군의 정찰감시망에 노출되지 않고 태평양으로 진출할 수도 있다. 중국이 미국의 인도－태평양 전략을 무력화시키고 해양 패권을 주장하기 위해서 대만과의 통일을 추진하지 않을 수 없는 필연적인 이유가 여기에 있다. 단지 민족주의 차원에서 대만과의 통일이 중요한 것이 아니다. 중국이 미국과 패권을 다투는 상황에서 대만의 전략적 가치 때문에 대만과의 통일을 강조하는 것이다.

이것은 역으로 미국 입장에서도 중국을 견제하기 위해서 대만이 지정학적으로 매우 중요한 전략적 가치를 지니고 있다는 것을 의미한다. 미국이 공식적으로는 「하나의 중국」이라는 원칙을 인정하지만, 전략적 모호성을 견지하면서 대만을 사실상 독립 국가로 인정하고 보호하는 조치를 취해 온 것도 이런 이유 때문이다. 미국은 중국 견제의 군사전략적 측면에서 대만을 「침몰하지 않는 항공모함」(Unsinkable Aircraft Carrier)'[1]으로 말하기도 한다.

[그림 Ⅵ-1] 중국이 주장하는 영해선: 남중국해

※ 출처: 팬엔드마이크, "中 '남중국해 군도(群島)에 새 행정구역 설치' 발표에 베트남이 강력 반발...'주권 침해 행위'," 2020년 4월 20일

현재 미국이 추진하고 있는 외교 · 안보전략의 최우선 목표는 중국 견제다. 그런데 대만은 미국이 견제하는 중국과 대립각을 세우고 있다. 반면에 한국은 미국과 중국 사이에서 기회주의적 줄타기 외교를 추진해왔다. 이런 점을 고려할 때, 미국 입장에서 대만의 전략적 가치가 한국보다 높다는 생각을 할 수 있다.[2]

---

1) Mazza, M, (2011. 3. 8.). "Why Taiwan Matters," *The Diplomat.* 김범헌 · 김덕기(2020), p. 117에서 재인용.

2) "'적의 적은 친구'라는 의미에서 보면 미국의 동아시아 전략에서 중국과 적대관계에 있는

대만을 둘러싼 미·중 군사충돌 가능성

• 중국과의 통일에 대한 대만의 인식

시진핑 시대, 특히 시진핑 집권 2기에 중국과 대만의 양안관계는 과거와 달리 근본적인 변화의 모습을 보이고 있다. 현상유지 경향을 보이지 않고, 통일과 독립 사이에서 선택을 강요받는 단계로 진입하고 있다.[3] 대만의 분리 독립을 주장하고, 「하나의 중국」 원칙을 부정하는 민진당이 2016년에 집권한 후 대만의 「탈(脫)중국화」는 심화되고 있다.

여기에 "오늘의 홍콩이 내일의 대만"(今天的香港, 明天的台灣)이라는 인식을 심어준 홍콩 사태가 대만의 「탈중국화」를 부추기고 있다. 이런 분위기 속에서 중국과 대만의 통합과 협력을 지지하는 국민당은 점점 지지기반을 상실하고 있다. 반면에 민진당에 대한 대만 주민의 지지가 높아지고 있다.

대만의 대륙위원회가 국립정치대학 선거연구소에 위탁해서 2021년 11월 10~14일에 실시한 여론조사 결과에 따르면 응답자의 85.6%가 중국이 제안한 「일국양제」 통일 방안을 반대했다. 77.1%는 차이잉원 총통이 2021년 10월 10일(대만 건국기념일) 행사에서 주장한 「4가지 견지(堅持)」를 찬성했다. 「4가지 견지」는 "▲ 자유민주 헌정 체제의 영원함 ▲ 중화민국과 중화인민공화국이 서로 예속된 것이 아님 ▲ 주권 침범 및 합병을 용납하지 않음 ▲ 중화민국(대만)의 앞날은 반드시 전 대만인 전체의 의지에 따라야 한다는 4가지 원칙"이다.[4]

• 대만과의 통일에 대한 중국의 인식

위의 여론조사 결과가 보여주듯이 시진핑이 계획하고 있는 대만 통일이 평화적인 방법으로 이루어지지 않을 가능성이 증가하고 있다. 그러나 시진핑이 민족 문제를 해결하지 못하면 중국몽 전체가 흔들리게 된다. 이것은 시진핑의 장기집권을 위협할 것이다. 중국은 지금 애국주의를 강조하고 있다. 그럴

대만의 가치는 한국과 필리핀을 웃돈다."(김진호. (2021. 3. 24.). "바이든－시진핑 시대의 대만, 미·중 격돌의 첫 전장 되나." 『중앙일보』.).

3) 신상진(2019), pp. 47~79.

4) 『뉴시스』. (2021. 11. 19.). "대만인 88% '中 무력 위협 반대'…85.6% '일국양제 반대'."

수록 시진핑은 대만 문제를 해결해야 한다. 그렇지 못하면 국내정치적으로 위기에 몰릴 수 있다. 따라서 시진핑은 자신의 집권 기간 내에 통일을 실현하는 것을 중시하고 있다. 이에 대만의 분리 독립을 저지하기 위해서 무력사용도 불사하겠다는 의지를 지속적으로 피력했다.

웨이펑허(魏鳳和) 중국 국방부장은 2019년 6월 샹그리라 아시아안보회의에서 대만 통일을 위해서 전쟁도 불사하겠다는 발언을 했다. 『신시대 중국국방백서』 역시 무력을 사용해서라도 대만을 통일하겠다는 입장을 밝히고 있다.[5)]

중국은 이미 2005년 3월 14일에 「반(反)국가분열법」을 제정해서 세 가지 경우에 대만을 무력으로 통일할 수 있음을 밝혔다. 첫째, 대만이 정부 성명이나 국민투표를 통해서 독립선언을 하면서 중국으로부터의 분리를 천명하는 경우다. 둘째, 미국이 대만을 외교적으로 인정하거나, 대만에 미군과 미국의 미사일방어체계 및 핵무기를 배치하는 경우다. 셋째, 중국 정부가 대만과 평화적으로 통일을 달성할 희망이 없다고 판단할 때다.[6)]

• 대만과 중국 그리고 미국의 갈등

미국 의회는 2019년 5월 7일에 대만의 국제기구 활동을 지원하는 「2019 대만보증법」(Taiwan Assurance Act of 2019)을 통과시켰다. 대만에 대한 무기 판매도 정례화 시켰다.[7)] 차이잉원 대만 총통은 2020년 5월 20일 제2차 임기 취임식에서 중국이 내세우는 「일국양제」(one country, tow systems) 원칙을 수용하지 않겠다고 밝혔다. “우리는 베이징 당국이 일국양제로 대만을 왜소화하고 대만해협의 현 상태를 파괴하는 것을 받아들이지 않는다”며 “이는 우리의 확고부동한 원칙”이라고 밝혔다.[8)]

미 국무부는 2020년 7월 9일에 대만에 대한 PAC−3 미사일 수출을 승인했다. 그러자 중국은 2020년 10월 26일에 대만에 무기를 판매한 기업 중 하나인 록히드마틴사에 대한 제재를 발표했다. 2020년 9월 17~19일에는 미국 국

---

5) 신상진(2019), p. 57.

6) 김법헌 · 김덕기(2021), pp. 2957−2959.

7) Horton, C. (2019. 7. 9.). “Taiwan Set to Receive $2 Billion in US. Arms, Drawing Ire From China.” *The New York Times:* 김법헌 · 김덕기, 위의 글, p. 2958에서 재인용.

8) 박은경. (2021. 5. 20.). “차이잉원, 취임연설서 ‘일국양제 수용 불가’.”: 김법헌 · 김덕기, 위의 글, p. 2959에서 재인용.

무부 키스 크라크(Keith Krach) 경제담당 차관이 대만을 방문했다. 중국은 이에 대해서「하나의 중국」원칙에 위배되는 것이라며 강력히 비난했다.

2021년 1월 20일에 미국 주재 대만 대표(대사급)가 미국 바이든 대통령의 취임식에 참석하자 중국 국방부는 "대만 독립은 곧 전쟁"이라고 경고했다. 2021년 5월 4일에는 미국과 일본 등이 참여하는 G7 외교 · 개발장관 회의에서 대만의 WHO 포럼과 세계보건총회(WHA) 참여를 지지하는 공동성명이 발표됐다. 그러자 런궈창 중국 국방부 대변인은 재차 "대만의 독립 의지는 막다른 길로, 곧 전쟁을 의미한다"고 경고했다. 그러면서 "대만이 독립을 위해 미국에 의지하려는 시도는 그 어떤 것이든 실패할 것"이며 "중국의 완전한 통일은 역사적 필연"이라고 강조했다.[9)]

사태가 이렇게 전개되면서 대만 해협의 위기가 고조되었다. 중국은 2021년 10월 1~4일에 전투기와 폭격기 등 군용기 총 149대를 출동시켜 대만 방공식별구역을 침범했다. 10월 14~15일에는 대규모 병력을 민간 여객선으로 수송하는 해상훈련까지 펼쳤다. 2021년에 대만 상공에 침입한 중국 군용기만 600대가 넘는다. 츄궈쩡(邱國正) 대만 국방장관은 "중국이 2025년에 대만을 전면적으로 침공할 힘을 갖추게 될 것"[10)]이라고 우려했다. 필립 데이비슨(Philip Davidson) 인도-태평양사령부 사령관도 2021년 3월에 미국 의회 청문회에서 중국이 2027년에 대만을 침공할 수 있다고 주장했다.

이런 분위기 속에서 미국 국방부는 2022년 4월 6일 대만에 패트리어트 요격 미사일 등 약 9,500만 달러(1,158억 원) 규모의 방공시스템을 판매하고 관련 장비를 운영할 수 있는 기술을 전수하겠다고 발표했다. 그러자 마샤오광(馬曉光) 국무원대만판공실 대변인은 같은 날 기자회견에서 "미국은 즉시 대만에 무기를 판매하는 잘못된 행위를 즉각 멈추고 대만 문제를 가지고 불장난하지 말라"며 "민진당 당국이 '무력으로 통일을 거부하고', 대만 동포의 피땀 같은 돈으로 무기 사들여 정치적 사리를 도모하는 것은 대만 동포를 한 발 한 발 불구덩이로 밀어 넣는 격"[11)]이라고 대응했다.

---

9) 『머니투데이』. (2021. 6. 25.). "'中과 무력 충돌 대비해야'…대만 vs 중국 또 거친 말 주고받기."

10) 『매경이코노미』. (2021. 10. 23.). "바이든-시진핑 의도치 않는 충돌…美 '대만 합의 지켜야' vs 中 '반드시 통일.'"

11) 『중앙일보』. (2022. 4. 7.). "미 하원의장 25년 만에 대만行…'방일 펠로시 의장, 한국 일

미 · 중 군사적 충돌 가능성

중국이 통일을 위해서 대만을 무력으로 침공할 것인지에 대해서 유보적인 견해도 있다. 미국이 아직 「하나의 중국」 원칙을 명시적으로 포기하지 않고 있으며, 중국과의 군사적 충돌을 원하지 않기 때문이라는 것이 그 이유다. 바이든이 2021년 10월 5일 시진핑과의 전화통화에서 "우리는 대만합의에 따를 것을 합의했다"[12]고 밝힌 것을 이동규는 대만 문제에 대한 미국의 신중한 입장을 반영한 것이라고 말한다. 이동규는 미국이 "대만의 독립을 지원하기보다는 대중 압박 카드로서 대만과의 관계를 활용하고 있는 것"[13]으로 보고 있다.

또한 중국몽 실현을 위해서 갈 길이 먼 중국 입장에서 대만 침공이 시급한 일은 아니며, 국내정치의 안정화가 더 중요하다는 주장도 한다. 즉, 통일을 위한 중국의 대만 침공 가능성은 낮다는 것이다. 그렇다고 이동규가 대만해협에서 군사 분쟁 발발 가능성이 높다는 점을 부정하는 것은 아니다.[14]

중국 전문가인 이상국도 대만 정부가 독립선언과 같은 행동으로 중국을 자극하지 않는 한 무리하게 대만을 둘러싸고 미국과 중국 간 전쟁이 벌어질 가능성이 없다고 주장한다. 중국이 대만 문제보다는 "글로벌 강국 건설과 국제구도를 우선시"[15]하기 때문이라는 것이 그 이유다. 그러면서 이상국은 최근 부상되고 있는 대만해협 전쟁 가능성과 관련해서 중국의 전문가들은 "(미국이; 필자) 중국을 전쟁에 끌어 들여 중국의 지속적인 발전과 전략적 부상을 저지하기 위한" 술수로 보고 있다고 말한다. 이런 맥락에서 이상국은 "대만을 둘러싼 미 · 중 군사 활동은 강대국 전략 경쟁에서 기가 꺾이지 않기 위한 힘겨루기 성격" 정도로 평가한다.[16]

하지만 중국은 대만과의 통일 문제를 민족문제 해결이라는 차원을 넘어서 미국의 패권을 무너뜨리는 하나의 수단으로 보고 있다. 대만과의 통일을

정 취소'."

12) Reuters, (2021. 10. 5.). "*Biden says he and China's Xi agree to abide by Taiwan agreement.,*": 이동규(2021), p. 11에서 재인용.

13) 이동규(2021), p. 11.

14) 위의 글, p. 13.

15) 이상국. (2021. 7. 28.)., "중국 'AI 주도 미래전쟁선 미국과 해볼 만' 판단."『중앙일보』.

16) 위의 글.

아시아에서 미국의 영향력을 몰아내고, 미국의 인도-태평양전략을 무력화시키는 출발점으로 보고 있다는 것이다. 다시 말해서, 중국은 미국과의 패권경쟁에서 승리하고 중국몽을 실현하기 위해서 대만과의 통일을 필연적으로 달성해야 할 과제로 보고 있다.

바이든 대통령이 2021년 10월 21일 CNN 방송과의 인터뷰에서 중국이 대만을 공격할 경우 미국이 방어할 것이냐는 질문에 "그렇다", "우리는 그것에 전념하고 있다"[17]고 답변한 것도 중국의 패권전략에 대응하지 않을 수 없는 미국의 불가피한 입장을 반영한 것이다.

미국은 대만 문제에서 아직까지는 이중적 태도를 보이고 있다. 한편으로는 「하나의 중국」이라는 원칙을 인정하면서, 다른 한편으로는 대만을 보호하려고 한다. 그러나 대만이 중국의 침공으로 통일되면 미국의 인도-태평양 전략이 크게 흔들릴 수 있다는 점을 우려하는 것은 분명하다. 아시아에서 미국의 패권이 중국으로 넘어가는 분기점이 될 수 있기 때문이다. 미국에게 대만의 독립보다 더 중요한 것은 중국의 패권 도전을 견제하고 막는 것이다.[18] 대만의 이익보다 미국의 이익을 위해서 미국이 대만 위기에 개입할 수 있다는 것이다. 이런 점에서 미·중 간 군사적 충돌 가능성은 과거보다 높아지는 추세다.

중국은 대만이 중국에서 독립한 후 70년 동안 대만을 무력으로 통일하기 위해서 노력했다. 그러나 매번 미국의 군사적 개입으로 실패했다. 중국이 21세기에 추구하고 있는 군사전략, 「반(反)접근/지역거부 전략」(A2/AD)도 한편으로는 미국의 군사개입 때문에 발생한 실패를 교훈으로 발전된 것이다. 중국이 다시 대만에 대한 무력 통일을 시도할 때 발생할 수 있는 미국의 개입을 막기 위한 차원에서 개발된 군사전략이라는 것이다. 「반(反)접근/지역거부 전략」은 다른 한편으로 중국이 남중국해에서 미군의 영향력을 차단하기 위해서 발전시킨 것이기도 하다.

현 시점에서 중국의 군사력을 대만과 미국의 군사력 연합과 비교하면, 중국의 군사력이 열세다.[19] 그러나 중국은 포기하지 않고, 기회가 오기만을 기

---

17) 『중앙일보』. (2021. 10. 22.). "바이든 '中, 대만 공격 땐 美가 방어'…또 군사개입 시사 긴장."
18) 문홍호(2021), p. 6.

다릴 것이다. 최근 미 국방부가 대만해협에서 미 · 중 간 군사적 충돌 가능성에 대하여 시뮬레이션을 수행한 결과 미국이 여러 차례 열세를 면치 못했다는 보도가 나올 정도로 중국의 군사력은 강화되고 있다. 2021년 7월에 존 하이튼 당시 미 합동참모본부 차장은 "대만해협을 무대로 한 가상의 전쟁(war game)에서 미국이 중국에 졌다"[20]는 말을 했다.

중국의 대만 무력통일 방안과 실행 시점

중국이 무력으로 대만과의 통일을 시도하는 방안은 두 가지로 생각해 볼 수 있다. 첫째, 대만 해협 봉쇄로 대만 경제를 마비시키고 항복을 받아내는 것이다. 이렇게 되면 미국과 일본 등 G7과 미국의 동맹국들은 중국에 대한 강력한 경제제재를 추진할 것이다. 반도체 공급망이 흔들리면서 글로벌 경제가 흔들리기 때문이다. 그렇게 되면 중국은 서방세계의 제재에 강력하게 반발하고, 군사적 옵션으로 대만 문제를 조속히 해결하려 할 것이다. 둘째, 중국이 전격적인 상륙작전으로 대만을 점령하는 것이다. 중국은 이런 방안을 실행에 옮기기 위한 가장 적절한 시점으로 미국이 국내정치적으로 혹은 재정 · 경제적으로 위기 상황에 봉착해서 외부 문제에 개입하기 어려운 상황을 선택할 것이다.

2021년 1월 6일 미국 워싱턴에서 트럼프 지지자들이 대선 결과에 불복해서 미국 의사당에 진입한 사건이 발생했다. 2024년 대선 후에는 더 심각한 사태가 발생할 수도 있다.[21] 그 정도로 미국의 국내정치는 불안정하다. 미국의 재정 및 경제사정도 낙관하기 어렵다. 따라서 중국이 기다리는 상황이 나타날 수 있다. 아니면 중국 경제가 어려움에 처하면서 공산당이 국내정치적 위기 상황에 몰릴 수도 있다. 이런 경우에도 중국 정부는 국내정치적 불만을 외부로 돌리기 위해서 민족주의를 앞세우고 대만에 대한 무력 통일을 시도할 수 있다.

중국의 대만 흡수(통일)는 시간과 방식의 문제일 뿐, 중국의 시간표에 따라 어떠한 형태로든 추진될 것이다. 물론 중국이 성공한다는 보장은 없다. 만약 중

---

19) 중국과 대만 전문가 이창형과의 면담 내용. (2021년 12월 20일).
20) 『중앙일보』. (2022. 1. 5.). "대만, 미군 오산기지서 2시간…中 침공 땐 韓 차기정부 '격랑'."
21) 김재중. (2022. 1. 5.). "미국, 내전으로 향하고 있는가." 『경향신문』.

국이 평화적인 방법으로 대만과의 통일을 추구하면, 이것이 한반도 미치는 군사적 영향은 미미할 것이다. 그러나 중국이 군사력으로 통일을 추구할 경우에는 사정이 다르다. 중국이 주한미군의 역량을 분산시키기 위해서 북한의 남침 야욕을 부추기고 지원할 수 있기 때문이다. 중국이 2021년에 「장진호」와 「압록강」 등 영화를 제작해서 한반도의 6 · 25 전쟁을 「항미원조」 전쟁으로 미화하고 중국인의 애국심을 조장한 것이 이런 맥락에서 예사롭게 보이지 않는다.

나. 대만 해협의 위기와 한반도

중국의 군사전략과 한국에 배치된 사드 문제 재론

중국은 대만에 대한 무력 침공 시 주한미군과 주일미군에 대한 공격과 방어를 병행해서 추진할 것이다. 또한 여기에 더해서 북한이 남한을 침공하도록 부추기면서 주한미군과 주일미군의 역량을 분산시키려 할 것이다. 물론 북한이 남한을 침공할 때 중국이 북한을 지원할 것이라는 약속도 할 것이다. 이런 경우에 대비해서 한국에 사드를 추가 배치하는 것은 절대적으로 필요하다. 중국이 한반도 문제에 개입하는 것을 보다 효율적으로 대비하고 억제할 수 있기 때문이다.

북한의 핵미사일 공격을 막는 데도 사드 추가 배치는 반드시 필요하다. 현재 한국에 배치된 사드로는 남한 지역 전체를 방어할 수 없다. 한국이 중국을 배려해서 사드 추가 배치를 안 한다고 중국이 한국의 안보 우려를 해소해 주지도 않는다. 오히려 중국은 한국의 사드 배치를 반대하고 강압적으로 억누르면서 결과적으로 북한의 남침 유혹을 조장하고 있다.

중국 자신은 남한에 사드 추가 배치가 이루어지지 않는 상태에서 보다 효율적으로 주한미군을 공격하고, 한국군도 공격할 수 있다. 중국은 자신의 국익을 위해서 한국이 희생되는 것을 개의치 않는다. 1950년에 발발한 6 · 25 전쟁 때도 그랬다. 그럼에도 한국에는 중국에 대한 환상을 가진 지식인들이 상당히 많다.

중국은 한국의 자기 방어용 사드 배치를 과거에 반대했고, 지금도 반대하고 있다. 그러면서 중국은 러시아판 사드로 불리는 S-400 (Triumf) 지대공 방공미사일 체계를 러시아로부터 구매해서 배치했다. 이병구에 따르면 "S-400 체계는 사거리 400㎞에서 초당 4.8㎞로 움직이는 표적(전폭기, 탄도미사일 등)을 300개까지 추적하여 선택적으로 요격할 수 있다"고 한다.[22] 2019년 11월 이후에는 한반도를 향한 초대형 조기 경보레이더(LPAR)을 설치 중이라고 한다. LPAR의 성능은 한국에 배치된 사드보다 훨씬 강력한 것으로 추정되고 있다.[23] 중국의 전형적인 「내로남불」이다.

또한 중국은 한국과 일본 및 괌의 미군기지를 표적으로 하는 사거리 1,000~3,000㎞의 지대지탄도미사일(MRBMs) 200~300기를 배치하고 있다.[24] 중국이 대만에 대한 침공을 단행할 경우 주한미군 기지를 공격하지 않을 것이라고 기대하는 것은 순진한 생각이다. 주한미군 기지가 중국의 공격을 받으면, 북한군은 남침의 호기로 생각할 것이다. 역으로 북한군이 주한미군 기지를 방사포와 전술핵 미사일로 공격할 경우, 중국은 대만 문제를 무력으로 해결할 호기로 생각할 수 있다. 이런 점에서 중국과 북한의 이해관계가 일치한다.

그런데 한·미 연합군은 중국의 주한미군 기지 타격 가능성에 대한 대비를 어떻게 하고 있나? 한국군 입장에서는 주한미군에 대한 중국군의 공격을 한국군에 대한 공격처럼 생각해야 한다. 만약 중국이 주한미군을 공격하면 좌시하지 않겠다는 원칙을 분명히 밝힐 필요도 있다. 미군이 한국군에 대한 북한군의 공격을 자신에 대한 공격처럼 생각해야 하는 것과 마찬가지다. 이것이 동맹이다. 따라서 새로 만들어질 한·미 연합작전계획(OPLAN)은 중국과 북한의 공격을 동시에 대비하는 내용을 담아야 한다.

---

22) 나토(NOTO)는 S-400를 SA-21 Growler라고 부른다고 한다. CSIS, "'S-400 Triumf' Missile Threat." (https://missilethreat.csis.irg/defsys/s-400-triumf): 이병구(2019), p. 36에서 재인용.

23) 『중앙일보』. (2022. 4. 21.). "중국의 내로남불…사드보다 강력한 레이더, 한반도 향해 설치."

24) 이병구, 위의 글, p. 34.

중국에 대한 환상을 버려야

우리 사회 일각에는 미국이 쇠퇴하고 중국이 부상하기 때문에 중국 편에 서야 한다거나, 중국에 반(反)하는 행동을 해서는 안 되는 것처럼 주장하는 사람들이 많다. 그러나 미국이 쇠퇴하기 이전에 중국이 대만에 대한 무력통일을 시도할 수 있고, 북한이 이 기회를 틈타서 남침을 시도할 수 있다. 이런 상황에서 중국은 결코 한국을 도와주지 않을 것이다. 만약 한국 정부가 중국 눈치를 본다고 한미동맹을 와해 수준으로 몰고 갈 경우, 미국 역시 한국을 도와주지 않을 것이다. 이런 시나리오가 현실화되면 대한민국은 무너지게 된다.

남북한의 체제 경쟁은 남한과 북한 둘 중에서 한 쪽이 무너져야 끝이 나게 되어 있다. 김정은의 북한 체제가 겉으론 안정된 것처럼 보여도, 속으론 심각한 문제들이 산적해있다. 현재 북한이 겪고 있는 어려움은 1990년대 중 · 후반에 있었던 제1차 「고난의 행군」 시기보다 낫지 않다. 당시에는 배급제 붕괴로 갑자기 닥친 위기 속에서도 북한 지도자에 대한 인민의 충성심이 무너지지 않았다. 사상교육의 영향이 살아있었기 때문이다. 북한 주민들이 갑작스러운 위기 속에서 굶어 죽으면서도 북한 지도자에 대한 반발심을 갖지 않았다. "우리에게 먹을 것을 달라"고 데모한 일도 없었다.

그러나 제1차 「고난의 행군」 이후 장마당이 확산되고, 북한 주민들이 스스로 벌어먹고 사는 생활이 일상화되면서 북한 지도자에 대한 충성심은 대폭 약화됐다. 북한 당국이 추진하는 사상사업도 과거처럼 효과를 보지 못하고 있다. 현재 김정은의 공포정치 때문에 주민들이 숨을 죽이고 살 뿐이지, 북한 당국에 대한 불만과 반발심은 사회 전반에 걸쳐서 만연하다.(Ⅱ.1장)

이것이 김정일 시대의 「고난의 행군」과 김정은 시대의 「고난의 행군」에서 나타나는 결정적 차이다. 특히 장마당 세대라고 불리는 청년들의 의식은 기성세대와 다르다. 이것 때문에 김정은이 가장 골치 아파하고 있다. 마음대로 되지 않는 부분이 있기 때문이다. 현재는 공포정치로 주민들의 불만을 틀어막고 있지만, 제2차 「고난의 행군」이 지속되면 1990년대 중 · 후반보다 더 심각한 체제 위기가 발생할 수 있다. 어쩌면 향후 10년 전후로 북한 체제가 생존의 기로에 설 수 있다.

김정은 정권은 딜레마에 처해 있다. 개혁 · 개방을 추진하는 것은 자신의 정권을 기반부터 흔드는 것이라 할 수가 없다. 그래서 김정은은 현재 김일성 시대와 김정일 시대에 써먹던 대중동원 방식과 통제방식으로 체제를 유지하고 있다. 그러나 변화된 환경 속에서 김정은이 김일성과 김정일의 정치 방식을 답습한다고 문제가 해결되는 것이 아니다. 김정은도 이런 점을 알고 있다. 그래서 어떻게든 강압적인 통치로 버티고 시간을 벌면서 이런 모순을 타파하는 방법으로 한미동맹의 균열을 도모하고 전쟁을 준비하는 것이다.

만약 남한에서 문재인 정부가 시도했던 것처럼 향후에 다시 북한을 대규모로 지원하는 정부가 나타나서 돕는다면 북한은 기사회생할 수 있다. 남한 정부가 이렇게 하는 것은 북한이 결정적인 시점에 핵미사일로 남한을 침공할 수 있도록 도와주는 것이다. 남한이 살려면 김정은 정권이 교체되어야 한다. 그래야 남북한의 평화공존도 가능하고, 남북관계가 동서독처럼 개선될 수도 있다. 만약 김정은 정권이 교체될 수만 있다면, 필자 역시 북한에 대한 「햇볕정책」과 북한의 비핵화를 동시에 추진하자고 적극 주장할 것이다. 다만, 현재는 이 두 가지가 병립할 수 없다.

북한에 대한 제재가 지금보다 더 강하게 추진되고, 동시에 외부정보가 북한에 유입되면 김정은 체제의 불안정성은 보다 심화될 것이다. 무소불위의 권력을 휘두르던 김정일도 2011년에 건강이 무너지면서 사망했다. 김정은의 건강은 김정일보다 상태가 더 안 좋아 보인다. 아직 젊은 나이인데도 벌써 후계 문제를 걱정해서 2021년 1월에 노동당 규약의 일부 내용을 개정했을 정도다. 기존에 없던 당중앙위원회 제1비서 자리를 신설하고, 동 제1비서가 "조선로동당 총비서(김정은; 필자)의 대리인"[25]이라고 명시한 것이 이에 해당한다.

일각에서 주장하는 것처럼 미국이 쇠퇴의 길을 밟게 되더라도 그리 쉽게 몰락하지는 않을 것이다. 한미동맹이 굳건하면 한국의 안보는 흔들리지 않는다. 김정은이 아무리 전쟁으로 북한 체제의 모순을 극복하고 싶어도 함부로 전쟁을 일으키는 것이 불가능하다. 대만의 위기가 북한에게 기회가 될 수도 있지만, 한미동맹이 굳건하면 김정은은 도발하지 못한다. 이런 점에서 한국의 선택은 분명하다.

중국의 대(對)한반도정책에서 최우선 목표가 주한미군 견제 및 철수라는

25) 2021년 1월 제8차 노동당대회에서 개정된 당규약의 제3장 제26조 참조.

점을 잊으면 안 된다. 중국은 대한민국이 생존하든 말든 신경 쓰지 않는다. 그런데 주한미군 철수로 한반도에서 중국이 가장 원하는 목표가 실현되면, 대한민국은 북한의 침략으로 무너지게 될 것이다.

한 · 미 연합 작전계획의 새로운 방향

한국과 미국은 2021년 12월 2일 연례 안보협의회의(SCM) 공동성명에서 대만해협 문제를 명시하고 한 · 미 연합작전계획을 최신화하기로 했다. 과거에는 북한의 군사위협에만 대비하면 됐다. 그러나 대만에 대한 중국의 무력 통일 가능성이 대두되면서 한국은 이제 북한과 중국의 군사위협을 모두 대비해야 하는 처지가 됐다. 그만큼 안보 위협이 커졌다. 대만해협 위기 시 발생할 수 있는 북 · 중 군사협력의 위협에 대비해서 한 · 미 연합작전계획을 새로 만드는 것은 선택이 아닌 필수다.

현재 한국의 작전계획은 2010년에 만들어진 전략기획지침을 바탕으로 하고 있다. 그동안 북한의 핵무기와 탄도미사일의 위협은 진화했다. 2010년에 없던 새로운 위협이 발생한 것이다. 중국의 군사적 위협도 마찬가지다. 그래서 에이브럼스는 2018년 한국에 주한미군사령관으로 부임한 후 이 문제를 검토하고, 2019년 한국 국방부에 한 · 미 연합 전략기획지침을 갱신할 필요성을 제시했다고 한다. 그런데 한국 국방부가 구체적 이유도 밝히지 않고 주한미군사령관의 요청을 거부했다. 그 결과 새로운 전략기획지침을 만들지 못했다.[26] 이것은 한미동맹의 현주소가 어떤 상태인지 적나라하게 보여주는 것이다.

지난 10년 간 대두된 새로운 군사위협을 고려해서 한국군이 먼저 미군에게 전략기획지침의 갱신을 요구하는 것이 마땅하다. 그런데 미군이 먼저 이런 제안을 한 것조차 한국군이 거부했다. 이것이 문재인 정부 하에서 벌어진 안보 현실이다. 이러고도 대한민국에 위기가 발생하지 않는다면 그것이 이상한 것이다.

중국은 이미 서해를 자신의 바다로 만들려고 서해공정을 시작했다. 한국

26) VOA. (2021. 12. 25.). 「워싱턴 톡」 "에이브럼스 전 주한미군사령관 '연합훈련 재개 논의할 시점...유엔사 남북관계 방해 근거 없어'."

의 방공식별구역(KADIZ)도 수시로 침범했다. 여기에 대한 대응방안도 새로운 한 · 미 연합 작전계획에서 다뤄야 함은 물론이다. 한국군은 이제 북한군을 넘어서 중국군의 위협을 억제할 수 있는 역량을 갖출 때가 되었다. 2021년 5월의 한미정상회담으로 「한 · 미 미사일 지침」을 해제한 것은 이를 위해서 필요한 조치였다.

한국은 필요 시 중국 본토와 중국의 북해함대에 대한 타격능력을 충분히 갖춰서 중국이 한국의 영토를 함부로 넘보지 못하게 할 수 있어야 한다. 일본은 이미 주일미군과의 군사작전 통합 및 공동연구 증진을 통해서 중국의 「반(反)접근/지역거부 전략」(A2/AD)에 대한 공동 대응체계를 구축하고 있다. 중국의 미사일 전력에 대한 대응 차원에서 미 · 일 간 "'종합미사일방공' 협력, 우주 · 사이버 공간에서의 협력, 정보공유 확대"[27]를 핵심 축으로 발전시키고 있다.

북한은 2022년 1월 5일에 극초음속 미사일을 시험 발사했다고 발표했다. 그러자 미국과 일본은 이틀 후 개최된 양국 외교 · 국방 장관(2+2) 회담에서 북한과 중국이 개발하는 극초음속 미사일 등 최신 무기에 대항하기 위한 공동 연구개발 협정에 서명했다. 반면에 문재인 정부의 한국과 미국 사이에는 북한의 미사일 도발에도 불구하고 이런 움직임이 없었다. 미국과 일본은 양국 군(軍)의 새로운 연합 작전계획에서 대만 유사시에 대한 대응방안도 공동으로 강구할 것으로 알려져 있다.

기존에 미군은 북한의 남한 침공 시 한 · 미 연합군이 이를 방어한 후 반격하면서 북한 지역으로 전장을 이동하는 것을 생각했다. 그리고 이 경우에 중국군이 한반도에 개입해서 미군과 충돌하게 될 것을 우려했다. 6 · 25 전쟁의 경험이 있기 때문이다. 그래서 한반도에서 전쟁이 재발할 경우 북한 지역으로의 전장 확대에 미군이 신중한 모습을 보였다. 과거에 중국군의 한반도 개입은 이런 맥락에서만 고려되었다. 그러나 대만에 대한 중국의 무력 침공 가능성이 대두됨에 따라 미군은 이제 다른 맥락에서 중국군의 한반도 개입을 대비해야 하는 상황이 되었다.

중국군이 대만에 대한 침공을 단행할 경우 한반도에 대한 개입은 두 가지 형태로 나타날 수 있다. 첫째, 중국은 대만 전선이 있는 상태에서 6 · 25 전쟁

27) 이병구(2019), p. 41.

처럼 지상군을 파견하지는 않을 것이다. 대신에 주한미군을 한반도에 묶어 놓고, 역량을 약화시키기 위해서 북한을 조종할 것이다. 북한군으로 하여금 전술핵무기 등으로 주한미군과 한국군을 공격하게 유도하는 것이다. 중국 자신은 후방에서 북한에 대한 물자지원을 할 것이다. 그러나 이렇게 하는 것도 실제론 중국이 한반도에 개입하는 것이다. 그렇다면 한 · 미 연합군은 이에 대해서 대응태세를 준비해야 한다.

둘째, 중국은 미사일로 주한미군 기지를 타격할 수 있다. 대만 침공과 동시에 주한미군의 대만 전선 이동을 막기 위한 예방 차원에서 선제타격을 실시하는 것이다. 또한 주한미군이 대만으로 이동하는 것을 막기 위해서 서해 및 제주도와 대만의 중간 해역에서 해 · 공군을 통해 개입할 가능성도 있다.

만약 북한이 전략과 전술 이중 핵 역량을 보유하지 못했다면, 주한미군의 일부를 대만 전선으로 이동하는 것도 생각해 볼 수 있다. 그러나 북한의 핵미사일을 한국과 주한미군의 미사일방어체계로 충분히 억제하기 어려운 상황에서 일부 주한미군을 대만 전선으로 이동시키는 것은 현명한 전략이 아니다. 두 마리 토끼를 잡으려다가 한 마리도 못 잡을 수 있기 때문이다.

설령 중국이 대만 침공 시 직접 한반도에 군사개입을 하지 않고 간접적인 방식으로 북한을 지원하는 방식만 취하려 했다가도 주한미군의 일부가 대만 전선으로 이동하면 반드시 직접 한반도 전쟁에 개입할 것이다. 북한 역시 남침의 유혹을 받는 상태에서 중국의 이런 시도를 반길 것이다. 이런 점에서 주한미군이 중국군의 공격을 받지 않는 한, 대만 전선으로 일부를 투입하면서 중국과의 충돌을 확대하는 것은 전략적으로 바람직스럽지 않다.

주한미군은 한반도에서도 중국군의 대만 침공을 억제하는데 결정적인 역할을 할 수 있다. 한반도의 지정학적 위치는 중국의 목을 겨누는 비수와 같기 때문이다. 주한미군의 처지는 주일미군과 다르다. 중국에게 보다 직접적인 위협이 된다. 미사일 전력으로 1~2분 내에 중국의 베이징을 초토화시킬 수 있다. 이런 점을 고려해서 한 · 미 연합군은 새로운 작전계획을 수립할 때, 주한미군을 대만전선에 투입하는 대신에 달리 도움이 되는 방법을 찾을 필요가 있다.

가장 시급한 것은 미일동맹처럼 한국과 미국도 미사일방어체계를 효율적으로 통합해서 운영하는 것이다. 그렇게 하면서 최신 무기개발에 대한 공동연구는 물론 우주와 사이버 영역에서의 협력도 강화하는 것이다. 미국의 「다영

역작전」(Multi－Domain Operations)개념을 새로운 한 · 미 연합작전계획에 도입하고, 다층적 통합방공망체계를 구축하자는 것이다. 이를 위해서 현재 설치된 사드의 정상적인 운영과 추가 배치를 서둘러야 함은 물론이다. 중국 본토에 심대한 타격을 줄 수 있는 기동형 미사일 부대와 장거리포 부대도 만들 필요가 있다.

북한군이 남한의 지휘통제시설과 공군기지 및 수도 서울을 집중적으로 타격할 수 있는 장사정포/방사포 부대를 만들어서 한 · 미 연합군의 대응을 어렵게 하는 것처럼, 한국군도 북한과 중국에 집중적인 포화공격을 실시할 수 있는 능력을 구비해서 북한과 중국의 대응을 어렵게 하는 것이 필요하다.

경항공모함을 만드는 것은 급한 일이 아니다. 경항공모함은 한국 근해에서 중국군과 북한군이 쉽게 타격할 수 있는 표적이 된다. 따라서 경항공모함 대신에 서해에서 중국의 군사적 행동을 막는 한국군의 잠수함을 증강하고 대만처럼 대함 미사일을 장착한 고속의 스텔스 함정을 많이 갖추는 것이 필요하다.[28] 경항공모함은 한국 해군이 인도－태평양에서 작전을 수행할 경우 필요할 것이다. 그러나 한꺼번에 모든 것을 다 할 수는 없다.

한국군 입장에서는 중국과 북한에 대한 비대칭 전력을 강화하는 것이 최우선이다. 이를 통해서 한 · 미 연합군의 역할 분담에 효율성을 기할 수 있다. 상대의 선제공격으로 인한 피해를 최소화하기 위해서 주요 한국군과 미군의 시설 및 자산의 방호능력을 강화하고, 분산 배치해서 운영하는 것도 도모해야 할 것이다.[29] 군 기지의 분산 운용을 도모하면 한국의 시민단체가 반대하는 시위를 벌일 수 있는데, 정부는 이런 시위에 휘둘려서 마땅히 해야 할 일을 소홀히 해서는 안 될 것이다.

28) 위의 글, p. 50.
29) 위의 글, p. 52.

2. 한반도의 안보와 정치

가. 한반도 전쟁 발생 시 한국의 군사 대비태세 평가

1) 한반도에서 전쟁이 발생할 수 있는 상황

최근 들어 우리 사회에서 북한이 대남전략을 바꾸고 통일을 포기한 것처럼 주장하는 북한 연구자들이 늘었다. 북한이 2021년 1월 제8차 당대회에서 노동당 규약의 일부 단어를 삭제했다는 것이 이런 주장의 근거다. 그러나 필자는 이 책 Ⅱ.2장에서 이런 주장이 잘못됐음을 밝혔다. 한반도에서 전쟁이 일어날 가능성을 과소평가할수록 역설적으로 전쟁이 발생할 가능성은 높아질 것이다.

북한 입장에서는 경제적으로 잘 사는 한국을 북한이 무력으로 점령하는 것이야말로 가장 쉽게 강성국가를 건설하는 방법이다. 북한이 남한과의 체제 경쟁에서 내세울 것이라고는 군사력밖에 없다. 그리고 그 군사력은 남한을 압도한다. 그렇다면 김정은이 그것으로 남한과 승부를 보려고 하는 것은 당연하다.

김정은은 남한 무력통일의 기회를 호시탐탐 노리다가 결정적 순간이 오면 핵무기로 체제 경쟁을 끝내려 할 것이다. 그렇지 않다면 북한이 「고난의 행군」을 이미 겪고, 현재도 겪는 상태에서 왜 천신만고 끝에 비장의 무기를 만들고 증강하겠는가.

김정은은 현재 국제사회의 대북압박과 경제제재를 북한 체제위기의 핵심 원인으로 강조하고 있다. 전쟁을 일으킬 경우에는, 체제위기의 원인을 제거하기 위해서 불가피하게 전쟁을 하지 않을 수 없게 되었다고 주민들에게 선전할 것이다. 한반도에서 전쟁이 발생할 수 있는 상황은 크게 두 가지로 생각해 볼 수 있다. 주한미군이 존재하는 상황에서 북한이 남침하는 경우와 주한미군이 철수한 상황에서 북한이 남침하는 경우다.

첫째, 주한미군이 존재하는 상태에서 북한이 남침을 시도하는 경우를 생각해보자. 앞에서 우리는 대만의 위기가 북한에게 기회가 될 수 있음을 보았다. 중국이 대만을 침공할 때, 북한은 주한미군이 남한에 존재하는 상태에서도 남침을 시도할 수 있다. 북한이 이렇게 하도록 중국이 유도할 수도 있다. 설령 중국과의 협의가 없어도 중국이 대만에 대한 무력통일을 침공하면 북한 역시 이를 기회로 인식하고 무력통일을 시도할 수 있다. 더욱이 주한미군이 대만 전선에 투입되어 전력이 약화되면, 북한은 남침에 우호적인 환경이 조성되었다고 판단할 것이다. 또한 중국이 대만 침공과 동시에 주한미군 기지를 공격할 때, 북한도 함께 남한을 공격할 수 있다.

주한미군이 존재해도 미국의 국내사정이 악화되면서 국제분쟁에 개입하기 어려운 상황이 발생할 수도 있다. 이런 경우도 김정은은 남침의 기회로 생각하고 놓치지 않으려 할 것이다. 향후 북한의 체제위기는 갈수록 심화될 것이다. 김정은 입장에서 전쟁 말고 달리 국가적 위기 상황을 돌파할 수단이 없다고 판단하게 되는 상황이 올 수 있다. 이럴 때 중국의 대만 무력통일 시도는 호전적인 김정은이 남한에 대한 무력통일을 결심하는데 결정적인 역할을 할 것이다.

북한이 전략과 전술 이중 핵 역량을 구비한 상태에서 한국군과 주한미군의 미사일방어체계를 무력화시킬 수 있는 극초음속 미사일 등 다양한 미사일과 방사포를 동시에 사용할 경우 아측에게 상당한 어려움이 발생할 수 있다. 이 점을 절대 과소평가하면 안 된다.

둘째, 북한은 주한미군이 철수하면 주저하지 않고 무력으로 통일을 시도할 것이다. 김정은은 주한미군만 없다면 북한의 핵무기를 사용하지 않아도 남한군은 북한군의 적수가 되지 않는다고 생각한다. 이것은 김정은이 2019년 트럼프에게 보낸 마지막 친서에서 직접 한 말이다. 더욱이 북한이 핵무기를 보유하고 사용할 수 있는 상황에서 미국이 남한을 도와주지 않는다면 남한군을 쉽게 이긴다고 생각할 것이다.

그런데 주한미군 철수가 불가능한 시나리오는 아니다. 트럼프가 만약 대통령으로 재선됐다면, 본인이 말했던 것처럼 주한미군 철수를 시도했을 가능성이 있었다. 앞으로 미국 정치가 어떻게 변화할지도 예측하기 어렵다. 트럼프가 다시 대통령이 될 수도 있다.

지난 5년 동안 문재인 정부는 한미동맹을 근본부터 흔들었다. 문재인 정부 이후에도 차기 한국 정부가 계속해서 미국과 중국 사이에서 기회주의적인 외교정책을 추진하면 미국은 배신감을 느낄 것이다. 한국을 더 이상 지켜줄 가치가 없다고 생각하면서 주한미군을 철수시킬 수 있다. 한미동맹을 강화시키려고 하는 윤석열 정부가 향후 5년 집권하는 동안에 이런 우려는 하지 않아도 될 것으로 보인다. 그러나 그 이후에 어떤 한국 정부가 어떤 외교·안보정책을 추진할지 모른다.

같은 동맹국이지만 일본과 한국은 미국의 대(對)중국견제에 협조하는 측면에서 비교가 되지 않는다. 한국의 문재인 정부는 미국을 돕지 않고 협조도 안 하면서 미국을 이용할 생각만 해왔다. 이런 점에서 한국은 미국이 볼 때, 전혀 동맹 같지 않은 동맹이었다. 방위비 분담금 문제 외에 이것도 트럼프가 주한미군을 철수시키고 싶어 했던 이유였을 것으로 판단된다.[30] 문제는 한미동맹이 약화되거나 해체되는 만큼 한반도에서 전쟁 가능성이 높아진다는 것이다. "역사로부터 교훈을 얻는 데 실패한 자들만이 그 역사를 되풀이하는 벌을 받는 법"이라고 말한 그레이엄 엘리슨의 경고를 새겨들어야 한다.[31]

2) 북한의 전쟁 전략과 한반도 전쟁 양상 전망

북한의 군사전략에 대해서는 이 책 Ⅱ.2장에서 이미 분석했다. 따라서 이하의 설명에서는 최대한 중복을 피하되, 중복이 불가피한 부분은 압축해서 언급할 것이다. 현대의 전쟁은 국민적 지지가 뒷받침되지 않으면 지속할 수 없다. 그래서 북한이 남침을 시도할 경우 우리 국민의 전쟁 수행의지를 초기에 궤멸시키려 할 것이다. 이를 위해서 선제기습공격으로 강력하게 충격을 주는 수단을 사용할 것이다. 심리전도 여기에 속한다.

김정은은 북한의 경제적, 군사적 약점을 잘 알기 때문에 전쟁을 일으키면 속전속결 총력전(전격전)으로 승부를 내려 할 것이다. 그런데 북한에게 선제공격을 허용하면 한·미 연합군에 절대적으로 불리하다. 남한의 재래식 군사력이 북한보다 우세하다고 하지만, 그것은 북한이 핵무기를 보유한 상황에서 큰

---

30) 마크 에스퍼(Mark Esper) 전 미국 국방장관이 2022년 5월 10일에 발간한 회고록 『성스러운 맹세』(A Sacred Oath)에 따르면 트럼프가 대통령으로 재직 시 주한미군의 완전 철수를 몇 차례 주장했다고 한다.[『연합뉴스』. (2022. 5. 11.). "트럼프, 주한미군철수 수차례 언급..韓 다루기 끔찍하다 말해."]

31) 그레이엄 엘리슨(2018). p. 21. 엘리슨은 조지 산타야나(George Santayana)에게서 이 말을 인용했다.

의미가 없다.

북한군이 전술핵무기를 사용해서 선제기습공격을 시도할 경우, 한·미 연합군은 회복해서 반격하기 어려울 수 있다. 그만큼 치명적이다. 이렇게 되면 승부는 초반에 결정 난다. 따라서 한·미 연합군은 북한의 선제공격을 무력화시키는데 총력을 기울여야 한다. 그런데 한국 정부가 전쟁을 두려워하면 북한의 선제공격 시도를 무력화시키는 수단인 선제타격을 주저할 것이다. 예방 선제타격은 타이밍을 놓치면 아무 의미가 없다. 군사력도 중요하지만, 전쟁에서 더욱 중요한 것은 전쟁 수행 의지다. 그런데 이 두 가지 측면에서 북한군은 남한군을 앞선다.

북한은 전쟁이 벌어지면 한·미 연합공군력이 대규모 공습으로 북한을 초토화시킬 것으로 예상하고 있다. 특히 북한 지도부에 대한 참수작전을 시도하는 동시에 주요 핵시설 및 미사일 기지 등을 파괴한 후 지상전으로 전쟁을 종결지으려 한다고 생각하고 있다. 따라서 북한은 전쟁 초기에 핵무기를 사용하지 않으면 한·미 연합공군력 및 킬 체인에 의해서 북한의 핵투발 시설이 파괴되어 사용할 수 없게 된다는 점을 알고 있다.

이에 북한은 전쟁을 시작하면 일단 EMP(Electromagnetic Pulse; 전자기파)탄으로 한·미 연합군의 합동성을 유지하는 네트워크망을 마비시키고, 스텔스 전투기 등 첨단장비를 무용지물로 만들려 할 것이다. 동시에 전술핵을 사용할 것이다. 김여정이 2022년 4월 5일에 『조선중앙통신』에서 발표한 담화에 유사한 내용이 있다. 아래의 인용문이 그렇다.

> "전쟁초기에 주도권을 장악하고 타방의 전쟁의지를 소각하며 장기전을 막고 자기의 군사력을 보존하기 위해서 핵 전투무력이 동원되게 된다."[32]

북한이 "휴전선 부근에서 핵무기의 폭발고도를 60~70㎞ 구간으로 낮추면 한반도 남쪽 지역인 한국의 전역에 EMP 효과를 만들 수 있으며, 지구의 자기장 영향에 의해 북한은 영향을 덜 받으면서도 한국에만 효과를 보일 수 있"[33]다. 그 효과는 한국군의 군사시설과 장비뿐만 아니라 전력과 통신시설

32) 『조선중앙통신』. (2022. 4. 5.). "김여정 조선로동당 중앙위원회 부부장 담화."
33) 박재완(2019), p. 104.

등 국가 기반시설 전체의 마비로 이어진다. 이렇게 되면 한 · 미 연합군은 "첨단장비의 이점을 활용하지 못하고 6 · 25 전쟁과 같은 수준의 재래식 전투를 각오"[34]해야 한다.

북한은 한 · 미 연합군의 전쟁수행 및 작전지휘 능력에 치명적 손상을 입히는 선제기습공격의 효과를 극대화하고, 미국 증원전력의 개입 전에 승부를 결정짓기 위해서도 전쟁 초기에 핵무기를 사용할 것이다. 이를 위해서 남한에 침투하는 북한군의 공격에 지장을 주지 않도록 사전에 핵무기 사용 표적을 선정해서 최소의 핵무기로 최대의 성과를 추구할 것이다. 특히 한 · 미 연합 전쟁지휘소와 통신소, 공군기지 및 미사일 기지는 북한 전술핵무기의 일차 타격 대상이다.

핵무기 사용과 관련해서 북한군은 한 · 미 연합군이 배치된 지점에 따라 소형 핵폭탄으로 높은 공중폭발을 시도함으로써 한국군과 미군의 지휘통신을 마비시키고, 북한군 지상부대의 전술 확대를 도모할 수 있다. 또한 핵무기를 일정 고도(예: 500m 지상)에서 폭발시킬 경우 낙진 없이 열폭풍과 EMP 및 방사선으로 한국군에 치명적인 피해를 초래하면서 기동전을 감행할 수도 있다. 지역에 따라 더 큰 형태의 핵무기로 낮은 공중폭발을 시도하거나 지상 핵폭발을 시도함으로써 아군을 궤멸시키려 할 수도 있다. 방어 시에는 한국군의 반격 속도를 늦추고 기동을 방해하며 전투력을 파괴하기 위해서 핵무기를 사용할 것이다.[35]

김정은은 집권 초 2012년 8월 25일에 「남반부 해방작전계획」에 서명한 후 「조국통일대전」을 자주 언급하며 유격전과 야간전 훈련의 비중을 강화시켰다. 아군이 예상하지 못하는 변칙적인 방법으로 전쟁을 하려는 것이다. 이를 위해서 20만여 명 규모의 특수전부대를 비대칭전력으로 활용하여 전쟁의 주도권을 확보하려고 한다.

예를 들면 특수전부대의 일부를 전쟁 개시 직전에 남한에 침투시켜서 도시가스와 화학공장, 원전 및 국가기반 시설 등을 파괴하고 극도의 사회혼란을 조성하며 유격전으로 제2전선을 형성할 것이다. 또한 전쟁 개시 직전에 11군단 예하 저격여단과 공군저격여단과 자폭형 무인공격기 등을 침투시켜서 아군

34) 위의 글, p. 105.
35) 김진동(2013), pp. 190-200에서 재인용.

의 주요 군사시설을 공격하고 방어체계를 무력화시키려 할 것이다. 이렇듯 특수전부대를 통해서 전방·후방과 전장·비전장의 구분 없이 남한 전 지역을 전장화하면서 최단기간에 전쟁 승리를 추구할 것이다.[36]

또한 북한은 외부지원 세력이 한반도에 도착하기 전에 선제기습과 테러, 대량파괴전, 속도전, 야간전 그리고 사이버전 등을 혼합하는 하이브리드전략을 추진할 것이다. 동시에 북한은 핵과 미사일 및 방사포 등의 포병화기를 이용해서 남한에 무차별적 타격을 가함으로써 남한 국민에게 충격과 공포를 안겨주려 할 것이다. 그렇게 함으로써 남한의 전쟁수행 의지를 박탈하는 대량파괴전략을 시도하는 가운데 최단기간 내에 군사적 승리와 정치적 승리를 동시에 추구할 것이다.

북한은 대량살상무기를 사용하지 않으면 북한이 한·미 연합군을 상대로 결국 패배하고 정권 및 체제가 붕괴하게 된다는 것을 알고 있다. 따라서 대량살상무기로 남한 내에서 전쟁회피 여론의 형성을 촉발시키는 동시에 국제사회의 개입을 위축시키려 할 것이다.

뿐만 아니라, 사이버전으로 남한의 전력, 통신, 급수, 지하철, 금융 등 국가 전산망을 파괴할 것이다. 동시에 악성 유언비어와 반전여론을 유포시키면서 사회불안을 조성하고 한국의 전쟁수행 의지를 약화시키려 할 것이다. 합동지휘통제체계(KJCCS)와 전술통신체계의 마비 및 상호충돌을 초래하여 한국군의 전쟁지도 능력을 무력화시키고, 왜곡된 전장 정보로 한국군 내 혼란을 조성하는 것도 시도할 것이다.[37]

3) 한국의 군사 대비태세 평가

박휘락은 북한의 핵미사일 위협에 대한 대응을 세 단계로 설명하고 있다.[38] 첫째, 평시에 미국의 확장억제를 이용해서 북한의 핵위협을 억제하는 것이다. 둘째, 이것이 실패하고 북한의 도발 징후가 보일 때, 선제타격으로 북한의 핵미사일을 파괴하는 것이다(Kill Chain). 셋째, 이것도 실패하거나 혹은

36) 정상돈(2015).
37) 장공수 외(2015), p. 87.
38) 박휘락(2021), p. 23.

선제타격에 살아남는 북한의 핵미사일이 한국을 공격할 경우 한국의 미사일방어체계로 요격하는 것이다(KAMD).

미국의 확장억제

첫 번째 항목과 관련해서는 미국의 확장억제를 한국이 얼마나 신뢰할 수 있는지의 문제가 제기되어 왔다. 그러나 이런 문제 제기를 하기 전에 미국이 한국을 위한 확장억제를 실시하려고 해도 그것을 위한 연습과 훈련이 충분히 되고 있는지부터 우리 스스로에게 물어볼 필요가 있다. 특히 문재인 정부 하에서 한국이 한 · 미 연합군사훈련의 연기와 축소를 계속 미국에 요구하면서 미국의 확장억제에 대한 신뢰도를 묻는 것이 과연 옳은 것인지를 자문해야 한다는 것이다. 미국의 핵투발 수단이 한국에서 훈련과 연습을 해 본 마지막 시점이 도대체 언제인가?

킬 체인(Kill Chain)

두 번째 항목과 관련해서는 한국이 자체적으로 선제타격을 해서 북한의 핵미사일을 파괴할 능력을 보유하고 있는지, 또한 그럴 의지는 얼마나 확고한지를 자문할 필요가 있다. 만약 한국 대통령이 전쟁을 극도로 두려워하는 사람이라면, 북한에 대한 예방 선제타격 지시를 과연 할 수 있을 것인가? 또한 능력 측면에서 선제타격을 하려면 북한의 핵미사일 공격 징후를 탐지(Find)해서 알아내야 하는데, 한국군은 이런 능력을 얼마나 보유하고 있는가?

"북한 전 지역의 핵과 미사일 관련 표적을 중첩 감시하는 것으로 현재 운용되고 있는 탐지자산의 90%는 미국 자산(정찰 · 첩보위성, U-2 정찰기, 무인정찰기; 필자)이다."[39] 미국의 협조 없이 북한의 핵미사일 도발 징후를 포착할 수 없다는 것이다. 그런데 한국군은 미군의 도움을 받는 그 만큼 미군에 협조적인가? 김대중 정부 때부터 한국의 모든 정부는 한 · 미 미사일방어체계의 통합을 거부하거나 회피했다. 특히 문재인 정부는 사드의 정상적인 운용을 위한

39) 박상건 · 이경행(2020), p. 49.

협조에도 소극적이었다.

윤석열 대통령(이하, 윤석열)은 선거 전 후보 시절 북한의 핵미사일 발사 조짐이 명확할 때, 선제타격을 해서 북한의 공격을 막겠다고 말했다. 그러나 윤석열 정부가 출범하기도 전인 2022년 4월 9일 창원에서는 「6 · 15공동선언 실천 남측위원회 경남본부」와 「경남진보연합」이 "선제타격, 전쟁연습 중단하라"는 구호를 외치면서 시위를 벌였다.[40] 윤석열 정부 이후에 들어설 차기 정부가 선제타격에 대한 입장을 어떻게 취할지는 미지수다.

한국의 미사일방어체계(KAMD: Korea Air and Missile Defense)

세 번째 항목과 관련해서도 마찬가지다. 한국의 미사일방어체계(KAMD)만으로 북한의 핵미사일을 막는 데는 역부족이다.

> "한국 KAMD 자산 중에는 중간단계 고고도 방어 체계는 없으며, 종말단계(상·하층) 요격 자산만을 보유하고 있다. (…) 북한 탄도미사일 중 SCUD, 노동, 무수단 미사일은 모두 고각발사로 한반도 전역에 타격이 가능하며, 대기권 재진입 후 종말단계 교전 가능한 요격 시간은 1분 이내이다."[41]

한국의 미사일방어체계로 북한의 핵미사일에 대응할 수 있는 시간이 1분 이내라는 것인데, 그만큼 요격 확률이 제한된다. 설령 요격에 성공해도 "핵 방사능으로 인한 피해가 심각할 것이며, 확산탄의 경우 여러 자탄으로 확산되어 요격 자체가 제한되어 요격 확률은 현저히 떨어질 것"[42]이다. 뿐만 아니라, 북한은 1,000여 기의 미사일을 보유하고 있다. 한국이 방어할 수 있는 수단은 절대적으로 부족하다.

또한 북한이 개발하는 방사포는 연속발사와 신속 재장전이 가능하다. "300㎜ 방사포의 경우 탑재된 로켓 8발을 모두 사격하는데 소요되는 시간은 1분이 채 걸리지 않는다."[43] 초대형방사포에는 4개의 발사관이 있다. 북한의

---

40) OhmyNews. (2022. 4. 9.). "윤석열 정권이 만들려는 남북관계와 한반도 미래는 암울."
41) 위의 글, p. 50.
42) 위의 글, p. 52.
43) 신영순(2021), pp. 282－283.

포병 1개 대대가 27기의 초대형방사포를 1분만 발사해도 한국군과 미군의 공군기지는 막대한 피해를 입는다.[44] 방사포 로켓과 함께 북한의 전략군이 탄도미사일까지 동시에 발사하면 한 · 미 연합군의 시설은 초토화될 수 있다.

북한은 한국군과 주한미군의 미사일방어체계로 요격하기 어려운 신형 미사일을 계속 개발하고 있다. 극초음속미사일은 물론, 수km 이하의 낮은 고도로 비행하는 북한의 순항미사일도 이에 해당한다. 이언 윌리엄스 미 전략국제문제연구소(CSIS) 미사일방어 프로젝트 부국장은 2021년 3월 VOA와의 인터뷰에서 "북한이 순항 미사일로 (한국군의) 레이더를 무력화한 뒤 탄도미사일을 발사할 경우 한국은 제대로 대응할 수 없게 된다"며 "(미사일 탐지·추적 자산인) 레이더가 없으면 요격미사일도 무용지물이 된다"고 경고했다.[45]

한국의 미사일방어체계(KAMD)와 미국의 미사일방어체계(MD)의 통합 문제

현재 한국군과 주한미군은 연합사 체제로 운영되지만, 한국의 미사일방어체계와 미국의 미사일방어체계는 효율적으로 통합되어 있지 못하다. 이런 상태에서 한국의 미사일방어체계만으로는 북한의 핵미사일을 일부 막을 수 있을지 몰라도, 상당한 피해를 감수해야 한다. 미국의 도움을 받아야 한국의 미사일방어 능력을 획기적으로 향상시킬 수 있는데, 한국은 이런 노력을 적극적으로 하지 않았다. 북한과 중국 눈치를 봤기 때문이다. 그러다 보니 에이브럼스가 한국의 전략 타격능력과 한국형 통합 공중미사일방어 체계가 많이 뒤처져 있다고 평가한 것이다.[46] 자체 방어능력도 없으면서 한국이 미국에게 전작권 전환을 요구하고 한 · 미 연합사를 지휘하겠다고 하는 것이 믿기지 않지만, 현실이다.

한국군과 미군은 전시에 지휘통제체계가 일원화된다. 그런데 전시에 북한의 핵미사일을 막는 시스템은 아직 효율적으로 통합되고 일원화되지 못한 상태다. 한국군의 미사일방어 지휘통제체계는 공군작전사령부 내 탄도탄작전통

44) 위의 책.
45) 유용원. (2021. 9. 13.). "사드도 못막는다… 北 신형 장거리 순항미사일은 '토마호크 판박이'." 『조선일보』.
46) VOA. (2021. 12. 25.). 「워싱턴 톡」 "에이브럼스 전 주한미군사령관 '연합훈련 재개 논의할 시점...유엔사 남북관계 방해 근거 없어'."

제소(Korea Theater Missile Operation; KTMO－cell) 중심으로 운영된다. 미군의 작전통제소(TMO－cell)는 별도로 존재한다. 반면에 "일본은 「미 · 일통합운용조정소」를 설치하여 BMD(탄도미사일방어; 필자) 작전에 있어서 일원화된 지휘관계를 형성하고 있다. 일본과 미국은 BMD에 관한 한 체계적인 연합대비태세를 유지하고 있다."47)

박휘락을 비롯해서 다수의 군사전문가들이 일본의 탄도미사일 방어체계가 미국과의 협력 속에서 한국 것보다 훨씬 효율적으로 운영되고, 기술적 측면에서도 앞서간다고 평가하고 있다. 일본의 탄도미사일 방어체계는 다층적으로 전국을 방어하고 있다. "미국과 일본은 해상발사 고고도 요격체계인 SM－3을 보유하여 중간단계 및 종말단계 방어의 다층방어체계를 구축하고 있다. 따라서 고각발사에 따른 중간단계 요격이 가능하고, SLBM(잠수함발사탄도미사일; 필자)의 측후방 공격에 대한 대응이 가능하며, 상대적으로 깊은 종심과 대응시간으로 동시다발 공격 또는 단일 표적에 대한 다수발사가 가능하여 요격확률이 우수하다."48)

반면에 한국의 탄도미사일 방어체계는 지상기반의 하층방어 위주로 구성되어 있으며, 전국을 방어하지 못한다.49) 또한 북한이 탄도미사일을 고각발사하거나 잠수함발사탄도미사일(SLBM: Submarine Launched Ballistic Missile)을 측 · 후방에서 발사하면 방어할 수 없다. 북한이 동시에 방사포와 다수의 탄도미사일 그리고 순항미사일을 발사해도 마찬가지다.

박휘락은 한국 정부가 진보와 보수를 막론하고 북한과 중국 눈치를 보면서 미국과의 통합된 미사일 방어체계 구축을 회피한 것이 그 원인이라고 진단한다. 한국의 자체 방어를 위해서 반드시 필요한 일임에도 미국의 미사일 방어체계(MD)와 통합되면 마치 큰일이라도 나는 것처럼 비판 여론이 비등하자 정치권과 군이 이에 굴복해서 정말 필요한 일을 하지 않았다는 것이다.50)

---

47) 박휘락(2020), p. 197.
48) 박상건 · 이경행(2020), p. 53.
49) 위의 글, p. 194.
50) "김대중 정부에서 미국의 TMD(Theater Missile Defense; 전구[戰區]미사일방어)에 참여하지 않는다는 결정을 내린 것, 노무현 정부에서 '미 MD 불참'의 방향을 설정한 것, 박근혜 정부에서 주한미군 THAAD의 배치를 3년 정도 망설일 것, 문재인 정부에서 THAAD의 본격적 가동을 보장하지 않는 것도 이러한 감정적 자주의식에 바탕하고 있다."[박휘락(2020), p. 198]

그러나 한·미 연합사를 운영하면서 북한의 핵미사일을 막는 방어체계를 적극 통합하기 위한 노력을 하지 않고 있는 것은 이해하기 어려운 일이다. 특히 한국의 KAMD만으로 북한의 전술핵 미사일을 막기 어려운 상황에서는 더욱 그렇다. 정치 지도자와 군 관계자들이 심각하게 반성해야 할 일이다.

한미동맹이 정상적으로 운영되기 위해서 미국과의 미사일 방어체계 통합은 필수불가결하다. 그런데 한국은 눈 가리고 아웅 하는 식으로 그동안 한국의 미사일 방어체계를 미국의 미사일 방어체계와 분리해서 운영하는 모양새를 취해 왔다. 특히 한국의 미사일 하층방어체계는 한반도의 작은 규모와 서울의 비무장지대(DMZ) 근접성으로 인해서 효율적이지 못하다. 경상북도 성주군에 배치된 미군의 사드(THAAD) 1개 포대는 대한민국 영토의 1/3~1/2 정도의 지역을 북한의 탄도미사일 공격으로부터 방어할 수 있다.[51] 그런데 이것도 정상적으로 운용되지 못하고 있는 상태다.

빈센트 브룩스 전 주한미군 사령관은 재직 시 배치된 사드만으로 북한의 미사일 방어에 충분치 않아서 사드와 패트리엇(PAC-3) 체계의 통합을 추구했다. 그런데 한국은 한·미 미사일방어체계의 효율적인 통합은 고사하고, 사드가 정상적으로 운영될 수 있도록 도와주지도 않았다. 한국의 문재인 정부는 2017년에 중국 정부에게 사드 추가 배치를 하지 않겠다고 약속하기도 했다. 이런 상황에서는 주한미군의 안정적 주둔이 보장되지 않는다. 미국이 가장 분개하는 이유 중 하나다. 동맹국 한국이 주한미군의 안정적 주둔을 보장하지 않으면서 북한의 군사위협을 막아달라고 부탁만 하기 때문이다. 통일 전 서독 같으면 상상할 수 없는 일이다.

북한의 EMP탄에 대한 대비태세

한국이 북한의 핵미사일을 막지 못하면 북한이 EMP탄(핵EMP; Nuclear Electromagnetic Pulse와 비핵EMP; Non Nuclear Electromagnetic Pulse)으로 한국의 국가 기반시설 전체와 한·미 연합군의 네트워크망을 마비시키고 첨단장비를 무용지물로 만드는 것도 막기 어려울 것이다.

51) 위의 글, p. 191.

북한의 사이버공격에 대한 대비태세

북한의 사이버전에 대한 한국의 대응태세도 문제다. 2021년 5월에 북한은 한국원자력연구원(KAERI)과 대우조선해양, 한국항공우주산업(KAI) 등 한국의 주요 기관을 해킹했다. 첨단 원전기술과 핵잠수함 및 한국형 전투기 제작 핵심기술이 북한에게 넘어간 것으로 추정된다. 사건 조사 결과는 2022년 초 현재까지 밝혀지지 않고 있다. 북한은 2016년에도 국방전산망(국방통합데이터센터)을 해킹하고 군사2급 비밀 226건과 3급 비밀 42건 그리고 대외비 27건의 기밀을 탈취했다. 당시에 한·미 연합군의 작전계획인 「작계 5015」가 북한으로 유출되었다고 한다.[52)]

물론 이 같은 사례는 북한이 한국에 시도한 사이버 도발의 일부에 불과하다. 2016년에 이어 2021년에도 북한의 사이버공격으로 한국의 기밀 정보가 무방비로 탈취되는 것을 보면 한국 정부가 그동안 북한의 사이버 위협에 대한 대비태세를 전혀 개선하지 않았다는 평가를 내리게 된다. 오히려 「국민의 힘」 소속 조태용 의원이 말한 것처럼 "사이버안보의 3총사라 불리던 국가정보원과 국군사이버사령부, 국군안보지원사령부가 댓글공작수사와 적폐청산 와중에 기능이 대폭 축소되거나 조직이 해체"[53)]되면서 한국의 사이버 대비태세가 과거보다 더 악화된 것은 아닌지 우려된다.

북한의 사이버전 역량은 세계 5위로 평가될 정도로 위협적이다.[54)] 한국에선 아직 북한의 사이버 위협에 국가안보 차원에서 효과적으로 대응할 수 있는 관련법조차 제정되지 못하고 있다. 이런 상황에서 북한이 전시에 한국의 사이버망을 공격하고 무력화시키면 어떻게 대응할 것인지 대책이 안 보인다.

북한의 특수전부대에 대한 대비태세

세계 최대 규모의 특수전부대를 보유한 북한이 전방과 후방으로 동시에 침투하여 남한 전역을 전장터로 만들고 도시 기반시설을 파괴하면서 테러와

52) 유동열(2021), pp. 8-9.
53) 조태용(2020).
54) 박은주(2020), p. 19.

게릴라전을 감행할 경우를 생각해보자. 우리의 전방 경계태세가 어느 정도인지는 언론을 통해서 수차례 확인되었다. 2012년 10월에 북한군 병사가 한국군 22사단이 위치한 진영으로 넘어와서 군 초소 문을 두드리고 귀순하는 「노크 귀순」 사건이 발생했다. 2019년 6월에는 북한의 소형 목선이 삼척항에 도착할 때까지 한국의 군당국이 전혀 파악하지도 못했다.

그런데 22사단이 위치한 지역에서 2020년 11월 3일에 북한 주민이 철책을 넘어 귀순했다. 2021년 2월 16일에는 같은 부대가 위치한 동해안에서 북한 남성이 민간 작업용 잠수복을 입고 헤엄쳐 철책 하단 배수로를 통과해서 남하한 후 최전방 초소(GOP)에서 5㎞ 떨어진 민간인통제선 안쪽을 활보하다 발견된 일도 있다.[55] 2022년 1월 1일 오후에는 22사단의 동일한 지역에서 탈북자가 군사분계선(MDL)을 넘어 월북한 사건이 발생했다. 한국군의 해이해진 정신자세로 최전방 경계가 뚫린 경우가 한두 번이 아니다.

북한군 특수부대 출신 탈북자들의 증언에 따르면 북한의 최정예부대인 특수전부대 요원들은 한국의 주요 시설 90% 이상을 침투할 수 있는 능력을 갖추고 있다고 한다. "실제로 2011년 우리 특전사 요원을 북한군 특수전 요원으로 가장해 중요시설에 침투시켜본 결과 90% 이상이 침투에 성공한 것으로 나타났다."[56] 이것은 한국이 북한군 특수전부대의 침투에 상당히 취약하다는 것을 보여주는 것이다. 북한이 특수전부대 요원을 해상으로 남한에 침투시키기 위해서 보유한 공기부양정은 130여 척이다. 이를 동시에 운용하면 최대 6,000여 명을 남한 해역에 기습적으로 상륙시킬 수 있다.

북한군 특수전부대의 지상 침투는 산악지역을 통한 방법과 북한이 전방에 만들어 놓은 땅굴을 이용하는 방법이 있다. "땅굴탐지 전문가에 따르면 북한은 기존에 발견된 4개의 땅굴 외에 휴전선 인근에 20여개의 땅굴이 더 있는 것으로 추정"된다. 땅굴 1개로 시간당 1개 연대규모의 병력을 이동시킬 수 있을 것이라고 한다.[57] 그런데 북한군 특수전부대가 남한의 후방에 침투할 경우 대응할 수 있는 한국의 병력은 "향토사단에 편성된 기동대대와 2작전사 예하

---

55) 『중앙일보』. (2021. 2. 18.). 사설 "또 뚫린 최전방…군 정신 똑바로 차려야."; 『중앙일보』, e글중심. (2021. 2. 17.). "'노크 귀순' 이은 '헤엄 귀순'… "걸리면 귀순, 안 걸리면 간첩?"
56) 박용환(2015), p. 130.
57) 위의 글, p. 131. p. 135.

의 2개 특공여단이 전부”[58]다.

이런 점을 고려할 때, 한국군의 대비태세가 상당히 미흡하다고 평가하지 않을 수 없다. 문제는 이런 점을 알면서도 한국군이 대비태세를 강화하지 않거나, 못하고 있다는 것이다.

나. 전쟁을 부르는 정치

미비한 군사대비 태세를 개선하지 않는 정치

앞에서 우리는 한반도에서 전쟁이 발발할 경우 한국군의 군사적 대비태세가 매우 미흡하다는 사실을 확인했다. 그렇다면 정치권에서는 안보 상황의 현실을 직시하고 개선책을 강구해야 한다. 그런데 현실은 다르다.

안보와 평화는 동전의 앞뒤 면과 같다. 분리해서 생각할 수 없다. 그러나 문재인 정부는 지난 5년 동안 안보와 분리된 평화정책을 추진해왔다. 그 결과 역주행하는 정치로 안보가 약화됐다. 서독은 옛 소련의 핵미사일에 효율적으로 대응하기 위해서 미국의 중거리 핵미사일의 서독 배치를 주도했다. 슈미트는 서독의 안보를 지키기 위해서 미국과 영국 및 프랑스를 설득하고 소련을 겨냥한 중거리 핵미사일을 서독과 이탈리아 등 유럽에 배치했다. 서독 내에서 평화운동을 하는 시민단체의 격렬한 반대는 물론 자신이 속한 집권 여당(사민당) 내의 반대에도 불구하고 이를 추진했다.

그런데 문재인의 행동은 슈미트의 행동과 너무 대비된다. 한국은 처음에는 중국과 북한 눈치를 보고 미국의 전술핵무기 한국 배치를 꺼렸다. 그러더니 나중엔 미국이 한국 내 전술핵 배치를 원하지 않는다고 미국 핑계를 댔다. 이수혁 주미대사(이하, 이수혁)가 2021년 10월 13일 국정감사에서 “지금 미국은 전술핵 배치를 고려한 적이 없고 고려 의향도 없고, 해서는 안 된다는 입장을 갖고 있다”[59]고 한 말이 이에 해당한다.

한국 정부가 자국의 안보를 위해서 필요하다면 미국을 적극 설득해야 하

58) 위의 글, p. 135. 각주 50.
59) 『중앙일보』. (2021. 10. 14.). “주미대사 ‘美, 한국 전술핵 재배치 안 된다는 입장.”

는데, 이럴 생각을 전혀 하지 않았다. 중국에게는 3불(3不)정책을 약속하고, 사드의 추가 배치도 추진하지 않았다. 기존에 설치된 사드의 정상적인 운영 역시 보장하지 않았다. 최근 언론을 통해서 알려진 바에 따르면 중국의 요청으로 문재인 정부가 사드의 정상적인 운영에 제한을 두었다고 한다.[60] 이 부분은 윤석열 정부가 출범한 후 실체가 드러날 것이다.

「나토 이중결정」과 관련해서 우리가 한 가지 더 교훈으로 삼아야 할 것이 있다. 서독에서 1980년대 초에 미국의 중거리 핵미사일을 서독에 배치하는 데 반대하는 평화운동이 거세게 확산됐었다. 여기에 반미감정도 편승하자 동독과 소련은 서독의 평화운동 세력에 잠입해서 영향력을 행사하려고 했다. 그러나 이런 사실이 드러나면서 동독과 소련에 대한 경각심이 생겼다. 서독 시민들은 자신의 정체성을 성찰했다. 그 결과 서독 국민들이 오히려 단합하는 분위기가 형성됐다.[61] 평화 문제로 인한 일시적인 분열을 극복하고 안보 상황의 엄중함을 돌아보면서 서독 사회가 단합되는 상황이 만들어진 것이다.

그런데 한국의 정치지도자와 국민들은 서독의 정치지도자 및 국민과 비교할 때 너무 다르다. 현재 한국에는 미국의 사드 1개 포대가 배치되어 있다. 그러나 이것으로는 수도권과 경기북부 지역에 사는 국민을 보호하지 못한다. 성주에 배치된 사드의 최대 사거리가 200㎞이기 때문이다.

한국의 미사일방어체계(패트리엇)는 최대 고도 40㎞ 이하의 저고도를 방어하는데 활용된다. 북한은 이미 여러 차례 고각으로 미사일을 시험 발사해서 성공한 경험이 있다. 패트리엇은 고각으로 발사한 북한 핵미사일이 마하 10 이상의 속도로 하강할 경우 요격하기 어렵다.[62] 북한이 고각으로 수도권을 겨냥해서 핵미사일을 발사하면 현재 한국의 미사일방어체계로는 막기 어렵다는 말이다. 이럴 때 수도권을 보호하는 사드가 필요하다.

또한 북한이 잠수함으로 남해안에 침투해서 잠수함발사탄도미사일(SLBM)을 발사하는 경우에도 현재 배치된 사드로는 막기 어렵다. 이에 2022년 2월에

---

60) 『문화일보』. (2022. 4. 4.). "中, '3不' 외 '1限' 요구…文정부, 은폐 뒤 사드 정식배치 지연."; 『중앙일보』. (2022. 4. 9.). "5년 전 10월31일 황당했다, 尹정부 되짚어야할 '사드 봉인' 진실."

61) Gassert(2019), pp. 12－14.

62) 김황록. (2022. 2. 18.). "핵탄두 北스커드 고각발사…서울 상공 70㎞ 터지면 벌어질 일." 『중앙일보』.

대통령 선거 전 후보자들의 TV토론에서 윤석열 당시 후보가 사드를 추가적으로 배치할 필요성을 말했다. 그러자 이재명은 "(사드의 추가 배치를 통해서) 중국의 반발을 불러와 경제를 망치려고 한다"[63]고 비판했다.

뿐만 아니라, 사드 추가배치의 후보지로 거론된 경기도, 강원도 및 충청도의 주민들 일부가 자신들이 사는 지역에 사드 추가배치를 하지 말라고 요구하고 나섰다. 경기도 평택시는 2022년 2월 5일 "(사드 추가배치 공약은) 56만 평택시민을 무시한 무책임한 처사다. 즉각 철회하라"고 촉구했다. 더불어민주당 강원대전환 선거대책위원회는 "윤 후보의 사드 추가배치와 선제타격론은 국민의 안전과 생명을 볼모로 경제 · 군사적 위기를 자초하는 것"이라고 반대하면서 "150만 강원도민들은 모욕감마저 느낀다"고 밝혔다. 또한 충청도에서는 「논산평화와통일을여는사람들」이 2월 7일부터 한 달 동안 매일 오후 5시 30분에 「'국민의 힘'의 사드 추가배치 공약 및 논산 배치 주장 철회」를 요구하는 평화행동에 나선다고 주장했다.[64]

나라를 지키고 국민들을 보호하기 위한 사드배치가 자신들의 이해관계에 저촉된다고 반대한 것이다. 이들은 수도권과 경기 북부에 사는 시민들이 북한의 핵미사일로 공격당해도 상관없다고 생각하는 것일까? 이미 사드가 배치된 성주의 시민들 중에는 지금도 사드배치를 반대하고 시위하는 사람들이 있다. 이것이 안타깝지만 대한민국 정치권과 국민 의식 수준의 현주소다. 그런데 이런 상황에서 문재인 정부는 침묵으로 일관했다. 미비한 군사대비 태세를 개선하는 노력을 회피한 것이다.

안보의식과 안보태세를 무너트리는 정치

문재인 정부의 평화정책은 가정부터 잘못되었다. 비정상국가 북한이 변하지 않는 상태에서는 평화체제의 실현이 어렵다. 그럼에도 문재인 정부는 김정은에게 비핵화 의지가 있는 것처럼 홍보하고, 북한이 변하고 있는 것처럼 선전했다. 사실과 다른 말을 하면서 평화정책을 추진한 것이다. 북한은 국방력이

63) 『중앙일보』. (2022. 2. 7.). "李 · 尹 사드추가 공방...美브룩스 말 뒤엔 '거대이슈' 숨어있다."

64) 『한겨레』, (2022. 2. 6.)."윤석열 '사드 추가배치' 언급한 지역, 일제히 반발."

라는 수단으로 북한식 평화를 추구하고 있다.

그런데 문재인 정부는 각종 대북 유화책과 종전선언 등 평화를 수단으로 평화를 추구했다. 평화는 냉엄한 현실 정치에서 목표는 될 수 있어도, 수단이 될 수 없다. 종교인이라면 몰라도, 정치인인 국가 지도자가 평화를 수단으로 정책을 추진하는 것은 자살행위가 될 수 있다. 특히 사람의 목숨을 소중하게 생각하지 않는 김정은 같은 잔인한 독재자를 상대로 해서는 더욱 그렇다.

북한의 핵과 미사일 위협이 증가하고 있는 상황에서 평화가 왔다고 선전하는 정책과 전쟁의 위험에 대한 경각심을 갖고 대비하는 정책은 양립할 수 없다. 국민들이 거짓 평화에 집착하게 만드는 것은 전쟁의 위험을 외면하게 한다. 오히려 상황을 악화시키는 것이다. 북한이 핵무기를 완성했다고 선언하고 이를 대량생산해서 실전배치 중인 시점에 한국 정부가 2018년부터 종전선언으로 한반도 평화프로세스를 추진한 것은 웃지 못할 희극이었다.

그런데 문재인 정부는 이런 평화 쇼(Show)를 임기 말인 2022년 초까지 계속해서 추진하려고 했다. 2021년 12월 23일에 통일부, 외교부, 국방부가 합동으로 개최한 「2022 정부 업무보고」 브리핑에서 종전선언 추진과 한반도 평화 프로세스 재가동을 2022년 핵심 추진 과제로 설정한 것이 이에 해당한다.[65]

또한 문재인 정부는 평화보장의 가장 큰 문제, 혹은 가장 본질적 문제인 북한의 핵무기에는 침묵하면서 끊임없이 평화를 이야기 했다. 위선적이고 이중적이었다. 이렇게 하면서 북한이 평화 분위기 속에서 마음 놓고 전쟁 준비를 할 수 있도록 해줬다. 한편, 다수의 한국 국민은 위험이 다가오고 있는 것도 모르는 양, 어떻게 되겠지 하면서 거짓 평화 분위기에 편승했다. 위기를 위기로 인식하지 못한 것이다. 문재인 정부가 평화에 대한 환상을 국내정치에 이용하면서 이런 현상이 발생했다.

한미동맹만 약화된 것이 아니다. 국민의 안보 의식이 무너졌다. 그렇기 때문에 시민들이 여기저기서 사드 추가 배치에 대한 반대도 하는 것이다. 대한민국의 안보 위기는 이렇게 시작되었다. 이것은 평화라는 이름으로 평화의

---

65) 『중앙일보』. (2021. 12. 23.). "北 침묵 속 내년도 '평화 프로세스' 올인…외교 · 통일 · 국방부 2022 업무보고."

기반을 파괴하면서 전쟁을 부르는 반(反)평화정책이다. 국민의 생명을 책임지는 정부가 추진해서는 안 되는 전략이었다.

문재인 정부의 평화정책은 냉정하게 평가하면 북한에 굴종하면서 북한이 사고 치지 않기만을 바란 것에 다름 아니다. 북한이 사고를 치면 문재인 정부의 평화정책이 실패했다는 말을 듣게 된다. 그래서 이렇게 되지 않기 위해서 전전긍긍하는 모습을 보일 때가 많았다. 평화정책을 추진하다 보니 생긴 역설적 현상이다. 그런데 문재인 정부가 북한에 굴종적이라고 해서 북한이 문재인 정부를 좋게 평가한 것도 아니다. 문재인 정부를 무시하고 계속 미사일 시험발사를 했다. 2022년 1월에는 한 달 동안에만 7차례 미사일 시험발사를 했다.

이에 대한 한국 정부 및 여당과 미국 정부의 대응은 달랐다. 미국 정부는 1월 12일에 북한의 미사일 프로그램 개발에 관여한 북한인 6명과 러시아인 1명, 러시아 기업 1곳에 대한 독자제재를 발표했다. 유엔 안보리 차원에서도 대북제재위원회를 통해서 추가 대북제재를 제안했다. 미국의 블링컨은 정의용과의 전화통화에서 대응책을 논의한 후 북한의 미사일 발사에 대한 경고와 강경한 입장을 천명했다.

그러나 정의용은 블링컨과 통화한 후 한반도 평화프로세스를 강조했다. 한국과 미국이 북한의 미사일 시험발사와 관련해서 전혀 다른 목소리를 낸 것이다. 이를 통해서 한국과 미국의 동맹 간 공조가 전혀 안 되고 있음이 드러났다. 한편, 한국의 집권 여당인 「더불어민주당」은 북한의 미사일 발사 직후인 2022년 1월 11일에 국회에서 「한반도 종전선언 촉구 결의안 처리」를 촉구했다. 미국 주도로 유엔에서 6개국(일본 포함)이 1월 10일에 북한의 미사일 발사를 규탄하는 공동성명을 발표했을 때도 한국 정부는 빠졌다.

과거에는 대북정책 및 외교 · 안보정책과 관련해서 한국, 미국, 일본(3개국)이 같거나 유사한 입장을 취하고, 북한, 중국, 러시아(3개국)가 다른 입장을 취했다. 그런데 문재인 정부 들어서 이런 구도가 극명하게 바뀌었다. 미국, 일본(2개국)과 한국, 북한, 중국, 러시아(4개국)이 대립하면서 균형이 깨졌다. 대북제재와 관련해서 한국의 문재인 정부가 북한, 중국 그리고 러시아와 같은 입장을 취했기 때문이다. 그러면서 문재인 정부는 북한의 군사적 위협을 막기 위해서 필수적인 한 · 미 연합군사훈련 축소와 연기 및 중단 등을 추진하며 북한의 요구에 부응하고자 했다.

그러다 보니 북한은 남한을 겨냥한 전술핵과 미사일을 개발하고 증강하는데, 북핵을 막을 수 있는 수단인 한미동맹이 흔들렸다. 평화조성 기반이 흔들리면서 전쟁이 일어날 수 있는 환경을 조성한 것이다. 트럼프 정부 때는 트럼프 자체가 비용 문제로 한 · 미 연합군사훈련에 대해서 긍정적이지 않았다. 그런데 바이든 정부가 출범한 후에도 한국 정부는 북한의 비위를 맞추기 위해서 미국에게 한 · 미 연합군사훈련의 규모 축소와 연기를 요구했다.

2021년 여름에 김여정이 한 · 미 연합군사훈련을 비난하는 담화를 발표한 후 한국 정부가 취한 행동이 이를 말해준다. 이석현 민주평화통일자문회의(민주평통) 수석부의장은 문재인 정부 임기가 끝나는 시점인 2022년 3월에 예정된 한 · 미 연합군사훈련을 연기하자고 2021년 12월 21일에 주장했다. "한반도 종전선언을 위한 평화분위기 조성을 위해 내년 3월 예정의 한미연합훈련(동맹 1호훈련)은 한미 양국이 연기 선언을 하는 게 좋겠다"[66]고 말한 것이다.

민주평통은 대통령 직속 자문기구로 의장은 대통령 문재인이다. 민주평통 수석부의장이 문재인 정부와 합의되지 않은 상태에서 국가 안보 문제에 대하여 이렇게 주장할 수는 없다. 언론의 보도에 따르면 미국과 일본은 코로나 대유행기인 지난 2년 동안 오히려 연합군사훈련을 증가시켰다. 반면에 한국은 미국과의 연합군사훈련을 축소시켰다. 북한 비핵화의 실질적 조치가 없을 뿐만 아니라 북핵 위협이 더 증가하고 있는 상태에서 한국이 이렇게 해서는 안 되는 일이었다.

오히려 축소 및 연기됐던 한 · 미 연합군사훈련을 복원시킴으로써 약화된 전력과 준비태세를 개선하는 것이 마땅했다. 그런데 문재인 정부는 역(逆)주행했다. 한 · 미 연합군사훈련 축소와 중단은 한미동맹을 훼손하는 가장 구체적이고, 효율적인 수단이다. 그런데 이런 일이 문재인 정부 주도로 벌어졌다.

이렇듯 한국과 미국이 대북정책과 연합군사훈련에 대해서 엇박자를 보인 가운데 문재인 정부는 줄곧 전시작전통제권 전환을 미국에 요구했다. 한국이 북한의 핵미사일을 막을 수 있는 대비태세를 갖추지도 못한 상태에서, 한국군 사령관이 주한미군을 지휘하겠다고 한 것이다. 미국 입장에서는 현재의 상태에

66) 『한겨레』. (2021. 12. 21.). "민주평통 '종전선언 위해 3월 한미연합훈련 연기하자' 제안."

서 한국의 요구를 들어주면 주한미군의 안전이 보장되지 않는다고 생각할 것이다. 한국과 미국은 이미 2014년 10월 23일 제46차 한미안보협의회의(SCM)에서 「조건에 기초한 방식」으로 전시작전통제권 전환을 추진하자고 합의했다. 북한의 거듭된 핵실험으로 악화된 한반도의 안보상황을 고려한 것이다.

그럼에도 문재인 정부는 조건을 전혀 충족시키지 못한 상태에서 임기 내 전작권 전환을 추진하려고 애썼다. 한국 안보를 위해서 결정적 역할을 하고 있는 미국이 납득할 수 없는 요구를 하면서 동맹관계에 대한 의구심을 품게 만든 것이다. 문제는 미국에서 한미동맹을 부정적으로 생각하는 사람들이 있다는 것이다. 그리고 그 사람이 미국 대통령일 경우는 문제가 심각해진다. 트럼프가 그랬다. 트럼프가 한 다음 발언은 한국이 한미동맹을 얼마나 신중하게 관리해야 하는지를 잘 보여주고 있다.

> "나는 언제나 하나의 질문을 물어왔소. 우리는 왜 남한을 지켜주지?" 남한에는 미군 3만 명이 주둔한다. "우리는 엄청난 돈을 손해 봅니다. (…) 우리가 왜 그래야 하죠?" "우리가 무슨 상관이요? 우리는 8,500마일(1만 3,600㎞)이나 떨어져 있어요." "우리가 무슨 상관이요? 왜 우리는 그들을 위해 기꺼이 싸우겠다고 3만 2,000명을 그 먼 곳에 주둔시켜야 하나요?"67)

유아기를 벗어나지 못한 「미성년 외교」와 기회주의 정치

변화하는 21세기 국제질서 속에서 한국의 안보를 위기로 몰아넣는 요인은 또 있다. 1945년에 한반도는 일본의 식민지배에서 해방됨과 동시에 남과 북으로 분단되었다. 조선이 스스로의 힘으로 해방을 쟁취하지 못한 상태에서 미국과 소련이라는 강대국이 한반도를 분할 점령한 것이다. 분단된 것은 안타깝지만 해방 직후 미국이 아니었으면 한반도 전체가 소련의 영향력 하에 들어갔을 것이다.

1950년에 6 · 25 전쟁이 발발했을 때, 미국이 도와주지 않았어도 김일성이 한반도 전체를 지배했을 것이다. 1953년에 정전협정이 체결된 후에도 동맹국 미국이 북한의 도발을 막아 주지 않았다면, 오늘날 경제적으로 번영한 대

---

67) 밥 우드워드(2020), p. 213.

한민국은 존재하기 어려웠을 것이다.

미국과 달리 중국은 6 · 25 전쟁 때 북한을 도와 유엔군 주도 하에 한반도가 통일되는 것을 막았다. 그런데 한국은 현재 중국이 강대국으로 부상하고 미 · 중 간 경쟁이 심화되자 중국 눈치를 보면서 기회주의적으로 처신하고 있다. 그렇지 않아도 문재인 정부 출범 후 북핵 문제와 대북제재, 전시작전통제권 전환 및 사드배치 등 다양한 문제로 한 · 미 간 갈등이 노출됐다. 그래서 미국에서 한국을 회의적으로 바라보는 시각이 증대했다. 그런데 여기에 추가해서 중국에 대한 인식과 접근방법의 차이가 한미동맹에 부담으로 작용했다.

중국이 국제사회에서 어려움에 처한 국가들을 돕고 바람직한 국제질서를 만드는데 기여하면서 미국보다 나은 모범국가의 리더십을 보인다면 한국이 중국에 우호적인 외교정책을 추진하는 것은 당연하다. 그러나 중국은 국제상설중재재판소(PCA)의 판결에도 불복하고 남중국해를 자신의 영해라고 주장하면서 힘이 약한 주변국들을 억압하고 있다. 나아가 해양주권이라는 이름하에 동중국해와 함께 한반도 서쪽 바다(西海)를 중국 영해로 만드는 작업도 진행 중이다.

뿐만 아니라, 중국은 유엔에서 결의한 대북제재를 위반하고 북한을 지원하면서 북핵 문제 해결에도 가장 큰 걸림돌로 작용하고 있다. 한국과 주한미군이 북핵에 대한 방어체계의 일환으로 남한에 사드(THAAD)를 배치하자, 한국에 대한 경제 보복을 단행하고 사드 철수를 요구하기도 했다. 오로지 중국의 이익만 생각하면서 공격적 민족주의로 한국의 주권과 안보를 철저하게 무시하고 있는 것이다.

소련의 고르바초프는 소련식 사회주의의 잘못된 병폐를 고치기 위해서 개혁과 개방 정책을 추진했다. 그리고 민주적 방식으로 국가를 운영하는 대내외정책을 추진하고자 했다. 그러나 실패했다. 중국의 시진핑은 소련의 붕괴를 반면교사로 삼는다고 하면서, 전체주의적 경향을 강화하고 있다. 진보가 추구하는 원래적 의미의 사회주의와는 동떨어진 길을 가고 있다.

중국이 소련처럼 무너질까 봐 올바른 방향을 택하지 않겠다는 것은, 현재의 잘못된 체제를 포기하지 않겠다는 것이다. 이를 위해서 다른 나라들에게 피해주는 것을 주저하지 않는다. 중국 스스로 이를 전랑(戰狼)외교라고 자랑스럽게 표현하는 뻔뻔스러움을 보여주기도 한다. 한국의 문재인 정부는 겉으론 민주와 정의를 추구한다고 말했다. 하지만 실제론 자신을 업신여기고 억압하는 중국에게 비굴하게 처신했다. 문재인 정부가 진보정권이라고 자처하면서 중국의 비민주적이고 패권적인 행태를 용인하면서 굴종적인 정책을 추진한 것은 아주 위선적이다. 더욱이 중국은 북한과 함께 한미동맹의 해체를 추구하고 있다.

그러다 보니 미국이 공식적으론 한국을 동맹이라고 하지만, 속으론 의구심을 갖고 재평가했다. 트럼프는 원래 동맹을 중요하게 생각하지 않았다. 그런데 동맹을 중요하게 생각하는 바이든 대통령 취임 후에도 미국 조야에서 한국에 대한 실망감이 늘어나면서 재평가가 이루어진 것은 심각한 문제다.

제2차 세계대전 후 미 · 소 간 냉전이 시작되었지만, 1960년대 초 쿠바에 소련 미사일을 배치하는 문제로 발생한 위기가 수습된 후 점차 데탕트(긴장완화)와 동 · 서 양 진영의 평화공존 분위기가 조성됐다. 1969년에 서독 총리로 취임한 브란트는 이런 흐름에 편승해서 신동방정책을 추진했다. 서독이 미국과의 동맹을 외교 · 안보정책의 기본으로 하면서도 소련과의 관계개선을 추구한 것이다. 브란트의 뒤를 이은 슈미트도 이 정책을 계승했다.

그러나 데탕트 시절은 가고 1970년대 말부터 동 · 서 양 진영 간 신냉전이 시작됐다. 그리하여 미 · 소 간 대결구도가 심화되자 서독은 미국 및 소련과 동시에 잘 지내기가 어렵게 되었다. 서방진영에서 서독을 의심의 눈초리로 바라볼 때도 있었다. 그러자 1982년에 슈미트의 뒤를 이어서 총리가 된 콜은 "우리는 양 진영 사이에서 방황하지 않는다"라는 말로 확실하게 서독의 입장을 밝히고 미국과의 동맹을 중시하는 모습을 보여줬다.

미국은 이에 대한 보답으로 베를린 장벽이 무너지고 독일 통일의 기회가 왔을 때 전폭적으로 서독 정부를 지원했다. 미 · 중 신냉전 속에서 기회주의적으로 처신하는 한국 정부가 배워야 할 대목이다. 동맹은 쌍방향이다. 미국이 한국을 돕는 만큼, 한국도 미국을 도와야 한다. 이렇게 하면서 한국은 미국에게 한국을 존중해 줄 것을 요구해야 한다. 그런데 문재인 정부는 미 · 중이 협력구도가 아닌 대결구도에 접어들었는데도 중국에 대한 환상을 갖고 양다리 걸치는 정책을 추진했다.

전문가라는 사람들도 문재인 정부의 줄타기 외교를 지지하는 발언을 많이 했다. 문제는 이들이 문제의 초점을 흐리거나 본질에서 비켜가는 논리를 전개한다는 것이다. 의도적인 부분도 있고, 몰라서 그런 부분도 있을 것이다.

본질을 비켜가니 이들 전문가의 외교적 상상력이라는 것도 빈약하고, 공허하다. 공연히 환상을 조장하면서 잘못된 정책을 추진하도록 조장하는 경향도 보인다. 필자가 보기엔 다음에 인용하는 윤영관 전 외교통상부 장관(이하, 윤영관)의 글이 그렇다.

> "1년 반쯤 전이었다. 트럼프 정부가 중국 정책을 대결 방향으로 선회한 후, 미·중 군사 경쟁이 고조되고 있었다. 한국의 어느 싱크탱크에서 한·미 동맹을 주제로 한 세미나가 있었다. 그 세미나에서 미국 측 참석자들을 향해 "한국은 이러이러한 지정학적 특수성을 갖고 있다. 이를 고려해서 미국은 호주나 일본과 똑같은 일률적인 동맹 관리가 아니라 한국에 대해 일종의 맞춤형 동맹 관리를 해 주는 것이 어떻겠냐"고 제안했다.
> (…) 그러나 한·미 동맹의 군사적 타깃을 북한을 넘어서서 중국으로까지 확장하는 것에 대해서는, 한국에 어떤 파장을 몰고 올지 보수 진보를 떠나 초정파적 입장에서 진지하게 따져 봐야 하지 않겠는가?
> 예를 들어 미국이 중국을 타깃으로 하는 중거리 미사일을 한국에 배치하자고 한다면 그렇게 하겠다는 것인가? 그 후 중국의 보복은 감당할 준비가 돼 있다는 말인가? 현실은 현실이다. 싫건 좋건 중국은 존재하고, 잘 관리해 나가야 할 대상이다. 그렇기에 한국의 외교는 살얼음 위를 걷는 것처럼 신중하고 지혜로워야 한다. 한·미 동맹은 대단히 중요하다. 특히 한반도 평화구축의 염원을 달성하기 위해서 그렇다. 그러나 국내 정파 논쟁에 매몰되어, 한국 사람이라는 주인의식과 방향감각을 잊어서는 안 된다."[68]

얼핏 보면 윤영관의 말은 타당한 것처럼 보인다. 그러나 두 가지 문제점이 있다. 첫째, 왜 우리는 지정학적 특수성을 강조하면서 동맹관계에서 특별한 대접을 받으려고 하는가? 윤영관을 비롯해서 적지 않은 전문가들은 한국이 지정학적으로 일본보다 중국과 인접하다는 이유를 든다. 그러면서 한국이 미국의 동맹 중에서도 특별하게 취급받고 싶어 하는 경향이 있다. 다시 말해서 중국 눈치 보느라 일본처럼 확실하게 미국 편에 서지 않더라도 미국이 이해해 달라는 것이다. 그런데 이게 말이 되는 소리인가? 한국이 미국에게 이류-삼

---

68) 윤영관. (2022. 1. 15.). "주인의식 입각한 한·미 동맹 돼야." 『중앙선데이』.

류 동맹이 되고 싶다면 그렇게 해도 된다.

하지만 그렇게 한다고 중국이 한국을 존중하지 않는다. 일본은 확실하게 미국 편에 서서 반(反)중국 전선에 동참하고 있다. 그런데 중국은 한국보다 일본을 훨씬 존중한다. 일본에 사드의 핵심인 X-band 레이더를 배치했어도, 중국은 일본에 대해서 경제제재를 가하지 않았다. 과거 서독은 어떻게 했는가? 물론 소련과의 관계도 중시했다. 유럽의 긴장완화 정책도 서독이 주도하면서 추진했다. 그러나 안보 문제에 있어서만큼은 철저했다. 소련 눈치를 보면서 양보하거나 후퇴하지 않았다. 철저하게 동맹 틀에서 행동하면서 소련에게 당당하게 할 말은 했다. 그것이 서독의 국익을 위한 것이라고 생각했기 때문이다. 미국에 굴종해서 그런 것도 아니다.

서독은 때로 미국을 견제하기 위해서 프랑스와의 협력을 모색하고, 함께 유럽통합의 주역이 되기도 했다. 슈미트는 1970년대 말에 카터와 회담을 하다가 격렬하게 논쟁하고, 화를 내면서 헤어지기도 했다. 슈미트가 카터를 아마추어 정치가로 저평가하면서 미국의 정책에 동의하지 않는 부분이 있었기 때문이다. 중요한 건 서독이 미국에게 굴종하지 않았다는 것이다. 소련에게도 마찬가지다.

그런데 한국의 외교전문가들이 하는 이야기를 보면 주권을 지키기 위해서 당당하게 노력하는 모습이 별로 보이지 않는다. 여기저기 눈치나 보면서 생존하려는 모습만 보인다. 그래 가지고 어떤 국가가 한국을 존중하겠는가. 미국이 6·25 전쟁 때 북한 및 중국과 싸우면서 한국을 지켜주지 않았다면 지금 한국은 지도에서 사라졌을 것이다. 그런데 중국 눈치를 보느라고, 미국과의 동맹관계에서 특별한 나라로 취급해달라고 하는 것이 말이 되는 것인가?

일본은 미국과의 전쟁에서 원자탄을 맞고 항복한 국가다. 그럼에도 미국과의 동맹을 중시하고, 반중(反中)전선에서 확실한 입장을 취하고 있다. 일본이 미국에 굴종해서 그런 것일까? 중국의 보복을 두려워하지 않아서 그런 것일까? 그런데 왜 한국만 특별하게 취급받고 싶어 하는 것일까? 이것이 정상적인 태도일까? 이런 것은 전형적인 약소국 외교, 유아기를 벗어나지 못한 「미성년 외교」다. 동맹의 신뢰를 상실하는 기회주의 정치다.

전쟁 억제의 지렛대를 회피하고 약화시키는 「자기 파괴적」 정치

동맹이란 무엇인가? 왜 한국은 미국의 도움으로 안보 문제를 해결하면서, 그만큼 미국에게 도움이 되려 하지 않는 것일까? 이렇게 하면서 절실하게 미국의 도움이 필요할 때, 한국이 미국으로부터 도움을 받을 수 있을까? 우리는 얼마나 한국의 지정학적 특수성에 대해서 깊이 생각하고 윤영관처럼 말을 하는 것일까?

분단되지 않고, 북한 같은 비정상국가로부터 위협받지도 않으며, 그런 북한의 배후에 중국 같은 강대국이 있지도 않은 지정학적 위치의 나라와 한국의 지정학은 같지 않다. 한국의 지정학적 특수성을 고려하면 미국과의 동맹이 절대적으로 중요하다. 설령 다른 나라가 미 · 중 사이에서 줄타기 외교를 한다고 해서, 한국 역시 그렇게 해도 될 것이라고 생각한다면 그것은 대단한 착각이다.

한국의 지정학적 특수성은 두 가지 관점에서 볼 필요가 있다. 첫째, 전략적으로 한국의 지정학적 특수성을 활용하는 방안을 생각해보자. 앞에서 우리는 대만이 위험해지면, 한국도 위험해진다는 것을 보았다. 중국은 2021년 12월 한 · 중 전략대화에서 대만 문제로 주한미군을 공격할 수 있다는 말을 했다고 한다.[69] 그런데 중국의 대만 침공을 막고, 주한미군에 대한 공격을 막을 수 있는 가장 좋은 방법은 미국의 전술핵을 한국에 배치해서 중국이 함부로 행동하지 못하도록 하는 것이다. 북한의 대남 핵공격을 억제할 수 있는 가장 좋은 방법도 미국의 전술핵을 한국에 배치하는 것이다.

이런 점에서 중국을 겨냥한 중거리 핵미사일을 한국에 배치하는 것은 전략적으로 필요하다. 중국이 한국을 파괴하기 위해서 베이징이 파괴되는 것을 감수하지는 못할 것이다. 중국의 보복을 두려워해서 한국에 미국의 전술핵을 배치하는 것을 피할 일이 전혀 아니라는 것이다. 때론 안보를 위해서 경제를 희생하는 것이 불가피하다. 이것이 작금의 냉엄한 현실이다. 안보와 경제 중에서 하나를 선택해야 한다면 안보를 선택해야 한다.

한국 입장에서 가장 확실한 미국의 확장억제 방안은 조건부 전술핵 배치다. 북한이 비핵화를 하면 한국에 배치한 미국의 전술핵무기를 철수시킨다는

---

69) 송평인. (2022. 1. 12.). "정용진 '좋아요'," 『동아일보』.

조건으로 하는 것이다. 전술핵이 배치된 상태에서 한국에 대한 공격은 전면 핵전쟁을 의미한다. 따라서 「공포의 균형」이 성립한다. 잠수함발사탄도미사일(SLBM)을 통한 확장억제는 전술핵을 한국 영토에 배치하는 것보다 전쟁 억제의 효과가 떨어진다. 보이지 않아서 존재를 알 수 없기 때문이다. 상대가 오판할 수 있다.

「나토 이중결정」도 조건부로 나토 회원국에 미국의 중거리 핵미사일을 배치한 것이다. 소련과 동유럽에 배치한 신형 중거리핵미사일 SS-20을 철수시키는 협상을 추진하되, 이것이 실패하면 미국의 중거리 핵미사일을 배치한다는 것이다. 서독이 주도한 「나토 이중결정」은 결국 소련으로 하여금 INF를 체결하고 동유럽에 배치한 SS-20 중거리 핵미사일을 철수시키도록 만들었다. 소련 입장에서 중거리 핵미사일의 동유럽 배치가 손해였기 때문이다. 동유럽에 배치된 소련의 중거리 핵미사일로는 미국 본토를 공격할 수 없었다. 반면에 나토 회원국에 배치된 미국의 중거리 핵미사일로는 소련을 타격하는 것이 가능했다.

마찬가지로 한국에 미국의 전술핵무기를 배치하면 중국 입장에서 절대적으로 손해다. 이것이야말로 중국으로 하여금 북한 비핵화에 협조하도록 만드는 압박 수단이 될 수 있다. 중국이 북한을 전략적 자산이 아니라, 부담으로 느끼게 만들 수 있는 가장 효과적인 수단이 될 수 있다는 것이다.

한국은 결기 없이 위기를 극복하는 것이 불가능한 상황에 처해 있다. 우리가 리스크 없이 문제를 해결하려는 안이한 사고만 해서는 안 된다. 한국 내 전술핵 배치는 중국의 대만 무력통일을 억제하는 수단이라는 점에서 대중국 압박의 가장 효과적인 수단이 될 수도 있다. 이것은 중국으로 하여금 대만과 북한 중 하나를 선택하게 만들 수 있다. 그런데 이런 지렛대를 왜 우리 스스로 포기하는 것인가?

미국은 몇 년 전만 해도 전술핵을 한국에 배치하는 것에 주저했을 수 있다. 그러나 중국 견제를 외교·안보정책의 최우선 순위에 자리매김하면서는 사정이 달라지고 있다. 미국이 군사전략 차원에서 한국과 일본에 중국을 겨냥한 중거리 핵미사일 배치가 필요하다고 생각할 가능성은 증가하고 있다. 특히 대만을 지키기 위해서는 이것이 절대적으로 필요하다.

북한이 전쟁 준비를 하면 우리도 상응하는 대비태세를 갖춰야 한다. 중국과 북한 모두가 두려워하는 비상수단을 강구해야 한다. 한국의 지정학적 위치를 보고 겁부터 내면서 중국을 두려워하지 말고, 중국이 두려워하는 지렛대를 이용해서 우리 안보 문제를 해결하는 지혜와 결기를 보여줄 필요가 있다.

한국의 지정학적 특수성에 대한 필자의 두 번째 관점은 다음과 같다. 다른 나라가 미·중 간 줄타기 외교를 하는데, 한국도 그렇게 하는 것이 뭐가 문제냐는 주장 역시 최근에 많이 제기됐다. 김기정 한국국가전략연구원 원장(이하, 김기정)은 미·중 사이에서 한국 정부가 취해온 "전략적 모호성이 꼭 나쁜 것은 아니라는 것인가?"라고 묻는 홍제표 CBS노컷뉴스 기자의 질문에 대해서 다음과 같이 답변했다.

> "모호성이라는 말이 기회주의 같은 느낌을 주는데, 그보다는 '전략적 신중함'(Prudence)이라고 하는 게 맞다고 본다. 유럽 많은 국가들이 비슷한 고민을 하고 있고 일본조차도 그렇다. 한국과 비슷하게 중간에 낀 국가들의 연대 같은 게 필요할 때가 있으리라고 본다. 이들 국가의 전략적 공통점이 뭔가를 모색해나가는 것도 괜찮을 것 같다."[70]

김기정은 호주가 미·중 간 패권경쟁에서 확실하게 미국 편에 서서 대중국 견제정책에 동참한 것처럼 한국도 빨리 선택을 하지 않으면 힘들어질 수 있는 것이 아니냐는 홍제표 기자의 질문에 대해서는 다음과 같이 답변했다.

> "그런 생각은 냉전시기로부터 승계된 막연한 두려움, 선택을 빨리 해야 한다는 강박관념에서 비롯된 것 같다. 그런데 우리 국력이 커졌는데 그런 말씀 하시는 분들의 기억은 여전히 7, 80년대에 가있어 간극이 있다고 보인다. 국민들의 높아진 자긍심을 외교 전략에 반영하는 구상이 되면 좋겠다."[71]

이에 대한 필자의 생각은 다음과 같다. 우선 지금 상황을 냉전이 아니라고 말하는 것에 동의하기 어렵다. 현재 한국의 분단 및 대치 상황은 냉전 상황에서 변한 것이 없다. 남북한은 동서독처럼 평화공존하기 어렵다. 북한이 생각

---

70) 『CBS노컷뉴스』(홍제표 기자 인터뷰). (2022. 1. 14.). "김기정 원장 '北 극초음속 미사일에도 종전선언 동력 살아있다'."

71) 위의 글.

하는 평화와 남한이 생각하는 평화가 다르기 때문이다.(Ⅲ.3장) 비정상국가 북한을 상대로 남북관계 개선과 한반도 평화를 추구하는 것은 무지개를 좇는 것과 같다. 남북관계는 냉전 아니면 열전 사이를 오간다. 김대중 정권 등 진보정권이 집권했을 때 남북관계가 개선되고 한반도에 평화가 온 것처럼 생각했지만 그것은 착시였다.

그 기간에 북한은 남한의 경제적 도움으로 체제 위기를 극복하면서 핵과 미사일을 개발했다. 북한이 전술적으로 남한을 이용한 시기였다는 것이다. 남북관계는 현재 북한의 핵개발로 「힘(군사력)의 균형」이 깨졌다. 이것을 막아주고 냉전을 유지해주는 것이 미국이다. 그런데 멀지 않은 시기에 대만 문제와 함께 한반도의 냉전이 열전으로 전환될 수 있는 환경이 조성되고 있다.

이런 현실을 무시하고, 문재인 정부에 대한 비판적 입장을 무조건 냉전적 사고라고 폄훼하는 것은 곤란하다. 유럽과 일본이 미·중 간 전략적 모호함 혹은 신중함을 견지하고 있다고 하면서 「제3의 길」로 이런 국가들과 연대하는 것이 필요하지 않느냐고 말한 것에 대한 필자의 생각은 다음과 같다. 한국을 다른 나라와 평면적으로 비교하는 것은 곤란하다. 한국은 그렇게 한가로운 상황에 있지 않다. 한국이 처한 분단 상황과 북한이 핵무기로 위협하는 상황 그리고 중국이 이런 북한을 도와주고 있는 상황을 고려하면 한국은 통일 후의 독일과 처지가 다르고 유럽이나 일본과도 다르다.

한국이 미·중 간 줄타기 외교를 하면서 한미동맹을 소홀히 할 경우 지정학적 특수성으로 인해서 이득보다 훨씬 큰 손해를 보게 된다. 이런 점에서 한국은 동맹관계에서 특별한 취급을 바라지 말아야 한다. 뿐만 아니라, 다른 나라들과 달리 더 한미동맹을 소중하게 생각해야 한다. 김기정은 대만 분쟁이 벌어지면 우리나라도 끌려들어갈 가능성이 있느냐는 CBS노컷뉴스 홍제표 기자의 질문에 대해서는 다음과 같이 답변했다.

> "가능성이 있다. 그런다고 해서 우리가 대만 문제에 개입을 자초하는 것은 우둔한 것이다. (만약 미중 군사충돌이 벌어진다면) 한국과는 관계없는 다른 곳에서 일어나도록 우리의 공간을 요구해야 한다. 우리의 원칙은 '개입하지 않겠다'(는 점을 강조해야 한다). 어려운 문제다."[72]

그러나 한국이 대만 문제를 피하고 싶어 한다고 해서 피할 수 있는 것이 아니다. 한국과 관계없는 다른 곳에서 미·중 간 군사충돌이 일어나도록 미국에게 요구한다고 해서 그렇게 될 수 있는 것도 아니다. 한국이 미국의 군사적 도움을 받으면서, 미국의 전쟁에 "개입하지 않겠다"고 말하는 것은 동맹으로서 할 소리가 아니다. 이것은 한미동맹을 깰 수도 있는 발언이다.

지정학적으로 피할 수 없는 문제라면 한·미가 공동으로 어떻게 대응해야 할지를 적극 숙고하는 것이 가장 현명하다. 앞에서 여러 차례 말했지만, 한미동맹이 약화될수록 한반도에서 전쟁 가능성은 높아진다. 그런데 한국은 북한과 중국 눈치를 보느라 한미동맹 약화를 감수하고 있다. 전쟁 억제의 지렛대를 회피하고 약화시키는 이런 정치가 바로 전쟁을 부르는 것이다.

---

72) 위의 글.

결론:
생존의 기로에서

Ⅶ

결론: 생존의 기로에서

1. 대북전략에 대한 제언

가. 새로운 대북 패러다임

북한의 국가목표는 국민의 생존이 아닌 김정은 정권의 생존이다. 국민의 생존도, 정권의 생존이 보장되고 나서 고려되는 것이다. 북한에서 국민의 생존과 정권의 생존은 동급이 아니다. 국민이 굶주리는데 핵과 미사일을 개발하는 것도 이 때문이다. 그런데 그동안 한국과 미국에서 북한이 정상국가처럼 국민들의 빈곤을 해결하고, 국가 경제를 재건하기 위해서 비핵화 협상에 나올 것으로 기대한 사람들이 많았다. 북한 정권을 "국민을 위해 봉사하는 정권으로 간주"[1)]한 경향이 있는 것이다.

이들은 북한이 합의한 내용을 이행하지 않으면, 북한 탓을 하는 대신에 한국과 미국이 잘못 해서 그런 것이라고 주장했다. 그리고 북한에 대한 양보를 계속 주장했다. 더 이상 양보할 수 있는 것이 없을 때까지 그런 주장을 되풀이했다. 그러나 이것은 희망적 사고에 불과했다.

노태우 정부 이후 남북관계 개선을 위해서 많은 노력을 했다. 「남북기본합의서」도 체결했다. 그런데 역대 모든 정부의 대북정책이 남북관계 개선이라는 목표를 달성하지 못했다. 남북한 주민의 접촉은 원천적으로 차단되고, 북한

1) 척 다운스(1999), p. 404.

주민이 남한 드라마를 시청하다 북한 당국에 의해서 발각되면 수년간 구속되거나 심하면 공개처형을 당하기도 한다. 이런 현상은 김정은 집권 후 더 심해졌다. 이런 상태가 유지되는 한 남한이 아무리 북한에 대한 경제지원을 하고, 남북한 교역 규모가 증가해도 남북관계가 개선된다고 말할 수 없다.

동서독관계는 이렇지 않았다. 1970년대부터는 동독 주민 중에서 연금생활자가 서독을 방문하고, 거의 모든 동독 주민이 안방에서 서독 TV방송을 시청할 수 있었다. 1980년대에는 연금생활자 외에도 서독에 친지가 있는 동독 주민들이 서독을 방문할 수 있었다. 서독 주민도 원하면 1970년대부터 언제든 동독을 방문하고, 동독 TV를 시청할 수 있었다. 심지어 동독에는 서독 언론사에서 파견된 특파원이 상주하기도 했다. 남북관계와 동서독관계는 너무 다르다. 북한 정권이 남북관계가 동서독관계처럼 개선되는 것을 원하지 않기 때문이다.

북한 정권은 남북한 주민들의 접촉은 원천적으로 차단시킨 채, 단지 남한과의 경제협력을 통해서 이득만 취하려고 했다. 이렇게 취한 경제적 이득으로 핵과 미사일을 개발해서 남한을 위협하고 있다. 이것은 어제, 오늘의 일이 아니다. 지난 이십 여 년 이상 반복된 역사가 이를 말해준다. 북한은 남북관계가 동서독관계처럼 개선되는 것을 남한 주도의 흡수통일로 가는 길이라고 생각한다. 북한이 이렇게 생각하는 한 남북관계 개선은 불가능하다.

한반도 평화도 마찬가지다. 북한은 평화교육 대신에 전쟁교육만 실시하는 병영국가다. 또한 억압적 통제정책과 통제시스템으로 국가를 운영하는 반(反)평화적 국가다. 북한의 이런 모습이 근본적으로 변화하지 않으면 비정상국가 북한과 한반도 평화체제를 구축한다는 것은 불가능하다. 북핵 협상도 북한이 정상국가라면 벌써 성공했을 것이다. 북한이 변하지 않는 한, 협상을 통한 북한의 비핵화는 불가능하다. 북한이 말하는 한반도 평화체제는 주한미군 철수를 전제로 한 것이다. 그런데 북한의 군사위협, 특히 핵미사일에 의한 위협이 존재하는 상태에서 주한미군 철수는 한국이 받아들일 수 없는 것이다.

북한은 남한이 주장하는 한반도 평화체제를 원하지 않는다. 남한이 추구하는 방식의 한반도 평화체제를 흡수통일의 전주곡으로 이해하기 때문이다. (Ⅲ.3장) 따라서 한반도 평화도 구조적으로 실현이 불가능하다. 한국의 역대 모든 정부는 남북관계 개선과 한반도 평화 구현에 실패했다. 김씨 세습정권이 바뀌지 않는 상태에서 남북관계 개선과 한반도 평화에 집착하는 것은 실패한 정책의 반복을 의미할 뿐이다.

그동안 한국은 대북 「햇볕정책」 혹은 「포용정책」과 「평화정책」으로 북한의 변화를 기대했으나 실패했다. 그 원인은 김일성에서 김정일을 거쳐 김정은으로 이어지는 전체주의 시스템에 있다. 이들 북한 정권이 변화를 거부했기 때문이다. 우리는 북한을 볼 때, 무엇이 본질이고, 무엇이 지엽인지를 구분해야 한다.

협력이란 그것이 가능한 상대와 할 수 있는 것이다. 협력 그 자체가 좋은 것이고, 추구할 만한 것이라고 해서 그것이 모든 상대와 가능한 것은 아니다. 극단적이고 비정상적인 김정은 정권을 상대하려면, 협력의 문은 열어 놓되 현실적 위험 부담을 감수하는 정책을 추진하지 않을 수 없다. 동독을 상대로 평화공존을 추진했던 서독의 정책과 북한을 상대하는 한국의 대북정책이 같을 수는 없다. 히틀러를 상대로 하는 균형정책과, 정상국가 지도자를 상대로 한 균형정책이 같을 수 없는 것과 마찬가지다.

따라서 이제는 실패한 과거를 되돌아보고 우리 대북전략의 패러다임을 근본적으로 바꿔야 한다. 북한이 남북관계 개선 없는 북한의 길을 가겠다면, 남한도 남한의 길을 가야 한다. 안 되는 남북관계 개선에 집착하고, 실패하는 정책으로 우리 스스로를 얽어맬 필요가 없다. 남북관계를 개선하고 싶으면, 우선 비정상적인 남북관계를 정상화시키는 일부터 시작해야 한다. 남북관계의 잘못된 관행부터 바꿔야 한다는 말이다. 물론 이것은 북한의 변화와 함께 진행되어야 한다.

그런데 북한 정권은 스스로 변화를 추구하지 않고 비정상적인 시스템을 고집하면서 남한을 굴복시키려 한다. 그렇다면 북한을 압박해서 북한이 변화하지 않을 수 없는 구도를 만들어가는 수밖에 없다. 물론 남한은 평화 통일 이전에 남북한의 평화공존을 원한다. 그러나 북한이 전쟁준비를 한다면, 남한도 그에 상응해서 북한이 전쟁을 일으키지 못할 안보 환경을 구축해야 한다. 한미동맹을 더욱 강화해야 한다는 것이다. 동시에 김정은 정권이 국가목표를 바꾸지 않을 수 없도록 압박해야 한다. 이것이 한국이 향후에 추진해야 할 새로운 대북전략의 핵심이다.

그동안 한국의 진보정권은 유화정책으로 북한의 변화를 추구했다. 그러나 북한은 한국의 유화정책에서 단물만 빨아먹고, 오히려 한국을 파괴할 수 있는 핵과 미사일을 개발했다. 또한 북한은 남한의 대북 유화정책을 수단으로 한미동맹의 균열과 와해를 추구했다. 남한은 북한으로부터 어떤 이득도 보지 못하고, 북한의 핵미사일 개발을 도와준 결과를 자초했다. 뿐만 아니라, 한국의 진보정권, 특히 문재인 정권은 한미동맹의 균열과 약화를 자초하면서 안보의 기반을 스스로 허물었다.

이젠 대북 유화정책의 실상을 냉철하게 재평가해야 한다. 더 이상 북한의 정책에 남한의 정책을 맞출 필요가 없다. 대화를 위한 대화를 할 필요도 없다. 북한 체제의 안전 보장을 해줘야 한다면서 남한 체제를 안전을 위협하는 기이한 현상도 우리 사회에서 더 이상 나타나지 않도록 해야 한다.

이미 외교적 수단과 대화를 통한 북한의 비핵화는 실패한 것이 입증됐다. 얼마나 더 실패하고 나서야 실패를 인정할 것인가? 이젠 북한에 대한 환상을 접어야 한다. 때론 남한 정부가 정책 실패를 알면서 의도적으로 고집한 측면도 있었다. 그건 국내정치적 계산이 깔려서 그런 것이다. 한국의 실패한 정치는 결국 한국을 위태롭게 할 뿐이다. 이런 망국정치를 되풀이해선 안 된다.

애당초 비핵화-평화협정 프레임은 북한이 만든 것이다. 한국의 역대 정부는 다른 대안을 제시하지 못하고, 북한의 주장에 끌려가면서 동조해왔다. 그런데 이 프레임은 사실상 북한이 비핵화를 거부하기 위해서 만든 프레임이다. 동시에 한미동맹을 와해시키는 수단이다. 그럼에도 잘못된 프레임에 한국의 역대 정부가 매달려왔다.

이제 북한은 핵보유국 행세를 하면서 비핵화 프레임을 무시하고 있다. 한국 정부는 이런 프레임에서 벗어나 새로운 전략을 짜야 한다. 기존의 프레임에 매달려 허송세월 하지 말고, 북한의 새로운 프레임에 대처해야 한다는 것이다. 한국의 선택해야 할 새로운 프레임은 김정은 정권에게 변화와 몰락 중 하나를 선택하게 하는 것이다.

설령 한국과 국제사회의 대북 압박에도 불구하고 김정은 정권이 기존의 정책을 바꾸지 않는다고 한들 한국이 더 손해 볼 것은 없다. 한국이 대북 강경책을 추진하든, 대북 유화책을 추진하든 북한은 그동안 하나의 길을 추구했다. 남한과의 체제경쟁에서 이기는 것이다. 그것도 군사력을 통한 방법으로 이기는 것이다.

북한의 연방제 통일도 마찬가지다. 남한이 북한의 연방제에 동의하지 않아도 북한은 전쟁 위협과 핵무기 사용 가능성으로 연방제를 강요할 것이다. 이것이 안 통하면 군사력을 직접 사용해서 통일을 시도할 것이다. 군사력으로 남한을 굴복시키는 데는 무력 통일이든, 연방제 통일이든 큰 차이가 없다. 북한은 그것 말고 달리 남한과의 체제경쟁에서 이길 방법이 없다.

북한이 이런 국가목표를 바꾸지 않는다면, 남한도 북한과의 체제경쟁에서 이길 수 있는 강력한 방법을 동원하는 수밖에 없다. 북한이 이때까지 고수해 온 방법으로는 남한을 굴복시킬 수 없을 뿐만 아니라, 오히려 자신이 위태롭게 될 수 있음을 느끼게 해줘야 한다.

북한과의 전쟁을 피할 수 있는 가장 효과적인 대안은 신뢰성 있는 억지(deterrence)다.[2] 김정은은 이제 전략핵무기와 전술핵무기를 확보하면서 자신의 목표를 거의 달성할 수 있게 되었다고 생각할 것이다. 그러나 이런 생각이 잘못된 것임을 깨닫게 해줘야 한다. 한미동맹을 더욱 강력하게 하면서 북한이 전쟁을 일으킬 엄두를 내지 못하게 해야 한다. 김정은이 만든 핵과 미사일을 사용하지 못하도록 무력화시키는 것이다.

그러면서 외부정보 유입 등 비군사적인 방법으로 북한 체제를 내부에서 흔드는 것이다. 물론 김정은은 전쟁 발발 직전까지 가는 군사적 모험주의를 시도할 수 있다. 그러나 강력한 한미동맹으로 김정은의 이런 의도가 좌절되게 만들어야 한다. 북한의 공갈과 협박이 더 이상 통하지 않는다는 것을 보여줘야 한다. 이젠 북한을 달래려고 하는 대신에 결기를 보여줘야 한다. 가짜 평화를 위한 대화에 북한이 나와 줄 것을 애원하지도 말아야 한다. “돈으로 평화를 살 수 있고 양보를 통해 생명을 건질 수 있는 것처럼 보일 경우, 단호한 결의를 과시하는 것은 실로 어려운 일이 아닐 수 없다.”[3]

한국의 진보와 보수 정권이 북한과 협상을 벌여 온 원인 중 하나는 전쟁공포증이다. 이젠 이 전쟁공포증에서 벗어나야 한다. 이젠 우리가 북한 정권보다 더 독해져야 한다. 그러지 않으면 한국은 언제나 「비정상국가」 북한에게 진다. 김정은 정권이 생존의 위협을 느낄 정도로 대북 압박을 가하는 것만이 김정은의 태도 변화를 유도할 수 있는 유일한 길이다. 그래야 김정은이 정권

---

2) 위의 책, p. 402.
3) 위의 책, pp. 403-404.

붕괴의 위험 앞에서 과거에 시도해본 적이 없는 변화를 시도할 수 있다.[4] 북한의 비핵화도 이런 방법이 아니면 성공할 수 없다.

북한이 북한의 길을 갈 때, 남한은 남한의 길을 가자는 것이 북한에 무관심하자는 말은 아니다. 김정은 정권의 변화와 교체, 둘 중에서 하나라도 성공하지 못하면 언젠가 한국이 당할 것이다. 이것은 죽고 사는 문제다. 따라서 이제부터 한국이 취해야 할 대북정책은 김정은의 약점(아킬레스건)을 집중 공략해서 북한의 변화 내지 김정은 정권의 교체를 추구하는 것이다.

우리에겐 지렛대가 있다. 앞으로 국제사회와 함께 대북제재에 추가해서 외부정보 유입과 북한인권 개선을 동시에 추구하는 것이다. 전방위적으로 김정은 정권을 압박하자는 것이다. 우리 스스로 포기한 지렛대를 복원해야 한다. 한국과 미국은 전략적, 전술적으로 다양한 대북 지렛대가 있음에도 이를 적극 사용하지 않았다.

북한이 1990년 중 · 후반에 제1차 「고난의 행군」 시기를 겪을 때가 첫 번째 기회였다. 그런데 한국은 이 기회를 놓쳤다. 그리고 김대중 정부의 「햇볕정책」으로 북한이 위기를 극복하도록 도와줬다. 도와준 결과가 현재 남한에 대한 북한의 핵위협으로 나타나고 있다.

지금 북한이 겪고 있는 제2차 「고난의 행군」 시기는 두 번째 기회가 될 수 있다. 현재의 북한 민심은 제1차 「고난의 행군」 시기인 1990년대 중 · 후반보다 훨씬 나쁘다. 1990년대 중 · 후반에는 굶어 죽으면서도 사상교육이 지금처럼 무너지지 않았다. 지금 북한의 『로동신문』은 매일 사상교육의 중요성을 강조하고 있다. 그만큼 사상이 흔들리기 때문이다. 이 기회를 놓치면 우리가 위험에 처하게 될 것이다. 이것은 전략적으로 큰 실수가 될 것이다.

북한의 국가목표를 바꾸려면 정권의 생존을 위협해야 한다. 달리 한국의 생존을 위해서 할 수 있는 것은 없다. 평화를 돈으로 사려고 해도, 그것은 일시적으로만 가능할 뿐이다. 김정은은 북한보다 우월한 남한 체제가 없어져야 비로소 안심할 것이다. 북한은 한국이 대북 유화책을 쓰든, 강경책을 쓰든 일관되게 군사력으로 무력통일의 기회만 노리면서 전쟁 준비를 멈추지 않는다. 북한의 정상국가화가 불가능하다면 북한의 정권교체를 추구해야 한다.

---

4) 안드레이 란코프(2014), pp. 293~294.

김정은 정권이 대북제재보다 더 두려워하는 것은 외부정보 유입이다. 따라서 북한의 국가목표를 바꾸려면 북한으로 외부정보를 유입시켜야 한다. 지금 전 세계에 한국의 정보와 한국에 대한 정보가 들어가고 있다. 유일하게 북한에만 한국 정보가 들어가지 못한다. 이것은 비정상이다. 이것을 바꾸지 않고, 남북관계 개선을 말하는 것은 공허하다.

남북관계 개선을 위해서도 북한으로 한국 정보가 유입되도록 해야 한다. 북한이 그것을 거부한다면 북한과 남북관계 개선을 논할 필요가 없다. 부질없는 일이기 때문이다. 그런 상태에서 경제협력으로 북한을 돕는다는 것도 의미가 없다. 그리고 남북관계 개선이 구조적으로 될 수 없는 상태에서 한반도 평화를 말하는 것 역시 공허하다.

다시 한 번 강조하지만, 우리가 해야 할 일은 김정은을 달래고 굴종하는 것이 아니다. 김정은이 전쟁을 일으키지 못할 환경을 만드는 것이다. 우리 외교·안보정책의 최우선 과제는 이런 환경을 만드는 것이다. 첫째, 김정은이 비핵화를 하지 않을 수 없을 정도로 최대 압박을 가하면서 북한 체제를 흔드는 것이다. 둘째, 한미동맹을 강화시켜서 김정은이 전쟁을 일으킬 엄두를 내지 못하게 하는 것이다.

서론에서 밝혔듯이 필자의 정치적 성향은 중도(좌파)다. 필자의 정치적 성향이 보수라서 이렇게 주장하는 것이 아니다. 지금은 비상시국이고, 달리 상황을 타개할 방법이 없기 때문에 강한 압박정책과 억제정책을 주장하는 것이다. 현재 위험 부담 없이 난국을 타개하는 것은 불가능하다. 비상시국에는 그에 걸맞는 비상 대책으로 위기를 극복해야 한다.

나. 북한이 두려워하는 지렛대

유엔안보리 차원의 대북제재 외에도 미국의 독자제재로 김정은 정권의 외화벌이가 타격을 받는 측면이 있다. 북한은 이란과 시스템이 다르기 때문에 북한에 대한 제재가 단기적으로 기대한 만큼의 효과를 거두기는 힘들 수 있다. 그래도 효과가 없지 않다. 코로나 사태 이전에 대북제재로 북한의 대외무역은 이미 80% 이상 감소했다.[5)]

다만, 중국이 대북제재 회피를 도와주기 때문에 대북제재만으로는 김정은의 마음을 변화시키지 못할 것이다. 김정은이 1990년대 중·후반의 「고난의 행군」이 자기 시대에 되풀이되는 것을 피하지 않겠다고 말했을 정도다. 극한 상황이 오면 군량미를 풀어서라도 2년은 버틸 것이다. 그만큼 비축해 놓은 것도 있고, 대북제재에 익숙해있기 때문이다. 그러나 이런 상태로 오래 버티기는 힘들다.

이와 관련해서 고려해야 할 사항은 김정일이 1990년대 중·후반 제1차 「고난의 행군」 시기에 백만 명 이상의 주민이 굶주림으로 죽었어도 선군정치를 하면서 핵개발을 지속했다는 점이다. 김정은도 김정일의 방식을 추구하기 때문에 제2차 「고난의 행군」을 겪으면서 굶어죽는 사람이 나타나도 핵개발을 포기하지 않을 것이다.

그러나 과거와 달리 북한 지도부에 대한 충성심이 대폭 낮아진 것은 중요한 환경의 변화다. 특히 신세대(청년)의 충성심은 약하다. 최근의 『로동신문』과 『조선중앙통신』을 보면 북한 청년들이 연일 탄광과 백두산 혁명전적지 혹은 농촌과 산골 학교 등 힘든 곳과 외진 곳으로 자진 탄원을 신청해서 파견된다는 기사가 등장하고 있다. 다음 기사의 제목들만 봐도 알 수 있다.

- "200여명 고급중학교 졸업생들 사회주의건설의 전구들로 탄원진출"(『조선중앙통신』. 2022. 4. 4.)
- "함경남도의 사범대학, 교원대학 졸업생들 혁명전적지들과 산골학교들에 탄원"(『로동신문』. 2022. 4. 5.),
- "고급중학교 졸업생들 사회주의건설의 중요전구들에 자원진출"(『조선중앙통신』. 2022. 4. 1.)
- "대학졸업생들 백두산지구 혁명전적지와 최전연지대(최전방; 필자), 섬마을, 산골의 학교들에 탄원"(『조선중앙통신』. 2022. 3. 28.)

그러나 북한 청년들이 자진 탄원해서 탄광과 섬마을 그리고 산골 학교 등으로 간다는 것은 당국의 거짓 선전이다. 청년들이 다른 생각을 하다가는 오지로 끌려가서 고생하게 된다는 점을 주지시키는 공포정치의 일환으로 보는 것이 맞다. 실제로 오지로 자진 탄원한다는 청년들은 「힘 없는 집안」의 자식

5) 주성하. (2022. 1. 20.). "김정은은 왜 신년사를 3년째 못 할까." 『동아일보』.

들일 것이다. 그럼에도 북한 당국은 청년들의 사상을 통제하기 위해서 「청년교양보장법」을 채택하고, 이런 분위기를 조성하고 있다. 이 정도로 최근 북한 사회의 기둥인 청년들의 사상이 흔들리고 있다. 따라서 김정은 체제의 약점을 집중 공략하면 겉보기와 달리 크게 흔들릴 수 있다. 김정은 체제가 겉보기에는 안정된 것 같아도, 내부적으로는 빈틈과 불안정 요인이 많다.

대북 외부정보 유입이 확대될수록 주민들 입장에서는 현실에 문제가 많다는 것을 알게 된다. 과거에는 몰랐던 것을 알게 되니까 비판의식이 생긴다. 과거에는 참고 살면 되는 줄 알았는데, 그것이 아니라는 생각을 하게 되면서 법 · 제도와 현실의 괴리를 크게 느끼게 된다. 그리고 북한 주민들의 의식이 깨어가면서 현 체제에서 희망을 발견하지 못할수록 대안을 찾게 된다. 다시 말해서 체제 비판적이 되면서 불안정성이 높아지게 된다.

외부정보 유입이 확대될수록 김정은 정권은 통제시스템을 강화시키려고 할 것이다. 사상통제를 안 하면 체제가 무너지기 때문에 사상통제는 계속할 것이다. 그런데 선전 · 선동을 과거보다 강하게 해도 효과는 과거보다 못할 것이다. 선전 · 선동과 현실 사이에 괴리가 많다는 것을 주민들이 알기 때문이다.

북한으로의 외부정보 유입은 김정은이 가장 두려워하는 것이다. 외부정보를 통해서 북한 주민들의 의식이 변화해야 김정은도 결국 변할 수 있다. 이것이 북한의 변화를 유도할 수 있는 유일한 방법이다. 외교를 통한 북한의 비핵화가 실패하고, 대북 군사옵션도 선택지가 아닌 상태에서 북한의 변화가 안 이루어지면 대안은 김정은 정권 교체뿐이다.

다만, 이렇게 하면서도 우리 안보를 분명히 해서 북한이 도발할 엄두를 내지 못하게 해야 한다. 북한이 도발하면 큰 대가를 치르고, 김정은 정권이 붕괴할 수 있다는 사실을 인지하도록 만들어야 한다. 군사적 대비태세를 완벽하게 하면서, 비군사적인 방법으로 북한이 변화하지 않을 수 없는 환경을 만들자는 것이다. 이렇게 하려면 한미동맹이 강력해야 한다. 그러면 김정은 체제가 흔들리면서, 죽은 비핵화 협상이 다시 살아날 가능성도 있다. 한국과 미국이 유리한 위치에서 북한을 다룰 수 있다는 것이다.

현재 북한 당국의 정보통제가 철저한 가운데, 국제사회의 대북 정보유입이 소기의 성과를 거두지 못하고 있다. 그러나 국제사회의 대북 인권압박이 강화되면 북한 당국이 외부정보 유입에 대한 통제를 기존처럼 강화시키기 어렵게 된다. USB와 메모리카드 뿐만 아니라 북한의 휴대폰에서 사용 가능한 애플리케이션(App)을 개발하고 인공위성과 무선 인터넷(와이파이)등 첨단기술을 활용하면 북한의 정보통제를 뚫을 방법을 찾을 수 있을 것이다. 이렇게 되면 김정은 체제의 불안정성이 높아지면서 기존 정책을 고집하기 어렵게 된다.

따라서 북한 체제의 근본적인 변화를 통해서 비핵화를 유도하려면 고강도의 대북제재와 인권압박 및 외부정보 유입을 통한 북한 주민의 의식 변화가 동시에 진행되어야 한다. 이런 점에서 중 · 장기적 계획을 갖고 전방위적 대북 압박정책을 추진하자는 것이다. 이것이 김정은 정권에 맞서서 한국이 가야할 길이다.

북한이 정상국가가 되게 하려면 인권 문제부터 개선해야 한다. 그러나 김정은 정권은 북한 인권 문제를 언급하면 경기를 일으킨다. 수령 유일지배체제와 인권 개선은 양립할 수 없다. 김정은 정권이 자발적으로 인권 개선을 시도할 가능성이 없다는 말이다. 그렇다면 외부의 도움으로 북한 주민들이 인권 의식에 눈을 뜨도록 해야 한다. 현재 북한 주민은 자유가 무엇인지 알지 못한다. 탈북하고 나서야 비로소 자유가 무엇인지 알게 되었다고 증언하는 사람들이 많다.

북한 주민에게는 태어나서부터 세뇌 받고 감시 속에 억압받으며 살아온 것이 일상이 되었다. 그래서 외부로부터 정보가 북한에 스며들도록 해야 한다. 북한 주민들이 외부 세계의 눈으로 자신들을 성찰할 수 있어야 한다. 이것이 북한 인권을 개선하고, 북한을 정상국가로 만드는 첫걸음이 될 것이다.

국제사회의 대북 인권압박이 강해지면서 북한 주민들이 인권에 대해서 알게 될수록 정권에 대한 충성심은 약화된다. 현재 주민들은 형법과 민법 등 법의 내용에 대해서 알 수가 없다. 법이란 것 자체가 국가기밀로 취급되면서 공개되지 않기 때문이다.[6] 주민들이 판사의 판결에 대해서 시시비비를 가릴 생각을 못하게 하는 것이 북한 당국의 정책이다. 주민들이 깊이 생각할 것 없이 수령과 당이 시키는 대로 따라 살기만 하면 된다는 것이다.[7] 최근 『로동신문』에 실린 다음 칼럼의 제목들이 이를 말해준다.

---

6) 북한이탈주민 엄OO 면담 내용. (2017. 8. 18.).

7) 북한이탈주민 엄OO 면담 내용. (2017. 8. 18.). 북한의 대학에서는 마르크스의 『자본론』도 금서로 지정하고 못 읽게 한다고 한다.

- "위대한 수령님의 가르치심대로만 하면 됩니다"(『로동신문』. 2022. 4. 5.)[8]
- "당에서 하라는 일은 무조건 해야 합니다"(『로동신문』. 2022. 1. 30.)[9]
- "《알았습니다》의 대답 뒤에는 무엇이 따라야 하는가"(『로동신문』. 2022. 1. 29.)[10]
- "수령이 준 과업은 곧 법이다"(『로동신문』. 2021. 10. 25.)[11]

이렇듯 북한 당국은 연일 주민들에게 수령과 당에 대한 무조건적 충성만을 강요하고 있다. 그런데 주민들이 인권에 대해서 알게 될수록 법 · 제도와 현실이 너무 다른 점을 느끼게 된다. 북한 체제가 사회주의 체제가 아니라는 것도 알게 된다. 청년들을 오지와 험지로 보내는 것도 마음대로 할 수 없게 된다. 이렇게 되면 김정은 정권의 존립 기반이 흔들릴 것이다. 특히 인권 개선의 결과로 연좌제가 폐지되면 김정은 정권에 대한 저항이 과거와는 다른 차원으로 전개될 수 있다. 연좌제 때문에 포기했던 저항심이 살아날 수 있기 때문이다.

결국 북한에서 인권 문제가 개선되면, 김정은 정권 입장에서는 기존의 방식으로 통제하기가 어려워진다. 공포정치와 통제시스템이 약화되면서 위기관리 능력도 약화된다. 특히 유엔 등 국제사회가 김정은을 북한인권 상황에 가장 책임 있는 자로 국제형사재판소(ICC: International Criminal Court)에 회부시키기 위해서 노력하고 있다는 사실을 북한 내에 퍼뜨려 주민들이 알게 하면 북한 사회 전체는 심한 충격에 빠질 것이다. 이렇게 되면 수령에 대한 충성을 강요하는 어떤 선전 · 선동도 안 먹히면서 북한 체제가 크게 흔들리기 시작할 것이다.

이미 유엔 총회는 2021년 12월 16일에 북한인권결의안을 채택하면서 유엔안보리에 "북한 인권 상황을 국제형사재판소(ICC)에 회부하고, 반인도범죄에 해당하는 인권 침해 행위에 가장 책임 있는 자들을 효과적으로 겨냥하기 위한 추가 제재를 고려할 것"[12]을 권고했다. 문제는 북한 주민들이 이런 사실

---

8) 김철. (2022. 4. 5.). "위대한 수령님의 가르치심대로만 하면 됩니다."
9) 강현경. (2022. 1. 30.). "당에서 하라는 일은 무조건 해야 합니다." 『로동신문』.
10) 리호성. (2022. 1. 29.). "《알았습니다》의 대답뒤에는 무엇이 따라야 하는가." 『로동신문』.
11) 김학철. (2021. 10. 25.) "수령이 준 과업은 곧 법이다."
12) 『중앙일보』. (2021. 12. 17.). "유엔 '北 인권 ICC 회부, 책임자 추가제재를'…17년 연속

을 모른다는 것이다.

따라서 대북제재와 외부정보 유입 및 인권 압박을 동시에 추진하면 김정은 정권이 기존의 공포정치와 통제시스템만으로 정권을 유지하는데 한계를 느끼고 변화를 시도하지 않을 수 없게 될 것이다. 동유럽 사회주의국가들의 체제 전환도 이렇게 이루어졌다.

그런데 문재인 정부는 대북제재와 외부정보 유입 및 북한인권 개선이라는 세 가지 대북 지렛대를 모두 무력화시키려고 했거나, 무력화시켰다. 비핵화 협상은 미국에게 맡기고, 대북제재를 완화시키기 위해서 미국과 갈등에 처하는 것을 마다하지 않았다. 문재인 정부는 미국과 유엔 때문에 대북제재를 마음대로 위반할 수 없었다. 그러나 북한으로의 외부정보 유입은 문재인 정부가 2020년에 「대북전단금지법」을 만들어서 금지시켰다. 탈북자 정광일씨가 운영하는 민간단체 「노체인」이 「대북전단금지법」 시행 후 국내에서 활동하는 것이 어려워서 2021년에 본부를 미국으로 옮기는 일이 발생했을 정도다.

북한인권 개선과 관련해서도 박근혜 정부 때 만들어진 「북한인권법」과 「북한인권재단」을 무력화시킴으로써 전혀 쓸모없이 만들었다. 문재인 정부는 2019년 이후 3년 연속 유엔총회의 「북한인권결의안」 공동제안국에 참여하지 않았다. 2021년 12월 유엔총회의 「북한인권결의안」 통과 시 공동제안국에 참여한 국가는 60개였다. 그런데 당사국인 한국은 참여하지 않았다. 수치스러운 일이다.

김정은은 핵무기를 증강하면서 남한을 굴복시킬 기회만 엿보고 있다. 그런데 문재인 정부는 공허한 평화만 외쳤다. 도무지 전략적 사고를 할 능력이 없다 보니 북한이 두려워하는 지렛대를 사용할 줄 몰랐다. 그 결과 김정은은 문재인을 전혀 두려워하지 않았다. 이것이 문재인 정부의 대북정책에서 나타난 가장 큰 실책이고 역주행이다. 문재인 정부가 해야 할 일은 하지 않고 반대로 하면서, 스스로를 불리한 위치로 몰아넣은 것이다.

결의."

2. 외교 · 안보전략에 대한 제언

가. 새로운 외교 · 안보 패러다임

이제 우리는 북핵 문제를 외교로 해결할 수 없는 상태에서 한반도의 전쟁 가능성이 높아진다면 어떤 대안이 남는지를 생각할 때가 되었다. 북한이 핵무기를 포기하지 않는 상태에서, 남한의 안보 위기를 해소할 수 있는 방법은 현재 한미동맹 강화가 최선이다. 문재인 정부의 가장 큰 실책 중 하나는 북한과의 비핵화 협상이 실패할 경우를 대비해서 한미동맹을 강화시키는 대신에 오히려 한미동맹 약화를 초래한 것이다. 특히 북한의 핵미사일 위협이 증가하는 것을 알면서도 그렇게 한 것이다.

한미동맹이 어느 때보다 중요한 시기에 약화된 한미동맹을 복원하는 방법은 세 가지다. 첫째, 문재인 정부처럼 거짓 평화 쇼로 한미동맹을 희생시키지 말아야 한다. 되지도 않는 평화정책으로 북한과의 관계를 개선한다면서 대북제재 등 북한 문제 등으로 미국과 갈등을 빚지 말아야 한다는 것이다. 대북제재는 중국과 러시아를 제외하고 국제사회에서 대부분의 국가가 지지하고 있다. 둘째, 한 · 미 연합군사훈련 축소 및 중단으로 한미동맹을 무력화시키지 말아야 한다. 셋째, 미 · 중 패권경쟁 구도에서 기회주의적으로 처신하지 말고, 한미동맹을 중시해야 한다.

세상은 혼자 살 수 없다. 한국 혼자서는 국제사회에서 아무것도 할 수 없다. 다른 국가들과 함께 해야 어려운 시기를 넘기기 쉽다. 그러려면 원칙을 지켜야 한다. 올바른 원칙을 지켜야 국제사회에서 신뢰를 얻고 친구가 생긴다. 기회주의적으로 처신하면 누구에게도 신뢰받지 못한다. 설령 당장 손해를 보고 주저앉는 일이 발생해도, 친구가 있으면 협력해서 위기를 극복할 수 있다. 신뢰받는 국가가 되지 않으면, 국익을 추구하는 것도 쉽지 않다. 한국에게 지금 필요한 외교는 신뢰를 쌓는 것이다.

그러나 문재인 정부는 동맹인 미국을 멀리하는 정책을 추진하면서 한국을 고립시켰다. 한국이 서독처럼 안보 문제를 해결하고 싶으면 아시아판 나토 창립에 적극적이어야 한다. 그런데 문재인 정부는 쿼드에 참여하는 것조차 중국 눈치를 보면서 회피했다. 반면에 일본은 주도적으로 미국의 인도-태평양 전략에 참여하고 있다. 일본은 중국과 북한 문제에서 미국에 적극 협력한다. 미국이 일본을 중요한 동맹으로 생각하는 이유다. 바이든은 트럼프와 달리 동맹을 결집해서 중국을 견제하려고 한다.

그런데 문재인 정부는 과거사 문제를 부각시키면서 일본과 대립했다. 또한 일본과 달리 중국과 북한 문제로 미국과 갈등을 빚거나 소원해지기도 했다. 일본이 한국의 동맹은 아니다. 그러나 중요한 파트너 국가로 한국에 도움이 되게 만들 수는 있다. 잘못된 역사교육으로 인해서 과거사 문제를 대하는 일본의 태도에 한계가 있는 것은 분명하다. 독일과 비교하면 큰 차이가 있다. 그래서 독일은 현재 유럽의 리더가 되었지만, 일본은 아시아의 리더가 되기 어렵다.

중요한 건 과거 역사 문제가 한일관계의 전부는 아니라는 점이다. 물론 과거사 문제를 망각하고 외면하자는 것은 아니다. 주어진 상황에 따라 외교에 우선순위를 부여하고 관계를 형성해나가자는 것이다. 그리고 한국의 국익을 위해서 일본의 한계는 인정하되, 협력할 부분은 찾아서 협력하자는 것이다. 최근 북한의 핵위협이 증가함에 따라 한국과 미국에서 한국의 핵무장에 대한 논쟁이 벌어진 일이 있었다. 전술핵 문제도 마찬가지다. 그런데 핵무장 및 전술핵 배치와 관련해서 비핵국가인 한국과 일본에는 공통분모가 있다. 가장 중요한 국가 생존의 안보 문제에 있어서 한국과 일본이 연대할 지점이 있는 것이다.

그동안 한국이 미국과 중국 사이에서 경제 때문에 중국과의 관계를 중시해야 한다는 말이 지배적 담론이었다. 그러나 경제 때문에 안보가 희생될 수는 없다. 안보가 무너져서 나라를 잃어버리면 경제가 무슨 소용이 있나. 경제적 측면만 고려하면 중국과의 관계를 중시해야 한다. 그러나 안보적 측면을 고려하면 중국은 한국에게 득보다 실을 안겨주는 위험 요인이다. 반면에 미국은 안보 차원에서 한국에게 절대적으로 중요한 국가다. 경제와 안보 두 가지 측면을 고려해서 판단해야 한다면 무엇이 더 중요한지를 놓고 판단해야 한다. 경제는 나빠졌다가도 다시 회복할 수 있지만, 안보는 한 번 무너지면 나라를 잃게 된다.

이런 점을 생각한다면, 미·중 간 패권경쟁이 치열하게 전개되는 상황에서 한국이 취해야 할 외교정책의 우선순위는 당연하게 도출된다. 한미동맹을 포괄적 전략동맹으로 강화하는 것이다. 그리고 탐욕적으로 국제질서의 현상 변경을 추구하는 중국에 맞서서 미국, 유럽, 일본 등과 함께 싸워야 한다. 경제적 측면에서는 가능한 범위 내에서 중국과 윈 · 윈(Win-Win)을 추구하는 것이 당연하다. 그러나 냉정하게 말하면 중국은 경제적으로도 한국을 위협하는 경쟁자다. 반도체 산업 등 첨단기술 분야에서 한국이 중국을 능가하지 않으면, 결국 경제적으로 중국의 속국이 될 것이다.

따라서 경제적 측면에서도 미국과 함께 중국에 맞설 필요가 있다. 지금이 한국에게는 단독으로 중국을 상대하지 않고 미국과 함께 맞설 수 있는 좋은 기회이기도 하다. 유럽연합의 국가들도 과거에는 미국 및 중국과 모두 좋은 관계를 유지하려고 했다. 특히 경제적 차원에서 중국은 유럽 국가들에게 매력적인 시장이었다. 또한 트럼프 집권 하 미국이 유럽 국가들을 실망시킨 영향도 컸다.

그러나 바이든이 집권하면서 유럽의 분위기는 바뀌고 있다. 독일 전문가들 사이에도 전략의 기조 및 방향 측면에서 유럽연합이 미국과 손잡고 중국의 경제적 영향력에 맞서야 한다는 이야기가 많이 나오고 있다. 단기적으로 중국과의 경제협력에서 이익이 생기는 것은 맞지만, 이런 단기적 이익에 매몰되면 결국 중국의 지배를 받게 된다는 위기의식을 갖고 있기 때문이다.

다만, 유럽 국가들이 분열되어 생각만큼 현실이 따라주지 못하는 한계가 있다. 그럼에도 미래의 중국에 대한 두려움이 유럽연합 국가들에게 있다. 중국은 이미 많은 유럽 국가들에게 두려움의 대상이 되었다. 그만큼 중국은 국제질서에 도움이 되는 대신에 문제를 일으키는 존재다. 미국과 중국 사이에서 사안별로 미국 편에 섰다가, 또 중국 편에 서는 것은 전략이 아니다. 그런데 한국에선 많은 전문가들이 대놓고 이런 주장을 해왔다. 이희옥 교수(이하, 이희옥)의 다음 주장이 그렇다.

> "사안별로 미국과 중국에 '예, 아니요'라고 밝히면서 국익을 재구성하고 '천하를 다루는 데 있어 생선 한 마리를 찌는' 외교적 섬세함이 필요하다. 이를 위해서는 사안을 최대한 잘게 쪼개 다양한 선택지를 만들어야 한다. 중국에 대한 위협인식과 지정학 · 지경학의 차이 때문에 중국을 보는 한국과 미국의

시선이 다를 수 있다는 것을 지레 두려워할 필요는 없다."[13]

신봉길 전 주인도 대사(이하, 신봉길)의 다음 주장도 유사하다.

> "쿼드 정상회의에서 공동성명이 발표되었다. 3개의 실무그룹(백신 전문가, 기후, 핵심·신흥 기술) 출범에 합의했다. 중국 포위와 관련한 이야기는 없었다. 그렇지만 중국은 쿼드를 미국의 인도 · 태평양판 나토(NATO·북대서양조약기구) 형성 움직임으로 경계하고 있다. 한국 내에서도 성급하게 쿼드 가입 이야기가 나왔다. 그러나 중국과 지척 거리에 있는 한국은 쿼드 4개국과는 지정학적 상황이 다르다. 쉽게 쿼드 가입을 이야기할 때가 아니다.
>
> 미 · 중 갈등은 한국 외교에 큰 도전인 것은 틀림이 없다. 그러나 미 · 중 어느 한쪽에 줄을 선다는 것은 단세포적 발상이다. 한국이 처한 상황이 그렇게 간단하지 않다. 중국과는 국가 이익에 따라 사안별로 당당히 대응하는 수밖에 없다."[14]

이런 주장은 동맹인 미국과 비(非)동맹인 위협국가 중국의 차이를 무시하고 하는 발언이다. 어떻게 미국과 중국을 같은 선상에 놓고 말할 수 있나? 비핵국가 남한이 핵보유국 북한을 상대로 강한 압박을 통해서 북한을 정상국가로 만드는 정책을 추진하려면 미국의 도움이 절대적으로 필요하다. 미국이 도와주면 북한은 함부로 남한에게 도발을 못한다. 그러나 한미동맹이 균열되면 상황은 달라진다. 그런데 위의 인용문에 나오는 발언들이 바로 미 · 중 간 한국의 기회주의 외교를 부추기면서 한미동맹을 약화시키는 요인이 된다.

미국은 함께 중국에 맞서는 동맹을 절실하게 원한다. 그런데 문재인 정부의 한국은 중국에 굴종적이고 기회주의적이었다. 미국이 볼 때 한국의 가치는 동맹으로서 떨어진다. 중국이라는 두려움에 맞설 리더십이 한국에 보이지 않았기 때문이다. 일본은 다르다. 동맹을 중요시하지 않는 트럼프가 집권할 때도 미일동맹은 한미동맹과 달리 오히려 강화된 측면이 있다.

앞에서 우리는 2021년 12월 한 · 중 전략대화에서 중국 측 참여자가 한국

---

13) 이희옥. (2022. 1. 12.). "2022년 중국 풍향계." 『서울신문』.
14) 신봉길. (2022. 1. 12.). "미 · 중 한쪽 편드는 건 단견, 때론 '노' 할 수 있어야." 『중앙일보』.

측 참여자에게 어떤 말을 했는지 보았다. 중 · 일 전략대화가 열리면 중국 측 참여자가 같은 내용의 이야기를 일본 측 참여자에게 할 수도 있다. 중국이 대만 문제로 주일미군을 공격할 수 있다는 것 말이다. 그럴 경우 일본의 반응은 어떨까?

일본 내에 다양한 의견이 있을 것이다. 그러나 전반적으로는 일본이 중국과 전략적 경쟁을 하는 것이 불가피하기 때문에 필요하다면 중국과의 군사충돌도 감수해야 한다는 의견이 일본에서 우세할 것이다. 아시아에서 일본이 중국보다 우월하거나 최소한 대등한 위치에 있어야 한다는 것이 일본의 전반적인 여론이기 때문이다.

따라서 대만 문제로 중국이 주일미군을 공격하는 것을 막기 위해서 미국이 일본에 중국을 겨냥한 중거리 핵미사일을 배치하려 한다면 이를 지지할 것이다.[15] 설령 중국이 일본을 공격한다고 해도, 일본에서 다수의 국민은 크게 두려워하지 않을 것이다. 일본은 오히려 미국과 중국이 군사적으로 충돌할 경우 미국과 운명공동체가 되어 중국에 맞서 싸울 것이다. 중국이 대만을 공격해서 미군이 개입하는 경우도 마찬가지다. 그렇기 때문에 미국은 일본을 아시아에서 가장 중요한 동맹으로 생각한다.

그런데 한국은 중국과의 충돌을 어떻게든 피하려고만 한다. 중국이 대만을 공격할 경우도 마찬가지다. 따라서 미국 입장에서 볼 때, 일본과 한국 사이에는 차이가 많다. 많은 사람들이 생존을 최고의 국익이라고 주장한다. 그리고 향후 패권경쟁에서 중국이 미국을 이길 가능성이 많기 때문에, 승자가 될 중국 편에 서야 한다고 주장하는 사람도 있다. 그런데 생존을 최고의 국익으로 내세우면, 국가가 추구하는 가치와 헌법은 무슨 의미가 있나? 단지 장식품에 불과한 것인가?

대한민국이 추구하는 가치는 중국과 반대고, 미국과 가깝다. 생존을 위해서 강자에 붙어야 한다면, 언젠가 북한이 핵무기로 남한을 겁박할 경우에도 생존을 위해서 항복할 것인가? 이런 식의 사고방식에는 가치와 국가관이 실종되어 있다. 이런 국가는 생존할 가치도 없다.

필자가 볼 때, 한국의 운명은 먼 미래가 아닌, 10년 전후의 가까운 미래에

---

15) 연상모 전 주니가타 총영사(이하 연상모)와의 대담 내용.(2022. 1. 28.).

결정될 것이다. 대만 문제가 하나의 변수이고, 북한 내부 사정이 또 하나의 변수다. 가까운 미래에 대한민국이 망국의 위기에 처하지 않으려면, 미국과의 동맹관계를 더 강화시켜 나가야 한다. 미국의 신뢰를 잃으면, 현실적으로 대한민국을 지키기 어렵다. 그런데 한국의 많은 정치가와 국민은 위태로운 대한민국의 미래를 모르고 있다.

미 · 중 사이에서 줄타기 외교를 주장하는 경우를 보면 현실적인 것 같아도, 사실은 정반대다. 오히려 나라를 위기에 빠트리기 때문이다. 이런 주장대로 하면, 한미동맹은 위험해진다. 미국은 진정한 동맹을 원하지, 겉으로만 동맹 흉내를 내는 기회주의 국가를 원하지 않는다. 얼핏 보면 미국이 미일동맹의 주도권을 쥐고 있는 것처럼 보인다. 그러나 일본이 끌고 미국이 따라가는 모양새를 보일 때도 있다. 인도－태평양전략이 그렇다.

일본은 21세기 국제정세의 전환기에 주도적으로 새로운 판을 짜면서 최대한 이득을 챙기고 있다. 21세기에 인도－태평양전략을 처음으로 제창한 사람은 일본의 아베 전 총리(이하, 아베)다. 여기에 미국에서 트럼프가 집권한 후 적극 호응하면서 인도－태평양전략에 대한 양국의 이해가 바이든 정부 시기에도 일치하고 있다.

반면에 한국은 한미동맹에서 주도권을 쥐고 변화를 추구하려 하지만, 미국의 의심을 사면서 제대로 대접받지 못했다. 바이든 정부가 출범한 후에도 한국은 대중국 견제 및 대북제재와 북핵 문제 등으로 물밑에서 미국과 갈등을 빚는 경우가 많았다.

문재인 정부 하에서 한국은 일본이 시작하고 미국이 키우는 인도－태평양전략이라는 새로운 판에 참여하지 않으려고 애를 썼다. 그러면서 아무 이득도 취하지 못하고 오히려 기존의 외교 자산을 까먹었다. 전략적 사고라는 관점에서 일본과 많이 대비된다. 이것이 한국 외교가 그동안 보여준 현실이다.

일본이 공격 축구를 한다면, 한국은 공격을 포기하고 방어만 하는 축구를 했다. 일본은 이길 수 있는 경기를 하지만, 한국은 이길 수 없는 경기를 한 것이다. 한국은 되지 않는 판을 추구하고 집착하면서 어떻게든 손해를 보지 않으려는 외교를 하다가 스스로를 고립시켰다. 이젠 한국도 새로운 외교 · 안보 패러다임을 적극 찾아야 할 때가 되었다.

나. 전쟁 억제의 지렛대

미국 전술핵의 한국 재배치

이 책 Ⅵ.2장에서 미국의 전술핵무기를 한국에 조건부로 배치하는 것이 전쟁 억제의 지렛대가 될 수 있음을 설명했다. 북한의 완전한 비핵화가 이루어지면 미국의 전술핵을 철수한다는 조건부 말이다. 이것을 결론 부분에서 간단하게 요약하고, 부연설명하면 다음과 같다. 첫째, 남한에 미국의 전술핵을 배치해서 핵 균형 상태를 만들면, 북한이 핵무기가 있어도 사용하지 못하게 만드는 효과가 있다. 핵무기를 막을 수 있는 가장 효과적인 수단은 재래식 무기가 아닌 핵무기이기 때문이다.

일각에서는 미국의 전술핵을 한국 영토에 배치하는 것보다 미국의 핵잠수함에 탑재하여 확장억제를 모색하는 것이 낫다는 주장을 하기도 한다. 그러나 잠수함에 탑재된 전술핵은 보이지 않는다. 보이지 않는 무기보다는 눈에 보이는 무기가 더 큰 억제/억지 효과를 가진다. 김정은의 오판을 막는데 더 효과적이라는 것이다.

그런데 한국에 미국의 전술핵을 배치하면 북한에게 비핵화를 요구할 명분을 잃게 되는 것이 아니냐는 주장이 있을 수도 있다. 그러나 김정은은 2019년 2월에 하노이에서 개최된 미·북 정상회담이 실패로 끝난 후 더 이상 비핵화라는 단어를 말하고 있지 않다. 오히려 핵무력 강화를 더욱 적극 추진하겠다는 말만 수없이 반복하고 있다. 2022년 4월 현재 북한은 남한을 겨냥한 전술핵탄두 개발을 위해서 제7차 핵실험을 준비하고 있다. 그리고 김여정은 2022년 4월 5일에 『조선중앙통신』의 담화문을 통해서 한반도에서 전쟁이 발발하면, 전쟁 초기에 핵무기를 사용하겠다는 말을 했다.

이런 상태에서 북한 스스로는 비핵화를 거부하는데, 비핵화의 명분이 없어진다고 미국의 전술핵 배치를 포기하자는 것은 한국 스스로의 방어를 포기하는 것과 마찬가지다. 지금이 비핵화 협상 초기 단계 혹은 첫 번째 비핵화 협상 시점이라면 그렇게 말할 수도 있다. 그러나 지난 30년 동안 북한에 속으면서 비핵화 협상은 번번이 실패했다.

그런데도 북한 비핵화의 명분을 이유로 한국 내 미국의 전술핵 배치를 꺼린다는 것은 비핵화에 대한 환상에서 아직 벗어나지 못하고 있는 것이다. 김정은은 미국의 전술핵이 한국에 배치되든, 않든 핵무기를 포기하지 않을 것이기 때문이다. 분명한 것은 북한이 비핵화를 하지 않기 때문에 자구책으로 미국의 전술핵을 배치하자는 것이고, 북한이 비핵화를 하면 미국의 전술핵을 철수시키겠다는 것이다.

한편, 미국 자체가 전술핵무기를 한국에 배치하는 것을 원하지 않는다는 주장도 있다. 과거에는 그랬을 수 있다. 그러나 현재 미국의 외교·안보정책에서 최우선 과제는 중국 견제다. 중국을 군사적으로 견제하는데 한국과 일본에 중국을 겨냥한 중거리 핵미사일을 배치하는 것보다 효과적인 수단은 없다. 이렇게 할 경우 중국이 대만 문제로 주한미군과 주일미군을 공격하기도 어렵게 된다.

미국 내에서 전술핵을 해외에 배치하는 것에 대해서 기술과 비용 등의 문제로 여러 의견이 있을 수 있다. 그러나 한국 입장에서 필요한 것이라면, 미국을 설득할 수 있어야 한다. 서독의 슈미트가 미국의 카터를 설득했던 것처럼 말이다. 미국의 중국 견제 정책으로 과거와 상황이 달라지고 있는 것은 한국에게 불리한 요인이 아니다.

둘째, 북한만 쳐다봐서는 비핵화를 달성하는데 한계가 있다. 김정은에게 비핵화 의지가 없기 때문이다. 물론 앞에서 언급한 것처럼 북한이 두려워하는 지렛대를 사용해서 김정은 체제를 크게 흔들 수만 있다면 상황은 달라질 수 있다. 그러나 여기에 더해서 중국이 북한에게 비핵화를 압박하게 만들면 금상첨화가 될 것이다.

현재 중국은 북한의 핵보유를 사실상 묵인하고 있다. 중국이 북한을 전략적 부담이 아니라, 전략적 자산으로 여기기 때문이다.(Ⅳ.2장) 그런데 미국 전술핵의 한국 배치는 중국이 북한을 전략적 자산이 아니라 부담으로 느끼게 만드는 효과가 있다. 북한의 핵개발 때문에 미국의 전술핵을 남한에 배치한다는 점과 북한의 완전한 비핵화가 이루어지면 미국의 전술핵을 철수시킬 것이라는 점을 명확하게 밝히면 중국은 북한 때문에 자신이 위험해지게 된다고 생각할 것이다.

미국의 전술핵을 한국에 배치하는 것은 중국 입장에서 절대적으로 손해다. 한국에 배치된 미국의 중거리 핵미사일은 단숨에 베이징을 초토화시킬 수 있다. 반면에 중국의 중거리 핵미사일은 미국 본토를 파괴할 수 없다. 서독에 배치된 미국의 중거리 핵미사일이 소련의 모스크바를 짧은 시간 내에 파괴할 수 있었던 반면에, 소련이 동유럽에 배치한 중거리 핵미사일이 미국 본토를 파괴할 수 없었던 것과 같다. 이에 소련이 절대적으로 손해라고 판단하고, 1987년에 미국과 INF 조약에 합의한 사례를 참고할 필요가 있다.

이런 점을 고려할 때, 미국의 전술핵무기를 한국에 배치하는 것은 중국을 압박하면서 중국으로 하여금 북한의 비핵화에 협조하게 만드는 지렛대가 될 수 있다. 중국은 미래에 대만에 대한 무력통일을 시도할 수 있기 위해서라도 한국에 미국의 전술핵무기가 배치되는 것을 원하지 않을 것이다. 따라서 한국에 미국의 전술핵무기가 배치되면, 이것의 철수를 위해서 중국은 북한의 비핵화에 협조하게 될 수 있다. 중국이 북한과 대만 중에서 대만을 선택하게 만들자는 것이다.

또한 미국의 전술핵이 한국에 배치되어 있는 한, 중국이 쉽게 대만에 대한 무력통일을 시도하지 못하게 된다. 이렇게 되면 대만 위기가 한국의 위기로 전이되는 것을 막을 수도 있다. 그런데 한국은 왜 이런 전쟁 억제의 지렛대를 사용하지 않으려는 것인가? 중국의 위협과 협박 때문에? 왜 우리는 중국에게 위협이 되지 못하나?

한국과 미국의 미사일방어체계 효율적인 통합

미국의 미사일방어체계(MD)와 한국의 미사일방어체계(KAMD)를 적극 통합시키는 것도 전쟁 억제의 지렛대가 될 수 있다. 이 책의 Ⅵ장에서 이 부분을 이미 다루었다. 따라서 결론에서는 반복을 피하기 위해서 간단히 그 중요성을 상기시키는 선에 그치고자 한다.

현재로선 미국의 전술핵을 남한에 배치하는 것 외에 한국의 KAMD와 미국의 MD를 효율적으로 통합하는 것이 북한의 핵미사일을 막을 수 있는 최상의 방법이다. 그렇지 않고 KAMD만으로는 가까운 시일 내에 북한의 핵미사일을 막기 어렵다. 한국의 KAMD 수준은 미국의 MD와 차이가 많다. 한국이 미국으로부터 사드 1포대를 사서 운용한다고 해도, 한 · 미 간 미사일방어체계가 효율적으로 통합되지 않으면 근본적으로 한계가 있다.

우리 사회에는 MD와 KAMD의 통합이 해서는 안 될 금기사항인 것처럼 생각하는 분위기가 굳어져 있다. 그러나 이것은 잘못된 것이다. 일본의 미사일 방어체계와 미국의 미사일방어체계(MD)는 통합되어 있다. 이런 통합 체제 속에서 일본은 미국과 공동연구를 하면서 미사일방어체계의 수준을 높이고 있다.

그렇다고 일본의 군사시스템이 미국의 군사시스템에 종속된 것도 아니다. 일본과 미국의 군사일체화가 되고 있는 것은 맞지만 대등한 관계를 추구하고 있다. 또한 일본과 미국의 미사일방어체계가 통합되어 있다는 이유로 중국이 일본에 대한 보복과 제재를 했다는 말을 들어본 적이 없다.

일본에 사드의 핵심인 X-band 레이더가 배치됐다고 중국이 일본에 경제보복을 하지도 않았다. 그러나 한국이 일본과 같은 정책을 추진하면, 중국은 한국에 보복하고 겁박한다. 중국 정부는 아직도 한국에 배치된 사드의 철거를 요구하고 있다. 그리고 한국의 미사일방어체계와 미국의 미사일방어체계를 통합하지 말라고 요구하고 있다.

한중관계와 일중관계는 이렇게 다르다. 왜 이렇게 되었나? 일본은 중국에게 당당하게 자신의 권리를 주장하고, 중국의 부당한 요구에 굴복하지 않는다. 때문에 중국이 일본과 시비를 벌이려고 하지 않는다. 반면에 한국은 중국이 겁박하면 굴복했다. 또한 중국이 겁박하기도 전에 미리 알아서 굴복하기도 했다. 때문에 중국은 한국을 우습게보고 마음대로 짓밟았다. 중국에 대한 일본의 대응과 한국의 대응이 다르기 때문에 한중관계와 일중관계가 다른 것이다.

문재인 정부의 잘못된 대중국정책이 잘못된 한중관계를 관행이 되도록 만들었다. 문제는 중국을 대하는 한국의 자세다. 이젠 중국에 당당하지 못하고, 굴종적인 사고방식에서 벗어나야 한다. 그래야 한국이 한국의 안보를 위해서 정말 필요로 하는 전쟁 억제의 지렛대를 사용할 수 있다.

3. 이 시대 우리에게 필요한 정치

우리는 생존의 기로에 서 있다. 그런데 우리가 이런 사실을 알고는 있는 것인지 의구심이 들 때가 많다. 북한에서는 인민의 단합된 마음이 핵무기보다 위력적이라고 가르친다. 이것이 말이야 맞는 말이다. 그런데 우리 사회는 너무 분열되어 있다.

사드를 배치했다고 몇 년째 반대 시위를 벌이는 성주 시민들, 그리고 대통령 선거 전 윤석열에 의해서 사드 추가 배치의 후보지로 거론됐다고 사드 반대 시위를 벌였던 경기도 평택시와 민주당 강원도 선거대책위원회 및 충청도 논산시의회와 계룡시 주민들, 이들은 한국이 얼마나 심각한 안보 위기에 처해 있는지를 알면서 사드 배치를 반대하는 것일까? 아니면 자기 개인의 안전이 나라의 안전보다 더 중요하다고 생각해서 그러는 것일까? 나라가 무너지면 개인의 안전을 어디서 찾을 수 있다고 이러는 것일까?

사드가 성주에 배치됐을 당시 "성주군에 배치된 고고도미사일방어(THAAD · 사드) 기지에서 전자파가 나온다. 그 전자파가 땅에 스며들고, 결국 (성주의 특산물; 필자) 참외에 영향을 미칠 것이다"[16]는 괴담이 나돌았다. 그러나 이런 소문은 근거가 없다는 것이 과학적으로 밝혀졌다. 성주 참외는 해외 수출로 최근 3년 연속 5,000억 원대 수익을 냈다고 한다.

일본에도 아오모리현 샤리키와 교토부 교탄고시 교가미사키 지역에 미국 사드의 핵심인 엑스밴드(X-band) 레이더(AN/TPY-2)가 설치됐다. 그러나 일본에서는 한국의 성주에서처럼 대규모 반대 집회가 일어나지 않았다. 그런데 한국 국민들 중에는 국가의 안보를 지킬 사드 추가 배치를 거부하는 사람들이 있다.

2022년 1월 24일에 윤석열은 대북 · 외교 · 국방 분야 주요 정책공약을 발표했다. 이 자리에서 북한이 극초음속미사일 등으로 수차례 미사일 시험발사를 한 것과 관련해서 기자의 질문이 있었다. 답변하는 과정에서 윤석열은 "말로 외치는 평화가 아닌, 힘을 통한 평화를 구축하겠다"면서 북한의 극초음속

16) 『중앙일보』. (2022. 1. 19.). "'전자파 참외' 놀려봐라…연 5534억 팔린 성주참외 '꿀맛 비밀'."

미사일을 막을 수 없다면, 북한이 발사하기 전에 요격하는 방법을 취할 수 있다고 말했다. 그러자 민주당과 진보 진영은 “전쟁을 하자는 거냐”면서 윤석열을 전쟁광이라고 비난했다. 그럼 북한이 핵미사일을 쏴도 대응하지 않고 그냥 맞아야 한다는 말인가?

우린 지금 기존의 한국군 군사전략을 근본적으로 재성찰하고 바꾸지 않으면 안 되는 상황에 처해 있다. 기존의 군사전략은 북한이 공격할 경우 일단 방어한 후에 반격하는 것이다. 우리 군에서 기존의 이런 군사전략의 문제점을 인지하고, 변화를 모색하는 시도가 있을 수 있다. 그럼에도 큰 틀에선 「선(先)방어, 후(後) 반격」의 군사전략이라는 틀을 유지하고 있는 것처럼 보인다.

과거 방식으로 북한이 재래식 무기로 공격할 땐, 우리가 어느 정도 피해를 입어도 회복하고 반격하는 것이 가능했다. 하지만 이젠 아니다. 북한이 핵미사일로 공격하면, 회복해서 반격하기 어렵다. 그렇기 때문에 북한의 핵미사일로 맞기 전에 우리가 선제타격을 해서 북한이 핵미사일을 쏘지 못하게 해야 한다. 이것도 엄밀하게 말하면 방어하기 위해서 공세적으로 대응하는 것이다. 평시에 북한군이 가만히 있는데, 우리가 먼저 공격하는 것이 아니다.

그런데 이렇게 말하면, 벌떼처럼 일어나서 국민을 선동하면서 반대하는 사람들이 있다. 반대하는 사례를 열거하면 다음과 같다. 김정섭 세종연구소 부소장(이하, 김정섭)은 어차피 북한의 핵미사일을 완전하게 방어할 수 없는 상태에서 우리가 선제타격을 하면 엄청난 보복공격을 받을 것이기 때문에 선제타격을 해선 곤란하다고 말했다.

> “선제타격은 핵 보복이 가능한 상황에서 합리적 선택이 될 수 없다. 북한은 이미 핵 보복 능력을 갖추고 있다고 본다. 선제타격으로 일거에 북한의 모든 핵무기를 무력화할 수 없다면, 핵보복을 당할 수밖에 없다. ‘유사시에 북한 핵공격을 선제적으로 무력화하겠다’는 발언이 국민을 안심시키고 단호해 보이는 것 같지만, 조금만 깊게 생각해 보면 얼마나 위험하고 현실성이 없는 것인지 금방 파악할 수 있다. 선제타격이 아니라 사후 응징억제가 북핵 위협의 중심 대응 전략이 돼야 한다. 이는 북한이 핵을 사용했을 때 감당하지 못할 정도의 보복을 가할 수 있다고 위협함으로써 핵사용 자체를 억제하는 것을 의미한다. 냉전시대 나토의 핵전략 중심개념이기도 했고, 현재 우리 한국군

이 갖고 있는 '압도적 대응' 전략이 바로 응징억제의 일환이다. (…)
다시 말하지만 핵대응의 기본전략은 선제타격이 아닌 사후 응징억제다. 북핵 문제 역시 이 틀에서 크게 벗어나지 않는다."[17]

그런데 한국이 북한의 핵미사일을 먼저 맞고 어떻게 사후에 북한에 대량 응징보복을 할 수 있나? 이게 가능한 일인가? 북한이 핵미사일을 한국에 쏜다면 한 발만 쏘지 않고, 여러 발을 쏴서 한국군과 미군의 지휘사령부와 주요 시설들을 초토화시키고, 전쟁수행 능력과 의지를 무력화시키려고 할 것이다. 이게 전쟁이다.

그런데 어떻게 한국이 반격을 해서 대량응징보복을 할 수 있단 말인가. 김정섭의 말은 상식적으로 납득할 수 없는 주장이다. 선제타격은 북한의 공격 의지를 꺾기 위해서 사용하는 수단인데, 이것을 포기하면 북한은 마음 놓고 남한에 대한 공격을 시도할 것이다. 그것도 한국이 대량응징보복을 할 수 없을 정도로 남한을 핵미사일로 공격해서 충격과 공포로 몰아넣을 것이다.(Ⅱ.2장과 Ⅵ.2장)

뿐만 아니라, 북한이 비핵 EMP탄을 사용하거나, 2022년 1월 27일에 지대지 전술유도탄으로 시험한 것처럼 공중에서 핵무기를 폭파시킬 경우에 한 · 미 연합군의 첨단무기는 고철덩어리로 바뀐다. 한 · 미 연합군이 아무리 첨단무기를 갖고 있어도 대량응징보복을 할 수 없게 되는 환경이 만들어진다. 최선의 방법은 미국의 전술핵을 남한에 배치해서 북한의 핵공격을 억제하는 것이다. 이 책 Ⅲ.3장에서 설명한 「나토 이중결정」처럼 하는 것이다. 그런데 소위 진보 진영은 미국의 전술핵을 한국에 재배치하는 것에도 반대한다.

그래서 확장억제라는 방식으로 북한의 군사도발을 억제하려고 하는 것이다. 그런데 이것이 북한의 도발을 억제하는데 성공하지 못하면, 북한의 공격을 사전에 탐지해서 선제타격하는 것이 차선이다. 이것을 킬 체인(Kill Chain)이라고 한다. 선제타격으로 북한의 핵미사일 공격을 다 막지 못할 경우 한국을 향해서 날라 오는 핵미사일을 한국의 미사일방어체계로 요격하는 것이 KAMD다. 그런데 이것을 효율적으로 하려면 한국의 미사일방어체계(KAMD)와 미국

---

17) 김찬호 기자의 김정섭 인터뷰. (2022. 2. 6.). "선제타격?...여전히 6.25전쟁 때 방식에 갇혀 있어." 『경향신문』.

의 미사일방어체계(MD)를 효율적으로 통합해야 한다. 현재 한국의 미사일방어체계만으로는 한계가 있기 때문이다.

그래도 살아남는 북한의 핵미사일이 한국에 피해를 줄 경우에 대량응징보복을 한다는 우리의 군사적 대응체계다. 북한의 핵미사일을 일단 맞고, 사후에 대량응징보복을 한다는 것이 아니다. 그런데 김정섭은 두 번째 방법인 선제타격(킬 체인)을 해선 안 된다고 하면서, 마지막 수단인 대량응징보복만 강조한다. 이것은 현실에 전혀 부합하지 않는 주장이다.

또한 이종석은 대통령 선거 전 2022년 1월 12일 중앙일보와 한국국방연구원이 공동 주최한 「대펜스 2040: 도전과 청사진」 콘퍼런스에 이재명의 외교·안보 브레인으로 참여해서 다음과 같이 말했다.

> "선제타격은 전면전을 유발할 수 있다. 선제타격하는 시설뿐 아니라 다른 곳에 핵무기가 있다면 무서운 상황을 초래한다. 그만큼 신중하게 판단해야 한다. 군사적인 조치 매뉴얼과 정치 지도자가 공공연히 할 수 있는 말은 전혀 다르다. 지도자의 말 한마디가 한반도 안보 위기를 고조시키고 정세를 불안케 한다. 선제타격이 얼마나 무모하고 위험한 것인데, (윤 후보는) 왜 그렇게 얘기하나. 스스로 자제할 줄 알아야 한다"[18)]

김종대 연세대 통일연구원 객원교수(이하, 김종대)는 2022년 1월 13일에 『한겨레』신문에 기고한 칼럼에서 다음과 같이 주장했다.

> "남쪽 정보자산으로 북한 미사일이 어디서 발사될지 파악하기 어렵고, 연료주입이라는 준비 단계를 필요로 하는 액체연료 방식의 미사일이 아니라면 킬 체인은 소용이 없다. 액체연료라 하더라도 마찬가지다. 북한은 5일 새로운 미사일을 발사하면서 '앰풀화된 연료'를 실험했다고 발표했다. 이 말이 사실이라면 앞으로 북한의 미사일을 '발사의 왼편'에서 탐지한다는 사고방식은 참으로 낭만적이고 순진하다고 할 것이다."[19)]

---

18) 『중앙일보』. (2022. 1. 12.). "이종석 '선제타격, 무모하고 위험' VS 김성한 '지도자가 강력한 의지 나타내야."

19) 김종대. (2022. 1. 13.). "'킬 체인 선제타격', 김정은이 웃는다." 『한겨레』.

김종대의 주장은 한국이 현재 능력으로 북한의 극초음속미사일을 막을 수 없다는 점에서 킬 체인이 효력을 발휘할 수 없다는 것이다. 그러니 선제타격을 주장하면 김정은만 웃을 것이라는 것이다. 문제는 김종대가 대안을 제시하지 않은 상태에서 한국의 선제타격 무용론을 주장한다는 것이다. 현재 한국의 능력이 부족한 이유 중에서 가장 큰 문제는 한국의 미사일방어체계(KAMD)와 미국의 미사일방어체계(MD)가 효율적으로 통합되지 않아서 적시에 대응하기 어렵다는 것이다. 그렇다면 KAMD와 MD의 통합을 효율적으로 추진해서 북한의 핵미사일을 막을 방법을 제안하는 것이 맞다.

하지만 김종대는 이런 제안을 하는 대신에 선제타격 무용론을 주장하고 있다. 그럼 어떻게 하자는 것인가? 선제타격 할 수 있는 능력이 우리에게 없으니 포기하고 그냥 북한의 핵미사일을 맞자는 것인가? 참으로 무책임한 발언이라고 하지 않을 수 없다. 그런데 2022년 2월 10일에 이재명은 이 문제를 사회관계망서비스(SNS)에서 다시 언급했다. 자신의 SNS에 "선제타격은 곧 전쟁인데 쉽게 말할 사안이 못 된다. 수백만 청년들과 국민이 죽고, 온 국토가 초토화된 후 승리가 무슨 의미가 있나"라며 "안보문제는 신중 또 신중하시기 바란다"고 윤석열을 겨냥해서 썼다.[20]

그런데 이재명이 여기서 잘못 생각하는 것이 있다. 한국이 북한에 선제타격을 시도하는 상황은 북한이 남한에 핵미사일을 쏘려고 준비하거나 발사가 임박한 상황, 즉 이미 전쟁 초기 상황이라는 것이다. 평시에 남한이 북한의 위협을 제거하기 위해서 공격하는 예방공격과는 전혀 다른 의미다.

북한이 개시하는 전쟁 초기에 남한이 선제타격으로 북한의 공격을 막지 못하면 이재명 말 때로 "남한의 수백만 청년들과 국민이 죽고, 온 국토가 초토화"된다. 이렇게 된 후에는 대량응징보복을 할 수도 없거니와, 그 효과가 대폭 감소된다. 선제타격이야말로 전쟁을 최대한 억제하고, 한국 국민들의 생명을 보호하기 위해서 선택하지 않을 수 없는 필수적 군사대응태세다.

북한의 핵위협은 증가하고, 국제정세도 한반도에서 전쟁이 발발할 가능성을 증가시키는 방향으로 전개되고 있다. 중국은 중화제국주의로 국제질서를

20) 『경향신문』. (2022. 2. 11.). "이재명 '윤석열 선제타격 주장은 제2의 총풍…안보는 정략대상 아냐."

변경하려 하고, 북한은 핵무기로 한반도에서 현상 변경을 시도하려고 한다. 북한과 중국 모두 때를 기다리면서 현상 변경을 가능하게 하는 군사력 강화를 추진 중이다.

그런데 우리 사회에선 미국의 전술핵 배치 반대, 사드 추가 배치 반대, 선제타격 반대, 미국의 미사일방어체계와 한국의 미사일방어체계 통합 반대 등 모두 반대다. 우리의 미흡한 군사대비 태세를 강화하고, 전쟁 억제의 지렛대를 사용하려는 노력을 모두 반대하는 사람들이 진영으로 거대하게 뭉쳐져 있다.

군사적 긴장을 조성하는 대신에 평화를 만드는 정책을 추진하자는 것이 이들의 명분이다. 그런데 이것은 이미 지난 5년 동안 실패했음이 입증됐다. 북핵 위협은 문재인 정부 출범 전보다 5년 후인 임기 말에 훨씬 더 증가했다. 그럼에도 문재인 정부는 평화프로세스를 가동한다면서 임기 말까지 종전선언(혹은 평화선언)을 추진하려고 했다. 이것은 몸 속에서 암이 점점 커지고 있는데, 마치 몸 상태가 정상이라고 선언하는 것과 같다.

문재인의 평화정책은 체임벌린이 히틀러를 상대로 평화정책을 추진한 것과 같다. 체임벌린의 영국은 히틀러의 독일에게 평화를 위해서 계속 양보하다가, 더 이상 양보할 수 없는 지점에 가서 독일과 전쟁을 치렀다. 한국도 문재인처럼 실패한 평화정책을 계속 하다간 김정은에게 계속 양보하다가, 결국 더 이상 물러설 수 없는 지점에 이르게 될 것이다. 그 땐 한미동맹이 심각하게 균열되는 등 한국에게 아주 불리한 상황에서 북한과 전쟁을 해야 될 수도 있다.

위기를 위기로 인식하지 못해서 이런 현상이 발생하는 것일까? 아니면, 알면서도 당파적 관점에서 다른 진영의 말은 무조건 반대하고 싶어서 이런 현상이 발생하는 것일까? 킬 체인은 박근혜 정부 때도 추진했고, 문재인 정부가 계승해서 추진한 국방정책 가운데 하나다.

그럼에도 진보 진영에서 이것을 반대한다. 이런 현상을 어떻게 이해해야 하나? 진영 논리 말고는 달리 설명할 방법이 없다. 임진왜란 직전에 조선에서 동인과 서인이 반목하며 전쟁 대비에 손 놓고 있던 것과 다를 것이 없다. 국내 정치에 매몰돼서 국제정치의 현실을 외면하면 나라의 운명이 어떻게 되나? 이러고도 우리가 대한민국을 지킬 수 있나?

윈스턴 처칠(Winston Churchill, 이하 처칠)은 "과거를 돌아볼수록 더욱 멀리 미래가 보인다"[21]고 했다. 그런데 한국의 문재인 정부는 북한과의 과거를 제대로 돌아보지 않았다. 실패한 역사에서 교훈을 얻지 않고, 입맛대로만 역사를 봐왔다. 한미관계와 한중관계의 역사도 마찬가지다. 동맹과 적 그리고 우군과 위협세력을 혼동했기 때문이다.

심지어 중국 상하이 푸단(復旦)대 국제문제연구원이 2021년 1월에 발간한 「2021년 국제 전략 보고서: 위기 국면과 새로운 국면(危局與新局)」에서 정지융(鄭繼永) 교수는 "한국은 한반도 정세를 장악할 능력을 잃었으며, 북미 게임에서 비중과 지위가 계속 하락할 뿐 아니라, 미 · 중 경쟁에서 양다리 걸치기 책략까지 어려움이 가중되고 있다"[22]고 지적했다.

한국의 정치 지도자들도 문제지만, 영혼 없는 정치를 지지하면서 거짓 평화에 안주하려는 지식인과 국민도 문제다. 북핵 위협이 증가하고 있는데도 당장 아무 일이 없기만을 바라면서 안주하는 국민과 이것을 정치적으로 이용하는 지도자 모두 문제라는 것이다. 이렇게 해선 닥쳐올 위기와 국가적 재난을 극복할 수 없다. 정치 지도자들은 솔직하게 현실의 위중함을 국민들에게 설명해야 한다. 그리고 국민들은 방향 감각을 잃고 진영 싸움을 하면서 서로 비난하는 대신에 어떤 위기도 이겨내겠다는 각오로 뭉쳐야 한다. 그렇지 않으면 우리에게 희망과 미래는 없다.

출세와 영달을 앞세우는 군과 외교 관료의 지나친 「정치화」도 막아야겠지만, 학문의 「정치화」도 극복해야 한다. 지금 우리는 생존의 기로에 서있다. 안팎으로 싸워야 한다. 그만큼 절박하다. 이젠 우리 정치권과 국민, 군과 관료 및 지식인들이 진영 논리를 극복하면서 새로운 대한민국을 만들어 가야 한다.

그러자면 진보와 보수를 넘어 상식이 통하는 사회를 만들어가는 것부터 시작해야 한다. 나와 다른 생각을 가지면 나쁘다고 공격하기 전에, 누구의 주장이 상식과 현실에 부합하는지를 먼저 따져볼 필요가 있다.

보수가 없으면, 진보가 없다. 자본주의 사회에 「부익부 빈익빈」 같은 양극화가 구조적으로 생기니까 진보가 생기는 것이다. 진보와 보수 모두, 서로가 서로에게 존재의 이유가 되는 만큼 서로를 존중할 필요가 있다. 보수와 진보의 관계가 적대적으로 되면 공멸하게 된다. 상호 의존관계 속에서 견제와 균형을 모색해야 체제가 건강하게 유지된다. 진보와 보수가 함께 상생하는 법을

---

21) 이주흠(2007), p. 114.
22) 『중앙일보』. (2021. 2. 17.). "'한국, 무의지 · 무기력 · 역부족 빠졌다' 中의 혹독한 평가."

찾도록 하는 것이 이 시대에 가장 필요한 정치의 역할이다.

세상은 모순 속에서 끊임없이 변화한다. 주어진 여건이 어떻게 변하느냐에 따라 보수적 처방이 맞을 때도 있고, 진보적 처방이 맞을 때도 있다. 세상의 모순은 진보와 보수 중 어느 하나의 논리로만 해결될 수 있을 정도로 그렇게 단순하지 않다.

다만 진보에도 진짜와 가짜가 있고, 보수에도 진짜와 가짜가 있다. 정작 우리 문제의 근원을 따져보면 진보와 보수의 문제가 아니라, 진실과 거짓의 문제인 경우가 많다.(Ⅱ.4장) 이것이 진보와 보수라는 진영 논리로 포장됐을 뿐이다. 예를 들어 「북한을 얼마나 있는 그대로 보느냐」의 문제가 「색깔론」으로 둔갑하는 것이 이에 해당한다. 현재 한국의 진보와 보수는 나라를 잃고 나서도 서로 「네 탓」을 하면서 싸울 것만 같다.

세계 경제 10위권 국가가 되었다고 선진국이 되는 것이 아니다. 굴종 외교로 기회주의적 처신을 하는 대신에 「세계 속에서, 세계와 함께, 세계를 위해서」 자신의 책임과 권리를 이행한다는 각오로 국가를 운영하면서 전략적 사고를 할 수 있어야 선진국이 되는 것이다.

그러자면 국가 지도자는 국민이 바라는 이상과 현실 사이에 괴리가 있다는 점을 솔직하게 설명하면서, 국민에게 분발심과 인내심을 요구하고 설득할 수 있어야 한다. 처칠이 제2차 세계대전 속에서 영국 국민들에게 자신이 바칠 수 있는 것은 「피와 노고, 땀 그리고 눈물」 밖에 없다면서 단결과 도전 정신을 호소한 것이 그런 사례다. 독일이 통일된 후 1990년대 초 과도기에 혼란을 겪을 때 슈미트가 정치 원로로서 독일 정계에 호소한 다음 말이야말로 우리가 지금 되새겨야 할 것이다.

> "나는 우리 독일민족이 지속적인 노력을 기울일 능력이 있다고 믿는다. 나는 결코 비관주의자가 아니다. 내가 걱정하는 것은 우리의 정치가들과 정당의 형편없는 지도력이다. 우리에게 오늘날 정말 필요한 것은 국민들에게 분발과 희생, 인내심을 요구하는 정치가들의 지도력이다. 그러나 그것을 요구하는 설득력 있는 정치가는 지금 전혀 없다."[23]

---

23) 헬무트 슈미트(1994), p. 18.

참고문헌

국내문헌

단 행 본

(재)한국군사문제연구원. (2013). 『북한군의 불편한 진실. 탈북 군인들의 이야기』 성남: 한국군사문제연구원 편집부.

게르하르트 슈타군 (2019). 『전쟁과 평화의 역사』. (장혜경 역). 서울: 이화북스. 원서명: Staguhn, G. *Warum die Menschen keinen Frieden halten: eine Geschichte des Krieges: eine Geschichte des Krieges.*

______________. (2006). 『(청소년을 위한 이야기) 전쟁과 평화』. (장혜경 역). 서울: 웅진지식하우스. 원서명: Staguhn, G, *Warum die Menschen keinen Frieden halten.*

공용득. (2004). 『북한연방제연구 - 중앙과 지방정부의 관계를 중심으로』, 서울: 청목출판사.

권태영 · 노훈 · 박휘락 · 문장렬. (2014). 『북한 핵 · 미사일 위협과 대응』, 성남시: 북코리아.

귀도 크놉. (2000). 『통일을 이룬 독일 총리들』, 서울: 도서출판 한울. 원서명: Knopp, G. (1999). *Kanzler. Die Mächtigen der Republik.* Hamburg: C. Bertelsmann Verlag GmbH.

그레이엄 엘리슨. (2018). 『예정된 전쟁. 미국과 중국의 패권 경쟁, 그리고 한반도의 운명』. (정혜윤 옮김) 서울: 세종서적.

김계동 외. (2019). 『현대 한미관계의 이해』. 서울: 명인문화사.

김계동. (2012). 『한반도 분단, 누구의 책임인가?』. 서울: 명인문화사.

김동식. (2013). 『북한 대남전략의 실체』. 서울: 기파랑.

김병욱. (2011). 『현대전과 북한의 지역방위』. 서울: 선인.

김영탁. (1997). 『독일통일과 동독재건과정』. 서울: 도서출판 한울.

남시욱. (2009). 『한국 진보세력 연구』. 서울: 청미디어.

돈 오버도퍼 · 로버트 칼린. (2014). 『두 개의 한국』. 고양: 도서출판 길산. 원서명: Oberdorfer, D. & Calin, R. *The two Koreas: a contemporary history* (Revised and updated third ed.)

미하일 고르바초프. (203). 『선택. 미하일 고르바초프 최후의 자서전』. (이기동 역). 서울: 도서출판 프리뷰. 원서 명: Gorbachev, M. S. *Alles zu seiner Zeit: mein Leben*.
바딤 메드베데프. (1995). 『붕괴의 內幕』. (이일진 역). 서울: 현대문화신문. Medvedav, V.
밥 우드워드. (2020). 『분노』. 서울; 가로세로연구소. 원서명: Woodward, B. *Rage*.
북한문제연구소. (2001). 『국민의 정부 대북포용정책』. 성남: 북한문제연구소.
서훈. (2008). 『북한의 선군(先軍)외교』. 서울: 명인문화사.
성채기 외. (2006). 『북한 경제위기 10년과 군비증강 능력』. 서울: KIDA Press.
손선홍. (2005). 『분단과 통일의 독일 현대사』. 서울: 소나무.
송민순. (2016). 『빙하는 움직인다: 비핵화와 통일외교의 현장』. 파주: 창비.
송호근 외. (2014). 『좌 · 우파에서 보수와 진보로』. 서울: 도서출판 푸른역사.
스콧 스나이더. (2018). 『기로에 선 대한민국: 패권경쟁 시대에서의 자주와 동맹』. (권율 역). 서울: 연경문화사. 원서 명: Snyder, S. *South Korea at the crossroads*.
신영순. (2021). 『미래전과 미사일 중심 무기체계』. 서울: 한국국가전략연구원.
안드레아스 힐그루버. (1996). 『국제정치와 전쟁전략: 제2차 세계대전』. (류제승 역) 서울: 한울아카데미.
안드레이 란코프. (2013). 『리얼 노스 코리아. 좌와 우의 눈이 아닌 현실의 눈으로 보다』. (김수빈 역). 고양: 도서출판 개마고원.
______________. (2009). 『북한 워크아웃』. 서울: 도서출판 시대정신.
양돈선. (2017). 『기본에 충실한 나라, 독일에서 배운다: German smart power』. 서울: 미래의 창.
오유석 외. (2011). 『한국 진보정치운동의 역사와 쟁점』. 파주: 한울아카데미.
이근욱. (2012). 『냉전. 20세기 후반의 국제정치』. 서울: 서강대학교 출판부.
이영종. (2010). 『후계자 김정은』. 서울: (주)늘품플러스.
이용준. (2018). 『북핵 30년의 허상과 진실: 한반도 핵게임의 종말』. 파주: 한울엠플러스(주).
이정연. (2007). 『북한군에는 건빵이 없다?』. 서울: 도서출판 플래닛미디어.
이종석 · 최은주(편). (2019). 『제재 속의 북한경제, 밀어서 잠금 해제』, 성남: 세종연구소.
이종철. (2014). 『진보에서 진보하라. 진보의 어두운 그늘 통진당을 이야기하다』. 서울: 도서출판 베가북스.
이주흠. (2007). 『역사 속의 리더십』. 서울: 박영사.
이춘근. (2020). 『전쟁과 국제정치』. 서울: 북앤피플.
______. (2016). 『미중 패권 경쟁과 한국의 전략: 미중 충돌과 한국의 지정학적 위험 그리고 통일』. 서울: 김앤김북스.
정상돈 · 성채기 · 임재혁. (2017). 『북한 체제 왜 안 무너지나』. 서울: KIDA Press.
제성호. (2010). 『남북한관계론』. 파주: 집문당.

______. (2000). 『한반도 평화체제의 모색 - 법규범적 접근을 중심으로』. 서울: 지평서원.
척 다운스. (1999). 『북한의 협상전략』. (송승종 역). 서울: 도서출판 한울. 원서명: Downs, Ch. *Over the Line. North Korea's negotiating strategy*, Washington, D.C.: The AEI Press. Publischer for the American Enterprise Institute.
최명해. (2009). 『중국·북한 동맹관계』. 서울: 오름.
최정호. (2008). 『난타의 문화 난타의 정치: 진보와 보수를 넘어서』. 서울: 시그마북스.
한스 마레츠키. (1991). 『병영국가 북한』. (정경섭 역). 서울: 동아일보사. 원서명: Maretzki, H. *KIM-ISMUS IN NORDKOREA*. Anita Tykve Verlag.
한용섭. (2018). 『북한 핵의 운명』. 서울: 도서출판 박영사.
허문영 외(편). (2007). 『한반도 평화체제: 자료와 해제』, 서울: 통일연구원.
헬무트 슈미트. (1994). 『이웃에서 동반자로: 슈미트 전 수상의 통일독일 개혁론』. 서울: 매일경제신문사. 원서명: Schmidt, H. *Handeln für Deutschland. Wege aus der Krise*.
홍진표 · 이광백 · 신주현. (2010). 『친북주의 연구』. 서울: 도서출판 시대정신.
황인희. (2015). 『우리 역사 속 망국 이야기』. 파주: 백년동안.
황장엽. (2006). 『북한의 진실과 허위』. 서울: 도서출판 시대정신.

논문 및 보고서

강준영. (2018). "북한과 미국에 대한 중국의 입장. 과거와 현재의 중국의 대 한반도 전략변화." 『한국국가전략』 제3권 1호. 제6회 한국국가전략연구원-미국 브루킹스 연구소 공동 국제회의 발표 논문. (1월 17일).
고상두. (2020). "헬싱키 프로세스의 성공요인: 수요과 공급 측면의 분석을 중심으로." 경희대학교 인류사회재건연구원 『OUGHTOPIA』, 34(4).
고재홍. (2020). 「김정은 집권 이후 북한군의 변화와 전망」 (INSS연구보고서 2020-1). 국가안보전략연구원.
권안도. (2019). "한미동맹과 연합연습." 『군사논단』, 제97호 (봄).
김광린. (1995). "고르바초프의 신사고 외교독트린에 관한 연구. 브레즈네프 독트린과의 비교적 맥락에서." 『한국정치학회보』, 29(1).
김기호. (2014). "김정일 최고사령관 시기 군사전략의 변화." 『국방연구』, 제57권 제2호. (6월).
______. (2019). "6 · 25 전쟁, 그 때와 지금: 북한의 능력과 전략 비교 평가." 한반도선진화재단 『6 · 25전쟁 상기 특별 세미나』. (6월).
김법헌 · 김덕기. (2021). "중국의 미국 개입차단을 위한 A2/AD 전력 강화와 대만 무력

통일 가능성에 관한 소고.” 『인문사회21』, (8월 30일).
____________. (2020). “중국의 서태평양 진출 견제를 위한 미일의 대응 전략 연구 - 일본 남서제도(南西諸島)의 지정학적 특징과 전략적 중요성을 중심으로.” 『대한정치학회보』, 제28집 제3호.
김수암. (2012). “헬싱키 협정과 인권 의제 협상.” 박경서 · 서보혁 외, 『헬싱키 프로세스와 동북아 안보협력』. 파주: 한국학술정보.
김열수. (2019). “'한미동맹 위기론 ' 에 대한 고찰.” 『新亞細亞』, 제26권 제4호.
김인영. (2014). “한국에서 보수 – 진보의 개념과 한계, 그리고 미래.” 송호근 외, 『좌 · 우파에서 보수와 진보로』. 서울, 도서출판 푸른역사.
김인한. (2021). “중국 국력 성장과 동아시아 해양 분쟁의 격화 가능성: 남중국해, 대만해협, 동중국해를 중심으로.” 『新亞細亞』, 28권 1호.
김재관. (2019) “시진핑 정부의 집권 위기와 중화 민족주의의 부상 : 최근 미중 패권전쟁의 소용돌이를 중심으로.” 『가톨릭 평론』, 제22호.
______. (2016). “남중국해 판결의 국제정치적 함의와 전망. 남중국해 판결 관련 핵심 쟁점을 중심으로.” 『국제정치논총』, 제56집 3호.
김지형. (2014). “진보세력의 북한 인식. 북한문제 논의를 위한 하나의 시론.” 『내일을 여는 역사』, 55. (6월).
김진동. (2013). “북한 전술핵무기 사용 가능성과 대응 방안에 대한 연구 : 전술적 제대 중심으로.” 『군사평론』, 424호. (8월).
김진아. (2021). “미국의 대한반도 정책 방향과 한국의 대비: 2+2 회의 시사점을 중심으로.” 『국방논단』, 제1844호(21–12). (4월 2일).
김진호. (2020). “미 · 중관계, 물리적 충돌 및 화해 가능성은?” 『JPI 정책포럼』, No. 2020–09.
______, (2018). “한중관계와 북중관계로 본 중국의 대한반도 전략.” 『광장』, 209호.
김태현. (2017). “북한의 공세적 군사전략: 지속과 변화.” 『국방정책연구』, 33(1).
김태효. (2018). “한미동맹의 정치적 결속력과 외교협력체제.” 『新亞細亞』, 제25권 제4호. (12월 30일).
김태훈. (2019). “북한 주민의 인권 실태.” 『신아세아』, 26(1), 98.
김한권. (2019). “불신 속의 협력: 북중관계의 현황과 전망.” 『한국국가전략』, 제4권 2호. (7월).
______. (2018). 「미중 사이 북한의 외교와 중국의 대응」 (IFANS 『주요국제문제분석』 2018–45). 국립외교원.
김형률. (1994). “동독의 독일정책(Deutschlandpolitik), 1945~1990. 동독에 있어 민족국가(Nation) 개념의 변천을 중심으로.” 『歷史學報』, 제141집.

녹두출판사. (1989). “권두좌담: 89년 민족자주화운동을 전망한다.” 녹두출판사, 『애국의 길 1』. 서울: 녹두출판사.

류제승. (2020). “전환기 한미동맹의 갈등과 진로.” 제8회 한국국가전략연구원 – 미국 브루킹스연구소 국제회의: 한반도 평화의 실상과 허상: 냉철한 현실 인식과 전략적 지혜. 서울: 한국국가전략연구원. (1월 15~16일).

류인석. (2021). “한국군 군사전략의 새로운 구상.” 『국방정책연구』, 봄(37–1) 통권 131호.

마상윤. (2014). “미중관계와 한반도. 1970년대 이후의 역사적 흐름.” 『역사비평』, 2014–11.

문흥호. (2021). “미중 경쟁과 대만문제: 한국의 시각.” 『EAI 스페셜리포트』,』 대만 특집 시리즈 3.

박민희. (2021). “길을 잃은 시진핑 시대의 중국.” 『황해문화』, 2021–6.

박상건 · 이경행. (2020). “미국의 MD를 고려한 능력기반 다층방어체계 구축방안 연구.” 『Journal of the KNST』, 3(1). Vol 3. No. 1.

박용환. (2015). “북한군 특수전부대 위협 평가.” 『국방연구』, 제58권 제2호.

박원곤. (2020). “북한의 전략과 한미공조.” 제8회 한국국가전략연구원 – 미국 브루킹스연구소 국제회의: 한반도 평화의 실상과 허상: 냉철한 현실 인식과 전략적 지혜(Reality and Illusion of the Peace on the Korean Peninsula: Disillusioned Reality Check and Strategic Wisdom). 서울: 한국국가전략연구원. (1월 15~16일).

______, (2019). “판문점 3차 미북정상회담을 계기로 본 미북 비핵화 입장과 전망.” 『한국국가전략』, Vol. 8. Issue 07.

박은주. (2020). “북한 사이버안보 위협의 증가와 한국의 대응.” 『한국보훈논총』, 제19권 제4호 (통권 57집).

박재완. (2019). “북한의 EMP 위협과 한국의 대응방안.” 『한국군사』, 제5호.

박정현. (2020). “불안정한 현상유지: 혼란스러운 핵협상.” 영어 제목: Pak, J. H. “An Uneasy Status Quo: Muddling through Nuclear Negotiations.” 제8회 한국국가전략연구원 – 미국 브루킹스연구소 국제회의: 한반도 평화의 실상과 허상: 냉철한 현실 인식과 전략적 지혜(Reality and Illusion of the Peace on the Korean Peninsula: Disillusioned Reality Check and Strategic Wisdom). 서울: 한국국가전략연구원. (1월 15~16일).

박휘락. (2021). “한국과 일본의 북핵 억제와 방어 태세 비교.” 『한일군사문화연구』, 제32권.

______. (2020). “한국과 일본의 대탄도미사일방어(BMD) 비교: 대미협력 수준 차이를 중심으로.” 『세계지역연구논총』, 38집 2호.

______. (2019). “핵보유 북한이 채택 가능한 도발형태 분석.” 『통일전략』, 제19권 제4호.

반길주. (2021). “냉전과 신냉전 역학비교: 미 · 중 패권경쟁의 내재적 역학에 대한 고찰을 중심으로.” 『국가안보와 전략』, 제21권 1호(통권 81호).
______. (2020). “미중 패권전쟁의 충분조건 분석: 결정론적 구조주의 한계 보완을 위한 행위적 촉발요인 추적.” 『국제정치논총』, 2020−06 60(2).
백낙청. (2010). “진보와 보수 특별대담. 진보가 보수에게, 보수가 진보에게.” 이창곤(편저), 『대한민국 국가비전 논쟁. 진보와 보수 미래를 논하다』. 서울: 도서출판 밈.
브루스 클링너. (2020). “美 인도태평양전략과 中 일대일로전략의 경쟁 속의 한미동맹과 한미일 안보협력의 임무.” 영어 제목: Klingner, B. D. “What Are the Tasks of the ROK−U.S. Alliance and the ROK−U.S.−Japan Trilateral Cooperation in the Midst of the Rivalry between the U.S.’s Indo−Pacific Strategy and China’s One−Belt−One−Road Strategy?“ 제8회 한국국가전략연구원 − 미국 브루킹스연구소 국제회의: 한반도 평화의 실상과 허상: 냉철한 현실 인식과 전략적 지혜 (Reality and Illusion of the Peace on the Korean Peninsula: Disillusioned Reality Check and Strategic Wisdom). 서울: 한국국가전략연구원. (1월 15~16일).
송현욱. (2011). 『북한주민의 대남인식과 외부정보통제 변화추이: 북한이탈주민 면접조사를 통한 추론』 (신진연구자 연구용역 보고서). 통일부.
신대진. (2019). “한반도 비핵화 및 평화체제에 대한 북한의 인식.” 동계학술회의: 위기와 기회의 한반도: 다시 평화를 생각한다. 북한연구학회. (12월 20일).
신상진. (2019). “시진핑 신시대 중국의 대만정책과 양안관계의 변화: ‘평화발전’에서 ‘평화통일’로의 이행.” 『中蘇연구』, 제43권 제3호. (가을).
안네−카트라인 베커 · 김재경. (1997). “동독과 북한 비교 − 차이점과 유사점.” 『한독사회과학논총』, 제7권.
안성찬. (2005). “독일통일과 동독지식인 − 잃은 것과 남은 것.” 『외국어로서의 독일어』, 17집.
양갑용. (2021). 「‘줄타기 외교’ 비판론, 타박 혹은 자박(자박)?」 (INSS 전략노트 2021−4호). 국가안보전략연구원.
양운철. (2020). “한반도 정세와 남북관계,” 『정세와 정책』, 특집호 (통권 334호).
에반스 리비어. (2020). “가장 어려운 부분의 도래: 북한의 핵 위협, 비핵화의 실패와 미국의 옵션.” 제8회 한국국가전략연구원 − 미국 브루킹스연구소 국제회의: 한반도 평화의 실상과 허상: 냉철한 현실 인식과 전략적 지혜 Reality and Illusion of the Peace on the Korean Peninsula: Disillusioned Reality Check and Strategic Wisdom. 서울: 한국국가전략연구원. (1월 15~16일). 영어 제목: Revere, E. J. R. “Now Comes the Hard Part: Pyongyang’s Nuclear Threat, the Failure of Denuclearization, and America’s Options.“
연상모. (2021). “한국의 대중국 외교는 무엇이 문제인가?” 「외교광장」, February 22,

XXI - 5.

유동열. (2021). “북한의 사이버 위협 실태와 대응.” 『전략연구』 통권 제84호.

윤철기. (2017). “동독 사회에서 사회주의 이데올로기의 정치 · 사회적 기능과 정체성: 비판과 저항의 준거점으로서 이데올로기.” 『북한연구학회보』, 제21권 제2호.

이동규. (2021). 「미중 전략경쟁 시기 대만문제의 쟁점과 전망」 (ISSUE BRIEF 2021-31). 아산정책연구원.

이동기. (2011). “평화와 인권. 서독 정부의 대동독 인권정책과 대북 인권정책을 위한 함의.” 『통일과 평화』, 3집 1호.

______. (2008). “분단시기(1949-!989) 동독과 서독 간 대화와 협상 - 남북한 대화 평가를 위한 관점들과 관련하여.” 『사림』, 2008년 제30호.

이동민 · 정재흥. (2021). “바이든 행정부의 대중 군사-안보정책: 지속과 변화,” 『세종정책브리프』, No. 2021-7.

이병구. (2019). “A2/AD와 Counter A2/AD: 일본과 대만의 Counter A2/AD와 한국 안보에 대한 함의.” 『한국군사』, 제5호.

이상규. (2021). “북한의 전술핵 개발 가능성과 핵전략 및 핵지휘통제 측면에서의 함의,” 『국방과 기술』, 2021-04 (506).

______. (2020) “북한의 핵무기 실전배치 이후 핵전략 전망,” 『국방과 기술』 2020-04 (494).

이상현. (2020). “국제정세-지정학, 강대국 관계.” 『정세와 정책』, 2020-특집호 제36호.

______. (2019). “한국의 대미국외교정책,“ 김계동 외, 『현대 한미관계의 이해』. 서울: 명인문화사.

이성현. (2020a). “2021년 정세전망: 중국정세와 한중관계.” 『정세와 정책』, 2020-특집호 제43호.

______. (2020b). “김정은 · 시진핑 다섯차례 정상회담 복기(復碁)를 통해 본 당대 북중관계 특징과 한반도 지정학 함의.” 『세종정책브리프』, No. 2020-05.

______, (2019). “미중관계 악화와 중국의 한반도 정책 변화 평가.” 『세종정책브리프』, No. 2019-16.

이정남. (2021). “2020중국과 시진핑 정권: 시진핑 주석의 장기집권은 가능할 것인가?” 『아세아연구』, 64(1).

이창언. (2011). “민족해방(NL)노선의 확산과 전보정치운동의 지체: 거중연합(居中聯合)과 전민항쟁노선이 낳은 진보정치의 지체와 왜곡.” 오유석 외(저), 『한국 진보정치운동의 역사와 쟁점』. 파주: 한울아카데미.

임수호. (2018). 『미국 대북제재의 체계와 해제요건』 (INSS 연구보고서 18-02). 국가안보전략연구원.

임을출. (2020). 『김정은 정권의 국가전략노선 변화와 전망』 (IFES 정책보고서 2020-1). 경남대학교 극동문제연구소.

장공수 외. (2015). "북한의 사이버 공격 시나리오와 대응방향," 『군사평론』, 제434호.

정상돈. (2017a). "북한의 주체무기와 군사전략." 『동북아안보정세분석』(Northeast Asia Strategic Analysis), (6월 29일).

______. (2017b). "김정은 체제의 불안정 실태 평가." 2017년 동계학술회의: 갈등을 넘어 공존으로 – 북핵시대의 남북한과 평화의 모색. 북한연구학회. (12월 15일).

______. (2017c). "동독 내 서독정보 유입의 과정과 방법." 『국방정책연구』, 제33권 제4호 (통권 제118호).

______, (2015). "김정은 정권의 군사전략: 목표와 방법," 한국국방연구원 『동북아안보정세분석(Northeast Asia Strategic Analysis)』(4월 6일).

정영철. (2020). "김정은 시대 북한의 전략적 선택." 『한국과 국제정치』, 제36권 제4호 (겨울) 통권 111호.

______. (2018). "남북관계의 변화와 남남갈등." 『한국과 국제정치』, 제34권 제3호 (가을) 통권 102호.

정은숙. (2004). 『러시아 안보정책의 이해. 고르바쵸프에서 푸틴까지』. 세종정책총서 2004-1. 성남: 세종연구소.

정재흥. (2019a). "중국의 강대국화 전략과 한국의 과제." 『세종정책브리프』, No. 2019-05.

______. (2019b) "김정은의 '새로운 길' 과 4차 북중정상회담의 평가 및 시사점." 『정세와 정책』, 제3호.

______. (2018). "한반도 비핵화와 평화체제 문제에 대한 최근 중국 전문가들의 인식." 『세종정책브리핑』, No. 2018-27.

제성호 · 김수겸. (2019). "한반도 평화체제 구축과 북한 비핵화." 『법학논문집』, 제43집 제2호.

진희관. (2021). "2021년 북한의 내부정세와 대외전략." KDI 북한경제리뷰 『동향과 분석』, 10월호.

______. (2010). "북한 대남정책과 이명박 정부 이후 대남인식 변화." 전남대학교 세계한상문화연구단 국내학술회의 발표자료. (6월).

차승주. (2016). "남북한 '평화통일' 인식 비교." 『도덕윤리과교육연구』, 제52호.

최강. (2019). "한미동맹 구조, 체계, 역할분담의 문제." 김계동 외, 『현대 한미관계의 이해』. 서울: 명인문화사.

최용섭. (2001). "한국의 정당과 사회 제집단의 북한 • 통일관 - 남남갈등을 중심으로," 『한국동북아논총』, 제20집.

최현호. (2013). “베일에 싸인 북한의 핵개발 역사. 핵무기 보유를 위한 북한의 집요한 노력.” 『국방과 기술』, 409.

통일연구원 북한연구실 신년사 분석팀. (2019). “2019년 김정은 신년사 분석 및 정세전망.” (Online Series Co 19-01). 통일연구원.

하남석. (2021). “중국 공산당 논쟁과 노선투쟁의 100년: 파(破)와 입(立)의 교차.” 『중국사회과학논총』, Vol 3 No.1.

______. (2018). “포스트사회주의 중국의 문화지도, 하지만 우리가 좀 더 알아야 할 것들.” 임춘성의 『포스트사회주의 중국의 문화정체성과 문화정치』(문화과학사, 2017)에 대한 서평. 『마르크스주의 연구』, 제15권 제4호.

한운석. (2005). “동독과 북한 당 지도부의 민족정책 비교.” 『역사학연구』(구 전남사학), 제24집.

함형필. (2021). “북한의 핵전략 변화 고찰: 전술핵 개발의 전략적 함의.” 『국방정책연구』, 가을(37-3) 통권 133호.

홍기준. (2006). “CSCE 레짐동학(1972~1994) 분석: 권력, 이익, 지식을 중심으로.” 『국제정치논총』, 제46집 3호.

홍기호 · 권태영. (2018). “북한의 핵사용-단기 속전속결 전략 대비 한국의 신 작전개념 수행방안 구상.” 『전략연구』, 25(1).

황규성. (2016). “복지와 독재의 교환에 관한 동독과 북한의 비교연구,” 『한국사회정책』, 제23권 제2호.

신문 칼럼과 기사 및 인터뷰

고성혁. (2013. 2. 5.). “김대중-노무현의 北핵 옹호 발언 모음,”. NewDaily. http://www.newdaily.co.kr/site/data/html/2013/02/05/2013020500047.html

김윤종. (2021. 10. 19.). “나토 사무총장 ‘中 위협에 맞서는 것이 핵심 미래 전략’.” 『동아일보』.

김종대. (2022. 1. 13.). “‘킬 체인 선제타격’, 김정은이 웃는다.” 『한겨레』.

김진호. (2021. 3. 24.). “바이든-시진핑 시대의 대만, 미 · 중 격돌의 첫 전장 되나.” 『중앙일보』.

김찬호. (2022. 2. 6.). 김정섭 인터뷰 “선제타격?...여전히 6.25전쟁 때 방식에 갇혀 있어.” 『경향신문』.

김황록. (2022. 2. 18.). “핵탄두 北스커드 고각발사…서울 상공 70㎞ 터지면 벌어질 일.” 『중앙일보』.

박민희. (2021. 8. 23.). “‘선부론’은 끝났다.” 『한겨레』.

박은경. (2021. 5. 20.). “차이잉원, 취임연설서 ‘일국양제 수용 불가’.” 『경향신문』.
송평인. (2022. 1. 12.). “정용진 ‘좋아요’.” 『동아일보』.
신경진. (2022. 3. 6.). “中 국방비 7.1% 증액 279조원…‘대만 통일’ 노려 군비 증강‘.” 『중앙일보』.
______. (2021. 8. 14.). “이용남 베이징 北대사 ‘미군 철수하라’…북 · 중 릴레이 압박 이어가.” 『중앙일보』.
신봉길. (2022. 1. 12.). “미 · 중 한쪽 편드는 건 단견, 때론 ‘노’ 할 수 있어야.” 『중앙일보』.
신주현. (2006. 11. 17.). “청와대에 ‘NL386’ 출신 40여 명 포진.” 『데일리NK』. (http://www.allinkorea.net/sub_read.html?uid=4064§ion=section=section16#)
안용현. (2010. 12. 25.). “북한 툭하면 ‘핵공격’ 운운… ‘방어용’이라던 北核 對南 협박용 노골화.” 『조선일보』.
유상철. (2016. 2. 25.). “중국은 왜 한국의 사드 도입에 결사 반대하나.” 『중앙일보』.
유용원. (2021. 9. 13.). “사드도 못막는다… 北 신형 장거리 순항미사일은 ‘토마호크 판박이’.” 『조선일보』.
윤상호. (2022. 1. 15.). “‘대포동’서 ‘마하10’까지…김정은집권 10년간 60차례 도발.” 『동아일보』.
이상국. (2021. 7. 28.). “중국 ‘AI 주도 미래전쟁선 미국과 해볼 만’ 판단.” 『중앙일보』.
이영종. (2020. 6. 25.). [이영종의 평양오디세이] “하노이 ‘훈수’에 불만…김여정, 청와대에 ‘배신자’ 말폭탄.” 『중앙일보』.
이제훈. (2021. 6. 28.). “‘한반도에 미군 있어야’ 김정일 ‘파격 제안’ 걷어찬 미국.” 『한겨레』.
______. (2021. 6. 1.). “북, 76년 지켜온 ‘남한 혁명통일론’ 사실상 폐기.” 『한겨레』.
이희옥. (2022. 1. 12.). “2022년 중국 풍향계.” 『서울신문』.
정상돈. (2017. 8. 1.). “北 경제성장률 발표와 대북제재 무용론.” 『매일경제』.
주성하. (2022. 1. 20.). “김정은은 왜 신년사를 3년째 못 할까.” 『동아일보』.
진희관. (2021. 6. 23.). “북, 당 규약에 ‘적화통일’ 삭제한 까닭은.” 『부산일보』.
차세현 · 박현주. (2021. 8. 11.). “김정일은 대놓고 말 못했는데…김정은, 주한미군 철수 공식화.” 『중앙일보』.
『경향신문』. (2022. 2. 11.). “이재명 ‘윤석열 선제타격 주장은 제2의 총풍…안보는 정략 대상 아냐.”
________. (2022. 1. 5.). 김재중, “미국, 내전으로 향하고 있는가.”
________. (2021. 11. 28.). “북한, 인민경제계획법 개정 … 경제계획 수립부터 실적까지 사법기관이 감시,”
________. (2021. 5. 24.). “‘한 · 중관계 불똥 튈라’…청와대 ‘미국과 중국 모두 중요한

나라'."
________. (2021. 5. 6.). "중국 'G7 공동성명은 주권 간섭, 강력 규탄'."
________. (2020. 5. 14.). "[박성진의 군 이야기] 3사단 GP 총격 사건 '4대 쟁점'."
『국민일보』. (2014. 10. 3.). "정종욱 통일준비委 부위원장 '한반도 신뢰프로세스 미세한 조정 필요하다'."
『내일신문』. (2021. 4. 22.). "한국, 세계경제 '톱10' 재진입 … 2026년까지 유지할 듯."
『뉴스1』. (2021. 8. 14.). "北외무성, 홈피에 '한미훈련 반대' 中 환구시보 칼럼 게재."
『뉴시스』. (2021. 11. 19.). "대만인 88% '中 무력 위협 반대'…85.6% '일국양제 반대'."
『동아일보』. (2020. 6. 25.). "文대통령 '6 · 25 국군 유해, 70년 만에 우리 곁으로…조국은 잊지 않아."
________. (2021. 12. 16.). "美국무부 경제차관 "한국과 5G 구축 논의"…中견제 전선 동참 요청."
________. (2021. 8. 11.). "민간유일 北인권백서, 올해는 왜 못 보나."
________. (2021. 6. 24.). "文 '北 김정은 매우 솔직'…타임 '반인륜 범죄 주도한 인물'."
________. (2021. 5. 29.). "中, 대만통일 시간표 짰다… 2027년 중국군 건군 100돌 맞춰 끝낼 것."
________. (2021. 2. 26.). "北 전력생산 40년째 제자리… 김정은 '전기가 경제 발목' 연일 닦달."
________. (2019. 3. 22.). "北, 괌 전략자산 철수 요구'…靑, '비핵화 정의' 헛다리 짚었나."
________. (2019. 3. 21.). "앤드루 김 "김정은, 비핵화 통 크게 얘기하다 물러서는 등 오락가락."
『매경이코노미』. (2021. 10. 23.). "바이든-시진핑 의도치 않는 충돌…美 '대만 합의 지켜야' vs 中 '반드시 통일."
『머니투데이』. (2021. 8. 10.). "北 담화문에 등장한 '김정은 뜻'…南에 '더 많은 양보' 바라나."
__________. (2021. 6. 25.). "'中과 무력 충돌 대비해야'…대만 vs 중국 또 거친 말 주고받기."
__________. (2013.3.22.); 김기호, "김정일 최고사령관 시기 군사전략의 변화,"
『문화일보』. (2022. 4. 4.). "中, '3不' 외 '1限' 요구…文정부, 은폐 뒤 사드 정식배치 지연."
『아시아경제』. (2021. 9. 4.). "'中, 상상 초월하는 사이버공격'…호주, 대규모 해킹 표적된 이유는."
『아주경제』. (2020. 10. 28.). "문정인, 先종전선언 · 後비핵화 또 주장...'좋은 결과 있을지 누가 아느냐'."
『연합뉴스』. (2022. 5. 11). "트럼프, 주한미군 철수 수 차례 언급…韓 다루기 끔찍하다 말해.”
__________. (2020. 10. 10.). “북한 노동당 창건 75주년 열병식에서 한 김정은 연설.”
__________. (2020. 6. 15.). “SIPRI ‘북한 핵탄두 30~40개 보유 추정…작년보다 10개 늘어’.”
__________. (2020. 5. 23.). “정부가 ‘실효성 상실’ 거론한 5 · 24조치 현황은?”
__________. (2018. 4. 10.). “김정은, 남북관계 · 북미대화 대응방향 제시…내일 베일 벗나.”
__________. (2017. 11. 20.). “국정원 북, 軍총치국 20년만에 검열...황병서 처벌 첩보 입수.” 앞의 글.
__________. (2017. 2. 27.). “국정원 북김원홍 보위상 연금…보위성간부 등 5명 고사총 처형.”
『이데일리』. (2021. 5. 25.). “정의용, 한 · 미 공동성명 中 반발에 ‘양안 관계 특수성 인지하고 있다’.”
__________. (2021. 4. 3.). “정의용－中왕이 ‘양국관계 발전 · 한반도 평화프로세스 추진’ 공감대.”
『조선일보』. (2021. 9. 23.). “미국 간 정의용 ‘中 공세적 외교는 당연... 대북제재 완화 고려할 시점’.”
__________. (2019. 2. 15.). “문정인 ‘先신고 · 사찰－後종전선언은 비현실적’.”
__________. (2018. 10.29.). “문정인 ‘김정은, 이복형 암살 등 나쁜 일 했지만 사악하겐 보지 말아야’."
__________. (2018. 10. 10.). “강경화, 남북군사합의에 美폼페이오 ‘불만’ 인정.”
__________. (2018. 9. 27.). “종전선언, 미국은 손해 볼 것 없다.”
__________. (2018. 2. 28.). “문정인 ‘대통령이 주한미군 나가라고 하면 나가야’.”
__________. (2004. 11. 25.). “北, 盧대통령 LA발언 긍정 평가.”
__________. (2003. 8. 15.). “보수－진보 또 갈라진 8 · 15집회.”
『중앙일보』. (2022. 4. 21.). “중국의 내로남불…사드보다 강력한 레이더, 한반도 향해 설치.”
__________. (2022. 4. 9.). “5년 전 10월31일 황당했다, 尹정부 되짚어야할 ‘사드 봉인’ 진실.”
__________. (2022. 4. 7.). “미 하원의장 25년 만에 대만行…‘방일 펠로시 의장, 한국 일정 취소’.”
__________. (2022. 2. 15.). “헤커 박사 ‘북, 바이든 임기 말 핵무기 65개 보유 가능’.
__________. (2022. 2. 7.) “李 · 尹 사드추가 공방...美브룩스 말 뒤엔 ‘거대이슈’ 숨어 있다.”
__________. (2022. 2. 6.). “유엔 ‘北, 작년 사이버 공격서 번 돈으로 미사일 기술 증강."

_________. (2022. 1. 28.). "새해 6번째 미사일 도발…'4종 세트' 섞어 쏘면 막기 힘들다."
_________. (2022. 1. 19.). "'전자파 참외' 놀려봐라…연 5534억 팔린 성주참외 '꿀맛 비밀'."
_________. (2022. 1. 12.). "이종석 '선제타격, 무모하고 위험' VS 김성한 '지도자가 강력한 의지 나타내야."
_________. (2022. 1. 5.). "대만, 미군 오산기지서 2시간…中 침공 땐 韓 차기정부 '격랑'."
_________. (2021. 12. 24.). "'北 SLBM은 도발아니다'는 韓...美 '北전략, 말리지 말아야'."
_________. (2021. 12, 23.). "北 침묵 속 내년도 '평화 프로세스' 올인…외교 · 통일 · 국방부 2022 업무보고."
_________. (2021. 12. 17.). "유엔 '北 인권 ICC 회부, 책임자 추가제재를'…17년 연속 결의."
_________. (2021. 12. 16.). "北, 아들 처형때 아버지 맨 앞줄 앉혀…시체 불태워질 때 기절."
_________. (2021. 11. 18.). "유엔 제3위원회, 북한인권결의안 17년 연속 채택."
_________. (2021. 11. 18.). "유엔 '北 인권결의안' 17년째 채택…한국은 3년 연속 불참."
_________. (2021. 10. 22.). "바이든 '中, 대만 공격 땐 美가 방어'…또 군사개입 시사 긴장."
_________. (2021. 10. 14.). "주미대사 '美, 한국 전술핵 재배치 안 된다는 입장."
_________. (2021. 9. 29.). "北 비핵화 없으면 제재 유지…美 당국자, 정의용 제안 반박."
_________. (2021. 9. 24.). "北도발을 '저강도'라고 표현한 文…남북 종전선언 의기투합?"
_________. (2021. 9. 23.) "'北인권, 文정부 무관심' 결국 예산도 3분의 1토막."
_________. (2021. 8. 8.). "규모 상관없다"는 北, '축소 훈련' 반응은? 선전매체 "엄중 난관."
_________. (2021. 8. 7.). "한미훈련 진행하되 한국군 축소…北에 대화 명분 줄 듯."
_________. (2021. 7. 18.). "'평양문화어 사용하라'.. 北, '부르주아 침투'와의 전쟁."
_________. (2021. 7. 14.). "트럼프, 재선 성공하면 '한미동맹 날려버린다'고 했다."
_________. (2021. 7. 8.). "IAEA 전 사무차장 '北 핵무기 40개…해킹으로 무기 역설계'."
_________. (2021. 6. 16.). "G7 · 나토 · EU까지 '중국 3중 포위망'…바이든의 큰 그림 완성."
_________. (2021. 6. 15.). "나토도 '중국 도전' 적시…바이든, 유럽 · 아태 동맹 묶는 '큰 그림' 짜나."
_________. (2021. 5. 26.). "'축의 이동' 서방이 예측한 2035년 중국의 모습."
_________. (2021. 4. 12.). "中, 2년 비워둔 한반도특별대표에 류샤오밍 전 주北대사 투입."
_________. (2021. 4. 5.). "中 왕이 '한반도 비핵화, 평화협정 병행 추진해야'."
_________. (2021. 3. 24.). "한국 전략적 모호성, 미국은 불안…중국 편든다 오해 낳아."

_________. (2021. 2. 23.). 미 국방부, "한미연합훈련, 한반도서 상당 수준 준비태세 유지해야."
_________. (2021. 2. 18.). 사설 "또 뚫린 최전방…군 정신 똑바로 차려야."
_________. (2021. 2. 17.). "'한국, 무의지 · 무기력 · 역부족 빠졌다' 中의 혹독한 평가." https://news.joins.com/article/23993971?cloc=joongang-home-newslistleft
_________. (2021. 2. 17.), e글중심, "'노크 귀순' 이은 '헤엄 귀순'... "걸리면 귀순, 안 걸리면 간첩?"
_________. (2021. 1. 28.). "문닫은 북, 식량난 심화하나...美 '북한 10명중 6명 식량 부족'."
_________. (2021. 1. 21.). "中 소장파 학자 경고 '北, 전술핵으로 韓 압박 … 통일 시도할 것'."
_________. (2020. 5. 8.). "'군사합의' 체리피커 북한…이러려고 한국군 군사분계선 훈련 중단했나."
_________. (2020. 4. 19.). "'中 묵인, 美방관' 합작 … 쉴 틈 없던 北바지선, 모래까지 팔았다."
_________. (2020. 1. 6.). "北 또 文비난 '주제넘게 중재자 설쳐대는 입방아 그만 찧어라'."
_________. (2019. 9. 16.). "북한이 쏜 10차례 발사체 중 8차례는 KN-23, 기만술 구사."
_________. (2018. 11. 8.). "김정은 서울 방문 열렬히 환영" 백두칭송위원회 결성식 열려."
『한겨레』. (2022. 2. 6.). "윤석열 '사드 추가배치' 언급한 지역, 일제히 반발."
________. (2021. 9. 24.). "귀국길 문 대통령 '종전선언, 관련국들 소극적이지 않아."
________. (2021. 12. 21.). "민주평통 '종전선언 위해 3월 한미연합훈련 연기하자' 제안."
________. (2021. 12. 3.). "미-유럽연합 '대만 해협에서 중국 일방적 행위에 강한 우려."
________. (2021. 10. 1.). "김부겸 총리 베이징 올림픽에서 "남북 고위급 당국자 자연스레 만날 수 있어."
________. (2021. 8. 4.). "북-러 '모스크바 선언' 전문."
________. (2021. 6. 2.). "이종석, 북 당규약 개정으로 '김정은 당' 완성…대일 관계는?"
________. (2021. 5. 5.). "미 · 중 대결 시대에서 '중국 견제 시대'로…한국 'G10체제' 주도해야." 박민희 논설위원의 지만수 한국금융연구원 연구위원 인터뷰.
________. (2021. 1. 22.). "유엔 '북 주민 48% 영양 부족'…영유아 29%만 적절한 섭취."
________. (2018. 8. 30.). "문정인 "문재인 정부, 9월 유엔총회서 종전선언 목표."
『한국경제』. (2018. 10. 4.). "강경화, 핵신고 미루고 영변 폐기-종전선언 '빅딜' 제안."
『한국일보』. (2021. 5. 13.). "떠날 때도 거침 없는 에이브럼스 '평시 땀 흘려야 전시에 피 안 흘려'."
_________. (2021. 4. 2.). "한국, 美中 양자택일 못해…대중봉쇄는 촌극, 중국의 기고만장."
_________. (2017. 10. 6.). "이명박의 '도둑' 박근혜의 '대박' 문재인의 '새벽'이 가리키는

것은."
『CBS노컷뉴스』(홍제표 기자 인터뷰). (2022. 1. 14.). "김기정 원장 '北 극초음속 미사일에도 종전선언 동력 살아있다'."
DailyNK. (2013. 2. 22.). "김정은, 연일 군부대 시찰…'敵과 한번은 싸운다'."
________. (2011. 5. 29.). "김정일 '통일하려면 판가리 싸움 한번 해야'."
JTBC. (2018. 9. 20.) [인터뷰] 문정인 "북 · 미 상호 신뢰 확보 위한 장치가 종전선언." (https://news.jtbc.joins.com/article/article.aspx?news_id=NB11700001).
NewDaily. (2020. 10. 21.). "'6.25 참전은 침략자에 대한 정의로운 전쟁이었다'… 中 시진핑, 대놓고 '공개 망언'."
OhmyNews. (2022. 4. 9.). "윤석열 정권이 만들려는 남북관계와 한반도 미래는 암울."
rfa(자유아시아방송). (2018. 12. 4.). "[심층취재: 북중 접경지역을 가다②] 단둥 내 북한 근로자들의 실태."
___. (2019. 3. 29.). "러시아 내 '학생비자' 소지 북한 식당종원업 증가."
___. (2021. 11. 19.). "군량미 수납 독촉에 북 농민들 불만 고조."
___. (2021. 9. 13.). "북, 정권창건일 맞아 '김정은 조선 만들기' 새 과업 제시."
___. (2021. 11. 11.). "북 부패지수, 전세계 최하위…개선여지 희박."
___. (2021. 10. 22.). "북 '2025년까지 국경 개방 어려우니 허리띠 조이라'," 2021년 10월 22일.
___. (2018. 9. 11.). "북한 군, 대미 적대시 정책 변하지 않아."
___. (2021. 10. 18.). "북, 반인민적인 '김정은 권력집중'과 '주민통제 강화' 지시."
___. (2021. 10. 28.). "미 재무부, 금융기관에 'FATF 북 고위험국가 결정' 통보."
___. (2017. 11. 27.). "인민군 총정치국 검열 배경은 외화벌이 기관 장악 때문."
___. (2017. 9. 20.). "유엔보고서, '북한은 여전히 유일한 인터넷 사용 금지국'."
___. (2020. 3. 20.). "카네기 '한국 정부, 남북평화 추구보다 국가안보 우선시해야'."
___. (2021. 11. 4.). "스탠퍼드대 '북, 평산서 연 20개 핵폭탄용 우라늄 생산."
___. (2019. 3. 29.). "러시아 내 '학생비자' 소지 북한 식당종원업 증가."
___. (2019. 1. 23.). "북, 노농적위군 창설일 계기, 군사훈련 및 사상교육 강력 추진."
___. (2018. 12. 17.). "김정은의 고위층 숙청과 처형."
___. (2018. 12. 4.). "[심층취재: 북중 접경지역을 가다②] 단둥 내 북한 근로자들의 실태."
___. (2017. 11. 15.). "북, 전력난으로 도정하지 않은 겉곡 군에 공급."
___. (2021. 11. 24.). "북, 한국문화 유입 완전차단 노력."
___. (2021. 10. 27.). "태영호 '국가인권위, 권력 앞 무기력'."
___. (2020. 3. 20.). "카네기 '한국 정부, 남북평화 추구보다 국가안보 우선시해야'."

___. (2020. 3. 18.). “헤리티지재단 ‘북 경제자유지수, 26년째 세계 최하위’.”
TV조선. (2021. 6. 25.). “윤희숙 ‘타임지, 文에게 <망상>에 빠졌다고 비판…얼굴 화끈거려’.”
VOA(Voice of America). (2022. 2. 10.). “북한 미사일 발사 수천만 달러 소요…인도적 지원 방식 바꿔야.”
____. (2022. 2. 10.). “미한훈련 ‘축소’ 장기화…미일 ‘육해공 전방위’ 훈련과 대조.”
____. (2021. 12. 25.).「워싱턴 톡」“에이브럼스 전 주한미군사령관 ‘연합훈련 재개 논의할 시점...유엔사 남북관계 방해 근거 없어’.”
____. (2021. 12. 16.). “유엔 ‘북한 주민 42.2% 영양 결핍’...아태 국가 중 최악.”
____. (2021. 12. 4.). “북한, 검찰이 경제계획 감독?”
____. (2021. 11. 24.). “세계영양보고서 ‘북한 주민 절반 영양 부족…어린이 발육부진은 개선’.”
____. (2021. 11. 11.). “미국 내 탈북민들 ‘북한 최장 국경 봉쇄로 간부들도 경제난…주민들 삶 간섭만 안 해도 감사할 것’.”
____. (2021. 11. 5.). “한국 민간단체 ‘대북전단금지법 압박에 워싱턴으로 본부 옮겨...정보 유입 새 기술 개발 모색’.”
____. (2021. 9. 11.). “북한 정권 73주년… 주민들은 ‘현대판 노예’, 강제 노동 멈춰야’.”
____. (2021. 6. 4.) “비건 전 부장관 ‘북한과 합의 가능하다는 믿음 흔들림 없어…바이든 정책, 이전과 다르지 않아 성과 의문’.”
____. (2021. 5. 13.). “대북전단 겨냥 문 대통령 발언, 워싱턴서 ‘바이든 행정부에 부담’ 우려.”
____. (2021. 5. 4.). “헤커 박사 ‘북한, 핵무기 45개 보유 가능성’...전문가들 ‘정확한 추정 한계’.”
____. (2021. 4. 30.). 미 전문가들 “한국은 중립국 아닌 동맹...미북대화 압박 말아야.”
____. (2021. 3. 4.). “프리덤하우스 ‘북한, 세계에서 가장 자유 없는 나라’.”
____. (2021. 3. 2.). “미 전문가들 ‘한국 통일장관, 제재 아닌 김정은 실정 비판해야...북한 ’자체 제재‘가 민생 파괴’.”
____. (2021. 2. 26.). [뉴스 동서남북] “‘특수기관’ 질타한 김정은 ... ‘자력갱생 한계’.”
____. (2021. 2. 23.). “미국 인권단체 ‘대북전단금지법, 국제법 위반’…한국 정부에 의견 제출.”
____. (2021. 2. 16.). “전 COI 위원들 ‘안보리, 북한 인권 정기적 논의해야’.”
____. (2021. 2. 16.). “탈북 군인들 북한 복무기간 단축 긍정적...훨씬 더 줄여야.”
____. (2021. 2. 12.). “30년째 계속되는 북한 전력난.”
____. (2021. 2. 6.). “CIA ‘북한, 대규모 군사비 지출로 민간 필요 자원 소모’.”

____. (2021. 1. 20.). "미 전문가들 미한훈련은 동맹 핵심…'북한과 협의' 매우 부적절."
____. (2021. 1. 13.). "영국 외교부 한국의 대북전단금지법 이행 주시할 것."
____. (2021. 1. 8.). "'인도태평양 지원도 임무 해당'…주한미군 사령관 발언 의미는?."
____. (2020. 4. 9.). "국무부 '북한, 사이버 활동으로 WMD 자금 마련…모든 나라가 대응 조치해야'."
____. (2020. 4. 6.). "북한, 가상화폐 분야서 '가장 정교한 범죄국가'…대책 마련 시급."
____. (2020. 3. 18.). "북한 경제자유지수 26년째 세계 최하위."
____. (2016. 1. 5.). "미 국무부 '북한 GDP 대비 국방비 세계 1위'."
YTN. (2021. 6. 15.). "'케이팝은 악성 암' 김정은, 北 여성 '오빠' 호칭에 '대노'."

기 타

"문재인 대통령 제76차 유엔 총회 기조연설." (2021. 9. 22.). 청와대(https://www1.president.go.kr/articles/11119).
"문재인 대통령 취임 3주년 특별연설." (2020. 5. 10.). 『대한민국 정책브리핑』. (https://www.korea.kr/archive/speechView.do?newsId=132032136).
"문재인 대통령 취임 3주년 특별연설 질의응답." (2020. 5. 10.). (https://www1.president.go.kr/articles/8608).
"문재인 대통령 노르웨이 오슬로 포럼 기조연설." (2019. 6. 12). "국민을 위한 평화," 청와대(https://www1.president.go.kr/articles/6495).
"문재인 대통령 제72주년 광복절 경축사." (2017. 8. 15.). 『뉴스핌』.
"이명박 대통령 CRF/KS/AS 공동주최 오찬 연설." (2009. 9. 21.).
"남북관계 발전과 평화번영을 위한 선언(10 · 4 남북 정상선언)." (2007. 10. 4.).
"노무현 대통령 「6 · 15」공동선언 5주년 국제학술대회 축사." (2005. 6. 13.).
"김대중 대통령 베를린 선언." (2000. 3. 9).
"김대중 대통령 CNN 회견 기조연설." (1999. 5. 5).
"김영삼 대통령 광복절 제50주년 경축사." (1999. 8. 15).
"노태우 대통령 제43차 유엔총회 연설." (1988. 10. 18).
"노태우 대통령 평통자문회의 제5기 출범식 개회사." (1991. 7. 12).
"박정희 대통령 연두기자회견." (1974. 1. 18).
국가안전보장회의 상임위원회. (2006). 『육성으로 듣는 노무현 대통령의 외교안보 구상』.
국방부. (2020). 『2020 국방백서』. 서울: 국방부.
______. (2016). 『2016 국방백서』. 서울: 국방부.
______. (2014). 『2014 국방백서』. 서울: 국방부.

대한민국 법제처 국가법령정보센터. 「남북관계 발전에 관한 법률」. (https://www.kri.go.kr).
문재인 정부 청와대 국가안보실. (2018). 『문재인 정부의 국가안보전략』.
문재인 대통령 비서실. (2020.). 『문재인 대통령 연설문집』 제3권. 수석 · 보좌관회의. 국무회의 2019.5.10.~2020.5.9.
박근혜 정부 청와대 국가안보실. (2014). 『희망의 새시대 국가안보전략』.
조태용. (2020. 11. 5.). "대한민국이 북한 사이버부대의 놀이터로 전락하고 있는 것은 아닌지 우려된다." (https://www.facebook.com/tycho829). (2022년 1월 11일 검색).
통일부. (2021). 북한정보포털. (https://nkinfo.unikorea.go.kr/nkp/openapi/NKStats.do). (검색일: 2021년 12월 4일.).
______. (2020). 『대북전단 규제 관련 「남북관계 발전에 관한 법률」 개정 설명자료」.
______. (2017). 『문재인의 한반도정책. 평화와 번영의 한반도』.
______. (2015). 『2015 통일백서』.
______. (2013). 『2013 통일백서』.
______. (2010). 『월간 북한동향』, 1월호.
______. (2009). 『2009 통일백서』.
______. (2008). 『2008 통일백서』.
______. (2002). 『2002 통일백서』.
______. (1999. 7.). 「포용정책은 안보와 협력입니다」.
______. (1994. 12.). 『북한의 「평화협정」 제의 관련 자료집』.
______. (1993. 10.). 『동서독 교류협력 사례집』.
국토통일원. (1988). "조선에서 긴장 상태를 가시며 조국의 자주적 평화 통일을 촉진시키기 위한 전제를 마련할데 대하여." 『북한최고인민회의 자료집 Ⅲ』.
통일연구원, 대북정책 설명자료. (2008). 「이명박정부 대북정책은 이렇습니다」.
한국은행. (2017. 7. 22.). "2016년 북한 경제성장률 추정 결과." 『보도자료』(http://www.bok.or.kr).

북한 문헌

단행본 및 논문

강희봉.『선군정치문답』, (평양: 평양출판사, 2008년),

김일성. (1999). “조선인민의 민족적 명절 8 · 15 해방 15돐 경축대회에서 한 보고.”『김일성 전집』 25. 평양: 조선로동당출판사.

______. (1996). “1991년 신년사.” (1991년 1월 1일).『김일성 저작집』 43. 평양: 조선로동당출판사.

______. (1994). “조선로동당 중앙위원회 제2차 전원회의에서 한 결론.”『김일성 전집』 10. 평양: 조선로동당출판사.

______. (1982). “조선로동당 제6차대회에서 한 중앙위원회 사업총화 보고.”『김일성 저작선집』 8. 평양: 조선로동당출판사.

______. (1974). “민족의 분렬을 방지하고 조국을 통일하자.” 체스꼬슬로벤스꼬사회주의공화국 당 및 정부 대표단을 환영하는 평양시 군중대회에서 한 연설. (1973년 6월 23일).『김일성 저작선집』. 평양: 조선로동당출판사.

김정일. (2000). “자강도의 모범을 따라 경제사업과 인민생활에서 새로운 전환을 일으키자.”『김정일 선집』 제14권. 평양: 조선로동당출판사.

김현환. (2002).『김정일 장군 정치방식 연구』. 평양: 평양출판사.

엄국현 · 윤금철. (2006).『조선반도평화보장문제』, 평양: 평양출판사.

조선로동당출판사. (1998).『위대한 수령 김일성동지의 불멸의 혁명업적 9. 주체형의 혁명무력건설』. 평양.

조선로동당 당력사연구소. (2005).『우리 당의 선군시대 경제사상 해설』. 평양: 조선로동당출판사.

조선인민군. (2006). “조성된 정세와 요구에 맞게 자기부문의 싸움준비를 빈틈없이 완성할 데 대하여,”『학습제강(군관, 장령용)』. 평양: 조선인민군출판사.

신문 칼럼 및 기사

강금철. (2019. 3. 20). “조선반도의 평화와 안전을 수호해야 한다.”『우리민족끼리』.

강현경. (2022. 1. 30.). “당에서 하라는 일은 무조건 해야 합니다,”『로동신문』.

김여정. (2022. 4. 5.). “김여정 조선로동당 중앙위원회 부부장 담화.”『조선중앙통신』.

______. (2021. 9. 24). “김여정 조선로동당 중앙위원회 부부장 담화.”『조선중앙통신』.

______. (2021. 8. 10.). “김여정 조선로동당 중앙위원회 부부장 담화.”『조선중앙통신』.

______. (2021. 8. 1.). “김여정 조선로동당 중앙위원회 부부장 담화.”『조선중앙통신』.

______. (2021. 1. 13.). “김여정 당중앙위원회 부부장 담화.” 『조선중앙통신』.
______. (2020. 6. 17.). “조선로동당 중앙위원회 제1부부장 담화 발표,” 2020년 6월 17일. 『조선중앙통신』.
______. (2020. 3. 3.). “청와대의 저능한 사고방식에 경악을 표한다－－김여정 당중앙위원회 제1부부장 담화.” 『조선중앙통신』.
______. (2019. 4. 13.). “현 단계에서의 사회주의건설과 공화국정부의 대내외정책에 대하여.” 『로동신문』.
______. (2016. 5. 7.). “조선로동당 제7차대회에서 한 당중앙위원회 사업총화보고.” 『조선중앙통신』.
______. (2013. 4. 1.). 2013년 3월 31일에 노동당 중앙위원회 전원회의에서 발언한 내용. 『로동신문』.
김철. (2022. 4. 5.). “위대한 수령님의 가르치심대로만 하면 됩니다.” 『로동신문』.
김학철. (2021. 10. 25.). “수령이 준 과업은 곧 법이다.” 『로동신문』.
리호성. (2022. 1. 29.). “《알았습니다》의 대답 뒤에는 무엇이 따라야 하는가.” 『로동신문』.
서은철. (2021. 9. 23.). “항일 빨지산들의 신념의 구호《혁명의 사령부를 목숨으로 사수하자!》. 『로동신문』.
안경호. (2000. 10. 6.). “‘고려민주연방공화국 창립방안’ 제시 20돌 기념 평양시 보고회」 보고.” 『조선중앙방송』.
『로동신문』. (2022. 4. 26.). “조선인민혁명군창건 ９０돐 경축 열병식에서 하신 경애하는 김정은 동지의 연설.”
________. (2021. 7. 28.). “전승세대의 위대한 영웅정신은 빛나게 계승될 것이다 제７차 전국로병대회에서 하신 김정은 동지의 연설.”
________. (2021. 4. 9.). “경애하는 김정은 동지께서 조선로동당 제６차 세포비서대회에서 결론《현 시기 당세포 강화에서 나서는 중요과업에 대하여》를 하시였다.”
________. (2021. 4. 9.). “조선로동당 제６차 세포비서대회에서 한 페회사 김정은.”
________. (2021. 1. 10.). “조선로동당 제８차대회에서 조선로동당규약개정에 대한 결정서 채택.”
________. (2021. 1. 9.). “우리 식 사회주의건설을 새 승리에로 인도하는 위대한 투쟁강령 조선로동당 제８차대회에서 하신 경애하는 김정은동지의 보고에 대하여.”
________. (2021. 10. 15.). 사설 “온 나라가 당중앙과 사상과 뜻, 행동을 같이하는 하나의 생명체로 되게 하자.”
________. (2020. 1. 1.). “주체혁명위업승리의 활로를 밝힌 불멸의 대강 우리의 전진을 저애하는 모든 난관을 정면돌파전으로 뚫고나가자 조선로동당 중앙위원회 제７기 제５차 전원회의에 관한 보도.”

________. (2019. 4. 13.). “조선로동당 위원장이시며 조선민주주의인민공화국 국무위원회 위원장이신 우리 당과 국가, 군대의 최고령도자 김정은동지께서 력사적인 시정연설을 하시였다 김정은 현 단계에서의 사회주의건설과 공화국정부의 대내외정책에 대하여.”
________. (2019. 1. 17.). “공고한 평화보장은 시대의 요구.”
________. (2018. 5. 14.). 사설 “자력갱생의 위력으로 경제건설대진군의 승리를 이룩해나가자.”
________. (2015. 12. 15.). “조선정전협정을 평화협정으로 교체하여야 한다.”
________. (2012. 4. 1.). “조선로동당 중앙위원회 2013년 3월 전원회의에 관한 보도.”
『로동신문』, 『근로자』. (2020. 1. 21.). 공동논설, “백두산공격정신으로 조성된 난국을 정면 돌파하자.”
『조선중앙방송』. (2016. 7. 6.). “조선민주주의인민공화국 정부 대변인 성명.”
『조선중앙통신』. (2021. 10. 12.). “국방발전전람회에서 하신 김정은 동지의 기념연설.”
____________. (2021. 9. 30.). “경애하는 김정은동지께서 력사적인 시정연설 《사회주의건설의 새로운 발전을 위한 당면투쟁방향에 대하여》를 하시였다.”
____________. (2021. 9. 29.). “국방과학원 새로 개발한 극초음속미싸일《화성-8》형 시험발사 진행.”
____________. (2019. 8. 16.). “조국평화통일위원회 대변인담화.”
____________. (2018. 10. 2.). “종전은 누가 누구에게 주는 선사품이 아니다.”
____________. (2018. 4. 21.). “김정은 동지의 지도 밑에 조선로동당 중앙위원회 제7기 제3차전원회의 진행.”
____________. (2017. 11. 29.). “국가핵무력 완성의 력사적 대업, 로케트강국 위업을 빛나게 실현한 민족사적 대경사.”
『우리민족끼리』. (2018. 12. 4.). “항구적이며 공고한 평화체제구축을 실현해나가자면.”
____________. (2018. 8. 5.). “종전선언은 조선반도의 평화체제를 구축하는 첫걸음이다.”
____________. (2018. 7. 23.). “종전선언문제, 결코 수수방관해서는 안 된다.”
『통일신보』, (2021. 11. 23.). “조선로동당의 주체적인 조국통일 로선.”
__________. (2021. 11. 2.). “자주통일 위업의 전환기를 마련하시는 길에서.”
__________. (2021. 10. 26.). “공화국의 주적은 전쟁 그자체이다.”
__________. (2021. 9. 11.). “외세를 몰아내고 우리 민족의 힘으로 조국통일을 이룩하자.”
__________. (2021. 4. 13.). “조국통일 3대헌장은 통일위업 실현의 확고부동한 지도적 지침.”

기 타

김정은. (2019). 신년사

______. (2018). 신년사

______. (2017). 신년사

______. (2014). 신년사.

노동당 제3차 대표자회에서 개정된 당규약. (2010. 9. 28.).

노동당 제8차 당대회에서 개정된 당규약 (2021. 1.).

북한 외무성 성명. (2005. 3. 31.).

"조선외교부 대변인 담화문, 대미 잠정협정 제의." (1996. 2. 22.)

외국 문헌

단행본 및 논문

Ammer, Th. (1986). "Stichwort: Flucht aus der DDR." In Bundesministerium für in-nerdeutsche Beziehungen(ed.), *Innerdeutsche Beziehungen. Die Entwicklung der Beziehungen zwischen der Bundesrepublik Deutschland und der Deutschen Demokratischen Republik 1980~1986. Eine Dokumentation.* Bonn.

Baum, K.-H. (1999). "Die Integration von Flüchtlingen und Übersiedlern in die Bundesrepublik Deutschland." In Deutschen Bundestag(Ed.), *Materialien der Enquete-Kommission „Aufarbeitung von Geschichte und Folgen der SED-Diktatur in Deutschland„(13. Wahlperiode des Deutschen Bundestages) Bd. VIII/1 Das ge-teilte Deutschland im geteilten Europa.* Baden-Baden: Nomos Verlag & Suhrkamp Verlag.

Brandt, W. (1987). *Menschenrechte mißhandelt und mißbraucht.* Reinbek bei Hamburg: Rowohlt TB..

Bundeszentrale für politische Bildung. (2020). "Repräsentative Befragung in eigenem Auftrag durchgeführt von TNS Emnid 2009. 4. 20-4. 23." Lizenz: Creative Commons by-nc-nd/3.0/de (www.bpb.de).

Bundeszentrale für politische Bildung. (2018. 11. 21.). "Vor 35 Jahren: Bundestag bestätigt Entscheidung zum NATO-Doppelbeschluss." https://www.bpb.de/po-litik/hintergrund-aktuell/280816/nato-doppelbeschluss

______________________. (2010). "Sachsen-Anhalt-Monitor 2007 - Politische Einstellungen zwischen Gegenwart und Vergangenheit." Befragung unter 1,000 Bürgerinnen und Bürgern des Landes Sachsen–Anhalt. Lizenz: Creative Commons by–nc–nd/3.0/de. (www.bpb.de)

Carleton University. (2017). "Data and Methodology." Country Indicators for Foreign Policy. (https://carleton.ca/cifp/failed–fragile–states/data–and–methodology/). (검색일: 2017. 11. 23.).

Carment, D. & Samy, Y. (2012). Assessing State Fragility: *A Country Indicators for Foreign Policy Report* (CIFP Report 2012. 6. 15.). Ottawa: Carleton University.

CRS(Congressional Research Service). (2020. 10. 28.). "China Naval Modernization: Implications for U.S. Navy Capabilities–Background and Issues for Congress." (https://crsreports.congress.gov/product/pdf/RL33153).

Deutschlandarchiv. (1974). Dokumentation. „Sicherheits– und Deutschlandpolitik der Bundesregierung. Aus der Regierungserklärung von Helmut Schmidt." (6). pp. 636–637. *Bulletin* Nr. 60 (1974. 5. 18.).

Gassert, Ph. (2019). "Rüstung, Bündnissolidarität und Kampf um Frieden. Lernen aus dem Nato–Doppelbeschuss von 1979?" *Aus Politik und Zeitgeschichte* 69. Jahrgang, 18–19.

Gorbachev, M. (1987). *Perestroika: New thinking for Our Country and the World*. New York: Harper and Row Publisher.

Hacker, J. (1995). „Deutschland–Politik der SPD/FDP–Koalition 1969–1982." In Deutschen Bundestag(Ed.), *Materialien der Enquete–Kommission „Aufarbeitung von Geschichte in Deutschland"* (12. Wahlperiode des Deutschen Bundestages). Band V/1 *Deutschlandpolitik, innerdeutsche Beziehungen und internationale Rahmenbedingungen*. Baden–Baden: Nomos Verlag, Frankfurt am Main: Suhrkamp Verlag.

Haftendorn, H. (1999). „German–American Relations during the Government of Helmut Schmidt(Deutsch–amerikanische Beziehungen während der Regierung Schmidt." In Christine Elder und Elizabeth G. Sammis (Eds.), *A Vision Fulfilled. 50 Jahre Amerikaner am Rhein*. Bonn: United States Embassy.

__________, H. (1988). *Eine schwierige Partnerschaft. Bundesrepublik Deutschland und USA im Atlantischen Bündnis*. Berlin: QUORUÖM Verlag.

Hanrieder, W. F. (1989). "Vierzig Jahre deutsch–amerikanisches Bündnis." *Aussenpolitik* Jg. 40, 2. Quartal.

Holtmann, E. (2010). "Die DDR – ein Unrechtsstaat?" In *Dossier. Lange Wege der Deutschen Einheit*, Bundeszentrale für politische Bildung 2010. 3. 30.

(http://www.bpb.de/system/files/pdf/X9WN7C.pdf).

Kissinger, H. (1999). „The Spirit of the German–American Partnership(Der Geist der deutsch–amerikanischen Partnerschaft," In Christine Elder und Elizabeth G. Sammis(Eds.) *A Vision Fulfilled. 50 Jahre Amerikaner am Rhein*. Bonn: United States Embassy.

Kronenberg, V. (2009). "Grundzüge deutscher Außenpolitik 1949–1990." *Informationen zur politischen Bildung/izpb*, Bundeszentrale für politische Bildung. (https://www.bpb.de/izpb/7892/grundzuege–deutscher–aussenpolitik–1949–1990). (검색일: 2022. 3. 9.).

Meckel, M. (1999). "Der Wille zur Selbstverantwortung führte zur Infragestellung des Systems." In: Eberhard Kuhrt, E.(Ed.), *Opposition in der DDR von den 70er Jahren bis zum Zummenbruch der SED–Herrschaft*, Opladen.

Nassauer, O. (2005). "50 Jahre Nuklearwaffen in Deutschland," *Aus Politik und Zeitgeschichte*. Nr. 21.

Plück, K. (1995). "Innerdeutsche Beziehungen auf kommunaler und Verwaltungsebene, in Wissenschft, Kultu und Sport und ihre Rückwirkungen auf die Menschen im geteilten Deutschland." In Deutschen Bundestag(Ed.), *Materialien der Enquete–Kommission „Aufarbeitung von Geschichte und Folgen der SED–Diktatur in Deutschland" (12. Wahlperiode des Deutschen Bundestages) Bd. V/2 Deutschlandpolitik, innerdeutsche Beziehungen und internationale Rahmenbedingungen* (pp. 2015–2064). Baden–Baden: Nomos Verlag & Suhrkamp Verlag.

Potthoff, H. (1995). „Die Deutschlandpolitik der Bundesregierungen der CDU/CSU–FDP–Koalition (Kohl/Genscher), die Diskussion in den Parteien und in der Öffentlichkeit 1982–1989," In Deutschen Bundestag(Ed.), *Materialien der Enquete–Kommission „Aufarbeitung von Geschichte in Deutschland"* (12. Wahlperiode des Deutschen Bundestages). Band V/1 *Deutschlandpolitik, in–nerdeutsche Beziehungen und internationale Rahmenbedingungen*. Baden–Baden: Nomos Verlag, Frankfurt am Main: Suhrkamp Verlag.

Presse–und Informationsamt der Bundesregierung. (1990). "Grundlagenvertrag." *Dokumentation zu den innerdeutschen Beziehungen. Abmachungen und Erklärungen*. Bonn.

Rink, M. (2015). *„Die Bundeswehr im Kalten Krieg."* Bundeszentrale für politische Bildung.

https://www.bpb.de/politik/grundfragen/deutsche–verteidigungspolitik/199277/

kalter－krieg).

Schmidt, H. (1996). *Weggefährten. Einnerungen und Reflexionen*, Berlin.

__________. (1981). „Politik der verläßlichen Partnerschaft. Europäer und Amerikaner vor den Aufgaben der achtziger Jahre." *Europa－Archiv*, Folge 7.

__________. (1976. 1. 29.). "Regieungserklärung zur Lage der Nation vor dem Deutschen Bundestag." In *Texte zur Deutschlandpolitik* Ⅱ/4, 11. Januar 1976 – 27. Februar 1977.

Stoltenberg, G. (1963). "Was heiß heute eigentlich 'links'?" *Aus Politik und Zeitgeschichte* B 4/63, 23.

Thurich, E. (2011). *pocket politik. Demokratie in Deutschland.*, pocket Nr. 01(4. Auflage). Bundeszentrale für politische Bildung.

신문 칼럼 및 기사

Reuters. (2021. 10. 5.). "*Biden says he and China's Xi agree to bide by Taiwan agreement.*"

Campbell, Ch. (2021. 6. 23.). "South Korean President Moon Jae－in Makes One Last Attempt to Heal His Homeland." *TIME.*

Horton, C. (2019. 7. 9.). "Taiwan Set to Receive $2 Billion in US. Arms, Drawing Ire From China," *The New York Times.*

Lee, Y. (2018. 9. 26.). "South Korea's Moon Becomes Kom Jong Un's Top Spokesman at UN." *Bloomberg.*

Smith, J. (1994. 10. 23.). "U.S. Accord with North Korea May Open Country to Change." *Washington Post.*

Welt. (2013. 1. 27.). "*Helmut Schmidt hatte 1982 Angst um sein Leben.*"

Winker, H. A. (2015. 11. 11－12.). "Helmut Schmidt. Der Kanzler der Krisen." *Die Zeit* Nr. 46.

기 타

The World Bank, https://www.worldbank.org

• 약 력

- 한국외국어대학교 행정학 학사(1982).
- 독일 베를린 자유대학 정치학과 석사(1990) 및 박사(1996).
- 세종연구소 상임객원연구위원, 열린정책연구원(전 열린우리당 정책연구소) 수석연구위원, 한국국방연구원 연구위원을 거쳐 한국외국어대학교 정치행정언론대학원에서 2022년 2월까지 초빙교수로 재직했다.
- 현재는 자유인으로 역사와 철학 사이를 소요하고 있다.

• 저서와 논문

『독일의 방위비분담 및 주독미군 기지 환경관리 정책』(2009). 『동독급변사태 시 서독의 통일정책』(공저, 2012). "독일통일에 따른 군사통합과 한반도 통일의 시사점"(통일부, 『독일통일 총서 1. 군사분야 통합 관련 정책문서』(2013)). "Kim Jong Un Regime's Social Control Policy: Continuities and Changes"(*The Korean Journal of Defense Analysis*, Vol 29 No. 1, March 2017). 『북한 체제 왜 안 무너지나』(공저, 2017) 외 다수

• 시 집

『영혼은 별빛되어 흐르고』(2020).

실패한 정치는 전쟁을 부른다

초판발행 2022년 6월 25일

지은이 정상돈
펴낸이 안종만 · 안상준

편 집 김상인
기획/마케팅 이후근
표지디자인 이수빈
제 작 고철민 · 조영환

펴낸곳 (주) 박영사
서울특별시 금천구 가산디지털2로 53, 210호(가산동, 한라시그마밸리)
등록 1959. 3. 11. 제300-1959-1호(倫)
전 화 02)733-6771
f a x 02)736-4818
e-mail pys@pybook.co.kr
homepage www.pybook.co.kr
ISBN 979-11-303-1570-6 93340

정 가 27,000원